MIDDLE SCHOOL

ENGLISH3
자습서

민찬규 교과서편

Features 구성과 특징

자기 주도 학습이 가능한 기본 학습 → 실력 향상 → 확인 학습 → 실력 점검 → 최종 점검
프로그램으로 구성하였습니다. 학생들 스스로 예습·복습을 할 수 있도록 교과서의 학습 순서와
내용에 따라 모든 내용을 쉽고 자세하게 해설하였으며 내신 대비 문제를 단계별로 수록하였습니다.

기본 학습

▶ **정답과 해설**
- 교과서의 모든 활동에 대한 자세한 정답과 해설(예시 정답과 예시 대화 포함)을 제시하였습니다.

▶ **듣기 대본과 해석**
- 교과서의 듣기 대본과 해석을 제시하여 듣기 문제와 활동에 따른 내용을 바로 확인하고 이해할 수 있도록 하였습니다.

▶ **활동 방법, 풀이, 표현, 단어·숙어**
- 교과서의 모든 활동에 대한 자세한 방법과 이에 따른 풀이나 표현 등을 제시하였습니다.
- 문제와 활동 등에 대한 단어와 숙어도 제시하였습니다.

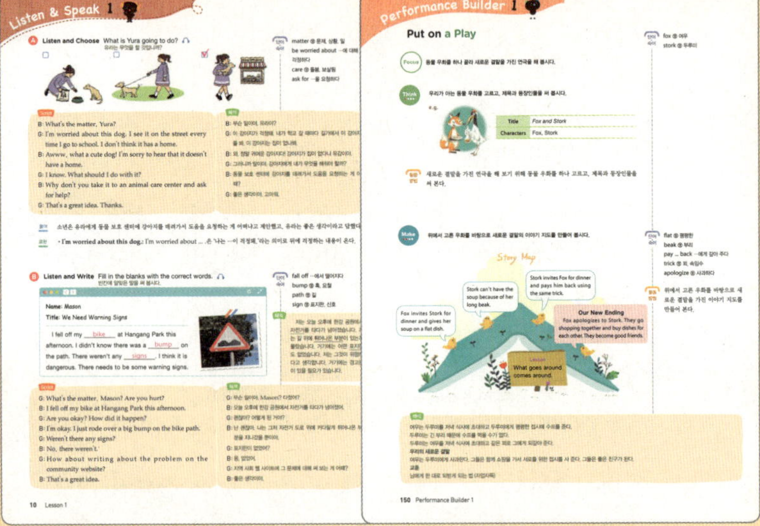

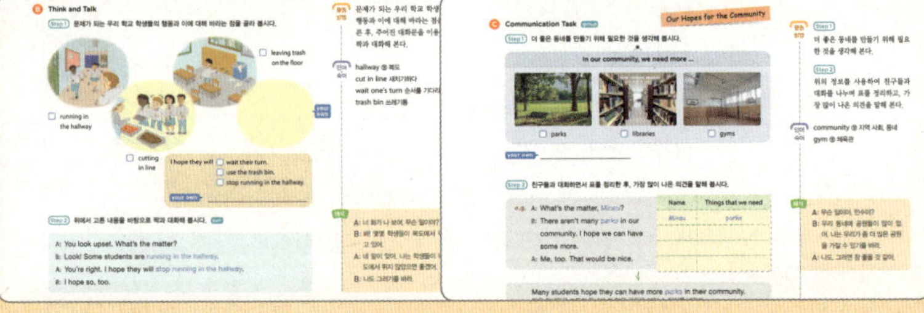

실력 향상

▶ **Functions**
- 교과서의 단원별 주요 의사소통 기능에 대한 설명과 추가적인 표현들을 제공하여 다양한 표현들을 익힐 수 있도록 하였습니다.

▶ **Forms**
- 교과서 본문에 나오는 언어 형식(문법)을 자세한 설명과 예문을 통해 익힐 수 있도록 하였습니다.

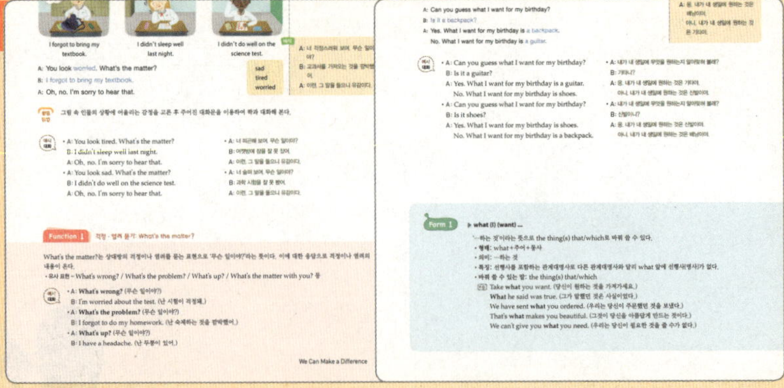

Middle School
English 3

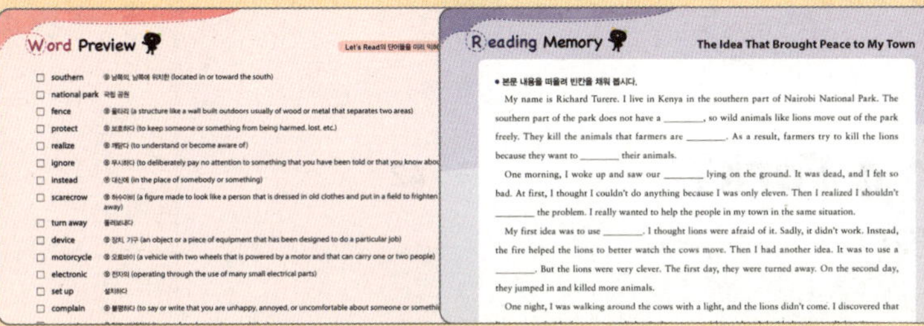

확인 학습

▶ **Word Preview**
- 교과서 본문의 단어와 숙어를 미리 익히고 간단한 미니 테스트를 통해서 확인할 수 있도록 하였습니다.

▶ **Reading Memory**
- 교과서 본문의 내용을 직접 써 보면서 독해력을 키울 수 있도록 하였습니다.

▶ **Word Check / Grammar Check**
- 단원의 주요 단어와 숙어를 확인하고 점검할 수 있는 문제를 수록하였습니다.
- 단원의 주요 언어 형식(문법)을 확인하고 점검할 수 있는 다양한 문제를 수록하였습니다.

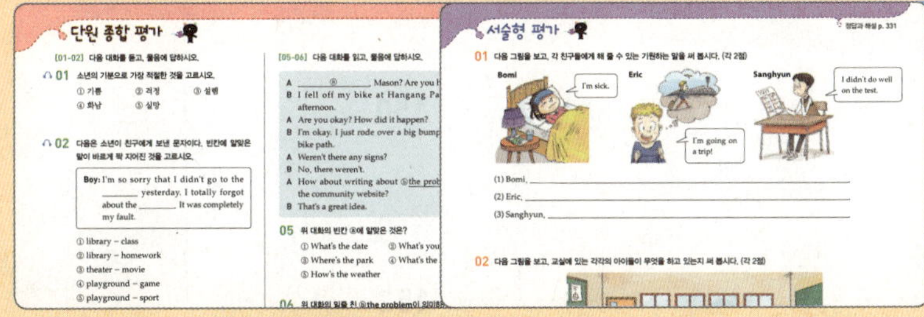

실력 점검

▶ **단원 종합 평가 / 서술형 평가**
- 다양한 문제를 통해 단원의 전체 내용을 종합적으로 점검할 수 있도록 하였습니다.
- 서술형 평가 문제를 별도로 제시하여 수시평가와 수행평가를 철저하게 대비할 수 있도록 하였습니다.

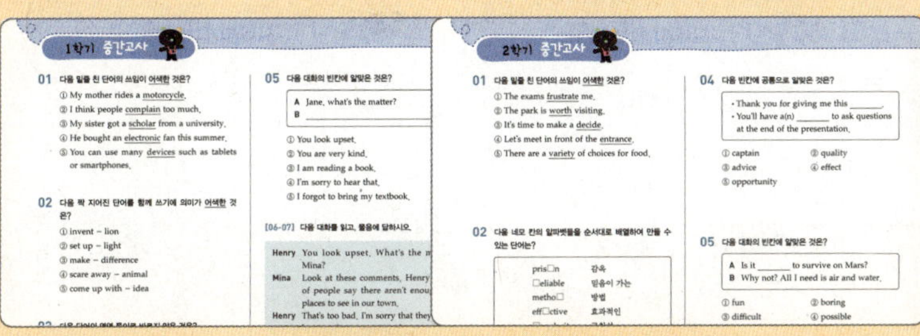

최종 점검

▶ **1, 2학기 중간·기말고사**
- 1학기와 2학기 중간·기말고사로 구성한 지필평가 대비 종합 문제를 풀면서 내신 만점을 기대할 수 있도록 하였습니다.

Contents 차례

Lesson 1 **We Can Make a Difference** ⋯⋯ 8
단원 종합 평가 / 서술형 평가

Lesson 2 **Chopsticks or a Fork?** ⋯⋯ 42
단원 종합 평가 / 서술형 평가

Lesson 3 **Learning from Nature's Genius** ⋯ 76
단원 종합 평가 / 서술형 평가

Lesson 4 **I Don't See It That Way** ⋯⋯ 112
단원 종합 평가 / 서술형 평가

Performance Builder 1 ⋯⋯⋯⋯⋯⋯⋯⋯⋯ 150

1학기 중간고사 ⋯⋯⋯⋯⋯⋯⋯⋯⋯⋯ 152

1학기 기말고사 ⋯⋯⋯⋯⋯⋯⋯⋯⋯⋯ 158

Lesson 5 **Which Way to Go?** ⸺ 164
단원 종합 평가 / 서술형 평가

Lesson 6 **To Each His Own** ⸺ 198
단원 종합 평가 / 서술형 평가

Lesson 7 **Homes Everywhere** ⸺ 234
단원 종합 평가 / 서술형 평가

Lesson 8 **Behind the Numbers** ⸺ 270
단원 종합 평가 / 서술형 평가

Performance Builder 2 ⸺ 310

2학기 중간고사 ⸺ 312

2학기 기말고사 ⸺ 318

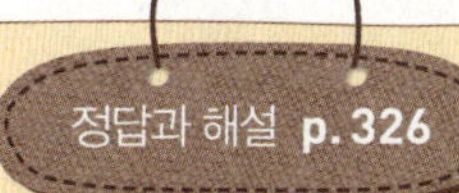

이 책의
활용 순서와 방법

T Textbook	W Workbook	▼ Learning & Review
T Warm up	단원의 도입부로 배울 내용 미리보기	
T Listen & Speak 1, 2	의사소통 표현 익히기	☐ 해석 ☐ 단어 ☐ 활동 복습
T Real Life Communication	**Listen & Speak** 1과 2에서 학습한 표현을 실생활에서 적용하기	
Word Preview	**Let's Read**의 단어 영영 풀이와 미니 테스트	☐ 해석 ☐ 단어 ☐ 문제 점검
T Before You Read	본문 내용을 대략적으로 이해할 수 있는 읽기 전 활동	
T Let's Read	다양한 형식과 주제의 글 읽기	☐ 해석 ☐ 단어 ☐ 활동 복습
T After You Read	읽기 학습과 관련된 읽기 후 활동	
Reading Memory	**Let's Read** 전체 내용 복습	☐ 해석 ☐ 단어 ☐ 문제 점검
W Word Builder	워크북의 단어 복습 활동	☐ 해석 ☐ 단어 ☐ 활동 복습
Word Check	기본 단어 외에 핵심 단어 문제	☐ 해석 ☐ 단어 ☐ 문제 점검

(T) Textbook	(W) Workbook	▼ Learning & Review

		해석 / 단어 / 활동 복습
(T) **Language in Use**	주요 언어 형식을 이용한 쓰기와 말하기 활동	
(W) **Grammar Builder A, B**	워크북의 언어 형식 복습 활동	☐ 해석 ☐ 단어 ☐ 활동 복습
Grammar Check	교과서에 수록된 필수 어법 문제	☐ 해석 ☐ 단어 ☐ 문제 점검
(T) **Let's Write**	단원 주제와 관련된 쓰기 활동	
(T) **Let's Check**	단원 전체 듣기, 말하기, 읽기, 쓰기 점검 활동	☐ 해석 ☐ 단어 ☐ 활동 복습
(T) **Culture & Life**	타 문화와 우리 문화 이해 활동	
(T) **Culture & Life Project**	창의적이고 종합적인 과업 활동	
단원 종합 평가 서술형 평가	교과서에 수록되지 않은 내신 대비 단원 평가와 서술형 평가 문제	☐ 해석 ☐ 단어 ☐ 문제 점검
(T) **Performance Builder**	네 단원에 한 번씩 나오는 수행평가 대비 활동	☐ 해석 ☐ 단어 ☐ 활동 복습
중간·기말고사	중간고사와 기말고사 대비 평가 문제	☐ 해석 ☐ 단어 ☐ 문제 점검

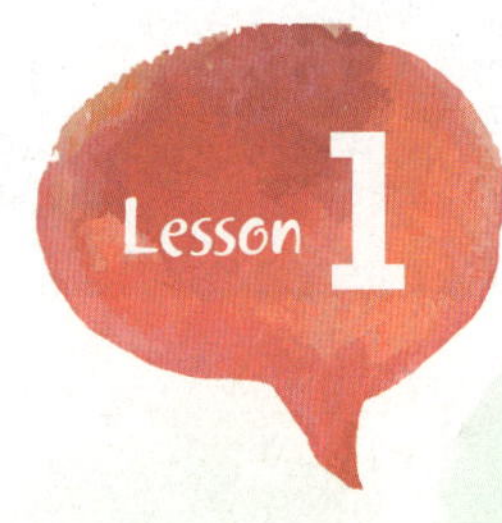

Lesson 1 We Can Make a Difference

Functions

- 걱정 · 염려 묻기 **What's the matter?** 무슨 일이야?
- 기원하기 **I hope** these stickers will be helpful. 이 스티커들이 도움이 되기를 바란다.

Forms

- This is **what** we wanted. 이것이 우리가 원했던 것이다.
- I **saw** our cow **lying** on the ground. 나는 우리의 소가 바닥에 누워 있는 것을 보았다.

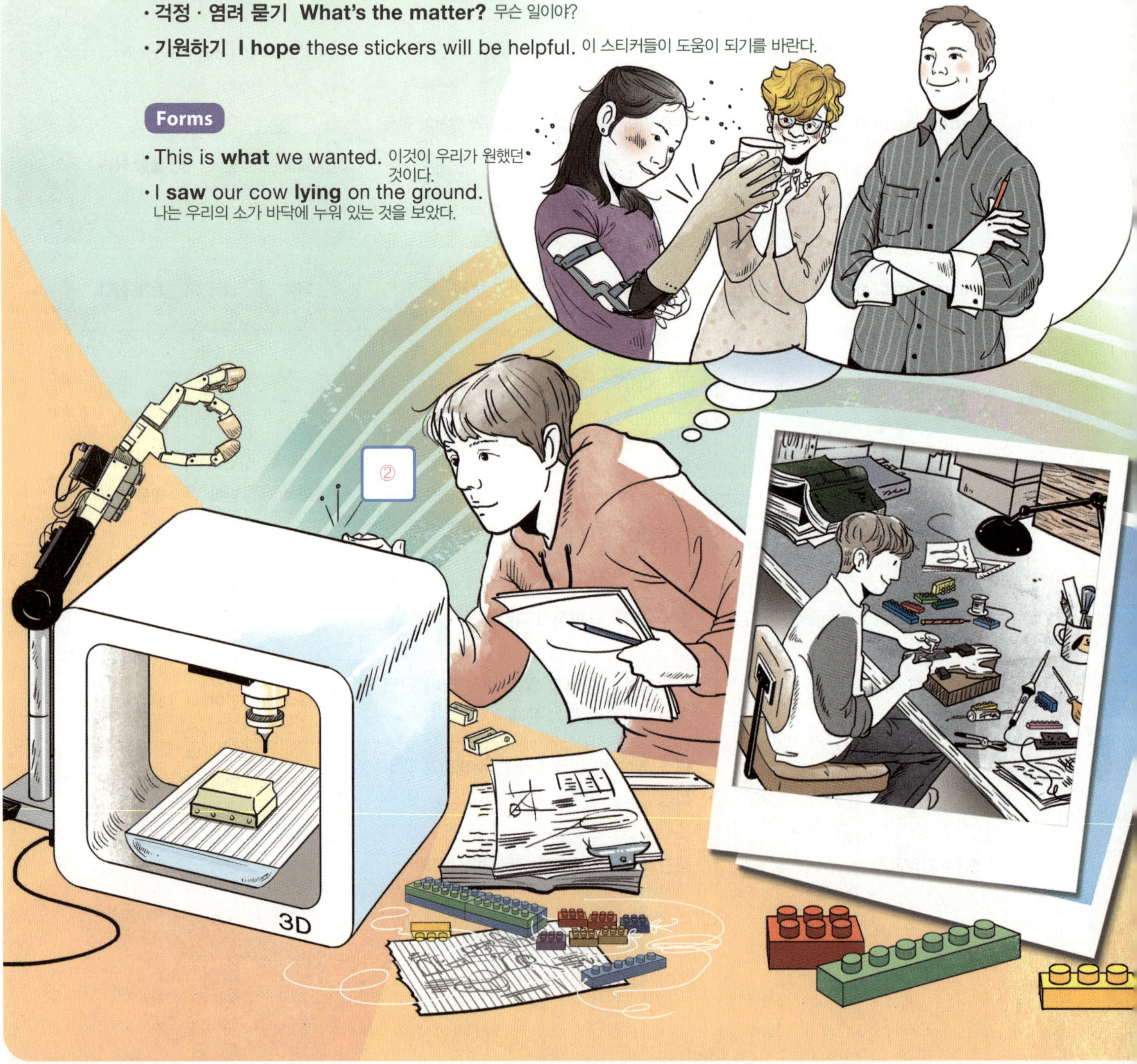

coffee
SCHOOL
$5
$1
h
k
w
H
e

Warm Up

그림 속 청소년들의 생각을 나타
내는 문장을 찾아 말해 봅시다.

① These headbands will help
children go to school.
② This robot hand will help
people with special needs.
③ This map will help the visitors
of our town.

이 머리띠들은 아이들이 학교 가는 것을 도울 거야.
이 로봇 손은 장애인들을 도울 거야.
이 지도는 우리 동네의 방문객들을 도울 거야.

Communication
Our Hopes for the
Community
지역 사회를 위한 우리의 바람들

Reading
The Idea That Brought
Peace to My Town
나의 마을에 평화를 가져온 아이디어

Writing
Our Class Bazaar
우리의 학급 바자회

Culture & Project
Our Community
Project
우리의 지역 사회 프로젝트

A **Listen and Choose** What is Yura going to do? 🎧
유라는 무엇을 할 것입니까?

단어
숙어
matter ⑨ 문제, 상황, 일
be worried about …에 대해 걱정하다
care ⑨ 돌봄, 보살핌
ask for …을 요청하다

Script

B: What's the matter, Yura?

G: I'm worried about this dog. I see it on the street every time I go to school. I don't think it has a home.

B: Awww, what a cute dog! I'm sorry to hear that it doesn't have a home.

G: I know. What should I do with it?

B: Why don't you take it to an animal care center and ask for help?

G: That's a great idea. Thanks.

해석

B: 무슨 일이야, 유라야?

G: 이 강아지가 걱정돼. 내가 학교 갈 때마다 길가에서 이 강아지를 봐. 이 강아지는 집이 없나봐.

B: 와, 정말 귀여운 강아지야! 강아지가 집이 없다니 유감이야.

G: 그러니까 말이야. 강아지에게 내가 무엇을 해줘야 할까?

B: 동물 보호 센터에 강아지를 데려가서 도움을 요청하는 게 어때?

G: 좋은 생각이야. 고마워.

풀이 소년은 유라에게 동물 보호 센터에 강아지를 데려가서 도움을 요청하는 게 어떠냐고 제안했고, 유라는 좋은 생각이라고 답했다.

표현 • **I'm worried about this dog.**: I'm worried about … .은 '나는 …이 걱정돼.'라는 의미로 뒤에 걱정하는 내용이 온다.

B **Listen and Write** Fill in the blanks with the correct words. 🎧
빈칸에 알맞은 말을 써 봅시다.

단어
숙어
fall off …에서 떨어지다
bump ⑨ 혹, 요철
path ⑨ 길
sign ⑨ 표지판, 신호

Name: Mason

Title: We Need Warning Signs

I fell off my ___bike___ at Hangang Park this afternoon. I didn't know there was a ___bump___ on the path. There weren't any ___signs___ . I think it is dangerous. There needs to be some warning signs.

해석
저는 오늘 오후에 한강 공원에서 자전거를 타다가 넘어졌습니다. 저는 길 위에 튀어나온 부분이 있는지 몰랐습니다. 거기에는 어떤 표지판도 없었습니다. 저는 그것이 위험하다고 생각합니다. 거기에는 경고판이 있을 필요가 있습니다.

Script

G: What's the matter, Mason? Are you hurt?

B: I fell off my bike at Hangang Park this afternoon.

G: Are you okay? How did it happen?

B: I'm okay. I just rode over a big bump on the bike path.

G: Weren't there any signs?

B: No, there weren't.

G: How about writing about the problem on the community website?

B: That's a great idea.

해석

G: 무슨 일이야, Mason? 다쳤어?

B: 오늘 오후에 한강 공원에서 자전거를 타다가 넘어졌어.

G: 괜찮아? 어떻게 된 거야?

B: 난 괜찮아. 나는 그저 자전거 도로 위에 커다랗게 튀어나온 부분을 지나갔을 뿐이야.

G: 표지판이 없었어?

B: 응, 없었어.

G: 지역 사회 웹 사이트에 그 문제에 대해 써 보는 게 어때?

B: 좋은 생각이야.

교과서 p.12

풀이 Mason은 '표지판'이 없었기 때문에 한강 공원의 자전거 도로에서 '튀어나온 부분'을 지나가다가 '자전거'에서 넘어졌다.

표현 • **How about writing about the problem on the community website?:** How about ... ?은 '…는 어때?'라는 뜻으로 상대방의 의향을 묻거나 제안할 때 쓰는 표현이다. 비슷한 표현으로는 What about ... ?이 있으며, about 뒤에는 '동사원형+-ing' 형태가 와야 한다.

[e.g.] **How about** doing the homework together? (숙제를 같이 하는 게 어때?)

C Talk Together What problem do they have? Talk with your partner. [pair]

그들은 어떤 문제를 가지고 있습니까? 짝과 대화해 봅시다.

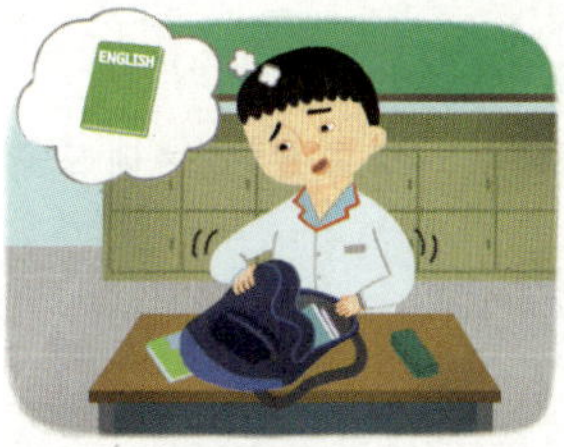

I forgot to bring my textbook.

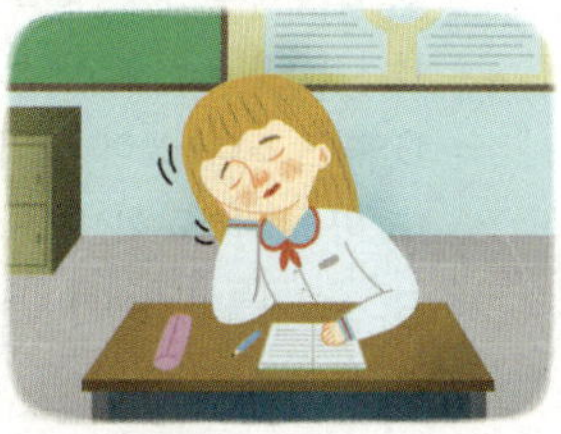

I didn't sleep well last night.

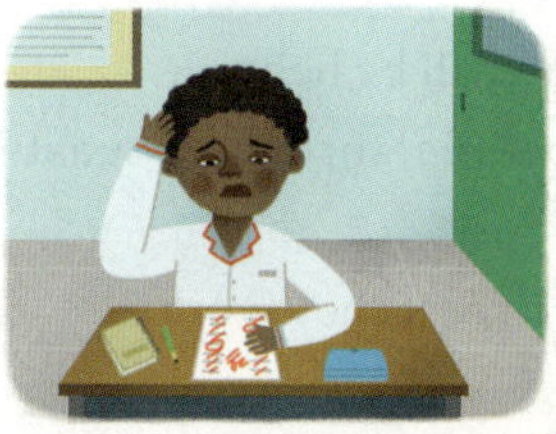

I didn't do well on the science test.

A: You look worried. What's the matter?

B: I forgot to bring my textbook.

A: Oh, no. I'm sorry to hear that.

sad
tired
worried

단어 숙어
bring [동] 가져오다
textbook [명] 교과서
do well on the test 시험을 잘 보다

해석
A: 너 걱정스러워 보여. 무슨 일이야?
B: 교과서를 가져오는 것을 깜박했어.
A: 이런, 그 말을 들으니 유감이다.

활동 방법 그림 속 인물의 상황에 어울리는 감정을 고른 후 주어진 대화문을 이용하여 짝과 대화해 본다.

예시 대화

• A: You look tired. What's the matter?
  B: I didn't sleep well last night.
  A: Oh, no. I'm sorry to hear that.
• A: You look sad. What's the matter?
  B: I didn't do well on the science test.
  A: Oh, no. I'm sorry to hear that.

• A: 너 피곤해 보여. 무슨 일이야?
  B: 어젯밤에 잠을 잘 못 잤어.
  A: 이런, 그 말을 들으니 유감이다.
• A: 너 슬퍼 보여. 무슨 일이야?
  B: 과학 시험을 잘 못 봤어.
  A: 이런, 그 말을 들으니 유감이다.

Function 1 걱정 · 염려 묻기: What's the matter?

What's the matter?는 상대방의 걱정이나 염려를 묻는 표현으로 '무슨 일이야?'라는 뜻이다. 이에 대한 응답으로 걱정이나 염려의 내용이 온다.

• 유사 표현 – What's wrong? / What's the problem? / What's up? / What's the matter with you? 등

예시 대화

• A: **What's wrong?** (무슨 일이야?)
  B: I'm worried about the test. (난 시험이 걱정돼.)
• A: **What's the problem?** (무슨 일이야?)
  B: I forgot to do my homework. (난 숙제하는 것을 깜박했어.)
• A: **What's up?** (무슨 일이야?)
  B: I have a headache. (난 두통이 있어.)

Listen & Speak 2

A **Listen and Choose** Which sticker did they make? 🎧
그들은 어떤 스티커를 만들었습니까?

☑ 

☐ 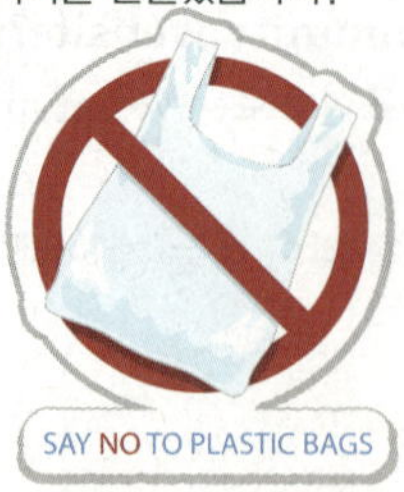

☐ 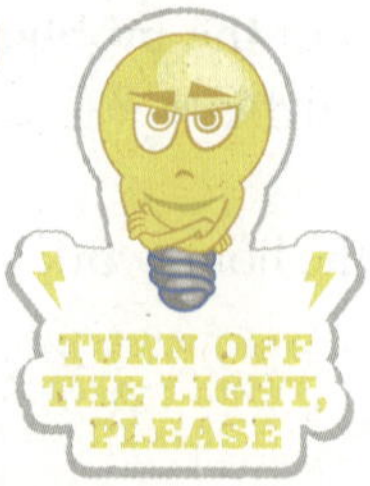

단어·숙어
helpful [형] 도움이 되는
sort [동] 분류하다
waste [명] 쓰레기
recycling [명] 재활용

Script

G: I love our stickers!
B: Me, too! I hope these stickers will be helpful.
G: I'm sure they will help people sort their waste for recycling.
B: Let's come back tomorrow to see if they work.
G: Sounds good.

해석

G: 난 우리 스티커가 정말 좋아!
B: 나도! 이 스티커들이 도움이 되기를 바라.
G: 나는 스티커들이 사람들이 재활용 쓰레기를 분류하는 데 도움이 될 거라고 확신해.
B: 스티커들이 효과가 있는지 내일 다시 와서 보자.
G: 좋은 생각이야.

풀이 두 사람이 만든 스티커는 재활용 쓰레기를 분류하는 데 도움이 된다고 했다.

표현
- **I'm sure they will help people sort their waste for recycling.**: help people sort는 'help+목적어+동사원형' 형태로 '목적어가 …하는 것을 돕다'라는 의미이다.

B **Listen and Talk** Fill in the blanks and talk with your partner. 🎧 [pair]
빈칸을 채우고 짝과 대화해 봅시다.

A: What is your dream, Malala? Malala, 네 꿈은 무엇이니?
B: I hope every __child__ in the world can get an __education__. 난 세상의 모든 아이들이 교육을 받을 수 있기를 바라.

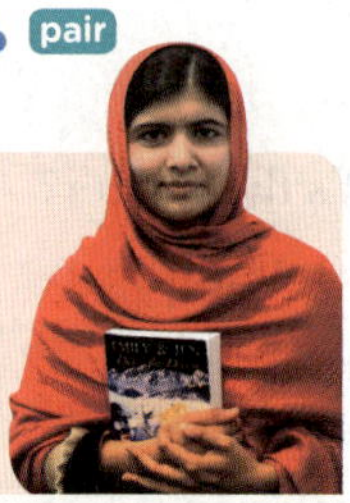

단어·숙어
close down 폐쇄하다
press [명] 언론
give a talk 강연하다
support [명] 지지, 지원
law [명] 법

Script

G: Hi, my name is Malala Yousafzai. I'm from Pakistan. In my country, there were some people who believed that girls do not need to go to school. So they started to close down some girls' schools. I felt so bad. I wrote to the press about it and gave many talks. Thanks to the support from many people, an education law was finally passed in my country. Now I have a bigger dream. I hope every child in the world can get an education.

해석

G: 안녕하세요, 제 이름은 Malala Yousafzai입니다. 저는 파키스탄 출신입니다. 우리 나라에는 여자아이들은 학교에 갈 필요가 없다고 믿는 몇몇 사람들이 있었습니다. 그래서 그들은 여학교 몇 군데를 폐쇄하기 시작했습니다. 저는 너무 기분이 나빴습니다. 저는 언론에 그 점에 대해 편지를 썼고, 강연도 많이 했습니다. 많은 사람의 지지 덕분에, 우리 나라에서 교육을 보장하는 법이 마침내 통과되었습니다. 이제 저는 더 큰 꿈이 있습니다. 저는 세상의 모든 아이들이 교육을 받을 수 있기를 바랍니다.

풀이 I hope every child in the world can get an education.에서 Malala의 꿈은 세상의 모든 '아이들'이 '교육'을 받는 것이다.

표현
- **In my country, there were some people who believed that girls do not need to go to school.**: people who ...는 '…하는 사람들'이라는 의미이며, 이때 who는 주격 관계대명사로 쓰였다.
- **Thanks to the support from many people, ...**: thanks to ...는 '… 덕분에'라는 의미이다.

C **Talk Together** What is each student going to do for the festival? Talk with your partner. [pair]
각각의 학생들은 축제를 위해 무엇을 할 것입니까? 짝과 대화해 봅시다.

[단어·숙어]
festival [명] 축제
try [동] 시도하다, 맛 보다
tea [명] 차
take pictures 사진을 찍다

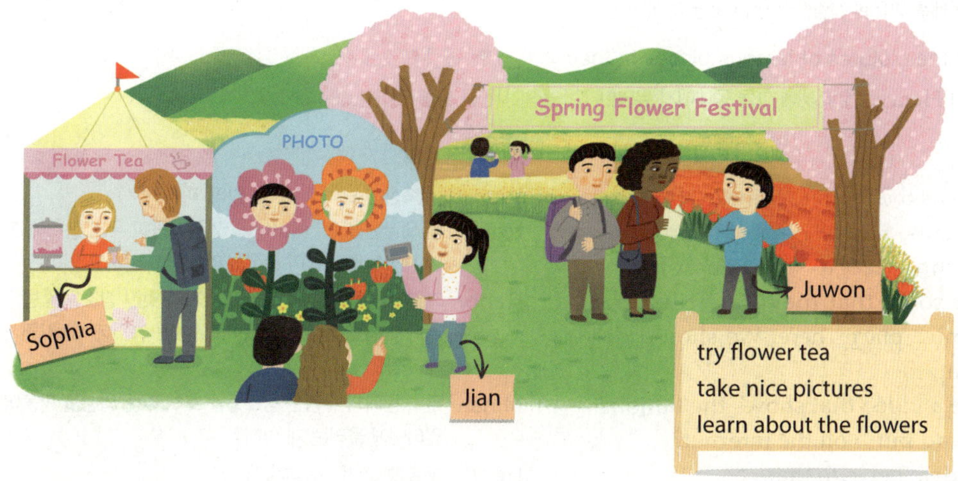

A: What are you going to do for the festival, Sophia?
B: I'm going to help people try flower tea. I hope they have a great time.
A: You are very kind.

[해석]
A: 너는 축제에서 뭐 할 거야, Sophia?
B: 나는 사람들이 꽃차를 맛보는 것을 도울 거야. 나는 그들이 좋은 시간을 가졌으면 좋겠어.
A: 넌 정말 친절하구나.

[활동 방법]
1 주어진 그림을 보고, 세 인물이 축제에서 무엇을 하고 있는지 파악한다.
2 각 인물에게 어울리는 표현을 고르고, 주어진 대화문을 이용하여 짝과 대화해 본다.

[예시 대화]
- A: What are you going to do for the festival, Jian?
  B: I'm going to help people take nice pictures. I hope they have a great time.
  A: You are very kind.
- A: What are you going to do for the festival, Juwon?
  B: I'm going to help people learn about the flowers. I hope they have a great time.
  A: You are very kind.

- A: 너는 축제에서 뭐 할 거야, 지안아?
  B: 나는 사람들이 멋진 사진을 찍는 것을 도울 거야. 나는 그들이 좋은 시간을 가졌으면 좋겠어.
  A: 넌 정말 친절하구나.
- A: 너는 축제에서 뭐 할 거야, 주원아?
  B: 나는 사람들이 꽃에 대해서 배우는 것을 도울 거야. 나는 그들이 좋은 시간을 가졌으면 좋겠어.
  A: 넌 정말 친절하구나.

Function 2 기원하기: I hope ... .

I hope ... .은 기원할 때 쓰는 표현으로 '나는 …하기를 바란다.'라는 뜻이다. 이 표현은 'I hope＋주어＋동사'의 형태로 많이 쓰이며, 이때 동사의 수는 바로 앞의 주어에 일치시킨다.
[e.g.] **I hope** my mother **gets** well soon. (○) (난 우리 엄마가 빨리 나으시기를 바라.)
I hope my mother **get** well soon. (×)

A **Watch and Choose** 동영상을 보고, 내용과 일치하면 T에, 일치하지 않으면 F에 표시해 봅시다. ▶

단어숙어 comment ⑧ 논평, 의견, 댓글
chance ⑧ 기회

1. Mina and Henry read some comments from the visitors of their town. 미나와 Henry는 그들 동네를 방문한 사람들이 남긴 댓글 몇 개를 읽었다. ☑ T ☐ F

2. Mina and Henry will put some pictures of famous places in their town on the internet. 미나와 Henry는 인터넷에 그들 동네에서 유명한 장소들의 사진을 올릴 것이다. ☐ T ☑ F

Script

Henry: You look upset. What's the matter, Mina?
Mina: Look at these comments, Henry. A lot of people say there aren't enough fun places to see in our town.
Henry: That's too bad. I'm sorry that they didn't have a chance to visit the nice places here. We should do something about that.
Mina: Why don't we make a video that shows the famous places in our town and put it on the internet?
Henry: That's an excellent idea. Let's do that.
Mina: Sounds good. I hope they enjoy their time here.

해석

Henry: 너 속상해 보여. 무슨 일 있어, 미나야?
Mina: 이 댓글들을 봐, Henry. 많은 사람이 우리 동네에 볼만한 재밌는 장소들이 충분하지 않다고 말하고 있어.
Henry: 그렇다면 유감인데. 그들이 여기의 멋진 장소들을 방문할 기회가 없었다니 유감이야. 우리는 그것에 대해 뭔가를 해야 해.
Mina: 우리 동네의 유명한 장소들을 보여 주는 영상을 만들어서 인터넷에 올리는 게 어때?
Henry: 훌륭한 생각이야. 그렇게 하자.
Mina: 좋아. 나는 그들이 여기에서 즐거운 시간을 보내기를 바라.

풀이 두 사람은 그들 동네를 방문한 사람들의 댓글을 읽었고, 동네의 유명한 장소들을 보여 주는 영상을 만들어서 인터넷에 올릴 계획이다.

표현 · **Why don't we make a video that shows the famous places in our town and put it on the internet?:** Why don't we ... ?는 '…하는 게 어때?'라는 의미로 제안할 때 쓰는 표현이며, we 다음에는 동사원형이 와야 한다.

B **Think and Talk**

활동방법 문제가 되는 우리 학교 학생들의 행동과 이에 대해 바라는 점을 고른 후, 주어진 대화문을 이용하여 짝과 대화해 본다.

Step 1 문제가 되는 우리 학교 학생들의 행동과 이에 대해 바라는 점을 골라 봅시다.

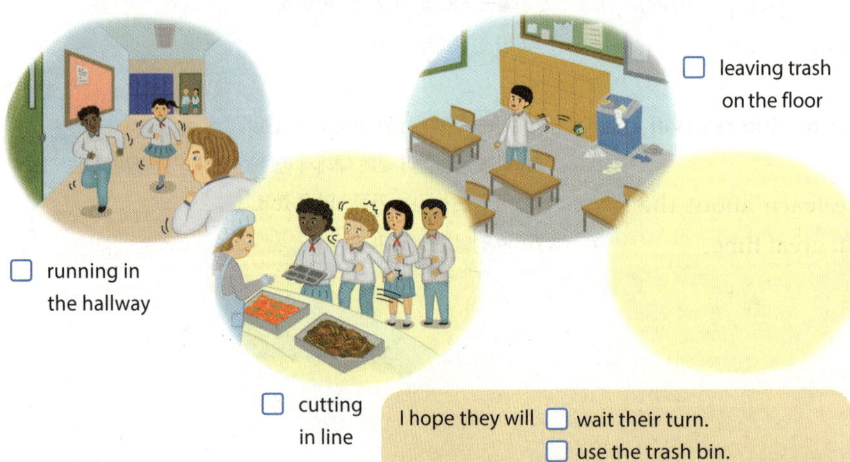

단어숙어 hallway ⑧ 복도
cut in line 새치기하다
wait one's turn 순서를 기다리다
trash bin 쓰레기통

Step 2 위에서 고른 내용을 바탕으로 짝과 대화해 봅시다. **pair**

A: You look upset. What's the matter?
B: Look! Some students are running in the hallway.
A: You're right. I hope they will stop running in the hallway.
B: I hope so, too.

해석
A: 너 화가 나 보여. 무슨 일이야?
B: 봐! 몇몇 학생들이 복도에서 뛰고 있어.
A: 네 말이 맞아. 나는 학생들이 복도에서 뛰지 않았으면 좋겠어.
B: 나도 그러기를 바라.

[예시 대화]

- A: You look upset. What's the matter?
  B: Look! Some students are cutting in line.
  A: You're right. I hope they will wait their turn.
  B: I hope so, too.
- A: You look upset. What's the matter?
  B: Look! Some students are leaving trash on the floor.
  A: You're right. I hope they will use the trash bin.
  B: I hope so, too.

- A: 너 화가 나 보여. 무슨 일이야?
  B: 봐! 몇몇 학생들이 새치기를 하고 있어.
  A: 네 말이 맞아. 나는 학생들이 순서를 기다렸으면 좋겠어.
  B: 나도 그러기를 바라.
- A: 너 화가 나 보여. 무슨 일이야?
  B: 봐! 몇몇 학생들이 바닥에 쓰레기를 버리고 있어.
  A: 네 말이 맞아. 나는 학생들이 쓰레기통을 이용했으면 좋겠어.
  B: 나도 그러기를 바라.

C Communication Task [group]

Our Hopes for the Community

[Step 1] 더 좋은 동네를 만들기 위해 필요한 것을 생각해 봅시다.

In our community, we need more ...

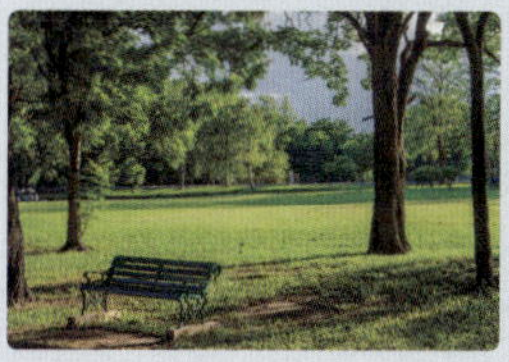
☐ parks

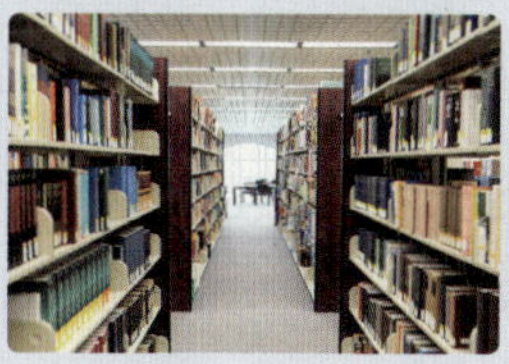
☐ libraries

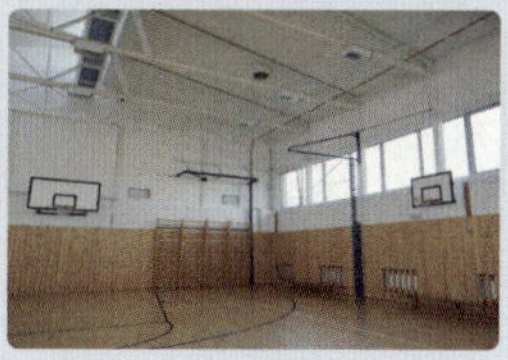
☐ gyms

[your own] ____________________

[Step 2] 친구들과 대화하면서 표를 정리한 후, 가장 많이 나온 의견을 말해 봅시다.

e.g. A: What's the matter, Minsu?
B: There aren't many parks in our community. I hope we can have some more.
A: Me, too. That would be nice.

Name	Things that we need
Minsu	parks

Many students hope they can have more parks in their community.
많은 학생들은 그들의 동네에 더 많은 공원을 가질 수 있기를 바란다.

[활동 방법]

[Step 1]
더 좋은 동네를 만들기 위해 필요한 것을 생각해 본다.

[Step 2]
위의 정보를 사용하여 친구들과 대화를 나누며 표를 정리하고, 가장 많이 나온 의견을 말해 본다.

[단어 숙어]
community [명] 지역 사회, 동네
gym [명] 체육관

[해석]
A: 무슨 일이야, 민수야?
B: 우리 동네에 공원들이 많이 없어. 나는 우리가 좀 더 많은 공원을 가질 수 있기를 바라.
A: 나도. 그러면 참 좋을 것 같아.

Sounds 다음을 듣고, 표시된 선의 높낮이에 유의하여 따라 말해 봅시다. 🎧

1. What's the matter, Yura?
   무슨 일이야, 유라야?
2. That's an excellent idea. Let's do that.
   그것 참 훌륭한 생각이다. 그렇게 하자.

[Tip] matter, idea, do와 같은 단어들은 의미 전달에 주요한 역할을 하므로 높낮이에 유의해서 발음한다.

Self-check

	🙂	😟
• I can use 'What's the matter?'	☐	☐
• I can use 'I hope ... .'	☐	☐

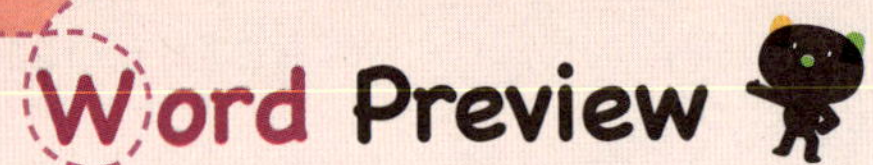

Word Preview

Let's Read의 단어들을 미리 익혀 보세요.

- ☐ southern [형] 남쪽의, 남쪽에 위치한 (located in or toward the south)
- ☐ national park 국립 공원
- ☐ fence [명] 울타리 (a structure like a wall built outdoors usually of wood or metal that separates two areas)
- ☐ protect [동] 보호하다 (to keep someone or something from being harmed, lost, etc.)
- ☐ realize [동] 깨닫다 (to understand or become aware of)
- ☐ ignore [동] 무시하다 (to deliberately pay no attention to something that you have been told or that you know about)
- ☐ instead [부] 대신에 (in the place of somebody or something)
- ☐ scarecrow [명] 허수아비 (a figure made to look like a person that is dressed in old clothes and put in a field to frighten birds away)
- ☐ turn away 돌려보내다
- ☐ device [명] 장치, 기구 (an object or a piece of equipment that has been designed to do a particular job)
- ☐ motorcycle [명] 오토바이 (a vehicle with two wheels that is powered by a motor and that can carry one or two people)
- ☐ electronic [형] 전자의 (operating through the use of many small electrical parts)
- ☐ set up 설치하다
- ☐ complain [동] 불평하다 (to say or write that you are unhappy, annoyed, or uncomfortable about someone or something)
- ☐ prevent [동] 막다, 방해하다 (to stop from happening or existing)
- ☐ scholarship [명] 장학금 (an amount of money that is given by a school, an organization, etc.)

Mini Test

정답과 해설 p. 326

A 다음 빈칸에 알맞은 단어를 [보기]에서 골라 쓰시오.

[보기]
device
ignore
complain
fence
protect

1. We put up a ____________ around our yard.
2. He had no raincoat to ____________ himself from the rain.
3. Turn off your ____________s such as PCs or mobile phones.
4. It was very stupid of you to ____________ your mother's advice.
5. Their neighbors ____________ed about their constant loud music.

B 다음 영영 풀이에 해당하는 단어를 [보기]에서 골라 쓰시오.

[보기]
realize
scholarship
motorcycle
southern
prevent

1. ____________: located in or toward the south
2. ____________: to understand or become aware of
3. ____________: a vehicle with two wheels that is powered by a motor and that can carry one or two people
4. ____________: to stop from happening or existing
5. ____________: an amount of money that is given by a school, an organization, etc.

교과서 p.16

A Think and Say 다음 그림을 보고, 케냐의 자연과 생활 환경이 어떨지 말해 봅시다.

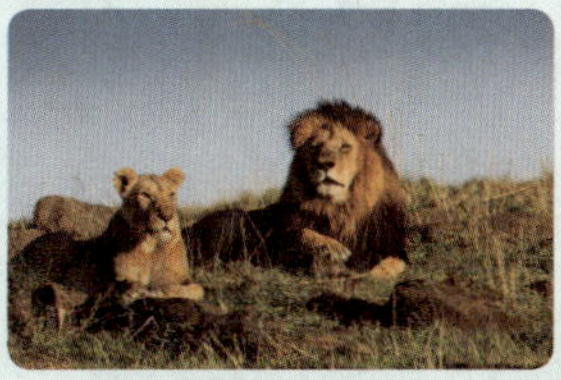
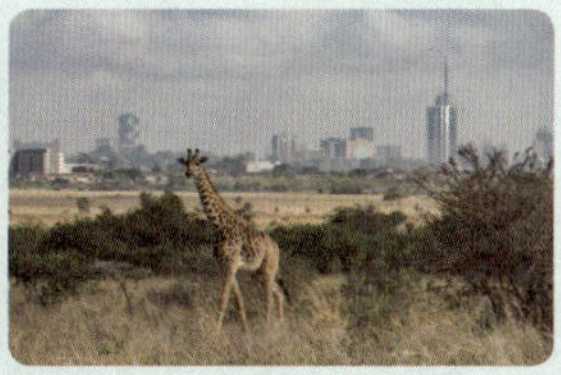
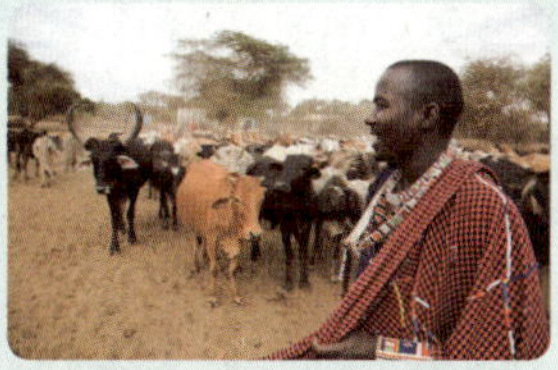

e.g. There are wild animals like lions. 사자와 같은 야생 동물들이 있다.

[활동 방법] 그림을 보고 케냐의 자연과 생활 환경에 대해 생각해 본 후, 주어진 예시문을 참고하여 말해 본다.

[예시 정답]
- There are tall buildings. 고층 건물들이 있다.
- There is a farmer who keeps cattle. 소를 키우는 농부가 있다.

[단어 숙어]
wild animal 야생 동물
building [명] 건물
farmer [명] 농부
cattle [명] 소

B Look and Write 그림 사전에서 알맞은 단어를 골라 문장을 완성해 봅시다.

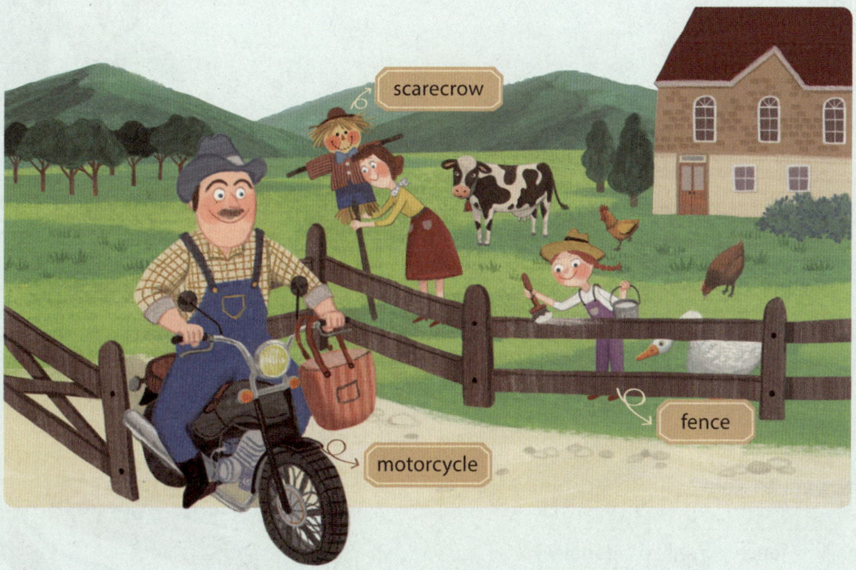

It is Jessica's first day on a farm. She is painting the <u>fence</u>. Her mother is setting up the <u>scarecrow</u>. Her father is going to the market on a <u>motorcycle</u>. They are a good team!

[풀이] 첫 번째 빈칸에는 Jessica가 '울타리'를 칠하고 있으므로 fence가 알맞다.
두 번째 빈칸에는 엄마가 '허수아비'를 설치하고 있으므로 scarecrow가 알맞다.
세 번째 빈칸에는 아빠가 '오토바이'를 타고 시장에 가고 있으므로 motorcycle이 알맞다.

[단어 숙어]
farm [명] 농장
paint [동] 칠하다
fence [명] 울타리
set up 설치하다
scarecrow [명] 허수아비
motorcycle [명] 오토바이

[해석] Jessica의 농장에서의 첫 날이다. 그녀는 울타리를 칠하고 있다. 그녀의 엄마는 허수아비를 설치하고 있다. 그녀의 아빠는 오토바이를 타고 시장에 가고 있다. 그들은 좋은 팀이다!

The Idea
That Brought Peace to My Town

Let's Read

본문의 그림을 보고, 소년이 상심한 이유를 추측해 봅시다.
e.g. I think he felt bad because his cow was dead.

My name is Richard Turere. I live in Kenya in the southern part of Nairobi National Park. The southern part of the park does not have a fence, so wild animals like lions move out of the park freely. They kill the animals that farmers are raising. As a result, farmers try to kill the lions because they want to protect their animals.

One morning, I woke up and saw our cow lying on the ground. It was dead, and I felt so bad. At first, I thought I couldn't do anything because I was only eleven. Then I realized I shouldn't ignore the problem. I really wanted to help the people in my town in the same situation.

'see' 뒤에는 다음과 같은 말이 올 수 있습니다.
see our cow lying (O)
see our cow to lie (X)

Q1 Who did Richard want to help?

southern   national park   fence   realize   ignore

Q1 Who did Richard want to help? Richard는 누구를 돕고 싶었나요?

A1 He wanted to help the people in his town in the same situation. 그는 같은 상황에 있는 그의 마을 사람들을 돕고 싶어 했습니다.

해설 I really wanted to help the people in my town in the same situation.을 통해 Richard가 같은 상황에 있는 그의 마을 사람들을 돕고 싶어 했음을 알 수 있다.

우리 마을에 평화를 가져온 아이디어

①내 이름은 Richard Turere야. ②나는 케냐의 나이로비 국립 공원의 남쪽 지역에 살고 있어. ③공원의 남쪽 지역은 울타리가 없어서 사자와 같은 야생 동물들이 공원 밖으로 자유롭게 나가. ④그들은 농부들이 키우고 있는 동물들을 죽여. ⑤그 결과, 농부들은 그들의 동물들을 보호하기를 원하기 때문에 사자들을 죽이려고 해.

⑥어느 날 아침, 나는 일어나서 우리 소가 바닥에 누워 있는 것을 보았어. ⑦소는 죽어 있었고, 나는 아주 기분이 좋지 않았어. ⑧처음에는 내가 겨우 열한 살이었기 때문에 아무것도 할 수 없을 거라고 생각했어. ⑨그러고 나서 나는 이 문제를 무시하면 안 된다는 것을 깨달았어. ⑩나는 같은 상황에 있는 우리 마을 사람들을 정말로 돕고 싶었어.

구문

❷ I live in Kenya **in the southern part of** Nairobi National Park.
in the southern part of는 '…의 남쪽 지역에 있는'이라는 뜻이다.

❹ They kill the animals **that** farmers are raising.
that은 목적격 관계대명사로 the animals를 선행사로 받고 있다. 따라서 the animals that farmers are raising은 '농부들이 키우고 있는 동물들'이라는 뜻이다.

❻ One morning, I woke up and **saw our cow lying** on the ground.
see는 지각동사로 'see+목적어+현재 분사'의 형태로 쓰여 '~가 …하고 있는 것을 보다'라는 뜻이다. 따라서 saw our cow lying은 '우리의 소가 누워 있는 것을 보았다'라는 뜻이다.

❿ I really wanted to help the people in my town **in the same situation**.
in the same situation은 '같은 상황에 있는'이라는 뜻으로 여기서 '상황'은 문맥상 '사자와 갈등을 겪고 있는 상황'을 의미한다.

단어 숙어

- **southern** 혱 남쪽의, 남쪽에 위치한　*cf.* south 몡 남쪽　e.g. Busan is located in the **southern** part of Korea.
- **national park** 국립 공원　e.g. Twenty million people visit the **national park** every year.
- **fence** 몡 울타리　e.g. There is a **fence** around our garden.
- **as a result** 그 결과　e.g. **As a result**, we couldn't finish on time.
- **protect** 됭 보호하다　e.g. I have no sunglasses to **protect** myself from the sun.
- **realize** 됭 깨닫다　e.g. I **realize** that this is an unusual situation.
- **ignore** 됭 무시하다　e.g. He decided to **ignore** the problem.

Grammar

목적격 관계대명사 that

선행사가 관계대명사절의 목적어 역할을 하는 경우, 목적격 관계대명사 that을 쓸 수 있다.

- They kill the animals.
  Farmers are raising the animals.
  → They kill the animals **that** farmers are raising.
- This is the letter **that** I wrote.
  (이것은 내가 쓴 편지다.)
- I didn't like the chicken **that** my mother cooked. (나는 엄마가 요리하신 치킨을 좋아하지 않았다.)
- The joke **that** Minsu told was not funny at all. (민수가 말한 농담은 전혀 재미있지 않았다.)

Mini Test

정답과 해설 p. 326

다음 글을 읽고, 물음에 답하시오.

> My name is Richard Turere. I live in Kenya in the southern part of Nairobi National Park. The southern part of the park does not have a fence, so wild animals like lions move out of the park freely. <u>They</u> kill the animals that farmers are raising. As a result, farmers try to kill the lions because they want to protect their animals.

1. 윗글의 밑줄 친 <u>They</u>가 가리키는 것을 찾아 쓰시오. (4단어) ________________________

2. 윗글에서 농부들이 사자들을 죽이려고 하는 이유를 찾아 우리말로 쓰시오.

____

My first idea was to use fire. I thought lions were afraid of it. Sadly, it didn't work. Instead, the fire helped the lions to better watch the cows move. Then I had another idea. It was to use a scarecrow. But the lions were very clever. The first day, they were turned away. On the second day, they jumped in and killed more animals.

One night, I was walking around the cows with a light, and the lions didn't come. I discovered that lions were afraid of a moving light. So I came up with an idea. I decided to invent lights that move electronically. Because I like machines, I could find what I needed to make the lights. I found an old car battery, a small device from a motorcycle, a switch, and a broken electronic light.

Q2 What did Richard decide to invent?

scarecrow turn away 돌려보내다 device motorcycle electronic

Q2 What did Richard decide to invent? Richard는 무엇을 발명하기로 결심하였나요?

A2 He decided to invent lights that move electronically. 그는 전기로 움직이는 전등을 발명하기로 결심했습니다.

해설 I decided to invent lights that move electronically.에서 Richard는 전기로 움직이는 전등을 발명하기로 결심했다는 것을 알 수 있다.

해석

①나의 첫 번째 아이디어는 불을 사용하는 것이었어. ②나는 사자들이 불을 무서워할 거라고 생각했어. ③슬프게도 그것은 효과가 없었어. ④대신에 불은 사자들이 소들이 움직이는 것을 더욱 잘 볼 수 있도록 도왔어. ⑤그러고 나서 나는 다른 아이디어를 생각해 냈어. ⑥그것은 허수아비를 이용하는 거였어. ⑦하지만 사자들은 매우 영리했어. ⑧첫날에는 사자들이 돌아갔어. ⑨둘째 날에는 사자들이 뛰어들어 와서 더 많은 동물들을 죽였어. ⑩어느 날 밤, 나는 전등을 들고 소들의 주위를 걷고 있었는데 사자들은 오지 않았어. ⑪나는 사자들이 움직이는 불빛을 두려워한다는 것을 발견했어. ⑫그래서 나는 한 가지 아이디어를 생각해 냈어. ⑬나는 전기로 움직이는 전등을 발명하기로 결심했어. ⑭나는 기계를 좋아하기 때문에 전등을 만들기 위해 내가 필요했던 것들을 찾을 수 있었어. ⑮나는 오래된 자동차 배터리, 오토바이에서 찾은 작은 장치, 스위치, 그리고 부서진 전등을 찾았어.

구문

❶ My first idea was **to use** fire.

to use는 보어로 쓰인 to부정사로 '사용하는 것'이라는 뜻이다.

❹ **Instead**, the fire helped the lions to better **watch the cows move**.

instead는 '대신에'라는 뜻이며, 앞의 내용과는 다른 내용이 전개될 때 사용한다. watch는 지각동사로 'watch+목적어+동사원형'의 형태로 쓰여 '~가 …하는 것을 보다'라는 뜻이다.

❽ The first day, **they were turned away**.

turn away는 '돌려보내다'라는 뜻으로 they were turned away는 '그것들은 돌려보내졌다/돌아갔다'라는 뜻의 수동태 문장이다.

❿ One night, I **was walking** around the cows with a light, and the lions didn't come.

was walking은 과거 진행형으로 '…하고 있는 중이었다'라는 뜻이다.

⓮ Because I like machines, I could find **what I needed to make the lights**.

'what+주어+동사'는 '~가 …하는 것'이라는 뜻으로 what I needed는 '내가 필요했던 것'이라는 뜻이다. to make the lights는 to부정사구로 '전등을 만들기 위해서'라는 뜻이다.

단어 숙어

- **instead** 및 대신에 [e.g.] Minsu didn't study law. **Instead**, he decided to become an actor.
- **scarecrow** 영 허수아비 [e.g.] In fall, there is a **scarecrow** in the middle of the field.
- **turn away** 돌려보내다 [e.g.] Hundreds of people were **turned away** from the stadium.
- **device** 영 장치, 기구 [e.g.] Police found the **device** hidden in a suitcase.
- **motorcycle** 영 오토바이 [e.g.] The man is fixing the **motorcycle**.
- **electronic** 영 전자의 *cf.* electric 영 전기의 [e.g.] These days, we use **electronic** devices such as televisions and computers all the time.

Grammar ➕

to부정사의 쓰임

to부정사는 'to+동사원형'의 형태로 '…하는 것, …할, …하기 위해서' 등의 의미로 쓰인다.

1. 명사처럼 쓰이는 경우

- My dream is **to be** a singer. (나의 꿈은 가수가 되는 것이다.)
- Sujin likes **to watch** movies when she has free time. (수진이는 자유 시간이 있을 때 영화 보는 것을 좋아한다.)

2. 형용사처럼 쓰이는 경우

- I have no time **to study**. (나는 공부할 시간이 없다.)
- I need somebody **to love**. (나는 사랑할 누군가가 필요하다.)

3. 부사처럼 쓰이는 경우

- We go to school **to study** English. (우리는 영어를 공부하기 위해 학교에 간다.)
- **To pass** the exam, Eric studied every day. (시험을 통과하기 위해 Eric은 매일 공부를 했다.)

Mini Test 📑

정답과 해설 p. 326

A 본문의 내용과 일치하면 T, 일치하지 않으면 F를 쓰시오.

1. Richard's first idea was to use a scarecrow. (　　)

2. Richard could find what he needed to make the lights because he likes machines. (　　)

B 다음 질문에 대한 알맞은 답을 쓰시오.

Q. What did Richard find to make the lights?

A. He ____.

At thirteen, I finally made what I called "lion lights." My father said, "I'm so proud of you, Richard!" Since then, I have set up lights at seven homes in my community and haven't heard anyone complain about lions. They thanked me, saying "This is exactly what we wanted, lovely boy!"

5 Surprisingly, my idea is now used all over Kenya to scare away other animals, such as elephants. From this experience, I realized that I could make a difference in people's lives even though I am just a young boy. I was also able to prevent lions from being killed.

 Thanks to my work, I got a scholarship to a great school in Kenya. I

10 am really excited about this. In my new school, I am now teaching my friends how to make and use the lights. I tell my friends, "Our ideas can make a difference in people's lives!"

Q3 What did Richard realize from his experience?

Think Talk about an idea you had that helped other people.

set up 설치하다   complain   prevent … from -ing …을 ~하는 것으로부터 막다
scholarship

How fast can you read?
- **1st:** _____ min. _____ sec.
- **2nd:** _____ min. _____ sec.

Q3 What did Richard realize from his experience? Richard는 그의 경험으로부터 무엇을 깨달았나요?

A3 He realized that he could make a difference in people's lives (even though he is just a young boy).
그는 (그가 비록 어린 소년임에도 불구하고) 사람들의 삶에 변화를 일으킬 수 있다는 것을 깨달았습니다.

해설 From this experience, I realized that I could make a difference in people's lives even though I am just a young boy.에서 그가 경험을 통해 비록 어린 소년임에도 불구하고 사람들의 삶에 변화를 일으킬 수 있다는 것을 깨달았음을 알 수 있다.

교과서 p.19

[Think] Talk about an idea you had that helped other people. 다른 사람들을 도왔던 여러분의 아이디어에 대해 말해 봅시다.
→ My friends had a hard time remembering homework. So, I made a notice board with the homework at the front of the classroom. 제 친구들이 숙제를 기억하는 데 어려움을 겪어서 저는 교실 앞에 숙제를 적은 게시판을 만들었습니다.

해석

①열세 살에 나는 마침내 내가 '사자 전등'이라고 불렀던 것을 만들었어. ②나의 아버지께서는 "나는 네가 정말 자랑스럽구나, Richard!"라고 말씀하셨어. ③그때 이후로, 나는 우리 동네 일곱 가구의 집에 전등을 설치했고, 누구도 사자들에 대해서 불평하는 것을 듣지 못했어. ④그들은 나에게 "이것이 바로 우리가 원했던 거야, 사랑스러운 아이야!"라고 말하면서 감사를 표했어. ⑤놀랍게도 나의 아이디어는 이제 코끼리와 같은 다른 동물들을 겁주어 쫓아내기 위해서 케냐 전역에 걸쳐 사용되고 있어. ⑥이 경험을 통해 나는 내가 어린 소년이지만 사람들의 삶에 변화를 일으킬 수 있다는 것을 깨달았어. ⑦나는 사자들이 죽임을 당하는 것 또한 막을 수 있었어.
⑧나의 작업 덕분에, 나는 케냐 최고의 학교에 장학금을 받고 입학하게 되었어. ⑨나는 정말 기분이 좋아. ⑩새 학교에서 나는 지금 친구들에게 어떻게 전등을 만들고 사용하는지 가르쳐 주고 있어. ⑪나는 친구들에게 "우리의 아이디어가 사람들의 삶에 변화를 일으킬 수 있어!"라고 이야기해.

구문

❶ At thirteen, I finally made **what I called "lion lights."**
'what+주어+동사'는 '~가 …하는 것'이라는 뜻으로 '내가 '사자 전등'이라고 불렀던 것'이라는 뜻이다.

❸ Since then, I **have set up** lights at seven homes in my community and haven't **heard anyone complain** about lions.
have set up은 현재 완료 시제로 과거부터 현재까지 완료된 동작을 나타낸다.
hear는 지각동사로 'hear+목적어+동사원형'의 형태로 쓰여 '~가 …하는 것을 듣다'라는 뜻이다.

❹ They thanked me, saying "This is exactly **what we wanted**, lovely boy!"
what we wanted는 '우리가 원했던 것'이라는 뜻이다.

❽ **Thanks to** my work, I got a scholarship to a great school in Kenya.
thanks to는 '… 덕분에'라는 뜻으로 뒤에 명사 또는 명사구가 온다.

단어·숙어

- **set up** 설치하다 [e.g.] She **set up** CCTV around her house.
- **complain** [동] 불평하다 [e.g.] He works hard but he never **complains**.
- **prevent ~ from -ing** ~가 …하는 것을 막다 [e.g.] Bad weather **prevented** us **from leaving**.
- **scholarship** [명] 장학금 [e.g.] She got a **scholarship** to Yale.

Grammar +

현재 완료 시제

1. 형태: have[has]+과거 분사
2. 의미: …해 왔다, …해 오고 있다
3. 쓰임: 과거의 일이 현재까지 영향을 미쳐 현재와 관련이 있을 때 쓴다.

- I **have lived** in Seoul for 10 years. (나는 서울에서 10년 동안 살고 있다.)
- **Have** you **read** any of the *Harry Potter* books? (너는 해리 포터 책을 읽어봤니?)
- She **has** just **finished** her homework. (그녀는 막 숙제를 끝냈다.)

Mini Test

정답과 해설 p. 326

다음 글을 읽고, 물음에 답하시오.

At thirteen, I finally made what I called "lion lights." My father said, "I'm so proud of you, Richard!" Since then, I have set up lights at seven homes in my community and haven't heard anyone complain about lions. They thanked me, saying "This is exactly what we wanted, lovely boy!" Surprisingly, my idea is now used all over Kenya to scare away other animals, such as elephants.

1. What did he finally make at thirteen? (2단어) ________________

2. 그의 아이디어는 케냐 곳곳에서 무엇을 위해 사용되는지 윗글에서 찾아 영어로 쓰시오.

____

After You Read

A **Look and Find** 다음 그림을 보고, 본문의 내용과 <u>다른</u> 두 곳을 찾아 표시해 봅시다.

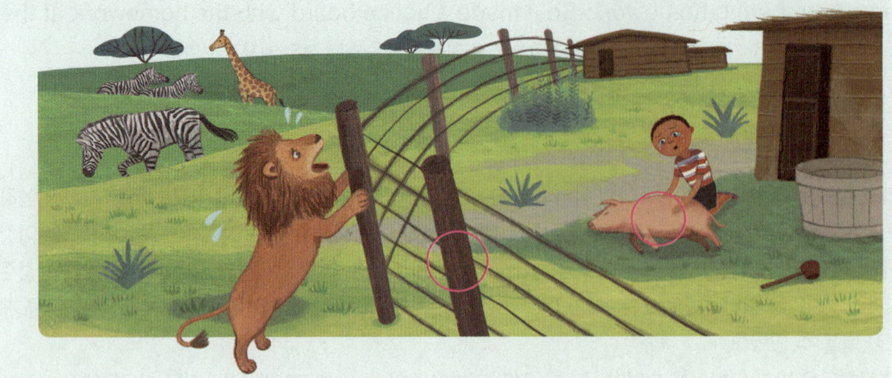

활동 방법 주어진 그림을 보고, 본문의 내용과 다른 두 곳을 찾아 동그라미로 표시해 본다.

풀이 본문 내용에 따르면 나이로비 국립 공원의 남쪽 지역에는 울타리가 없어 사자와 같은 야생 동물들이 공원 밖으로 자유롭게 나갈 수 있다. 또한, Richard는 돼지가 아니라 소가 바닥에 누워 있는 것을 보고 슬퍼했다.

B **Think and Write** 빈칸에 알맞은 말을 넣어 Richard의 연구 노트를 완성해 봅시다.

First Idea

What	to use ___fire___
How did it go?	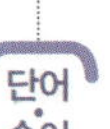 It helped the lions to better watch the cows ___move___.

Second Idea

What	to use a ___scarecrow___
How did it go?	The first day, the lions were ___turned___ ___away___. But on the second day, they jumped in and killed more animals.

Third Idea

What	to invent lights that move ___electronically___
How did it go?	I haven't heard anyone ___complain___ about lions.

활동 방법 본문을 다시 읽고, 빈칸에 알맞은 말을 넣어 Richard의 연구 노트를 완성해 본다.

💬 사람과 야생 동물 간의 갈등 사례를 조사한 후, 발표해 봅시다.

단어 숙어
scarecrow [명] 허수아비
turn away 돌려보내다
jump in 뛰어들어 오다
invent [동] 발명하다
electronically [부] 전자 방식으로
complain [동] 불평하다

해석

첫 번째 아이디어
무엇: 불을 사용하는 것
어떻게 진행되었나?: 불은 사자들이 소들이 움직이는 것을 더욱 잘 볼 수 있도록 도왔다.

두 번째 아이디어
무엇: 허수아비를 사용하는 것
어떻게 진행되었나?: 첫날, 사자들은 돌아갔다. 하지만 둘째 날 사자들은 뛰어들어 와 더 많은 동물들을 죽였다.

세 번째 아이디어
무엇: 전기로 움직이는 전등을 발명하는 것
어떻게 진행되었나?: 나는 누구도 사자들에 대해 불평하는 것을 듣지 못했다.

● 본문 내용을 떠올려 빈칸을 채워 봅시다.

My name is Richard Turere. I live in Kenya in the southern part of Nairobi National Park. The southern part of the park does not have a _________, so wild animals like lions move out of the park freely. They kill the animals that farmers are _________. As a result, farmers try to kill the lions because they want to _________ their animals.

One morning, I woke up and saw our _________ lying on the ground. It was dead, and I felt so bad. At first, I thought I couldn't do anything because I was only eleven. Then I realized I shouldn't _________ the problem. I really wanted to help the people in my town in the same situation.

My first idea was to use _________. I thought lions were afraid of it. Sadly, it didn't work. Instead, the fire helped the lions to better watch the cows move. Then I had another idea. It was to use a _________. But the lions were very clever. The first day, they were turned away. On the second day, they jumped in and killed more animals.

One night, I was walking around the cows with a light, and the lions didn't come. I discovered that lions were afraid of a _________ light. So I came up with an idea. I decided to invent lights that move _________. Because I like machines, I could find what I needed to make the lights. I found an old car battery, a small device from a motorcycle, a switch, and a broken electronic light.

At thirteen, I finally made what I called "lion lights." My father said, "I'm so _________ of you, Richard!" Since then, I have set up lights at seven homes in my community and haven't heard anyone _________ about lions. They thanked me, saying "This is exactly what we wanted, lovely boy!" Surprisingly, my idea is now used all over Kenya to _________ away other animals, such as elephants. From this experience, I realized that I could make a _________ in people's lives even though I am just a young boy. I was also able to _________ lions from being killed.

Thanks to my work, I got a _________ to a great school in Kenya. I am really excited about this. In my new school, I am now teaching my friends how to make and use the lights. I tell my friends, "Our _________ can make a difference in people's lives!"

정답 | fence, raising, protect, cow, ignore, fire, scarecrow, moving, electronically, proud, complain, scare, difference, prevent, scholarship, ideas

Word Builder

A 그림에 맞게 철자를 배열하여 단어를 완성한 후, 그 뜻을 써 봅시다.

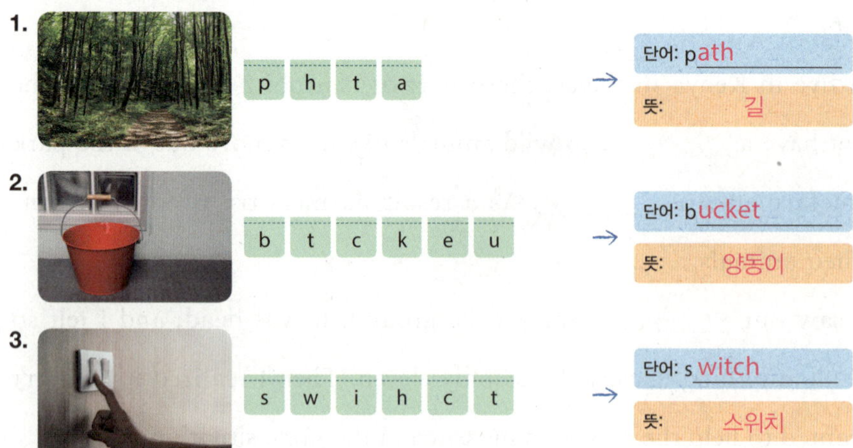

1. p h t a
단어: p**ath**
뜻: 길

2. b t c k e u
단어: b**ucket**
뜻: 양동이

3. s w i h c t
단어: s **witch**
뜻: 스위치

풀이
1 '길, 도로'의 영어 단어는 path이다.
2 '양동이'의 영어 단어는 bucket이다.
3 '스위치'의 영어 단어는 switch이다.

B 그림에 맞게 빈칸에 알맞은 말을 단어 상자에서 골라 써 봅시다.

sort set move wake

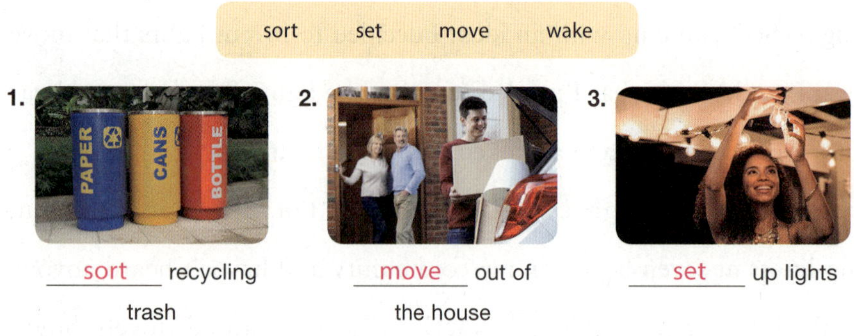

1. **sort** recycling trash
2. **move** out of the house
3. **set** up lights

풀이
1 '재활용 쓰레기를 분류하다'라는 의미가 되도록 sort가 알맞다.
2 '집에서 나오다'라는 의미가 되도록 move가 알맞다.
3 '전등을 설치하다'라는 의미가 되도록 set이 알맞다.

단어·숙어
sort ⑧ 분류하다
move out of …에서 나오다
set up 설치하다

C 빈칸에 알맞은 말을 단어 카드에서 골라 써 봅시다.

1. I gave him some advice, but he decided to **ignore** it.
2. We don't **complain** about the school lunch because we like it.
3. When I entered the classroom, I didn't **realize** the window was broken.

realize complain protect prevent ignore

풀이
1 '충고를 무시하기로 결정했다'라는 뜻이 되어야 하므로 ignore가 알맞다.
2 '학교 급식에 불평하지 않는다'라는 뜻이 되어야 하므로 complain이 알맞다.
3 '창문이 깨져 있었다는 것을 알아차리지 못했다'라는 뜻이 되어야 하므로 realize가 알맞다.

단어·숙어
ignore ⑧ 무시하다
complain ⑧ 불평하다
realize ⑧ 깨닫다, 알아차리다

해석
1 나는 그에게 조언을 해 주었지만, 그는 그것을 무시하기로 결정했다.
2 우리는 학교 급식을 좋아하기 때문에 학교 급식에 대해 불평하지 않는다.
3 내가 교실에 들어갔을 때, 나는 창문이 깨져 있었다는 것을 알아차리지 못했다.

Word Check 

정답과 해설 p. 326

A 다음 영어 표현은 우리말로, 우리말은 영어로 쓰시오.

1. fence ________________

2. trash ________________

3. bump ________________

4. path ________________

5. prevent ________________

6. 지지, 지원 ________________

7. 장학금 ________________

8. 의견, 논평 ________________

9. 표지판, 신호 ________________

10. 분류하다 ________________

B 다음 빈칸에 주어진 단어를 활용하여 문장을 완성하시오.

1. The ________________ part of the country has many mountains. (south)

2. Millions of people visit the ________________ park every year. (nation)

3. I was ________________ about the weather because it snowed a lot yesterday. (worry)

C 다음 빈칸에 알맞은 단어를 보기 에서 골라 쓰시오.

> 보기
>
> result   instead   set   turn   realize

1. When I got to school, I ________________d I forgot my homework.

2. I woke up late. As a ________________, I couldn't arrive at the station on time.

3. I couldn't buy a new car. ________________, I bought a used one.

4. My mother ________________ up a stereo in the living room.

5. Many cars were ________________ed away because the parking lot was already full.

Language in Use

what (I) (want) ...

A **Choose and Talk** 다음 중 갖고 싶은 생일 선물을 고른 후, 짝과 대화해 봅시다.

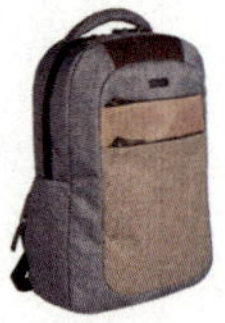

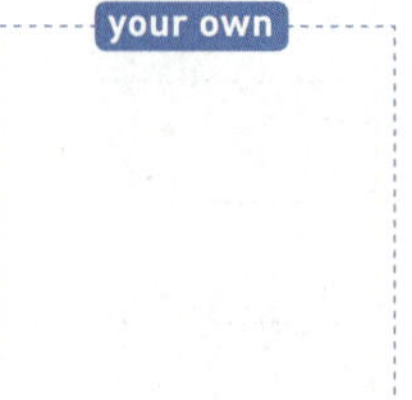

☐ a backpack

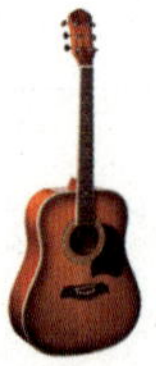

☐ a guitar

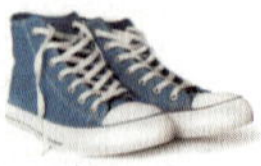

☐ shoes

your own

A: Can you guess what I want for my birthday?

B: Is it a backpack?

A: Yes. What I want for my birthday is a backpack.

No. What I want for my birthday is a guitar.

[단어·숙어]
backpack [명] 배낭
guitar [명] 기타
guess [동] 추측하다, 알아맞히다

[해석]
A: 내가 내 생일에 무엇을 원하는지 알아맞혀 볼래?
B: 배낭이야?
A: 응. 내가 내 생일에 원하는 것은 배낭이야.
아니. 내가 내 생일에 원하는 것은 기타야.

[예시 대화]

- A: Can you guess what I want for my birthday?
  B: Is it a guitar?
  A: Yes. What I want for my birthday is a guitar.
  No. What I want for my birthday is shoes.
- A: Can you guess what I want for my birthday?
  B: Is it shoes?
  A: Yes. What I want for my birthday is shoes.
  No. What I want for my birthday is a backpack.

- A: 내가 내 생일에 무엇을 원하는지 알아맞혀 볼래?
  B: 기타니?
  A: 응. 내가 내 생일에 원하는 것은 기타야.
  아니. 내가 내 생일에 원하는 것은 신발이야.
- A: 내가 내 생일에 무엇을 원하는지 알아맞혀 볼래?
  B: 신발이니?
  A: 응. 내가 내 생일에 원하는 것은 신발이야.
  아니. 내가 내 생일에 원하는 것은 배낭이야.

Form 1 ▶ **what (I) (want) ...**

'…하는 것'이라는 뜻으로 the thing(s) that/which로 바꿔 쓸 수 있다.

- **형태:** what+주어+동사
- **의미:** …하는 것
- **특징:** 선행사를 포함하는 관계대명사로 다른 관계대명사와 달리 what 앞에 선행사[명사]가 없다.
- **바꿔 쓸 수 있는 말:** the thing(s) that/which

[e.g.] Take **what** you want. (당신이 원하는 것을 가져가세요.)
What he said was true. (그가 말했던 것은 사실이었다.)
We have sent **what** you ordered. (우리는 당신이 주문했던 것을 보냈다.)
That's **what** makes you beautiful. (그것이 당신을 아름답게 만드는 것이다.)
We can't give you **what** you need. (우리는 당신이 필요한 것을 줄 수가 없다.)

see/watch/hear ... (lying) ~

B **Look and Write** 다음 그림을 보고, 빈칸에 알맞은 말을 써 봅시다.

singing
running
floating

1. I watched rats __running__ out of the house.
2. I heard someone __singing__ in an empty room.
3. I saw some paintings __floating__ in the air.

'see, watch, hear+대상' 다음에는 동작을 나타내는 말의 원래 형태도 올 수 있습니다.

해석

1 나는 쥐들이 집 밖으로 달려가고 있는 것을 보았다.

2 나는 누군가가 빈 방에서 노래하고 있는 것을 들었다.

3 나는 그림들이 공중에 떠다니고 있는 것을 보았다.

풀이

1 쥐들이 달려가고 있으므로 'watch+대상+현재 분사' 형태에 맞게 빈칸에는 running이 알맞다.

2 누군가가 노래하고 있으므로 'hear+대상+현재 분사' 형태에 맞게 빈칸에는 singing이 알맞다.

3 그림들이 떠다니고 있으므로 'see+대상+현재 분사' 형태에 맞게 빈칸에는 floating이 알맞다.

Form 2

▶ **see/watch/hear ... (lying) ~**

'see/watch/hear+대상+현재 분사' 형태로 동작이 진행 중임을 강조한다.

- **형태:** see/watch/hear+대상+현재 분사
- **의미:** ~가 …하고 있는 것을 보다/지켜보다/듣다
- e.g. She **heard the doorbell ringing**. (그녀는 초인종이 울리고 있는 것을 들었다.)
  He **saw her talking** to a man. (그는 그녀가 한 남자에게 말하고 있는 것을 보았다.)
  We **watched them running** back and forth.
  (우리는 그들이 왔다 갔다 하며 뛰고 있는 것을 보았다.)
- **기타:** 동사원형을 쓰는 경우, 보거나 듣는 전체의 동작 또는 사건을 강조한다.
- e.g. I **saw her cross** the street. (나는 그녀가 거리를 건너는 것을 보았다.)
  I **saw her crossing** the street. (나는 그녀가 거리를 건너고 있는 것을 보았다.)

Self-check	😊	😟
• I can use 'what (I) (want) … .'	☐	☐
• I can use 'see/watch/hear … (lying) ~.'	☐	☐

Point 1 what (I) (want) ...

A 설명을 읽고, 밑줄 친 부분을 바르게 고쳐 써 봅시다.

- what ...: '…하는 것'이라는 뜻으로 the thing(s) that[which]로 바꿔 쓸 수 있다.
  What he said was true.
  → The thing that he said was true. (O)
  → The thing what he said was true. (X)

1. The thing what they should do is clear. → that/which
2. That he likes to do after school is dancing. → What
3. A sandwich is what wanted she for breakfast. → what she wanted

풀이
1 관계대명사 what은 선행사를 포함하므로 선행사 The thing과 함께 쓸 수 없다. what은 the thing that/which로 바꿔 쓸 수 있으므로 what을 that 또는 which로 고쳐야 한다.
2 That 앞에 선행사가 없으므로 선행사를 포함하는 관계대명사 What으로 고쳐야 한다.
3 관계대명사 what은 'what+주어+동사'의 형태로 쓰이므로 what she wanted로 고쳐야 한다.

단어·숙어
clear [형] 명확한, 명백한
after school 방과 후에
breakfast [명] 아침 식사

해석
- 그가 말했던 것은 사실이었다.
1 그들이 해야 하는 것은 명확하다.
2 그가 방과 후에 하기를 좋아하는 것은 춤추기다.
3 샌드위치는 그녀가 아침 식사로 원했던 것이다.

Point 2 see/watch/hear ... (lying) ~

B 설명을 읽고, 괄호 안에서 알맞은 표현을 골라 봅시다.

- see/watch/hear + 대상 + 동사원형으로 문장에서 사용되며, 동작이 진행 중임을 강조할 때는 '-ing' 형태도 사용할 수 있다.
  I saw her crossing/cross the road.
  I heard him singing/sing in the bathroom.

1.
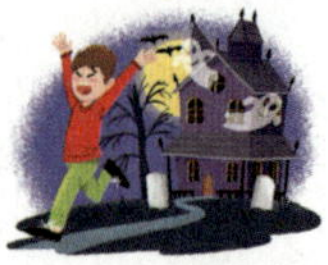
I saw him (to run / running) away.

2.
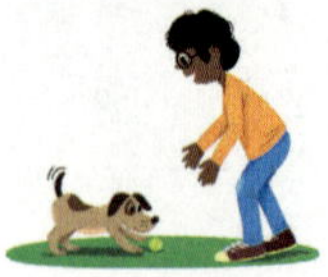
He likes to watch his dog (to play / playing) with a ball.

3.
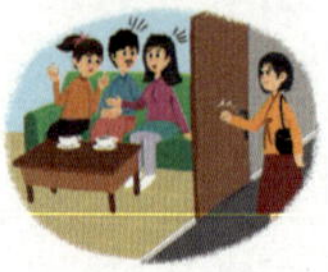
My family heard someone (knock / knocked) on the door.

풀이
1 '…가 ~하고 있는 것을 보다'의 의미일 때, him 다음의 동사는 -ing 형태를 쓰는 것이 알맞다.
2 '…가 ~하고 있는 것을 보다'의 의미일 때, his dog 다음의 동사는 -ing 형태를 쓰는 것이 알맞다.
3 '…가 ~하는 것을 듣다'의 의미일 때, someone 다음의 동사는 동사원형 형태를 쓰는 것이 알맞다.

단어·숙어
cross [동] 건너다
run away 도망가다
knock [동] 두드리다, 노크하다

해석
- 나는 그녀가 길을 건너고 있는 것을/건너는 것을 보았다.
- 나는 그가 욕실에서 노래를 부르고 있는 것을/부르는 것을 들었다.
1 나는 그가 도망가고 있는 것을 보았다.
2 그는 그의 개가 공놀이를 하고 있는 것을 보는 것을 좋아한다.
3 나의 가족은 누군가가 문을 두드리는 것을 들었다.

Grammar Builder B

Point 1 what (I) (want) ...

A 'what'을 사용하여 빈칸에 알맞은 말을 써 봅시다.

1.

The food that I want for lunch is gimbap.
→ ____What____ I want for lunch is gimbap.

2.

The book that Minho is reading these days is *Harry Potter*.
→ ____What Minho____ is reading these days is *Harry Potter*.

3.

The thing that Sophie wants for her birthday is a backpack.
→ ____What Sophie wants for her birthday____ is a backpack.

풀이
1 선행사 The food와 관계대명사 that은 관계대명사 What으로 대체할 수 있다.
2 선행사 The book과 관계대명사 that은 관계대명사 What으로 대체할 수 있다.
3 선행사 The thing과 관계대명사 that은 관계대명사 What으로 대체할 수 있다.

단어 숙어
lunch ⑲ 점심
these days 요즘
backpack ⑲ 배낭

해석
1 내가 점심으로 원하는 음식은 김밥이다. → 내가 점심으로 원하는 것은 김밥이다.
2 요즘 민호가 읽고 있는 책은 해리 포터이다. → 요즘 민호가 읽고 있는 것은 해리 포터이다.
3 Sophie가 그녀의 생일에 원하는 것은 배낭이다. → Sophie가 그녀의 생일에 원하는 것은 배낭이다.

Point 2 see/watch/hear ... (lying) ~

B 주어진 표현을 바르게 배열하여 문장을 완성해 봅시다.

1. [playing me]
→ My sister heard ____me playing____ the guitar.

2. [practicing his friend]
→ James saw ____his friend practicing____ basketball.

3. [cleaning the classroom Minsu]
→ I saw ____Minsu cleaning the classroom____.

4. [on the stage watched dancing a boy band]
→ We ____watched a boy band dancing on the stage____.

풀이
1 'hear+대상+현재 분사'의 형태로 써야 하므로 heard me playing이 알맞다.
2 'see+대상+현재 분사'의 형태로 써야 하므로 saw his friend practicing이 알맞다.
3 'see+대상+현재 분사'의 형태로 써야 하므로 saw Minsu cleaning the classroom이 알맞다.
4 'watch+대상+현재 분사'의 형태로 써야 하므로 watched a boy band dancing on the stage가 알맞다.

단어 숙어
play the guitar 기타를 치다
practice ⑧ 연습하다
on the stage 무대 위에서
boy band 소년 밴드, 남성 그룹

해석
1 나의 여동생은 내가 기타를 치고 있는 것을 들었다.
2 James는 그의 친구가 농구를 연습하고 있는 것을 보았다.
3 나는 민수가 교실을 청소하고 있는 것을 보았다.
4 우리는 한 소년 밴드가 무대 위에서 춤을 추고 있는 것을 보았다.

Grammar Check 

A 다음 괄호 안에서 알맞은 말을 고르시오.

1. Read (that / what) you want.

2. We have sent you (the thing that / the thing what) you ordered.

3. I could hear people (to talk / talking).

4. He heard the phone (rang / ringing).

B 다음 빈칸에 알맞은 말을 보기에 주어진 단어를 활용하여 쓰시오.

> 보기
>
> talk   pick   sing   scream

1. Eunji saw a man ___________ up the trash.

2. I watched my friend ___________ on the stage.

3. Did you hear someone ___________?

4. Kevin heard his mom ___________ to the phone.

C 주어진 단어를 바르게 배열하여 문장을 완성하시오.

1. (I, wanted, what, is)

   → This ___________________________!

2. (Sujin, needs, what)

   → ___________________________ is a computer.

3. (ate, what, we)

   → Bibimbap is ___________________________ for lunch.

4. (happy, makes, me, what)

   → ___________________________ is my family.

D 다음 빈칸에 알맞은 말을 보기에 주어진 단어를 활용하여 글을 완성하시오.

> 보기
>
> walk   like   ride   bark

Today is Sunday. So I went to the park to have a picnic with my family. I see many people ___________ a bike on the bike path. I also see some people ___________ their dogs. I can hear the dogs ___________, too. They all look happy. What I ___________ most for the picnic is gimbap. It tastes great!

Grammar Tip

1, 2. 관계대명사 what은 선행사를 포함하며, the thing(s) that/which로 바꿔 쓸 수 있다.

• '…가 ~하는/하고 있는 것을 보다/지켜보다/듣다'의 의미를 말할 때는 'see/watch/hear+대상+동사원형/현재분사'의 형태로 쓴다.

• '…하는 것'의 의미로 'what+주어+동사'가 쓰인다.

Let's Write

Our Class Bazaar

교과서 p.22

Ready 학급 바자회에 기부할 물품의 용도와 특징을 써 봅시다.

My Item for the Class Bazaar

• a bag • a pencil case • a watch • ________

Item		Use		Characteristic
a bag	▶	to carry many things	▷	light and comfortable
	▶		▷	

[단어 숙어] carry [동] 가지고 다니다
light [형] 가벼운
comfortable [형] 편안한

[해석] **학급 바자회를 위한 나의 물품**
• 가방 • 필통 • 시계
물품 가방
용도 많은 것들을 가지고 다님
특징 가볍고 편안함

[활동 방법] 학급 바자회에 기부할 자신의 물품의 용도와 특징을 써 본다.

Write 위의 내용을 바탕으로 자신이 기부할 물품을 소개하는 글을 써 봅시다.

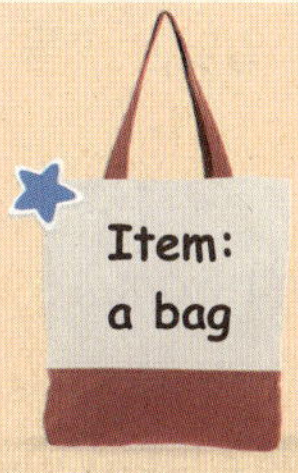

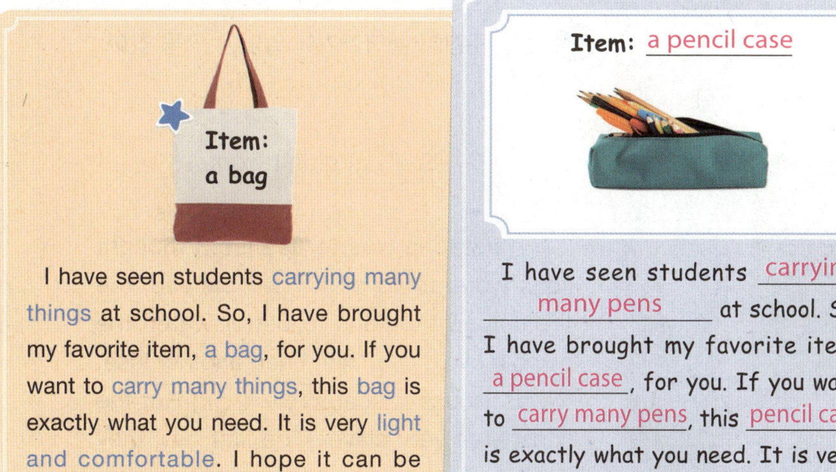

I have seen students carrying many things at school. So, I have brought my favorite item, a bag, for you. If you want to carry many things, this bag is exactly what you need. It is very light and comfortable. I hope it can be useful for you. Thank you.

Item: a pencil case

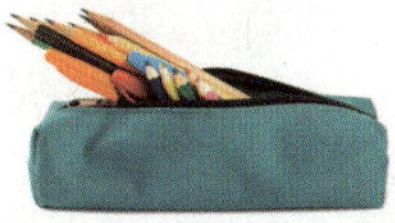

I have seen students carrying many pens at school. So, I have brought my favorite item, a pencil case, for you. If you want to carry many pens, this pencil case is exactly what you need. It is very light and colorful. I hope it can be useful for you. Thank you.

[단어 숙어] bring [동] 가져오다
exactly [부] 정확히, 바로
useful [형] 쓸모 있는

[활동 방법] 학급 바자회를 위해 자신이 기부할 물품에 대해 '지각동사+대상+현재 분사' 형태를 활용하여 소개하는 글을 써 본다.

[해석] 저는 학생들이 학교에서 많은 것들을 가지고 다니는 것을 봤습니다. 그래서 저는 제가 가장 좋아하는 물건인 가방을 여러분을 위해 가지고 왔습니다. 만약 여러분이 많은 것들을 가지고 다니고 싶다면, 이 가방이 바로 여러분이 필요한 것입니다. 이것은 매우 가볍고 편합니다. 저는 이 것이 여러분에게 쓸모가 있기를 바랍니다. 감사합니다.

[해석] 저는 학생들이 학교에서 많은 펜을 가지고 다니는 것을 봤습니다. 그래서 저는 제가 가장 좋아하는 물건인 필통을 여러분을 위해 가지고 왔습니다. 만약 여러분이 많은 펜을 가지고 다니고 싶다면, 이 필통이 바로 여러분이 필요한 것입니다. 이것은 매우 가볍고 화려합니다. 저는 이것이 여러분에게 쓸모가 있기를 바랍니다. 감사합니다.

Present 학급 바자회를 열고, 완성한 소개글을 친구들 앞에서 발표해 봅시다.

Peer Review	😊	😖
• 기부할 물품의 용도와 특징을 정리하여 소개하는 글을 잘 썼나요?	☐	☐
• 'what you need'와 'see ... (carrying) ~' 표현을 이해하고 잘 사용하였나요?	☐	☐

1 대화를 듣고, 내용과 일치하면 T에, 일치하지 않으면 F에 표시해 봅시다. 

(1) The boy signed up for the soccer team.

☑ T ☐ F

(2) The coach will accept only one new member for the soccer team this year.

☐ T ☑ F

2 주어진 표현을 사용하여 대화를 완성한 후, 짝과 대화해 봅시다.

A: My sister is sick. I'm worried about her.

B: I'm sorry to hear that. I hope _she gets/ will get better_ soon. (get better)

5 그림을 보면서 다음과 같이 짝과 대화해 봅시다.

playing basketball   riding a bike

e.g. A: What do you see in the picture?

B: I see boys playing basketball in the park.

I see girls riding a bike in the park.

your own

6 지역 사회를 위해 자신이 하고 싶은 일을 말해 봅시다.

e.g. What I want to do for the community is to pick up trash.

3 다음 문장이 들어가기에 알맞은 곳을 찾아 봅시다.

Sadly, it didn't work.

My first idea was to use fire. I thought lions were afraid of it. (①) Instead, the fire helped the lions to better watch the cows move. (②) Then I had another idea. It was to use a scarecrow. (③) But the lions were very clever. The first day, they were turned away. On the second day, they jumped in and killed more animals.

4 다음 글을 읽고, 밑줄 친 an idea가 의미하는 것을 우리말로 써 봅시다.

One night, I was walking around the cows with a light, and the lions didn't come. I discovered that lions were afraid of a moving light. So I came up with <u>an idea</u>. I decided to invent lights that move electronically. Because I like machines, I could find what I needed to make the lights.

➡ _전기로 움직이는 전등을 발명하는 것_

My Score   /6   4-6   2-3   0-1

1

Script

G: You look down. What's the matter?
B: I signed up for the soccer team, but I couldn't join.
G: Why not?
B: There were already too many students on the team, so the coach won't accept any new students this year.
G: That's too bad. I hope you find another fun club.
B: Thanks.

해석

G: 너 우울해 보여. 무슨 일 있어?
B: 나는 축구부에 들어가려고 신청했는데, 들어갈 수가 없었어.
G: 왜?
B: 축구부에 이미 너무 많은 학생들이 있어서 코치님이 올해에는 신입생들을 받지 않으신대.
G: 그거 안됐구나. 다른 재미있는 동아리를 찾기를 바라.
B: 고마워.
(1) 소년은 축구부에 들어가려고 신청했다.
(2) 코치는 올해 축구부에 신입 회원을 한 명만 받을 것이다.

풀이
(1) 소년은 축구부에 들어가려고 신청했다.
(2) 코치는 올해 신입생을 받지 않는다고 했다.

단어 숙어
sign up for …을 신청하다
accept ⑧ 받아들이다

2

해석
A: 내 여동생이 아파. 나는 여동생이 걱정돼.
B: 그렇다니 안됐구나. 여동생이 곧 나아지기를 바랄게.

풀이
I hope 다음에 기원하는 내용이 와야 하므로 I hope she gets/will get better soon.이라고 말한다.

단어 숙어
get better 낫다, 나아지다

3

해석
　나의 첫 번째 아이디어는 불을 사용하는 것이었어. 나는 사자들이 불을 무서워할 거라고 생각했어. 슬프게도 그것은 효과가 없었어. 대신에 불은 사자들이 소들이 움직이는 것을 더욱 잘 볼 수 있도록 도왔어. 그러고 나서 나는 다른 아이디어를 생각해 냈어. 그것은 허수아비를 이용하는 거였어. 하지만 사자들은 매우 영리했어. 첫날에는 사자들이 돌아갔어. 둘째 날에는 사자들이 뛰어들어 와서 더 많은 동물들을 죽였어.

풀이
주어진 문장은 사자들에게 불을 사용한 것이 왜 효과가 없었는지를 말해 주는 문장 앞이 알맞다.

단어 숙어
sadly ⑨ 슬프게도
afraid ⑧ 무서워하는, 걱정하는
instead ⑨ 대신에

4

해석
　어느 날 밤, 나는 전등을 들고 소들의 주위를 걷고 있었는데 사자들은 오지 않았어. 나는 사자들이 움직이는 불빛을 두려워한다는 것을 발견했어. 그래서 나는 한 가지 아이디어를 생각해 냈어. 나는 전기로 움직이는 전등을 발명하기로 결심했어. 나는 기계를 좋아하기 때문에 전등을 만들기 위해 내가 필요했던 것들을 찾을 수 있었어.

풀이
I decided to invent lights that move electronically. 문장에서 an idea가 의미하는 것이 '전기로 움직이는 전등을 발명하는 것'임을 알 수 있다.

단어 숙어
light ⑧ 전등, 빛
invent ⑧ 발명하다
electronically ⑨ 전자적으로, 전자에 의해

5

해석
A: 너는 그림에서 무엇이 보이니?
B: 나는 소년들이 공원에서 농구하고 있는 것이 보여.
　나는 소녀들이 공원에서 자전거를 타고 있는 것이 보여.

풀이
지각동사 see를 사용하여 'see + 대상 + 현재 분사' 형태로 그림 속 인물들의 동작을 묘사한다.

6

해석
내가 지역 사회를 위해 하고 싶은 것은 쓰레기를 줍는 것이다.

풀이
What do you want to do for the community?라는 질문에 대한 대답으로 what을 사용하여 'what + 주어 + 동사' 형태로 말해 본다.

예시 답안
What I want to do for the community is to help the elderly. 내가 지역 사회를 위해 하고 싶은 것은 어르신들을 돕는 것이다.

단어 숙어
community 지역 사회
pick up 줍다

We Can Make a Difference　**35**

Culture & Life

Actions for a Better World

Find out 더 좋은 세상을 만들기 위한 사람들의 노력을 알아봅시다.

Pay It Forward

Paying it forward means doing something nice for someone because someone else did something nice for you. It could be as simple as carrying a large bag for an elderly neighbor or holding a door open for someone. It is about spreading the joy of being kind to others.

The Ice Bucket Challenge

The Ice Bucket Challenge is a project to inform people about Lou Gehrig's disease and collect donations. People throw a bucket of ice water on their head and make a donation. Then they choose three people to do the same thing.

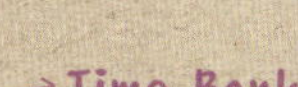

Time Bank

A time bank is a way of trading work. It is based on the idea that time takes the place of money. With time banking, a person does not pay or get paid for services. Instead, a person can use a skill or talent to help other members of their community.

단어 숙어

elderly ⓐ 연세가 드신
hold ⓥ 잡다, 잡고 있다
spread ⓥ 퍼지다, 퍼트리다
bucket ⓝ 양동이
inform ⓥ 알리다
donation ⓝ 기부, 기부금
trade ⓝ 무역
achieve ⓥ 달성하다, 이루다

표현

- *Paying it forward* means doing **something nice** for someone ... .: -thing, -body, -one으로 끝나는 명사는 형용사가 뒤에서 수식한다.
- It is based on the idea that time **takes the place of** money.: take the place of ...는 '…을 대신하다'라는 의미이다.
- Their goal is **to help** producers in developing countries **achieve** better trading conditions.: to help는 to부정사의 명사적 용법으로 보어 역할을 하며, 5형식 동사 help는 목적격 보어로 동사원형이나 to부정사가 온다.

Try out 더 좋은 세상을 만들기 위한 사람들의 노력을 더 알아본 후, 말해 봅시다.

e.g. Some people support and buy fair trade products such as rice, fruit, and tea. Their goal is to help producers in developing countries achieve better trading conditions.

해석 **Find out**

• Pay It Forward

'Pay It Forward'는 누군가가 당신에게 선행을 했기 때문에 다른 누군가(당신에게 선행을 한 사람이 아닌 다른 사람)를 위해 선행을 하는 것을 의미한다. 이웃 어르신의 큰 가방을 들어 드리거나 다른 사람을 위해 문을 잡아 주는 것처럼 간단한 것일 수도 있다. 이것은 다른 사람들에게 친절을 베푸는 즐거움을 퍼트리는 것에 관한 것이다.

• The Ice Bucket Challenge

'The Ice Bucket Challenge'는 사람들에게 루게릭병에 대해 알리고 기부금을 모금하는 프로젝트이다. 사람들은 얼음물 한 양동이를 머리에 쏟고 기부를 한다. 그러고 나서 그들은 같은 것을 할 세 사람을 선택한다.

• Time Bank

'Time Bank'는 노동을 교환하는 한 방식이다. 이것은 시간이 돈을 대신한다는 생각에 바탕을 두고 있다. 타임 뱅킹을 통해 한 사람은 서비스에 대해 돈을 지불하거나 보수를 받지 않는다. 대신에 한 사람은 그들 공동체의 다른 구성원들을 돕기 위해 기술이나 재능을 사용할 수 있다.

Try out

어떤 사람들은 쌀, 과일, 차 같은 공정 무역 제품을 지지하고 구매한다. 그들의 목적은 개발도상국의 생산자들이 더 나은 거래 조건을 이루는 것을 돕는 것이다.

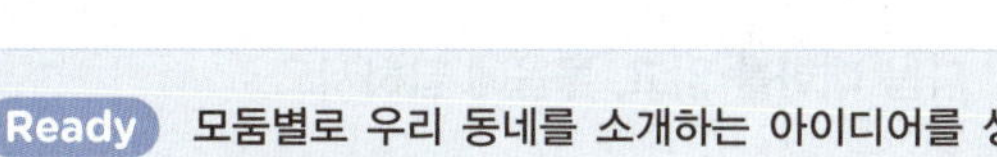

Ready 모둠별로 우리 동네를 소개하는 아이디어를 생각해 봅시다. `group`

e.g.

Places to visit in our town: the museum, the park, and the street market

Create 위의 내용을 바탕으로 우리 동네를 소개하는 자료를 만들어 봅시다. `group`

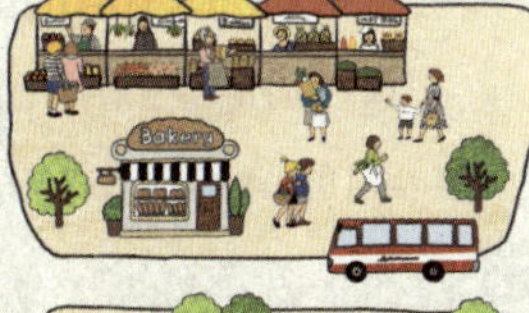

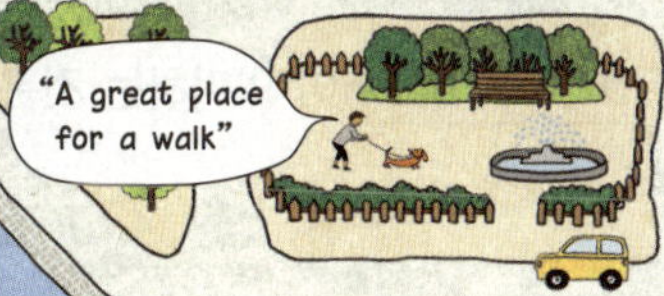

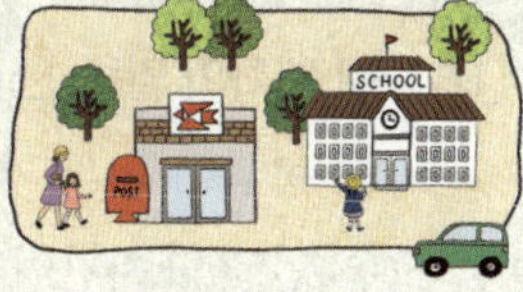

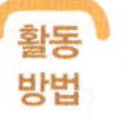

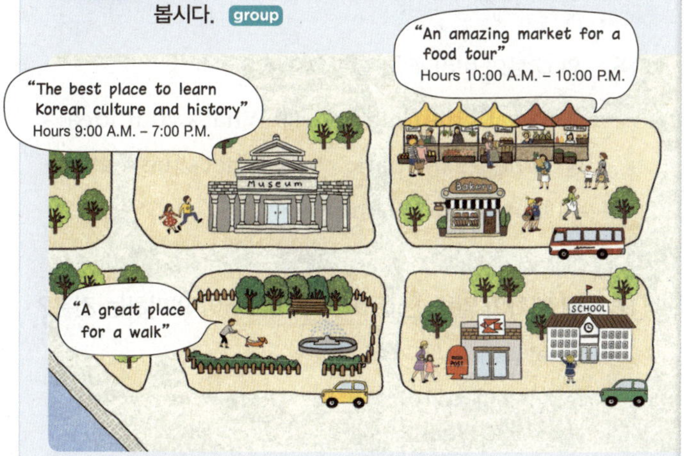

Share 우리 동네 소개 자료를 친구들에게 소개해 봅시다.

e.g.　We made maps that introduce places to visit in our town and put them at a subway station. We hope it can help visitors of our town.

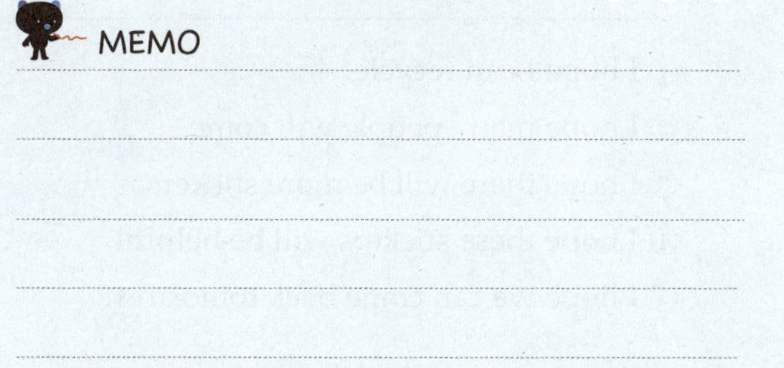

MEMO

Ready

활동 방법　모둠별로 우리 동네를 소개하는 아이디어를 생각해 본다.

해석　우리 동네에서 방문할 장소들: 박물관, 공원, 시장

단어·숙어　places to visit 방문할 장소들
museum [명] 박물관

Create

활동 방법　위에서 정리한 정보를 바탕으로 우리 동네를 소개하는 자료를 만들어 본다.

해석　"한국 문화와 역사를 알 수 있는 최고의 장소"
"맛집 탐방을 위한 놀라운 시장"
"걷기에 매우 좋은 장소"

Share

활동 방법　우리 동네 소개 자료를 친구들에게 소개해 본다.

해석　우리는 우리 동네에서 방문할 장소들을 소개하는 지도들을 만들어 지하철역에 두었습니다. 우리는 이것이 우리 동네의 방문객들을 도울 수 있기를 바랍니다.

단어·숙어　introduce [동] 소개하다
subway station 지하철역
visitor [명] 방문객

[01-02] 다음 대화를 듣고, 물음에 답하시오.

01 소년의 기분으로 가장 적절한 것을 고르시오.

① 기쁨 ② 걱정 ③ 설렘
④ 화남 ⑤ 실망

02 다음은 소년이 친구에게 보낸 문자이다. 빈칸에 알맞은 말이 바르게 짝 지어진 것을 고르시오.

> **Boy:** I'm so sorry that I didn't go to the __________ yesterday. I totally forgot about the __________. It was completely my fault.

① library – class
② library – homework
③ theater – movie
④ playground – game
⑤ playground – sport

03 대화를 듣고, 두 사람의 대화 내용으로 가장 적절한 것을 고르시오.

① field trip
② Sports Day
③ club activity
④ English class
⑤ the first day of school

04 다음 짝 지어진 대화 중 자연스럽지 <u>않은</u> 것은?

① **A** I forgot to bring my homework.
   B Oh, that's too bad.
② **A** My sister is sick in the hospital.
   B I hope you have a great time.
③ **A** How about writing about the problem?
   B That's a great idea.
④ **A** I didn't pass the math test.
   B I'm sorry to hear that.
⑤ **A** What's the matter?
   B I'm worried about this dog.

[05-06] 다음 대화를 읽고, 물음에 답하시오.

> **A** __________ ⓐ __________, Mason? Are you hurt?
> **B** I fell off my bike at Hangang Park this afternoon.
> **A** Are you okay? How did it happen?
> **B** I'm okay. I just rode over a big bump on the bike path.
> **A** Weren't there any signs?
> **B** No, there weren't.
> **A** How about writing about ⓑ<u>the problem</u> on the community website?
> **B** That's a great idea.

05 위 대화의 빈칸 ⓐ에 알맞은 것은?

① What's the date ② What's your idea
③ Where's the park ④ What's the matter
⑤ How's the weather

06 위 대화의 밑줄 친 ⓑ**the problem**이 의미하는 것은?

① 공원이 없는 것
② 안내 표지판이 없는 것
③ 자전거 도로가 없는 것
④ 자전거 이용자가 적은 것
⑤ 자전거 도로에 턱이 많은 것

07 다음 대화의 빈칸에 알맞은 것은?

> **A** I love our stickers!
> **B** Me, too! __________________________
> **A** I'm sure they will help people sort their waste for recycling.

① I hope I can recycle.
② I hope many people will come.
③ I hope there will be more stickers.
④ I hope these stickers will be helpful.
⑤ I hope we can come back tomorrow.

08 다음 중 나머지 네 단어를 포함할 수 있는 것은?

① gym ② park ③ farm
④ place ⑤ library

09 다음 빈칸에 알맞은 말이 바르게 짝 지어진 것은?

> Yesterday, my family moved out _________ our old house. Then we moved to a new house. We set _________ the television and everything. It was a busy day!

① of – up
② of – out
③ of – with
④ up – of
⑤ up – with

10 다음 밑줄 친 동사의 형태가 바르지 <u>않은</u> 것은?

① Did you watch the birds <u>fly</u>?
② I saw my parents <u>waving</u> hands to me.
③ Junsu saw his brother <u>lying</u> on his bed.
④ They heard someone <u>playing</u> the piano.
⑤ I didn't hear anyone <u>to complain</u> about the problem.

11 다음 밑줄 친 ①~⑤ 중 어법상 <u>어색한</u> 것은?

> **A** What do you want for your birthday?
> **B** ①That ②I ③want ④for my birthday ⑤is a ring.

[12-13] 다음 중 어법상 어색한 문장을 고르시오.

12
① I know what is right.
② This is what I needed.
③ What said the girl was true.
④ What is worse, I forgot my homework.
⑤ What I want for a new year is a true friend.

13
① I didn't hear anyone talked in class.
② We saw an airplane flying in the sky.
③ Did you see Minsu help Eunji's homework?
④ Jiwon wanted to see the boy band sing on the stage.
⑤ The teacher watched her students practicing the performance.

14 다음 ①~⑤ 중 **what**이 들어갈 위치로 알맞은 곳은?

> (①) Jimin (②) likes (③) to (④) do (⑤) after school is dancing.

[15-17] 다음 글을 읽고, 물음에 답하시오.

> My name is Richard Turere. I live in Kenya in the southern part of Nairobi National Park. The southern part of the park does not have a fence, so wild animals like lions move out of the park freely. They kill the animals that farmers are raising. As a result, farmers try to kill the lions because they want to protect their animals. One morning, I woke up and saw our cow lying on the ground. It was dead, and I felt so bad. At first, I thought I couldn't do anything because I was only eleven. Then I realized I shouldn't ignore the problem. I really wanted to help the people in my town in the same situation.

15 윗글을 두 문단으로 나눌 때, 두 번째 문단의 첫 두 단어로 알맞은 것은?

① They kill
② As a
③ One morning
④ It was
⑤ At first

16 윗글을 읽고, 다음 질문에 대한 알맞은 답을 쓰시오.

Q Why did Richard feel so bad?
A Because ___________________________.

17 윗글을 읽고, 대답할 수 <u>없는</u> 질문은?

① Where does Richard live?
② What do wild animals kill?
③ Why do farmers try to kill the lions?
④ Why can wild animals move out of the park?
⑤ How did Richard help the people in his town?

[18-20] 다음 글을 읽고, 물음에 답하시오.

My first idea was to use fire. (①) I thought lions were afraid of it. (②) Sadly, it didn't work. (③) Then I had another idea. (④) It was to use a scarecrow. (⑤) But the lions were very clever. The first day, they were turned away. On the second day, they jumped in and killed more animals.

One night, I was walking around the cows with a light, and the lions didn't come. I discovered that lions were afraid of ___ⓐ___. So I came up with an idea. I decided to invent lights that move electronically. Because I like machines, 나는 전등을 만들기 위해 내가 필요했던 것들을 찾을 수 있었다. I found an old car battery, a small device from a motorcycle, a switch, and a broken electronic light.

18 윗글의 ①~⑤ 중 주어진 문장이 들어갈 알맞은 곳은?

Instead, the fire helped the lions to better watch the cows move.

①   ②   ③   ④   ⑤

19 윗글의 빈칸 ⓐ에 알맞은 것은?

① fire

② cows

③ a scarecrow

④ a moving light

⑤ an electronic light

20 윗글의 밑줄 친 우리말과 일치하도록 주어진 단어를 사용하여 문장을 완성하시오.

______________________________ to make the lights. (what, needed, I, could, find, I)

[21-23] 다음 글을 읽고, 물음에 답하시오.

At thirteen, I finally made what I called "lion lights." My father said, "I'm so proud of you, Richard!" ________ then, I have set up lights at seven homes in my community and haven't heard anyone complain about lions. They thanked me, saying "This is exactly what we wanted, lovely boy!" Surprisingly, my idea is now used all over Kenya to scare away other animals, such as elephants. From this experience, I realized that I could make a difference in people's lives even though I am just a young boy. I was also able to prevent lions from being killed.

Thanks to my work, I got a scholarship to a great school in Kenya. I am really excited about this. In my new school, I am now teaching my friends how to make and use the lights. I tell my friends, "Our ideas can make a difference in people's lives!"

21 윗글의 빈칸에 알맞은 것은?

① So   ② But   ③ After

④ Since   ⑤ Because

22 윗글을 읽고, 다음 질문에 대한 답을 <u>두 개</u> 고르면?

Q What could "lion lights" do?

① It could clean the school.

② It could help children go to school.

③ It could help people save electricity.

④ It could stop lions from being killed.

⑤ It could scare away wild animals like lions and elephants.

23 윗글의 글쓴이가 친구들에게 한 말로 알맞은 것은?

① 자신을 자랑스러워해야 해!

② 우리는 무엇이든 발명할 수 있어!

③ 사자들이 죽임을 당하는 것을 막아야 해!

④ 누구나 노력하면 좋은 학교에 들어갈 수 있어!

⑤ 우리의 생각이 사람들의 삶에 변화를 만들 수 있어!

서술형 평가

01 다음 그림을 보고, 각 친구들에게 해 줄 수 있는 기원하는 말을 써 봅시다. (각 2점)

Bomi

Eric

Sanghyun

(1) Bomi, ____.

(2) Eric, ____.

(3) Sanghyun, ____.

02 다음 그림을 보고, 교실에 있는 각각의 아이들이 무엇을 하고 있는지 써 봅시다. (각 2점)

(1) I see ____.

(2) I see ____.

(3) I hear ____.

03 다음 각 항목에 자신에게 해당하는 내용을 쓴 후, 자신을 소개하는 글을 써 봅시다. (6점)

What I like to do	What I don't like to do	What I want to do this year

____

____

____

Chopsticks or a Fork?

Functions

- 의견 제시하기 **It seems to me** that you don't like the food. 내가 보기에 너는 그 음식을 좋아하지 않는 것 같아.
- 선호에 대해 묻기 **Which do you prefer**, fried chicken or chicken salad? 너는 프라이드치킨과 치킨 샐러드 중에서 어떤 것을 더 좋아하니?

Forms

- **It was** not easy **for her to** listen to their arguments. 그녀가 그들의 논쟁을 듣고 있기는 쉽지 않았다.
- They finally found Ms. Disher **sitting** under a huge tree. 그들은 마침내 커다란 나무 아래에 앉아 있는 Ms. Disher를 찾았다.

In the USA, people use a knife and fork to eat.
미국에서 사람들은 음식을 먹기 위해 나이프와 포크를 사용한다.

Communication	Reading	Writing	Culture & Project
Food Olympics 음식 올림픽	Friends from the Dining Republic 식탁 공화국의 친구들	Tips for Using Utensils 식사 도구 사용법	World Food Map 세계 음식 지도

Listen & Speak 1

A **Listen and Match** Match the picture with the country.
그림과 나라를 연결해 봅시다.

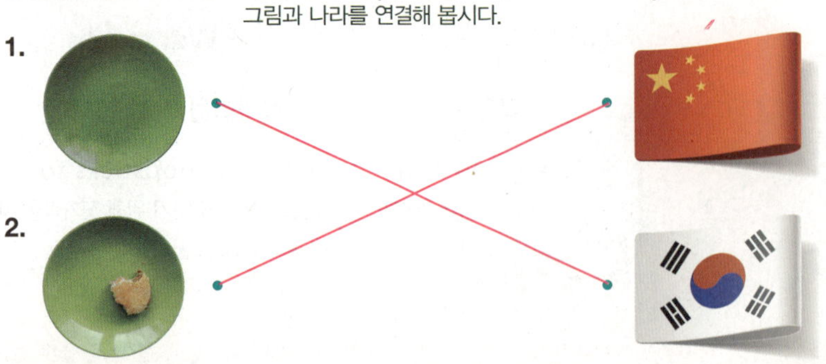

단어·숙어
- leave [동] (음식을) 남기다
- plate [명] 접시
- table manners 식사 예절
- polite [형] 예의 바른

Script

G: It seems to me that you don't like the food.
B: No, I enjoyed the food. I usually leave some food on my plate. That's good table manners in my country, China.
G: Why is that?
B: We think finishing everything on the plate means that you are still hungry.
G: It is more polite to finish everything on your plate in Korea, though.
B: Different cultures have different rules.

해석

G: 너는 음식이 별로였나 보구나.
B: 아냐, 맛있게 먹었어. 난 보통 접시에 음식을 좀 남겨두는 편이야. 우리 나라 중국에서는 그게 훌륭한 식사 예절이야.
G: 왜 그런 거야?
B: 우리 나라 사람들은 접시의 음식을 다 먹어 버리면 아직도 배가 고프다는 것을 의미한다고 생각하거든.
G: 그렇지만 한국에서는 접시를 깨끗하게 비우는 것이 더 예절 바른 건데.
B: 다른 문화는 다른 규칙이 있는 법이지.

풀이 중국에서는 접시에 음식을 약간 남기는 것이 훌륭한 식사 예절이고, 한국에서는 접시를 깨끗하게 비우는 것이 예절 바른 것이라고 했다.

표현
- **It seems to me that you don't like the food.:** It seems to me .... 는 '내가 보기에 …인 것 같아.'라는 뜻으로 자신의 의견을 제시할 때 쓴다.
  (= I think you don't like the food.)

B **Listen and Write** Fill in the blanks with the correct words.
빈칸에 알맞은 말을 써 봅시다.

Mom thinks it is much __healthier__ to cook at home.

Jacob thinks ordering food can __save__ __time__.

엄마는 집에서 요리하는 것이 훨씬 더 건강에 좋다고 생각하신다.
Jacob은 음식을 주문하는 것이 시간을 아낄 수 있다고 생각한다.

단어·숙어
- It's time for .... …할 시간이다.
- order [동] 주문하다
- ready [형] 준비된

Script

W: It seems to me that it's time for dinner. Are you hungry?
B: Yes. Can we order pizza for dinner?
W: I'm going to cook fish, Jacob. Cooking at home is much healthier than ordering pizza.
B: But we can save time by ordering pizza. I'm so hungry.
W: Dinner will be ready soon. So, please be patient.
B: Okay.

해석

W: 저녁 먹을 시간인 것 같구나. 배고프니?
B: 네. 저녁 식사로 피자를 주문해도 돼요?
W: 생선 요리를 할 거야, Jacob. 집에서 요리하는 것이 피자를 주문하는 것보다 훨씬 더 건강에 좋아.
B: 하지만 피자를 주문하면 시간을 아낄 수 있잖아요. 전 무척 배고파요.
W: 저녁 식사는 곧 준비될 거야. 그러니 좀 참으렴.
B: 알겠어요.

[풀이] 엄마는 집에서 요리해 먹는 것이 훨씬 '더 건강에 좋다고(healthier)' 생각하고, Jacob은 음식을 주문하는 것이 '시간을 아낄(save time)' 수 있다고 생각한다.

[표현] • **Cooking at home is much healthier than ordering pizza.:** 비교급으로 두 개의 대상을 비교할 때, 비교하는 대상은 병렬 구조로 동일한 품사와 어법 형태가 온다. 여기에서는 Cooking at home과 ordering pizza를 비교하고 있고, 비교급(healthier) 앞의 much는 '훨씬'이라는 의미로 바로 뒤의 비교급 표현을 강조한다.

[C] Talk Together Match the picture with the sentence and talk with your partner. [pair]

그림과 문장을 연결하고 짝과 대화해 봅시다.

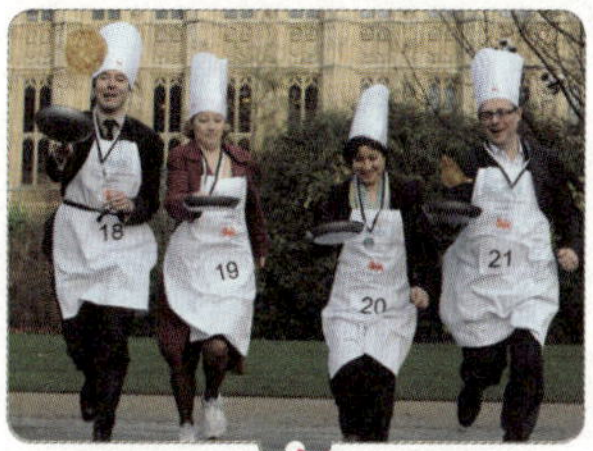

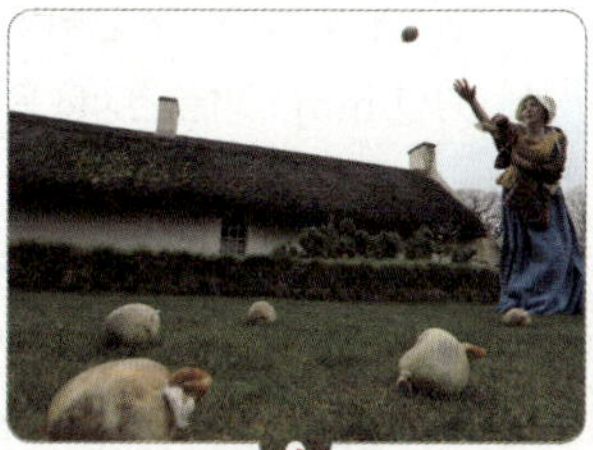

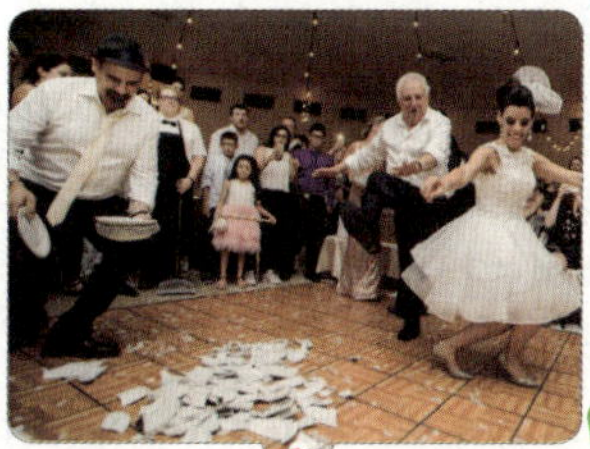

Break plates for good luck.
행운을 위해 접시를 깨뜨려라.

Run in a race with a pan.
냄비를 들고 경주에서 달려라.

Throw a haggis.
해기스를 던져라.

A: What are they doing?

B: It seems to me that they are breaking plates for good luck.

haggis는 양의 내장으로 만든 공 모양의 큰 소시지로 스코틀랜드 전통 요리입니다.

[단어•숙어]
- break [동] 깨뜨리다
- good luck 행운
- race [명] 경주
- pan [명] 냄비
- throw [동] 던지다

[해석]
A: 그들은 무엇을 하고 있지?
B: 내가 보기에 그들은 행운을 위해 접시를 깨뜨리고 있는 것 같아.

[활동 방법] 그림과 관련 있는 문장을 연결한 후 주어진 대화문을 이용하여 짝과 대화해 본다.

[예시 대화]
- A: What are they doing?
  B: It seems to me that they are running in a race with a pan.
- A: What is she doing?
  B: It seems to me that she is throwing a haggis.

- A: 그들은 무엇을 하고 있지?
  B: 내가 보기에 그들은 냄비를 들고 경주를 하고 있는 것 같아.
- A: 그녀는 무엇을 하고 있지?
  B: 내가 보기에 그녀는 해기스를 던지고 있는 것 같아.

Function 1 의견 제시하기: It seems to me … .

It seems to me … .는 자신의 의견을 완곡하게 이야기할 때 사용하는 표현으로 '내가 보기에 …인 것 같아.'라는 뜻이다.
• 유사 표현 – I think … . / It appears to me that … .

[e.g.] **It seems to me** that this is his most important novel. (내가 보기에 이것이 그의 가장 중요한 소설인 것 같아.)
(= I think this is his most important novel.)

A Listen and Choose Choose what Emma prefers to do to stay healthy. 🎧
건강을 유지하기 위해 Emma가 하기를 더 좋아하는 것을 골라 봅시다.

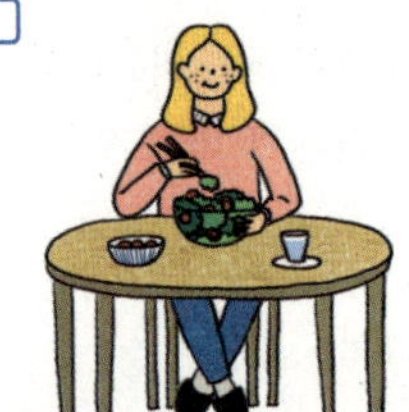
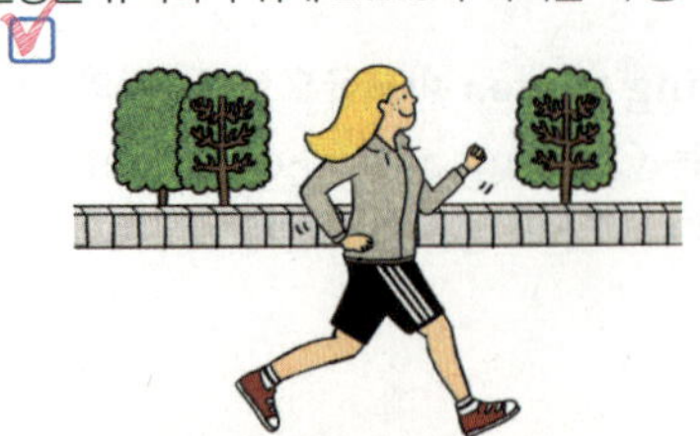
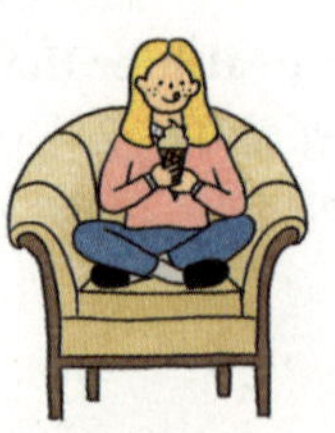
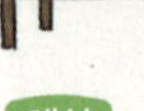

단어·숙어
prefer [동] 더 좋아하다, 선호하다
stay [동] 유지하다
control [동] 조절하다, 통제하다
focus on …에 집중하다

Script

G: What can we do to stay healthy?

B: I think having healthy food is important.

G: My brother exercises every day for his health.

B: Which do you prefer, having healthy food or exercising, Emma?

G: I can't control which food I eat. So, I prefer to exercise.

B: Both of them seem to be important for our health.

G: But if you can't do both, it might be better to focus on just one.

B: I think you are right. I'm going to exercise first.

해석

G: 우리는 건강을 유지하기 위해 무엇을 할 수 있을까?

B: 나는 건강에 좋은 음식을 먹는 게 중요하다고 생각해.

G: 내 남동생은 건강을 위해 매일 운동하더라.

B: Emma, 너는 건강한 음식을 먹는 것과 운동하는 것 중에서 어떤 것을 더 좋아하니?

G: 나는 내가 어떤 음식을 먹는지 통제할 수가 없어. 그래서 난 운동하는 게 더 좋아.

B: 두 가지 모두 건강을 위해 중요한 것 같아.

G: 하지만 네가 두 가지 모두 할 수 없다면 한 가지에만 집중하는 게 더 좋을 것 같아.

B: 네 말이 맞는 것 같아. 난 운동을 먼저 해야겠어.

풀이 Emma는 어떤 음식을 먹는지 통제할 수 없어서 운동하는 것을 더 좋아한다고 했다.

표현 • **But if you can't do both, it might be better to focus on just one.**: it은 가주어이고, to focus on just one이 진주어이다.

B Listen and Talk Fill in the blanks and talk with your partner. 🎧 **pair**
빈칸을 채워 짝과 대화해 봅시다.

A: Which do you prefer, having a meal early or late in the evening? 당신은 이른 저녁 식사와 늦은 저녁 식사 중 어떤 것을 더 좋아해요?

B: I prefer having a meal early in the evening. 전 일찍 저녁 먹는 것을 더 좋아해요.

A: Why is that? 왜 그렇죠?

B: Because I usually ___go___ ___to___ ___bed___ early, I prefer having my meal early.
저는 보통 일찍 잠자리에 들기 때문에 일찍 저녁 먹는 것을 더 좋아해요.

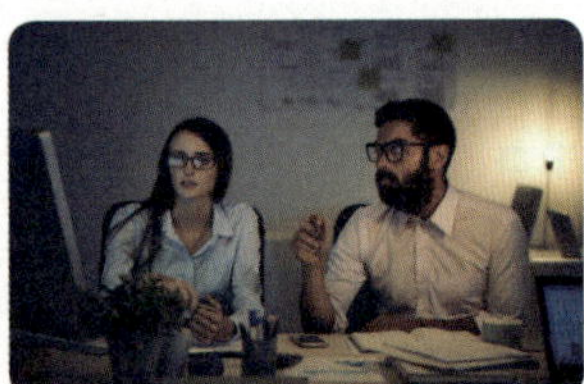

단어·숙어
Why don't we … ? …하는 게 어때요?
meal [명] 식사
take a break 휴식을 취하다

Script

W: What time is it now?

M: It's already 8:00 p.m.

W: Why don't we stop now and have a meal?

M: Good idea. We need to take a break at this point.

W: Which do you prefer, having a meal early or late in the evening?

M: I prefer having a meal early.

W: What is the reason?

해석

W: 지금 몇 시예요?

M: 벌써 저녁 8시예요.

W: 이제 그만 (하던 일을) 멈추고 식사하는 게 어때요?

M: 좋은 생각이에요. 우리는 이 시점에서 휴식을 취할 필요가 있어요.

W: 당신은 이른 저녁 식사와 늦은 저녁 식사 중 어떤 것을 더 좋아해요?

M: 전 일찍 저녁 먹는 것을 더 좋아해요.

W: 이유가 뭐죠?

M: I usually go to bed early, so I eat my last meal early, too. How about you?

W: I have meals late in the evening because I work late at night.

M: 저는 보통 일찍 잠자리에 들어서 마지막 식사도 일찍 먹어요. 당신은요?

W: 저는 밤늦게 일하기 때문에 늦은 저녁에 식사를 해요.

풀이 남자는 일찍 '잠자리에 들기(go to bed)' 때문에 일찍 저녁 먹는 것을 더 좋아한다고 했다.

표현 · **Which do you prefer, having a meal early or late in the evening?:** Which do you prefer, A or B?에서 A와 B는 병렬 구조로 동일 품사 및 어법 형태를 취한다. 여기에서는 late 앞에 having a meal이 생략되었다.

C Talk Together Talk with your partner about what to use when you eat the following foods. **pair** 다음 음식을 먹을 때 무엇을 사용할지 짝과 대화해 봅시다.

단어·숙어 chopsticks 몡 젓가락
spoon 몡 숟가락

a knife and fork **vs.** hands

chopsticks **vs.** fork

spoon **vs.** chopsticks

해석
A: 너는 프라이드치킨을 먹을 때, 나이프와 포크 아니면 손 중에서 어떤 것으로 먹는 것을 더 좋아하니?
B: 나는 손으로 먹는 것을 더 좋아해.

A: Which do you prefer to use when you eat fried chicken, a knife and fork or your hands?

B: I prefer to use my hands.

활동 방법 각 음식을 먹을 때 어떤 도구로 먹는 것을 더 좋아하는지 고른 후, 주어진 대화문을 이용하여 짝과 대화해 본다.

예시 대화

· A: Which do you prefer to use when you eat noodles, chopsticks or a fork?
  B: I prefer to use chopsticks/a fork.
· A: Which do you prefer to use when you eat rice, a spoon or chopsticks?
  B: I prefer to use a spoon/chopsticks.

· A: 너는 국수를 먹을 때, 젓가락과 포크 중 어떤 것으로 먹는 것을 더 좋아하니?
  B: 나는 젓가락[포크]으로 먹는 것을 더 좋아해.
· A: 너는 밥을 먹을 때, 숟가락과 젓가락 중 어떤 것으로 먹는 것을 더 좋아하니?
  B: 나는 숟가락[젓가락]으로 먹는 것을 더 좋아해.

Function 2 선호에 대해 묻기: Which do you prefer ... ?

Which do you prefer ... ?는 상대방이 선호하는 것을 물을 때 쓰는 표현으로 '너는 … 중에서 어떤 것을 더 좋아하니?'라는 뜻이다. 이에 대한 대답으로 I prefer (to) ... ., I prefer A to B.로 답한다.
· 유사 표현 – Do you prefer A or B?

예시 대화

· A: **Which do you prefer** to play, soccer or tennis?
  (너는 축구하는 것과 테니스 치는 것 중에서 어떤 것을 더 좋아하니?)
  B: I prefer to play soccer. (= I prefer soccer. / I prefer soccer to tennis.)
  (나는 축구하는 것을 더 좋아해.)

Real Life Communication

A **Watch and Match** 동영상을 보고, 진호와 Claire가 고른 음식을 연결해 봅시다.

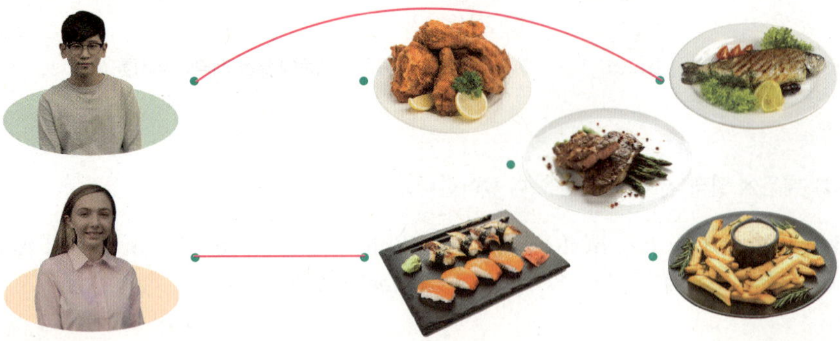

[단어·숙어]
fried [형] 기름에 튀긴, 프라이한
uncooked [형] 요리하지 않은, 날것의
order [동] 주문하다

[Script]

Jinho: Claire, which do you prefer, fish or steak?
Claire: I prefer fish, Jinho.
Jinho: There is fish on the menu.
Claire: That's good. Is it sushi or fried?
Jinho: Both are on the menu.
Claire: Then I will have sushi. It seems to me that fish tastes better when it's uncooked.
Jinho: Okay. Then you get sushi and I'll get fried fish. Let's order.

[해석]

Jinho: Claire, 너는 생선과 스테이크 중 어떤 것을 더 좋아하니?
Claire: 난 생선을 더 좋아해, 진호야.
Jinho: 메뉴에 생선이 있어.
Claire: 잘됐다. 초밥이야 구이야?
Jinho: 둘 다 메뉴에 있어.
Claire: 그럼 난 초밥으로 할래. 나는 생선은 익히지 않았을 때 맛이 더 좋은 것 같아.
Jinho: 좋아. 그럼 넌 초밥을 먹고 난 생선 구이를 먹을게. 주문하자.

풀이 Then you get sushi and I'll get fried fish.에서 진호는 '생선 구이'를, Claire는 '초밥'을 주문하기로 했다.

표현
- **Both are on the menu.:** on the menu는 '(음식이) 메뉴에 있는'이라는 의미이다.
- **It seems to me that fish tastes better when it's uncooked.:** It seems to me .... 는 자신의 의견을 말할 때 쓰는 표현으로 '내가 보기에 …인 것 같아.'라는 뜻이다. 여기에서 it은 fish를 가리킨다.

B **Choose and Talk**

[Step 1] 다음 메뉴에서 먹고 싶은 것과 그 이유를 골라 봅시다.

Menu

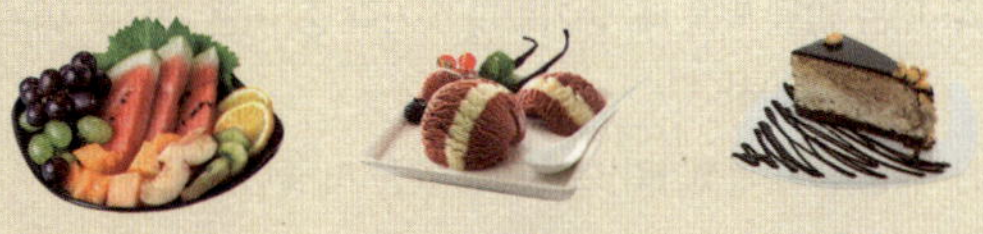

☐ ☐ ☐

your own

☐ delicious 맛있는
☐ fresh 신선한
☐ sweet 달콤한
____
your own

[활동 방법] 주어진 메뉴에서 먹고 싶은 것과 그 이유를 고른 후, 주어진 대화문을 이용하여 짝과 대화해 본다.

[단어·숙어]
fruit [명] 과일
prefer [동] 더 좋아하다

[Step 2] 위에서 고른 내용을 바탕으로 짝과 대화해 봅시다. [pair]

A: Which do you prefer, fruit or ice cream?
B: I prefer ice cream.
A: Why do you prefer it?
B: It seems to me that ice cream is sweeter.

[해석]
A: 너는 과일과 아이스크림 중에서 어떤 것을 더 좋아하니?
B: 난 아이스크림을 더 좋아해.
A: 왜 아이스크림을 더 좋아하니?
B: 아이스크림이 더 달콤한 것 같아.

[예시 대화]

- A: Which do you prefer, cake or fruit?
  B: I prefer fruit.
  A: Why do you prefer it?
  B: It seems to me that fruit is fresher.
- A: Which do you prefer, ice cream or cake?
  B: I prefer cake.
  A: Why do you prefer it?
  B: It seems to me that cake is more delicious.

- A: 너는 케이크와 과일 중에서 어떤 것을 더 좋아하니?
  B: 난 과일을 더 좋아해.
  A: 왜 과일을 더 좋아하니?
  B: 과일이 더 신선한 것 같아.
- A: 너는 아이스크림과 케이크 중에서 어떤 것을 더 좋아하니?
  B: 난 케이크를 더 좋아해.
  A: 왜 케이크를 더 좋아하니?
  B: 케이크가 더 맛있는 것 같아.

C Communication Task [pair]

Food Olympics

[Step 1] 다음 8개의 카드에 음식 이름을 써 봅시다.

cheesecake	green salad		

[Step 2] 짝과 함께 위 카드를 가지고 음식 올림픽을 한 후, 결과를 말해 봅시다.

e.g. A: Which do you prefer, cheesecake or green salad?
B: I prefer green salad. It's healthier.

sweet salty fresh healthy
your own ________

How to play
1. 짝이 2개씩 카드를 보여 주면 좋아하는 음식을 고르고, 그 이유를 말합니다.
2. 고른 음식은 다음 라운드에 진출합니다.
3. 마지막까지 남은 음식이 금메달을 차지합니다.

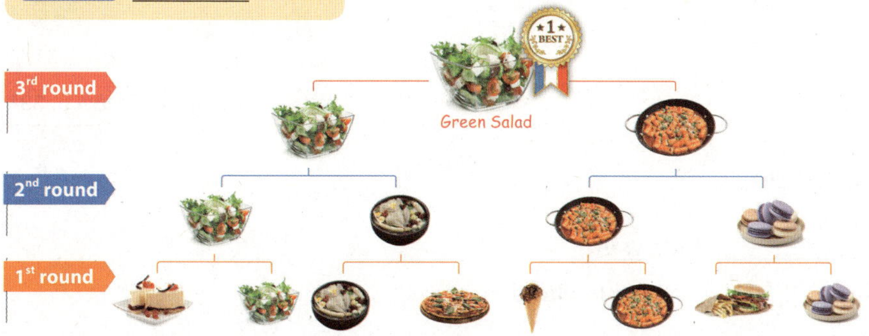
3rd round
2nd round
1st round
Green Salad
BEST

Jiho's favorite food is green salad. It seems to me that Jiho likes healthy food.
지호가 가장 좋아하는 음식은 그린샐러드이다. 내가 보기에 지호는 건강에 좋은 음식을 좋아하는 것 같다.

[활동 방법]

[Step 1] 주어진 8개의 카드에 좋아하는 음식 이름을 써 본다.

[Step 2] 위에서 작성한 카드를 가지고 짝과 함께 음식 올림픽을 한 후, 결과를 말해 본다.

[단어 숙어]
cheesecake [명] 치즈케이크
green salad [명] 그린샐러드
salty [형] 맛이 짠

[해석]
A: 너는 치즈케이크와 그린샐러드 중에서 어떤 것을 더 좋아하니?
B: 나는 그린샐러드를 더 좋아해. 그것은 건강에 더 좋아.

Sounds 다음을 듣고, 강하게 발음되는 부분에 ○ 표시를 한 후 따라 말해 봅시다. 🎧

1. I'm so hungry. 나는 너무 배가 고파.
2. Why do you prefer it? 왜 그것을 더 좋아하니?

[Tip] 선택 의문문의 억양
선택 의문문에서 선호하는 대상이 나열되어 있을 때 제일 마지막 대상은 억양이 올라갔다 내려오고, 그 앞의 단어는 억양이 올라간다.
[e.g.] Which do you prefer, fried chicken or chicken salad?

Self-check

	☺	☹
• I can use 'It seems to me .... '	☐	☐
• I can use 'Which do you prefer?'	☐	☐

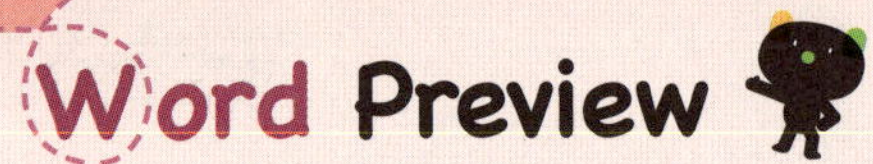

Word Preview

Let's Read의 단어들을 미리 익혀 보세요.

- ☐ close — [형] 가까운, 친한 (used to describe people who know each other very well and care about each other very much)
- ☐ make up for — …을 보상하다
- ☐ host — [명] 주인 (someone at a party, meal, etc. who has invited the guests and who provides the food, drink, etc.) [동] (행사를) 주최하다 (to provide the place and everything that is needed for an organized event)
- ☐ be eager to — …을 하고 싶어 하다
- ☐ adventure — [명] 모험 (an exciting or dangerous experience)
- ☐ grain — [명] 곡물 (the seeds of crops such as wheat, corn, and rice that are used for food)
- ☐ elegant — [형] 우아한 (graceful and stylish in appearance or manner)
- ☐ plate — [명] 접시 (a flat and usually round dish that you put food on)
- ☐ utensil — [명] 기구, 도구 (a tool that you use in order to help you to cook or to do other tasks in your home)
- ☐ patiently — [부] 끈기 있게 (in a way that shows that you are able to wait for a long time or to accept annoying behavior or difficulties without becoming angry)
- ☐ go out — 나가다
- ☐ boastful — [형] 뽐내는, 자랑하는 (talking about yourself in a very proud way)
- ☐ forgive — [동] 용서하다 (to stop feeling angry with somebody who has done something to harm, annoy, or upset you)
- ☐ regardless of — …에 상관없이

Mini Test

정답과 해설 p. 331

A 다음 빈칸에 알맞은 단어를 [보기]에서 골라 쓰시오.

[보기] out / regardless / eager / make / boastful

1. I'm going ____________ for a walk.
2. They were ____________ to hear the latest news.
3. The club welcomes all new members ____________ of age.
4. She tried to ____________ up for lost time by working extra hard.
5. I tried to emphasize my good points without sounding ____________.

B 다음 영영 풀이에 해당하는 단어를 [보기]에서 골라 쓰시오.

[보기] plate / forgive / utensil / grain / host

1. ____________: someone who has invited the guests at a party, meal, etc.
2. ____________: a flat and usually round dish that you put food on
3. ____________: to stop feeling angry with somebody
4. ____________: a tool that you use in order to help you to cook or to do other tasks in your home
5. ____________: the seeds of crops such as wheat, corn, and rice that are used for food

Before You Read

A **Match and Say** 다음 그림을 보고, 나라별 아침 식사로 알맞은 음식을 연결한 후 말해 봅시다.

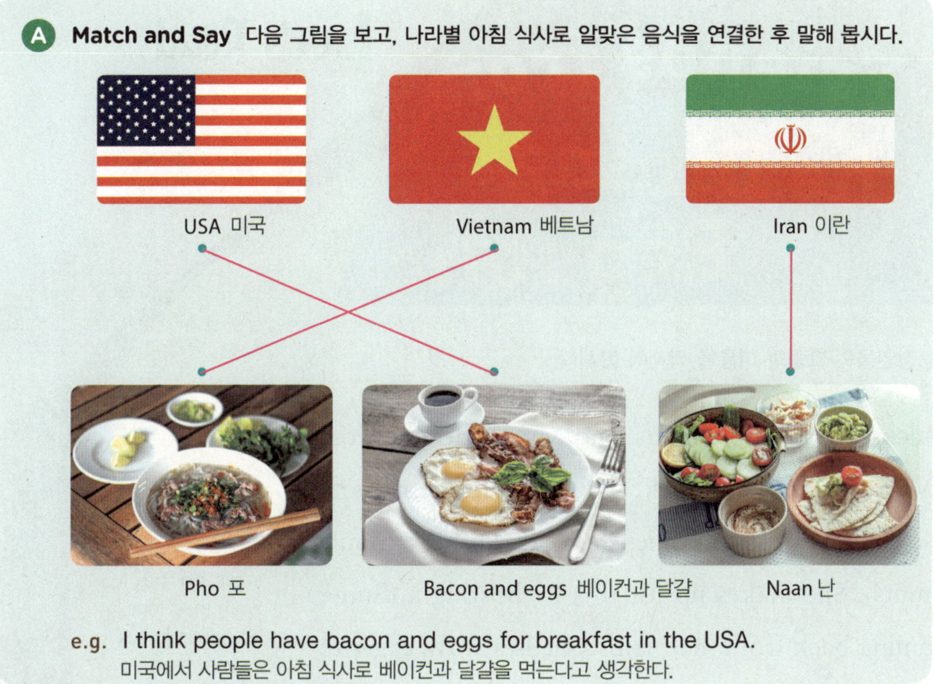

e.g. I think people have bacon and eggs for breakfast in the USA.
미국에서 사람들은 아침 식사로 베이컨과 달걀을 먹는다고 생각한다.

단어·숙어
pho ⓝ 포 (쌀국수를 쇠고기나 닭고기 등으로 낸 국물에 말아 내는 베트남식 국수 요리)
naan ⓝ 난 (인도·중앙 아시아 등에서 먹는 납작한 빵)

활동 방법 나라와 아침 식사로 먹는 음식 이름을 연결한 후, 주어진 예시문을 참고하여 말해 본다.

예시 정답
• I think people have pho for breakfast in Vietnam. 베트남에서 사람들은 아침 식사로 쌀국수를 먹는다고 생각한다.
• I think people have naan for breakfast in Iran. 이란에서 사람들은 아침 식사로 난을 먹는다고 생각한다.

B **Look and Write** 알맞은 단어를 골라 글을 완성해 봅시다.

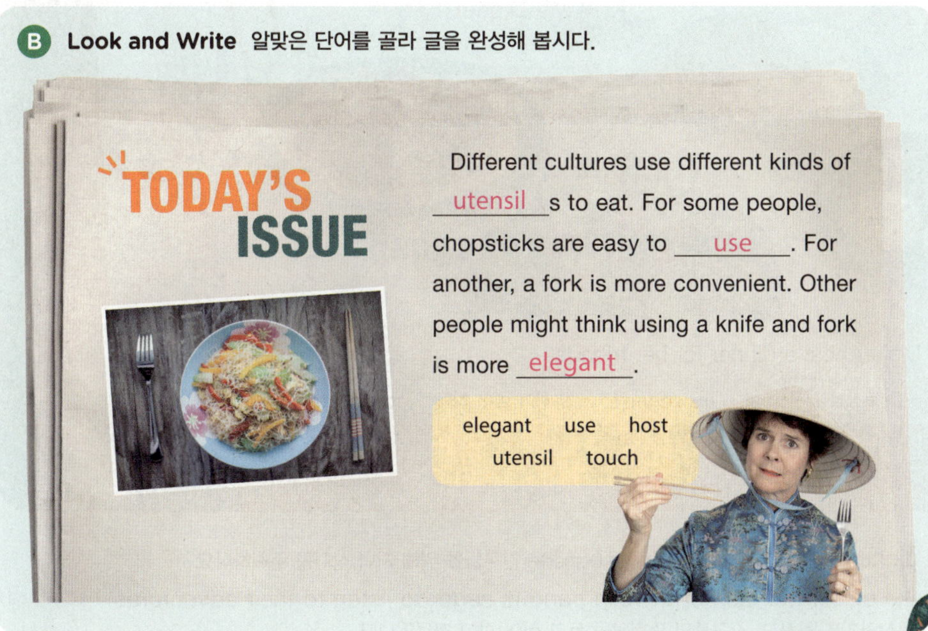

단어·숙어
convenient ⓐ 편리한
elegant ⓐ 우아한
host ⓝ 주인 ⓥ 주최하다

해석
다른 문화에서는 음식을 먹는데 다른 종류의 도구를 사용한다. 어떤 사람들에게 젓가락은 사용하기 쉽다. 또 다른 사람들에게는 포크가 더 편리하다. 다른 사람들은 나이프와 포크를 사용하는 것이 더 우아하다고 생각할지도 모른다.

풀이 첫 번째 빈칸에는 '(식사) 도구'라는 의미의 utensil이 알맞다.
두 번째 빈칸에는 '사용하다'라는 의미의 use가 알맞다.
세 번째 빈칸에는 '우아한'이라는 의미의 elegant가 알맞다.

Friends from the Dining Republic

❓ 본문에 나오는 등장인물의 그림과 이름을 짝지어 봅시다.

❶ Spork, Chopsticks, Knork, Barehands, and Ms. Disher are close friends in the Dining Republic. **❷** Spork, Chopsticks, Knork, and Barehands travel a lot with their families, but Ms. Disher's family **❸** does not travel much. She makes up for this by hosting a dinner **❹** for her friends coming back from their trips. She is always eager to listen to their adventures. **❺** They often talk about what they learned from their recent trips. **❻** The most recent topic was about the best way to eat and Ms. Disher's guests began to argue.

'... her friends coming back from their trips.'의 'coming back from their trips'는 'her friends'를 꾸며 줍니다.

Q1 Why does Ms. Disher host a dinner for her friends?

close　make up for …을 보상하다　host　be eager to …을 하고 싶어 하다　adventure

Q1 Why does Ms. Disher host a dinner for her friends? 왜 Ms. Disher는 친구들을 위해 저녁 식사를 주최하나요?

A1 It's because she wants to make up for her lack of traveling and is eager to listen to their adventures.
Ms. Disher가 자신에게 부족한 여행을 보상하기를 원하고, 친구들의 모험담을 듣고 싶어 하기 때문입니다.

해설 Ms. Disher는 다른 친구들은 가족들과 여행을 많이 가지만 자신은 그렇지 못하므로 여행에서 돌아온 친구들의 모험담을 듣는 것으로 아쉬움을 보상하려고 했다.

교과서 p.33

해석

식탁 공화국의 친구들

①Spork, Chopsticks, Knork, Barehands, Ms. Disher는 식탁 공화국에 사는 친한 친구들입니다. ②Spork, Chopsticks, Knork, Barehands는 자신의 가족들과 여행을 많이 다니지만, Ms. Disher의 가족은 여행을 많이 다니지 않습니다. ③그녀는 여행에서 돌아온 친구들을 위해 저녁 식사를 주최함으로써 여행을 많이 하지 않는 것을 보상합니다. ④그녀는 항상 친구들의 모험담을 듣고 싶어 합니다. ⑤친구들은 그들의 최근 여행에서 배운 것에 대해 자주 이야기합니다. ⑥가장 최근의 주제는 음식을 먹는 가장 좋은 방법에 관한 것이었고, Ms. Disher의 손님들은 논쟁하기 시작했습니다.

구문

❶ Spork, Chopsticks, Knork, Barehands, **and** Ms. Disher are close friends in the Dining Republic.
여러 사람을 나열할 때는 마지막 사람 앞에 and를 넣는다.

❸ She **makes up for this** by **hosting** a dinner for her friends **coming back from their trips**.
make up for는 '…을 보상하다'라는 의미이고, this는 '자기 가족은 여행을 많이 다니지 않는 것'을 가리킨다. host는 동사로 '주최하다'라는 의미이고, 명사로는 '(손님을 초대한) 주인'이라는 뜻이다. coming back from their trips는 앞에 나온 명사 her friends를 꾸며 준다.

❺ They **often** talk about **what they learned** from their recent trips.
빈도를 나타내는 부사에는 always(항상), usually(보통), often(종종), sometimes(때때로), never(결코) 등이 있다. what은 '…하는 것'이라는 의미의 관계대명사로 'what+주어+동사'의 형태로 쓴다.

단어·숙어

- **close** [형] 가까운, 친한 [e.g.] My sister and I have always been very **close**.
- **make up for** …을 보상하다 [e.g.] The team will be anxious to **make up for** a disappointing start to the season.
- **host** [명] (손님을 초대한) 주인 [e.g.] Ian, our **host**, introduced us to the other guests.
  [동] (행사를) 주최하다 [e.g.] They **hosted** a dinner party on Saturday.
- **be eager to** …을 하고 싶어 하다 [e.g.] I **am eager to** meet him and talk to him.
- **adventure** [명] 모험 [e.g.] The field trip was an **adventure** for the students.
- **guest** [명] 손님 [e.g.] Our **guests** should be arriving soon.
- **argue** [동] 논쟁하다, 주장하다 [e.g.] She **argued** against the proposed law.

Grammar+

명사를 수식하는 현재 분사(-ing)

동사에 -ing를 붙여서 명사를 수식할 수 있다.

- A **dancing** girl (춤추는 소녀)
  → dancing이 뒤의 명사 girl을 수식한다.
- I know the man **standing in line**. (나는 줄 서 있는 남자를 안다.)
  → standing in line이 앞의 명사 the man을 수식한다.

빈도 부사

빈도 부사는 어떤 행동을 얼마나 자주 하는지를 나타내는 부사를 말하고, 일반적으로 조동사와 be동사의 뒤, 일반동사의 앞에 위치한다.

- I **sometimes** eat ice cream after lunch. (나는 때때로 점심 식사 후에 아이스크림을 먹는다.)
- He is **always** late for school. (그는 항상 학교에 지각한다.)

Mini Test

정답과 해설 p. 331

A 본문을 읽고, 답할 수 없는 질문을 고르시오.

① Why does Ms. Disher host a dinner for her friends?

② What does Ms. Disher always like to listen to?

③ Why does Ms. Disher's family not travel often?

④ What was the most recent topic at the dinner table?

B 본문의 내용과 일치하면 T, 일치하지 않으면 F를 쓰시오.

1. Ms. Disher는 여행을 싫어해서 가족과 자주 여행을 다니지 않는다. (   )

2. Ms. Disher의 손님들은 음식을 먹는 가장 좋은 방법에 대해 논쟁하기 시작했다. (   )

Spork   On a recent trip, I have found that it is best to use a spoon and fork. A spoon is best for grains and soup, and a fork is good for eating meat.

Knork   No! It is much better to use a knife and a fork instead.
Don't you think it is easier for you to hold a fork in one hand and a knife in the other? What can be more elegant than using them to cut meat on a plate!

Chopsticks   Why do you use two different kinds of utensils when you can use two of the same utensil? Plus, you can use chopsticks with just one hand!

Barehands   No way! When I eat with my hands, of course I can see and smell the food, but I can also touch it. Because I use my sense of touch when I eat, I get to enjoy my food more.

They raised and argued many points, and nobody wanted to give up.
It was not easy for their host, Ms. Disher, to listen to their arguments patiently. So, she hurriedly, yet quietly, left.

Q2 Why did Ms. Disher leave?

Think What do you use to eat meat?

grain   elegant   plate   utensil   patiently

Q2 Why did Ms. Disher leave? 왜 Ms. Disher는 떠났나요?

A2 It's because it was not easy for her to listen to their arguments patiently.
Ms. Disher가 친구들의 논쟁을 참을성 있게 듣고 있기가 쉽지 않았기 때문입니다.

해설 Ms. Disher는 친구들이 자신들의 의견을 내세우고 아무도 포기하지 않자 참을성 있게 듣고 있기가 쉽지 않았다.

Think What do you use to eat meat? 여러분은 고기를 먹기 위해 무엇을 사용하나요?
→ I use chopsticks to eat meat. 저는 고기를 먹기 위해 젓가락을 사용합니다.

해석

Spork: ①최근 여행에서 나는 숟가락과 포크가 함께 달려 있는 것을 사용하는 것이 가장 좋다는 것을 알았어. ②숟가락은 곡물과 국을 먹기에 최고이고, 포크는 고기를 먹기에 좋아.

Knork: ③아니야! ④대신 나이프와 포크를 사용하는 것이 훨씬 더 좋아. ⑤네가 한 손에는 포크를, 다른 한 손에는 나이프를 드는 것이 더 쉽다고 생각하지 않니? ⑥접시 위에 놓인 고기를 자르기 위해 나이프와 포크를 사용하는 것보다 더 우아할 수 있는 게 뭐가 있겠어!

Chopsticks: ⑦같은 도구를 두 개 쓸 수 있는데 왜 두 종류의 다른 도구를 사용한단 말이야? ⑧게다가 젓가락은 한 손으로도 사용할 수 있어!

Barehands: ⑨천만의 말씀! ⑩손으로 음식을 먹으면 당연히 음식을 보면서 냄새도 맡을 수 있지만, 음식을 만져볼 수도 있어. ⑪음식을 먹을 때 촉각을 사용하기 때문에 음식을 더 즐기게 돼.

⑫친구들은 다양한 의견을 내세우면서 논쟁을 했지만, 아무도 포기하기를 원하지 않았습니다. ⑬그들의 주최자인 Ms. Disher가 친구들의 논쟁을 참을성 있게 듣고 있기는 쉽지 않았습니다. ⑭그래서 그녀는 서둘러서 조용히 자리를 떠났습니다.

구문

❶ On a recent trip, I have found that **it** is best to use **a spoon and fork**.
it(가주어)은 to use a spoon and fork(진주어)를 가리킨다. a spoon and fork는 숟가락과 포크가 함께 달려 있는 식기를 말하고, a spoon and a fork는 숟가락과 포크를 따로 말하는 것이다.

❹ **It** is **much** better to use **a knife and a fork** instead.
It은 to use a knife and a fork instead를 받는 가주어이다. much, even, far, still, a lot 등은 비교급을 강조하는 부사로 '훨씬'이라는 의미이다. a knife and a fork에서 knife와 fork에 모두 관사가 있으므로 나이프와 포크를 따로 말하는 것이다.

❺ Don't you think **it** is easier **for you** to hold a fork in one hand and a knife in the other?
it은 to hold a fork in one hand and a knife in the other를 받는 가주어이고, for you는 to 이하의 의미상의 주어이다.

❻ What can be more elegant than using **them** to cut meat on a plate!
them은 a knife and a fork를 가리킨다. 나이프와 포크를 사용해서 고기를 자르는 것이 가장 우아하다는 최상급의 의미를 내포하고 있다.(= Nothing can be more elegant than using them to cut meat on a plate! = It is the most elegant to use them to cut meat on a plate!)

단어 숙어

- **grain** [명] 곡물 [e.g.] The machine grinds **grain** into flour.
- **elegant** [형] 우아한 [e.g.] She was tall and **elegant**.
- **plate** [명] 접시 [e.g.] I had a sandwich on the **plate**.
- **utensil** [명] 도구, 기구 [e.g.] Wash your hands and all cooking **utensils** after preparing raw meat.
- **patiently** [부] 참을성 있게 [e.g.] She sat **patiently** waiting for her turn.

Grammar +

It ... for ... to ~.

1. 가주어 It
주어의 길이가 상대적으로 길고, 술어부가 짧으면 긴 주어 대신 It(가주어)을 쓴다.

- **Getting up early in the morning(주어)** is difficult.
→ **It(가주어)** is difficult **to get up early in the morning (진주어).**

2. to부정사의 의미상 주어
to부정사의 행동을 하는 주체가 따로 있으면 to 앞에 의미상 주어(for/of+목적격)를 쓴다. 이때, 의미상 주어 앞의 형용사가 성격을 나타내면 'of+목적격'의 형태로 쓴다.

- It is difficult **for him** to get up early in the morning. (그가 아침에 일찍 일어나는 것은 어렵다.)
- It is kind **of her** to help the poor woman. (그 불쌍한 여인을 돕다니 그녀는 친절하다.)

Mini Test

정답과 해설 p. 332

A 본문의 내용과 일치하도록 ⓐ와 ⓑ에서 알맞은 것을 고르시오.

Knork: It is much better ⓐ (use / to use) a knife and a fork instead. What can be ⓑ (more elegant / the most elegant) than using them to cut meat on a plate!

B 다음 질문에 대한 알맞은 답을 쓰시오.

Q. Why does Barehands get to enjoy his food more?

A. ____________________

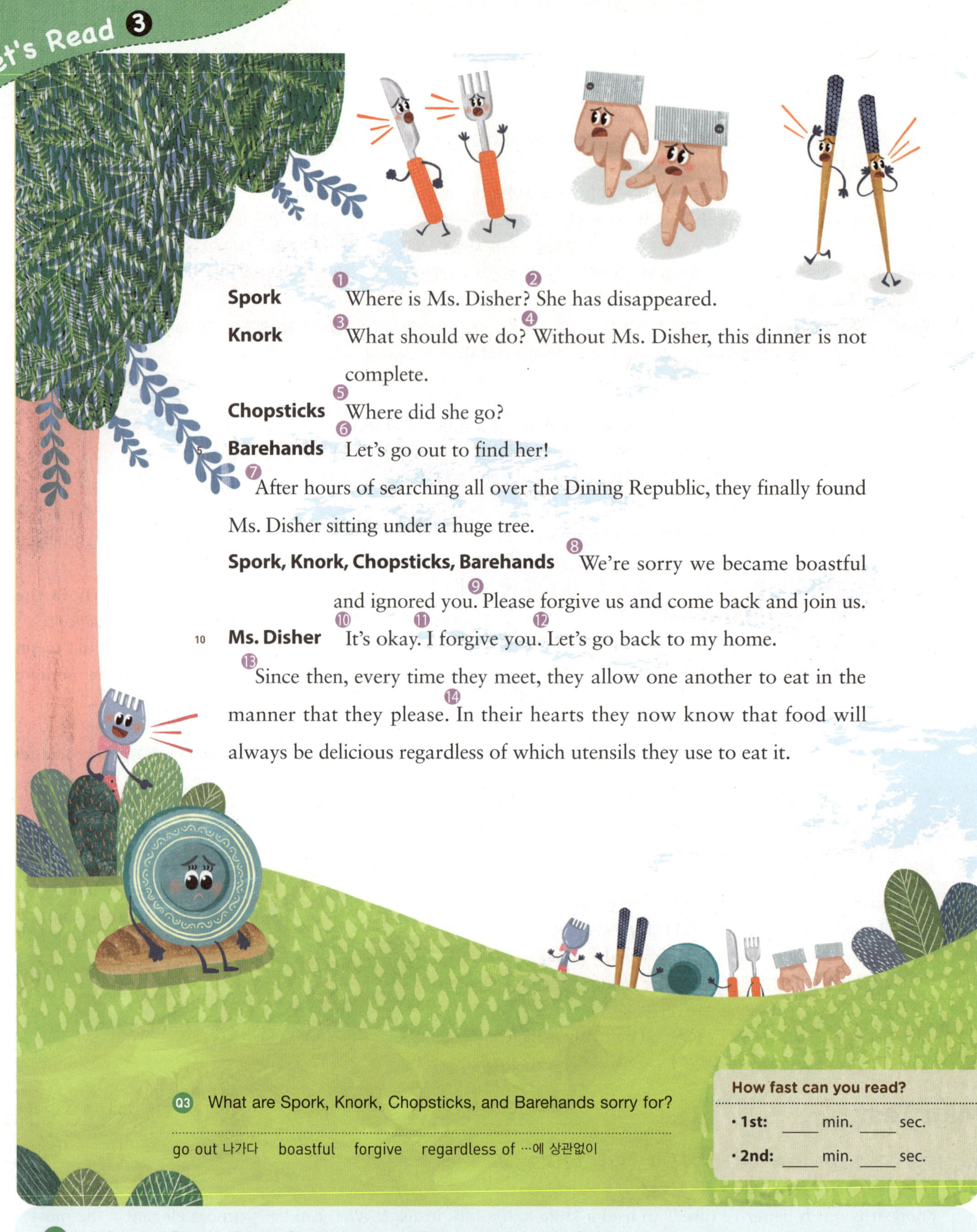

Spork ① Where is Ms. Disher? ② She has disappeared.

Knork ③ What should we do? ④ Without Ms. Disher, this dinner is not complete.

Chopsticks ⑤ Where did she go?

Barehands ⑥ Let's go out to find her!

⑦ After hours of searching all over the Dining Republic, they finally found Ms. Disher sitting under a huge tree.

Spork, Knork, Chopsticks, Barehands ⑧ We're sorry we became boastful and ignored you. ⑨ Please forgive us and come back and join us.

Ms. Disher ⑩ It's okay. ⑪ I forgive you. ⑫ Let's go back to my home.

⑬ Since then, every time they meet, they allow one another to eat in the manner that they please. ⑭ In their hearts they now know that food will always be delicious regardless of which utensils they use to eat it.

Q3 What are Spork, Knork, Chopsticks, and Barehands sorry for?

go out 나가다   boastful   forgive   regardless of …에 상관없이

How fast can you read?

- **1st:** _____ min. _____ sec.
- **2nd:** _____ min. _____ sec.

Q3 What are Spork, Knork, Chopsticks, and Barehands sorry for? Spork, Knork, Chopsticks, Barehands는 무엇을 미안해합니까?

A3 They are sorry that they became boastful and ignored Ms. Disher.
그들은 자랑만하고, Ms. Disher를 무시한 것을 미안해합니다.

해설 Spork, Knork, Chopsticks, Barehands가 Ms. Disher를 찾은 다음 한 말인 We're sorry we became boastful and ignored you.에서 미안해하는 이유를 알 수 있다. be sorry for는 '…을 미안해하다'라는 의미이다.

Spork: ①Ms. Disher는 어디 있지? ②그녀가 사라졌어.

Knork: ③어떡하지? ④Ms. Disher가 없으면, 이 저녁 식사는 완전하지 않아.

Chopsticks: ⑤그녀가 어디로 갔을까?

Barehands: ⑥그녀를 찾으러 나가자!

⑦몇 시간 동안 식탁 공화국을 구석구석 뒤진 끝에, 친구들은 마침내 커다란 나무 아래에 앉아 있는 Ms. Disher를 찾았습니다.

Spork, Knork, Chopsticks, Barehands: ⑧우리가 자랑만 하고 널 무시해서 미안해. ⑨부디 우리를 용서하고 돌아와서 우리와 함께해 줘.

Ms. Disher: ⑩알았어. ⑪너희를 용서할게. ⑫우리 집으로 돌아가자.

⑬그 후로, 친구들은 만날 때마다 서로 자신들이 하고 싶은 방식으로 음식 먹는 것을 받아들입니다. ⑭마음속으로 친구들은 이제 음식을 먹는 데 어떤 도구를 사용하여 먹는지에 상관없이 음식은 언제나 맛있을 거라는 것을 알게 되었습니다.

구문 ❷ She **has disappeared**.
친구들이 Ms. Disher가 사라진 사실을 안 것은 이미 Ms. Disher가 사라진 다음이기 때문에 현재 완료를 썼다.

❼ ... , they finally found Ms. Disher **sitting under a huge tree**.
sitting under a huge tree는 Ms. Disher를 꾸며 주며, sitting 앞에는 who was가 생략된 것으로 볼 수 있다. '주격 관계대명사+be동사'는 생략이 가능하다.

⓭ Since then, **every time they meet**, they allow one another to eat in the manner that they please.
every time they meet은 whenever they meet으로 바꿔 쓸 수 있다.

⓮ In their hearts they now know that food will always be delicious **regardless of** which utensils they use to eat it.
regardless of는 '…에 상관없이'라는 의미로 whatever utensils they use to eat it로 바꿔 쓸 수 있다.

단어 숙어
- **go out** 나가다 e.g. We **went out** for a meal and then on to a movie.
- **boastful** 형 뽐내는, 자랑하는 e.g. James is **boastful** about his car.
- **ignore** 동 무시하다 e.g. If we continue to **ignore** these problems, they will only get worse.
- **forgive** 동 용서하다 e.g. I'll never **forgive** her for what she did.
- **regardless of** …에 상관없이 e.g. He does what he wants **regardless of** what I say.

Grammar ➕

분사의 후치 수식

- The little girl (who is) **talking** with Jason is my sister. (Jason과 말하고 있는 어린 소녀는 내 여동생이다.)
- Many people only buy the products (which are) **made** in Korea. (많은 사람이 한국에서 만들어진 제품들만 산다.)
→ 이와 같이 분사가 명사를 뒤에서 수식하는 경우 '주격 관계대명사+be동사'가 생략된 것으로 본다.

Mini Test 📑

정답과 해설 p. 332

A 본문의 내용과 일치하도록 빈칸에 알맞은 말을 쓰시오.

> After discovering Ms. Disher had __________, the friends searched all over the Dining Republic for her. When they found her, they asked her to __________ them. In the end, they come to allow one another to eat in the manner that they __________.

B 우리말과 일치하도록 빈칸에 알맞은 말을 쓰시오.

어떤 도구를 사용하여 먹는지에 상관없이 음식 맛은 항상 맛있을 것이다.

→ Food will always be delicious __________________ which utensils they use to eat it.

After You Read

교과서 p.36

A Think and Say 본문의 주제로 알맞은 것을 골라 말해 봅시다.

The topic is different ways to eat around the world.

- ☐ different foods 여러 가지 음식들
- ☐ types of friendship 우정의 유형
- ☑ different ways to eat 음식을 먹는 다양한 방법

[활동 방법] 본문을 읽고, 주제로 알맞은 것을 골라 본다.

[풀이] Spork, Knork, Chopsticks, Barehands가 음식을 먹는 가장 좋은 방법에 대해 논쟁하는 것으로 보아 '전 세계의 음식을 먹는 다양한 방법'이 주제로 알맞다.

[단어·숙어]
topic [명] 주제
different [형] 다른, 여러 가지의, 다양한
type [명] 유형
way [명] 방법

[해석] 주제는 전 세계의 음식을 먹는 다양한 방법이다.

B Think and Write 빈칸에 알맞은 말을 써서 본문의 등장인물이 한 말을 요약해 봅시다.

A spoon is best for grains and soup, and a fork is good for eating meat.

A knife and a fork are best for cutting meat on a plate.

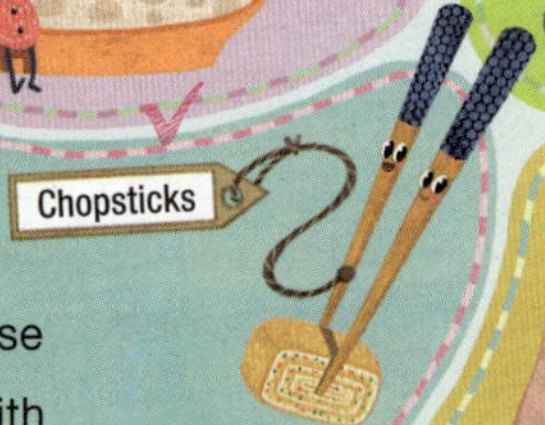

It is best to use chopsticks with one hand.

You can see, smell, and touch the food when you eat with your hands.

[활동 방법] 본문을 다시 읽고, 빈칸에 알맞은 말을 넣어 본문의 등장인물이 한 말을 요약해 본다.

[단어·숙어]
grain [명] 곡물
be good for …에 좋다
meat [명] 고기, 육류
plate [명] 접시
chopsticks [명] 젓가락

[해석]
Spork: 숟가락은 곡물과 국을 먹기에 최고이고, 포크는 고기를 먹기에 좋다.
Knork: 나이프와 포크는 접시 위에 놓인 고기를 자르는 데 최고다.
Chopsticks: 한 손으로 젓가락을 사용하는 것이 최고다.
Barehands: 손으로 음식을 먹으면 음식을 보면서 냄새도 맡고 만질 수도 있다.

세계 여러 나라에서 사용하는 다양한 식기를 알아봅시다.

● 본문 내용을 떠올려 빈칸을 채워 봅시다.

Spork, Chopsticks, Knork, Barehands, and Ms. Disher are _________ friends in the Dining Republic. Spork, Chopsticks, Knork, and Barehands _________ a lot with their families, but Ms. Disher's family does not travel much. She makes up for this by _________ a dinner for her friends coming back from their trips. She is always eager to listen to their _________. They often talk about what they learned from their recent _________. The most recent topic was about the best way to eat and Ms. Disher's guests began to _________.

Spork On a recent trip, I have found that it is best to use a spoon and fork. A _________ is best for grains and soup, and a _________ is good for eating meat.

Knork No! It is much better to use a _________ and a _________ instead. Don't you think it is easier for you to hold a fork in one hand and a knife in the other? What can be more _________ than using them to cut meat on a plate!

Chopsticks Why do you use two different kinds of _________ when you can use two of the same utensil? Plus, you can use _________ with just one _________!

Barehands No way! When I eat with my hands, of course I can see and _________ the food, but I can also touch it. Because I use my _________ of touch when I eat, I get to enjoy my food more.

They raised and _________ many points, and nobody wanted to give up. It was not easy for their _________, Ms. Disher, to listen to their arguments _________. So, she hurriedly, yet quietly, left.

Spork Where is Ms. Disher? She has _________.
Knork What should we do? Without Ms. Disher, this dinner is not _________.
Chopsticks Where did she go?
Barehands Let's go out to find her!

After hours of searching all over the Dining Republic, they finally found Ms. Disher _________ under a huge tree.

Spork, Knork, Chopsticks, Barehands We're sorry we became _________ and ignored you. Please _________ us and come back and join us.

Ms. Disher It's okay. I forgive you. Let's go back to my home.

Since then, every time they meet, they _________ one another to eat in the manner that they _________. In their hearts they now know that food will always be _________ regardless of which utensils they use to eat it.

정답 I close, travel, hosting, adventures, trips, argue, spoon, fork, knife, fork, elegant, utensils, chopsticks, hand, smell, sense, argued, host, patiently, disappeared, complete, sitting, boastful, forgive, allow, please, delicious

Word Builder

교과서 p.151

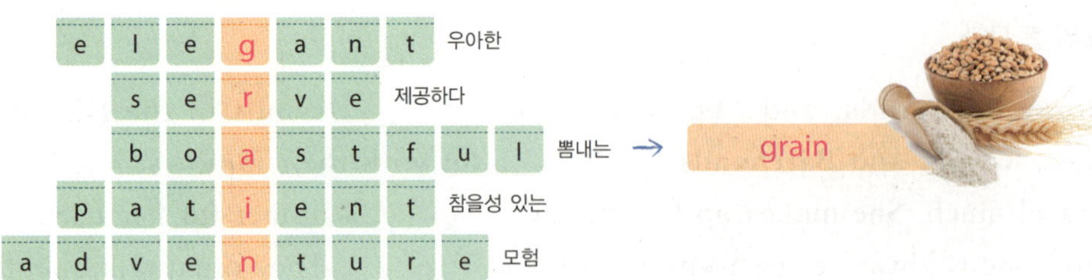

A 각 단어의 비어 있는 칸을 채우고, 빈칸을 연결해서 어떤 단어가 되는지 알아봅시다.

	e	l	e	g	a	n	t	우아한		
		s	e	r	v	e	제공하다			
		b	o	a	s	t	f	u	l	뽐내는 → grain
	p	a	t	i	e	n	t	참을성 있는		
a	d	v	e	n	t	u	r	e	모험	

풀이 각 단어의 비어 있는 칸을 채운 후 빈칸을 연결해 보면 grain(곡물)이 된다.

단어·숙어
grain [명] 곡물

B 같은 모양끼리 연결해 자연스러운 표현을 만들고, 그 뜻을 써 봅시다.

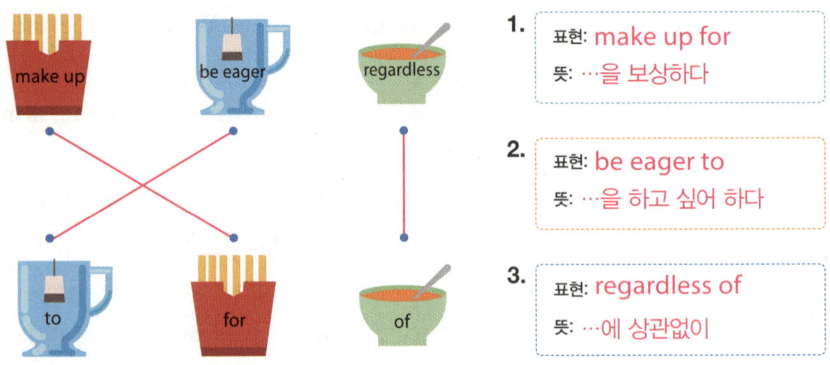

1. 표현: make up for
뜻: …을 보상하다

2. 표현: be eager to
뜻: …을 하고 싶어 하다

3. 표현: regardless of
뜻: …에 상관없이

풀이
1 '…을 보상하다'의 영어 표현은 make up for이다.
2 '…을 하고 싶어 하다'의 영어 표현은 be eager to이다.
3 '…에 상관없이'의 영어 표현은 regardless of이다.

단어·숙어
eager [형] 열망하는, 간절히 바라는
regardless [형] 무관심한, 부주의한

C 다음 그림에서 숨은 단어를 찾아 빈칸에 알맞은 말을 써 봅시다.

1. In 2002, Korea and Japan __hosted__ the World Cup.
2. __Chopsticks__ are used by many people in Korea, Japan, and China.
3. People in China eat __noodles__ to celebrate the New Year.

풀이
1 월드컵을 '개최했다'라는 뜻이 되어야 하므로 hosted가 알맞다.
2 한국, 일본, 중국에서 많은 사람에게 쓰이는 것은 '젓가락'이므로 chopsticks가 알맞다.
3 새해를 축하하기 위해 먹는 음식이어야 하므로 '국수'인 noodles가 알맞다.

단어·숙어
host [동] 개최하다
noodle [명] 국수
close [형] 친한, 가까운
chopsticks [명] 젓가락
plate [명] 접시

해석
1 2002년에 한국과 일본은 월드컵을 개최했다.
2 젓가락은 한국, 일본, 중국의 많은 사람에 의해 사용된다.
3 중국 사람들은 새해를 축하하기 위해서 국수를 먹는다.

정답과 해설 p. 332

A 다음 영어 표현은 우리말로, 우리말은 영어로 쓰시오.

1. adventure ___________________
2. chopsticks ___________________
3. grain ___________________
4. host ___________________
5. hurriedly ___________________

6. 참을성 있게 ___________________
7. 기구, 도구 ___________________
8. 최근의 ___________________
9. 예의, 예절 ___________________
10. 접시, 그릇 ___________________

B 주어진 영영 풀이에 해당하는 단어를 보기 에서 골라 쓰시오.

> 보기
>
> convenient　　control　　noodle　　elegant　　boastful

1. ___________________ : to keep emotions or desires from becoming too strong

2. ___________________ : graceful and stylish in appearance or manner

3. ___________________ : a thin strip of dough that is made from flour, water, and eggs and that is cooked in boiling water

4. ___________________ : talking too proudly about something that they have done or that they own

5. ___________________ : easy or very useful or suitable for a particular purpose

C 다음 빈칸에 알맞은 단어를 보기 에서 골라 쓰시오.

> 보기
>
> regardless　　suggestions　　eager　　forgive　　make

1. They were ___________________ to get back to work as soon as possible.

2. He runs every day ___________________ of the weather.

3. Can you ever ___________________ me for being so selfish?

4. We practiced all day to ___________________ up for lost time.

5. Please send comments and ___________________ to our post office box.

It is/was ~ for (her) to ....

A **Look and Say** 다음 그림을 보고, 자신의 생각을 말해 봅시다.

Children are riding a bike
without a helmet.

People are recycling.

The woman is climbing
a high mountain.

단어 숙어 recycle ⑧ 재활용하다

해석
- 아이들이 헬멧 없이 자전거를 타고 있다.
- 사람들이 재활용을 하고 있다.
- 그 여자는 높은 산을 오르고 있다.

e.g. It is dangerous for children to ride a bike
without a helmet.
아이들이 헬멧 없이 자전거를 타는 것은 위험하다.

easy	possible
difficult	dangerous
necessary	__________

your own

예시 정답
- It is necessary for people to recycle. 사람들이 재활용하는 것은 필수적이다.
- It is dangerous/easy/difficult for the woman to climb a high mountain.
  그 여자가 높은 산을 오르는 것은 위험하다[쉽다/어렵다].

Form 1 ▶ **It is/was ~ for (her) to ....**

가주어(It)와 진주어(to 동사원형) 구문에 의미상의 주어(for/of+목적격)가 사용된 형태로 가주어 It은 주어가 to부정사, 동명사, that절과 같이 길이가 긴 경우 진주어를 뒤로 보내고 문장 맨 앞에 가주어 It을 쓴다.

e.g. Learning how to swim is not hard. → **It is** not hard **to learn how to swim**.

That he will win the race is certain. → **It is** certain **that he will win the race**.

또한, It is/was 뒤에 나오는 형용사의 성질에 따라 to부정사의 의미상 주어의 형태가 달라진다.

- **의미**   −가 …하는 것은 ~하다
- **형태**   1. **It is/was**＋형용사＋**for** 목적격＋**to** 동사원형 ~.
    주절의 형용사가 difficult, easy, possible, impossible, hard 등이면 목적격 앞에 for를 쓴다.
    e.g. **It was** difficult **for us to hear** what she was saying. (우리가 그녀가 말하고 있는 것을 듣기는 어려웠다.)
    It is impossible **for me to finish** this work. (내가 이 일을 끝내는 것은 불가능하다.)
  2. **It is/was**＋형용사＋**of** 목적격＋**to** 동사원형 ~.
    주절의 형용사가 사람의 성격이나 태도를 나타내는 형용사이면 목적격 앞에 of를 쓴다. 사람의 성격이나 태도를 나타내는 형용사에는 (un)kind, stupid, silly, careful, generous, nice, wise 등이 있다.
    e.g. **It is** very kind **of you to help** me. (네가 나를 도와주다니 정말 친절하구나.)
  3. 의미상의 주어를 생략할 때: 행위자가 막연하거나 일반적인 사람(**you, one, we, people** 등)일 경우
    e.g. **It is** sometimes difficult **to accept** the truth. (때때로 사실을 받아들이기가 어렵다.)

... (her) -ing ~

B Find and Write 두 그림에서 서로 다른 부분을 찾고, 문장을 완성해 봅시다.

• There is a boy reading a book on the bench.
• There is _a girl watering the flowers_ .
• There is _a woman_ on the street.
   walking

• There are two boys _reading a book on the bench_ .
• There is a man watering the flowers.
• There is a woman on the street.
   running

 단어
숙어   water ⑧ (화초 등에) 물을 주다

 해석
• 벤치에 앉아서 책을 읽고 있는 소년이 있다. / 벤치에 앉아서 책을 읽고 있는 두 소년이 있다.
• 꽃에 물을 주고 있는 소녀가 있다. / 꽃에 물을 주고 있는 남자가 있다.
• 길에서 걷고 있는 여자가 있다. / 길에서 달리고 있는 여자가 있다.

풀이 현재 분사가 앞의 명사를 수식하는 문장이 되도록 옆 문장을 참고해서 써 본다.

 **Form 2**   ▶ **... (her) -ing ~**

1. 문장 내에서 주격 관계대명사와 be동사는 함께 생략할 수 있다.

> **e.g.** The boy **(who is) taking** a picture is my little brother.
> (사진을 찍고 있는 소년은 내 남동생이다.)
> There are mountains **(which are) covered** with snow all year round.
> (일년 내내 눈으로 덮여 있는 산들이 있다.)

2. '주격 관계대명사+be동사'가 생략되면 '~ 명사+-ing/p.p. ~'의 형태가 되어 뒤에서 명사를 수식하는 기능을 한다.

의미	…하는 / …되는, …해진
형태	명사+-ing/p.p.+수식어구

> **e.g.** That person was **Mary's daughter dancing on the stage**.
> (저 사람은 무대 위에서 춤추고 있는 Mary의 딸이었다.)
> **The girls swimming in the pool** are Kelly, Amy, and Sue.
> (수영장에서 수영하는 소녀들은 Kelly, Amy, Sue이다.)
> **The ball kicked by Jinsu** is mine. (진수가 찬 공은 나의 것이다.)
> James is reading **a book written in French**.
> (James는 프랑스어로 쓰인 책을 읽고 있는 중이다.)

Self-check	🙂	😣
• I can use 'It is/was ~ for (her) to … .'	☐	☐
• I can use '… (her) -ing ~.'	☐	☐

Chopsticks or a Fork?   **63**

Grammar Builder A

Point 1 It is/was ~ for (her) to ... .

A 설명을 읽고, 괄호 안의 표현을 활용하여 빈칸에 알맞은 말을 써 봅시다.

> • It is/was ~ for 행위자 to 동사원형 : 동작을 하는 사람은 for 뒤의 행위자이다.
> It is good for you to run every day.
> • 주의 for 뒤의 행위자는 me, you, him, her, them, us 등의 형태로 쓴다.
> It is not easy for me to learn a different language. (O)
> It is not easy for I to learn a different language. (X)

1. It is important ___for you to choose___ your friends wisely. (you, choose)

2. It is almost impossible ___for my brother to climb___ that mountain. (my brother, climb)

3. It is hard ___for them to play outside___ in that cold weather. (them, play outside)

풀이
1. 형용사가 important이므로 의미상의 주어는 for you, 진주어는 to choose가 되어야 한다.
2. 형용사가 impossible이므로 의미상의 주어는 for my brother, 진주어는 to climb이 되어야 한다.
3. 형용사가 hard이므로 의미상의 주어는 for them, 진주어는 to play outside가 되어야 한다.

단어·숙어 wisely ⓟ 현명하게

해석
• 네가 매일 달리는 것은 (건강에) 좋다.
• 내가 다른 언어를 배우기는 쉽지 않다.
1 네가 친구들을 현명하게 선택하는 것이 중요하다.
2 내 동생이 그 산을 오르는 것은 거의 불가능하다.
3 그들이 그렇게 추운 날씨에 밖에서 노는 것은 어렵다.

Point 2 ... (her) -ing ~

B 설명을 읽고, 알맞은 단어를 골라 공원에 있는 사람들을 묘사해 봅시다.

> They met the girl sitting under a huge tree. (그들은 큰 나무 밑에 앉아 있는 여자아이를 만났다.)
> The boy wearing a big hat is Andrew. (큰 모자를 쓰고 있는 남자아이는 Andrew이다.)
> • sitting under a huge tree와 wearing a big hat은 바로 앞에 오는 대상의 행동이나 상태를 설명해 준다.

1. The girl (walking / walked) a dog is Suji.

2. The boy (dancing / danced) on the stage is Taejun.

3. The girl (having / had) lunch on the grass is Julie.

풀이 '주격 관계대명사+be동사'가 생략된 문장에서 명사를 뒤에서 꾸며 주는 말은 현재 분사(-ing) 또는 과거 분사(p.p.)의 형태로 쓰인다.
1 소녀가 개를 산책시키고 있으므로(능동) 현재 분사인 walking이 알맞다.
2 소년이 무대 위에서 춤을 추고 있으므로(능동) 현재 분사인 dancing이 알맞다.
3 소녀가 잔디 위에서 점심을 먹고 있으므로(능동) 현재 분사인 having이 알맞다.

단어·숙어 walk a dog 개를 산책시키다
stage ⓝ 무대
grass ⓝ 잔디, 풀

해석
1 개를 산책시키고 있는 소녀는 수지이다.
2 무대에서 춤추고 있는 소년은 태준이다.
3 잔디 위에서 점심을 먹고 있는 소녀는 Julie이다.

Grammar Builder B

Point 1   It is/was ~ for (her) to ... .

A   그림에 맞게 주어진 표현을 활용하여 문장을 완성해 봅시다.

> e.g.   It is easy for Jinsu to read a book in one day.

1. 

| hard   Julia   cross her legs |

It is ___hard for Julia to cross her legs___ on the floor.

2. 

| difficult   Brad   use chopsticks |

Isn't it ___difficult for Brad to use chopsticks___ ?

3. 

| good   children   use a cell phone |

It might not be ___good for children to use a cell phone___ for too long.

풀이   문장 구조가 It is/was＋형용사＋for 목적격＋to 동사원형 ~.으로 'for＋목적격'은 to 동사원형의 의미상 주어에 해당한다. 따라서 '형용사＋for 목적격＋to 동사원형'의 어순 배열에 유의한다.
1.   형용사가 hard이므로 'hard＋for 목적격＋to 동사원형'에 맞게 쓴다.
2.   형용사가 difficult이므로 'difficult＋for 목적격＋to 동사원형'에 맞게 쓴다.
3.   형용사가 good이므로 'good＋for 목적격＋to 동사원형'에 맞게 쓴다.

Point 2   ... (her) -ing ~

B   다음 그림을 보고, 그림 속 사람들을 묘사하는 문장을 써 봅시다.

e.g.   A man is reading a newspaper. He is my dad.
→ The man reading a newspaper is my dad.

1. Two girls are talking excitedly. They are my friends.
→ ___The two girls talking excitedly are my friends.___

2. A woman is listening to music. She is my teacher.
→ ___The woman listening to music is my teacher.___

풀이
1.   두 소녀가 즐겁게 이야기하고 있으므로(능동) 현재 분사 talking excitedly가 The two girls를 수식한다.
2.   여자가 음악을 듣고 있으므로(능동) 현재 분사 listening to music이 The woman을 수식한다.

해석
- 진수가 하루 만에 책을 읽는 것은 쉽다.
1. Julia가 바닥에서 다리를 꼬는 것은 어렵다.
2. Brad가 젓가락을 사용하는 것은 어렵지 않니?
3. 아이들이 휴대 전화를 너무 오래 사용하는 것은 좋지 않을 수 있다.

단어숙어   excitedly ⑨ 즐겁게

해석
- 한 남자가 신문을 읽고 있다. 그는 나의 아빠이다.
→ 신문을 읽고 있는 그 남자는 나의 아빠이다.
1. 두 소녀가 즐겁게 이야기하고 있다. 그들은 내 친구들이다.
→ 즐겁게 이야기하고 있는 두 소녀는 내 친구들이다.
2. 한 여자가 음악을 듣고 있다. 그녀는 내 선생님이다.
→ 음악을 듣고 있는 그 여자는 내 선생님이다.

Grammar Check 

A 다음 빈칸에 알맞은 말을 보기 에서 골라 쓰시오.

> **보기**
>
> kind　　　　dangerous　　　　impossible　　　　rude

1. It is ___________ for you to climb that mountain.

2. It's ___________ of you to wear your brother's shirt without asking.

3. It was ___________ for them to communicate in different languages.

4. It's ___________ of her to help the poor children.

- to부정사의 의미상의 주어는 'for/of+목적격'으로 나타내는 데, 사람의 성격이나 태도를 나타내는 형용사 뒤에는 'of+목적격'으로 쓴다.

B 다음 괄호 안에서 알맞은 말을 고르시오.

1. The boy (playing / played) tennis is her brother.

2. The trees (planting / planted) 10 years ago are now 3 meters tall.

3. There were a lot of buildings (damaging / damaged) by the earthquake.

4. There are some people (waiting / waited) at the bus stop.

- 명사 뒤에 현재 분사나 과거 분사가 위치해 앞의 명사를 꾸며 줄 수 있는데, 명사와 분사의 관계가 능동이면 현재 분사가, 수동이면 과거 분사가 온다.

C 다음 문장에서 어법상 <u>어색한</u> 부분을 찾아 바르게 고쳐 쓰시오.

1. It's not easy of me to solve the difficult math question.

2. It's silly of them miss the chance.

3. The boy watered the plants was Thomas.

4. The mountain covering with snow is beautiful.

D 다음 주어진 단어를 바르게 배열하여 문장을 완성하시오.

1. (baseball, Jason, the boy, is, playing)

→ ____.

2. (the picture, look, hanging, at, the wall, on)

→ ____.

3. (you, the girl, do, know, the stage, on, dancing)

→ ____?

4. (read, he, written, the book, can't, Chinese, in)

→ ____.

Ready 다음 그림을 보고, 알맞은 단어를 골라 문장을 완성해 봅시다.

left
right
outside

단어 숙어 utensil [명] 도구, 기구, 식기
place setting (식탁에 놓이는) 개인별 식기 수저 세트

· 바깥쪽에 있는 식기를 먼저 사용해야 한다.
· 빵 접시는 식기류의 왼쪽에 있다.
· 물잔은 식기류의 오른쪽에 있다.

Tip 1 You need to use the utensils on the ___outside___ first.
Tip 2 The bread plate is on the ___left___ of the place setting.
Tip 3 The water glass is on the ___right___ of the place setting.

 **활동 방법** 그림을 보고, 알맞은 단어를 골라 문장을 완성해 본다.

Write 위의 내용을 바탕으로 서구식 식사 예절을 설명하는 안내문을 써 봅시다.

Tips for Using Utensils

Are you having trouble using your utensils at the dining table? Here are some tips.

It is important for you ___to use the utensils on the outside___ first. Do not use the bread plate and water glass of the person sitting next to you. Your bread plate is on ___the left of the place setting___. Your water glass is on ___the right of the place setting___. Try not to become confused.

단어 숙어 have trouble -ing …하는 데 어려움이 있다
dining table 식탁
confused [형] 혼란한, 헷갈리는

 **활동 방법** 위에서 완성한 내용을 바탕으로 서구식 식사 예절을 설명하는 안내문을 써 본다.

식탁에서 여러분의 식기를 사용하는 데 어려움이 있습니까? 여기에 몇 가지 조언들이 있습니다. 먼저 바깥쪽에 있는 식기를 사용하는 것이 중요합니다. 여러분 옆에 앉아 있는 사람의 빵 접시와 물잔을 사용하지 마세요. 여러분의 빵 접시는 식기류의 왼쪽에 있습니다. 물잔은 식기류의 오른쪽에 있습니다. 헷갈리지 마시기 바랍니다.

Present 우리나라의 식사 예절을 알아보고 발표해 봅시다.

Peer Review
· 서구식 식사 예절에 관한 안내문을 잘 완성하였나요? ☐ ☐
· 'It is ~ for you to … .'와 '… person sitting ~' 표현을 이해하고 잘 사용하였나요? ☐ ☐

Let's Check

1 대화를 듣고, 소녀가 산 모자를 골라 봅시다. 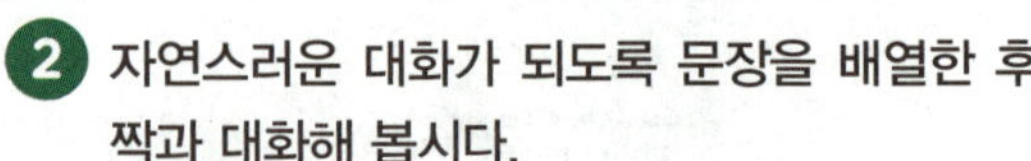

2 자연스러운 대화가 되도록 문장을 배열한 후, 짝과 대화해 봅시다.

[1] I'm so hungry. Let's get something to eat.

[3] I like noodles. Do you know any good restaurants?

[4] There's a good noodle restaurant over there.

[2] So am I. Which do you prefer, noodles or rice?

5 다음 그림을 보고, 문장을 완성해 봅시다.

Arriving on time is difficult.

➡ It is difficult for ___Clara/her to arrive on time___.

your own

6 자신이 가고 싶은 식당에서 먹으려는 음식을 말해 봅시다.

e.g. I want to go to a restaurant serving delicious noodles.

[3-4] 다음 글을 읽고, 물음에 답해 봅시다.

Spork   On a recent trip, I have found that it is best to use a spoon and fork. A spoon is best for grains and soup, and a fork is good for eating meat.

Knork   No! It is much better to use a knife and a fork instead. Don't you think it is easier for you to hold a fork in one hand and a knife in the other? What can be more elegant than using <u>them</u> to cut meat on a plate!

Chopsticks   Why do you use two different kinds of utensils when you can use two of the same utensil? Plus, you can use chopsticks with just one hand!

3 윗글에서 밑줄 친 them이 가리키는 것을 찾아 써 봅시다.   a knife and a fork

4 윗글의 내용과 일치하지 <u>않는</u> 것을 골라 봅시다.

① Spork: Use a fork to have salad.

② Knork: Use a fork and a knife to cut meat on a plate.

③ Chopsticks: You can use chopsticks with just one hand.

1

[Script] G: Do you like this cap?
B: It seems to me that red does not look good on you.
G: Do you have any suggestions, then?
B: How about this blue cap? Blue looks much better on you than red.
G: That sounds good. I'll take it.

[해석] G: 이 모자 괜찮아?
B: 내 생각에는 빨간색이 너에게 안 어울리는 것 같아.
G: 그럼 추천해 줄 게 있니?
B: 이 파란색 모자 어때? 파란색이 빨간색보다 너에게 훨씬 더 잘 어울려.
G: 좋은 것 같은데. 그것으로 할게.

[풀이] 소녀는 자신이 고른 빨간색 모자 대신 소년이 추천한 파란색 모자를 사겠다고 했다.

[단어숙어] look (much) better on you 너에게 (훨씬) 더 잘 어울리다

2

[해석] A: 배가 너무 고파. 뭐 먹으러 가자.
B: 나도 마찬가지야. 너는 국수와 밥 중에서 어떤 것을 더 좋아하니?
A: 나는 국수가 좋아. 괜찮은 식당을 알고 있니?
B: 저쪽에 괜찮은 국수 가게가 있어.

[풀이] 배가 고프니 뭐 좀 먹으러 가자는 말에 동의하면서 국수와 밥 중 선호하는 것을 묻고 이에 답하는 표현이 온 다음, 괜찮은 식당을 아는지를 묻고 이에 답하는 표현이 와야 자연스럽다.

[단어숙어] prefer [동] 더 좋아하다

3-4

[해석] Spork: 최근 여행에서 나는 숟가락과 포크가 함께 달려 있는 것을 사용하는 것이 가장 좋다는 것을 알았어. 숟가락은 곡물과 국을 먹기에 최고이고, 포크는 고기를 먹기에 좋아.
Knork: 아니야! 대신 나이프와 포크를 사용하는 것이 훨씬 더 좋아. 네가 한 손에는 포크를, 다른 한 손에는 나이프를 드는 것이 더 쉽다고 생각하지 않니? 접시 위에 놓인 고기를 자르기 위해 나이프와 포크를 사용하는 것보다 더 우아할 수 있는 게 뭐가 있겠어!
Chopsticks: 같은 도구를 두 개 쓸 수 있는데 왜 두 종류의 다른 도구를 사용한단 말이야? 게다가 젓가락은 한 손으로도 사용할 수 있어!

[단어숙어]

recent [형] 최근의	grain [명] 곡물
meat [명] 육류	instead [부] 대신에
elegant [형] 우아한	plate [명] 접시
utensil [명] 도구, 기구	chopsticks [명] 젓가락

3

[풀이] 한 손에는 포크를, 다른 한 손에는 나이프를 사용하여 음식을 먹는 것이 가장 우아하다는 말이므로 them은 '나이프와 포크'를 가리킨다.

4

[해석] ① Spork: 샐러드를 먹기 위해 포크를 사용해라.
② Knork: 접시 위의 고기를 자르기 위해 포크와 나이프를 사용해라.
③ Chopsticks: 한 손으로 젓가락을 사용할 수 있다.

[풀이] Spork는 포크가 고기를 먹을 때 좋다고 했다.

5

[해석] 제시간에 도착하는 것은 어렵다.
→ Clara[그녀]가 제시간에 도착하기는 어렵다.

[풀이] 의미상 주어(Clara)가 있는 가주어 · 진주어 구문으로 'It is+형용사+for 목적격+to 동사원형 ~.' 형태로 쓴다.

[단어숙어] on time 제시간에
difficult [형] 어려운

6

[해석] 나는 맛있는 국수를 제공하는 식당에 가고 싶다.

[풀이] 현재 분사가 앞의 명사를 수식해 주는 형태로 문장을 말해 본다. 주어진 문장은 I want to go to a restaurant which is serving delicious noodles.에서 which is가 생략되어 현재 분사(-ing)가 명사를 뒤에서 꾸며 주고 있다.

[예시답안] I want to go to a restaurant serving fresh sea food. 나는 신선한 해산물을 제공하는 식당에 가고 싶다.

[단어숙어] serve [동] 제공하다

Culture & Life

Facts About Forks and Knives

교과서 p.40

Find out 포크와 나이프의 역사적 사실에 관한 글을 읽어 봅시다.

History

Fork Facts

15C

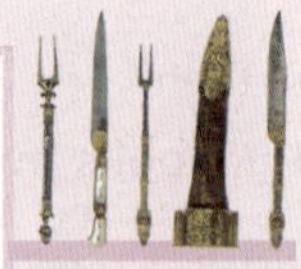
16C

Forks were not used by many people about 1,000 years ago. They became popular with the arrival of the Renaissance in Italy. Catherine de Medici introduced the fork to France in 1533. They slowly started to be used in France. By the early 17th century, travelers from all over Europe were spreading their use. People in North America started to use forks in the early 19th century.

17C

18C

Knife Facts

The knife is most certainly the oldest eating utensil. In the Middle Ages in Europe, a host did not have to provide his guests with any utensils. So guests carried their own knives that were used for both eating and fighting. King Louis XIV of France was not happy with the pointed knives. So, he banned their use.

19C

Try out 숟가락과 젓가락에 대한 다양한 사실을 조사해 보고, 말해 봅시다.

e.g. A: Where are chopsticks mostly used?
B: They are mostly used in Asia.

단어·숙어

- arrival [명] 도래, 도입
- Renaissance [명] 문예 부흥기, 르네상스
- century [명] 세기
- spread [동] 퍼지다, 퍼뜨리다
- provide ... with ~ …에게 ~을 제공하다
- pointed [형] 뾰족한
- ban [동] 금지하다

표현

- They slowly **started to be used** in France.: start는 to 부정사를 목적어로 취하며, be used는 수동태 구문으로 to 다음에 동사원형이 와야 해서 be가 쓰였다.

해석 **Find out**

- **포크에 관한 사실**

포크는 약 1,000년 전에는 많은 사람이 사용하지는 않았다. 포크는 이탈리아에 르네상스가 도래하면서 대중화되었다. Catherine de Medici는 1533년에 포크를 프랑스에 소개했다. 포크는 프랑스에서 서서히 사용되기 시작했다. 17세기 초반에는 유럽 전역에서 여행자들이 포크의 사용을 퍼뜨리고 있었다. 북미 지역 사람들은 19세기 초에 포크를 사용하기 시작했다.

- **나이프에 관한 사실**

나이프는 가장 오래된 식기라고 해도 과언이 아니다. 유럽 중세 시대에는 주인이 손님에게 식기를 제공할 필요가 없었다. 그래서 손님들은 먹을 때나 싸울 때 모두 사용했던 자신의 나이프를 들고 다녔다. 프랑스의 루이 14세는 끝이 뾰족한 나이프를 좋아하지 않았다. 그래서 그는 끝이 뾰족한 나이프의 사용을 금지했다.

Try out

A: 젓가락은 어디서 주로 사용됩니까?
B: 젓가락은 아시아에서 주로 사용됩니다.

Culture & Life Project

Ready　모둠별로 여러 나라의 음식과 무엇을 사용해 그 음식을 먹는지 조사해 봅시다. **group**

Country	Food	What to Use
Thailand	*pad thai* noodles	chopsticks
Italy	pizza	hands
USA	steak	knives and forks

A: What is the popular food in Thailand?
B: It seems to me *pad thai* noodles are popular in Thailand.
A: Which utensil do they prefer when they eat them?
B: I think they prefer chopsticks.

Create　위의 표를 바탕으로 세계 음식 지도를 만들어 봅시다. **group**

Country	Food	What to Use
Thailand	*pad thai* noodles	chopsticks

Share　완성한 세계 음식 지도를 친구들에게 소개해 봅시다.

e.g.　We find *pad thai* noodles are popular in Thailand.
People prefer using chopsticks to eat them in Thailand.

MEMO

Ready

활동 방법　모둠별로 여러 나라에서 먹는 음식과 무엇을 사용해서 그 음식을 먹는지 조사한 후 대화해 본다.

해석

A: 태국에서 인기 있는 음식은 무엇이니?
B: 내 생각에 태국에서는 팟타이 국수가 인기 있는 것 같아.
A: 태국 사람들이 팟타이 국수를 먹을 때 어떤 식기를 더 좋아하니?
B: 젓가락을 더 좋아할 거라고 생각해.

단어 숙어
noodle [명] 국수
chopsticks [명] 젓가락
popular [형] 인기 있는
utensil [명] 도구, 식기

Create

활동 방법　위에서 만든 표를 바탕으로 세계 음식 지도를 만들어 본다.

Share

활동 방법　완성한 세계 음식 지도를 친구들에게 소개해 본다.

해석

우리는 태국에서 팟타이 국수가 인기 있다는 것을 알게 되었습니다. 태국 사람들은 그 국수를 먹기 위해 젓가락을 사용하는 것을 더 좋아합니다.

01 대화를 듣고, 남자의 마지막 말에 대한 여자의 응답으로 가장 적절한 것을 고르시오.

① Both are okay with me.
② Chicken salad sounds good.
③ Okay, let's eat sushi instead.
④ Good. I absolutely love seafood.
⑤ Sounds good. I love noodles.

02 대화를 듣고, 대화의 내용과 일치하는 것을 고르시오.

① Julia: 난 오늘부터 다이어트를 할 거야.
② Julia: 난 매일 운동하면서 다이어트를 해.
③ 준수: 난 실컷 먹으면서 가끔 운동하고 있어.
④ Julia: 운동이 쉽지 않아 식단을 조절하는 편이야.
⑤ 준수: 이제부터 즉석 식품은 먹지 않을 거야.

03 대화를 듣고, 빈칸에 알맞은 말이 바르게 짝 지어진 것을 고르시오.

> The boy prefers to have _________, _________ breaks during his work, while the girl wants to finish her work first and then take a _________ break.

① frequent – short – short
② regular – long – longer
③ frequent – long – short
④ regular – short – longer
⑤ frequent – short – longer

[04-05] 다음 대화를 읽고, 물음에 답하시오.

> **Jinho** Claire, which do you prefer, fish or steak?
> **Claire** I prefer fish, Jinho.
> **Jinho** There is fish on the menu.
> **Claire** That's good. Is it sushi or fried?
> **Jinho** ⓐBoth are on the menu.
> **Claire** Then I will have sushi. It seems to me that fish tastes better when it's uncooked.
> **Jinho** Okay. Then you get sushi and I'll get fried fish. Let's order.

04 위 대화의 밑줄 친 ⓐ에 해당하는 두 가지를 본문에서 찾아 쓰시오.

→ _______________________________

05 위 대화의 내용과 일치하는 것은?

① 진호: 고기보다는 생선이 좋아.
② Claire: 난 생선 구이를 먹을래.
③ 진호: 난 생선 초밥을 먹을 거야.
④ 진호: 넌 초밥을 먹어, 난 생선 구이를 먹을게.
⑤ Claire: 생선은 열로 조리했을 때 맛있는 법이지.

06 다음 대화의 빈칸에 알맞지 **않은** 것은?

> **A** Which do you prefer, cheesecake or green salad?
> **B** I prefer green salad. It's _______________.

① fresher
② too salty
③ healthier
④ much tastier
⑤ more delicious

07 다음 말에 이어질 대화의 순서를 바르게 배열하시오.

> **Do you like this cap?**
>
> (A) Do you have any suggestions, then?
> (B) It seems to me that red does not look good on you.
> (C) That sounds good. I'll take it.
> (D) How about this blue cap? Blue looks much better on you than red.

(   ) – (   ) – (   ) – (   )

08 다음 글의 빈칸 ①~⑤에 알맞지 **않은** 것은?

> Different cultures use different kinds of ___①___ to eat. For some people, ___②___ are easy to use. For another, a fork is more ___③___. Other people might think using a knife and ___④___ is more ___⑤___.

① cooker
② chopsticks
③ convenient
④ fork
⑤ elegant

09 다음 짝 지어진 두 단어의 관계가 나머지와 <u>다른</u> 하나는?

① host – guest ② tasty – tasteless
③ grain – bread ④ complete – partial
⑤ same – different

10 다음 빈칸에 알맞지 <u>않은</u> 것은?

> It is _________ of her to say so.

① kind ② rude ③ difficult
④ wise ⑤ silly

11 주어진 단어를 배열하여 문장을 완성할 때, 다섯 번째로 올 단어를 쓰시오.

> boys / my / soccer / one / of / playing / the / brother / field / is / in / the

→ _________________________

12 다음 중 어법상 <u>틀린</u> 문장의 개수로 알맞은 것은?

> ⓐ There's a boy read a book on the bench.
> ⓑ It is not easy of you to solve the problem.
> ⓒ The man watering the flowers is my father.
> ⓓ The woman running on the street looks tired.
> ⓔ It was foolish of you to do such a thing.
> ⓕ It is thoughtful of your to share your room with me.

① 1개 ② 2개 ③ 3개 ④ 4개 ⑤ 5개

13 다음 괄호 안에서 어법상 알맞은 것을 골라 쓰시오.

> • Sophia can read a book (writing / written) in French.
> • I like that picture (hang / hanging) on the wall.

____

14 우리말과 일치하도록 주어진 단어를 사용하여 문장을 완성하시오.

> 그녀가 높은 산을 오르는 것은 어렵지 않았다.
> (difficult)

→ It was not _________ _________ _________
_________ _________ the high mountain.

[15-17] 다음 글을 읽고, 물음에 답하시오.

> Spork, Chopsticks, Knork, Barehands, and Ms. Disher are close friends in the Dining Republic. Spork, Chopsticks, Knork, and Barehands travel a lot with their families, but Ms. Disher's family does not travel much. She makes up for ⓐthis by hosting a dinner for her friends (A) come / coming back from their trips. She is always (B) eager / eagerly to listen to their adventures. They often talk about what they learned from their recent trips. The most recent topic was about the best way to eat and Ms. Disher's guests began to argue.

15 윗글의 밑줄 친 ⓐ**this**에 해당하는 문장을 본문에서 찾아 쓰시오.

→ _________________________

16 윗글의 (A)와 (B)의 네모 안에서 어법상 알맞은 것을 골라 쓰시오.

(A) _________________________
(B) _________________________

17 윗글의 내용과 일치하지 <u>않는</u> 것은?

① Spork, Knork, Chopsticks, Barehands, Ms. Disher는 식탁 공화국에 산다.
② Ms. Disher는 가족 여행을 싫어한다.
③ Ms. Disher는 여행에서 돌아온 친구들을 위해 식사를 주최한다.
④ Ms. Disher는 항상 친구들의 모험담을 듣고 싶어 한다.
⑤ 최근의 대화 주제는 음식을 먹는 가장 좋은 방법에 관한 것이었다.

[18-19] 다음 글을 읽고, 물음에 답하시오.

Spork On a recent trip, I have found that it is best to use a spoon and fork. A spoon is best for grains and soup, and a fork is good for eating meat.

Knork No! It is much ⓐ<u>good</u> to use a knife and a fork instead. Don't you think it is easier for you to hold a fork in one hand and a knife in the other? What can be more elegant than using them to cut meat on a plate!

Chopsticks Why do you use two different kinds of utensils when you can use two of the same utensil? Plus, you can use chopsticks with just one hand!

Barehands No way! When I eat with my hands, of course I can see and smell the food, but I can also touch it. Because I use my sense of touch when I eat, I get to enjoy my food more.

They raised and argued many points, and nobody wanted to give up. It was not easy for their host, Ms. Disher, to listen to their arguments ⓑ<u>patient</u>. So, she hurriedly, yet quietly, left.

18 윗글의 밑줄 친 ⓐ와 ⓑ를 어법상 알맞은 형태로 고쳐 쓰시오.

ⓐ good → ______________

ⓑ patient → ______________

19 윗글의 내용과 일치하는 것은?

① Spork: 포크는 곡물을 먹기에 최고이고, 숟가락은 고기를 먹기에 좋아.

② Knork: 나이프와 포크로 접시 위의 고기를 자르는 것보다 어려운 것은 없어.

③ Chopsticks: 양손으로 젓가락을 사용할 수도 있어.

④ Barehands: 손으로 음식을 먹으면 위생상 좋지 않아.

⑤ Barehands: 음식을 먹을 때 촉각을 사용해서 음식을 더 즐길 수 있어.

[20-22] 다음 글을 읽고, 물음에 답하시오.

Spork Where is Ms. Disher? She has disappeared.

Knork What should we do? Without Ms. Disher, this dinner is not complete.

Chopsticks Where did she go?

Barehands Let's go out to find her!

After hours of searching all over the Dining Republic, they finally found Ms. Disher ______ⓐ______ under a huge tree.

Spork, Knork, Chopsticks, Barehands We're sorry we became boastful and ignored you. Please forgive us and come back and join us.

Ms. Disher It's okay. I forgive you. Let's go back to my home.

Since then, every time they meet, they allow one another to eat (A) in / on / at the manner that they please. In their hearts they now know that food will always be delicious regardless (B) of / from which utensils they use to eat it.

20 윗글의 빈칸 ⓐ에 알맞은 것은?

① sat   ② sitting   ③ seat

④ seated   ⑤ seating

21 윗글의 (A)와 (B)에서 어법상 알맞은 것은?

	(A)	(B)		(A)	(B)
①	in	– of	②	on	– from
③	at	– of	④	in	– from
⑤	on	– of			

22 윗글의 주제로 알맞은 것은?

① 친구를 놀리면 안 된다.

② 음식마다 먹는 방법이 다르다.

③ 음식 먹을 때 예절을 지켜야 한다.

④ 잘난 체하는 친구를 경계해야 한다.

⑤ 나름대로 먹는 방식의 차이를 존중해야 한다.

서술형 평가 

01 다음 문장을 주어진 단어를 사용하여 **It**으로 시작하는 문장으로 바꿔 쓰시오. (각 2점)

(1) We can't master English in a year. (difficult)

→ It ____.

(2) He doesn't wear a helmet when he rides a bike. (dangerous)

→ It ____.

(3) She helps the old woman to move the heavy bag. (kind)

→ It ____.

02 다음 글의 밑줄 친 우리말과 일치하도록 주어진 단어를 바르게 배열하여 문장을 완성하시오. (3점)

Spork, Chopsticks, Knork, Barehands, and Ms. Disher are close friends in the Dining Republic. Spork, Chopsticks, Knork, and Barehands travel a lot with their families, but Ms. Disher's family does not travel much. 그녀는 여행에서 돌아온 친구들을 위해 저녁 식사를 주최함으로써 이를 보상합니다. She is always eager to listen to their adventures. They often talk about what they learned from their recent trips.

for a by her friends dinner coming hosting their back trips from

She makes up for this ____.

03 다음 그림을 보고, 우리 가족을 묘사하는 문장을 보기 와 같이 쓰시오. (각 2점)

보기

The man washing the car is my father.

(1) _______________________________________

(2) _______________________________________

(3) _______________________________________

Lesson 3

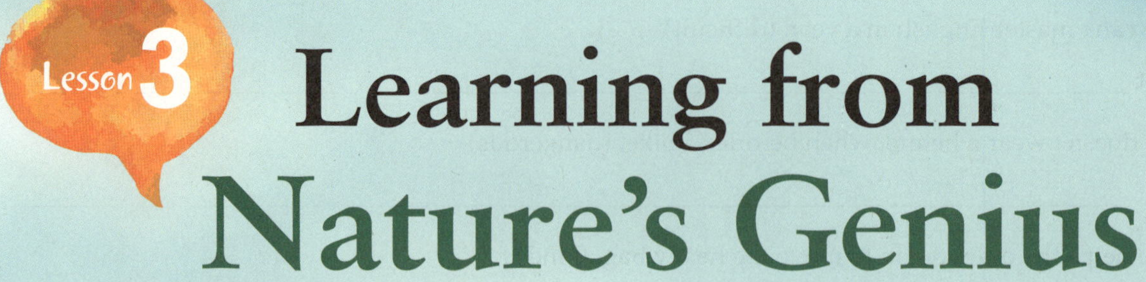

Learning from Nature's Genius

Functions

- 알고 있는지 묻기 **You know** that Leonardo da Vinci painted the *Mona Lisa*, **don't you?** 너 레오나르도 다빈치가 모나리자를 그린 거 알지, 그렇지 않니?
- 관심 표현하기 **I'm fascinated by** this noodle cooling fan. 난 이 국수 식히는 선풍기에 매료되었다..

Forms

- The fastener was **not only** strong **but also** easy to use. 그 고정 장치는 튼튼할 뿐만 아니라 사용하기도 쉬웠다.
- Do you know **where the key is**? 열쇠가 어디에 있는지 아니?

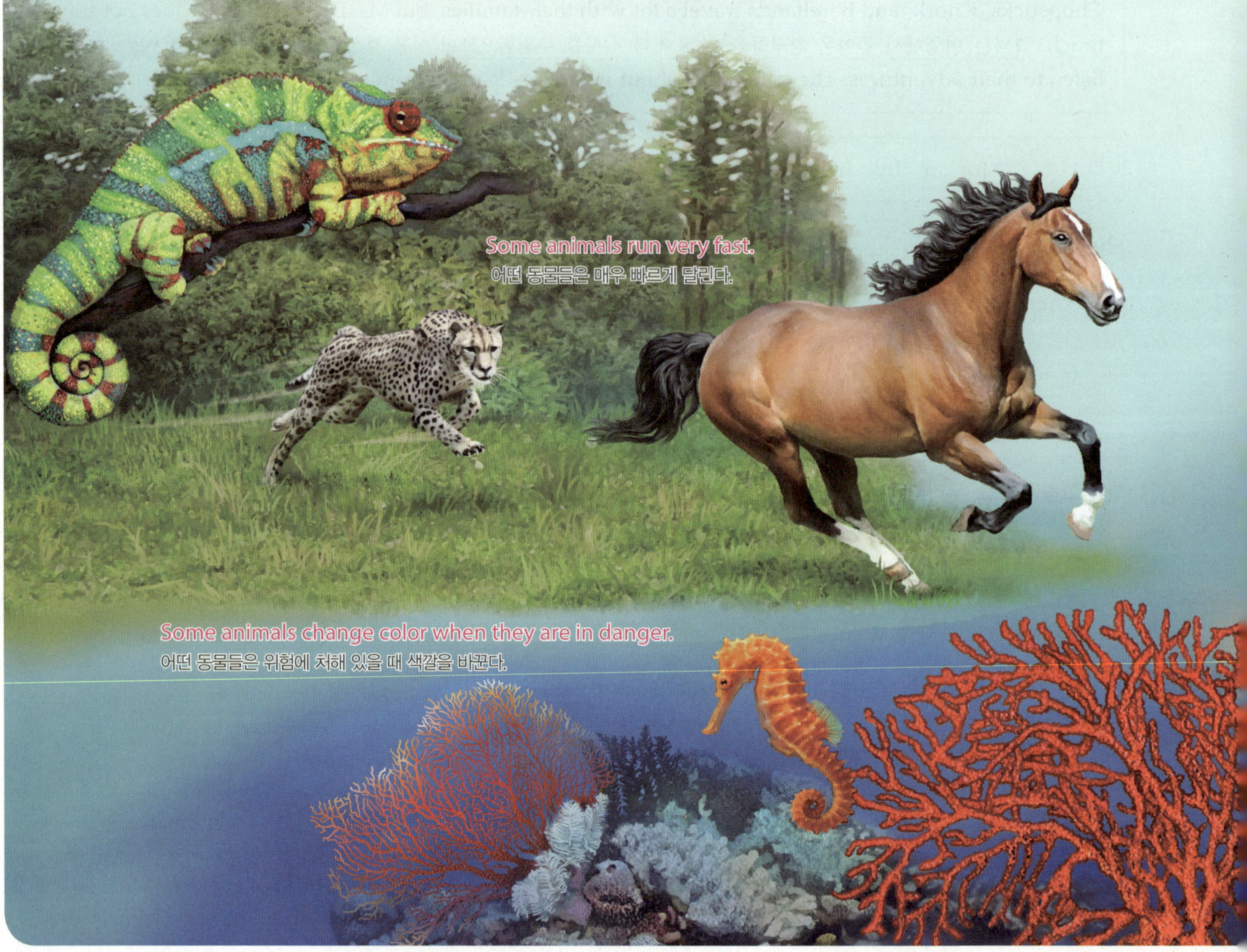

Warm Up
그림 속 동식물이 지닌 놀라운 능력을 알아봅시다.
e.g. Some plants can store water.
어떤 식물들은 물을 저장할 수 있다.
Some plants eat animals.
어떤 식물들은 동물을 먹는다.
Communication
Design Your Own Robot
너 자신만의 로봇을 디자인하라
Reading
Nature's Inspiration
자연에서 얻은 영감
Writing
Our Dream Invention
우리가 꿈꾸는 발명품
Culture & Project
Your Wild Idea
여러분의 엉뚱한 아이디어

Listen & Speak 1

A **Listen and Choose** What is NOT true about Leonardo da Vinci?
레오나르도 다빈치에 대한 사실이 아닌 것은 무엇입니까?

Leonardo da Vinci was ...
레오나르도 다빈치는 ...

- [ ] a great artist who painted the *Mona Lisa*.
- [ ] a dreamer who wanted to fly like a bird.
- [x] a great inventor who made a flying machine.

모나리자를 그린 위대한 화가였다.
새처럼 날기를 원했던 몽상가였다.
나는 기계를 만든 위대한 발명가였다.

[단어] [숙어]
dreamer [명] 몽상가
inventor [명] 발명가
dream of …을 꿈꾸다
creative [형] 창의적인
inspire [동] 고무하다, 영감을 주다

Script

G: You know that Leonardo da Vinci painted the *Mona Lisa*, don't you?
B: Sure. I think he was a really great artist.
G: He was also a great inventor.
B: What did he invent?
G: He dreamed of flying like a bird. So, he drew a flying machine that looked like a bird.
B: Did he also make that machine?
G: No, but his creative idea inspired many other inventors.

해석

G: 너 레오나르도 다빈치가 모나리자를 그린 거 알지, 그렇지 않니?
B: 물론이지. 나는 그가 정말 위대한 예술가였다고 생각해.
G: 그는 또한 위대한 발명가였어.
B: 그가 무엇을 발명했는데?
G: 그는 새처럼 나는 것을 꿈꿨어. 그래서 그는 새처럼 보이는 나는 기계를 그렸어.
B: 그가 그 기계도 만들었니?
G: 아니, 하지만 그의 창의적인 아이디어가 다른 많은 발명가들에게 영감을 주었어.

풀이 레오나르도 다빈치가 나는 기계를 만들었냐고 묻자 아니라고 대답했으므로 세 번째가 레오나르도 다빈치에 대한 사실이 아니다.

표현
- **He dreamed of flying like a bird.:** dream of는 '…을 꿈꾸다'라는 의미로 전치사 of 다음에는 명사 또는 동명사가 와야 한다.
- **So, he drew a flying machine that looked like a bird.:** that은 주격 관계대명사로 선행사는 a flying machine이다. look like는 '…처럼 보이다'라는 뜻으로 다음에 명사(구)나 명사에 상당하는 절이 온다.

B **Listen and Talk** Fill in the blanks and talk with your partner. [pair]
빈칸을 채우고 짝과 대화해 봅시다.

A: Some scientists made a __needle__ by imitating the __mosquito__'s mouth. It will cause less __pain__.
B: Wow, I think that there's nothing __useless__ in the world!

몇몇 과학자들이 모기의 입을 모방해서 주삿바늘을 만들었어. 그것은 통증을 덜 유발할 거야.
와, 나는 세상에 쓸모없는 것은 아무것도 없는 것 같아.

[단어] [숙어]
needle [명] 주삿바늘
imitate [동] 모방하다
bite [명] 물린[쏘인] 상처
painful [형] 아픈, 괴로운
cause [동] 야기하다
make contact with …와 접촉하다
useless [형] 쓸모없는

Script

B: Have you heard of a mosquito needle, Jian?
G: A mosquito needle? Can you explain it to me?
B: Some scientists made this new needle by imitating a mosquito's mouth.
G: That's interesting. So how will that help?
B: You know mosquito bites are not very painful, don't you? The new needle will also cause less pain.
G: That's great. How come it's less painful?

해석

B: 모기 주삿바늘에 대해 들어본 적 있니, 지안아?
G: 모기 주삿바늘? 나에게 설명 좀 해 줄 수 있니?
B: 몇몇 과학자들이 모기의 입을 모방해서 이 새로운 주삿바늘을 만들었어.
G: 그거 흥미로운데. 그래서 그것이 어떻게 도움이 되는데?
B: 모기 물린 상처가 그리 아프지 않다는 거 알지, 그렇지 않니? 그 새로운 주삿바늘도 통증을 덜 유발할 거야.
G: 그거 대단한데. 어째서 그것이 고통을 덜 유발한다는 거야?

B: Like a mosquito's mouth, it makes less contact with our skin.

G: Wow, I think that there's nothing useless in the world!

B: 모기의 입처럼 그것은 우리 피부와 덜 접촉하거든.

G: 와, 세상에 쓸모없는 것은 아무것도 없는 것 같아!

풀이 과학자들이 '모기' 입을 모방하여 만든 '주삿바늘'은 (주사 맞을 때) '통증'을 덜 유발한다. 모기는 인간에게 해로운 곤충이나 새로운 주삿바늘을 발명하는 데 도움을 주었으므로 세상에 '쓸모없는' 것은 아무것도 없다.

표현 ・**How come it's less painful?:** 'How come+주어+동사 … ?'는 '어째서[왜] …?'의 뜻으로 의문문이지만 바로 뒤에 '주어+동사'의 어순이 오는 것에 주의해야 한다.

[e.g.] **How come** you're late again? (어째서 또 늦은 거지?)

C **Talk Together** Choose an animal and talk with your partner. [pair]
동물을 하나 골라 짝과 대화해 봅시다.

단어 숙어
dark ⓐ 어두운 ⓝ 어둠
glide ⓥ 미끄러지듯 나아가다, 활주하다
way out 탈출구
cross ⓥ (강·바다·다리를) 건너다

It's too dark!

↳ I can see better in the dark.
나는 어둠 속에서 더 잘 볼 수 있다.

The water is too deep!

↳ I can glide over water.
나는 물 위로 활주할 수 있다.

해석

A: 너무 어두워, Midnight! 어떡하지?

B: 내가 어둠 속에서 더 잘 볼 수 있는 거 알지, 그렇지 않니? 난 네가 탈출구를 찾는 것을 도와줄 수 있어.

A: 고마워. 네가 나를 구했어.

A: It's too dark, Midnight! What should I do?

B: You know I can see better in the dark, don't you?
I can help you find a way out.

A: Thanks. You saved me.

What to help
cross water
find a way out

활동 방법 그림 속 동물들의 능력을 살펴보고 동물을 고른 후, 주어진 대화문을 이용하여 짝과 대화해 본다.

예시 대화
・A: The water is too deep, Fisher! What should I do?
B: You know I can glide over water, don't you? I can help you cross water.
A: Thanks. You saved me.

・A: 물이 너무 깊어, Fisher! 어떡하지?
B: 내가 물 위를 활주할 수 있는 거 알지, 그렇지 않니? 난 네가 물을 건너는 것을 도와줄 수 있어.
A: 고마워. 네가 나를 구했어.

Function 1 알고 있는지 묻기: You know … , don't you?

You know … , don't you?는 '너는 …을 알고 있지, 그렇지 않니?'라는 의미로 상대방이 이미 알고 있을 법한 이야기를 꺼낼 때 사용하는 표현이다. 비슷한 표현으로 Have you (ever) heard about … ?, Do you know (about) … ?, Are you aware (of) … ? 등이 있다.

예시 대화
・A: **You know** that dolphins use sounds to communicate, **don't you?**
(돌고래가 의사소통하기 위해 소리를 이용하는 거 알지, 그렇지 않니?)
B: Yes. They are clever animals. (응. 돌고래는 영리한 동물이야.)

Listen & Speak 2

A Listen and Number Number the items in the talks. 🎧
대화 속 물건에 번호를 써 봅시다.

[3] 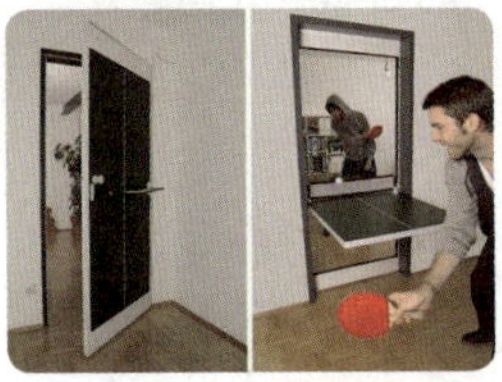 [1]  [2] 

단어 숙어
fascinate [동] 매혹시키다, 마음을 빼앗다
fan [명] 선풍기
cool [동] 식히다
candle holder 촛대
burn [동] 타다
melt [동] 녹다
tube [명] 관, 통
form [동] 만들다
table tennis 탁구
change into …로 변하다, 바꾸다

Script

1 B: I'm fascinated by this noodle cooling fan.
G: A noodle cooling fan? I've never heard of it.
B: This little fan will cool noodles when they're very hot.
G: That looks funny but useful.

2 G: This candle holder can make candles last twice as long.
B: Really? How's that possible?
G: When a candle burns, it melts into the tube below the holder to form a new candle.
B: Wow, I am so fascinated by the idea! Now we can use candles longer.

3 B: You know what? I'm really fascinated by the special door in Juwon's room.
G: What makes the door so special?
B: Juwon and I played table tennis on it.
G: How could you play table tennis on a door?
B: The door can be changed into a table.
G: That's cool!

해석

1 B: 난 이 국수 식히는 선풍기에 매료되었어.
G: 국수 식히는 선풍기? 난 들어본 적이 없는데.
B: 이 작은 선풍기가 국수가 매우 뜨거울 때 국수를 식혀줄 거야.
G: 웃기게 생겼는데 유용하겠다.

2 G: 이 촛대는 초가 두 배 오래갈 수 있도록 해 주지.
B: 정말? 어떻게 그것이 가능해?
G: 초가 탈 때, 촛대 아래에 있는 관으로 녹아 들어가서 새로운 초를 만들거든.
B: 와, 그 아이디어 매우 멋진데! 이제 우리는 초를 더 오래 쓸 수 있겠네.

3 B: 너 그거 알아? 난 주원이 방에 있는 특별한 문에 정말 감탄했어.
G: 그 문이 뭐가 그리 특별한데?
B: 주원이와 나는 그 위에서 탁구를 쳤어.
G: 어떻게 문 위에서 탁구를 칠 수 있었니?
B: 문이 탁구대로 변할 수 있거든.
G: 그거 멋지다!

풀이

1 국수가 뜨거울 때 국수를 식혀주는 선풍기에 대한 대화이므로 두 번째 그림이 알맞다.
2 초를 두 배 오래 쓸 수 있게 해 주는 촛대에 대한 대화이므로 세 번째 그림이 알맞다.
3 탁구를 칠 수 있는 특별한 문에 대한 대화이므로 첫 번째 그림이 알맞다.

표현

- **I'm fascinated by this noodle cooling fan.:** I'm fascinated by ...는 '…에 매료되다, 마음을 빼앗기다'라는 뜻으로 높은 관심을 표현하는 말이다.
  [e.g.] **I'm fascinated by** his creative idea.
  (나는 그의 창의적인 아이디어에 매료되었다.)
- **You know what?:** You know what?은 '있잖아.', '너 그거 아니?'라는 뜻으로 상대방이 자신의 말에 귀를 기울이도록 주의를 끌기 위한 표현이다. 이 표현 다음에는 말하고자 하는 새로운 사실이 나온다.
  [e.g.] A: **You know what?** It's going to rain all day.
  (있잖아. 하루 종일 비가 올 거야.)
  B: Oh, really? I'll have to take my umbrella.
  (오, 정말? 우산을 가져가야겠다.)

B **Listen and Write** Fill in the blanks with the correct words. 🎧
빈칸에 알맞은 말을 써 봅시다.

The goats on the mountain looked so __peaceful__ that I decided to live like them for __three__ days. But, walking on all __four__ __legs__ on the mountain was very difficult for me.

단어
숙어
goat 옝 염소
the Alps 알프스 산맥
peaceful 옝 평화로운
adventure 옝 모험

해석

산에 있는 염소들이 너무 평화로워 보여서 나는 3일 동안 염소들처럼 살기로 결심했다. 그러나 산에서 네 다리로 걸어 다니는 것은 나에게 매우 어려웠다.

Script

W: Today, we have a special guest, Thomas Thwaites, the Goat Man. Hello, Thomas.

M: Hello, Anna. Great to be here.

W: Thomas, I'm so fascinated by the fact that you lived like a goat in the Alps for three days. Why did you do that?

M: One day, I saw goats playing on the mountain. They looked so peaceful that I wanted to live like them.

W: Didn't you have any problems being a goat?

M: Walking on all four legs was very difficult for me.

W: Do you have any plans to live like a goat again?

M: Sure. I'm planning my second visit to the Alps.

W: I can't wait to hear about your next adventure. Thank you, Thomas, for your time.

해석

W: 오늘 저희는 특별한 손님을 모셨습니다. 염소 인간 Thomas Thwaites 씨입니다. 안녕하세요, Thomas.

M: 안녕하세요, Anna. 만나서 반갑습니다.

W: Thomas, 저는 당신이 알프스에서 3일 동안 염소처럼 살았다는 사실이 무척 흥미로웠습니다. 왜 그런 일을 했죠?

M: 어느 날, 저는 염소들이 산에서 놀고 있는 것을 보았습니다. 그들이 매우 평화로워 보여서 저도 그들처럼 살고 싶었습니다.

W: 염소가 되는 데에 문제는 없었나요?

M: 네 다리로 걷는 것이 저에게는 매우 어려웠습니다.

W: 다시 염소처럼 살 계획이 있으신가요?

M: 물론이죠. 저는 알프스에 두 번째 방문을 계획하고 있습니다.

W: 당신의 다음번 모험에 대해 빨리 듣고 싶군요. 시간을 내 주셔서 감사합니다. Thomas.

풀이 Thomas는 산에 있는 염소들이 '평화로워' 보여서 알프스에서 '3'일 동안 염소처럼 살았는데, '네 다리'로 걷는 것이 매우 어려웠다고 말하고 있다.

표현
- **I'm so fascinated by the fact that you lived like a goat in the Alps for three days.:** that은 동격을 나타내며, that절 뒤에는 완전한 문장이 온다. 동격의 명사절을 이끄는 명사에는 news, fact, idea, proof 등 주로 추상명사가 온다. (the fact = you lived like a goat in the Alps for three days)
- **I saw goats playing on the mountain.:** see는 지각동사이고, 'see + 목적어 + -ing' 형태로 쓰여 '(목적어)가 …하고 있는 것을 보다'라는 의미이다.
- **They looked so peaceful that I wanted to live like them.:** 'so + 형용사 + that절(주어 + 동사 …)' 구문은 '매우 ~해서 …하다'라는 의미를 나타내는 표현이다.
  [e.g.] The problem is **so difficult that** Tom spent a lot of time solving it.
    (그 문제는 너무 어려워서 Tom은 그것을 푸는 데 많은 시간을 보냈다.)
- **I can't wait to hear about your next adventure.:** I can't wait to …는 기다릴 수 없을 정도로 그 일을 몹시 하고 싶다는 희망이나 기대감을 나타낼 때 사용하는 표현으로 '나는 …이 무척 기다려진다' 또는 '빨리 …하고 싶다'라는 의미이다. to 뒤에는 동사원형이 온다.
  [e.g.] **I can't wait to** learn new magic tricks.
    (새로운 마술 묘기를 빨리 배우고 싶어.)

C Talk Together Match the plants with their abilities and talk with your partner. `pair`
식물과 그들의 능력을 연결하고 짝과 대화해 봅시다.

단어·숙어
wet ⓐ 젖은, 촉촉한
dirty ⓐ 더러운, 흙투성이의
bug ⓝ 곤충
stick to …에 달라붙다

never get wet or dirty
절대 물에 젖거나 더러워지지 않는다

eat bugs and get energy
곤충을 먹고 에너지를 얻는다

easily stick to clothes and hair
옷과 털에 쉽게 달라붙는다

해석
A: 난 식물들이 할 수 있는 것에 매료되었어.
B: 무슨 말이야?
A: 예를 들어, 어떤 식물들은 절대로 물에 젖거나 더러워지지 않아.
B: 그거 재미있네!

A: I'm fascinated by what plants can do.

B: What do you mean?

A: For example, some plants never get wet or dirty.

B: That's interesting!

활동 방법
그림에서 묘사된 식물의 능력을 찾아 연결해 본 후, 주어진 대화문을 이용하여 짝과 대화해 본다.

예시 대화

- A: I'm fascinated by what plants can do.
  B: What do you mean?
  A: For example, some plants eat bugs and get energy.
  B: That's interesting!
- A: I'm fascinated by what plants can do.
  B: What do you mean?
  A: For example, some plants easily stick to clothes and hair.
  B: That's interesting!

- A: 난 식물들이 할 수 있는 것에 매료되었어.
  B: 무슨 말이야?
  A: 예를 들어, 어떤 식물들은 곤충을 먹고 에너지를 얻어.
  B: 그거 재미있네!
- A: 난 식물들이 할 수 있는 것에 매료되었어.
  B: 무슨 말이야?
  A: 예를 들어, 어떤 식물들은 옷과 털에 쉽게 달라붙어.
  B: 그거 재미있네!

Function 2　　관심 표현하기: I'm fascinated by … .

I'm fascinated by …는 '…에 매료되다, 마음을 빼앗기다'라는 뜻으로 높은 관심을 표현하는 말이다. 비슷한 표현으로 I fall for … , … impress(es) me a lot., … is really impressive., I'm (really) impressed by … 등이 있다.

e.g. **I am** always **fascinated by** the beauty of nature. (나는 항상 자연의 아름다움에 매료된다.)
I'm fascinated by the game. (나는 그 게임에 푹 빠졌다.)

A Watch and Choose 동영상을 보고, 알맞은 그림을 고른 후 문장을 완성해 봅시다. ▶

The bug robot can __________ slip __________ into __________ narrow __________ spaces. So, it can help to find __________ survivors __________ after earthquakes or big fires.

해석

곤충 로봇은 좁은 틈으로 미끄러져 들어갈 수 있다. 그래서 그것은 지진이나 큰불이 난 후에 생존자를 찾는 것을 도울 수 있다.

Script

Henry: What are you doing, Mina?

Mina: I'm reading an article about a bug robot.

Henry: A bug robot? Is it interesting?

Mina: Yes. I'm really fascinated by this thing.

Henry: Can you tell me more about it?

Mina: You know that some bugs can slip into narrow spaces, don't you?

Henry: Yeah. That's why it's hard to catch them.

Mina: A bug robot can do the same. It can help to find survivors after earthquakes or big fires.

Henry: That's really fascinating!

해석

Henry: 뭐 하고 있니, 미나야?

Mina: 난 곤충 로봇에 관한 기사를 읽는 중이야.

Henry: 곤충 로봇? 기사가 재미있니?

Mina: 응. 난 정말 이 로봇에 매료되었어.

Henry: 그것에 대해 좀 더 자세히 말해 줄래?

Mina: 어떤 곤충들은 좁은 틈으로 미끄러져 들어갈 수 있다는 거 알지, 그렇지 않니?

Henry: 응. 그래서 그것들을 잡기가 힘들잖아.

Mina: 곤충 로봇도 마찬가지야. 그것은 지진이나 큰불이 난 후 생존자를 찾는 데 도움을 줄 수 있어.

Henry: 그거 정말 멋진데!

풀이 곤충 로봇은 '좁은' 틈으로 '미끄러져' 들어갈 수 있어서 지진이나 큰불이 난 후 '생존자'를 찾는 데 도움을 줄 수 있다.

표현 • **Can you tell me more about it?:** Can you tell me more about it?은 추가적이고 상세한 설명을 요구하는 표현으로 Can you explain it to me?라고 말할 수 있다.
   • **That's why it's hard to catch them.:** 'That's why+주어+동사 … .'는 '그러한 이유로 …이다, 그래서 …한 거야.'라는 의미이다.
   [e.g.] **That's why** you fail to understand. (그래서 네가 이해하지 못하는 거야.)

⊕ More Question

※ **Look at the pictures of the bugs. What special features do they have?**

The bug in the first picture looks like a leaf.

The bug in the second picture is producing a soft light.

The bug in the third picture can slip into a narrow space.

B Think and Talk

Step 1 그림 속 곤충의 능력에 해당하는 문장에 번호를 써 봅시다.

1.

2.

3.

[2] Some bugs are very strong. They can pull about 1,000 times their body weight.

[3] Some bugs can jump. They can jump about 100 times their body length.

[1] Some bugs can fly. They can fly about 30 kilometers an hour.

Step 2 위의 내용을 바탕으로 짝과 대화해 봅시다. [pair]

A: Bugs are amazing! I'm really fascinated by their special abilities.

B: Can you tell me more about them?

A: You know that some bugs can fly, don't you? They can fly about 30 kilometers an hour.

B: Really? That's interesting!

활동 방법

Step 1
그림에서 보여 주는 곤충의 능력에 해당하는 문장을 찾아 번호를 써 본다.

Step 2
위에서 찾은 곤충의 능력을 주어진 대화문을 이용하여 짝과 대화해 본다.

단어 숙어

pull [동] 끌어당기다
times [명] 배, 번
weight [명] 무게
length [명] 길이

해석

어떤 곤충들은 매우 힘이 세다. 그들은 그들 몸무게의 약 1,000배를 끌 수 있다.
어떤 곤충들은 점프할 수 있다. 그들은 그들 몸길이의 약 100배를 점프할 수 있다.
어떤 곤충들은 날 수 있다. 그들은 시간당 약 30km를 날 수 있다.

해석

A: 곤충들은 놀라워! 난 정말 그들의 특별한 능력에 푹 빠져버렸어.
B: 그들에 대해 좀 더 말해줄 수 있니?
A: 어떤 곤충들은 날 수 있다는 거 알고 있지, 그렇지 않니? 그들은 시간당 약 30km를 날 수 있어.
B: 정말? 그거 재미있는데!

예시 대화

- A: Bugs are amazing! I'm really fascinated by their special abilities.
  B: Can you tell me more about them?
  A: You know that some bugs are very strong, don't you? They can pull about 1,000 times their body weight.
  B: Really? That's interesting!
- A: Bugs are amazing! I'm really fascinated by their special abilities.
  B: Can you tell me more about them?
  A: You know that some bugs can jump, don't you? They can jump about 100 times their body length.
  B: Really? That's interesting!

- A: 곤충들은 놀라워! 난 정말 그들의 특별한 능력에 푹 빠져버렸어.
  B: 그들에 대해 좀 더 말해줄 수 있니?
  A: 어떤 곤충들은 매우 힘이 세다는 거 알고 있지, 그렇지 않니? 그들은 그들 몸무게의 약 1,000배를 끌 수 있어.
  B: 정말? 그거 재미있는데!
- A: 곤충들은 놀라워! 난 정말 그들의 특별한 능력에 푹 빠져버렸어.
  B: 그들에 대해 좀 더 말해줄 수 있니?
  A: 어떤 곤충들은 점프할 수 있다는 거 알고 있지, 그렇지 않니? 그들은 그들 몸길이의 약 100배를 점프할 수 있어.
  B: 정말? 그거 재미있는데!

C Communication Task

Design Your Own Robot

Step 1 모방하고 싶은 동물의 특징을 생각한 후, 가상의 로봇을 디자인해 봅시다.

☐ Some bugs have many eyes. Some of them have thousands of eyes.
☐ Dogs can smell really well. Some of them can smell certain diseases in humans.

your own _______________________________________

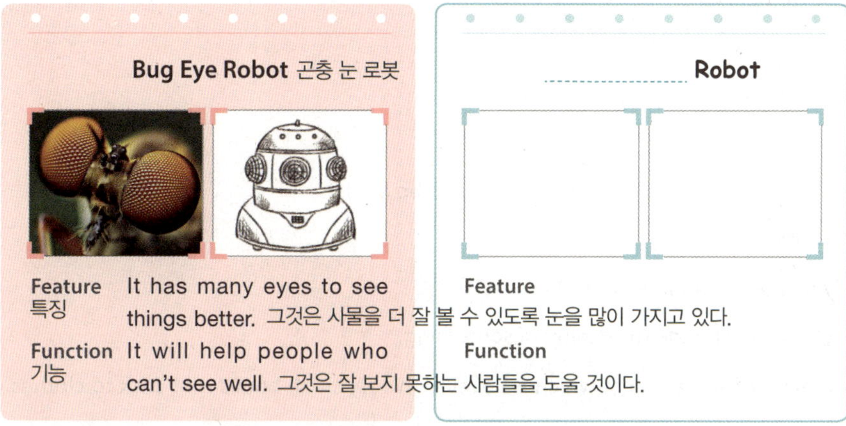

Bug Eye Robot 곤충 눈 로봇

Feature 특징 It has many eyes to see things better. 그것은 사물을 더 잘 볼 수 있도록 눈을 많이 가지고 있다.

Function 기능 It will help people who can't see well. 그것은 잘 보지 못하는 사람들을 도울 것이다.

_______________ **Robot**

Feature

Function

Step 2 위에서 디자인한 로봇을 친구들에게 소개해 봅시다.

You know that some bugs have many eyes, don't you? Some of them have thousands of eyes. I was fascinated by that and designed Bug Eye Robot. It has many eyes to see things better. It will help people who can't see well.

활동 방법

Step 1 모방하고 싶은 동물의 특징을 생각한 후, 가상의 로봇을 디자인하고 그 특징을 써 본다.

Step 2 위에서 디자인한 로봇을 친구들에게 소개해 본다.

해석
• 어떤 곤충들은 많은 눈을 가지고 있다. 그들 중 어떤 것들은 수천 개의 눈을 가지고 있다.
• 개들은 냄새를 매우 잘 맡을 수 있다. 그들 중 어떤 것들은 인간의 특정 질병을 냄새 맡을 수 있다.

해석
어떤 곤충들은 많은 눈을 가지고 있다는 거 알고 있지, 그렇지 않니? 그들 중 어떤 것들은 수천 개의 눈을 가지고 있어. 난 그것에 매료되어 '곤충 눈 로봇'을 디자인했어. 그것은 사물을 더 잘 볼 수 있도록 눈을 많이 가지고 있어. 그것은 잘 보지 못하는 사람들을 도울 거야.

Sounds 다음을 듣고, 표시된 선의 높낮이에 유의하여 따라 말해 봅시다. 🎧

1. You know mosquito bites are not very painful, don't you? 모기 물린 상처가 그리 아프지 않다는 거 알지, 그렇지 않니?
2. Really? How's that possible? 정말? 어떻게 그것이 가능해?

Tip

부가의문문의 의미는 억양(intonation)에 따라 다르다. 상대방이 부가의문문의 끝을 올려 말하면 확신이 없어 질문하는 것인 반면, 부가의문문의 끝을 내려 말하면 확신을 하고 상대방에게 동의를 구하는 의미가 된다.

e.g. Ben is good at playing soccer, isn't he?(↗) (Ben은 축구를 잘하지, 그렇지 않니?)
  (= Is Ben good at playing soccer?)
  It's cold today, isn't it? (↘) (오늘 날씨가 춥지, 그렇지 않니?)
  (= It's cold today. Don't you agree?)

Self-check 😊 😖

• I can use 'You know … , don't you?' ☐ ☐
• I can use 'I'm fascinated by … .' ☐ ☐

Word Preview

Let's Read의 단어들을 미리 익혀 보세요.

- ☐ fascinate [동] 매료시키다, 사로잡다, 관심을 보이다 (to cause someone to be very interested in something or someone)
- ☐ not only … but also ~ …뿐만 아니라 ~도
- ☐ imitate [동] 모방하다 (to copy something because you think it is good)
- ☐ wing [명] 날개 (a part of an animal's body that is used for flying or gliding)
- ☐ genius [명] 천재 (a very smart or talented person)
- ☐ high-speed [형] 고속의 (designed to go or move very fast)
- ☐ tunnel [명] 터널, 관 (a passage that goes under the ground)
- ☐ in search of …을 찾고 있는
- ☐ dive [동] 잠수하다, 뛰어들다, 하강하다 (to move down through the air at a steep angle)
- ☐ narrow [형] 좁은 (of small width in relation to length)
- ☐ beak [명] (새의) 부리 (hard, usually pointed part of its mouth)
- ☐ redesign [동] …의 외관을 고치다, 다시 설계하다 (to change the design of something)
- ☐ burr [명] 가시 식물 (the seed container of some plants which is covered in very small hooks that stick to clothes or hair)
- ☐ all-purpose [형] 만능의 (suitable for many uses)
- ☐ fastener [명] 고정 장치 (a device used to tightly close an article of clothing, a window, a suitcase, etc.)
- ☐ needle [명] (식물) 가시, 바늘 (a leaf that is shaped like a very thin stick)
- ☐ float away 떠다니다
- ☐ useless [형] 쓸모없는 (not useful; not doing or able to do what is needed)

Mini Test

정답과 해설 p. 337

A 다음 빈칸에 알맞은 단어를 [보기]에서 골라 쓰시오.

[보기]
narrow
search
redesign
genius
imitate

1. They are in ____________ of the answer.
2. The roads are very ____________, and the drivers are aggressive.
3. Albert Einstein was a great scientific ____________.
4. Many writers ____________d the language of Shakespeare.
5. We will ____________ the interior of our house next month.

B 다음 영영 풀이에 해당하는 단어를 [보기]에서 골라 쓰시오.

[보기]
needle
useless
dive
wing
high-speed

1. ____________: not useful
2. ____________: designed to go or move very fast
3. ____________: a leaf that is shaped like a very thin stick
4. ____________: to move down through the air at a steep angle
5. ____________: a part of an animal's body that is used for flying or gliding

Before You Read

교과서 p.48

A Look and Say 다음 그림을 보고, 닮은 점이 무엇인지 말해 봅시다.

e.g. They can both glide without wings. 그들은 둘 다 날개가 없이도 미끄러지듯이 날 수 있다.

단어·숙어
glide [동] 미끄러지듯이 움직이다, 활주하다
wing [명] 날개
climb [동] 오르다, 기어오르다
fall [동] 떨어지다

활동 방법 그림을 보고, 주어진 예시문을 참고하여 서로 닮은 점이 무엇인지 말해 본다.

예시 정답
• They can both climb up the wall without falling.
그들은 둘 다 떨어지지 않고 벽을 오를 수 있다.

B Choose and Write 알맞은 단어를 골라 문장을 완성해 봅시다.

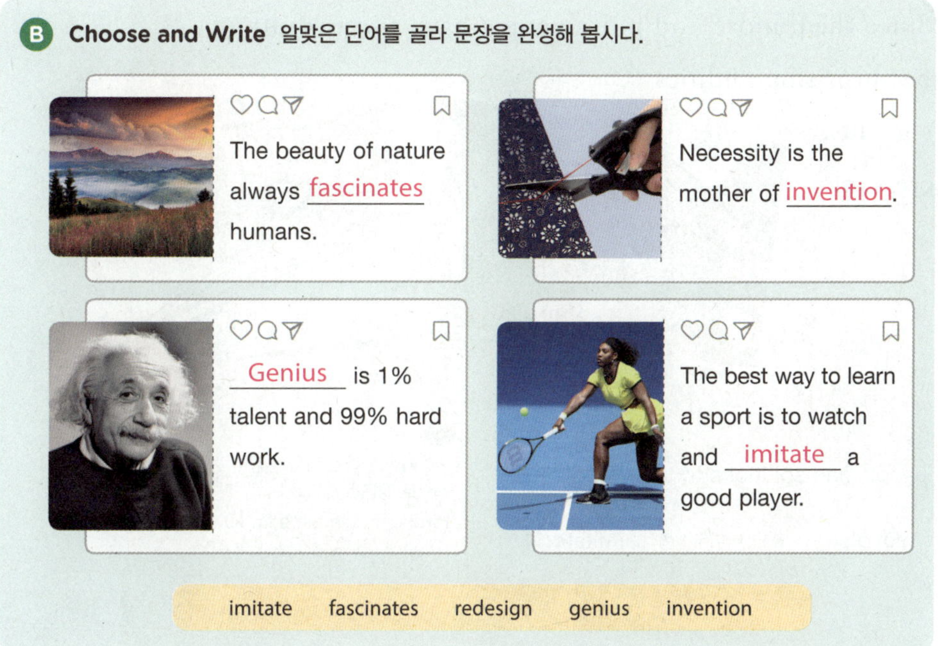

The beauty of nature always __fascinates__ humans.

Necessity is the mother of __invention__.

__Genius__ is 1% talent and 99% hard work.

The best way to learn a sport is to watch and __imitate__ a good player.

imitate fascinates redesign genius invention

단어·숙어
necessity [명] 필요
talent [명] 재능, 재주
redesign [동] 다시 설계하다

해석
1 자연의 아름다움은 항상 인간들을 매료시킨다.
2 필요는 발명의 어머니이다.
3 천재는 1%의 재능과 99%의 노력이다.
4 스포츠를 배우는 최고의 방법은 훌륭한 선수를 지켜보고 모방하는 것이다.

풀이 첫 번째 빈칸에는 자연의 아름다움이 인간들을 '매료시킨다'는 의미이므로 fascinates가 알맞다.
두 번째 빈칸에는 필요는 '발명'의 어머니라는 의미이므로 invention이 알맞다.
세 번째 빈칸에는 아인슈타인의 '천재'에 관한 명언이므로 Genius가 알맞다.
네 번째 빈칸에는 스포츠를 배우는 최고의 방법이 훌륭한 선수를 '모방하는' 것이라는 의미이므로 imitate가 알맞다.

Nature's Inspiration

e.g. The flying machine that Leonardo da Vinci drew looks like a bird's wings.
The front of the high-speed train looks like a bird's beak.
The surface of the new material has many needles like a burr's needles.

본문의 그림을 보고, 인간의 발명품과 자연의 유사점을 말해 봅시다.

① From flying birds to self-cleaning plants, the way nature works fascinates us. ② Some people not only use nature but also imitate it to find solutions to their problems. ③ Leonardo da Vinci (1452–1519) was one such person.

④ He wondered how birds could fly. ⑤ He closely watched birds, made notes, and drew pictures of them. ⑥ Even though his invention was not successful, he imitated a bird's wings to try to make a flying machine. ⑦ Since then, more and more people have successfully imitated the surprising abilities of nature's genius. ⑧ Let's explore some of them.

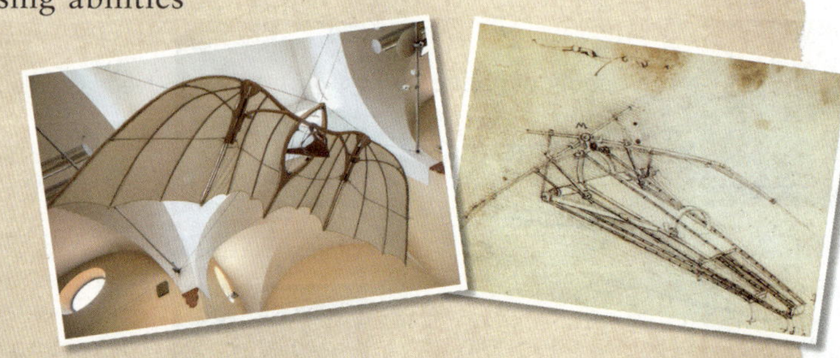

Q1 How do some people find solutions to their problems?

fascinate   not only ... but also ~ …뿐만 아니라 ~도   imitate
wing   genius

wonder 뒤에는 다음과 같이 간접적으로 질문을 만듭니다.
I wonder how birds fly. (O)
I wonder how do birds fly. (X)

Q1 How do some people find solutions to their problems? 어떤 사람들은 어떻게 그들의 문제에 대한 해결책을 찾나요?

A1 They not only use nature but also imitate it (to find solutions to their problems).
그들은 (문제에 대한 해결책을 찾기 위해) 자연을 이용할 뿐만 아니라 그것을 모방합니다.

해설 Some people not only use nature but also imitate it to find solutions to their problems. 문장을 통해 사람들이 문제에 대한 해결책을 찾기 위해 자연을 이용하고, 모방한다는 것을 알 수 있다.

교과서 p.49

[해석]

자연에서 얻은 영감

①나는 새에서 자정 작용을 하는 식물까지 자연이 기능하는 방식은 우리를 매료시킨다. ②어떤 사람들은 문제에 대한 해결책을 찾기 위해 자연을 이용할 뿐만 아니라 자연을 모방하기도 한다. ③레오나르도 다빈치(1452–1519)가 이러한 사람이었다. ④그는 새들이 어떻게 날 수 있는지 궁금했다. ⑤그는 새를 자세히 관찰했고, 기록했으며, 그림으로 그렸다. ⑥비록 그의 발명이 성공하지 못했지만, 그는 나는 기계를 만들어 보려고 새의 날개를 모방했다. ⑦그 후로, 점점 더 많은 사람이 자연 속 천재들의 놀라운 능력을 성공적으로 모방해 오고 있다. ⑧그들 중 몇 가지를 알아봅시다.

구문

❶ **From** flying birds **to** self-cleaning plants, **the way** nature works fascinates us.
from ... to ~는 '…에서 ~까지'라는 의미이다. the way ...는 '…하는 방식'이라는 의미이며, how로 바꿔 쓸 수 있다.

❷ Some people **not only** use nature **but also** imitate **it** to find solutions to their problems.
not only A but also B는 'A뿐만 아니라 B도'라는 의미이며, A와 B에는 동일한 품사가 온다. it은 앞에 나온 nature를 가리킨다.

❹ He wondered **how birds could fly**.
how birds could fly는 문장(He wondered ... .) 속에 포함된 간접의문문이며, '의문사+주어+동사'의 어순을 취한다.

❼ **Since** then, more and more people **have** successfully **imitated** the surprising abilities of nature's genius.
since 뒤에 시점이 나오면 '… 이후로'라는 의미이며, 이때 주절은 일반적으로 현재완료형(have imitated)을 쓴다.

Grammar+

간접의문문은 의문문이 다른 문장에 포함된 문장 형태이다.

의문사가 있는 간접의문문

'의문사+주어+동사'의 어순을 취한다.

- Do you know **when the bus comes**? (너는 언제 버스가 오는지 아니?)
- She knows exactly **what she is doing**. (그녀는 자신이 무엇을 하고 있는지 정확히 안다.)

단어·숙어

- **fascinate** [동] 매료시키다, 사로잡다, 관심을 보이다 [e.g.] I'm **fascinated** by her paintings.
- **not only ... but also ~** …뿐만 아니라 ~도 [e.g.] The students were **not only** curious **but also** enthusiastic about the project.
- **imitate** [동] 모방하다 [e.g.] Her style has been **imitated** by many other writers.
- **wing** [명] 날개 [e.g.] The bird flapped its **wings**.
- **genius** [명] 천재 [e.g.] Albert Einstein and Isaac Newton were great scientific **geniuses**.

Mini Test

정답과 해설 p. 337

다음 글을 읽고, 물음에 답하시오.

Some people not only use nature but also imitate it to find solutions to their problems. Leonardo da Vinci (1452–1519) was one such person. He wondered (how, fly, could, birds). He closely watched birds, made notes, and drew pictures of them. Even though his invention was not successful, he imitated a bird's wings to try to make a flying machine.

1. 윗글의 괄호 안에 있는 단어를 바르게 배열하여 쓰시오. ______________________

2. 윗글의 내용과 일치하면 T, 일치하지 않으면 F를 쓰시오.
(1) Some people prefer imitating nature to using it to find solutions to their problems. (   )
(2) Leonardo da Vinci successfully invented a flying machine by imitating a bird's wings. (   )

Learning from a Bird: Moving Fast and Quietly

The high-speed train was first made in Japan. But it had one problem. When the train entered a tunnel, the sudden increase in air pressure created a very loud sound. It often woke people up and caused headaches. A team of engineers tried to solve the problem, but they didn't know how they could reduce the noise. One day, one of the engineers was watching a bird in search of a meal. He saw the bird quickly and quietly diving into the water. He wondered how the bird entered the water so gracefully. So, he studied more about the bird and discovered its long, narrow beak. He redesigned the front of the train by imitating the bird's beak. It was successful. Now the new train travels not only more quietly but also 10% faster with 15% less electricity.

Q2 What problem did the high-speed train have when it was first made?

high-speed   tunnel   in search of …을 찾고 있는   dive   narrow   beak   redesign

Q2 What problem did the high-speed train have when it was first made? 고속 열차가 처음 만들어졌을 때, 무슨 문제가 있었나요?

A2 When the train entered a tunnel, the sudden increase in air pressure created a very loud sound.
열차가 터널에 들어갔을 때, 갑작스러운 기압의 상승은 매우 큰 소음을 유발했습니다.

해설 고속 열차가 좁은 터널에 빠른 속도로 진입하게 되면 터널 내 공기가 갑작스럽게 압축되면서 압력이 높아지고 매우 큰 소음을 유발했다.

해석

새에게서 배우기: 빠르고 조용한 움직임

①고속 열차는 처음 일본에서 만들어졌다. ②하지만 그것은 한 가지 문제점이 있었다. ③열차가 터널에 들어갔을 때, 갑작스러운 기압의 상승은 매우 큰 소음을 유발했다. ④그것은 자주 사람들의 잠을 깨웠고 두통을 일으켰다. ⑤한 팀의 공학자들이 그 문제를 해결하려 했지만, 그들은 어떻게 소음을 줄일 수 있을지 몰랐다. ⑥어느 날, 공학자들 중 한 사람이 먹이를 찾고 있는 새를 관찰하고 있었다. ⑦그는 새가 빠르고 조용하게 물속으로 뛰어들고 있는 것을 보았다. ⑧그는 새가 어떻게 그리도 우아하게 물속으로 들어가는지 궁금했다. ⑨그래서 그는 그 새에 대해 더 연구했고, 새의 길고 좁은 부리를 발견했다. ⑩그는 새의 부리를 모방하여 열차의 앞면을 다시 디자인했다. ⑪그것은 성공적이었다. ⑫이제 새로운 열차는 더 조용할 뿐만 아니라 15% 절약된 전기로 10% 더 빠르게 움직인다.

구문

❶ The high-speed train **was** first **made** in Japan.
was made는 make의 과거형 수동태로 '만들어졌다'라는 의미이다.

❺ … , but they didn't know **how they could reduce the noise**.
how they could reduce the noise는 문장(they didn't know … .) 속에 포함된 간접의문문으로 '의문사+주어+동사 …'의 어순을 취한다.

❼ He **saw** the bird quickly and quietly **diving** into the water.
see, hear, watch, smell 등의 동사는 'see+목적어+목적격 보어(동사원형/현재 분사)'와 같은 형태로 쓰인다.

❽ He wondered **how the bird entered the water so gracefully**.
how the bird entered the water so gracefully는 문장(He wondered … .) 속에 포함된 간접의문문으로 '의문사+주어+동사 …'의 어순을 취한다.

❿ He redesigned the front of the train **by imitating** the bird's beak.
전치사 뒤에는 명사나 동명사(-ing)가 오며, by -ing는 '…함으로써'라는 의미이다.

⑫ Now the new train travels **not only** more quietly **but also** 10% faster with 15% less electricity.
not only A but also B는 'A뿐만 아니라 B도'라는 의미로 A와 B에 같은 품사가 온다. A와 B 자리에 more quietly와 10% faster라는 비교급이 쓰였다.

Grammar +

지각동사+목적어+목적격 보어

5형식 문장에 지각동사 see, watch, hear, smell, feel 등이 쓰일 경우, 목적격 보어로 동사원형 또는 현재 분사가 온다.

- I **felt someone touch** my leg. (나는 누군가가 내 다리를 만지는 것을 느꼈다.)

동작이 진행 중임을 나타낼 때는 목적격 보어로 현재 분사(-ing)를 쓰기도 한다.

- He **saw his wife crossing** the street. (그는 아내가 길을 건너고 있는 것을 보았다.)

단어·숙어

- **high-speed** ⓗ 고속의 [e.g.] Five **high-speed** cameras placed around the court follow every ball.
- **tunnel** ⓜ 터널, 관 [e.g.] They are building a road **tunnel** through the area.
- **in search of** …을 찾고 있는 [e.g.] They are **in search of** the answer. = They are **searching for** the answer.
- **dive** ⓥ 잠수하다, 뛰어들다, 하강하다 [e.g.] We watched the hawk **dive** for its prey.
- **gracefully** ⓐ 우아하게, 고상하게 [e.g.] The dancers moved **gracefully** across the stage.
- **narrow** ⓗ 좁은 [e.g.] There was only a **narrow** gap between the sofa and the wall.
- **beak** ⓜ (새의) 부리 [e.g.] The bird held the fish in its **beak**.
- **redesign** ⓥ …의 외관을 고치다, 다시 설계하다 [e.g.] The hotel has been completely **redesigned**.

Mini Test

정답과 해설 p. 337

A 다음 괄호 안에서 알맞은 말을 고르시오.

1. He saw the bird quickly and quietly (to dive / diving) into the water.

2. The new train travels not only more quietly but also 10% (fast / faster) with 15% less electricity.

B 다음 질문에 대한 알맞은 답을 쓰시오.

Q. How could the engineer reduce the noise from the train?

A. He ____.

Learning from Burrs: Inventing an All-Purpose Fastener

One day, a Swiss engineer, George de Mestral, was hiking in the woods with his dog. On his way home, he saw that burrs were stuck to his clothes and his dog's hair. He wanted to know how that happened. He took a closer look at the burrs and noticed that the ends of the burr needles were not straight. He wondered if he could apply that to make something useful. After a lot of testing, he finally invented two new materials. One had many tiny needles like those of burrs and the other had a hairy surface. When they were pressed together, they became a very good fastener. It was not only strong but also easy to use. Since then, many people have used his invention in many different ways. It is often used for clothing, shoes, and bags. Some people use it to play a number of different games. In space, it keeps things from floating away.

There is nothing useless in nature. We just have to become curious and ask questions.

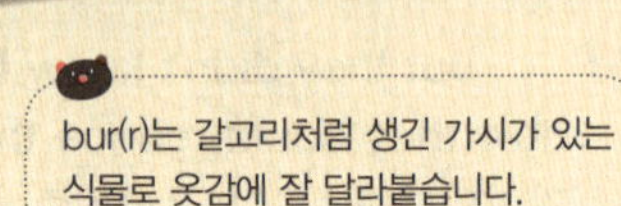

bur(r)는 갈고리처럼 생긴 가시가 있는 식물로 옷감에 잘 달라붙습니다.

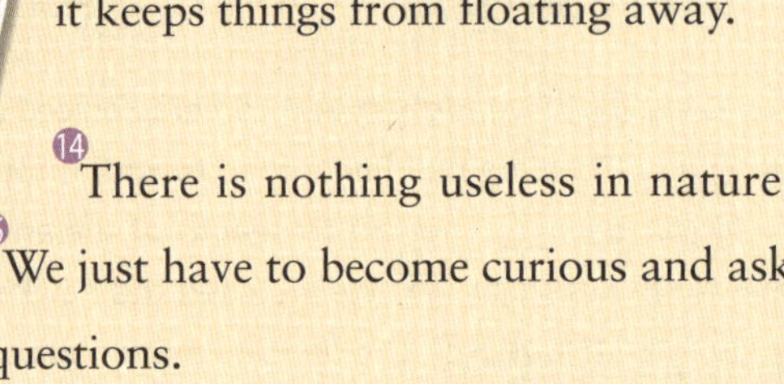

Q3 How do people use the new fastener?

Think What else can you do with the fastener?

burr   all-purpose   fastener   needle   float away 떠다니다   useless

How fast can you read?
- **1st:** ＿＿ min. ＿＿ sec.
- **2nd:** ＿＿ min. ＿＿ sec.

Q3 How do people use the new fastener? 사람들은 어떻게 새로운 고정 장치를 사용합니까?

A3 It is often used for clothing, shoes, and bags. Some people use it to play a number of different games. In space, it keeps things from floating away. 그것은 옷, 신발, 가방에 흔히 사용됩니다. 몇몇 사람들은 여러 가지의 게임을 하기 위해 그것을 사용합니다. 우주에서 그것은 물건들이 떠다니는 것을 막아줍니다.

Think What else can you do with the fastener? 그 고정 장치를 가지고 또 다른 무엇을 할 수 있습니까?
→ I can hang my picture frame without making a hole in the wall. 벽에 구멍을 뚫지 않고도 사진 액자를 걸 수 있습니다.

해석

가시 식물에서 배우기: 만능 고정 장치의 발명

①어느 날, 스위스 공학자 George de Mestral은 개와 함께 숲에서 산책하고 있었다. ②집으로 가는 길에, 그는 가시 식물이 그의 옷과 개의 털에 달라붙어 있는 것을 보았다. ③그는 어떻게 그런 일이 일어났는지 알고 싶었다. ④그는 가시 식물을 자세히 들여다보고 가시 식물의 가시 끝이 곧지 않다는 것을 알아챘다. ⑤그는 그것을 적용해 뭔가 유용한 것을 만들어 볼 수 있는지 궁금했다. ⑥많은 실험 후, 그는 마침내 두 가지 새로운 소재를 발명했다. ⑦하나는 가시 식물의 가시 같이 조그만 가시들이 많이 나 있었고, 다른 하나는 털로 덮인 표면이 있었다. ⑧두 소재를 함께 붙이면 매우 훌륭한 고정 장치가 되었다. ⑨그것은 튼튼할 뿐만 아니라 사용하기도 쉬웠다. ⑩그 후로, 많은 사람이 그의 발명품을 다양한 방법으로 사용해 오고 있다. ⑪그것은 옷, 신발, 가방에 흔히 사용된다. ⑫몇몇 사람들은 여러 가지의 게임을 하기 위해 그것을 사용한다. ⑬우주에서 그것은 물건들이 떠다니는 것을 막아준다. ⑭자연에는 쓸모없는 것이 하나도 없다. ⑮우리는 단지 호기심을 가지고 질문을 던져야 한다.

구문

❷ **On his way** home, he saw that burrs **were stuck to** his clothes and his dog's hair.

on one's way는 '… 가는 길에'라는 의미이다. were stuck to …는 stick to … (…에 달라붙다)의 과거형 수동태이다.

❸ He wanted to know **how that happened**.

how that happened는 간접의문문으로 '의문사+주어+동사'의 어순을 취한다.

❹ He **took a closer look at** the burrs … .

take a closer look at은 '…을 자세히 살펴보다'라는 의미이다.

❺ He wondered **if he could apply that to make something useful**.

if he could apply that to make something useful은 의문사가 없는 간접의문문으로 'if(…인지 아닌지)+주어+동사'의 어순을 취한다.

❼ **One** had many tiny needles like those of burrs and **the other** had a hairy surface.

one(하나는), the other(다른 하나는)는 둘 중에서 각각을 지칭할 때 쓰는 표현이다.

❾ It was **not only** strong **but also** easy **to use**.

not only A but also B는 'A뿐만 아니라 B도'라는 의미이며, A와 B에 같은 품사가 온다. to use는 앞의 형용사 easy를 수식하는 부사적 용법의 to부정사이다.

❿ **Since** then, many people **have used** his invention **in** many different **ways**.

since 뒤에 시점이 나오면 '… 이후로'라는 의미이며, 주절에서는 일반적으로 현재완료형(have used)이 온다. in … ways는 '… 방식으로'라는 의미이다.

⓭ In space, it **keeps** things **from floating** away.

keep … from -ing는 '…가 ~하는 것을 막아주다'라는 의미이다.

Grammar

의문사가 없는 간접의문문

'if/whether+주어+동사 ~ (or not)' 형태로 쓰며, '…인지 아닌지'의 뜻을 갖는다.

· I wonder **if/whether Jinsu will come to see me or not**. (나는 진수가 나를 보러 올지 아닐지 궁금하다.)

· I don't know **if/whether Minsu is at home**. (나는 민수가 집에 있는지 모른다.)

단어 숙어

· **burr** 몡 가시 식물 [e.g.] There were **burrs** in the pocket of his coat.
· **all-purpose** 혱 만능의 [e.g.] Cheddar is an **all-purpose** cheese for cooking and eating.
· **notice** 동 알아차리다, 주목하다 [e.g.] You didn't **notice** that I got my hair cut.
· **fastener** 몡 고정 장치 [e.g.] A zip **fastener** is often used in clothing, bags, etc.
· **needle** 몡 (식물) 가시, 바늘 [e.g.] Pine trees have **needles** that grow in small clusters.
· **float away** 떠다니다 [e.g.] If your shoes **float away**, do not try to get them alone.
· **useless** 혱 쓸모없는, 소용없는 [e.g.] She tried to work, but it was **useless**.

Mini Test

정답과 해설 p. 338

다음 괄호 안에서 본문의 내용과 일치하는 단어를 고르시오.

1. George de Mestral noticed that the ends of the burr needles were not (soft / straight).

2. The new materials that George de Mestral invented were not only strong but also easy to (use / clean).

After You Read

A **Read and Complete** 다음 그림을 보고, 발명 일지를 완성해 봅시다.

1 Learning from a ___Bird___ : Moving Fast and Quietly

"This train runs very ___fast___, but it makes a very loud ___sound/noise___."

"The bird dives into the water so quietly because it has a ___long___, ___narrow___ beak!"

"I redesigned the front of the train by ___imitating___ the bird's beak. It travels faster and more quietly with less ___electricity___."

2 Learning from ___Burrs___ : Inventing an All-Purpose Fastener

"Burrs are ___stuck___ to my clothes and my dog's ___hair___."

"The ends of the burr needles are not ___straight___. I want to make something ___useful___ by applying it."

"This fastener is not only ___strong___ but also ___easy___ to use!"

활동 방법

1 본문 내용을 바탕으로 고속 열차의 소음을 줄이는 방법을 새의 부리 모양에서 착안한 발명 일지를 완성해 본다.

2 본문 내용을 바탕으로 옷이나 털에 잘 달라붙는 성질을 가진 가시 식물에서 착안한 고정 장치의 발명 일지를 완성해 본다.

풀이

1 고속 열차의 문제점은 '빨리' 달릴 때 발생하는 '소음'이었는데, 새가 '길고' '좁은' 부리로 조용하게 물속으로 뛰어드는 것을 보고 새의 부리를 '모방하여' 열차의 앞면을 다시 디자인했고, 더 적은 '전기'로 열차가 더 빠르고 더 조용히 움직인다는 내용이다.

2 George de Mestral은 가시 식물이 자신의 옷과 개의 '털'에 '달라붙어' 있는 것을 보고 가시 식물을 연구한 끝에 가시의 끝이 '곧지' 않다는 것을 알았다. 이것을 적용해 뭔가 '유용한' 것을 만들어 보고 싶어 했고, 마침내 '튼튼할' 뿐만 아니라 사용하기도 '쉬운' 고정 장치를 발명했다는 내용이다.

자연에서 영감을 얻은 아이디어 사례를 더 찾아 발표해 봅시다.

해석

1. 새에게서 배우기: 빠르고 조용한 움직임

• 이 열차는 매우 빨리 달리지만, 매우 큰 소음을 낸다.

• 새는 길고 좁은 부리가 있어서 아주 조용하게 물속으로 뛰어들어 가는구나!

• 나는 그 새의 부리를 모방하여 열차의 앞면을 다시 디자인했다. 열차는 더 적은 전기로 더 빨리 더 조용히 움직인다.

2. 가시 식물에서 배우기: 만능 고정 장치의 발명

• 가시 식물이 내 옷과 개의 털에 달라붙어 있다.

• 가시 식물의 가시 끝이 곧지 않다. 나는 그것을 적용하여 뭔가 유용한 것을 만들고 싶다.

• 이 고정 장치는 튼튼할 뿐만 아니라 사용하기도 쉽다!

● 본문 내용을 떠올려 빈칸을 채워 봅시다.

From flying birds to self-cleaning plants, the way _________ works fascinates us. Some people not only use nature but also _________ it to find solutions to their problems. Leonardo da Vinci (1452–1519) was one such person.

He wondered how birds could fly. He closely _________ birds, made notes, and drew pictures of them. Even though his _________ was not successful, he imitated a bird's _________ to try to make a flying _________. Since then, more and more people have successfully imitated the surprising abilities of nature's _________. Let's explore some of them.

Learning from a Bird: Moving Fast and Quietly

The high- _________ train was first made in Japan. But it had one problem. When the train entered a tunnel, the sudden _________ in air pressure created a very loud sound. It often woke people up and caused _________. A team of engineers tried to solve the problem, but they didn't know how they could _________ the noise. One day, one of the engineers was watching a bird in _________ of a meal. He saw the bird quickly and _________ diving into the water. He wondered how the bird _________ the water so gracefully. So, he studied more about the bird and discovered its long, _________ beak. He redesigned the front of the train by imitating the bird's beak. It was successful. Now the new train travels not only more quietly but also 10% _________ with 15% less electricity.

Learning from Burrs: Inventing an All-Purpose Fastener

One day, a Swiss engineer, George de Mestral, was _________ in the woods with his dog. On his way home, he saw that burrs were _________ to his clothes and his dog's hair. He wanted to know how that happened. He took a closer look at the burrs and noticed that the ends of the burr needles were not _________. He wondered if he could _________ that to make something useful. After a lot of testing, he finally invented two new _________. One had many tiny _________ like those of burrs and the other had a _________ surface. When they were pressed together, they became a very good fastener. It was not only _________ but also easy to use. Since then, many people have used his invention in many different ways. It is often used for clothing, shoes, and bags. Some people use it to play a number of different _________. In _________, it keeps things from floating away.

There is nothing _________ in nature. We just have to become _________ and ask questions.

정답 I nature, imitate, watched, invention, wings, machine, genius, speed, increase, headaches, reduce, search, quietly, entered, narrow, faster, hiking, stuck, straight, apply, materials, needles, hairy, strong, games, space, useless, curious

A 거울에 비친 글자를 해독한 후, 단어와 그 뜻을 써 봅시다.

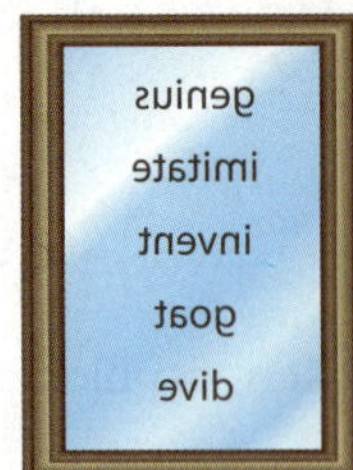

genius	:	천재
imitate	:	모방하다
invent	:	발명하다
goat	:	염소
dive	:	뛰어들다, 잠수하다

풀이 imitate 모방하다, invent 발명하다, goat 염소, dive (물속에) 뛰어들다, 잠수하다

B 그림에 맞게 빈칸에 알맞은 말을 단어 상자에서 골라 써 봅시다.

단어숙어 hairy ⑱ 털 많은, 털투성이의
cleaner ⑲ 세제

1. 

2. 

3.

narrow   wide   wing   surface   purpose

풀이
1 a narrow street: 좁은 길
2 a hairy surface: 털이 많이 난 표면
3 an all-purpose cleaner: 다목적 세제

C 그림에 맞게 단어를 골라 빈칸에 알맞은 말을 써 봅시다.

단어숙어 fascinate ⑧ 마음을 사로잡다
fasten ⑧ 매다[채우다]
beak ⑲ 부리
trunk ⑲ (나무) 줄기, (코끼리의) 코
needle ⑲ 바늘
tube ⑲ 관, (물감 등의) 튜브

fascinate / fasten

beak / trunk

needle / tube

1. Baseball still ___fascinate___ s many people.
2. The bird's ___beak___ is longer than its body. It helps the bird to reach its food.
3. With the invention of the paint ___tube___ , artists could paint in nature more easily.

풀이
1 '많은 사람의 마음을 사로잡다'라는 뜻이 되어야 하므로 fascinate가 알맞다.
2 '새의 부리'라는 뜻이 되어야 하므로 beak이 알맞다.
3 '물감 튜브'라는 뜻이 되어야 하므로 tube가 알맞다.

해석
1 야구는 아직도 많은 사람의 마음을 사로잡는다.
2 그 새의 부리는 몸보다 더 길다. 그것은 새가 음식까지 닿는 데에 도움을 준다.
3 물감 튜브의 발명으로 화가들은 자연에서 더 쉽게 그림을 그릴 수 있었다.

Word Check

A 다음 영어 표현은 우리말로, 우리말은 영어로 쓰시오.

1. fascinate   ____________________________

2. wing   ____________________________

3. narrow   ____________________________

4. dive   ____________________________

5. needle   ____________________________

6. 모방하다   ____________________________

7. 천재   ____________________________

8. (새의) 부리   ____________________________

9. 고정 장치   ____________________________

10. 쓸모없는   ____________________________

B 주어진 영영 풀이에 해당하는 단어를 보기 에서 골라 퍼즐을 완성하시오.

보기

apply	curious	fastener	space	surface

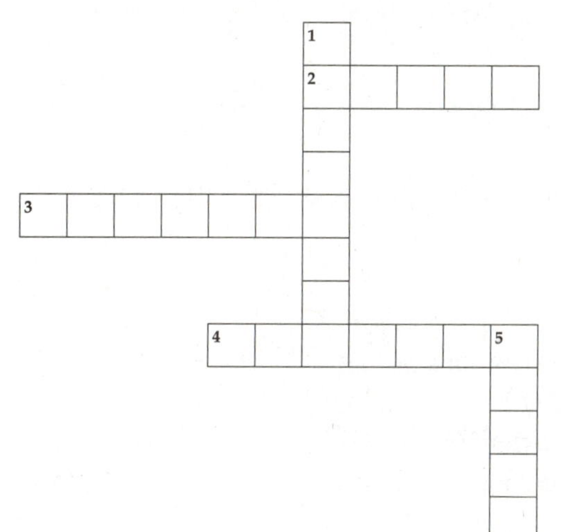

Across

2. to use an idea in a particular situation

3. an outside part of something

4. having a desire to know more about something or someone

Down

1. a device used to tightly close an article of clothing, a window, a suitcase, etc.

5. the region beyond Earth's atmosphere in which there are stars and planets

C 다음 빈칸에 알맞은 단어를 보기 에서 골라 쓰시오.

보기

float	high-speed	tunnel	burrs	all-purpose

1. His back is covered in sticky ________________.

2. The train goes through a ________________ in the mountain.

3. He didn't tie up his boat, so it began to ________________ away.

4. The city's new ________________ rail will help solve traffic problems.

5. You can use this ________________ knife on small fruits, meats, breads, cheeses, and more.

not only ~ but also ...

(A) Look and Say 다음 그림을 보고, 주어진 표현에서 두 개씩 골라 동물을 묘사해 봅시다.

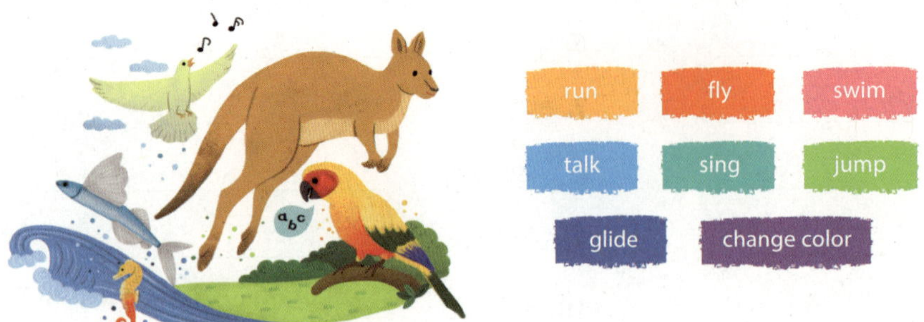

단어 숙어
glide [동] 활주하다, 미끄러지듯 가다
seahorse [명] 해마
flying fish 날치
kangaroo [명] 캥거루
parrot [명] 앵무새

e.g. A bird can not only fly but also sing. 새는 날 수 있을 뿐만 아니라 노래할 수도 있다.

예시
정답

A seahorse can not only swim but also change color. 해마는 수영할 수 있을 뿐만 아니라 색을 바꿀 수도 있다.

A flying fish can not only swim but also glide over the water. 날치는 수영할 수 있을 뿐만 아니라 물 위를 미끄러지듯 갈 수도 있다.

A kangaroo can not only run but also jump. 캥거루는 달릴 수 있을 뿐만 아니라 점프할 수도 있다.

A parrot can not only fly but also talk. 앵무새는 날 수 있을 뿐만 아니라 말을 할 수도 있다.

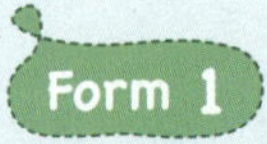 **Form 1** ▶ **not only ~ but also ...**

not only A but also B는 'A뿐만 아니라 B도'라는 의미로 두 개의 단어, 구, 절을 연결하며, A와 B의 품사는 같아야 한다.

e.g. He is **not only** smart **but also** kind.
(그는 똑똑할 뿐만 아니라 친절하기도 하다.)

Not only children **but also** adults like his new song.
(아이들뿐만 아니라 어른들도 그의 신곡을 좋아한다.)

• A와 B가 주어로 쓰일 때, 동사는 B에 일치시키며 also는 생략할 수 있다.

e.g. **Not only** his sisters **but (also)** his father is smart.
(그의 누나들뿐만 아니라 아버지도 똑똑하다.)

Not only James **but also** his brothers play the piano well.
(James뿐만 아니라 그의 형제들도 피아노를 잘 친다.)

• Not only가 문장 첫머리에 나오면 주어, 동사를 도치하는 경우가 있다.

e.g. **Not only** does he study a lot **but** he **also** plays sports a lot.
(그는 공부를 많이 할 뿐만 아니라 운동도 많이 한다.)

Not only do I play the guitar **but also** the drums.
(나는 기타를 연주할 뿐만 아니라 드럼도 친다.)

~ where/when/why (the key) (is) ...

B **Think and Write** 주어진 질문을 다음과 같이 써 봅시다.

Where is the key?
열쇠가 어디에 있지?

When does the library open?
언제 도서관이 문을 열죠?

Why won't this computer
turn on? 왜 이 컴퓨터가 켜지지 않지?

e.g. Do you know where the key is? / I'm wondering where the key is. 열쇠가 어디에 있는지 아니? / 나는 열쇠가 어디에 있는지 궁금해.

Do you know when the library opens? / I'm wondering when
the library opens. 언제 도서관이 문을 여는지 아시나요? / 언제 도서관이 문을 여는지 궁금해요.

Do you know why this computer won't turn on? / 왜 이 컴퓨터가 켜지지 않는지 아시나요?

I'm wondering why this computer won't turn on. 왜 이 컴퓨터가 켜지지 않는지 궁금해요.

▶ 간접의문문

간접의문문에서는 의문문이 도입부가 되는 다른 문장에 포함되어 좀 더 간접적인 방식으로 질문을 한다.
간접의문문은 다음과 같은 문장 구조를 가진다.

(도입부)		(의문부)
Do you know I want to know Can you tell me I'm not sure I'm wondering ⋮	+	의문사+주어+동사 … if/whether(…인지 아닌지)+주어+동사 …

1. 의문사가 있는 간접의문문
   - '도입부+의문사+주어+동사 …'의 문장 구조를 가진다.
     e.g. **What did he buy** at the store? (그는 가게에서 무엇을 샀니?)
        → Do you know **what he bought** at the store? (너는 그가 가게에서 무엇을 샀는지 아니?)
   - 간접의문문이 도입부에 사용된 동사 think/believe/guess/imagine 등의 목적어로 쓰인 경우는 '의문사+도입부(do you think/believe/guess/imagine 등)+주어+동사 … ?'로 쓴다.
     e.g. **Where is he** from? (그는 어디 출신이니?)
        → **Where do you think he is** from? (너는 그가 어디 출신이라고 생각하니?)

2. 의문사가 없는 간접의문문
   - '도입부+if/whether+주어+동사'의 문장 구조를 가지며, if/whether는 '…인지 아닌지'의 뜻을 갖는다.
     e.g. **Can I use** your pen? (내가 네 펜을 써도 될까?)
        → I am wondering **if/whether I can use** your pen. (나는 내가 네 펜을 써도 되는지 궁금하다.)

Self-check	🙂	😖
• I can use 'not only ~ but also … .'	☐	☐
• I can use '~ where/when/why (the key) (is) … .'	☐	☐

Grammar Builder A

교과서 p.155

Point 1 not only ~ but also ...

A 설명을 읽고, 단어 상자에서 알맞은 표현을 골라 써 봅시다.

- not only A but also B: 'A 뿐만 아니라 B도'라는 의미이다.
- A와 B에는 대등한 형태의 말이 와야 한다.
  He is not only smart but also kind. (O)
  He is not only smart but also a student. (X)
- not only A but also B 뒤에 이어지는 동사는 B에 일치시킨다.
  Not only my friends but also my teacher likes my idea.

1. A goat eats not only leaves but also __fruit__.
2. Not only James but also __his sisters__ are good at math.
3. Somi enjoys not only listening to music but also __painting pictures__.

painting pictures
his sisters
fruit

풀이
1 그림에서 염소가 먹는 것은 나뭇잎뿐만 아니라 과일도 먹고 있다.
2 Not only A but also B 구문이 주어로 쓰일 때, 동사는 B에 일치시킨다. B가 his sisters이므로 are가 쓰였다.
3 enjoys가 동사이므로 목적어는 동명사(listening, painting)를 써야 한다.

단어·숙어
goat [명] 염소
leaf [명] 나뭇잎 (pl.) leaves
be good at …을 잘하다

해석
- 그는 똑똑할 뿐만 아니라 친절하기도 하다.
- 내 친구들뿐만 아니라 우리 선생님도 내 아이디어를 좋아한다.

1 염소는 나뭇잎뿐만 아니라 과일도 먹는다.
2 James뿐만 아니라 그의 여동생들도 수학을 잘 한다.
3 소미는 음악 감상뿐만 아니라 그림 그리기도 즐겨한다.

Point 2 ~ where/when/why (the key) (is) ...

B 설명을 읽고, 알맞은 말을 골라 봅시다.

- 간접적으로 질문을 표현하는 경우에는 그 어순에 유의한다.

I'm wondering	I don't know	+	질문... .
Do you know	Can you tell me	+	질문... ?

When does he leave? → I'm wondering when he leaves.

Were you late today? → Can you tell me if you were late today?

1. Do you know ☐ what did Chris have for lunch?
   ☑ what Chris had for lunch?
2. I'm wondering ☐ if will he come back soon.
   ☑ if he will come back soon.

풀이
1 의문사가 있는 간접의문문은 '도입부+의문사+주어+동사 …'의 문장 구조를 가진다. 따라서 Do you know(도입부)+what(의문사)+Chris(주어)+had(동사) for lunch?가 답이 된다.
2 의문사가 없는 간접의문문은 '도입부+if/whether+주어+동사 …'의 문장 구조를 가진다. 따라서 I'm wondering(도입부)+if+he(주어)+will come(동사) back soon.이 답이 된다.

해석
- 언제 그는 출발하니?
  → 나는 그가 언제 출발할지 궁금하다.
- 너는 오늘 지각했니?
  → 네가 오늘 지각했는지 나에게 말해 줄 수 있니?

1 Chris가 점심으로 무엇을 먹었는지 아니?
2 나는 그가 곧 돌아올지 궁금하다.

Grammar Builder B

Point 1   not only ~ but also ...

A   'not only ~ but also'를 사용하여 주어진 문장과 같은 의미가 되도록 문장을 완성해 봅시다.

1. 

This tunnel is narrow. It's also dark.

→ This tunnel is not only _____narrow but also dark_____.

2. 

Burr needles are sharp. They are also sticky.

→ Burr needles are _____not only sharp but also sticky_____.

3. 

Leonardo da Vinci invented a moving bridge. He also invented a flying machine. → Leonardo da Vinci _______ _____invented not only a moving bridge but also a flying machine_____.

풀이   not only ~ but also ... 구문을 이용하여 두 문장을 한 문장으로 연결하는 것이다. not only A but also B는 'A뿐만 아니라 B도'라는 의미로 두 개의 단어, 구, 절을 연결하며, A와 B의 품사는 같아야 한다.

단어 숙어

해석

1 이 터널은 좁다. 그것은 또한 어둡다. → 이 터널은 좁을 뿐만 아니라 어둡기도 하다.

2 가시 식물의 가시는 뾰족하다. 그것들은 또한 잘 들러붙는다. → 가시 식물의 가시는 뾰족할 뿐만 아니라 잘 들러붙기도 한다.

3 레오나르도 다빈치는 움직이는 다리를 발명했다. 그는 또한 나는 기계도 발명했다. → 레오나르도 다빈치는 움직이는 다리뿐만 아니라 나는 기계도 발명했다.

Point 2   ~ where/when/why (the key) (is) ...

B   다음 그림을 보고, 주어진 표현을 바르게 배열하여 대화를 완성해 봅시다.

1. 

A: Do you know _____why an elephant has a trunk_____?
    (an elephant, why, a trunk, has)
B: It has a trunk to find better quality food.

2.

A: Can you tell me _____what children should wear_____ in the swimming pool? (children, what, wear, should)
B: They should wear a swimming cap.

3.

A: I'm wondering _____if you have read the notice_____ about the contest. (the notice, if, have read, you)
B: Yes, I read it this morning. I'm going to enter it.

풀이

1 의문사가 있는 간접의문문으로 도입부(Do you know) 뒤에 'why(의문사)+an elephant(주어)+has(동사)+a trunk'의 어순으로 배열한다.

2 의문사가 있는 간접의문문으로 도입부(Can you tell me) 뒤에 'what(의문사)+children(주어)+should wear(동사)'의 어순으로 배열한다.

3 의문사가 없는 간접의문문으로 도입부(I'm wondering) 뒤에 'if+you(주어)+have read(동사)+the notice'의 어순으로 배열한다.

단어 숙어

trunk ⑬ (코끼리의) 코, 줄기
quality ⑬ 질 좋은 ⑬ 질
notice ⑬ 공고, 게시
enter ⑤ 가입하다, 참가하다

해석

1 A: 왜 코끼리는 긴 코를 가졌는지 아니?
B: 더 질 좋은 음식을 찾기 위해서 긴 코를 가졌어.

2 A: 아이들이 수영장에서 무엇을 착용해야 하는지 말씀해 주시겠어요?
B: 수영모를 착용해야 합니다.

3 A: 나는 네가 그 대회에 관한 게시 글을 읽어봤는지 궁금해.
B: 응, 오늘 아침에 읽었어. 난 대회에 참가해 볼 거야.

Grammar Check 

A 다음 괄호 안에서 알맞은 말을 고르시오.

1. She is not only smart but also (friend / friendly).

2. Not only James but also his two brothers (is / are) very tall.

3. Not only does he (study / studies) a lot but he also plays a lot.

B 다음 두 문장을 not only … but also ~ 표현을 써서 같은 뜻이 되도록 한 문장으로 쓰시오.

1. He speaks English. He also speaks French.

   → ___________________________________

2. Tommy runs fast. So does Amy.

   → ___________________________________

3. Sujin enjoys reading. She also enjoys hiking.

   → ___________________________________

C 다음 문장에서 어법상 <u>어색한</u> 부분을 찾아 바르게 고쳐 쓰시오.

1. I'm curious where did he go.

2. I wonder if are you happy.

3. Can you tell me why are you late?

4. I don't know that I should believe him or not.

D 다음 두 문장을 한 문장으로 바꿔 문장을 완성하시오.

1. Can you tell me? Where does he live?

   → ___________________________________

2. I don't know. Does he know the answer?

   → ___________________________________

3. Do you think? Who did he meet last night?

   → ___________________________________

4. I'm wondering. How do you feel today?

   → ___________________________________

Grammar Tip

1. not only A but also B에서 A와 B의 품사는 같아야 한다.

2. A와 B가 주어로 쓰일 때, 동사는 B에 수를 일치시킨다.

- 의문사가 있는 간접의문문은 도입부 뒤에 '의문사+주어+동사 …'의 어순으로 배열한다.
- 의문사가 없는 간접의문문은 도입부 뒤에 'if/whether+주어+동사 …'의 어순으로 배열한다.

3. 도입부가 Do you think일 경우, 의문사가 문장의 맨 앞에 위치한다.

Let's Write

Our Dream Invention

Ready 다음 그림을 보고, 알맞은 단어를 골라 연구 노트를 완성해 봅시다.

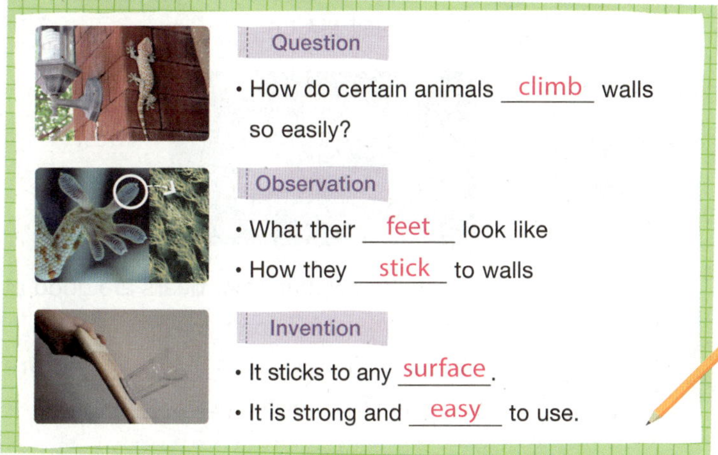

단어 숙어
foot 몡 발 (pl.) feet
stick 통 달라붙다
climb 통 기어오르다
surface 몡 표면

해석
질문: 어떤 동물들은 어떻게 그리도 쉽게 벽을 기어오르는 걸까?
관찰: 그 동물들의 발의 생김새 / 그 동물들이 벽에 붙어있는 방법
발명: 그것[발명품]은 어떤 표면에도 달라붙는다. / 그것은 튼튼하고 사용하기 쉽다.

활동 방법 그림을 참고해서 알맞은 단어를 골라 연구 노트를 완성해 본다.

Write 위의 연구 노트를 바탕으로 과학 잡지 기사를 완성해 봅시다.

Is Spider-Man Possible in Real Life?

A team of scientists questioned _how certain animals climb walls so easily_. They have observed _what their feet look like_ and _how they stick to walls_. As a result, they invented a new material that _sticks to any surface_. "The new material is not only _strong but also easy to use_," says one of the scientists.

In the movie *Spider-Man*, Spider-Man climbs a tall building with just his hands and feet. Would that ever be possible in the real world? It doesn't sound impossible anymore!

By Jina Kim

단어 숙어
question 통 질문하다, 연구[탐구]하다
observe 통 관찰하다
as a result 그 결과, 결과적으로

활동 방법 위에서 완성한 연구 노트의 내용을 바탕으로 과학 잡지 기사를 완성해 본다.

해석
스파이더맨이 현실 세계에서 가능한가?
한 과학자 팀은 어떤 동물들이 어떻게 그리도 쉽게 벽을 기어오르는가를 질문했습니다. 그들은 그 동물들의 발이 어떻게 생겼는지 그리고 어떻게 벽에 달라붙어 있는지를 관찰해 왔습니다. 그 결과, 그들은 어떤 표면에도 달라붙는 새로운 물질을 개발했습니다. "이 새로운 물질은 튼튼할 뿐만 아니라 사용하기도 쉽습니다."라고 과학자들 중 한 사람이 말합니다.
영화 '스파이더맨'에서 스파이더맨은 그의 손과 발만 가지고 높은 건물을 기어오릅니다. 그것이 현실 세계에서 가능한 일일까요? 더는 불가능할 것 같지 않군요!

Present 모둠별로 자연을 모방한 발명품을 더 찾아보고, 기사를 써 봅시다.

Peer Review
• 연구 노트의 질문과 관찰, 발명 내용을 모두 포함한 과학 잡지 기사를 완성하였나요?
• 'not only ~ but also ...'와 'how certain animals climb ...'을 이해하고 잘 사용하였나요?

1 대화를 듣고, 내용과 일치하는 것을 골라 봅시다. 🎧

Sophia is a robot girl. She can show more than ☐16 ☑60 facial expressions. She also looks, talks, and even ☑thinks ☐acts like a human.

2 주어진 단어를 활용하여 대화를 완성한 후, 짝과 대화해 봅시다.

 rest
swim

A: You know that polar bears are good at ___swimming___, don't you?
B: Sure. They can ___swim___ more than 60 miles without ___rest___.

5 다음 그림을 보고, 대화를 완성해 봅시다.

A: These huge houses look like bubbles. Do you know where ___they are___?
B: They are in England.
A: I wonder why ___people built them___.
B: People built them to grow thousands of plants.

your own

6 카드에서 단어를 두 개씩 골라 반 친구들에 대해 말해 봅시다.

creative kind your own
healthy smart fun ______

e.g. Inho is not only fun but also creative.

3 다음 글을 읽고, 답할 수 있는 질문을 골라 봅시다.

The high-speed train was first made in Japan. But it had one problem. When the train entered a tunnel, the sudden increase in air pressure created a very loud sound. A team of engineers tried to solve the problem, but they didn't know how they could reduce the noise.

☐ When was the high-speed train first made?
☑ What problem did the high-speed train have?
☐ How did engineers solve the problem?

4 주어진 단어를 바르게 배열하여 문장을 완성해 봅시다.

After a lot of testing, de Mestral finally invented two new materials. One had many tiny needles like those of burrs and ___the other had a hairy surface___.

other hairy surface the had a

❶

Script

B: I'm fascinated by Sophia, a robot girl.
G: What's so special about her?
B: She is able to show more than 60 facial expressions.
G: That's amazing. What else can she do?
B: She has many other abilities. She looks, talks, and even thinks like a human.
G: That's fascinating!

해석

B: 난 로봇 소녀 Sophia에 매료되었어.
G: 그녀가 뭐가 그리 특별한데?
B: 그녀는 60가지가 넘는 얼굴 표정을 보여줄 수 있거든.
G: 그거 놀라운데. 그 밖의 무엇을 그녀는 할 수 있지?
B: 그녀는 다른 많은 능력을 갖추고 있어. 그녀는 사람처럼 보이고, 말을 하고 심지어 생각까지도 해.
G: 그거 멋지다!

풀이 Sophia는 '60가지'가 넘는 얼굴 표정을 보여줄 수 있고, 사람처럼 보이고, 말을 하고 심지어 '생각까지 하는' 로봇이다.

단어 숙어 facial ⑧ 얼굴의
fascinating ⑧ 멋진, 매혹적인

❷

해석

A: 북극곰들이 수영을 잘 하는 거 알지, 그렇지 않니?
B: 물론이지. 그들은 쉬지 않고 60마일 이상을 수영할 수 있어.

풀이 전치사 at 뒤에 동사가 올 때는 동명사 swimming이, 조동사 can 뒤에 동사가 올 때는 동사원형 swim이, 전치사 뒤에 명사가 올 수 있으므로 without 뒤에는 rest가 와야 한다.

❸

해석

고속 열차는 처음 일본에서 만들어졌다. 하지만 그것은 한 가지 문제점이 있었다. 열차가 터널에 들어갔을 때, 갑작스러운 기압의 상승은 매우 큰 소음을 유발했다. 한 팀의 공학자들이 그 문제를 해결하려 했지만, 그들은 어떻게 소음을 줄일 수 있을지 몰랐다.
고속 열차는 언제 처음 만들어졌는가?
고속 열차에는 무슨 문제가 있었는가?
공학자들은 문제를 어떻게 해결하였는가?

풀이 고속 열차의 문제는 터널에 들어갔을 때 매우 시끄러운 소리를 낸다는 것이었다. 고속 열차가 언제 처음 만들어

졌는지, 어떻게 공학자들이 문제를 해결했는지는 글에 나와 있지 않다.

단어 숙어 high-speed ⑧ 고속의   tunnel ⑨ 터널
sudden ⑧ 갑작스러운   pressure ⑨ 압력
reduce ⑧ 줄이다, 축소하다

❹

해석 많은 실험 후, de Mestral은 마침내 두 가지 새로운 소재를 발명했다. 하나는 가시 식물의 가시 같이 조그만 가시들이 많이 나 있었고, 다른 하나는 털로 덮인 표면이 있었다.

풀이 두 개 중 하나는 one, 다른 하나는 the other로 나타내며, a hairy surface는 '털로 덮여 있는 표면'이다.

❺

해석

A: 이 거대한 집들은 거품처럼 보여. 그 집들이 어디에 있는지 아니?
B: 영국에 있어.
A: 사람들이 그것들을 왜 지었는지 궁금해.
B: 사람들은 수천 개의 식물을 키우기 위해서 그것들을 지었어.

풀이 의문사가 있는 간접의문문은 도입부 뒤에 '의문사＋주어＋동사 …'의 어순으로 배열한다. 도입부 Do you know와 의문사 where 다음에 These huge houses를 가리키는 they와 are를 써야 하고, 도입부 I wonder 뒤에 '왜 사람들이 그것들을 지었는지'라는 의미가 되도록 why 다음에 people built them을 써야 한다.

단어 숙어 huge ⑧ 거대한   look like …처럼 보이다
bubble ⑨ 거품

❻

해석 인호는 재미있을 뿐만 아니라 창의적이기도 하다.

풀이 not only A but also B에서 A와 B는 병렬 구조로 같은 품사를 써야 한다.

예시 답안 Julie is not only tall but also healthy.
Julie는 키가 클 뿐만 아니라 건강하기도 하다.

단어 숙어 creative ⑧ 창의적인

Find out 극한의 자연환경에서 살아남은 동물들의 생존법을 알아봅시다.

Polar Bears, North Pole

Polar bears survive the cold because they have black skin to easily absorb the heat from the sun. Each of their hairs has an air space. This also helps them stay warm.

Wolves, Canada

Wolves are great hunters. Their wide feet help them travel a long way in the snow. Leadership is also important for their survival. The lead wolf decides when the group will travel and hunt. It also decides where to go and knows what to do when there is danger.

Sahara Desert Ants, North Africa

The Sahara Desert is not only the driest but also the hottest place on earth. But even at the hottest time of day, Sahara Desert ants go hunting. Do you know how they survive the heat? Their bodies are covered with unique hairs that reflect the heat from the sun.

Try out 다른 동물들의 생존법을 더 찾아본 후, 발표해 봅시다. [group]

e.g. Camels sweat little to reduce water loss in the desert.

단어·숙어

absorb [동] 흡수하다
heat [명] 열, 열기
space [명] 공간, 장소
leadership [명] 지도력, 통솔력
reflect [동] 반사하다

표현

- This also **helps** them **stay** warm.: 5형식 동사 help는 목적격 보어로 동사원형이나 to부정사를 취한다.
- Do you know **how they survive** the heat?: 의문사가 있는 간접의문문으로 '의문사+주어+동사'의 어순을 취하고 있다.
- Their bodies **are covered with** unique hairs **that** reflect the heat from the sun.: be covered with ...는 '...로 덮여 있다'라는 의미의 표현이고, that은 주격 관계대명사로 선행사 unique hairs를 수식하고 있다.

해석

Find out

- 북극곰, 북극

 북극곰은 태양으로부터 열을 쉽게 흡수할 수 있는 검은색 피부를 가지고 있기 때문에 추위에서 생존한다. 북극곰 털 하나하나에는 공기층이 있다. 이것 또한 북극곰이 따뜻함을 유지하게끔 도와준다.

- 늑대, 캐나다

 늑대들은 훌륭한 사냥꾼이다. 늑대의 넓은 발은 눈 속에서 먼 길을 이동하는 것을 도와준다. 통솔력 또한 늑대들의 생존에 중요하다. 대장 늑대는 무리가 언제 이동하고 사냥을 할지 결정한다. 대장 늑대는 또한 어디로 갈지 결정하고 위험이 있을 때 무엇을 해야 할지 안다.

- 사하라 사막 개미, 북아프리카

 사하라 사막은 지구상에서 가장 건조할 뿐만 아니라 가장 뜨거운 곳이다. 하지만 하루 중 가장 뜨거운 시간에도 사하라 사막 개미들은 사냥을 간다. 그들이 어떻게 그 열기에서 살아남는지 아는가? 개미들의 몸은 태양으로부터의 열기를 반사해내는 독특한 털로 덮여 있다.

Try out

낙타는 사막에서 수분 손실을 줄이기 위해 땀을 거의 흘리지 않는다.

Culture & Life Project

Ready 모둠별로 동식물이 가진 능력을 생각해 본 후, 정리해 봅시다. `group`

- **Abilities** Horses can run fast.
- **How come?** They have strong feet.

Create 위의 내용을 바탕으로 일상에 적용할 수 있는 아이디어를 구현해 봅시다. `group`

Share 모둠별로 구현한 아이디어를 친구들에게 소개해 봅시다.

e.g. You know horses run very fast, don't you? One of the reasons is that they have strong feet. Our group designed shoes by imitating a horse's foot. When you wear them, you will not only run faster but also look taller.

MEMO

Ready

활동 방법 모둠별로 동식물이 가진 능력을 모방한 아이디어를 내기 위해 생각을 정리해 본다.

해석
능력 말은 빨리 달릴 수 있다.
어째서인가? 말은 튼튼한 발을 가지고 있다.

단어 숙어 fast ⓑ 빨리, 빠르게

Create

활동 방법 정리한 내용을 바탕으로 일상에 적용할 수 있는 엉뚱하지만, 창의적인 아이디어를 내어 그림으로 그리고 설명을 써 본다.

해석
말의 발을 닮은 신발
이 신발을 신으면, 당신은 …
• 더 빨리 달릴 것이다.
• 더 커 보일 것이다.

Share

활동 방법 위에서 구현한 아이디어를 친구들에게 소개해 본다.

해석
여러분은 말이 매우 빨리 달리는 거 알죠, 그렇지 않나요? 이유 중 하나는 말이 튼튼한 발을 가지고 있기 때문입니다. 우리 모둠은 말의 발을 모방하여 신발을 디자인했습니다. 여러분이 이 신발을 신으면 여러분은 더 빨리 달릴 뿐만 아니라 키도 더 커 보일 겁니다.

단어 숙어 imitate ⓥ 모방하다
look ⓥ …하게 보이다

01 대화를 듣고, 발명품의 이름으로 가장 적절한 것을 고르시오.

① shoe sunglasses
② shoe umbrella
③ shoe shine machine
④ waterproof shoes
⑤ sunblock for shoes

02 다음을 듣고, **self-supporting bridge**에 대한 설명으로 틀린 것을 고르시오.

① 레오나르도 다빈치가 발명했다.
② 못이나 밧줄 등의 도구를 사용해서 만들어졌다.
③ 혼자 설 수 있도록 설계되었다.
④ 많은 무게를 견딜 만큼 견고하다.
⑤ 건설이 용이하다.

03 대화를 듣고, 대화의 내용과 일치하는 것을 고르시오.

> Thomas Thwaites는 ①강에서 놀고 있는 염소들의 ②신나는 모습을 보면서 염소처럼 살기로 하고 염소와 함께 ③알프스에서 ④4일을 지내기로 한다. 그는 ⑤특수한 신발을 디자인하여 염소처럼 네 발로 걸어 다닐 수 있었다.

04 다음 짝 지어진 대화 중 자연스럽지 <u>않은</u> 것은?

① **A** How do horses run so fast?
  B They have strong feet and legs.
② **A** I'm really fascinated by his voice.
  B Me, too. He must have a sore throat.
③ **A** Have you heard of a mosquito needle?
  B No. Can you explain it to me?
④ **A** You know that Leonardo da Vinci painted the *Mona Lisa*, don't you?
  B Yes. I think he was a really great artist.
⑤ **A** It's too dark! What should I do?
  B You know I can see better in the dark, don't you? I can help you find a way out.

[05-06] 다음 대화를 읽고, 물음에 답하시오.

A What are you doing, Mina?
B I'm reading an article about ①a bug robot.
A A bug robot? Is it interesting?
B Yes. I'm really fascinated by ②this thing.
A Can you tell me more about ③it?
B You know that some bugs can slip into narrow spaces, don't you?
A Yeah. That's why ④it's hard to catch them.
B A bug robot can do the same. ⑤It can help to find survivors after earthquakes or big fires.
A That's really fascinating!

05 위 대화의 밑줄 친 ①~⑤ 중 가리키는 것이 나머지와 <u>다른</u> 하나는?

①   ②   ③   ④   ⑤

06 위 대화의 내용과 일치하지 <u>않는</u> 것은?

① 미나는 곤충 로봇에 관한 기사를 읽고 있다.
② 미나는 곤충 로봇에 관심이 있다.
③ 곤충 로봇은 좁은 틈으로 들어갈 수 있다.
④ 곤충 로봇은 잡기가 힘들다.
⑤ 곤충 로봇은 지진이 난 후 생존자를 찾는 것을 도와줄 수 있다.

07 다음 말에 이어질 대화의 순서를 바르게 배열하시오.

> **You know what? I'm really fascinated by the special door in Jiwoo's room.**
>
> (A) Jiwoo and I played table tennis on it.
> (B) The door can be changed into a table.
> (C) How could you play table tennis on a door?
> (D) What makes the door so special?
>
> That's cool!

(   ) – (   ) – (   ) – (   )

08 다음 중 나머지 네 단어를 포함할 수 있는 단어는?

① toothbrush ② invention
③ zipper ④ compass
⑤ microwave

09 다음 단어의 영영 풀이로 바르지 <u>않은</u> 것은?

① all-purpose: suitable for many uses
② genius: a very smart or talented person
③ redesign: to change the design of something
④ beak: hard, usually pointed part of its mouth
⑤ tunnel: a soft, long, narrow container that has a small opening at one end

10 다음 중 어법상 올바른 문장은?

① I want to know what's the problem.
② He is not only smart but also friendly.
③ Do you know that polar bears have black skin or not?
④ I'm not sure if or not you finished your homework.
⑤ Not only my brothers but also my mother like singing.

11 다음 밑줄 친 ①~⑤ 중 어법상 <u>어색한</u> 것은?

①I'm wondering ②how many books ③have you ④read ⑤until now.

12 다음 괄호 안에서 어법상 맞는 말끼리 짝 지어진 것은?

- Somi is not only (live / lively) but also funny.
- Not only his friends but also his parents (like / likes) his idea.
- Not only (do / does) I study a lot but I also play a lot.

① live – like – do ② live – likes – do
③ lively – like – do ④ lively – likes – does
⑤ lively – like – does

13 다음 우리말을 바르게 영작한 것은?

너는 그녀가 언제 도착할 거라고 생각하니?

① When you think she will arrive?
② When do you think will she arrive?
③ When do you think she will arrive?
④ Do you think when will she arrive?
⑤ Do you think when she will arrive?

[14-16] 다음 글을 읽고, 물음에 답하시오.

From flying birds to self-cleaning plants, the way nature works fascinates us. Some people not only use nature but also imitate it to find solutions to their problems. Leonardo da Vinci (1452 – 1519) was one such person.

He wondered ______ⓐ______. He closely watched birds, made notes, and drew pictures of them. ______ⓑ______ his invention was not successful, he imitated a bird's wings to try to make a flying machine. Since then, more and more people have successfully imitated the surprising abilities of nature's genius. Let's explore some of them.

14 윗글의 빈칸 ⓐ에 주어진 단어를 바르게 배열하시오.

could　　birds　　fly　　how

____

15 윗글의 빈칸 ⓑ에 알맞은 것은?

① As ② Because ③ Even though
④ Therefore ⑤ When

16 윗글의 내용과 일치하지 <u>않는</u> 것은?

① 나는 새에서 자정 작용을 하는 식물까지 자연은 놀라운 능력을 가지고 있다.
② 자연을 모방하는 것보다는 자연이 가진 능력을 이용함으로써 문제를 더 쉽게 해결할 수 있다.
③ 나는 기계를 만들기 위해 다빈치는 새를 자세히 관찰하고, 기록하고, 그림으로 그렸다.
④ 다빈치의 나는 기계의 발명은 실패했다.
⑤ 다빈치 이후에도 자연의 놀라운 능력을 모방하려는 사람들이 많았다.

[17-19] 다음 글을 읽고, 물음에 답하시오.

The high-speed train was first made in Japan. But it had one problem. (①) It often woke people up and caused headaches. A team of engineers tried to solve the problem, but they didn't know how they could _________ the noise. (②) One day, one of the engineers was watching a bird in search of a meal. He saw the bird quickly and quietly diving into the water. (③) He wondered how the bird entered the water so gracefully. (④) So, he studied more about the bird and discovered its long, narrow beak. He redesigned the front of the train by imitating the bird's beak. (⑤) It was successful. Now the new train travels not only more ⓐquiet but also 10% ⓑfast with 15% less electricity.

17 윗글의 ①~⑤ 중 주어진 문장이 들어갈 알맞은 곳은?

> When the train entered a tunnel, the sudden increase in air pressure created a very loud sound.

①   ②   ③   ④   ⑤

18 윗글의 빈칸에 알맞은 것은?

① increase   ② improve
③ make   ④ deduct
⑤ reduce

19 윗글의 밑줄 친 ⓐ와 ⓑ를 문맥에 맞게 알맞은 형태로 고쳐 쓰시오.

ⓐ _______________

ⓑ _______________

[20-22] 다음 글을 읽고, 물음에 답하시오.

①One day, a Swiss engineer, George de Mestral, was hiking in the woods with his dog. On his way home, he saw that burrs were stuck to his clothes and his dog's hair. ②He wanted to know how that happened. He took a closer look at the burrs and noticed that the ends of the burr needles were not straight. He wondered ⓐif he could apply that to make ___(A)___ useful. After a lot of testing, he finally invented two new materials. ③One had many tiny needles like those of burrs and another had a hairy surface. When they were pressed together, they became a very good fastener. ④It was not only strong but also easy to use. Since then, many people have used his invention in many different ways. It is often used for clothing, shoes, and bags. Some people use it to play a number of different games. ⑤In space, it keeps things from floating away.

There is ___(B)___ useless in nature. We just have to become curious and ask questions.

20 윗글의 밑줄 친 ①~⑤ 중 어법상 어색한 것은?

①   ②   ③   ④   ⑤

21 윗글의 밑줄 친 ⓐ와 같은 의미로 쓰인 것은?

① What <u>if</u> he hated me?
② She wants to know <u>if</u> you are sick.
③ He gets angry <u>if</u> you disagree with him.
④ Please come over <u>if</u> you are not too busy.
⑤ I'd like to stay a little longer, <u>if</u> you don't mind.

22 윗글의 빈칸 **(A)**와 **(B)**에 알맞은 말이 바르게 짝 지어진 것은?

(A)   (B)
① something – anything
② something – nothing
③ nothing – anything
④ nothing – something
⑤ anything – something

서술형 평가 

01 주어진 표현을 사용하여 질문을 완성하시오. (각 2점)

(1) Q: ____ (Do you know)

A: Sure. Bomi's birthday is January 17th.

(2) Q: ____ (I'm wondering)

A: Yes, Minjun is good at playing soccer.

(3) Q: ____ (Do you think)

A: I think James will come back in 10 minutes.

02 주어진 정보를 활용하여 광고문을 완성하시오. (각 3점)

Cats	Cat Eye Camera
glowing eyes	glowing lens
to see better at night	to take better pictures at night

(1) Do you know why ______________________________?

Cats ______________________________.

So does the Cat Eye Camera.

(2) The Cat Eye Camera ______________________________ that works like eyes of cats.

It will help ______________________________.

Cat Eye Camera is night travelers' best choice!

03 다음 연구 일지를 참고하여 과학 잡지 기사를 완성하시오. (각 2점)

Research Note

Question: (1) How do certain animals climb walls so easily?

Observation: (2) What do their feet look like?

(3) How do they stick to walls?

Invention of a new material: (4) strong, easy to use

Is Spider-Man Possible in Real Life?

A team of scientists questioned (1) ______________________________. They have observed (2) ______________________________ and (3) ______________________________. As a result, they invented a new material that sticks to any surface. "The new material is not only (4) ______________________________," says one of the scientists.

In the movie *Spider-Man*, Spider-Man climbs a tall building with just his hands and feet. Would that ever be possible in the real world? It doesn't sound impossible anymore!

Lesson 4

I Don't See It That Way

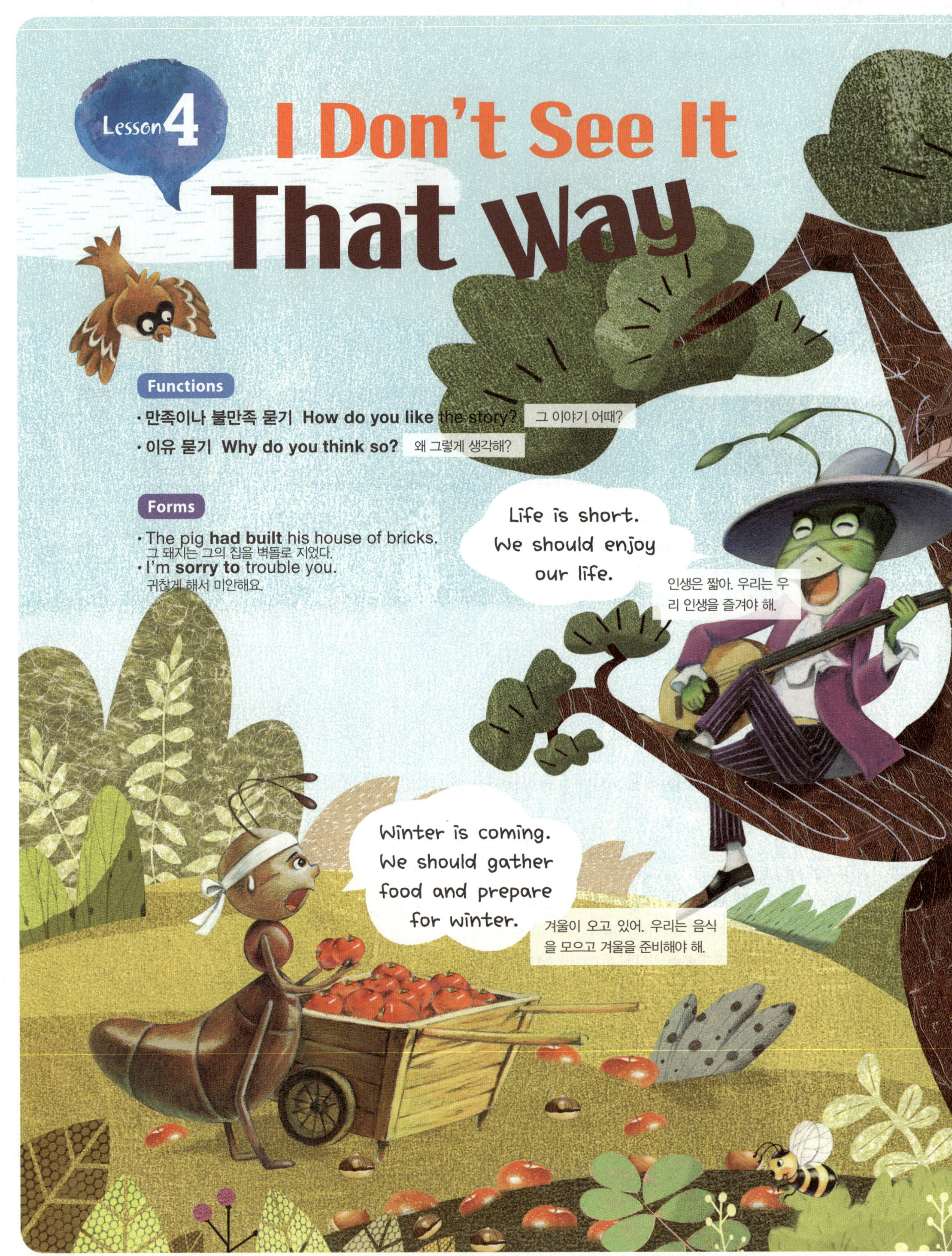

Functions

- 만족이나 불만족 묻기 **How do you like the story?** 그 이야기 어때?
- 이유 묻기 **Why do you think so?** 왜 그렇게 생각해?

Forms

- The pig **had built** his house of bricks.
  그 돼지는 그의 집을 벽돌로 지었다.
- I'm **sorry to** trouble you.
  귀찮게 해서 미안해요.

인생은 짧아. 우리는 우리 인생을 즐겨야 해.

겨울이 오고 있어. 우리는 음식을 모으고 겨울을 준비해야 해.

동화 속 인물들이 한 말 중 자신의 생각과 일
치하는 것을 고르고, 그 이유를 말해 봅시다.

e.g.   I like what the ant says. I think we
should prepare for the future.
나는 개미가 말한 것이 좋아. 나는 우리가 미래
를 준비해야 한다고 생각해.

e.g.   I like what the turtle says. I think we
should make steady efforts to succeed.
나는 거북이가 말한 것이 좋아. 나는 우리가 성공하기
위해서 꾸준한 노력을 해야 한다고 생각해.

I like what the grasshopper says. I think
we should live in the moment.
나는 베짱이가 말한 것이 좋아. 나는 우리가 매 순간을
살아야 한다고 생각해.

I like what the turtle says. I think we
should do our best all the time.
나는 거북이가 말한 것이 좋아. 나는 우리가 항상 최선
을 다해야 한다고 생각해.

I like what the rabbit says. I think we
should work efficiently.
나는 토끼가 말한 것이 좋아. 나는 우리가 효율적으로
일해야 한다고 생각해.

Communication	Reading	Writing	Culture & Project
Guessing a Story 이야기 추측하기	*The Three Little Pigs*: Its True Story 아기 돼지 삼 형제: 그것의 진짜 이야기	Wolf's Trial 늑대의 재판	You Can Be a Writer 당신은 작가가 될 수 있다

A. Listen and Choose Which is NOT true about the book?
책에 대한 내용으로 알맞지 <u>않은</u> 것은 무엇입니까?

단어 숙어
point of view 관점
make money 돈을 벌다
on one's own 혼자서, 자기 <u>스스로</u>
independent ⑧ 독립적인, 자립적인

Script
G: Have you finished the book, Taeho?
B: Yes. I finished it yesterday, Anna.
G: How did you like it?
B: It was interesting.
G: What is the book about?
B: You know the story of Heungbu, right? In the book, Nolbu tells the story from his point of view.
G: What does he say?
B: Well, he says he didn't help Heungbu for a reason. He wanted Heungbu to make money on his own and be independent.
G: Wow, it's a unique story! I can't wait to read the book. Thanks, Taeho.

해석
G: 책 다 읽었니, 태호야?
B: 응. 어제 다 읽었어, Anna.
G: 어땠어?
B: 재미있었어.
G: 그 책은 무슨 내용이니?
B: 너 흥부 이야기 알지, 그렇지? 책에서는 놀부가 자신의 관점에서 이야기해.
G: 놀부가 뭐라고 하는데?
B: 음, 놀부는 이유가 있어서 흥부를 돕지 않았다고 말하고 있어. 그는 흥부가 <u>스스로</u> 돈을 벌고 자립할 수 있기를 바랐거든.
G: 와, 독특한 이야기구나! 그 책을 빨리 읽고 싶어. 고마워, 태호야.

풀이 책에서 놀부는 이유가 있어서 흥부를 돕지 않았는데, 흥부가 스스로 돈을 벌고 자립할 수 있기를 원했기 때문이었다고 말하고 있다. 놀부가 흥부를 돕기 위해 열심히 일해야겠다는 내용은 놀부의 말과 반대되는 내용이다.

B. Listen and Write Fill in the blanks with the correct words.
빈칸에 알맞은 말을 써 봅시다.

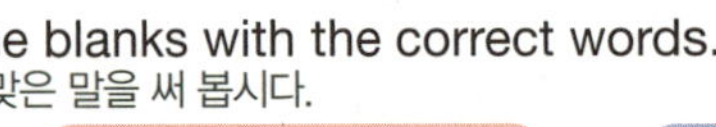

단어 숙어
compare ⑧ 비교하다
character ⑧ 등장인물
advantage ⑧ 장점, 이점

해석
• 나는 <u>책</u>이 더 재미있었어. 책은 내가 <u>등장인물</u>들을 더 잘 이해하게 해 줬거든.
• 영화가 더 좋았어. 영화는 이야기를 이해하기가 <u>더</u> 쉬웠어.

Script
B: How did you like the movie *Good Friends*, Yura?
G: I liked it. It was fun to compare the movie with the original book.
B: Which did you like better, the movie or the book?

해석
B: 'Good Friends'라는 영화 어땠니, 유라야?
G: 좋았어. 영화를 원작과 비교하는 게 재미있었어.
B: 너는 영화와 책 중에 어떤 것이 더 좋았니?

G: Well, I liked the movie, but I think I enjoyed the book more. The book helped me understand the characters better.

B: That's interesting. To me, the movie was better because it was easier to understand the story.

G: That's true. I guess they both have their own advantages.

B: You're right.

G: 음, 영화도 좋았지만 책이 더 재미있었던 것 같아. 책은 내가 등장인물들을 더 잘 이해하게 해 줬거든.

B: 그거 흥미롭구나. 나는 이야기를 이해하기 더 쉬워서 영화가 더 좋았어.

G: 그건 맞아. 책과 영화 둘 다 각각의 장점들이 있는 것 같아.

B: 맞아.

풀이 소녀는 '등장인물들'을 더 잘 이해할 수 있어서 '책'이 더 재미있었다고 했고, 소년은 이야기를 이해하기 '더 쉬웠기' 때문에 '영화'가 더 좋았다고 했다.

표현 · **Which did you like better, the movie or the book?**: Which did you like better, A or B?는 'A와 B 중에 어떤 것이 더 좋았어?'라는 뜻으로 I liked ~ better because ...와 같이 대답한다.

e.g. A: **Which did you like better**, the apple **or** the tomato? (너는 사과와 토마토 중에 어떤 것이 더 좋았니?)

B: **I liked** the apple **better because** it was fresh. (나는 신선했기 때문에 사과가 더 좋았어.)

C Talk Together How does the king like the items? Talk with your partner. `pair`
임금님은 물품들을 어떻게 생각합니까? 짝과 대화해 봅시다.

단어 숙어 just ⓤ 바로, 딱[꼭]
right ⓗ 맞는

해석
A: 신발이 어떠신가요?
B: 별로야. 그건 너무 작아.

A: How do you like the shoes?
B: I (don't) like them. They are too small.

too big
just right
too small

 **활동 방법** 그림을 보고, 임금님이 물품들을 어떻게 생각하는지 주어진 대화문을 이용하여 짝과 대화해 본다.

 **예시 대화**
· A: How do you like the clothes? 옷은 어떠신가요?　　B: I don't like them. They are too big. 별로야. 그건 너무 커.
· A: How do you like the gloves? 장갑은 어떠신가요?　　B: I like them. They are just right. 좋아. 그건 딱 맞아.

Function 1 만족 또는 불만족 묻기: How do you like ... ?

How do[did] you like ... ?는 상대방이 어떤 대상에 대해 만족하는지 만족하지 않는지 묻는 표현으로 '너는 … 어때[어땠어]?' 또는 '너는 … 좋아[좋았어]?'라는 뜻이다. 이에 대한 응답으로는 주로 만족 여부와 그 이유가 나온다.

 **예시 대화**
· A: **How do you like** Seoul so far? (지금까지 서울 어때?)
B: I like it a lot. It is a fun city. (정말 좋아. 서울은 재밌는 도시야.)
I don't like it. It is too busy. (별로야. 너무 바빠.)

A Listen and Choose What is the boy going to do? 🎧
소년은 무엇을 할 예정입니까?

단어 숙어
match ⑲ 경기, 게임
against ㉮ …에 맞서, 대항하여
bright ⑱ 밝은, 긍정적인
side ⑲ 면, 측면
teamwork ⑲ 팀워크, 단합

Script

W: You look worried, Juwon.

B: I think we will lose the soccer game tomorrow, Ms. Kim.

W: Why do you think so?

B: We will have a match against Class 3. They have the strongest players in the school.

W: Look on the bright side. They might have strong players, but your class has the best teamwork.

B: You're right. I didn't think about it that way. I'll go and practice!

해석

W: 걱정스러워 보이는구나, 주원아.

B: 내일 축구 경기에서 질 것 같아요, 김 선생님.

W: 왜 그렇게 생각하니?

B: 저희는 3반과 경기할 거예요. 3반에는 학교에서 가장 잘하는 선수들이 있잖아요.

W: 긍정적으로 생각하렴. 3반에 잘하는 선수들이 있을지 모르지만, 너희 반은 팀워크가 가장 좋잖아.

B: 선생님 말씀이 맞아요. 저는 그런 식으로 생각하지 못했어요. 가서 연습할게요!

풀이 소년은 마지막 말에서 I'll go and practice!라고 했으므로 축구 연습을 하는 첫 번째 그림이 답이 된다.

표현 • **I think we will lose the soccer game tomorrow, Ms. Kim.:** I think …는 자신의 생각을 말할 때 쓰는 표현으로 I think 다음에는 접속사 that이 생략되었으므로 주어와 동사를 포함한 문장이 온다.
[e.g.] **I think** Suji is a great player. (나는 수지가 대단한 선수라고 생각해.)

B Listen and Talk Fill in the blanks and talk with your partner. 🎧 [pair]
빈칸을 채우고 짝과 대화해 봅시다.

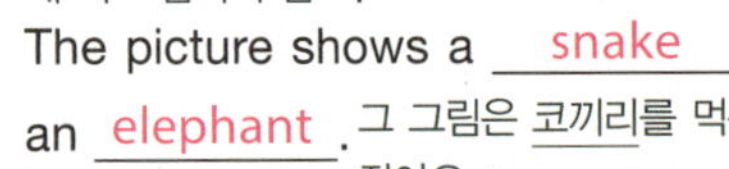

Why is the picture frightening to you?
왜 이 그림이 무섭죠?
The picture shows a ___snake___ that ate
an ___elephant___. 그 그림은 코끼리를 먹은 뱀을 보여주잖아요.
Actually, many people thought it was a
picture of a ___hat___. 사실 많은 사람이 그것이 모자 그림이라고 생각했어요.

단어 숙어
drawing ⑲ 그림
frightening ⑱ 무섭게 하는, 두렵게 하는
pilot ⑲ 비행기 조종사
painter ⑲ 화가
at least 최소한, 적어도

Script

M: What do you think about my drawing, Prince?

B: Wow, this picture is very frightening!

M: Why do you think so?

B: I mean the picture shows a snake that ate an elephant.

M: You're right. Actually, many people thought it was a picture of a hat.

B: Really? That's interesting.

M: I know. That's why I decided to become a pilot instead of a painter.

해석

M: 왕자님, 제 그림에 대해 어떻게 생각하죠?

B: 와, 이 그림은 너무 무섭군요!

M: 왜 그렇게 생각하죠?

B: 그림이 코끼리를 먹은 뱀을 보여주잖아요.

M: 왕자님 말이 맞아요. 사실 많은 사람이 모자 그림이라고 생각했어요.

B: 정말요? 그거 흥미롭군요.

M: 맞아요. 그래서 제가 화가 대신에 조종사가 되기로 결심했던 거예요.

B: Haha. At least I can understand what you mean.
M: Thank you, Prince.

B: 하하. 적어도 나는 당신이 무엇을 의도한 건지 이해할 수 있어요.
M: 고마워요, 왕자님.

풀이 조종사가 보여준 그림에 대해 어린 왕자는 '코끼리'를 먹은 '뱀'을 보여준다고 생각했지만, 많은 사람은 그것이 '모자' 그림이라고 생각했다.

표현
- **What do you think about my drawing, Prince?:** What do you think about … ?은 '…에 대해 어떻게 생각해?'라는 의미로 about 다음에는 명사(구)가 온다.
- **That's why I decided to become a pilot instead of a painter.:** That's why … .는 '그래서 …한 거야.'라는 의미로 That's why 다음에 주어와 동사가 온다.

C Talk Together Choose a character and talk with your partner. **pair**
등장인물을 골라 짝과 대화해 봅시다.

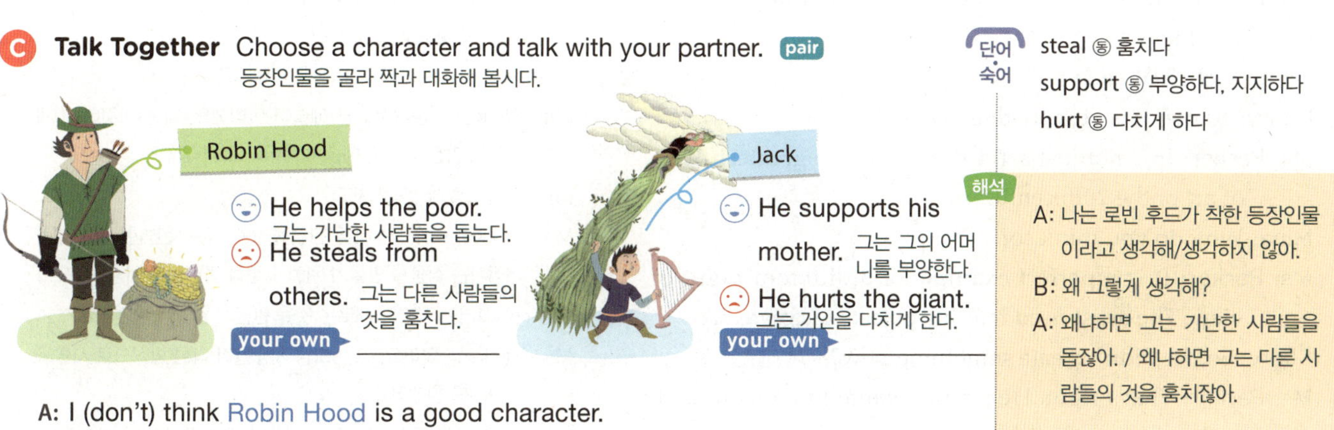

단어·숙어
steal ⑧ 훔치다
support ⑧ 부양하다, 지지하다
hurt ⑧ 다치게 하다

해석
A: 나는 로빈 후드가 착한 등장인물이라고 생각해/생각하지 않아.
B: 왜 그렇게 생각해?
A: 왜냐하면 그는 가난한 사람들을 돕잖아. / 왜냐하면 그는 다른 사람들의 것을 훔치잖아.

A: I (don't) think Robin Hood is a good character.

B: Why do/don't you think so?

A: It's because
he helps the poor.
he steals from others.

활동 방법 동화 속 등장인물을 골라 각 인물에 대한 자신의 의견을 주어진 대화문을 이용하여 짝과 대화해 본다.

예시 대화
- A: I think Jack is a good character.
  B: Why do you think so?
  A: It's because he supports his mother.
- A: I don't think Jack is a good character.
  B: Why don't you think so?
  A: It's because he hurts the giant.

- A: 나는 잭이 착한 등장인물이라고 생각해.
  B: 왜 그렇게 생각해?
  A: 왜냐하면 그는 그의 어머니를 부양하잖아.
- A: 나는 잭이 착한 등장인물이라고 생각하지 않아.
  B: 왜 그렇게 생각해?
  A: 왜냐하면 그는 거인을 다치게 하잖아.

Function 2 이유 묻기: Why do you think so?

Why do you think so?는 상대방의 생각에 대한 이유를 물을 때 쓰는 표현으로 '왜 그렇게 생각해?'라는 뜻이다. 상대방의 생각에 대해 완전히 이해하지 못했거나 부연 설명을 듣고 싶을 때 쓸 수 있다.
- 유사 표현 – What makes you think so?

예시 대화
- A: I think it will rain soon. (내 생각에 곧 비가 올 것 같아.)
  B: **Why do you think so?** (왜 그렇게 생각하니?)
  A: It's because there are many clouds. (구름이 많기 때문이야.)

Real Life Communication

[A] Watch and Choose 동영상을 보고, 필기 내용 중 잘못된 것을 골라 봅시다.

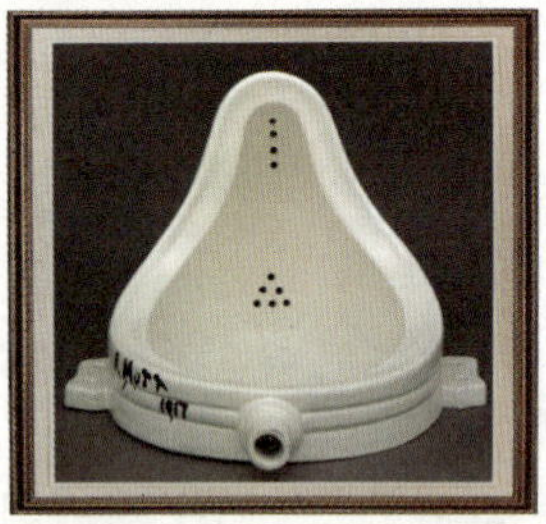

- **Title:** *Fountain*
- **Artist:** Marcel Duchamp
- **Special Point:**
  - ☑ The artist made new objects to create art.
    작가는 예술 작품을 창조하기 위해 새로운 물건을 만들었다.
  - ☐ The artist wanted people to look at the objects in a different way.
    작가는 사람들이 다른 방식으로 사물을 보는 것을 원했다.

[단어·숙어]
work of art 예술 작품
point of view 관점, 시점
real-life object 실생활 물건
simply [부] 그냥, 단순히
in a different way 다른 방식으로

Script

Ms. Parker: Now, take a look at this work of art. How do you like it?
Jinho: Well, is it even art?
Henry: To me, it isn't more than a toilet.
Ms. Parker: It is not just art. I think it is the greatest piece of art of the 20th century.
Mina: Why do you think so?
Ms. Parker: It is a perfect example of a different point of view. The artist used real-life objects to create art.
Claire: So, he didn't create something new?
Ms. Parker: That's right. He simply wanted people to look at the objects in a different way.
Mina: Thank you so much, Ms. Parker. I learned a lot today!

해석

Ms. Parker: 자, 이 예술 작품을 보세요. 어떤가요?
Jinho: 음, 이것도 예술인가요?
Henry: 저한테는 변기 그 이상은 아닌데요.
Ms. Parker: 이것은 그냥 예술이 아니에요. 나는 이것이 20세기의 가장 위대한 예술 작품이라고 생각해요.
Mina: 왜 그렇게 생각하세요?
Ms. Parker: 이것은 다른 관점을 보여 주는 완벽한 예시예요. 작가는 작품을 만들기 위해 실생활 물건들을 사용했어요.
Claire: 그러면 작가가 새로운 것을 만들지 않았다는 건가요?
Ms. Parker: 맞아요. 그는 그냥 사람들이 다른 방식으로 사물을 보기를 원했어요.
Mina: 정말 감사해요, Parker 선생님. 오늘 많은 것을 배웠어요!

[풀이] 작가는 예술 작품을 창조하기 위해 새로운 물건을 만든 것이 아니라 실생활의 물건들을 그대로 사용했다.

[표현]
- **He simply wanted people to look at the objects in a different way.**: 'want+목적어+목적격 보어'는 '목적어가 … 하기를 원하다'라는 뜻으로 want는 목적격 보어로 to부정사를 취한다.
  [e.g.] I **want you to understand** the meaning of the expression. (나는 여러분이 이 표현의 의미를 이해하기를 원한다.)

[B] Choose and Talk

[Step 1] 생활 속 물건으로 만든 작품 중 마음에 드는 것을 고르고, 그 이유를 생각해 봅시다.

가장 멋진 예술 작품 경연 대회
• Best Artwork Contest •

Jiho

☐ cups for airplane engines
비행기 엔진용 컵

Emily

☐ crayons for a rocket
로켓용 크레용

Reason
☐ unique 독특한
☐ creative 창의적인
☐ interesting 재미있는
your own ____________

[활동 방법] 생활 속 물건으로 만든 작품 중 마음에 드는 것과 그 이유를 고른 후, 고른 내용을 바탕으로 짝과 대화해 본다.

[단어·숙어]
airplane [명] 비행기
engine [명] 엔진
crayon [명] 크레용

Step 2 위에서 고른 내용을 바탕으로 짝과 대화해 봅시다. **pair**

A: How do you like Jiho's artwork? I think it is the most creative. 지호의 예술 작품 어때? 나는 그것이 가장 창의적이라고 생각해.

B: Why do you think so? 왜 그렇게 생각해?

A: I've never thought cups could become airplane engines. 나는 컵이 비행기 엔진이 될 수 있다고 생각해 본 적이 없거든.

예시
대화

- A: How do you like Emily's artwork? I think it is the most interesting.
  B: Why do you think so?
  A: I've never thought crayons could become a rocket.

- A: Emily의 예술 작품 어때? 나는 그것이 가장 흥미롭다고 생각해.
  B: 왜 그렇게 생각해?
  A: 나는 크레용이 로켓이 될 수 있다고 생각해 본 적이 없거든.

C Communication Task **group**

Guessing a Story

Step 1 모둠별로 동화를 하나 골라 정리한 후, 동화 속 장면을 동작으로 표현해 봅시다.

Title	The Rabbit and the Turtle 토끼와 거북
Scene	One person is sleeping peacefully. 한 사람이 평화롭게 잠자고 있다. The other person is walking in a sweat. 다른 사람은 땀을 흘리며 걷고 있다.

e.g.

Step 2 친구들의 동작을 보고, 동화 제목과 그 이유를 말해 봅시다.

A: Can anyone guess the title of the story? 이야기의 제목을 알아맞힐 수 있니?

B: I think it is *Sleeping Beauty*. 내 생각에 '잠자는 숲속의 공주'인 것 같아.
A: Why do you think so? 왜 그렇게 생각해?
B: I think Semi is the princess who is sleeping peacefully and Minsu is the prince who is looking for the princess. 난 세미가 평화롭게 잠자고 있는 공주인 것 같고, 민수가 공주를 찾고 있는 왕자인 것 같아.
A: Sorry, but that's not the answer. 미안하지만, 정답이 아니야.

C: I think it is *The Rabbit and the Turtle*. 내 생각에 '토끼와 거북'인 것 같아.
A: Why do you think so? 왜 그렇게 생각해?
C: I think Semi is the rabbit that is sleeping peacefully and Minsu is the turtle that is walking steadily. 난 세미가 평화롭게 잠자고 있는 토끼인 것 같고, 민수가 꾸준히 걷고 있는 거북이인 것 같아.
A: You're right. 네 말이 맞아.

A: How did you like our performance? 우리 공연 어땠어?
Everyone: It was fun. 재밌었어.

활동
방법

Step 1
모둠별로 동화 속 장면을 동작으로 표현해 본다.

Step 2
다른 모둠의 동작을 보고, 동화 제목과 그 이유를 말해 본다.

단어
숙어

peacefully 〔부〕 평화롭게
sweat 〔명〕 땀
in a sweat 땀을 흘리며
guess 〔동〕 추측하다, 알아맞히다
look for …을 찾다
steadily 〔부〕 꾸준히
performance 〔명〕 공연, 퍼포먼스

Sounds 다음을 듣고, 표시된 선의 높낮이에 유의하여 따라 말해 봅시다. 🎧

1. What is the book about?   2. Which did you like better, the movie or the book?

그 책은 무슨 내용이니?   너는 영화와 책 중에 어떤 것이 더 좋았니?

Tip book, better, movie와 같은 단어들은 의미 전달에 주요한 역할을 하므로 높낮이에 유의하여 발음한다.

Self-check 😊 😧

- I can use 'How do you like … ?' ☐ ☐
- I can use 'Why do you think so?' ☐ ☐

Word Preview

Let's Read의 단어들을 미리 익혀 보세요.

- ☐ be taken to — 끌려가다
- ☐ blow down — 바람을 불어 넘어뜨리다
- ☐ explain — [동] 설명하다 (to make something clear or easy to understand)
- ☐ straw — [명] 짚, 지푸라기 (the dry stems of wheat and other grain plants)
- ☐ brick — [명] 벽돌 (a small, hard block of baked clay that is used to build structures)
- ☐ completely — [부] 완전히 (having all necessary parts; not lacking anything)
- ☐ sneeze — [동] 재채기하다 (to have air come suddenly and noisily out through your nose and mouth in a way that you cannot control) [명] 재채기
- ☐ run out of — …이 다 떨어지다
- ☐ grab — [동] 잡다 (to quickly take and hold someone or something with your hand or arms)
- ☐ unfortunately — [부] 불행하게도, 안타깝게도 (used to say that something bad or unlucky has happened)
- ☐ trouble — [동] 귀찮게 하다, 실례하다 (to disturb or bother someone)
- ☐ bother — [동] 괴롭히다, 귀찮게 하다 (to cause someone to feel troubled, worried, or concerned)
- ☐ impolite — [형] 무례한 (not polite; rude)
- ☐ deserve — [동] …을 받을 만하다 (used to say that someone or something should or should not have or be given something)
- ☐ apology — [명] 사과 (a statement saying that you are sorry about something)
- ☐ break into — 침입하다
- ☐ frame — [동] 죄[누명]를 뒤집어씌우다 (to produce false evidence against an innocent person so that people think he or she is guilty)

Mini Test

정답과 해설 p. 344

A 다음 빈칸에 알맞은 단어를 [보기]에서 골라 쓰시오.

[보기]
straw
deserve
grab
bother
sneeze

1. I ____________d because of a terrible cold.
2. He ____________bed a taxi because he was in a hurry.
3. I think I ____________ some break because I worked hard.
4. Some Korean traditional houses are made with ____________.
5. I'm sorry to ____________ you, but can I ask you something?

B 다음 영영 풀이에 해당하는 단어를 [보기]에서 골라 쓰시오.

[보기]
apology
brick
trouble
impolite
explain

1. ____________: rude
2. ____________: to disturb or bother someone
3. ____________: a small, hard block of baked clay
4. ____________: to make something clear or easy to understand
5. ____________: a statement saying that you are sorry about something

Before You Read

A **Look and Say** 다음 그림을 보고, 주어진 단어를 사용하여 등장인물을 묘사해 봅시다.

strong
weak
mean
scared

e.g. The wolf is strong. He blows down the pigs' houses. 늑대는 강하다. 그는 돼지들의
집들을 바람을 불어 날려 버렸다.
The pigs are scared. They are afraid of the wolf.
돼지들은 두려워한다. 그들은 늑대를 무서워한다.

활동 방법 그림 속 등장인물을 보고, 주어진 단어를 사용하여 이들을 묘사해 본다.

예시 정답
• The pigs are weak. They cannot keep their houses.
돼지들은 약하다. 그들은 그들의 집들을 지킬 수 없다.

• The wolf is mean. He scares the pigs. 늑대는 비열하다. 그는 돼지들을 두렵게 한다.

단어 숙어
mean ⑱ 비열한, 나쁜
scared ⑱ 두려워하는
blow down 바람을 불어 날려
버리다
be afraid of …을 두려워하다

B **Think and Write** 알맞은 단어를 골라 새로 나온 책 추천사를 완성해 봅시다.

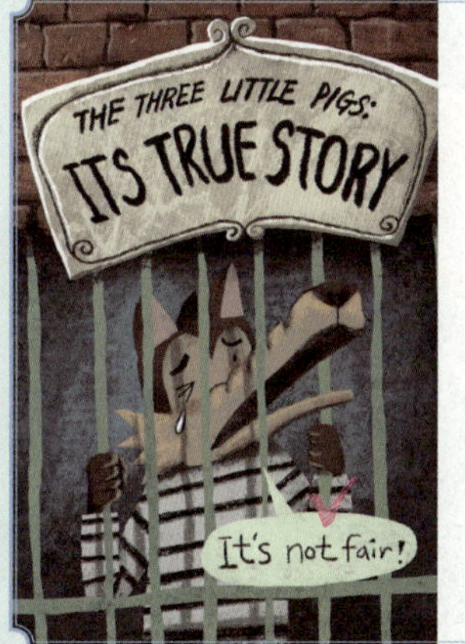

Everyone ___deserve___s a fun story like this.
Book Weekly

I think I should make an ___apology___ to the wolf.
I'd never thought about his point of view.
The Book Times

I still don't know whose story is true, but I
learned that everybody can be ___frame___d for
a crime.
Library & Paper

frame   sneeze   deserve   apology   bother

단어 숙어
deserve [동] …을 받을 자격이 있다
apology [명] 사과
point of view 관점, 시점
frame [동] 누명을 씌우다

해석
• 모든 사람이 이와 같은 재미있는
이야기를 읽을 자격이 있다.
• 내 생각에 나는 늑대에게 사과해
야 할 것 같다. 나는 그의 관점에
대해 생각해 본 적이 없다.
• 나는 여전히 누구의 이야기가 진
실인지 모르지만, 누구든지 범죄
에 누명을 쓸 수 있다는 것을 알
게 되었다.

풀이 첫 번째 빈칸에는 '모든 사람은 재미있는 이야기를 읽을 자격이 있다'라는 의미이므로
deserve가 알맞다.
두 번째 빈칸에는 '늑대에게 사과해야 한다'라는 의미이므로 apology가 알맞다.
세 번째 빈칸에는 '누구든지 범죄에 누명을 쓸 수 있다'라는 의미이므로 frame이 알맞다.

The Three Little Pigs:
Its True Story

❓ 본문의 그림을 보고, 리포터가 무엇을 하고 있는지 말해 봅시다.
e.g. The reporter is talking on the news.

Reporter Welcome to *Animal World News*. Last Sunday, a wolf was taken to the police station for blowing down pigs' houses. Today, we have the third little pig and the wolf with us. Mr. Pig, could you explain what happened to you and your brothers?

Q1 Why was the wolf taken to the police station?

be taken to 끌려가다   blow down 바람을 불어 넘어뜨리다

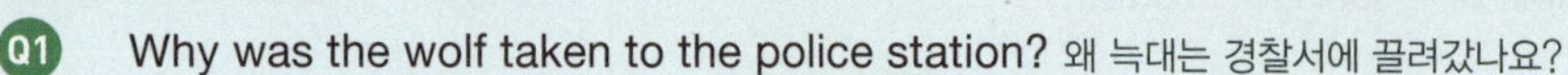

Q1 Why was the wolf taken to the police station? 왜 늑대는 경찰서에 끌려갔나요?

A1 It's because the wolf blew down pigs' houses. 늑대가 돼지들의 집들을 바람을 불어 무너뜨렸기 때문입니다.

해설 Last Sunday, a wolf was taken to the police station for blowing down pigs' houses.에서 늑대가 경찰서에 끌려간 이유를 알 수 있다.

해석

아기 돼지 삼 형제: 그것의 진짜 이야기

Reporter ① '동물 세계 뉴스'에 오신 것을 환영합니다. ②지난 일요일, 돼지들의 집들을 바람을 불어 넘어뜨린 늑대가 경찰서로 연행되었습니다. ③오늘, 우리는 셋째 아기 돼지와 늑대를 모셨습니다. ④Pig 씨, 당신과 당신의 형제들에게 무슨 일이 일어났는지 설명해 주시겠습니까?

구문 ❷ Last Sunday, a wolf **was taken to** the police station **for blowing down** pigs' houses.

take A to B는 'A를 B로 데려가다'라는 뜻으로 was taken to는 수동태로 '끌려갔다', 즉 '연행되었다'라는 뜻이다. for는 이유를 나타내는 전치사이므로 뒤에 명사(구)가 와야 한다. 따라서 for 다음에 동명사 blowing down을 썼다.

❹ Mr. Pig, **could you explain** what happened to you and your brothers?

Could you ... ?는 공손한 요청을 할 때 사용하는 표현으로 Could you explain ... ? 은 '…을 설명해 주시겠어요?'라는 뜻이다.

단어 숙어
- **be taken to** 끌려가다, 연행되다 [e.g.] She **was taken to** the hospital after the accident.
- **blow down** 바람을 불어 넘어뜨리다 [e.g.] My house was too strong for the wolf to **blow down**.
- **explain** ⑤ 설명하다 [e.g.] The professor **explained** the poem to the class.

Grammar +

수동태

주어가 어떤 동작의 대상이 되어 행동을 받거나 당하는 경우에 수동태로 나타낸다.

1. 형태: 주어 + be동사 + 과거 분사 +(by 행위자)
- This bread **was baked by** my brother. (이 빵은 내 남동생에 의해 구워졌다.)

2. 의미: …을 당하다, …해지다

3. 'by+행위자'를 생략하는 경우
- 행위자를 알 수 없을 때
  The book **was stolen**. (그 책은 도난당했다.)
  The window **is broken**. (그 창문은 깨졌다.)
- 행위자보다 주어가 더 중요할 때
  The president of his company **is respected**. (그의 회사의 사장은 존경받는다.)
- 행위자가 막연한 사람들일 때
  This road **isn't used** often (by people). (이 도로는 자주 사용되지 않는다.)

Mini Test

정답과 해설 p. 344

다음 글을 읽고, 물음에 답하시오.

> **Reporter** Welcome to *Animal World News*. Last Sunday, a wolf ___(take)___ to the police station for blowing down pigs' houses. Today, we have the third little pig and the wolf with us. Mr. Pig, could you explain what happened to you and your brothers?

1. 윗글에서 기자가 인터뷰할 두 사람이 누구인지 찾아 쓰시오.

____

2. 윗글의 빈칸에 괄호 안의 단어를 활용하여 알맞은 말로 바꿔 쓰시오.

____

3. 윗글에서 기자가 돼지에게 한 질문의 내용을 우리말로 쓰시오.

____

Pig ① Yes. ② My brothers and I thought it was time to build our own houses, so we built houses with straw, sticks, and bricks. ③ One day, the wolf came and completely blew down my brothers' houses. ④ He almost blew down my house, but it was made of bricks, so he couldn't.

Reporter ⑤ How are your brothers doing now?

Pig ⑥ They are so shocked to lose their houses. ⑦ They are resting in my house.

'shocked to lose ...'에서 to 이하는 shocked의 원인을 나타냅니다.

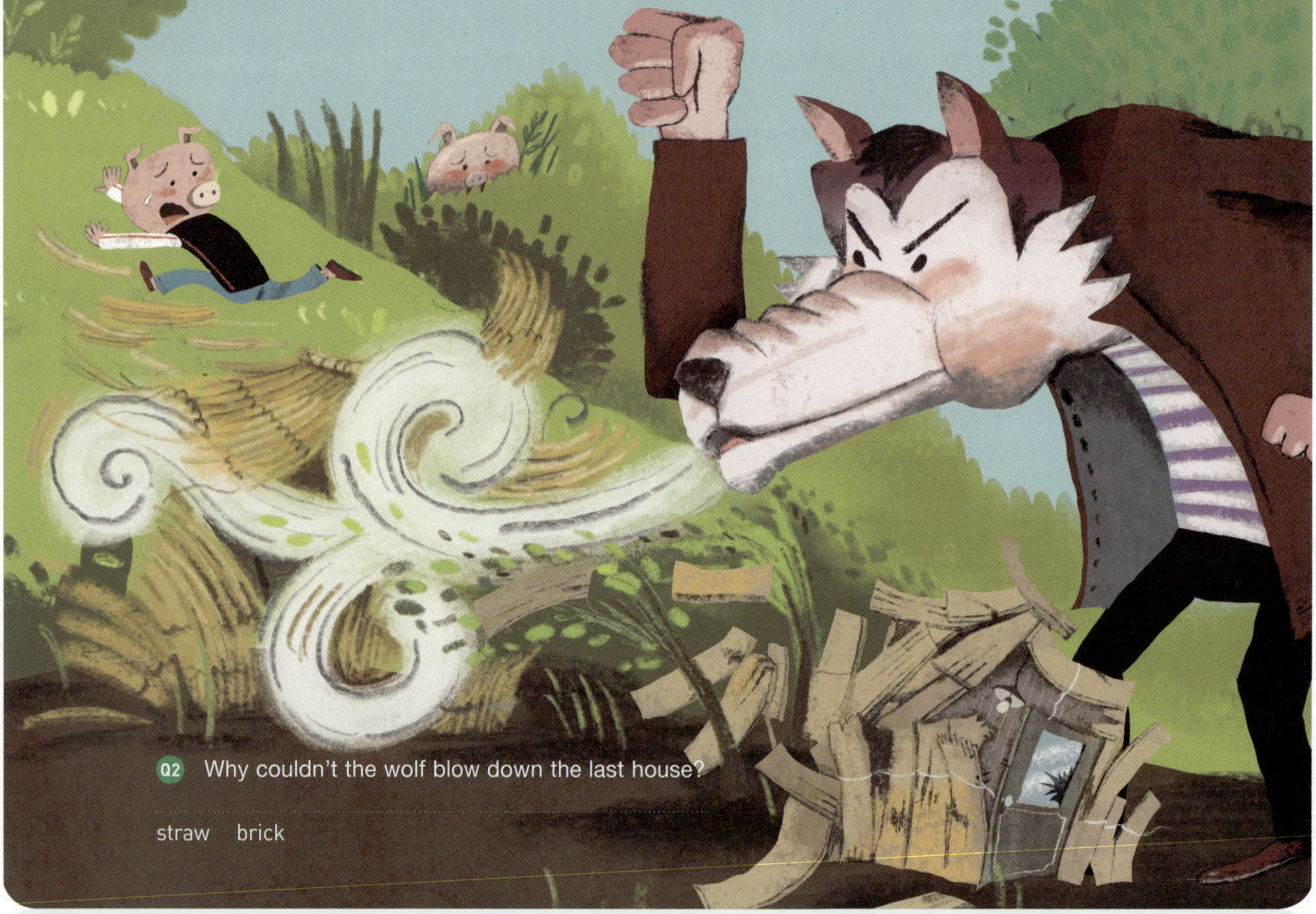

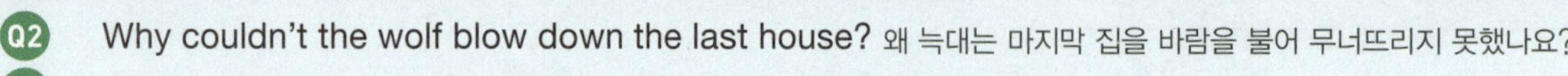

Q2 Why couldn't the wolf blow down the last house?

straw brick

Q2 Why couldn't the wolf blow down the last house? 왜 늑대는 마지막 집을 바람을 불어 무너뜨리지 못했나요?

A2 It's because the house was made of bricks. 그 집은 벽돌로 만들어졌기 때문입니다.

해설 He almost blew down my house, but it was made of bricks, so he couldn't.에서 마지막 집은 벽돌로 만들어진 집이었기 때문에 늑대가 바람을 불어 무너뜨리지 못했음을 알 수 있다.

해석

Pig ①네. ②제 형제들과 저는 우리 자신들의 집을 지을 때라고 생각해서 저희는 짚, 나무 막대기, 벽돌로 집을 지었어요. ③어느 날, 늑대가 와서 제 형들의 집을 바람을 불어 완전히 날려 버렸어요. ④그는 제 집도 거의 날려 버릴 뻔했는데, 벽돌로 만들어져서 그럴 수가 없었죠.

Reporter ⑤당신의 형제들은 지금 어떻게 지내고 있나요?

Pig ⑥그들은 집을 잃어서 너무 충격을 받았어요. ⑦그들은 제 집에서 쉬고 있어요.

구문

② My brothers and I thought **it was time to** build our own houses, so we **built** houses **with** straw, sticks, and bricks.
it was time to ...는 '…할 시간이었다'라는 뜻이며, build A with B는 'A를 B로 짓다'라는 뜻이다.

④ He almost blew down my house, but it **was made of** bricks, so he couldn't.
be made of는 '…으로 만들어지다'라는 뜻으로 재료의 성질이 변하지 않는 물리적 변화일 때 사용한다.
[e.g.] This table **is made of** wood.
cf. Cheese **is made from** milk. (화학적 변화)

⑥ They are so **shocked to** lose their houses.
shocked와 같은 감정을 나타내는 형용사 뒤에 to부정사가 오면 앞에 나온 감정에 대한 이유를 나타낸다. 따라서 to lose their houses는 '그들의 집을 잃어서'라는 뜻이다.

단어 숙어

- **straw** [명] 짚, 지푸라기 [e.g.] I bought a **straw** hat at the market.
- **brick** [명] 벽돌 [e.g.] Most of the buildings in the town are made of **bricks**.
- **completely** [부] 완전히 [e.g.] I've **completely** forgotten his name.

Grammar +

to부정사의 형용사적 용법

1. 쓰임: to부정사가 명사 뒤에 쓰여 명사를 꾸며 주는 형용사의 역할을 한다.
2. 의미: …할, …하는

- I didn't have **money to buy** a car. (나는 차를 살 돈이 없었다.)
- I have no **time to rest.** (나는 쉴 시간이 없다.)
- It is time to ... : …할 시간이다
It is time to go to school. (학교에 갈 시간이다.)

※ 형용사와 to부정사가 -thing, -body, -one으로 끝나는 대명사를 수식하는 경우에는 '-thing/-body/-one+형용사+to부정사'의 어순이 된다.

- I want **something cold to drink.** (나는 차가운 무엇인가를 마시고 싶다.)

Mini Test

정답과 해설 p. 344

다음 글을 읽고, 물음에 답하시오.

Pig My brothers and I thought it was time to ⓐ (build / building) our own houses, so we built houses with straw, sticks, and bricks. One day, the wolf came and completely blew down my brothers' houses. He almost blew down my house, but it was made of bricks, so he couldn't.

Reporter How are your brothers doing now?

Pig They are so shocked to ⓑ (lose / losing) their houses. They are resting in my house.

1. 윗글의 괄호 ⓐ와 ⓑ에서 어법에 맞는 것을 골라 쓰시오.

ⓐ ____________________ ⓑ ____________________

2. 윗글의 내용과 일치하면 T, 일치하지 않으면 F를 쓰시오.

(1) The wolf blew down the third little pig's house even if it was made of bricks. (　)

(2) The third little pig's brothers are resting in the hospital because they were shocked. (　)

Reporter	Thank you, Mr. Pig. Now, let's meet our second guest, the wolf. Mr. Wolf, could you tell us what happened?
Wolf	This whole "Big Bad Wolf" thing is wrong. The real story is about a sneeze from a terrible cold and a cup of sugar.
Reporter	What do you mean?
Wolf	Back then, I was making a birthday cake for my dear old grandmother. I ran out of sugar. I walked down the street to ask my neighbor for a cup of sugar. When I knocked on the door, it fell down. Then I called, "Little pig, are you in?" I had just grabbed the broken door when I felt a sneeze coming on. I sneezed a great sneeze and you know what? The whole straw house fell down. I was very surprised by what had happened. Unfortunately, the same thing happened to the second little pig's house.

'had+(grabbed/happened)'는 과거보다 더 이전의 시간을 나타냅니다.

Q3 What did the wolf run out of when he was making a cake?

sneeze   run out of …이 다 떨어지다   grab   unfortunately

Q3 What did the wolf run out of when he was making a cake? 늑대가 케이크를 만들고 있을 때 무엇이 다 떨어졌나요?

A3 He ran out of sugar. 그는 설탕이 다 떨어졌습니다.

해설 I ran out of sugar.에서 설탕이 다 떨어졌다는 것을 알 수 있다.

[해석]

Reporter ①감사합니다, Pig 씨. ②이제 두 번째 손님인 늑대를 만나 보죠. ③Wolf 씨, 무슨 일이 있었는지 말씀해 주시겠어요?

Wolf ④이 모든 '덩치 크고 못된 늑대' 사건은 잘못된 거예요. ⑤진짜 이야기는 지독한 감기로 인한 재채기와 설탕 한 컵에 관한 거예요.

Reporter ⑥무슨 말씀인가요?

Wolf ⑦그때, 저는 사랑하는 할머니를 위해 생일 케이크를 만들고 있었어요. ⑧설탕이 다 떨어졌더라고요. ⑨저는 이웃에게 설탕 한 컵을 달라고 부탁하기 위해 길을 걸어갔어요. ⑩제가 이웃집 문을 두드렸을 때, 문이 떨어졌어요. ⑪그다음에 저는 "아기 돼지 씨, 안에 계신가요?"라고 불렀어요. ⑫제가 부서진 문을 막 움켜잡았을 때 재채기가 나오는 것을 느꼈어요. ⑬저는 재채기를 아주 크게 했고, 그거 알아요? ⑭짚으로 만든 집 전체가 무너졌어요. ⑮저는 일어난 일에 매우 놀랐어요. ⑯안타깝게도, 둘째 아기 돼지의 집에서도 같은 일이 일어나고 말았어요.

[구문]

⑨ I walked down the street **to ask** my neighbor **for** a cup of sugar.
to ask는 '요청하기 위해서'라는 의미로 to부정사의 부사적 용법 중 목적을 나타내며, ask A for B는 'A에게 B를 요청하다/부탁하다'라는 의미이다.

⑩ **When** I knocked on the door, **it** fell down.
when은 시간 부사절을 이끄는 접속사로 '… 할 때'라는 의미이고, it은 바로 앞에 나온 the door를 가리킨다.

⑫ I **had** just **grabbed** the broken door when I **felt a sneeze coming** on.
had grabbed는 과거 완료 시제로 과거 시점보다 이전의 시점을 나타낸다. '지각동사(see, watch, hear, feel 등)+목적어+현재 분사' 형태로 동작이 진행 중임을 나타낸다.

⑮ I was very surprised by what **had happened**.
had happened는 과거 완료 시제로 내가 놀란 것보다 일어난 일이 먼저이므로 과거 완료 시제를 썼다.

[단어·숙어]

- **sneeze** [명] 재채기 [동] 재채기하다 [e.g.] He's been **sneezing** all morning.
- **run out of** …이 다 떨어지다 [e.g.] I'm afraid we've **run out of** gas.
- **grab** [동] 잡다 [e.g.] I have to go back in the house and **grab** the car keys.
- **unfortunately** [부] 불행하게도, 안타깝게도 [e.g.] **Unfortunately**, we didn't finish on time.

Grammar +

과거 완료 시제

과거 완료는 'had+p.p.' 형태로 과거보다 이전의 동작이나 상태를 나타낼 때 쓴다.

- I **had been** in Hong Kong before I came to Korea. (나는 한국에 오기 전에 홍콩에 있었다.)
- Mr. Brown **had known** her for many years when she became an actress. (Brown 씨는 그녀가 배우가 됐을 때 오랫동안 그녀를 알았다.)

Mini Test

정답과 해설 p. 344

A 다음 빈칸에 알맞은 말을 본문에서 찾아 쓰시오.

According to the wolf, the real story is about a ________ from a terrible cold and a cup of ________.

B 다음 빈칸에 알맞은 것을 고르시오.

The wolf was very surprised by what ____________.

① happens ② happened ③ have happened
④ had happened ⑤ was happening

Reporter ① Then why did you go to the third little pig's house?

Wolf ② I still needed that cup of sugar, so I went to the next house. ③ The third little pig had built his house of bricks. ④ I called out, "I'm sorry to trouble you, but are you in?" ⑤ And do you know what he answered? ⑥ "Go away. ⑦ Don't bother me again!" ⑧ How impolite! ⑨ I thought I deserved an apology, so I kept knocking. ⑩ When the police came, of course they thought I was breaking into this pig's house.

Reporter ⑪ Do you think you were framed?

trouble bother impolite deserve apology break into 침입하다 frame

Reporter ①그렇다면 셋째 아기 돼지의 집에 왜 갔나요?

Wolf ②저는 여전히 설탕 한 컵이 필요했고, 그래서 옆집으로 갔어요. ③셋째 아기 돼지는 벽돌로 집을 지었더라고요. ④제가 소리쳤어요, "귀찮게 해 드려 죄송하지만, 안에 계신가요?" ⑤그리고 그가 뭐라고 대답했는지 아세요? ⑥"가버려. ⑦다시는 귀찮게 하지 마!" ⑧얼마나 무례한가요! ⑨저는 사과를 받아 마땅하다고 생각했기 때문에 계속 문을 두드렸어요. ⑩경찰이 왔을 때, 물론 그들은 제가 이 돼지의 집에 침입하고 있다고 생각했죠.

Reporter ⑪당신은 당신이 누명을 썼다고 생각하나요?

구문 ❸ **The third little pig had built his house of bricks.**
had built는 과거 완료 시제(had+p.p.)로 과거 시제보다 더욱 이전의 시점을 나타내기 위해 쓰였다.

❹ **I called out, "I'm sorry to trouble you, but are you in?"**
감정을 나타내는 형용사 sorry 다음의 to부정사는 감정의 이유를 나타내므로 I'm sorry to trouble you는 '당신을 귀찮게 해서 죄송하다'라는 뜻이다.

❽ **How impolite!**
'How + 형용사/부사!'는 감탄문의 형태로 '(얼마나) …한가!'라는 뜻이다.

❾ **I thought I deserved an apology, so I kept knocking.**
thought 뒤에는 접속사 that이 생략되어 있고, keep -ing는 '계속해서 …을 하다'라는 뜻이다.

❿ **When the police came, of course they thought I was breaking into this pig's house.**
was breaking into는 과거 진행 시제로 '침입하고 있었다'라는 뜻이다.

단어 숙어
- **trouble** ⑧ 귀찮게 하다, 실례하다 e.g. I don't mean to **trouble** you, but I have a question.
- **bother** ⑧ 괴롭히다, 귀찮게 하다 e.g. Something he said at the meeting has been **bothering** me.
- **impolite** ⑧ 무례한 e.g. It's **impolite** to talk during the performance.
- **deserve** ⑧ …을 받을 만하다 e.g. She **deserves** another chance.
- **apology** ⑧ 사과 e.g. We received a letter of **apology**.
- **break into** 침입하다 e.g. Somebody **broke into** our house.
- **frame** ⑧ 죄[누명]를 뒤집어씌우다 e.g. The two men were **framed** for murder.

Grammar

감탄문

1. 쓰임: 자신의 감정이나 느낌을 강하게 표현할 때 씀.
2. 형태: 'how + 형용사/부사 + (주어 + 동사)!'
   'what + a(n) + 형용사 + 명사 + (주어 + 동사)!'
3. 의미: 정말 …하구나!
   - How kind!
     (정말 친절하구나!)
   - What a nice house!
     (정말 멋진 집이구나!)
   - How smart she is!
     (그녀는 정말 똑똑하구나!)
   - What a wonderful day it is! (정말 멋진 날이구나!)

Mini Test

정답과 해설 p. 344

다음 글을 읽고, 물음에 답하시오.

Reporter	Then why did you go to the third little pig's house?
Wolf	I still needed that cup of sugar, so I went to the next house. The third little pig had built his house of bricks. I called out, "I'm sorry to trouble you, but are you in?" And do you know what he answered? "Go away. Don't bother me again!" How impolite! I thought I deserved an apology, so I kept knocking. When the police came, of course they thought I was breaking into this pig's house.

1. Why did the wolf go to the third little pig's house?

2. 늑대가 셋째 아기 돼지로부터 사과를 받아야 한다고 생각했던 이유를 우리말로 쓰시오.

Wolf ① ② Yes. The news reporters of the town thought a sick wolf going to borrow a cup of sugar didn't sound very exciting. ③ So, they made me the "Big Bad Wolf." ④ Could you maybe lend me a cup of sugar?

5 **Reporter** ⑤ Thank you for your time. ⑥ Everyone, which do you think is the true story, the pig's or the wolf's?

Q4 Why does the wolf think he was framed?

Think Does the wolf's story make sense to you? Why or why not?

How fast can you read?

- **1st:** _____ min. _____ sec.
- **2nd:** _____ min. _____ sec.

Q4 Why does the wolf think he was framed? 늑대는 왜 그가 누명을 썼다고 생각하나요?

A4 It's because the news reporters of the town thought a sick wolf going to borrow a cup of sugar didn't sound very exciting. So, the wolf thinks they made him the "Big Bad Wolf." 마을의 신문 기자들은 설탕 한 컵을 빌리러 간 아픈 늑대가 별로 흥미롭지 않다고 생각했기 때문입니다. 그래서 늑대는 그들이 그를 '덩치 크고 못된 늑대'로 만들었다고 생각합니다.

해설 The news reporters of the town thought a sick wolf going to borrow a cup of sugar didn't sound very exciting. So, they made me the "Big Bad Wolf."에서 늑대가 자신이 누명을 썼다고 생각하는 이유를 알 수 있다.

Think Does the wolf's story make sense to you? Why or why not?
늑대의 이야기가 당신은 말이 된다고 생각하나요? 왜 그런가요 혹은 왜 그렇지 않은가요?

Yes. I think the houses could fall down because of a sneeze. 네. 저는 그 집들이 재채기 때문에 무너졌을 수 있다고 생각합니다.
/ No. I think he is lying because he makes the same mistake again after he blows down the first house.
아니오. 저는 그가 거짓말하고 있다고 생각해요. 왜냐하면 그는 첫 번째 집을 바람을 불어 무너뜨린 후 똑같은 실수를 반복했기 때문입니다.

해석

Wolf ①네. ②마을의 신문 기자들은 설탕 한 컵을 빌리러 간 아픈 늑대가 별로 흥미롭지 않다고 생각했겠죠. ③그래서 그들은 저를 '덩치 크고 못된 늑대'로 만든 거예요. ④당신은 아마도 저에게 설탕 한 컵쯤은 빌려줄 수 있으시겠죠?

Reporter ⑤시간 내 주셔서 감사합니다. ⑥여러분, 어떤 이야기가 진짜 이야기라고 생각하시나요, 돼지의 이야기일까요 아니면 늑대의 이야기일까요?

구문 ❷ The news reporters of the town **thought** a sick wolf **going** to borrow a cup of sugar didn't **sound** very **exciting**.
'think (that)+주어+동사'는 '…라고 생각하다'라는 뜻으로 a sick wolf going to borrow a cup of sugar가 주어 역할을 하고 있다. going은 현재 분사로 바로 앞의 명사 a sick wolf를 뒤에서 수식하고 있으며, 'sound+형용사'는 '…하게 들리다'라는 의미이다.

❸ So, they **made me the "Big Bad Wolf."**
'make+목적어+목적격 보어'로 이루어진 5형식 문장으로 me가 목적어이고, the "Big Bad Wolf"가 목적격 보어이다.

❻ Everyone, which do you think is the true story, **the pig's** or **the wolf's**?
the pig's와 the wolf's 뒤에는 story가 생략되어 있다.

단어숙어
- **reporter** 명 기자 [e.g.] A **reporter** wrote humorous comments about the politician.
- **borrow** 동 빌리다 [e.g.] Members can **borrow** up to five books from the library at any one time.
- **lend** 동 빌려주다 [e.g.] Can you **lend** me your motorcycle this evening?

Grammar ➕

5형식 문장
make, call, keep, find 등의 동사는 뒤에 목적어와 목적격 보어를 가지며, 목적격 보어에는 명사(구)나 형용사(구)가 올 수 있다.

- She **made her son a famous pianist**. (그녀는 아들을 유명한 피아니스트로 만들었다.)
- This hat **keeps Kate warm**. (이 모자는 Kate를 따뜻하게 해 준다.)

Mini Test 📖

정답과 해설 p. 345

다음 글을 읽고, 물음에 답하시오.

> **Wolf** Yes. The news _________s of the town thought a sick wolf ⓐ (gone / going) to borrow a cup of sugar didn't sound very ⓑ (exciting / excited). So, they made me the "Big Bad Wolf." Could you maybe lend me a cup of sugar?

1. 윗글의 빈칸에 알맞은 단어를 영영 풀이를 참고해서 쓰시오.

> someone who writes news articles or who broadcasts news reports

____

2. 윗글의 괄호 ⓐ와 ⓑ에서 어법에 맞는 것을 골라 쓰시오.

ⓐ _________________   ⓑ _________________

교과서 p.70

A **Think and Color** 본문의 내용과 관련된 단어에 색칠을 하고, 내용을 완성해 봅시다.

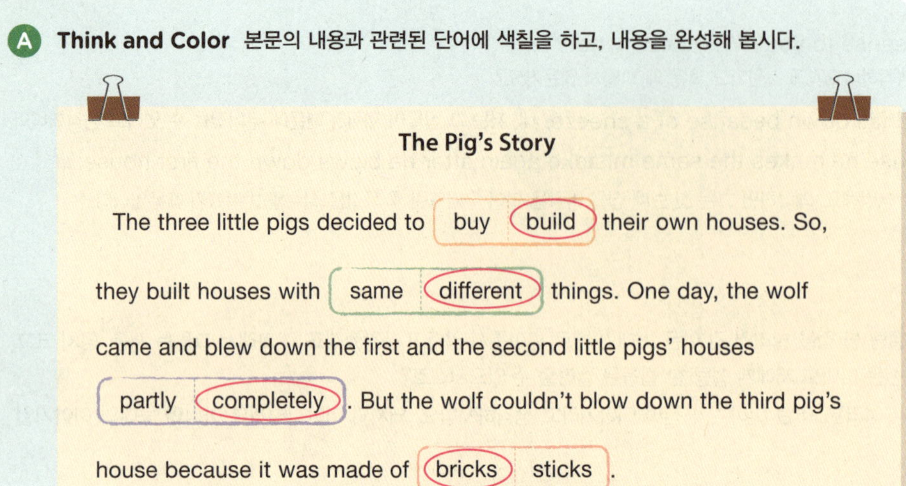

단어·숙어
blow down 바람을 불어 무너뜨리다
partly ⊕ 부분적으로
completely ⊕ 완전히

해석

돼지 이야기
　아기 돼지 삼 형제는 자신들의 집을 <u>짓기로</u> 결정했다. 그래서 그들은 다른 재료들로 집을 지었다. 어느 날, 늑대가 와서 첫째와 둘째 아기 돼지의 집을 바람을 불어 <u>완전히</u> 무너뜨렸다. 하지만 늑대는 셋째 돼지의 집은 바람을 불어 무너뜨릴 수 없었는데, 왜냐하면 그것은 <u>벽돌</u>로 만들어졌기 때문이었다.

풀이 아기 돼지 삼 형제는 집을 사기로 한 것이 아니라 집을 '짓기로' 했고, 각자 '다른' 재료를 사용하여 집을 지었다. 늑대는 첫째 아기 돼지와 둘째 아기 돼지의 집을 '완전히' 무너뜨렸지만, 셋째 아기 돼지의 집은 '벽돌'로 만들어져서 그럴 수 없었다.

B **Think and Write** 리포터의 질문을 읽고, 늑대의 대답을 완성해 봅시다.

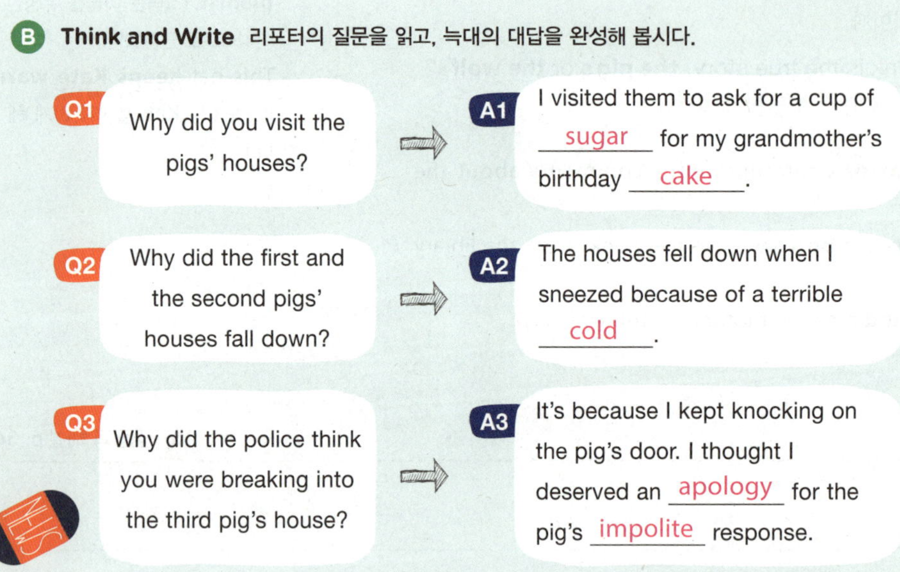

단어·숙어
fall down 무너지다
sneeze ⑧ 재채기하다
break into …에 침입하다
knock ⑧ 두드리다
deserve ⑧ …을 해야 마땅하다
apology ⑨ 사과
response ⑨ 응답, 반응

해석

Q1 왜 돼지들의 집들을 방문했나요?

A1 저는 할머니의 생일 케이크에 들어갈 <u>설탕</u> 한 컵을 구하기 위해 <u>그들을</u> 찾아갔습니다.

Q2 왜 첫째와 둘째 돼지의 집들이 무너졌나요?

A2 지독한 <u>감기</u> 때문에 제가 재채기를 하자 집들이 무너졌습니다.

Q3 왜 경찰은 당신이 셋째 돼지의 집에 침입하고 있었다고 생각했나요?

A3 그것은 제가 돼지 집의 문을 계속 두드렸기 때문입니다. 저는 돼지의 무례한 응답에 대해 <u>사과</u>를 받아 마땅하다고 생각했습니다.

풀이
1 늑대는 할머니의 생일 '케이크'를 만드는데 설탕이 다 떨어져서 '설탕' 한 컵을 구하기 위해 돼지들의 집을 찾아갔다고 했다.
2 늑대는 지독한 '감기' 때문에 재채기를 했는데 첫째와 둘째 돼지의 집이 무너졌다고 했다.
3 늑대는 셋째 돼지의 '무례한' 응답에 대해 '사과'를 받을 자격이 있다고 생각해서 문을 계속 두드렸는데 경찰은 늑대가 돼지의 집을 침입하고 있었다고 생각했다.

💬 돼지와 늑대 중 누구의 입장이 더 설득력 있는지 생각해 봅시다.

● 본문 내용을 떠올려 빈칸을 채워 봅시다.

Reporter Welcome to *Animal World News*. Last Sunday, a wolf was taken to the _________ station for blowing down pigs' houses. Today, we have the third little pig and the wolf with us. Mr. Pig, could you explain what happened to you and your brothers?

Pig Yes. My brothers and I thought it was time to build our own houses, so we built houses with _________, sticks, and bricks. One day, the wolf came and completely _________ _________ my brothers' houses. He almost blew down my house, but it was made of _________, so he couldn't.

Reporter _________ are your brothers doing now?

Pig They are so shocked to lose their _________. They are resting in my house.

Reporter Thank you, Mr. Pig. Now, let's meet our second guest, the wolf. Mr. Wolf, could you tell us what happened?

Wolf This whole "Big Bad Wolf" thing is _________. The real story is about a _________ from a terrible cold and a cup of _________.

Reporter What do you mean?

Wolf Back then, I was making a birthday cake for my dear old grandmother. I _________ out of sugar. I walked down the street to ask my _________ for a cup of sugar. When I _________ on the door, it fell down. Then I called, "Little pig, are you in?" I _________ just grabbed the broken door when I felt a sneeze coming on. I sneezed a great sneeze and you know what? The whole straw house fell down. I was very _________ by what had happened. Unfortunately, the same thing happened to the second little pig's house.

Reporter Then why did you go to the third little pig's house?

Wolf I still needed that cup of sugar, so I went to the next house. The _________ little pig had built his house of bricks. I called out, "I'm sorry to _________ you, but are you in?" And do you know what he answered? "Go away. Don't bother me again!" How impolite! I thought I deserved an _________, so I kept knocking. When the police came, of course they thought I was breaking _________ this pig's house.

Reporter Do you think you were _________?

Wolf Yes. The news reporters of the town thought a sick wolf _________ to borrow a cup of sugar didn't sound very exciting. So, they made me the "Big Bad Wolf." Could you maybe lend me a cup of sugar?

Reporter Thank you for your _________. Everyone, which do you think is the true story, the pig's or the wolf's?

정답 I police, straw, blew, down, bricks, How, houses, wrong, sneeze, sugar, ran, neighbor, knocked, had, surprised, third, trouble, apology, into, framed, going, time

Word Builder

A 의미에 맞게 철자를 넣은 후, 각 색의 철자를 이용하여 문장을 완성해 봅시다.

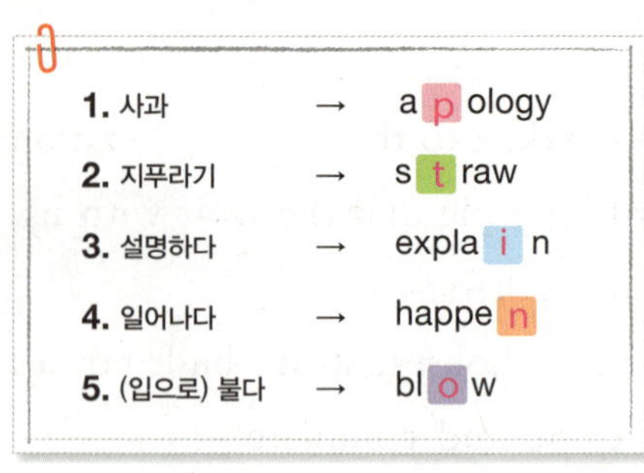

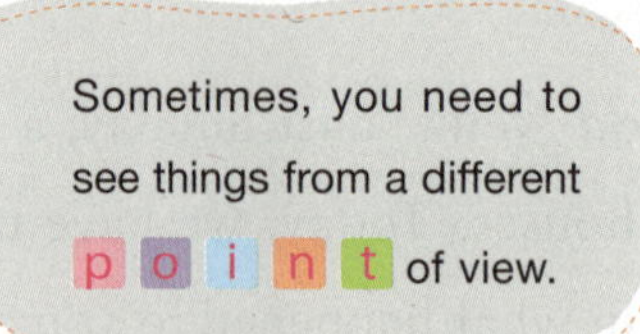

단어·숙어 point of view 관점

해석 때때로, 여러분은 다른 관점에서 사물을 볼 필요가 있다.

풀이
1 apology 사과　　2 straw 지푸라기　　3 explain 설명하다
4 happen 일어나다　　5 blow (입으로) 불다

B 그림에 맞게 빈칸에 알맞은 표현을 단어 상자에서 골라 쓰고, 그 뜻을 써 봅시다.

1.
<u>grab</u> a pen

뜻: 펜을 잡다

2.

<u>run out of</u> food

뜻: 음식이 다 떨어지다

3.

<u>break into</u> a house

뜻: 집에 침입하다

> grab　break into　run out of

단어·숙어
grab ⑧ 잡다
run out of …이 다 떨어지다
break into 침입하다

풀이
1 '펜을 잡다'라는 뜻의 표현은 grab a pen이다.
2 '음식이 다 떨어지다'라는 뜻의 표현은 run out of food이다.
3 '집에 침입하다'라는 뜻의 표현은 break into a house이다.

C 빈칸에 알맞은 말을 단어 구름에서 골라 써 봅시다.

1. If you catch a cold, you <u>sneeze</u> often.
2. Don't <u>bother</u> your friends when they are studying.
3. I can <u>lend</u> you my book if you want to borrow it.
4. Some people think it is <u>impolite</u> to ask someone's age.

단어·숙어
catch a cold 감기에 걸리다
sneeze ⑧ 재채기하다
bother ⑧ 괴롭히다
lend ⑧ 빌려주다
impolite ⑧ 무례한, 실례되는

해석
1 감기에 걸리면 자주 재채기를 한다.
2 친구들이 공부하고 있을 때 그들을 괴롭히지 마라.
3 네가 내 책을 빌리기를 원한다면 나는 네게 그것을 빌려줄 수 있다.
4 어떤 사람들은 남의 나이를 묻는 것은 실례라고 생각한다.

풀이
1 감기에 걸리면 자주 재채기하므로 '재채기하다'라는 의미의 sneeze가 알맞다.
2 공부할 때는 괴롭히지 않아야 하므로 '괴롭히다'라는 의미의 bother가 알맞다.
3 내 책을 빌리고 싶다면 빌려줄 수 있다는 의미가 되도록 '빌려주다'라는 의미의 lend가 알맞다.
4 남의 나이를 묻는 것은 실례라고 생각할 수 있으므로 '무례한, 실례되는'이라는 의미의 impolite가 알맞다.

Word Check 

A 다음 영어 표현은 우리말로, 우리말은 영어로 쓰시오.

1. blow down _______________________
2. straw _______________________
3. brick _______________________
4. sneeze _______________________
5. unfortunately _______________________

6. 잡다 _______________________
7. 괴롭히다 _______________________
8. 무례한 _______________________
9. … 받을 자격이 있다 _______________________
10. 사과 _______________________

B 다음 빈칸에 주어진 단어를 활용하여 문장을 완성하시오.

1. The man says he was _______________________. (frame)
2. It looks like somebody _______________________ into the house. (break)
3. You'd better hurry because you're _______________________ out of time. (run)

C 다음 빈칸에 알맞은 단어를 보기 에서 골라 쓰시오.

> 보기
> frightening   compare   trouble   match   straw

1. I will wear a _______________________ hat while working on the farm.
2. Sorry to _______________________ you, but can I ask a question?
3. It is fun to _______________________ the book with the movie.
4. We're playing an important _______________________ this Sunday.
5. The noise was very _______________________.

Language in Use

had (built) ...

A **Look and Write** 다음 그림을 보고, 주어진 단어를 활용하여 민준이의 일기를 완성해 봅시다.

Date. July 3rd, 20XX　　　　Today's Weather.

When I woke up, my sister had already <u>got/gotten</u> in the bathroom.
When I arrived at the bus stop, the bus <u>had</u> already <u>left</u>.
When I entered the classroom, the class <u>had</u> already <u>started</u>.
It was a terrible day!

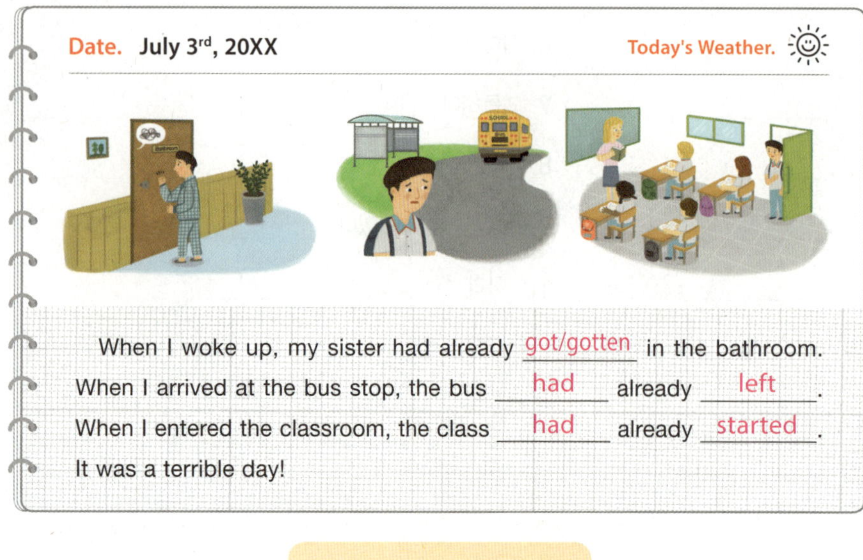

get　leave　start

[단어 숙어]
wake up 일어나다
bus stop 버스 정류장
class [명] 반, 수업

[해석]
내가 일어났을 때, 나의 여동생은 이미 화장실에 들어가 있었다. 내가 버스 정류장에 도착했을 때, 버스는 이미 떠났다. 내가 교실에 들어갔을 때, 수업은 이미 시작했다. 끔찍한 하루였다!

[풀이] 과거 완료 시제는 'had+p.p.' 형태로 쓴다. 일어났을 때보다 여동생이 화장실에 들어간 것이 먼저 일어난 일이므로 had got/gotten이, 버스 정류장에 도착한 것보다 버스가 떠난 것이 먼저이므로 had left가, 교실에 들어간 것보다 수업 시작이 먼저이므로 had started가 되어야 한다.

Form 1　▶ 과거 완료 시제

과거 완료 시제는 과거보다 이전의 동작이나 상태를 나타낼 때 사용한다.

- **형태:** had+(not)+과거 분사(been/seen/lived ...)
  [e.g.] Sujin **had gone** out when I arrived at the classroom.
  (내가 교실에 도착했을 때 수진이는 이미 가고 없었다.)
  I lost my cell phone I **had bought** the day before yesterday.
  (나는 그저께 샀던 휴대 전화를 잃어버렸다.)
  My sister sent me a bag that she **had bought** in Taiwan.
  (내 여동생이 대만에서 산 가방을 나에게 보냈다.)
- **의미:** '…했었다', '이미 …해 버렸다'
- **쓰임:** 과거 완료 시제는 특정 과거 시점보다 더 이전의 과거 시점을 나타내는데, 과거에 일어난 사건의 선후 관계를 명확하게 하기 위해 사용되는 경우가 많다.
- **기타:** when, after, before와 같이 시간을 나타내는 말들과 함께 쓰이는 경우가 많다.
  [e.g.] When I saw her, I realized she **had had** a haircut.
  (내가 그녀를 봤을 때, 나는 그녀가 머리를 잘랐다는 것을 알았다.)
  The train **had** just **left** when we arrived at the station. (우리가 역에 도착했을 때 기차는 막 떠났다.)

교과서 p.71

(sorry/glad) to ...

B **Think and Say** 상자에서 어울리는 말을 골라 다음과 같이 말해 봅시다.

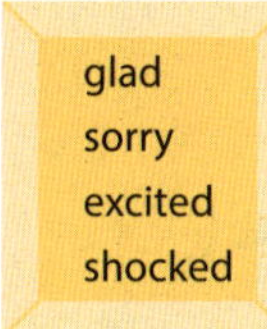

I My friend	am is was	glad sorry excited shocked	to get a good grade. to hear the bad news. to lose the soccer game. to see the special lunch menu.

e.g. I am excited to get a good grade.
나는 좋은 성적을 받아서 신난다.

단어·숙어
excited [형] 신이 난
shocked [형] 충격을 받은
grade [명] 성적

예시 정답
- I was sorry to hear the bad news. 나는 그 나쁜 소식을 들어 유감이었다.
- My friend is glad to see the special lunch menu. 내 친구는 점심 특별 메뉴를 봐서 기분이 좋다.
- My friend was shocked to lose the soccer game. 내 친구는 축구 경기에서 져서 충격을 받았다.

Form 2 ▶ **감정의 이유를 나타내는 to부정사**

감정을 나타내는 형용사 다음의 to부정사는 감정의 이유나 원인을 나타낸다.
- **형태:** 감정 또는 태도를 나타내는 형용사+to부정사
  [e.g.] I'm so **sorry to** hear that. (그것을 듣게 되어 매우 유감이다.)
- **의미:** '~해서 …하다'라는 뜻으로 to부정사는 감정의 이유를 나타낸다.
- **함께 자주 쓰이는 형용사:** disappointed, glad, sad, happy, anxious, pleased, surprised, proud, shocked, sorry, unhappy 등
  [e.g.] Ms. Parker was **glad to** hear that news. (Parker 씨는 그 소식을 들어서 기뻤다.)
  Minjun was **surprised to** see me. (민준이는 나를 보고 놀랐다.)
  My father wasn't **shocked to** hear the news. (우리 아빠는 그 소식을 듣고 충격을 받지 않았다.)
  Was she **excited to** meet her old friend? (그녀는 그녀의 오래된 친구를 만나서 기분이 좋았니?)
  I'm **disappointed to** see you make the same mistake again.
  (나는 당신이 똑같은 실수를 또 저지르는 것을 보니 실망스럽다.)

Self-check

	😊	😟
• I can use 'had (built) ... .'	☐	☐
• I can use '(sorry/glad) to ... .'	☐	☐

Grammar Builder A

교과서 p.158

Point 1 had (built) ...

A 설명을 읽고, 시간 흐름에 맞게 문장을 완성해 봅시다.

- 형태: had (not) (been/seen/lived ...)
- 의미: 과거보다 이전의 동작이나 상태를 나타낸다.

I forgot to bring the letter that I had written to Minsu.

과거 이전 → 과거 → 현재

I wrote the letter. / I forgot to bring it.

1. 과거 이전 → 과거 → 현재

I washed the floor. / The floor was clean.

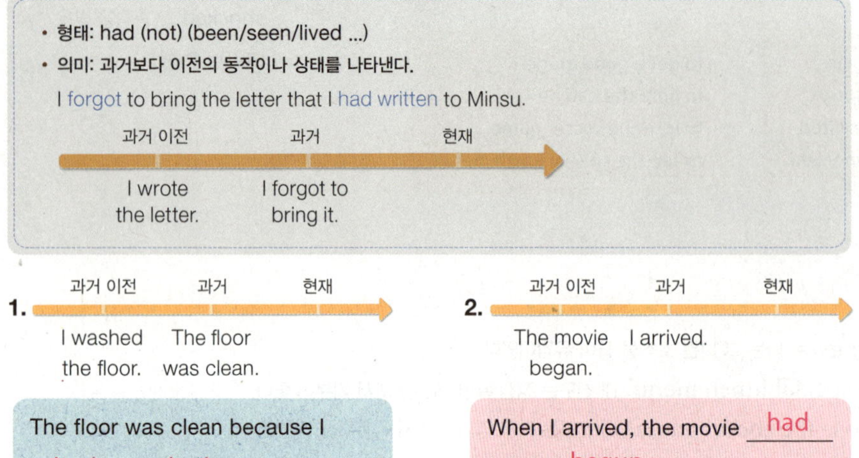

The floor was clean because I had washed it.

2. 과거 이전 → 과거 → 현재

The movie began. / I arrived.

When I arrived, the movie had already begun.

풀이
1 바닥을 닦은 것이 바닥이 깨끗한 것보다 더 이전의 시점이므로 과거 완료 형태인 had washed라고 써야 한다.
2 영화가 시작한 것이 도착한 것보다 더 이전의 시점이므로 과거 완료 형태인 had begun이라고 써야 한다.

단어 숙어
wash [동] 씻다, 닦다
floor [명] 바닥

해석
- 나는 민수에게 썼던 편지를 가져오는 것을 잊어버렸다.

1 내가 바닥을 닦았기 때문에 바닥이 깨끗했다.
2 내가 도착했을 때, 영화는 이미 시작했다.

Point 2 (sorry/glad) to ...

B 설명을 읽고, 빈칸에 알맞은 말을 넣어 문장을 완성해 봅시다.

- 형태: 형용사 + to + 동사원형
- 의미: '~해서 …하다'라는 뜻으로, 주로 to 다음에는 앞에 나온 감정의 이유를 나타내는 말이 온다.

My class was happy to sing the song.
We were sorry to hear your bad news.

1. We are so lucky because we have her as our teacher.
→ We are so lucky to have her as our teacher.

2. I am happy because I am your friend.
→ I am happy to be your friend.

3. Eunji was surprised because she saw Tom in class.
→ Eunji was surprised to see Tom in class.

풀이 '형용사+to+동사원형' 형태로 to 다음에는 주로 앞에 나온 감정의 이유나 원인을 나타내며, to부정사의 부사적 용법으로 쓰인다. '형용사+to'가 제시되어 있으므로 각각 동사원형인 have, be, see를 써야 한다.

단어 숙어
lucky [형] 행운인, 운이 좋은
surprised [형] 놀란

해석
- 우리 반은 노래를 불러서 행복했다.
- 우리는 너의 나쁜 소식을 듣고 유감스러웠다.

1 우리는 그녀가 우리 선생님으로 함께할 수 있어서 정말 운이 좋다.
2 나는 네 친구여서 행복하다.
3 은지는 수업 중에 Tom을 보고 놀랐다.

Grammar Builder B

Point 1   had (built) ...

A 괄호 안의 단어를 활용하여 일기를 완성해 봅시다.

June 13ᵗʰ, 20XX

Today, Sarah and I danced in a contest. We danced to a K-pop song. We <u>had practiced</u> (practice) for 6 months before we danced in the contest. When we arrived, people <u>had set</u> (set) up the stage already. We were a little worried, but we did a good job because we <u>had prepared</u> (prepare) a lot. And, we won! We were the best dancers in the contest. It was a great day!

풀이 첫 번째 빈칸은 대회에서 춤을 춘 것보다 연습을 한 것이 더 이전이므로 과거 완료 형태인 had practiced가 알맞다.

두 번째 빈칸은 도착한 것보다 무대를 설치한 것이 더 이전이므로 과거 완료 형태인 had set이 알맞다.

세 번째 빈칸은 춤을 잘 춘 것보다 준비한 것이 더 이전이므로 과거 완료 형태인 had prepared가 알맞다.

단어 숙어
contest [명] 대회
practice [동] 연습하다
set up 준비하다, 설치하다
stage [명] 무대
do a good job 잘하다

해석
오늘 Sarah와 나는 경연 대회에서 춤을 췄다. 우리는 K-pop 노래에 맞춰 춤을 추었다. 우리는 대회에서 춤추기 전에 6개월 동안 연습했다. 우리가 도착했을 때, 사람들은 이미 무대를 설치해 두었다. 우리는 조금 걱정이 되었지만, 준비를 많이 했기 때문에 잘 해냈다. 그리고 우리가 우승했다! 우리는 그 대회에서 최고의 댄서로 뽑혔다. 정말 멋진 날이었다!

Point 2   (sorry/glad) to ...

B 그림에 맞게 주어진 단어와 표현을 사용하여 문장을 완성해 봅시다.

proud / be on the school soccer team

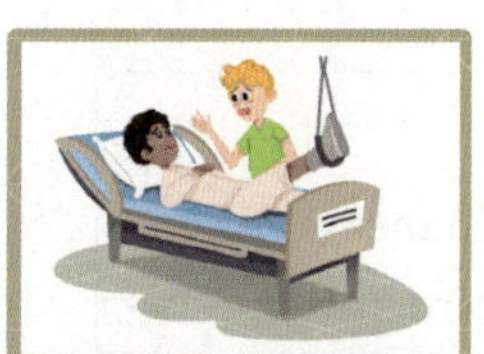
sad / see his friend in the hospital

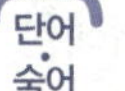

excited / win first prize in the taekwondo contest

1. Minsu is <u>proud to be on the school soccer team</u>.
2. Michael is <u>sad to see his friend in the hospital</u>.
3. Sujin is <u>excited to win first prize in the taekwondo contest</u>.

풀이 주어와 동사 다음에 감정을 나타내는 형용사를 먼저 쓰고, 이에 대한 이유로 'to+동사원형' 형태의 to부정사를 사용해서 문장을 써 본다.

단어 숙어
proud [형] 자랑스러운
win first prize 1등상을 타다
prize [명] 상

해석
1 민수는 학교 축구팀에 있는 것을 자랑스러워한다.
2 Michael은 병원에 입원해 있는 친구를 보게 되어 슬프다.
3 수진이는 태권도 대회에서 1등을 해서 신난다.

Grammar Check 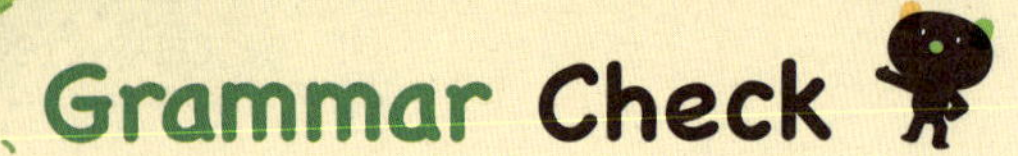

A 다음 괄호 안에서 알맞은 말을 고르시오.

1. When I got home, everybody (did / had) already left.

2. I forgot to bring a gift that I (did / had) bought for her.

3. I was very tired because I (didn't / hadn't) slept well.

4. When I saw her, I realized she (had / had had) a haircut.

B 다음 빈칸에 [보기] 의 단어를 사용하여 문장을 완성하시오.

> [보기]
> hear   bother   go   have

1. I am so sorry to ___________ you.

2. We're happy to ___________ you as our guest.

3. Are you all excited to ___________ on a field trip?

4. My family was proud to ___________ that I won first prize.

C 다음 빈칸에 주어진 단어를 바르게 배열하여 문장을 완성하시오.

1. (had, happened)

   → I was surprised by what ________________ to Jack.

2. (had, I, bought)

   → Did you bring the ticket that ________________ for you?

3. (left, had, already)

   → When I got to the station, the train ________________.

4. (cleaned, it, had, Eunji)

   → The classroom was clean because ________________.

D 다음 글에서 어법상 어색한 부분을 두 군데 찾아 고쳐 쓰시오.

> Dear Brian,
>
>   We're sorry to informing you that you didn't get a chance to enter our school. We hope you are not disappointed to heard this news. Thank you for your interest in our school.
>
> Best regards,
> VICTORY High School

(1) ______________ → ______________

(2) ______________ → ______________

Ready 늑대의 주장을 읽고, 자신의 의견을 정한 후 이를 뒷받침할 증거를 써 봅시다.

The wolf says, "I blew down the first and the second pigs' houses because of a sneeze from a terrible cold."

EVIDENCE

going to a hospital

complaining about the pigs

Opinion	True [ ]	False [ ]
Evidence	• **Who** His friend • **What** He had seen the wolf going to a hospital that day.	• **Who** His neighbor • **What** She had heard the wolf complaining about the pigs many times.

단어·숙어
evidence [명] 증거
complain [동] 불평하다
neighbor [명] 이웃

해석
늑대는 "제가 지독한 감기로 인한 재채기 때문에 첫째 돼지와 둘째 돼지의 집을 바람을 불어 넘어뜨렸습니다."라고 말한다.

활동 방법 늑대의 주장을 읽고, 자신의 의견을 정한 후 이를 뒷받침할 증거를 주어진 표현을 사용하여 써 본다.

Write 위의 내용을 바탕으로 재판에서 배심원에게 낭독할 글을 완성해 봅시다.

단어·숙어
wise [형] 현명한
decision [명] 결정

What the wolf said is true/false.

The wolf said he had blown down the first and the second pigs' houses because of a sneeze from a terrible cold. I think what he said is true/false. His friend/neighbor said that he had seen/she had heard the wolf going to a hospital that day/complaining about the pigs many times. I would be glad to hear your wise decision. Thank you.

활동 방법 위의 내용을 바탕으로 늑대의 재판에서 늑대의 유무죄에 대해 배심원에게 낭독할 글을 완성해 본다.

해석
늑대가 말한 것은 진실/거짓입니다.
늑대는 그가 지독한 감기로 인한 재채기 때문에 첫째 돼지와 둘째 돼지의 집을 바람을 불어 넘어뜨렸다고 말했어요. 제 생각에 늑대가 말한 것은 진실/거짓입니다. 그의 친구/이웃은 늑대가 그날 병원에 가는 것을 보았다고/돼지들에 대해 여러 번 불평하는 것을 들었다고 말했습니다. 여러분의 현명한 결정을 들으면 기쁠 것 같군요. 감사합니다.

Present 위의 두 입장 발표를 듣고, 배심원이 되어 늑대의 유무죄를 판결해 봅시다.

Peer Review

	🙂	🙁
• 주장을 뒷받침할 수 있는 증거를 포함한 낭독문을 완성하였나요?	[ ]	[ ]
• 'had (seen)'과 'glad to ...' 표현을 이해하고 잘 사용하였나요?	[ ]	[ ]

1 대화를 듣고, 소년이 생각하는 거북이가 해야 할 행동을 골라 봅시다. 🎧

2 다음 그림을 보고, 알맞은 표현을 골라 짝과 대화해 봅시다.

A: How do you like the book?
B: I ☑ like ☐ don't like it.
It's ☑ fun ☐ boring .

5 다음 그림을 보고, 주어진 단어를 활용하여 문장을 완성해 봅시다.

Minsu couldn't ride his bike because his sister ___had___ already ___taken___ it. (take)

your own

6 동화 속 등장인물들의 상황을 떠올리면서 다음과 같이 말해 봅시다.

happy   sad   excited

e.g.
Cinderella was happy to go to the party.

[3-4] 다음 글을 읽고, 물음에 답해 봅시다.

Wolf This whole "Big Bad Wolf" thing is wrong. The real story is about a sneeze from a terrible cold and a cup of sugar.

Reporter What do you mean?

Wolf I walked down the street to ask my neighbor for a cup of sugar. When I knocked on the door, it fell down. I had just grabbed the broken door when I felt a sneeze coming on. I sneezed a great sneeze and you know what? The whole straw house fell down.

3 다음 질문에 대한 늑대의 대답을 써 봅시다.

Q: What is the real story about?
A: It's about ___a sneeze from a terrible cold and a cup of sugar___ .

4 윗글을 읽고, 다음 문장을 사건이 일어난 순서대로 배열해 봅시다.

a. The whole house fell down.
b. The wolf sneezed a great sneeze.
c. The wolf walked to the pig's house.
d. The wolf grabbed the broken door.

c → d → b → a

My Score / 6 | 4-6 🙂 | 2-3 😐 | 0-1 😖

1

Script B: Do you know the story *The Rabbit and the Turtle*?
G: Of course, I do.
B: I think the turtle in the story is mean.
G: Why do you think so?
B: The turtle sees the rabbit sleeping but doesn't wake him up. It is not fair.
G: I don't see it that way. Why should the turtle be responsible for the rabbit? I don't think he should be.
B: That's interesting.

해석 B: 너는 '토끼와 거북' 이야기를 아니?
G: 물론 알지.
B: 난 그 이야기 속의 거북이가 못됐다고 생각해.
G: 왜 그렇게 생각해?
B: 거북이는 토끼가 자고 있는 것을 보면서도 토끼를 깨우지 않잖아. 그건 공정하지 않아.
G: 나는 그렇게 생각하지 않아. 왜 거북이가 토끼에 대해 책임져야 하지? 나는 거북이가 그래야 한다고 생각하지 않아.
B: 그거 흥미롭다.

풀이 소년은 거북이가 자고 있는 토끼를 깨워야 한다고 생각하고 있다.

단어 숙어 fair [형] 공정한, 공평한
responsible [형] 책임감이 있는

2

해석 A: 그 책 어때?
B: 좋아. 재미있어.

풀이 소녀는 책을 재미있게 읽고 있으므로 상황에 어울리는 표현을 골라 대화를 완성한다.

단어 숙어 fun [형] 재미있는
boring [형] 지루한

3-4

해석 Wolf: 이 모든 '덩치 크고 못된 늑대' 사건은 잘못된 거예요. 진짜 이야기는 지독한 감기로 인한 재채기와 설탕 한 컵에 관한 거예요.
Reporter: 무슨 말씀인가요?
Wolf: 저는 이웃에게 설탕 한 컵을 달라고 부탁하기 위해 길을 걸어갔어요. 제가 이웃집 문을 두드렸을 때, 문이 떨어졌어요. 제가 부서진 문을 막 움켜잡았을 때 재채기가 나오는 것을 느꼈어요. 저는 재채기를 아주 크게 했고, 그거 알아요? 짚으로 만든 집 전체가 무너졌어요.

단어 숙어 sneeze [명] 재채기 grab [동] 잡다
straw [명] 지푸라기, 짚

3

풀이 첫 번째 늑대의 말에서 진짜 이야기는 '지독한 감기로 인한 재채기와 설탕 한 컵'에 관한 것이라고 주장하고 있다.

4

해석 a. 집 전체가 무너졌다.
b. 늑대가 매우 크게 재채기했다.
c. 늑대가 돼지의 집으로 걸어갔다.
d. 늑대가 부서진 문을 잡았다.

풀이 c. 늑대가 설탕 한 컵을 구하러 돼지의 집으로 걸어갔고, d. 부서진 문을 잡은 후에 b. 매우 크게 재채기를 해서 a. 집 전체가 무너졌다라는 순서로 배열한다.

5

해석 민수는 여동생이 이미 자전거를 가지고 갔기 때문에 자전거를 탈 수 없었다.

풀이 민수가 자전거를 탈 수 없었던 시점보다 여동생이 자전거를 가지고 간 시점이 더 이전이다. 따라서 과거 완료 형태인 had taken을 써야 한다.

단어 숙어 ride a bike 자전거를 타다
take [동] 가지고 가다

6

해석 신데렐라는 파티에 가게 되어 행복했다.

풀이 동화 속 등장인물들의 감정을 나타내는 형용사와 그 이유를 나타내는 to부정사를 사용하여 문장을 완성한다.

예시 답안 Simcheong was sad to leave her father.
심청은 아버지와 헤어져서 슬펐다.
Heungbu was excited to make a lot of money.
흥부는 많은 돈을 벌어서 흥분했다.

단어 숙어 go to the party 파티에 가다

Culture & Life

Similar but Different Stories

Find out 신데렐라를 소재로 한 이야기가 원작과 어떻게 다른지 알아봅시다.

Cinder Edna

This story has Cinder Edna who is a neighbor of the famous Cinderella. Both of them work all day for their stepmothers and stepsisters. But while Cinderella is saved by a fairy, Edna saves herself. She makes money and gets herself a nice dress. Then she goes to the party by bus. Cinder Edna meets Prince Rupert and falls in love with him. They live happily ever after in a small house outside of the palace.

Prince Cinders

This story has a quiet and skinny teenage boy as Prince Cinders. His only wish is to be like his big hairy brothers. One evening a fairy comes and tries to help him, but she changes him into a huge monkey. Prince Cinders meets the princess, but he frightens her because he looks like a monkey. Fortunately, when he changes back to a boy at midnight, the princess thinks he has saved her from the monkey. Prince Cinders and the princess live happily ever after.

단어·숙어

stepmother ⑲ 의붓어머니, 계모
stepsister ⑲ 이복 자매
fairy ⑲ 요정
palace ⑲ 궁전
skinny ⑲ 깡마른, 비쩍 마른
hairy ⑲ 털이 많은
huge ⑲ 거대한

표현

- But **while** Cinderella **is saved by** a fairy, Edna saves herself.: while은 대조를 나타내는 접속사로 '…하는 반면에'라는 의미이고, is saved by는 수동태로 '…에 의해 구해지다'라는 의미이다.
- They **live happily ever after** in a small house outside of the palace.: live happily ever after는 '행복하게 오래오래 살다'라는 의미이다.
- His only wish is **to be** like his big hairy brothers.: to be는 to부정사의 명사적 용법 중 보어 역할이다.

Try out 모둠별로 원작과 다른 동화를 더 조사하여 발표해 봅시다. **group**

e.g. *Cinderella's Rat* is another retelling of the Cinderella story. This story is written from the point of view of the rat that was turned into a man by the fairy.

해석 **Find out**

Cinder Edna

이 이야기에는 유명한 신데렐라의 이웃인 Cinder Edna가 있다. 두 사람 모두 계모와 이복 자매들을 위해 하루 종일 일한다. 하지만 신데렐라는 요정에 의해 구해지는 반면, Edna는 자신을 구한다. 그녀는 돈을 벌고 멋진 드레스를 사 입는다. 그러고 나서 그녀는 버스를 타고 파티에 간다. Cinder Edna는 Rupert 왕자를 만나서 그와 사랑에 빠진다. 그들은 궁전 밖의 작은 집에서 오래도록 행복하게 산다.

Prince Cinders

이 이야기에는 조용하고 깡마른 10대 소년인 Cinders 왕자가 있다. 그의 유일한 소원은 덩치 크고 털이 많은 그의 형제들처럼 되는 것이다. 어느 날 저녁, 요정이 와서 그를 도우려 하지만, 그녀는 그를 거대한 원숭이로 바꿔 버린다. Cinders 왕자는 공주를 만나지만, 그는 원숭이처럼 보이기 때문에 공주를 겁먹게 한다. 다행히도, 그가 자정에 소년의 모습으로 돌아가자 공주는 그가 원숭이로부터 그녀를 구해 냈다고 생각한다. Cinders 왕자와 공주는 오래도록 행복하게 산다.

Try out

'신데렐라의 쥐'는 신데렐라 이야기의 또 다른 개작된 이야기이다. 이 이야기는 요정에 의해 사람으로 바뀐 쥐의 관점에서 쓰여졌다.

Culture & Life Project

Ready 모둠별로 새롭게 바꿔 보고 싶은 동화를 하나 고른 후, 이야기를 재구성해 봅시다. group

e.g.

Setting
In the sea

Title
The Rabbit and the Turtle: In the Sea

Characters
The rabbit,
The turtle

Plot
The rabbit and the turtle have a swimming race in the sea. The turtle wins the race.

Lesson
Everybody has a talent.

Create 위의 내용을 바탕으로 이야기를 다시 쓰고, 그림책으로 만들어 봅시다. group

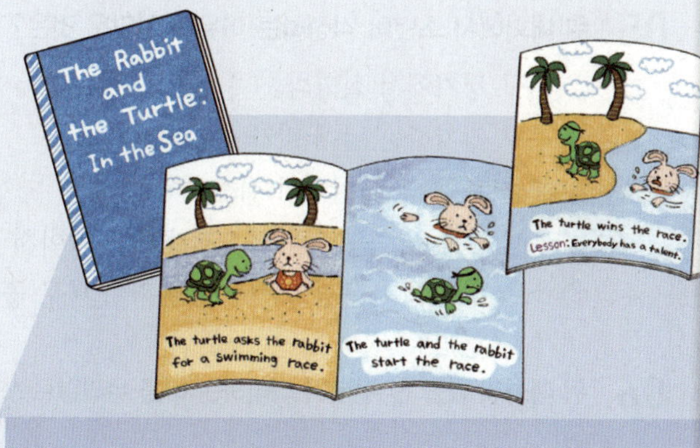

Share 다른 모둠의 그림책을 읽어 보고, 가장 마음에 드는 이야기가 무엇인지 대화해 봅시다.

e.g.
A: I think *The Rabbit and the Turtle: In the Sea* is the best.
B: Why do you think so?
A: It has an interesting lesson.

MEMO

Ready

활동 방법　모둠별로 새롭게 바꿔 보고 싶은 동화를 하나 고른 후, 이야기를 재구성해 본다.

단어·숙어
setting 명 배경
plot 명 줄거리, 구성
race 명 경주
lesson 명 교훈
talent 명 재능, 재주

Create

활동 방법　재구성한 내용을 바탕으로 이야기를 다시 쓰고, 그림책으로 만들어 본다.

해석
토끼와 거북: 바다에서
거북이는 토끼에게 수영 시합을 하자고 제안한다. 거북이와 토끼는 경주를 시작한다. 거북이가 경주에서 이긴다.
교훈: 누구나 재주가 있다.

Share

활동 방법　다른 모둠의 그림책을 읽어 보고, 가장 마음에 드는 이야기가 무엇인지 대화해 본다.

해석
A: 나는 '토끼와 거북: 바다에서'가 최고라고 생각해.
B: 왜 그렇게 생각해?
A: 흥미로운 교훈을 가지고 있잖아.

[01-02] 다음 대화를 듣고, 물음에 답하시오.

01 Andrew가 언급한 물건으로 가장 적절한 것을 고르시오.

① 화분 ② 꽃병 ③ 신발
④ 필통 ⑤ 그릇

02 빈칸에 알맞은 말이 바르게 짝 지어진 것을 고르시오.

> **Q** What does the girl think of Andrew's item for the school market?
>
> **A** She thinks it's _________. She likes the _________ on it.

① pretty – shapes ② pretty – letters
③ pretty – colors ④ unique – shapes
⑤ unique – letters

03 대화를 듣고, 유라의 일기에 들어갈 알맞은 말이 바르게 짝 지어진 것을 고르시오.

> Taeho's been late for school for _________ days in a row. So I thought he was lazy. But today I learned that he takes his sister to _________ every day.

① three – school ② three – kindergarten
③ four – school ④ four – kindergarten
⑤ five – school

04 다음 짝 지어진 대화 중 자연스럽지 **않은** 것은?

① **A** How do you like the story?
  B I like it. It is fun.
② **A** Which did you like better, the book or the movie?
  B I liked the book better.
③ **A** How do you like the shoes?
  B I like them. They're too small.
④ **A** I think Simcheong is a good character.
  B Why do you think so?
⑤ **A** Why did you like the movie better?
  B It was easier to understand the story.

[05-06] 다음 대화를 읽고, 물음에 답하시오.

> **W** You look worried, Juwon.
> **B** I think we will lose the soccer game tomorrow, Ms. Kim.
> **W** Why do you think so?
> **B** We will have a match against Class 3. They have the strongest players in the school.
> **W** Look on the bright side. They might have strong players, but your class has the best teamwork.
> **B** You're right. I didn't think about it <u>that way</u>. I'll go and practice!

05 위 대화에서 소년이 걱정하는 이유로 알맞은 것은?

① 축구 경기에서 질까봐
② 축구 경기하는 날에 비가 올까봐
③ 오늘 축구 연습 일정이 취소되어서
④ 소년이 속한 축구팀의 팀워크가 좋지 않아서
⑤ 소년이 속한 축구팀의 선수들 실력이 너무 좋아서

06 위 대화의 밑줄 친 부분이 의미하는 바를 우리말로 쓰시오.

→ _______________________________________

07 다음 대화의 빈칸에 알맞은 것은?

> **A** I think it is the greatest piece of art of the 20th century.
> **B** _______________________________________
> **A** It is a perfect example of a different point of view.

① How do you like it? ② What do you think?
③ What's the matter? ④ Why do you think so?
⑤ Have you heard of it?

08 다음 말에 이어질 대화의 순서를 바르게 배열하시오.

> **What do you think about Robin Hood?**
> (A) It's because he steals from others.
> (B) Why don't you think so?
> (C) I don't think he is a good character.

(   ) – (   ) – (   )

09 다음 빈칸에 알맞지 <u>않은</u> 것은?

> I think the wolf is __________.

① weak ② strong ③ mean
④ scared ⑤ frighten

10 다음 빈칸에 알맞은 말이 바르게 짝 지어진 것은?

> The robbers ran out __________ money, so they broke __________ a bank.

① of – up ② of – into ③ with – up
④ with – at ⑤ with – into

11 다음 단어의 영영 풀이로 바르지 <u>않은</u> 것은?

① impolite: rude
② trouble: to disturb or bother someone
③ brick: the dry stems of some plants
④ explain: to make something clear or easy to understand
⑤ apology: a statement saying that you are sorry about something

12 다음 빈칸에 알맞은 것은?

> Mina knew the story because she __________ the book.

① read ② reads ③ was read
④ had read ⑤ has read

13 다음 밑줄 친 ①~⑤ 중 어법상 <u>어색한</u> 것은?

> **A** Why did you miss the bus?
> **B** ①When I ②got to the bus stop, the bus ③did ④already ⑤left.

14 다음 중 어법상 <u>어색한</u> 문장은?

① My class was happy to sing the song.
② We were sorry to hear your bad news.
③ We are so lucky to have her as our leader.
④ I am happy to be your friend.
⑤ Kevin was surprised to seeing Tom in class.

15 다음 문장의 의미로 알맞은 것은?

> I am excited to get a good grade.

① I am excited and I got a good grade.
② I will be excited if I get a good grade.
③ I am excited so I will get a good grade.
④ I am excited because I got a good grade.
⑤ I didn't get a good grade but I am excited.

[16-17] 다음 글을 읽고, 물음에 답하시오.

> **Reporter** Welcome to *Animal World News*. Last Sunday, a wolf was taken to the police station for blowing down pigs' houses. Today, we have the third little pig and the wolf with us. Mr. Pig, could you explain what happened to you and your brothers?
>
> **Pig** Yes. My brothers and I thought it was time to build our own houses, so we built houses with straw, sticks, and bricks. One day, the wolf came and completely blew down my brothers' houses. He almost blew down my house, but it was made of bricks, so he couldn't.
>
> **Reporter** How are your brothers doing now?
>
> **Pig** They are so shocked to lose their houses. They are resting in my house.

16 윗글의 종류로 알맞은 것은?

① letter ② speech ③ novel
④ diary ⑤ news script

17 윗글의 내용과 일치하지 <u>않는</u> 것은?

① The wolf was taken to the police station last Sunday.
② The wolf blew down the pigs' houses.
③ The reporter will interview the third little pig and the wolf.
④ The pigs thought it was time to build their own houses.
⑤ The wolf blew down all three houses of the pigs.

[18-20] 다음 글을 읽고, 물음에 답하시오.

Reporter Thank you, Mr. Pig. Now, let's meet our second guest, the wolf. Mr. Wolf, could you tell us what happened?

Wolf This whole "Big Bad Wolf" thing is wrong. The real story is about a sneeze from a terrible cold and a cup ____@____ sugar.

Reporter What do you mean?

Wolf Back then, I was making a birthday cake for my dear old grandmother. I ran out ____ⓑ____ sugar. I walked down the street to ask my neighbor for a cup of sugar. When I knocked on the door, it fell down. Then I called, "Little pig, are you in?" I had just grabbed the broken door when I felt a sneeze coming on. I sneezed a great sneeze and you know what? The whole straw house fell down. I was very surprised by what had happened. Unfortunately, ⓒthe same thing happened to the second little pig's house.

18 윗글의 빈칸 @와 ⓑ에 공통으로 알맞은 것은?

① at   ② of   ③ to
④ in   ⑤ with

19 윗글의 밑줄 친 ⓒ가 의미하는 바를 우리말로 쓰시오.

→ _______________________________________

20 윗글의 늑대의 말을 요약한 문장으로 알맞은 것은?

① The wolf says he ran out of sugar.
② The wolf says he had a terrible cold.
③ The wolf says the pig built his house with straw.
④ The wolf says he made a cake for his grandmother.
⑤ The wolf says the whole "Big Bad Wolf" thing is wrong.

[21-23] 다음 글을 읽고, 물음에 답하시오.

Reporter Then why did you go to the third little pig's house?

Wolf (①) I still needed that cup of sugar, so I went to the next house. (②) The third little pig had built his house of bricks. (③) I called out, "I'm sorry to trouble you, but are you in?" (④) "Go away. Don't bother me again!" (⑤) How impolite! I thought I deserved an apology, so I kept knocking. When the police came, of course they thought I was breaking into this pig's house.

Reporter Do you think you were _______?

Wolf Yes. The news reporters of the town thought a sick wolf going to borrow a cup of sugar didn't sound very exciting. So, they made me the "Big Bad Wolf." Could you maybe lend me a cup of sugar?

Reporter Thank you for your time. Everyone, which do you think is the true story, the pig's or the wolf's?

21 윗글의 ①~⑤ 중 주어진 문장이 들어갈 알맞은 곳은?

> And do you know what he answered?

①   ②   ③   ④   ⑤

22 윗글의 빈칸에 알맞은 것은?

① hurt   ② told
③ framed   ④ explained
⑤ broken

23 윗글의 내용과 일치하지 <u>않는</u> 것은?

① 셋째 아기 돼지는 벽돌로 집을 지었다.
② 늑대는 자신이 사과를 받을 자격이 있다고 생각했다.
③ 늑대는 셋째 아기 돼지 집의 문을 두드리지 않았다.
④ 늑대에 따르면 경찰들은 늑대가 돼지의 집에 침입하고 있는 것으로 오해했다.
⑤ 늑대에 따르면 마을의 기자들은 설탕을 빌리러 간 늑대 이야기가 흥미롭지 않다고 생각했다.

01 주어진 단어를 사용하여 특정 주제에 대해 만족스러운지를 묻는 질문을 완성하고, 그 이유를 쓰시오. (각 2점)

(1) Q: How do you ___________________________________? (the book)

    A: I like it ___________________________________.

(2) Q: How do you ___________________________________? (the movie)

    A: I like it ___________________________________.

(3) Q: How do you ___________________________________? (the food)

    A: I like it ___________________________________.

02 은희가 작성한 일정표를 보고, 예시문과 같이 문장을 완성하시오. (각 3점)

May 15	May 16	May 17
• 14:00 to write a letter to my mom (√) • 19:00 to give the letter to my mom (√)	• 11:00 to read the *Harry Potter* book (√) • 15:00 to lend Mina the book (√)	• 14:00 to watch the movie (√) • 17:00 to write about the movie (√)

e.g. Eunhee gave the letter that she had written to her mom.

(1) Eunhee lent Mina the book that she ___________________________.

(2) Eunhee wrote about the movie that she ___________________________.

03 지금까지 중학교 시절 기억에 남는 일들에 대해 생각해 보고, 예시문과 같이 쓰시오. (각 2점)

I was happy when ...	I was sad when ...	I was excited when ...	I was disappointed when ...

e.g. I was happy to win first prize on the singing contest.

(1) ___________________________________

(2) ___________________________________

(3) ___________________________________

(4) ___________________________________

Put on a Play

Focus 동물 우화를 하나 골라 새로운 결말을 가진 연극을 해 봅시다.

Think 우리가 아는 동물 우화를 고르고, 제목과 등장인물을 써 봅시다.

e.g.

Title	*Fox and Stork*
Characters	Fox, Stork

활동 방법 새로운 결말을 가진 연극을 해 보기 위해 동물 우화를 하나 고르고, 제목과 등장인물을 써 본다.

Make 위에서 고른 우화를 바탕으로 새로운 결말의 이야기 지도를 만들어 봅시다.

Story Map

단어 숙어
fox 몡 여우
stork 몡 두루미

단어 숙어
flat 혱 평평한
beak 몡 부리
pay ... back …에게 갚아 주다
trick 몡 꾀, 속임수
apologize 동 사과하다

활동 방법 위에서 고른 우화를 바탕으로 새로운 결말을 가진 이야기 지도를 만들어 본다.

해석

여우는 두루미를 저녁 식사에 초대하고 두루미에게 평평한 접시에 수프를 준다.
두루미는 긴 부리 때문에 수프를 먹을 수가 없다.
두루미는 여우를 저녁 식사에 초대하고 같은 꾀로 그에게 되갚아 준다.
우리의 새로운 결말
여우는 두루미에게 사과한다. 그들은 함께 쇼핑을 가서 서로를 위한 접시를 사 준다. 그들은 좋은 친구가 된다.
교훈
남에게 한 대로 되받게 되는 법 (자업자득)

Write 위의 내용을 바탕으로 다음과 같이 연극 대본을 작성한 후, 역할을 정하여 연습해 봅시다.

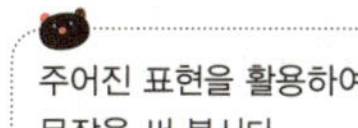

- I hope ....
- what (I) (want) ...
- It is/was ~ for (her) to ....
- You know ..., don't you?
- How do you like ... ?
- had (done/seen/been)

주어진 표현을 활용하여 문장을 써 봅시다.

⋮

Narrator	When Fox got his soup, he couldn't eat it. Fox felt sorry for Stork about what he had done to her the last time.
Fox	I apologize, Stork. I'm so sorry about the dinner last time.
Stork	I'm sorry, too, Fox. I think I was very rude today.
Fox	Will you go shopping with me? I'd like to get you something.
Stork	Sounds good. I will get you something, too.
Narrator	The next day, Fox and Stork went shopping together. They went to a store and bought dishes for each other.
Fox	How do you like my present? I hope you like it.
Stork	I love it. It goes perfectly with my long beak. Thank you so much.
Fox	I love mine, too. It will be so easy for me to eat with this flat dish. Thank you!
Stork	You know I'm a good cook, don't you? Let's have dinner together this Sunday with our new dishes. What do you say?
Fox	That sounds great! See you then.

Self-check	😊	😟
• 주어진 표현을 활용하여 연극 대본을 작성하였나요?	☐	☐
• 맡은 역할에 최선을 다하여 연습하고 준비하였나요?	☐	☐

단어·숙어
narrator [명] 해설자, 내레이터
rude [형] 무례한
go with …와 잘 어울리다
perfectly [부] 완벽하게
cook [명] 요리사

활동 방법
앞에서 만든 이야기 지도를 바탕으로 연극 대본을 작성하고, 역할을 정해 연습해 본다.

해석

해설자: 여우가 수프를 받았을 때, 그는 그것을 먹을 수 없었어요. 여우는 지난번에 그가 두루미에게 했던 일에 대해서 그녀에게 미안함을 느꼈어요.
여우: 두루미 씨, 사과드립니다. 지난번 저녁 식사 때 정말 죄송했어요.
두루미: 저도 죄송해요, 여우 씨. 제가 오늘 매우 무례했던 것 같아요.
여우: 저와 함께 쇼핑하러 가시겠어요? 제가 뭔가를 사 드리고 싶어요.
두루미: 좋아요. 저도 뭔가를 사 드릴게요.
해설자: 다음날, 여우와 두루미는 함께 쇼핑을 갔어요. 그들은 상점에 가서 서로에게 접시를 사 주었어요.
여우: 제 선물 어때요? 당신의 마음에 들기를 바라요.
두루미: 정말 마음에 들어요. 저의 긴 부리와 완벽하게 어울려요. 정말 고마워요.
여우: 제 것도 맘에 들어요. 제가 이 평평한 접시로 먹는 것은 정말 쉬울 것 같아요. 감사해요!
두루미: 제가 요리 좀 하는 거 아시죠, 그렇지 않나요? 이번 주 일요일에 새로운 접시에다 함께 저녁 먹어요. 어때요?
여우: 그거 좋은데요! 그때 봐요.

Present 모둠별로 연극을 한 뒤, 최고의 작품상을 뽑아 봅시다.

Peer Review	😊	😟
• 이야기의 새로운 결말이 흥미로우며 창의적인가요?	☐	☐
• 연기가 자연스럽고 인물의 대사와 감정이 잘 전달되었나요?	☐	☐

활동 방법
모둠별로 친구들 앞에서 연극을 한 뒤, 최고의 작품상을 뽑아 본다.

01 다음 밑줄 친 단어의 쓰임이 <u>어색한</u> 것은?

① My mother rides a <u>motorcycle</u>.

② I think people <u>complain</u> too much.

③ My sister got a <u>scholar</u> from a university.

④ He bought an <u>electronic</u> fan this summer.

⑤ You can use many <u>devices</u> such as tablets or smartphones.

02 다음 짝 지어진 단어를 함께 쓰기에 의미가 <u>어색한</u> 것은?

① invent − lion

② set up − light

③ make − difference

④ scare away − animal

⑤ come up with − idea

03 다음 단어의 영영 풀이로 바르지 <u>않은</u> 것은?

① adventure: an exciting or dangerous experience

② host: a person who is entertaining guests socially or as a job

③ utensil: a simple and useful device that is used for doing tasks in a person's home and especially in the kitchen

④ plate: a flat and usually round dish that is used for eating or serving food

⑤ elegant: feeling a strong and impatient desire to do something or for something

04 다음 빈칸에 공통으로 알맞은 것은?

> • I was ________ to start my story.
> • Students were ________ to answer the teacher's question.

① eager

② forgive

③ boastful

④ patiently

⑤ regardless

05 다음 대화의 빈칸에 알맞은 것은?

> **A** Jane, what's the matter?
> **B** ________________________

① You look upset.

② You are very kind.

③ I am reading a book.

④ I'm sorry to hear that.

⑤ I forgot to bring my textbook.

[06-07] 다음 대화를 읽고, 물음에 답하시오.

> **Henry** You look upset. What's the matter, Mina?
> **Mina** Look at these comments, Henry. A lot of people say there aren't enough fun places to see in our town.
> **Henry** That's too bad. I'm sorry that they didn't have a chance to visit the nice places here. We should do something about that.
> **Mina** Why don't we make a video that shows the famous places in our town and put it on the internet?
> **Henry** That's an excellent idea. Let's do that.
> **Mina** Sounds good. <u>I hope they enjoy their time here.</u>

06 위 대화의 밑줄 친 부분의 의도로 알맞은 것은?

① 사과   ② 감사   ③ 기원

④ 불평   ⑤ 제안

07 위 대화의 내용과 일치하지 <u>않는</u> 것은?

① Many people think there are enough nice places in the town.

② Henry believes he should do something about the problem.

③ Mina is thinking of making a video.

④ Henry likes Mina's idea.

⑤ Mina hopes people enjoy their time in the town.

08 다음 글의 빈칸에 공통으로 알맞은 것은?

Hi, my name is Malala Yousafzai. I'm from Pakistan. In my country, there were some people who believed that girls do not need to go to school. So they started to close down some girls' schools. I felt so bad. I wrote to the press about it and gave many talks. Thanks to the support from many people, _________ law was finally passed in my country. Now I have a bigger dream. I hope every child in the world can get _________.

① a job
② a book
③ a grade
④ an exercise
⑤ an education

09 다음 말에 이어질 대화의 순서를 바르게 배열한 것은?

It seems to me that you don't like the food.

(A) Why is that?
(B) We think finishing everything on the plate means that you are still hungry.
(C) No, I enjoyed the food. I usually leave some food on my plate. That's good table manners in my country, China.
(D) It is more polite to finish everything on your plate in Korea, though.
(E) Different cultures have different rules.

① (B) – (A) – (C) – (D) – (E)
② (B) – (A) – (D) – (C) – (E)
③ (B) – (C) – (D) – (A) – (E)
④ (C) – (A) – (B) – (D) – (E)
⑤ (C) – (A) – (D) – (B) – (E)

10 다음 대화의 빈칸에 알맞은 것은?

A Which do you prefer, having a meal early or late in the evening?
B _________________________________

① I don't like fish.
② Don't skip breakfast.
③ I prefer having a meal early.
④ It is too late to have a meal.
⑤ I have three meals every day.

11 다음 대화의 내용과 일치하지 <u>않는</u> 것은?

Jinho Claire, which do you prefer, fish or steak?
Claire I prefer fish, Jinho.
Jinho There is fish on the menu.
Claire That's good. Is it sushi or fried?
Jinho Both are on the menu.
Claire Then I will have sushi. It seems to me that fish tastes better when it's uncooked.
Jinho Okay. Then you get sushi and I'll get fried fish. Let's order.

① 메뉴에 생선이 있다.
② Claire는 초밥을 먹을 것이다.
③ 진호는 생선 구이를 먹을 것이다.
④ Claire는 스테이크보다 생선을 더 좋아한다.
⑤ Claire는 초밥이 생선 구이보다 더 신선하다고 생각한다.

12 다음 짝 지어진 대화 중 자연스럽지 <u>않은</u> 것은?

① **A** Are you hungry?

  B Yes. Can we order pizza for dinner?

② **A** Cooking at home is healthier than ordering food.

  B Which do you prefer, having healthy food or exercising?

③ **A** What do you do to stay healthy?

  B I exercise every day for my health.

④ **A** What time is it now?

  B It's already 8:00 p.m.

⑤ **A** Why don't we have a meal now?

  B Good idea.

13 다음 대화의 밑줄 친 ①~⑤ 중 어법상 어색한 것은?

> **A** ①<u>Happy birthday</u>, Mina!
>
> **B** ②<u>Thanks</u>.
>
> **A** ③<u>What do you want</u> for your birthday?
>
> **B** ④<u>What do I want</u> for my birthday is ⑤<u>a guitar</u>.

14 다음 빈칸에 어법상 올바른 동사의 형태끼리 짝 지어진 것은?

> - I saw some paintings __(float)__ in the air.
> - I watched rats __(run)__ out of the house.
> - I heard someone __(sing)__ in an empty room.

① floats – runs – sings

② floated – ran – sang

③ to float – to run – to sing

④ floating – running – singing

⑤ to floating – to running – to singing

15 다음 중 어법상 올바른 것을 <u>모두</u> 고르면?

> ⓐ It is easy for children to ride a bike.
> ⓑ It is necessary for people to recycling.
> ⓒ It is dangerous for you climbing a high mountain.
> ⓓ It is difficult to solve the problem.
> ⓔ It was not easy for she to listen to him.

① ⓐ, ⓓ   ② ⓑ, ⓔ

③ ⓐ, ⓓ, ⓔ   ④ ⓑ, ⓒ, ⓔ

⑤ ⓑ, ⓓ, ⓔ

16 다음 중 어법상 <u>어색한</u> 문장은?

① There is a man listening to music.

② There are two boys reading books.

③ There is a girl walking on the street.

④ There is a woman to water the plants.

⑤ There is a boy reading a book on the bench.

[17-19] 다음 글을 읽고, 물음에 답하시오.

My name is Richard Turere. I live in Kenya in the southern part of Nairobi National Park. The southern part of the park does not have a fence, so wild animals like lions move out of the park freely. They kill the animals that farmers are raising. As a result, farmers try to kill the lions because they want to protect their animals.

One morning, I woke up and saw our cow ⓐ<u>lie</u> on the ground. It was dead, and I felt so bad. At first, I thought I couldn't do anything because I was only eleven. Then I realized I shouldn't ignore ⓑ<u>the problem</u>. I really wanted to help the people in my town in the same situation.

17 윗글의 밑줄 친 ⓐ의 형태로 알맞은 것은?

① lay
② lying
③ to lie
④ is lying
⑤ have lain

18 윗글의 밑줄 친 ⓑ가 의미하는 바로 알맞은 것은?

① 아침에 늦게 일어난 것
② 글쓴이가 아직 열한 살이라는 것
③ 자신의 소에게 먹이를 주지 못한 것
④ 가축들이 사자들로부터 죽임을 당하는 것
⑤ 자신과 같은 상황에 있는 사람들을 무시한 것

19 윗글의 내용과 일치하지 <u>않는</u> 것은?

① 글쓴이의 이름은 Richard Turere이다.
② Richard는 나이로비 국립 공원의 남쪽에 산다.
③ 국립 공원의 남쪽에는 울타리가 있다.
④ 사자와 같은 야생 동물들이 가축을 죽인다.
⑤ 농부들은 그들의 가축을 보호하려고 한다.

[20-21] 다음 글을 읽고, 물음에 답하시오.

My first idea was to use fire. (①) I thought lions were afraid of it. (②) Sadly, it didn't work. (③) Instead, the fire helped the lions to better watch the cows move. (④) It was to use a scarecrow. But the lions were very clever. (⑤) The first day, they were turned away. On the second day, they jumped in and killed more animals.

One night, I was walking around the cows with a light, and the lions didn't come. I discovered ___________________________. So I came up with an idea. I decided to invent lights that move electronically. Because I like machines, I could find what I needed to make the lights. I found an old car battery, a small device from a motorcycle, a switch, and a broken electronic light.

20 윗글의 ①~⑤ 중 주어진 문장이 들어갈 알맞은 곳은?

> Then I had another idea.

①   ②   ③   ④   ⑤

21 윗글의 빈칸에 알맞은 것은?

① 불을 사용하는 것
② 허수아비를 사용하는 것
③ 전등을 만들기 위해 필요한 것
④ 사자들이 더 많은 동물들을 죽인 것
⑤ 사자들이 움직이는 불빛을 무서워한다는 것

22 다음 밑줄 친 ①~⑤ 중 의미가 잘못된 것은?

> ① Thanks to my work, I ② got a scholarship to ③ a great school in Kenya. I am really excited about this. In my new school, I am now teaching my friends ④ how to make and use the lights. I tell my friends, "Our ideas can ⑤ make a difference in people's lives!"

① 나의 작업 덕분에

② 장학금을 받았다

③ 훌륭한 학교

④ 전등을 누가 만들고 사용하는지

⑤ 변화를 주다

[23-24] 다음 글을 읽고, 물음에 답하시오.

> Spork, Chopsticks, Knork, Barehands, and ⓐ Ms. Disher are close friends in the Dining Republic. Spork, Chopsticks, Knork, and Barehands travel a lot with their families, but Ms. Disher's family does not travel much. She makes up for this by hosting a dinner for her friends ⓑ come back from their trips. She is always eager ⓒ listen to their adventures. They often talk about what they learned from their recent trips. The most recent topic was about the best way to eat and Ms. Disher's guests began to argue.

23 윗글의 밑줄 친 ⓐ Ms. Disher에 대한 설명으로 일치하지 않는 것은?

① 그녀는 몇몇의 친한 친구들이 있다.

② 그녀의 가족은 여행을 많이 하지 않는다.

③ 그녀는 그녀의 친구들에게 식사를 대접하기도 한다.

④ 그녀는 친구들의 모험 이야기를 듣는 것을 지루해한다.

⑤ 그녀의 친구들은 논쟁하기 시작했다.

24 윗글의 밑줄 친 ⓑ와 ⓒ의 어법상 올바른 형태는?

	ⓑ	ⓒ
①	came	– listened
②	coming	– listening
③	coming	– to listen
④	to come	– to listen
⑤	to come	– listening

[25-26] 다음 글을 읽고, 물음에 답하시오.

> **Spork** On a recent trip, I have found that it is best to use a spoon and fork. A spoon is best for grains and soup, and a fork is good for eating meat.
>
> **Knork** No! It is much better to use a knife and a fork instead. Don't you think it is easier for you to hold a fork in one hand and a knife in the other? What can be more elegant than using them to cut meat on a plate!
>
> **Chopsticks** Why do you use two different kinds of utensils when you can use two of the same utensil? Plus, you can use chopsticks with just one hand!
>
> **Barehands** No way! When I eat with my hands, of course I can see and smell the food, but I can also touch it. Because I use my sense of touch when I eat, I get to enjoy my food more.
>
> They raised and argued many points, and nobody wanted to give up. It was not easy for their host, Ms. Disher, to listen to their arguments patiently. So, she hurriedly, yet quietly, left.

25 윗글의 분위기로 알맞은 것은?

① 희망적인　　　② 축하하는

③ 논쟁적인　　　④ 평화로운

⑤ 조심스러운

26 윗글의 내용과 일치하지 <u>않는</u> 것은?

① Spork: 숟가락은 고기를 먹기에 좋고, 포크는 곡물과 수프를 먹기에 좋아.
② Knork: 한 손에 포크를 잡고, 다른 한 손에 나이프를 잡는 것이 쉬워.
③ Chopsticks: 젓가락만 있으면 두 가지 도구를 사용할 필요가 없어.
④ Barehands: 손으로 음식을 먹으면 음식을 더욱 즐길 수 있게 돼.
⑤ Ms. Disher: 대화를 참을성 있게 듣고 있기가 어렵군.

27 다음 글의 밑줄 친 **they**가 깨달은 것으로 알맞은 것은?

> Since then, every time <u>they</u> meet, they allow one another to eat in the manner that they please. In their hearts they now know that food will always be delicious regardless of which utensils they use to eat it.

① 음식에 따라 어울리는 도구가 모두 다르다.
② 음식을 매너 있게 먹는 것이 가장 중요하다.
③ 음식은 서로 나누면서 먹을 때 가장 맛있다.
④ 음식은 조금씩 자주 먹는 것이 건강에 좋다.
⑤ 어떤 도구를 사용하든 상관없이 음식을 맛있게 먹을 수 있다.

서술형(주관식) 평가

28 다음 표를 보고, 보기 와 같이 Eric에 관한 글을 쓰시오.

	좋아하는 것	잘하는 것	장래 희망
Yeji	춤	노래하기	가수
Eric	과학	글쓰기	과학자

보기

> Let me introduce my friend, Yeji. What she likes is dancing. What she is good at is singing. What she wants to be is a singer.

____
____
____

29 다음 그림을 보고, 우리말에 맞게 영작하시오.

(1) 

____
(Henry가 젓가락을 사용하는 것은 어렵다.)

(2) 

____
(Jenny가 휴대 전화를 사용하는 것은 쉽다.)

30 다음 글을 읽고, 어법상 <u>어색한</u> 문장을 세 군데 찾아서 바르게 고쳐 쓰시오.

> Wow, I can't believe I still have this picture! They are my elementary school friends. The girl is talking to the teacher is Minji. The boy to draw on the board is Suho. The girl dance in front of the door is Eunsu. They are my best friends.

(1) _______________________________
(2) _______________________________
(3) _______________________________

01 다음 밑줄 친 단어의 쓰임이 <u>어색한</u> 것은?

① You didn't <u>notice</u> that I got my hair cut.

② Necessity is the mother of <u>invention</u>.

③ The best way to learn a sport is to watch and <u>imitate</u> a good player.

④ I learned that everybody can be <u>framed</u> for a crime.

⑤ He doesn't <u>sneeze</u> the award.

02 다음 짝 지어진 두 단어의 관계가 나머지와 <u>다른</u> 것은?

① dive − swim

② narrow − wide

③ useless − useful

④ polite − impolite

⑤ dependent − independent

03 다음 단어의 영영 풀이로 바르지 <u>않은</u> 것은?

① wing: a part of an animal's body that is used for flying or gliding

② inspire: to give someone an idea about what to do or create

③ bother: to cause someone to feel troubled, worried, or concerned

④ lend: to take and use something for a period of time before returning it

⑤ grab: to hold someone or something with your hand or arms

04 다음 빈칸에 공통으로 알맞은 것은?

• I often _________ the Web for information about cars.

• Scientists are in _________ of the answer.

① look ② find ③ search

④ visit ⑤ surf

05 다음 대화의 빈칸에 알맞은 것은?

A How do you like my new shoes?

B _________________________

① It's just right.

② Don't mention it!

③ Why do you think so?

④ They look good on you.

⑤ I like them a lot. Thanks.

[06-07] 다음 대화를 읽고, 물음에 답하시오.

Henry What are you doing, Mina?

Mina I'm reading an article about a bug robot.

Henry A bug robot? Is it interesting?

Mina Yes. I'm really _____ⓐ_____ by this thing.

Henry Can you tell me more about it?

Mina You know that some bugs _____(A)_____, don't you?

Henry Yeah. That's why it's hard to catch them.

Mina A bug robot can do the same. It can help to find survivors after earthquakes or big fires.

Henry That's really _____ⓑ_____!

06 위 대화의 빈칸 ⓐ와 ⓑ에 알맞은 말이 바르게 짝 지어진 것은?

　　　　ⓐ　　　　　　ⓑ

① amazed − fascinated

② fascinated − amazed

③ fascinating − amazing

④ fascinated − fascinating

⑤ amazing − surprising

07 위 대화의 빈칸 (A)에 알맞은 것은?

① existed before dinosaurs

② can slip into narrow spaces

③ breathe through their bottom

④ eat more than 5,000 insects in their lifetime

⑤ can pull about 1,000 times their body weight

08 다음 대화 속 작품에 대한 설명으로 알맞은 것은?

> **A** Now, take a look at this work of art. How do you like it?
> **B** Well, is it even art? To me, it isn't more than a toilet.
> **A** It is not just art. I think it is the greatest piece of art of the 20th century.
> **B** Why do you think so?
> **A** It is a perfect example of a different point of view. The artist used real-life objects to create art.
> **B** So, he didn't create something new?
> **A** That's right. He simply wanted people to look at the objects in a different way.
> **B** Thank you so much. I learned a lot today!

① 작품이 화장실에 전시되어 있다.
② 예술 작품으로 인정받지 못하고 있다.
③ 20세기 위대한 예술 작품을 모방했다.
④ 기존에 볼 수 없었던 새로운 창작물이다.
⑤ 실생활에서 볼 수 있는 물건을 사용했다.

09 자연스러운 대화가 되도록 (A)~(E)를 바르게 배열하시오.

> You know that Leonardo da Vinci painted the *Mona Lisa*, don't you?
>
> (A) He was also a great inventor.
> (B) Sure. I think he was a really great artist.
> (C) What did he invent?
> (D) Did he also make that machine?
> (E) He dreamed of flying like a bird. So, he drew a flying machine that looked like a bird.
>
> No, but his creative idea inspired many other inventors.

(   ) – (   ) – (   ) – (   ) – (   )

10 다음 대화의 빈칸에 알맞은 것은?

> **A** I don't think Robin Hood is a good character.
> **B** ______________________
> **A** It's because he steals from others.

① Why don't you think so?
② What made him so good?
③ Have you read *Robin Hood*?
④ How do you like Robin Hood?
⑤ What do you think about Robin Hood?

11 다음 대화 속 책의 내용과 일치하는 것은?

> **A** What is the book about?
> **B** You know the story of Heungbu, right? In the book, Nolbu tells the story from his point of view.
> **A** What does he say?
> **B** He says he didn't help Heungbu for a reason. He wanted Heungbu to make money on his own and be independent.

① 놀부는 흥부의 자립을 바랐다.
② 책은 흥부의 입장에서 쓰였다.
③ 흥부는 놀부가 도와주지 않아 원망했다.
④ 놀부는 동생인 흥부가 잘 살도록 도왔다.
⑤ 놀부의 관점에서 보면 흥부는 게으르다.

12 다음 짝 지어진 대화 중 자연스럽지 <u>않은</u> 것은?

① **A** Why is the picture frightening to you?
   B It shows a snake that ate an elephant.
② **A** Do you know the story *Cinder Edna*?
   B Of course, I do.
③ **A** How do you like my new hairstyle?
   B I like it very much.
④ **A** You look worried.
   B I think we will win the soccer game.
⑤ **A** How did you like the movie?
   B I liked the movie, but I think I enjoyed the book more.

13 다음 중 어법상 <u>어색한</u> 문장은?

① He said that he had already finished his homework.

② When I had woken up, my sister already went to school.

③ The floor was clean because I had washed it.

④ When I arrived at the bus stop, the bus had already left.

⑤ I forgot to bring the letter that I had written to Sujin.

14 다음 빈칸에 알맞은 말이 순서대로 바르게 짝 지어진 것은?

> • I was ________ to meet him in class.
> • We were ________ to hear the bad news.
> • He is ________ to stay there for a long time.

① amazing – sad – willing

② eager – upset – possibly

③ interesting – surprised – used

④ unwillingly – sorry – excited

⑤ surprised – shocked – likely

15 다음 중 어법상 올바른 것을 <u>모두</u> 고르면?

> ⓐ What do you think he was doing there?
> ⓑ Tell me what did you do last Saturday.
> ⓒ Do you know where the keys are?
> ⓓ I'm not sure what is going on.
> ⓔ I'm wondering if or not you can help me.

① ⓐ, ⓑ, ⓓ   ② ⓐ, ⓒ, ⓓ

③ ⓐ, ⓒ, ⓔ   ④ ⓑ, ⓒ, ⓓ

⑤ ⓑ, ⓓ, ⓔ

[16-18] 다음 글을 읽고, 물음에 답하시오.

> From flying birds to self-cleaning plants, the way nature works fascinates us. Some people not only use nature but also imitate it to find solutions to their problems. Leonardo da Vinci (1452 – 1519) was one such person.
>
> He wondered how birds could fly. He closely watched birds, made notes, and drew pictures of them. ____ⓐ____ his invention was not successful, he imitated a bird's wings to try to make a flying machine. ____ⓑ____ then, more and more people have successfully imitated the surprising abilities of nature's genius. Let's explore some of them.

16 윗글의 빈칸 ⓐ와 ⓑ에 알맞은 것은?

	ⓐ	ⓑ
①	Because	– Since
②	Even though	– Since
③	If	– After
④	While	– Until
⑤	As	– Until

17 윗글의 레오나르도 다빈치가 했을 법한 말에 해당하지 <u>않는</u> 것은?

① 새들이 어떻게 날 수 있는지 궁금하군.

② 새들을 자세히 관찰해 봐야겠어.

③ 새의 생김새를 그림으로 그려 보자.

④ 새들처럼 하늘을 나는 기계를 만들고 싶어.

⑤ 하늘을 나는 기계를 만드는 데 성공했어.

18 윗글 다음에 이어질 내용으로 알맞은 것은?

① 자연의 이용과 모방의 차이점

② 자연을 모방하는 것의 위험성

③ 자연을 성공적으로 모방한 예

④ 자연의 위대함을 보여 주는 예

⑤ 레오나르도 다빈치의 발명가로서의 업적

19 다음 글의 밑줄 친 ①~⑤ 중 어법상 <u>어색한</u> 것은?

When Ms. Wise entered her house at midnight, all the windows were wide open. ①She thought, "How come all the windows were open?" Then she found a pair of shoes on the floor. ②She picked them up and wondered whose shoes they were. ③"I'm not sure I need to call the police," she said to herself. ④Finally, she called the police, and the police asked her to check if there was anything missing. The police came and asked her, ⑤"Can you tell me what time you left home today?"

① ② ③ ④ ⑤

20 윗글의 제목에 들어갈 말이 바르게 짝 지어진 것은?

① Fast – Quietly
② Slowly – Gracefully
③ Quickly – Comfortably
④ Softly – Successfully
⑤ Quickly – Loudly

21 윗글을 읽고, 대답할 수 <u>없는</u> 질문은?

① When was the high-speed train first made?
② What problem did the high-speed train have?
③ What caused the loud sound from the train?
④ How could the bird enter the water so gracefully?
⑤ Which part of the train did the engineer redesign?

[20-21] 다음 글을 읽고, 물음에 답하시오.

Learning from a Bird: Moving _______ and _______

The high-speed train was first made in Japan. But it had one problem. When the train entered a tunnel, the sudden increase in air pressure created a very loud sound. It often woke people up and caused headaches. A team of engineers tried to solve the problem, but they didn't know how they could reduce the noise. One day, one of the engineers was watching a bird in search of a meal. He saw the bird quickly and quietly diving into the water. He wondered how the bird entered the water so gracefully. So, he studied more about the bird and discovered its long, narrow beak. He redesigned the front of the train by imitating the bird's beak. It was successful. Now the new train travels not only more quietly but also 10% faster with 15% less electricity.

[22-23] 다음 글을 읽고, 물음에 답하시오.

One day, a Swiss engineer, George de Mestral, was hiking in the woods with his dog. ⓐOn his way home, he saw that burrs were stuck to his clothes and his dog's hair. ⓑHe wanted to know how that happened. (①) He took a closer look at the burrs and noticed that the ends of the burr needles were not straight. ⓒHe wondered if he could apply that to make something useful. After a lot of testing, he finally invented two new materials. (②) When they were pressed together, they became a very good fastener. ⓓIt was not only strong but also easily to use. Since then, many people have used his invention in many different ways. (③) It is often used for clothing, shoes, and bags. Some people use it to play a number of different games. ⓔIn space, it keeps things from floating away. (④)

There is nothing useless in nature. (⑤) We just have to become curious and ask questions.

22 윗글의 밑줄 친 ⓐ~ⓔ 중 어법상 <u>어색한</u> 것은?

① ⓐ ② ⓑ ③ ⓒ ④ ⓓ ⑤ ⓔ

23 윗글의 ①~⑤ 중 주어진 문장이 들어갈 알맞은 곳은?

> One had many tiny needles like those of burrs and the other had a hairy surface.

①　　②　　③　　④　　⑤

24 다음 인터뷰를 요약한 글의 밑줄 친 ①~⑤ 중 인터뷰의 내용과 일치하는 것은?

> **Reporter** Welcome to *Animal World News*. Last Sunday, a wolf was taken to the police station for blowing down pigs' houses. Today, we have the third little pig and the wolf with us. Mr. Pig, could you explain what happened to you and your brothers?
>
> **Pig** Yes. My brothers and I thought it was time to build our own houses, so we built houses with straw, sticks, and bricks. One day, the wolf came and completely blew down my brothers' houses. He almost blew down my house, but it was made of bricks, so he couldn't.
>
> **Reporter** How are your brothers doing now?
>
> **Pig** They are so shocked to lose their houses. They are resting in my house.

↓

> The three little pigs decided to build their own houses. ① So, they built houses with straw, earth, and sticks. ② One day, the wolf came and blew down the first and the second little pigs' houses completely. ③ But the wolf couldn't blow down the third pig's house because it was made of sticks. ④ The wolf was taken to the police station for blowing down all the three houses. ⑤ The pigs are so shocked and they are resting in the hospital.

①　　②　　③　　④　　⑤

[25-26] 다음 글을 읽고, 물음에 답하시오.

> **Wolf** Back then, I was making a birthday cake for my dear old grandmother. I ran out of sugar. I walked down the street to ask my neighbor for a cup of sugar. When I knocked on the door, it ① fall down. Then I called, "Little pig, are you in?" I ② grab the broken door when I felt a sneeze coming on. I ③ sneeze a great sneeze and you know what? The whole straw house fell down. I was very surprised by what ④ happen. Unfortunately, the same thing ⑤ happen to the second little pig's house.

25 윗글 늑대의 주장을 한 문장으로 쓸 때, 빈칸에 알맞은 말을 보기 에서 모두 고르면?

> 보기
>
> ⓐ my great sneeze
> ⓑ a big bad wolf
> ⓒ a cup of sugar
> ⓓ the broken window

> **Wolf** It happened just because of ________.

① ⓐ　　　　　② ⓐ, ⓒ
③ ⓐ, ⓑ, ⓓ　　④ ⓑ, ⓒ
⑤ ⓑ, ⓒ, ⓓ

26 윗글의 밑줄 친 ①~⑤를 어법에 맞게 고친 것 중 어색한 것은?

① had fallen
② had just grabbed
③ sneezed
④ had happened
⑤ happened

27 다음 글의 빈칸 ①~⑤에 들어갈 말로 알맞지 <u>않은</u> 것은?

> **Reporter** Then why did you go to the third little pig's house?
>
> **Wolf** I still needed that cup of sugar, so I went to the next house. The third little pig had built his house of bricks. I called out, "I'm sorry ____①____ you, but are you in?" And do you know what he answered? "Go away. Don't bother me again!" How ____②____! I thought I ____③____ an apology, so I kept knocking. When the police came, of course they thought I was ____④____ into this pig's house.
>
> **Reporter** Do you think you were ____⑤____?

① to trouble ② impolite
③ deserved ④ broken
⑤ framed

28 다음 밑줄 친 우리말을 보기 에 주어진 표현을 사용하여 영작하시오. (8단어)

> **Reporter** Thank you for your time. Everyone, <u>어떤 것이 사실이라고 생각하시나요</u>, the pig's or the wolf's?

보기

think   the true story   which

→ _______________________________

29 다음 그림을 보고, 우리말과 일치하도록 주어진 표현을 활용하여 문장으로 쓰시오.

(1) be good at

____

(Julie뿐만 아니라 그녀의 여동생들도 배드민턴을 잘 친다.)

(2) enjoy

____

(나의 어머니는 독서뿐만 아니라 영화 보는 것도 즐기신다.)

30 다음 글을 읽고, 밑줄 친 (1)~(3)을 괄호 안의 단어를 활용하여 어법상 올바른 문장으로 쓰시오. (과거와 과거 완료 시제를 모두 사용할 것.)

> Today, Sarah and I danced in a contest. We danced to a K-pop song. (1) <u>We (practice) for 6 months before we (dance) in the contest.</u> (2) <u>When we (arrive), people (set) up the stage already.</u> (3) <u>We (do) a good job because we (prepare) a lot.</u> And, we won! It was a great day!

(1) _______________________________

____

(2) _______________________________

____

(3) _______________________________

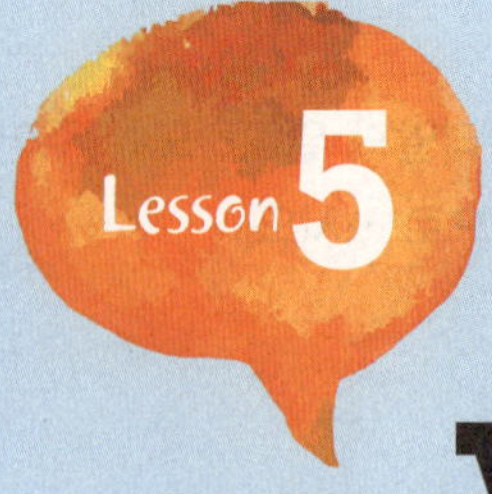

Lesson 5

Which Way to Go?

Functions

- 가능성 정도 묻기 **Is it possible to** visit Mirror Maze Park? 거울 미로 공원에 방문하는 것이 가능하니?
- 길 묻기 **How do I get to** the restaurant? 레스토랑에 어떻게 가나요?

Forms

- Here is **one** as an example. 여기 예시가 하나 있다.
- **Looking at them closely,** you may find the beauty of order and regularity. 그것들을 자세히 들여다보면 여러분은 질서와 규칙성이라는 아름다움을 발견할 수 있을지도 모른다.

Warm Up
e.g.   The trip to the golden gate was possible by choosing Ⓐ. I enjoyed the trip very much.
황금 문으로 가는 여행은 Ⓐ를 선택함으로써 가능했다. 나는 여행을 굉장히 즐겼다.
Ⓐ~Ⓒ 중 황금문까지 갈 수 있는 길을 고른 후, 미로 여행 소감을 말해 봅시다.
e.g.   I chose Ⓒ and was able to arrive at the golden gate. The trip was really fun.   나는 Ⓒ를 선택했고, 황금 문에 도착할 수 있었다. 그 여행은 정말 재미있었다.
Ⓒ
Ⓑ
Communication
My Travel Plan
나의 여행 계획
Reading
Enjoy the "Planned Confusion"
'계획된 혼란'을 즐겨라
Writing
Our Class's Preference
우리 반의 선호도
Culture & Project
Make Your Number Maze
숫자 미로를 만들자

A Listen and Choose What does the boy want to do? 🎧
소년은 무엇을 하고 싶습니까?

단어
숙어
possible ⓐ 가능한
exchange A for B A를 B로 바꾸다
actually ⓐ 사실은
decision ⓝ 결정

Script

W: How may I help you?

B: Hi! I bought these shoes yesterday. Is it possible to exchange them for the red shoes?

W: Oh, actually white is really popular these days.

B: I know, and that's why I spent a long time making the decision yesterday. But I think that red will look better on me.

W: Okay, no problem.

해석

W: 무엇을 도와드릴까요?

B: 안녕하세요! 제가 어제 이 신발을 샀는데요. 이것을 빨간색 신발로 교환하는 것이 가능한가요?

W: 아, 사실 흰색이 요즘 정말 인기 있어요.

B: 알아요, 그래서 저는 어제 결정하는 데 오랜 시간을 보냈어요. 하지만 제 생각에 빨간색이 저에게 더 잘 어울릴 것 같아요.

W: 알겠어요, 문제없어요.

풀이 소년은 어제 구매한 '흰색 신발'을 자신에게 더 잘 어울리는 '빨간색'으로 교환하기를 원한다.

표현 • But I think that red will **look better on** me.: look good on은 '…와 잘 어울리다'라는 의미로 good의 비교급 better를 써서 '…와 더 잘 어울리다'라는 의미로 쓰였다.
   e.g. Brown doesn't **look good on** you. (갈색은 너와 잘 어울리지 않는다.)

B Listen and Talk Fill in the blanks and talk with your partner. 🎧 pair
빈칸을 채우고 짝과 대화해 봅시다.

I want to visit ___Mirror___ ___Maze___ Park during our family trip to Jeju. 저는 제주도 가족 여행 동안 거울 미로 공원을 방문하고 싶어요.

I think it is possible to change our ___schedule___.
I'm glad that you are looking forward to the trip.
우리 일정을 바꾸는 것이 가능하다고 생각해.
네가 여행을 기대한다니 기쁘구나.

단어
숙어
trip ⓝ 여행
plan ⓝ 계획
horseback riding 승마
look forward to …을 기대하다

Script

G: Mom, did you decide where to visit during our family trip to Jeju?

W: Almost. Come here and see the plan I made.

G: It looks good. Hmm… Mom, is it possible to visit Mirror Maze Park on our second day?

W: It sounds exciting, but I remember you said you wanted to go horseback riding.

G: I know, but I heard the park is a lot more fun. Please … .

해석

G: 엄마, 제주도 가족 여행 동안 어디를 방문할지 정하셨어요?

W: 거의. 이리 와서 내가 만든 계획을 보렴.

G: 좋아 보여요. 흠… 엄마, 우리 둘째 날에 거울 미로 공원을 방문하는 게 가능할까요?

W: 재미있을 것 같지만 나는 네가 승마하러 가고 싶다고 말한 것을 기억하는데.

G: 알아요, 하지만 공원이 훨씬 더 재미있다고 들었어요. 제발요 … .

W: All right. Let's change our schedule for the second day.
G: Thank you! I'm very excited about the trip.
W: It's great to hear that you're looking forward to the trip.

W: 알았어. 둘째 날 우리의 일정을 바꾸자.
G: 감사합니다! 저는 이 여행이 너무 신나요.
W: 네가 여행을 기대한다니 아주 좋구나.

풀이 소녀는 제주도 가족 여행 동안 '거울 미로' 공원에 가고 싶다고 말했고, 엄마는 '일정'을 바꿀 수 있다고 했다.

표현
- **Let's change our schedule for the second day.:** 'Let's+동사원형 … .'은 '…하자.'라는 뜻으로 상대방에게 제안할 때 쓰는 표현이다. 이외에도 Why don't we … ?, How about … ? 등이 있다.
- **It's great to hear that you're looking forward to the trip.:** look forward to …는 '…을 기대하다'라는 뜻으로 to 다음에 기대하는 내용이 온다.
  e.g. **I look forward to** seeing you tomorrow. (나는 내일 너를 보기를 기대한다.)

C **Talk Together** Imagine what you need to survive in different places. Then talk with your partner. **pair** 다른 장소들에서 살아남기 위해 무엇이 필요한지 상상해 보고, 짝과 대화해 봅시다.

in the desert

단어숙어 desert [명] 사막 / survive [동] 살아남다 / fan [명] 선풍기

해석
A: 화성에서 살아남는 것이 가능하니?
B: 왜 안 되겠어? 내가 필요한 전부는 공기와 산소야.

A: Is it possible to survive on Mars?
B: Why not? All I need is air and water.

air and water   a swimming mask
a fan or an air conditioner

your own ______________

활동방법 주어진 장소에서 살아남기 위해 필요한 것을 골라 주어진 대화문을 이용하여 짝과 대화해 본다.

예시대화
- A: Is it possible to survive under the sea?
  B: Why not? All I need is a swimming mask.
- A: Is it possible to survive in the desert?
  B: Why not? All I need is a fan or an air conditioner.

- A: 바닷속에서 살아남는 것이 가능하니?
  B: 왜 안 되겠어? 내가 필요한 전부는 잠수 마스크야.
- A: 사막에서 살아남는 것이 가능하니?
  B: 왜 안 되겠어? 내가 필요한 전부는 선풍기와 에어컨이야.

Function 1 가능성 정도 묻기: Is it possible to … ?

Is it possible to … ?는 '…하는 것이 가능하니?' 또는 '…해도 되니?'라는 의미로 어떤 일이 일어날 가능성을 묻거나 상대방의 허락을 구할 때 쓰는 표현이다.

예시대화
- A: **Is it possible to** go skiing this weekend? (이번 주말에 스키 타러 가는 게 가능하니?)
  B: Yes, it's possible to go skiing this weekend. (응, 이번 주말에 스키 타러 가는 게 가능해.)
    No, it's not possible to go skiing this weekend. (아니, 이번 주말에 스키 타러 가는 것은 가능하지 않아.)

Listen & Speak 2

A Listen and Find

What is the girl looking for?
소녀는 무엇을 찾고 있습니까?

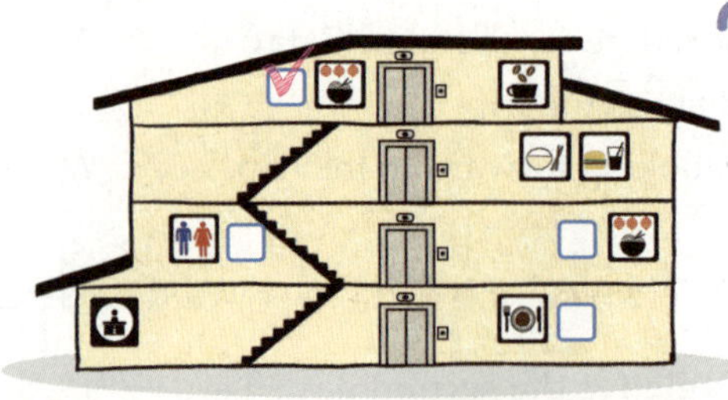

단어·숙어
suggest [동] 추천하다
price [명] 가격
reasonable [형] (가격이) 적당한
floor [명] 층

Script

M: Hi, do you need any help?
G: Yes, please. Could you suggest a good Chinese restaurant in this building? I can't decide between the two.
M: Hmm... . What about Pappa Chen's? Their food is good and the prices are reasonable.
G: Sounds great! How do I get to the restaurant?
M: It's on the fourth floor. You can use the elevator over there. Pappa Chen's is next to the elevator.
G: Great! Thank you very much for your help.
M: My pleasure. Enjoy your dinner.

해석

M: 안녕하세요. 도움이 필요하신가요?
G: 네, 부탁드려요. 이 건물에서 괜찮은 중국 음식점을 추천해 주실 수 있나요? 두 개 중에서 결정할 수가 없어요.
M: 음… . Pappa Chen's는 어떠세요? 그곳 음식은 훌륭하고 가격이 적당해요.
G: 좋아요! 그 음식점에 어떻게 가나요?
M: 음식점은 4층에 있어요. 당신은 저쪽에 있는 엘리베이터를 탈 수 있어요. Pappa Chen's는 엘리베이터 옆에 있어요.
G: 좋아요! 도와주셔서 정말 감사해요.
M: 천만에요. 즐거운 저녁 식사 되세요.

풀이 It's on the fourth floor. Pappa Chen's is next to the elevator.에서 Pappa Chen's는 '4층 엘리베이터 옆'에 있다.

B Listen and Write

Choose Andrew's place and fill in the blanks.
Andrew의 집을 고르고 빈칸을 채워 봅시다.

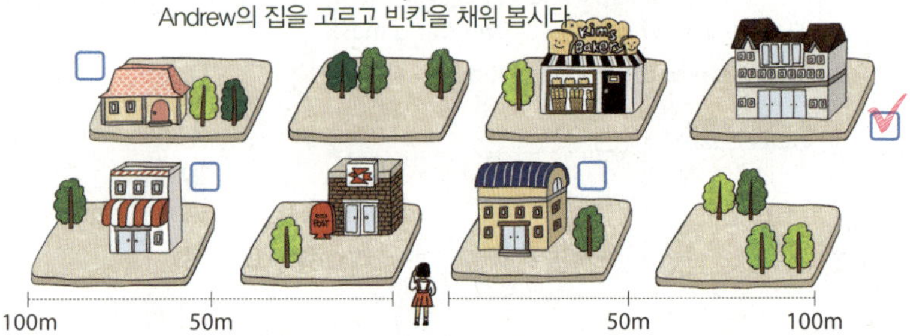

Turn ___right___ and go straight for about ___100___ meters.
오른쪽으로 돌아서 100미터 정도 곧장 직진해.

단어·숙어
worried [형] 걱정하는
lost [형] 길을 잃은
straight [부] 곧장, 똑바로
block [명] (도로로 나뉘는) 구역, 블록
bakery [명] 빵집, 제과점

Script

B: Hey, Minju, where are you?
G: Oh, Andrew, I'm coming. I'm coming.
B: Good. I was worried that you were lost.
G: I think I'm okay. What about Mason and Jian?
B: They are already here at my house.
G: Good! Oh, I see the post office. How do I get to your place from here?
B: You are almost here. Go straight for one more block. Then you will see Kim's Bakery.
G: Kim's Bakery? Okay ... .
B: Then turn right and go straight for about 100 meters.
G: Turn right and go straight ... . Okay, thanks! I'll see you soon.

해석

B: 민주야, 너 어디니?
G: 아, Andrew, 나 가고 있어. 나 가고 있어.
B: 좋아. 나는 네가 길을 잃었을까 봐 걱정했어.
G: 괜찮은 것 같아. Mason과 지안이는?
B: 그들은 벌써 우리 집에 왔어.
G: 좋아! 오, 우체국이 보여. 여기서부터 너희 집에 어떻게 가니?
B: 거의 다 왔어. 한 블록 더 직진해. 그러면 너는 Kim's 빵집이 보일 거야.
G: Kim's 빵집? 알았어… .
B: 그러면 오른쪽으로 돌아서 100미터 정도 직진해.
G: 오른쪽으로 돌아서 곧장 직진해라… . 알았어, 고마워! 곧 보자.

풀이 Andrew의 집에 가려면 민주가 현재 있는 곳에서 한 블록 직진해서 Kim's 빵집이 나오면 '오른쪽'으로 돌아 '100'미터 정도 더 직진하라고 했다.

표현 • **I was worried that you were lost.:** I was worried that ... .은 '나는 …에 대해 걱정했다.'라는 뜻으로 that 이하에 걱정한 내용이 나온다.

C **Talk Together** Choose a place to go and talk with your partner. `pair`
가고자 하는 장소를 고르고 짝과 대화해 봅시다.

단어 숙어 turn ⑧ 돌다, 돌리다
about ⑨ 약, 정도

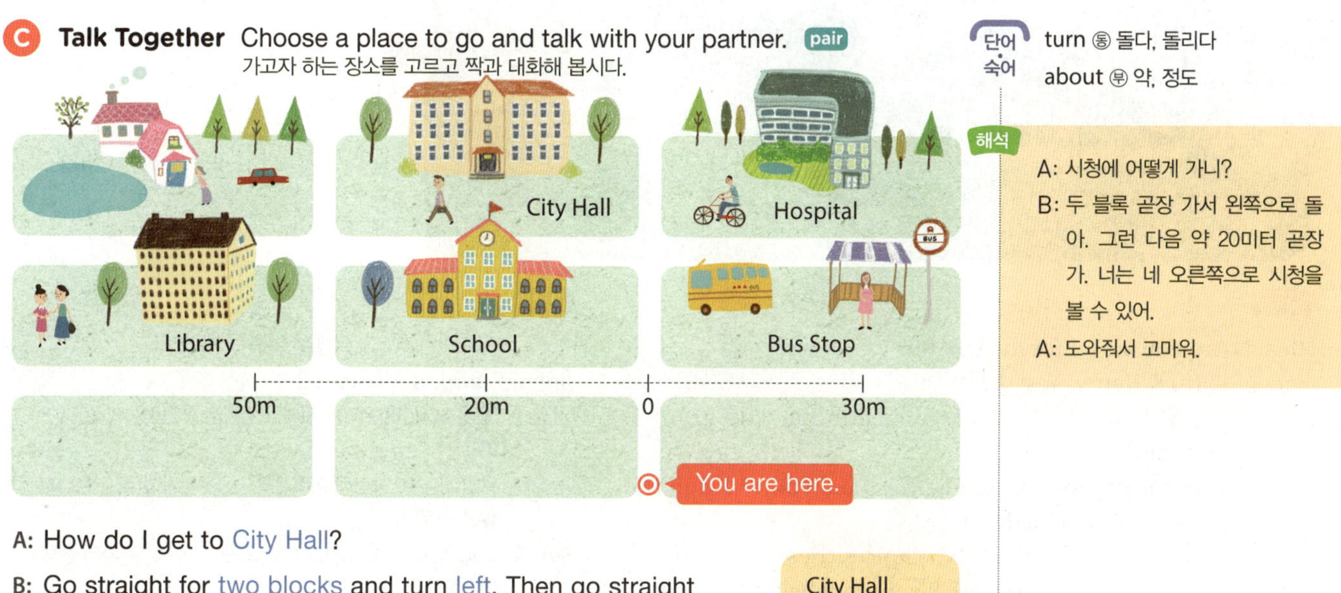

A: How do I get to City Hall?
B: Go straight for two blocks and turn left. Then go straight for about 20 meters. You can see City Hall on your right.
A: Thank you for your help.

City Hall
the library
the bus stop

활동 방법 지도에서 가고자 하는 장소를 고른 후, 주어진 대화문을 이용하여 짝과 대화해 본다.

예시 대화
• A: How do I get to the library?
  B: Go straight for one block and turn left. Then go straight for about 50 meters. You can see the library on your right.
  A: Thank you for your help.
• A: How do I get to the bus stop?
  B: Go straight for one block and turn right. Then go straight for about 30 meters. You can see the bus stop on your left.
  A: Thank you for your help.

• A: 도서관에 어떻게 가니?
  B: 한 블록 곧장 가서 왼쪽으로 돌아. 그런 다음 약 50미터 곧장 가. 너는 네 오른쪽으로 도서관을 볼 수 있어.
  A: 도와줘서 고마워.

• A: 버스 정류장에 어떻게 가니?
  B: 한 블록 곧장 가서 오른쪽으로 돌아. 그런 다음 약 30미터 곧장 가. 너는 네 왼쪽으로 버스 정류장을 볼 수 있어.
  A: 도와줘서 고마워.

Function 2 길 묻기: How do I get (to) ... ?

How do I get to ... ?는 길을 물을 때 쓰는 표현으로 '내가 …에 어떻게 가나요?'라는 뜻으로 Could you tell me the way to ... ? 로 바꿔 쓸 수 있다. 이때, to 다음에는 가고자 하는 장소를 쓴다.

예시 대화
• A: **How do I get to** the library? / **Could you tell me the way to** the library?
  B: Turn left. / Turn right. / Go straight for two blocks. / It's on your left/right.

Real Life Communication

A Watch and Draw 동영상을 보고, 내용에 맞게 길을 찾아 목적지에 도착해 봅시다. ▶

Script

Mina: Are you all set for the trip this weekend?
Jinho, Claire, & Henry: Yes!
Mina: Good! Don't be late! We're meeting at 11 a.m. in front of the clock tower.
Jinho: You got it! How do we get to the airport? I don't think we've decided yet.
Henry: Jinho is right. We have two choices, bus or subway.
Claire: What about the subway? It's more reliable than the bus.
Henry: Is it possible to get to Terminal 2 by subway?
Claire: Yes, I already checked.
Mina: Good. Okay, then let's take the subway.

해석

Mina: 너희 이번 주말에 여행갈 준비가 다 되었니?
Jinho, Claire, & Henry: 응!
Mina: 좋아! 늦지 마! 우리는 시계탑 앞에서 오전 11시에 만날 거야.
Jinho: 알았어! 우리 공항에 어떻게 가지? 우리가 아직 결정하지 않은 것 같아.
Henry: 진호 말이 맞아. 우리는 버스 또는 지하철, 두 가지 선택이 있어.
Claire: 지하철은 어때? 버스보다 더 믿을 만하잖아.
Henry: 지하철로 2터미널에 가는 것이 가능하니?
Claire: 응, 내가 이미 확인했어.
Mina: 좋아. 그래, 그럼 지하철을 타자.

풀이 네 사람은 '오전 11시'에 시계탑 앞에서 만나 '지하철'을 타고 2터미널로 갈 것이다.

표현 • **Are you all set for the trip this weekend?:** Are you all set for ... ?는 '…할 준비가 다 되었니?'라는 뜻이다.

B Choose and Talk

Step 1 박물관까지 갈 교통수단을 고르고, 고른 이유를 생각해 봅시다.

take the bus

take the subway

ride a bike

Reason
fun 재미있는
exciting 신나는
convenient 편리한

your own
____

Step 2 위에서 고른 내용을 바탕으로 짝과 대화해 봅시다. **pair**

A: How do we get to the city museum?
B: How about taking the subway? I think it will be convenient.

| A: Okay, that's a great idea! | A: Well, is it possible to ride a bike? I think it will be more fun. |

활동 방법

Step 1
박물관까지 갈 교통수단을 고르고, 그 교통수단을 고른 이유를 생각해 본다.

Step 2
위에서 고른 내용으로 짝과 대화해 본다.

해석

A: 우리 시립 박물관에 어떻게 가지?
B: 지하철을 타는 게 어때? 내 생각에 편리할 것 같아.
A: 좋아. 훌륭한 생각이야!
음, 자전거를 탈 수 있니? 내 생각에 더 재미있을 것 같아.

[예시 대화]

- A: How do we get to the city museum? 우리 시립 박물관에 어떻게 가지?
  B: How about taking the bus? I think it will be exciting. 버스를 타는 게 어때? 내 생각에 신날 것 같아.
  A: Okay, that's a great idea! 좋아, 훌륭한 생각이야!
  Well, is it possible to take the subway? I think it will be more convenient. 음, 지하철을 탈 수 있니? 내 생각에 더 편리할 것 같아.
- A: How do we get to the city museum? 우리 시립 박물관에 어떻게 가지?
  B: How about riding a bike? I think it will be fun. 자전거를 타는 게 어때? 내 생각에 재미있을 것 같아.
  A: Okay, that's a great idea! 좋아, 훌륭한 생각이야!
  Well, is it possible to take the bus? I think it will be more exciting. 음, 버스를 탈 수 있니? 내 생각에 더 신날 것 같아.

C Communication Task [pair]

My Travel Plan

Step 1 가고 싶은 국내 여행지 한 곳을 정하고, 여행지 정보를 찾아 써 봅시다.

I'd like to go to Gyeongju. 나는 경주에 가고 싶다.
I can go there by train. 나는 기차로 거기에 갈 수 있다.
It takes about 2 hours to get there. 거기 가는데 약 두 시간이 걸린다.
Gyeongju is popular for Bulguksa. 경주는 불국사로 유명하다.
I can do a bike tour there. 나는 거기서 자전거 투어를 할 수 있다.

My Trip

I'd like to go to ________.
I can go there ________.
It takes about ________ to get there.
________ is popular for ________.
I can ________ there.

Step 2 다음 질문들을 활용하여 짝이 고른 여행지를 맞혀 봅시다. 적은 수의 질문으로 답을 맞힌 사람이 이깁니다.

- How do you get there? 거기에 어떻게 가나요?
- How long does it take to get there? 거기 가는데 얼마나 걸리나요?
- Is it possible to get there by train/bus/subway/airplane? 기차/버스/지하철/비행기로 거기에 가는 것이 가능한가요?
- What is it popular for? 무엇이 유명한가요?
- What activities can you do there? 거기서 무슨 활동을 할 수 있나요?

[your own]
____

A: Let me ask you the first question. How do you get there?
B: I can go there by train.
A: Then how long does it take to get there?
B: It takes about 2 hours to get there.
A: Is it possible to get there by airplane?
⋮
A: Oh, the answer is Gyeongju. Right?

[활동 방법]

Step 1 가고 싶은 국내 여행지를 정한 뒤, 그곳의 정보를 찾아 써 본다.

Step 2 주어진 질문들로 짝과 함께 서로의 여행지를 맞혀 본다.

[단어 숙어]
popular [형] 인기 있는, 유명한
activity [명] 활동

[해석]
A: 네게 첫 번째 질문을 할게. 거기에 어떻게 가니?
B: 나는 기차로 거기에 갈 수 있어.
A: 그러면 거기에 가는데 얼마나 걸리니?
B: 거기 가는데 약 두 시간이 걸려.
A: 비행기로 거기에 가는 것이 가능하니?
⋮
A: 아, 정답은 경주야. 맞니?

Sounds 다음을 듣고, 밑줄 친 부분의 발음의 차이에 유의하여 따라 말해 봅시다. 🎧

1. Their food is good. 그들의 음식은 훌륭하다.
2. Oh, I see the post office. 오, 우체국이 보인다.

[Tip] food[fuːd], good[gud]의 장모음과 단모음, post[poust], office[ɔːfis]의 이중모음과 장모음을 구별하여 발음한다.

Self-check

	😊	😖
• I can use 'Is it possible to ... ?'	☐	☐
• I can use 'How do I get (to) ... ?'	☐	☐

Word Preview

Let's Read의 단어들을 미리 익혀 보세요.

- ☐ confusion [명] 혼란, 혼동 (being not clear what the true situation is, especially because people believe different things)
- ☐ labyrinth [명] 미궁 (a complicated, irregular network of passages or paths in which it is difficult to find one's way)
- ☐ entrance [명] 입구 (a door, gate, passage, etc. used for entering a room, building, or place)
- ☐ maze [명] 미로 (a system of paths separated by walls or hedges built in a park or garden that is designed so that it is difficult to find your way through)
- ☐ exit [명] 출구 (a way out of a public building or vehicle)
- ☐ mythology [명] 신화 (a group of myths, especially all the myths from a particular country, religion, or culture)
- ☐ dead end 막다른 길 (a road, passage, etc. that is closed at one end)
- ☐ turn around 돌아서다
- ☐ frustrate [동] 좌절시키다, 낙담시키다 (to prevent someone from doing or achieving something)
- ☐ make a decision 결정하다
- ☐ lose one's way 길을 잃다
- ☐ reliable [형] 믿을 만한 (that can be trusted to do something well; that you can rely on)
- ☐ effective [형] 효과적인 (producing the result that is wanted or intended; producing a successful result)
- ☐ a variety of 다양한
- ☐ hedge [명] 산울타리 (a row of bushes or small trees planted close together, usually along the edge of a field, garden)
- ☐ in the order of …의 순서로
- ☐ regularity [명] 규칙성 (the fact that something is arranged in an even way or in an organized pattern)
- ☐ worth [형] …할 가치가 있는 (used to recommend the action mentioned because you think it may be useful, enjoyable)

Mini Test

정답과 해설 p. 359

A 다음 빈칸에 알맞은 단어를 [보기]에서 골라 쓰시오.

[보기]
effective
worth
hedge
frustrate
mythology

1. I like the characters in Greek ____________.
2. The football match was ____________ remembering.
3. It's not ____________ to study when you are really tired.
4. It ____________s me that I'm not able to dance like Michaela.
5. The present was hidden under the ____________s in the garden.

B 다음 영영 풀이에 해당하는 단어를 [보기]에서 골라 쓰시오.

[보기]
entrance
maze
exit
reliable
regularity

1. ____________: the fact that something is arranged in an organized pattern
2. ____________: that you can rely on
3. ____________: a door, gate, passage, etc. used for entering a room, building, or place
4. ____________: a way out of a public building or vehicle
5. ____________: a system of paths separated by walls or hedges built in a park or garden that is designed so that it is difficult to find your way through

Before You Read

A **Solve and Say** 거미줄 미로를 탈출하면서 만나게 되는 동물들을 말해 봅시다.

e.g. When I passed through the maze, I met a wolf.
내가 미로를 빠져나갈 때, 나는 늑대 한 마리를 만났다.

- When I passed through the maze, I met three lions.
  내가 미로를 빠져나갈 때, 나는 사자 세 마리를 만났다.

- When I passed through the maze, I met one elephant.
  내가 미로를 빠져나갈 때, 나는 코끼리 한 마리를 만났다.

- When I passed through the maze, I met two goats.
  내가 미로를 빠져나갈 때, 나는 염소 두 마리를 만났다.

B **Find and Write** 다음 그림을 보고, 빈칸에 알맞은 단어를 찾아 문장을 완성해 봅시다.

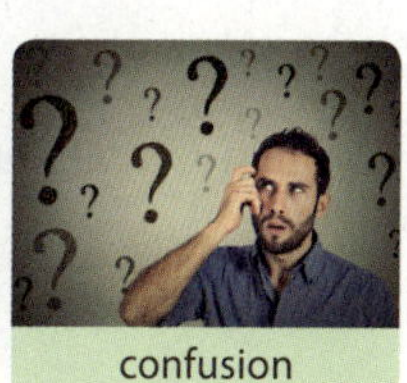

| regularity | effective | exit | confusion |

1. This maze is really hard to solve. To me, all of this is __confusion__.

2. Oh, there's the __exit__! We can finally escape the maze.

3. Let's just keep following the same wall. This solution is __effective__.

풀이
1 미로가 풀기 어려워 모든 것이 '혼란'이라는 의미이므로 confusion이 알맞다.
2 미로를 탈출할 '출구'가 있다는 의미이므로 exit이 알맞다.
3 계속 같은 벽을 따라가는 것이 '효과적인' 해결책이라는 의미이므로 effective가
   알맞다.

단어·숙어
pass through …을 빠져나가다
maze 명 미로
wolf 명 늑대

활동 방법
미로를 빠져나가면서 만나게 되는 동물들을 파악한 후, 주어진 예시문을 참고하여 말해 본다.

단어·숙어
regularity 명 규칙성
effective 형 효과적인
exit 명 출구
confusion 명 혼란, 혼동
escape 동 탈출하다

해석
1 이 미로는 정말 풀기 어렵다. 나에게 이 모든 것이 혼란이다.

2 아, 출구가 있어! 우리는 마침내 미로를 탈출할 수 있다.

3 그냥 계속 같은 벽을 따라가자. 이 해결책이 효과적이다.

Let's Read

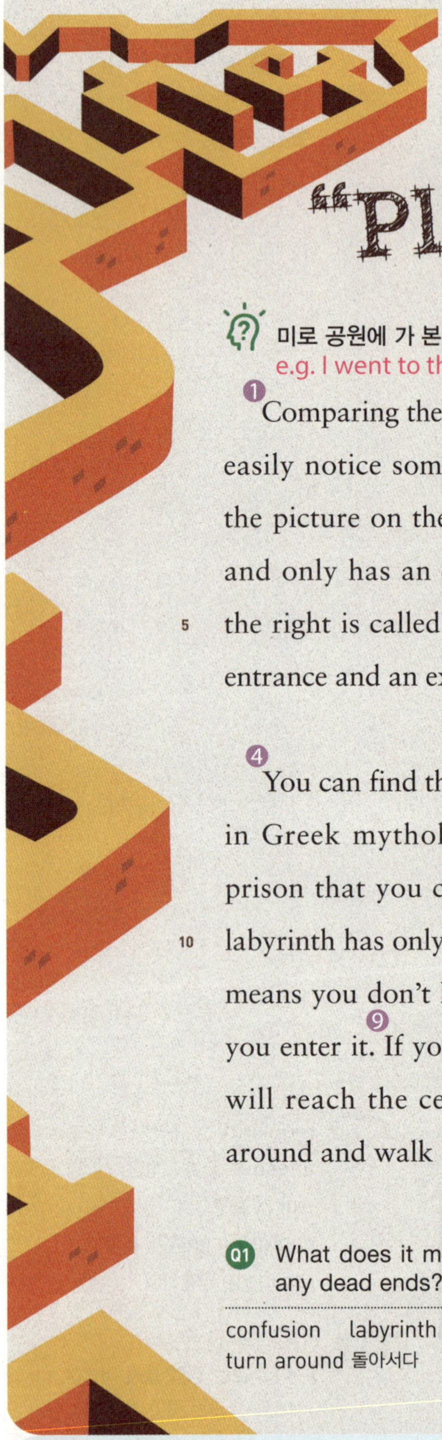

Enjoy the "Planned Confusion"

미로 공원에 가 본 적이 있나요? 그때 느낌은 어땠나요?
e.g. I went to the maze park in Jeju. I found it really fun.

1 Comparing the two pictures below, you can easily notice some differences. For example, the picture on the left is called a labyrinth and only has an entrance. The picture on the right is called a maze and has both an entrance and an exit.

'Comparing the two pictures below, …'는 'If/When you compare the two pictures below, …'로 바꿔 쓸 수 있습니다.

You can find the origin of the labyrinth in Greek mythology. It is said to be a prison that you cannot escape. But you may notice that the labyrinth has only a single path. There are no dead ends. This means you don't have to worry about getting out of it when you enter it. If you follow the path all the way to the end, you will reach the center. To get out, you simply have to turn around and walk back out the way you came in.

Q1 What does it mean that the labyrinth has a single path without any dead ends?

confusion labyrinth entrance maze exit mythology dead end
turn around 돌아서다

Q1 What does it mean that the labyrinth has a single path without any dead ends?
미궁이 그 어떤 막다른 길 없이 하나의 길만 있다는 것은 무엇을 의미하나요?

A1 It means that you don't have to worry about getting out of it when you enter it.
그것은 당신이 거기에 들어갈 때 빠져나오는 것을 걱정하지 않아도 된다는 뜻입니다.

해설 This means you don't have to worry about getting out of it when you enter it.에서 미궁이 막다른 길 없이 하나의 길만 있다는 것이 무엇을 의미하는지 알 수 있다.

[해석]

'계획된 혼란'을 즐겨라

①아래 두 그림을 비교하면 몇 가지 차이를 쉽게 알아차릴 수 있습니다. ②예를 들면, 왼쪽 그림은 미궁이라 불리고 입구만 있습니다. ③오른쪽 그림은 미로라 불리며 입구와 출구가 둘 다 있습니다. ④미궁의 기원은 그리스 신화에서 찾을 수 있습니다. ⑤그것은 여러분이 빠져나올 수 없는 감옥으로 알려져 있습니다. ⑥하지만 여러분이 알아차릴 수 있듯이 미궁은 통로가 하나입니다. ⑦막다른 길이 없습니다. ⑧이것은 여러분이 거기에 들어갈 때 빠져나오는 것을 걱정하지 않아도 된다는 것을 의미합니다. ⑨통로를 따라 끝까지 가면 여러분은 미궁의 중앙에 도착할 것입니다. ⑩빠져나오기 위해서는 여러분은 단지 돌아서서 들어간 길대로 걸어 나오면 됩니다.

[구문]

❶ **Comparing the two pictures below**, you can easily notice some differences.
Comparing the two pictures below는 분사구문으로 If[When] you compare the two pictures below로 바꿔 쓸 수 있다.

❸ The picture on the right **is called** a maze and has **both an entrance and an exit**.
is called는 수동태로 '…라고 불리다'라는 뜻이다. both A and B는 'A와 B 둘 다'라는 뜻으로 여기에서는 '입구와 출구가 둘 다 있다'라는 뜻이다.

❺ **It is said to be** a prison **that** you cannot escape.
'It is said to+동사원형 …'은 '그것은 …라고 알려져 있다'라는 의미이다. 목적격 관계대명사 that이 쓰여 that이 이끄는 절이 앞의 선행사 a prison을 꾸며주고 있으며, '네가 빠져나올 수 없는 감옥'이라는 뜻이다.

❽ This means you **don't have to** worry about getting out of **it** when you enter **it**.
don't have to는 have to의 부정 표현으로 '…할 필요가 없다'라는 뜻이며, need not으로 바꿔 쓸 수 있다. it이 가리키는 것은 the labyrinth이다.

[단어 숙어]

- **confusion** [명] 혼란, 혼동 [e.g.] Sorry for the **confusion** that I caused.
- **labyrinth** [명] 미궁 [e.g.] Do you know the difference between a **labyrinth** and a maze?
- **entrance** [명] 입구 [e.g.] If you go straight, you'll find the **entrance**.
- **maze** [명] 미로 [e.g.] There is only one exit in this **maze**.
- **exit** [명] 출구 [e.g.] You should always know where the fire **exit** is.
- **mythology** [명] 신화 [e.g.] Zeus is the sky and thunder god in ancient Greek **mythology**.
- **path** [명] 길, 통로 [e.g.] The **path** was too rough for us to walk fast.

Grammar +

분사구문

1. '접속사+주어+동사'로 이루어진 부사절을 분사를 이용하여 간단하게 표현할 수 있는데, 이때 형태는 'V-ing ... , S+V ... .'가 되며, '…인 경우, …이므로' 등으로 문맥에 맞게 해석할 수 있다.
2. 만드는 방법
① 접속사를 생략한다.
② 주절의 주어와 같을 경우 주어를 생략한다.
③ 능동의 의미일 경우 동사는 V-ing의 형태로, 수동의 의미일 경우 동사는 V-ed의 형태로 바꾼다.
- **When I saw** him coming in, I felt relieved.
→ **Seeing** him coming in, I felt relieved.
(그가 들어오는 것을 보고 나는 마음이 놓였다.)

Mini Test

정답과 해설 p. 359

A 본문을 다시 읽고, 빈칸에 알맞은 단어를 넣어 문장을 완성하시오.

A ________ only has an entrance and a ________ has both an entrance and an exit. The origin of the ________ comes from Greek mythology.

B 다음 질문에 대한 알맞은 답을 쓰시오.

Q. How can you get out when you are in a labyrinth?

A. To get out, you have to ____.

When you are in a maze, it's a different story. There are many choices to make and dead ends to frustrate you. You have to keep making decisions about which way to go. If you are not careful, you can easily lose your way.

These days, mazes are often considered left-brain puzzles. Many people willingly visit maze parks and enjoy the "planned confusion." And some of them come up with their own solutions. The easiest and most reliable one is to place a hand on one wall from the very beginning. Then you just keep following that wall. It's like walking in a dark room. Unfortunately, this simple method may not be effective in certain types of mazes, especially when all of the walls are not connected.

Q2 What is the easiest and most reliable solution to escape a maze?

frustrate   make a decision 결정하다   lose one's way 길을 잃다   reliable   effective

Q2 What is the easiest and most reliable solution to escape a maze?
미로를 탈출하기 위한 가장 쉽고 믿을 만한 해결 방법은 무엇인가요?

A2 It is to place a hand on one wall from the very beginning and keep following that wall.
시작 지점부터 한쪽 벽에 손을 대고 그 벽을 계속 따라가면 됩니다.

해설 The easiest and most reliable one is to place a hand on one wall from the very beginning. Then you just keep following that wall. 문장에 가장 쉽고 믿을 만한 해결책이 제시되어 있다.

교과서 p.86

해석

①여러분이 미로 안에 있을 때에는 완전히 상황이 다릅니다. ②결정할 많은 선택지가 있고, 여러분을 좌절하게 만드는 막다른 길들이 있습니다. ③어느 길로 갈지 계속 결정해야 합니다. ④조심하지 않으면 길을 잃기 쉽습니다. ⑤오늘날, 미로는 흔히 좌뇌형 퍼즐로 간주됩니다. ⑥많은 사람이 미로 공원에 기꺼이 방문하여 '계획된 혼란'을 즐깁니다. ⑦그리고 그들 중 몇몇은 자기들만의 해결 방법을 생각해 냅니다. ⑧가장 쉽고 믿을 만한 해결 방법은 시작 지점부터 한쪽 벽에 손을 대는 것입니다. ⑨그러고는 여러분은 단지 그 벽을 계속 따라가면 됩니다. ⑩이것은 마치 어두운 방을 걷는 것과 같습니다. ⑪불행히도, 이 간단한 방법은 어떤 종류의 미로에서는 특히 모든 벽이 이어져 있지는 않은 경우 효과가 없을지도 모릅니다.

구문

② There are many choices **to make** and dead ends **to frustrate** you.
to부정사가 명사 뒤에 위치하여 명사를 꾸며 주는 역할을 한다. to make와 to frustrate가 각각 앞의 명사 many choices와 dead ends를 꾸며 주고 있다.

③ You have to **keep making** decisions about **which way** to go.
keep의 목적어는 동명사(V-ing) 형태가 온다. which는 way를 꾸며 주는 의문형용사이며, '어느'라는 의미이다.

⑤ These days, mazes **are** often **considered** left-brain puzzles.
are considered는 수동태 구문으로 능동태로 바꾸면 These days, people often consider mazes left-brain puzzles.이다.

⑧ The easiest and most reliable **one** is **to place** a hand on one wall from the very beginning.
one은 특정하지 않은 여러 개 가운데 하나를 뜻하는 부정대명사로 여기서는 앞 문장에 나온 solution을 가리킨다. to place는 to부정사의 명사적 용법 중 보어 역할을 하고 있다.

⑪ **Unfortunately**, this simple method may not be effective in certain types of mazes, especially when **all of the walls are** not connected.
unfortunately는 '불행하게도'라는 뜻이며, 반의어로 luckily, fortunately가 있다. 'all of the+명사'의 경우 명사의 수에 동사의 수를 일치시켜야 하는데, walls가 복수이므로 are가 왔다.

단어·숙어

- **frustrate** [동] 좌절시키다, 낙담시키다 [e.g.] I was **frustrated** because I couldn't go to the party.
- **make a decision** 결정하다 [e.g.] He **made his decision** to go to America.
- **lose one's way** 길을 잃다 [e.g.] You can easily **lose your way** in the maze.
- **reliable** [형] 믿을 만한 [e.g.] Tom is **reliable**. Everyone trusts him.
- **effective** [형] 효과적인 [e.g.] These pills are **effective** for sore eyes.

Grammar

부정대명사 one

1. one은 정해지지 않은 사람이나 사물을 가리킬 때 사용하는 부정대명사로 '(정해지지 않은 것들 가운데) 하나'라는 의미이다.
   - I'm looking for a shirt. Can you show me a blue **one**?
   (저는 셔츠를 찾고 있어요. 파란색으로 보여주시겠어요?)
2. one의 복수 형태로 ones를 쓴다.
   - Can you show me the **ones** with ribbons?
   (리본이 있는 것들로 보여주시겠어요?)
3. 정해진 것을 가리키는 경우에는 one이 아니라 it을 쓴다.
   - I lost my pen. Have you seen **one**? (X)
   - I lost my pen. Have you seen **it**? (O)
   (나는 펜을 잃어버렸어. 너는 그것을 봤니?)

Mini Test

정답과 해설 p. 359

A 본문의 내용과 일치하면 T, 일치하지 않으면 F를 쓰시오.

1. If you are careful, you can easily lose your way in a maze. (   )
2. Maze parks are the planned confusion that people willingly visit. (   )

B 우리말과 일치하도록 주어진 표현을 바르게 배열하여 문장을 완성하시오.

가장 쉽고 믿을 만한 해결 방법은 시작 지점부터 한쪽 벽에 손을 대는 것이다.

→ The easiest and most reliable solution is ______________________ from the very beginning.
(a hand, to, place, wall, one, on)

❶ Mazes are made with a variety of different materials, like walls and ❷ rooms, hedges, bricks, mirrors, and even snow. In fact, they can also be ❸ printed or drawn on paper. Here is one as an example. ❹ This is called a ❺ number maze. You start from point A and have to go in the order of 1 →
5   9 → 8 → 5 → 1 → 9 → …. ❼ Why don't you give it a try? You have 30 seconds to escape!

❽   Labyrinths and mazes are truly fun, but that's not the end of the story. ❾ Looking at them closely, you may find the beauty of order and regularity. ❿ They may also show you how creative human beings are.
⓫   If there is a maze park on your next trip, why don't you stop and take
10   some time to enjoy it? ⓬ It will surely be worth visiting!

Q3 What materials are used to make mazes?

Think Which material do you want to use for your own maze and why?

a variety of 다양한   hedge   in the order of …의 순서로   regularity
worth

How fast can you read?

- **1st:** _____ min. _____ sec.
- **2nd:** _____ min. _____ sec.

Q3 What materials are used to make mazes? 미로를 만들기 위해 무슨 재료들이 사용되나요?

A3 Mazes are made with a variety of different materials, like walls and rooms, hedges, bricks, mirrors, and even snow. 미로는 벽과 방, 산울타리, 벽돌, 거울, 심지어는 눈 등 다양한 다른 재료로 만들어집니다.

해설 Mazes are made with a variety of different materials, like walls and rooms, hedges, bricks, mirrors, and even snow. 문장에 미로를 만들 때 사용하는 재료들이 나열되어 있다.

[Think] Which material do you want to use for your own maze and why?
당신만의 미로에 어떤 재료를 사용하고 싶나요? 그 이유는 무엇인가요?

→ I want to use mirrors to make my own maze. A maze with mirrors will be much more confusing and exciting. 저는 저만의 미로를 만들기 위해 거울을 사용하고 싶습니다. 거울로 만든 미로는 훨씬 더 혼란스럽고 재미있을 것입니다.

[해석]

①미로는 벽과 방, 산울타리, 벽돌, 거울, 심지어는 눈 같은 다양한 다른 재료로 만들어집니다. ②사실, 미로는 종이에 인쇄되거나 그려질 수도 있습니다. ③여기 그 예가 하나 있습니다. ④이것은 숫자 미로라고 불립니다. ⑤여러분은 A 지점에서 출발하여 1, 9, 8, 5, 1, 9 …의 순서로 이동해야 합니다. ⑥한번 시도해 보는 게 어떤가요? ⑦여러분은 빠져나가는 데 30초가 주어집니다! ⑧미궁과 미로는 정말 재미있지만, 그것이 이야기의 끝이 아닙니다. ⑨그것들을 자세히 들여다보면 여러분은 질서와 규칙성이라는 아름다움을 발견할 수 있을지도 모릅니다. ⑩그것들은 또한 여러분에게 인간이 얼마나 창조적인가를 보여 줄지도 모릅니다. ⑪다음 여행에 미로 공원이 있으면 들러서 즐기기 위해 시간을 가져보는 것은 어떨까요? ⑫분명히 들를 가치가 있을 것입니다!

[구문]

③ Here is **one** as an example.
one은 '정해지지 않은 것 중 하나'를 가리킬 때 사용하는 말로 여러 가지 예시 중 한 가지를 든다는 뜻이다. 정해진 것을 가리킬 때는 it을 쓴다.

⑥ Why don't you **give it a try**?
give it a try는 '시험 삼아 해 보다, 시도해 보다'라는 뜻이다.

⑨ **Looking at them closely**, you may find the beauty of order and regularity.
Looking at them closely는 분사구문이 쓰인 문장으로 If[As/When] you look at them closely로 표현할 수 있다.

⑩ They may also **show you how creative human beings are**.
show는 4형식 동사로 두 개의 목적어가 나오는데, 간접목적어로 you가, 직접목적어로 how creative human beings are가 쓰였다. how creative human beings are는 간접의문문으로 '의문사+주어+동사'의 어순임에 유의한다.

⑫ It will surely be **worth visiting**!
worth는 '…할 가치가 있는'이라는 뜻으로 그 뒤에 명사나 동명사가 온다.
[e.g.] This diamond is **worth a lot of money**.

Grammar

조동사 may

조동사 may는 '…일지도 모른다'라는 추측의 의미와 '…해도 된다'라는 허가의 의미가 있다.

- **추측**: He **may** have some money. (그는 돈이 좀 있을지 모른다.)
- **허가**: You **may** go home now. (너는 지금 집에 가도 된다.)

[단어•숙어]

- **a variety of** 다양한 [e.g.] **A variety of** people get together to celebrate the festival.
- **hedge** [명] 산울타리 [e.g.] I need to cut the **hedge** on the weekend.
- **escape** [동] 탈출하다 [e.g.] The prisoner **escaped** from the guards.
- **closely** [부] 자세히, 접근하여 [e.g.] You should **closely** take a look at the plants.
- **regularity** [명] 규칙성 [e.g.] There is **regularity** in rules for every language.
- **worth** [형] …할 가치가 있는 [e.g.] This experience is **worth** a million dollars.

Mini Test

정답과 해설 p. 359

다음 질문에 대한 알맞은 답을 문장으로 쓰시오.

Q. What can be printed or drawn on paper?

A. ____

A Think and Choose 다음 문장을 읽고, 관계있는 것에 표시해 봅시다.

	Labyrinth	Maze
1. It has both an entrance and an exit.	☐	☑
2. It has only a single path.	☑	☐
3. You can find its origin in Greek mythology.	☑	☐
4. It has many dead ends.	☐	☑
5. It is often considered a left-brain puzzle.	☐	☑

단어 숙어

both A and B A와 B 둘 다
exit [명] 출구
path [명] 통로, 길
origin [명] 기원, 근원
mythology [명] 신화
dead end 막다른 길
consider [동] 간주하다, 여기다

해석

1 그것은 입구와 출구가 둘 다 있다.
2 그것은 통로가 하나만 있다.
3 당신은 그것의 기원을 그리스 신화에서 찾을 수 있다.
4 그것은 막다른 길이 많이 있다.
5 그것은 흔히 좌뇌형 퍼즐로 간주된다.

활동 방법 본문 내용 속 미로와 미궁의 차이를 파악하여 관계있는 것에 표시해 본다.

풀이

1 미로와 미궁 중 입구와 출구가 둘 다 있는 것은 '미로'이다.
2 미로와 미궁 중 통로가 하나만 있는 것은 '미궁'이다.
3 미로와 미궁 중 그리스 신화에서 기원을 찾을 수 있는 것은 '미궁'이다.
4 미로와 미궁 중 막다른 길이 없는 것은 미궁이고, 막다른 길이 많은 것은 '미로'이다.
5 미로와 미궁 중 좌뇌형 퍼즐로 간주되는 것은 '미로'이다.

B Read and Write 본문의 내용에 맞게 빈칸에 알맞은 말을 써서 일기를 완성해 봅시다.

Date. September 17th, 20XX   Today's Weather. 

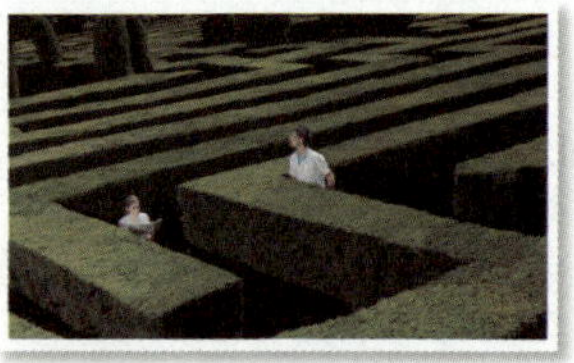

Today, I went to the nearby maze park with my friends. The maze looked hard to solve. There were many __choices__, and I had to keep making __decisions__ about which way to go. My friends said that I should just place my __hand__ on one wall from the beginning and keep following the same wall. That solution was simple but not very __effective__. I enjoyed myself very much at the park. Also, I found the beauty of __order__ and regularity there and thought that human beings are really __creative__.

단어 숙어

nearby [형] 근처의
hard [형] 어려운
make a decision 결정하다
place [동] 두다, 놓다
solution [명] 해결 방법
regularity [명] 규칙성

해석

오늘 나는 친구들과 근처 미로 공원에 갔다. 그 미로는 풀기에 어려워 보였다. 선택할 것들이 많았고, 나는 어느 길로 갈지 계속 결정해야 했다. 내 친구들은 내가 시작 지점부터 한 쪽 벽에 손을 대고 계속 같은 벽을 따라가야 한다고 말했다. 그 해결 방법은 간단했지만 매우 효과적이지는 않았다. 나는 공원에서 매우 즐거웠다. 또한 나는 거기서 질서와 규칙성의 아름다움을 발견했고, 인간이 정말 창의적이라고 생각했다.

활동 방법 교과서 86~87쪽에 있는 미로에 관한 내용을 참고하여 일기를 완성해 본다.

'미궁'이나 '미로'라는 말을 들었을 때, 떠오르는 단어와 그 이유를 말해 봅시다.

● 본문 내용을 떠올려 빈칸을 채워 봅시다.

Comparing the two pictures below, you can easily notice some _________. For example, the picture on the left is _________ a labyrinth and only has an entrance. The picture on the right is called a maze and has _________ an entrance and an _________.

You can find the _________ of the labyrinth in Greek mythology. It is said to be a _________ that you cannot escape. But you may notice that the labyrinth has only a single _________. There are no _________ ends. This means you don't have to worry about getting out of it when you enter it. If you follow the path all the way to the _________, you will reach the center. To get out, you simply have to turn around and walk back out the _________ you came in.

When you are in a maze, it's a different story. There are many _________ to make and dead ends to frustrate you. You have to keep making _________ about which way to go. If you are not careful, you can easily _________ your way.

These days, mazes are often considered left-brain puzzles. Many people willingly _________ maze parks and enjoy the "planned _________." And some of them come up with their own solutions. The easiest and most _________ one is to place a hand on one wall from the very beginning. Then you just keep following that _________. It's like walking in a _________ room. Unfortunately, this simple method may not be _________ in certain types of mazes, especially when all of the walls are not connected.

Mazes are made with a variety of different _________, like walls and rooms, hedges, bricks, mirrors, and even snow. In fact, they can also be printed or drawn on _________. Here is one as an example. This is called a _________ maze. You start from point A and have to go in the order of 1 → 9 → 8 → 5 → 1 → 9 → … . Why don't you give it a try? You have 30 seconds to escape!

_________ and mazes are truly fun, but that's not the end of the story. Looking at them closely, you may find the beauty of order and _________. They may also show you how _________ human beings are.

If there is a maze park on your next trip, why don't you stop and take some time to enjoy it? It will surely be _________ visiting!

정답 | differences, called, both, exit, origin, prison, path, dead, end, way, choices, decisions, lose, visit, confusion, reliable, wall, dark, effective, materials, paper, number, Labyrinths, regularity, creative, worth

Word Builder

교과서 p.160

A 우리말 뜻에 맞게 빈칸에 알맞은 철자를 써 봅시다.

	o					
p	r	i	s	o	n	감옥
	d					
	e					
	r					
	질서					

		m							
		e							
m	y	t	h	o	l	o	g	y	신화
		h							
		o							
		d							
		방법							

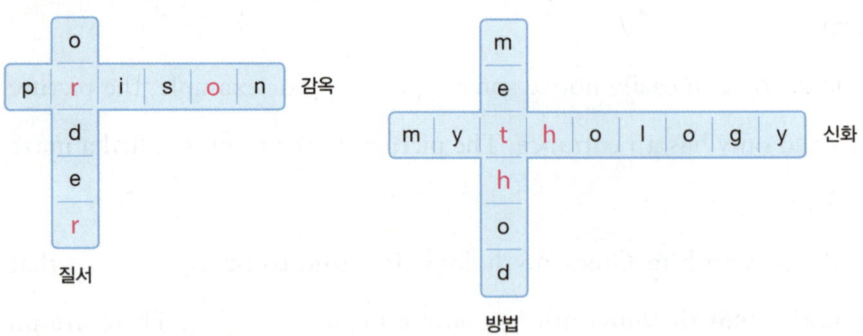

풀이 우리말 뜻에 맞게 빈칸에 알맞은 철자를 넣어 해당하는 단어를 완성해 본다.
prison 감옥, order 질서, mythology 신화, method 방법

B 주어진 단어를 사용하여 그림에 맞는 표현을 완성해 봅시다.

lose turn make

1. 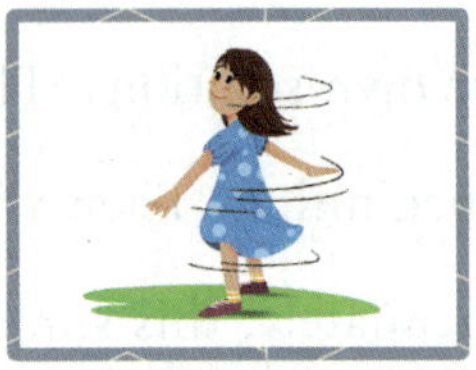
turn around

2. 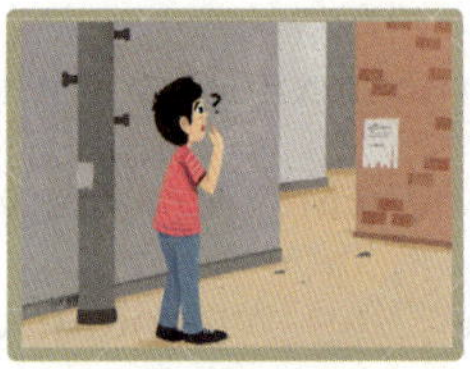
lose my way

3. 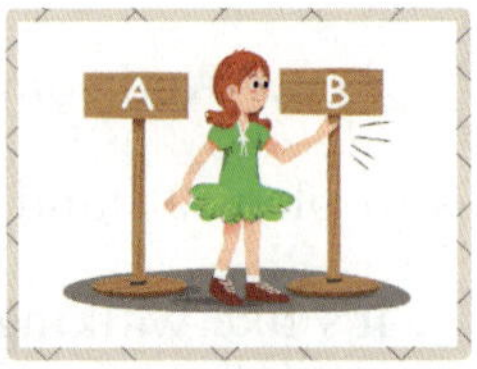

make a decision

단어·숙어 lose [동] 잃다
decision [명] 결정

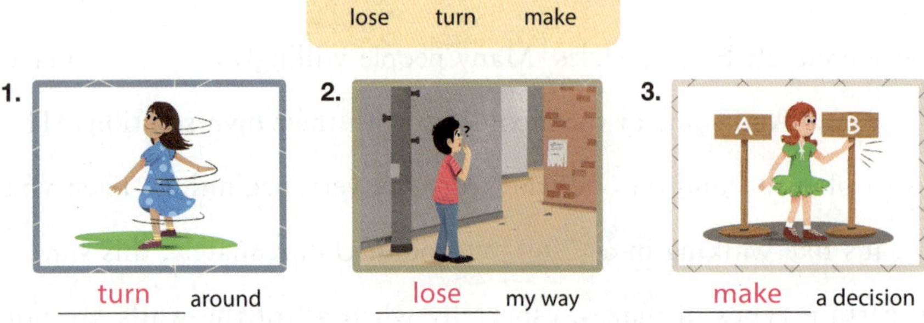

풀이
1 turn around 돌아서다
2 lose one's way 길을 잃다
3 make a decision 결정하다

C 단어 리본에서 빈칸에 알맞은 단어를 골라 글을 완성해 봅시다.

akbwortheereliableexittiiaaglecreativeeffective

Jihun comes up with ideas that we never think of. That's why we think he is creative. He is also reliable because what he says always turns out to be true. He is worth listening to!

단어·숙어 come up with (생각이) 떠오르다
turn out 밝혀지다, 나타나다

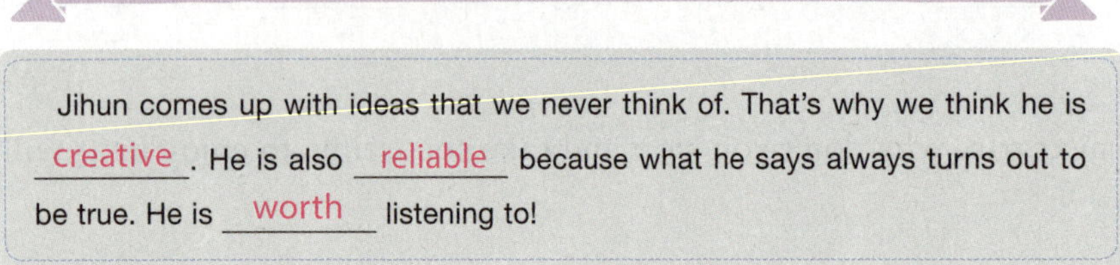

해석 지훈이는 우리가 전혀 생각하지 못한 아이디어들을 떠올린다. 그래서 우리는 그가 창의적이라고 생각한다. 또한 그가 말하는 것은 항상 사실로 밝혀지기 때문에 그는 믿을 만하다. 그에게 귀를 기울이는 것은 가치가 있다!

풀이 다른 사람이 결코 생각해낼 수 없는 것을 떠올리는 사람을 창의적이라고(creative) 한다. 또한 그가 하는 말이 항상 사실로 드러나면 그는 믿을 만하다(reliable). 따라서 그의 말을 듣는 것은 가치가 있다(worth).

Word Check 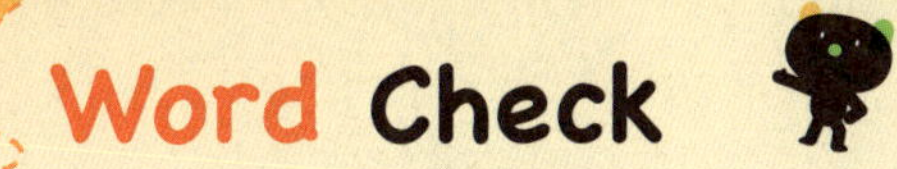

A 다음 영어 표현은 우리말로, 우리말은 영어로 쓰시오.

1. origin _________________

2. regularity _________________

3. maze _________________

4. exit _________________

5. confusion _________________

6. 믿을 만한 _________________

7. 효과적인 _________________

8. 비교하다 _________________

9. 신화 _________________

10. 산울타리 _________________

B 다음 문장에서 **틀린** 부분을 찾아 바르게 고쳐 쓰시오.

1. Don't confusing me. I need to focus.

2. To avoid confuse, we need to arrange the names in alphabetical order.

3. He shouted in frustrate when he saw his broken laptop.

4. There is a regular in the behavior of the animals.

C 다음 빈칸에 알맞은 단어를 보기 에서 골라 쓰시오.

> **보기**
>
> connect   worth   entrance   consider   reliable

1. Is it _________________ playing the game every day?

2. _________________ the speakers to the CD player.

3. My teacher is _________________ so everyone depends on him.

4. She was _________________ed to be one of the greatest pianists at that time.

5. Can you find the _________________ of this building?

one

A **Choose and Talk** 자신이 원하는 휴대 전화 케이스를 고르고, 짝과 대화해 봅시다.

  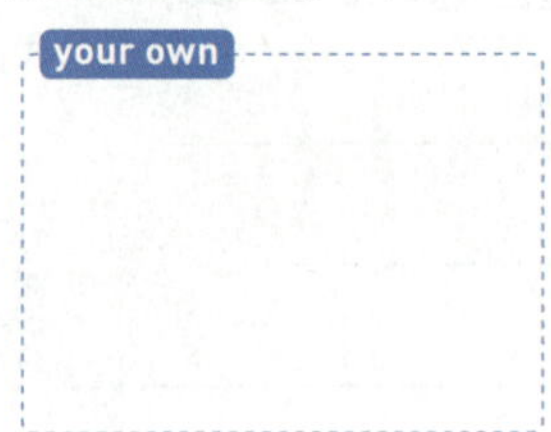

your own

해석
A: 너는 어떤 종류의 휴대 전화 케이스를 사고 싶니?
B: 나는 파란색으로 사고 싶어. 나는 또한 그 위에 별이 있는 것이 좋겠어.

A: What kind of cell phone case would you like to buy?
B: I'd like to buy a blue one. I would also like one with a star on it.

예시
대화

- A: What kind of cell phone case would you like to buy?
  B: I'd like to buy a pink one. I would also like one with a horse on it.

- A: What kind of cell phone case would you like to buy?
  B: I'd like to buy a blue one. I would also like one with a bird on it.

- A: What kind of cell phone case would you like to buy?
  B: I'd like to buy a pink one. I would also like one with a flower on it.

- A: 너는 어떤 종류의 휴대 전화 케이스를 사고 싶니?
  B: 나는 분홍색으로 사고 싶어. 나는 또한 그 위에 말이 있는 것이 좋겠어.

- A: 너는 어떤 종류의 휴대 전화 케이스를 사고 싶니?
  B: 나는 파란색으로 사고 싶어. 나는 또한 그 위에 새가 있는 것이 좋겠어.

- A: 너는 어떤 종류의 휴대 전화 케이스를 사고 싶니?
  B: 나는 분홍색으로 사고 싶어. 나는 또한 그 위에 꽃이 있는 것이 좋겠어.

 **Form 1** ▶ **one**

one은 앞에 나온 명사의 반복을 피하기 위해 쓰며, 불특정한 대상을 가리킬 때 사용한다.
e.g. I lost my pen. I need to buy **one**. (나는 내 펜을 잃어버렸다. 나는 펜을 사야 한다.)
There are some pears on the tree. Let's pick **one**. (나무에 배가 몇 개 있다. 하나 따자.)

- 단수명사를 가리킬 때는 one, 복수명사를 가리킬 때는 ones를 사용한다.
  e.g. She didn't bring her umbrella. Do you have **one**?
  (그녀는 우산을 가져오지 않았다. 너는 우산을 가지고 있니?)
  Do you have your loved **ones** around you? (너는 주위에 네가 사랑하는 사람들이 있니?)
  These watermelons are too small. I want bigger **ones**.
  (이 수박들은 너무 작다. 나는 더 큰 것들을 원한다.)

- 정해진 특정 대상을 가리킬 때는 대명사 it을 사용한다.
  e.g. I lost my blue pen. I can't find **it**. (나는 내 파란색 펜을 잃어버렸다. 나는 그것을 찾을 수 없다.)
  My father bought me a new bicycle, but I don't like **it**.
  (아빠는 내게 새 자전거를 사 주셨지만, 나는 그것이 맘에 들지 않는다.)
  Jessica left her cell phone in her room. So I brought **it** for her.
  (Jessica는 그녀의 방에 휴대 전화를 놓고 갔다. 그래서 나는 그것을 그녀를 위해 가져왔다.)

Looking at them closely, … .

B **Look and Write** 다음 그림을 보고, 문장을 완성해 봅시다.

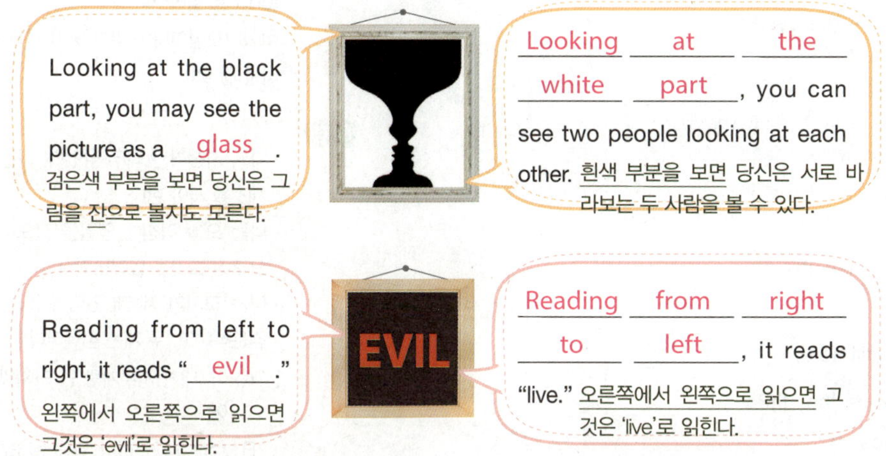

풀이 첫 번째 그림에서 검은색 부분을 보면 '잔'이 보이고, '흰색 부분을 보면' 서로 바라보는 두 사람이 보인다. Looking at the black/white part는 If you look at the black/white part로 바꿔 쓸 수 있다.

from left to right은 '왼쪽에서 오른쪽으로'라는 의미로 글자를 왼쪽에서 오른쪽으로 읽으면 'evil'이 되고, '오른쪽에서 왼쪽으로 읽으면' live가 된다.

Form 2 ▶ **Looking at them closely, … .**

'접속사＋주어＋동사'로 이루어진 부사절을 분사구문을 이용하여 간단하게 만들 수 있다.

1. 의미: …인 경우, …일 때, …이므로 (문맥에 맞게 의미를 유추)

2. 형태: V-ing … , S＋V …

   e.g. **Opening** his eyes, **the boy began** to cry. (그 소년은 눈을 떴을 때, 울기 시작했다.)

3. 만드는 방법: ① 접속사를 삭제한다. 단, 접속사의 의미를 강조할 경우 삭제하지 않는다.

   e.g. ~~**Because**~~ Tom was late, he couldn't take the class.

   ② 주절과 종속절의 주어가 같으면 종속절의 주어를 삭제한다.

   e.g. ~~**Tom**~~ was late, **he** couldn't take the class.

   ③ 동사를 원형으로 바꾸고, -ing를 붙인다.

   e.g. **Being** late, Tom couldn't take the class. (늦어서 Tom은 수업을 들을 수 없었다.)

• 분사 Being은 생략할 수 있으므로 수동의 의미인 경우, 과거 분사(p.p.) 형태로 시작할 수 있다.

   e.g. **(Being)** Asked to join the club, she was happy.

   (동아리에 가입하는 것을 요청받았기 때문에 그녀는 행복했다.)

Self-check	😊	😣
• I can use 'one.'	☐	☐
• I can use 'Looking at them closely, … .'	☐	☐

Grammar Builder A

교과서 p.161

Point 1 one

A 설명을 읽고, 괄호 안에서 알맞은 말을 골라 봅시다.

> • one(s)는 사람과 사물을 포함하여 특별히 정해지지 않은 말을 대신하는 경우에 쓸 수 있다. 정해진 말을 대신하는 경우에는 it을 쓰는 것이 일반적이다.
>
> My bike is too old. I need to buy a new one.
> I bought the pencil this morning, but I lost it this afternoon.
> I have three caps: a black one and two white ones.

1. A: Oh, I didn't bring my eraser.
   B: Do you want me to lend you (one, ones, it)?
2. A: I think I left my pen here.
   B: Okay, let's see if (one, ones, it) is still here.
3. A: The shoes look great on you! How do they fit?
   B: Well, do you have bigger (one, ones, it)?

풀이
1 지우개를 가져오지 않은 상대방에게 특정하지 않은 지우개를 하나 빌려주려는 상황이므로 부정대명사 one이 알맞다.
2 내가 여기 둔 펜(구체적이고 특정한 대상)이 여전히 여기 있는지 보자는 것이므로 지시대명사 it이 알맞다.
3 특정하지 않은 더 큰 크기의 신발이 있는지 묻는 상황이므로 부정대명사가 알맞다. 신발은 복수형이므로 one의 복수형인 ones가 알맞다.

단어 숙어
eraser [명] 지우개
lend [동] 빌려주다
fit [동] (모양이나 크기가 어떤 사람·사물에) 맞다

해석
• 나의 자전거는 너무 낡았다. 나는 새것을 사야 한다.
• 나는 오늘 아침에 연필을 샀으나 오후에 그것을 잃어버렸다.
• 나는 모자가 세 개 있다. 하나는 검은색이고, 두 개는 흰색이다.
1 A: 아, 내가 지우개를 안 가져왔어.
B: 너는 내가 하나 빌려주기를 원하니?
2 A: 내가 여기에 펜을 둔 것 같아.
B: 알았어, 아직 여기 있는지 보자.
3 A: 신발이 잘 어울리네요. 잘 맞나요?
B: 글쎄요, 더 큰 것이 있나요?

Point 2 Looking at them closely, ...

B 설명을 읽고, 빈칸에 알맞은 말을 넣어 문장을 완성해 봅시다.

> • if, when, as 등이 이끄는 문장은 '동사 + -ing'로 시작할 수 있다.
> If you turn to the right, you can find me.
> → Turning to the right, you can find me.
>
> [방법] 1. If 생략하기
> 2. you가 중복되므로 if가 이끄는 문장에서 you 생략하기
> 3. turn을 turning으로 바꿔 문장 시작하기

1. If you open this box, you will be very surprised.
   → Opening this box, you will be very surprised.
2. As I walked along the road, I felt a sense of peace.
   → Walking along the road, I felt a sense of peace.
3. When he finished the work, he heard his doorbell ring.
   → Finishing the work, he heard his doorbell ring.

풀이 분사구문을 만들 때는 ① 접속사를 삭제한 다음, ② 주절과 종속절의 주어가 같으면 종속절의 주어를 삭제하고, ③ 동사를 '동사원형+-ing'로 바꾼다.

단어 숙어
doorbell [명] 초인종
ring [동] 울리다

해석
• 네가 오른쪽으로 돌면 너는 나를 찾을 수 있다.
1 네가 이 상자를 연다면 너는 매우 놀랄 것이다.
2 길을 따라 걸어가면서 나는 평화로움을 느꼈다.
3 그가 일을 다 끝냈을 때, 그는 초인종이 울리는 것을 들었다.

Grammar Builder B 

Point 1 one

A 다음 문장에서 잘못된 부분을 찾아 바르게 고쳐 봅시다.

1. I forgot my room number. Could you check one for me?

one → it

2. I didn't bring my pen. Would you please lend ones to me?

ones → one

3. I lost my umbrella. I think I have to buy a new it.

it → one

풀이

1 특정한 정보인 내 방 번호를 물어보는 상황이므로 one이 아니라 지시대명사 it이 되어야 한다.

2 특정하지 않은 펜을 하나 빌려달라는 상황이므로 복수형인 ones가 아니라 단수형인 one이 되어야 한다.

3 새 우산을 사야 하는 상황에서 어떤 우산을 살지 정해지지 않았으므로 불특정 대상을 가리키는 부정대명사 one이 되어야 한다.

단어 숙어
check [동] 확인하다
bring [동] 가져오다
umbrella [명] 우산

해석

1 제가 방 번호를 잊어버렸어요. 방 번호를 확인해 주시겠어요?

2 저는 펜을 가져오지 않았어요. 제게 하나 빌려주시겠어요?

3 나는 우산을 잃어버렸다. 새 우산을 하나 사야 할 것 같다.

Point 2 Looking at them closely, ...

B 주어진 단어를 바르게 배열하여 병원까지 가는 방법을 안내하는 글을 완성해 봅시다.

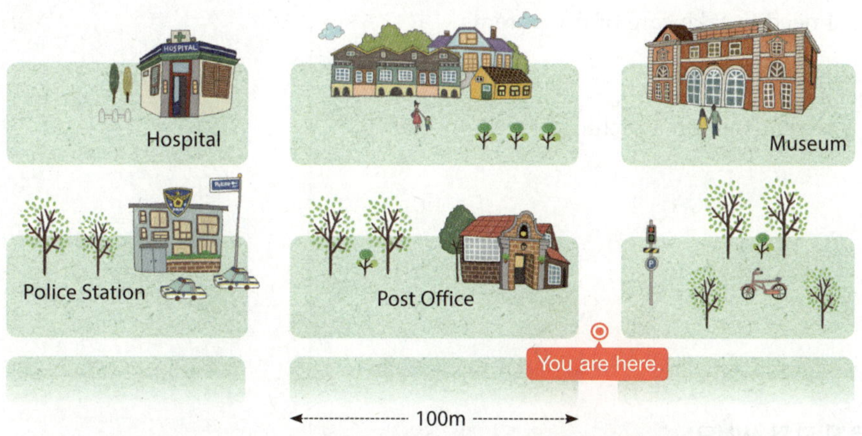

Go straight and you should turn left. <u>Turning left</u> (left, turning), you will see the post office. From the post office, just walk straight along the road. <u>walking straight for 100 meters</u> (straight, walking, 100 meters, for), you will get to the police station. Finally, <u>turning to the right</u> (to, turning, the, right), you will see the hospital on your left.

단어 숙어
post office [명] 우체국
road [명] 길
police station [명] 경찰서
finally [부] 마침내, 마지막으로
hospital [명] 병원

해석
직진하다가 왼쪽으로 돌아라. 왼쪽으로 돌면 우체국이 보일 것이다. 우체국에서부터 길을 따라 그냥 곧장 걸어라. 100미터를 곧장 걸어가면 경찰서에 이를 것이다. 마지막으로 오른쪽으로 돌면 왼쪽에 병원이 보일 것이다.

풀이 분사구문의 어순은 분사 다음에 형용사나 전치사구, 부사구가 잇따라 온다.

Grammar Check 

A 다음 괄호 안에서 알맞은 말을 고르시오.

1. I have some cookies. Do you want (it / one)?

2. Mike bought a new laptop. (It / The one) looks great.

3. Why don't you try the blue (one / ones)? The shirt is on sale.

4. Do you have the report? I need to take a look at (it / one).

B 두 문장이 같은 의미가 되도록 분사구문을 사용하여 문장을 완성하시오.

1. As you are tall, you can try out for the basketball team.

   → ____________________, you can try out for the basketball team.

2. When she feels upset, she sleeps.

   → ____________________, she sleeps.

3. If you study hard, you can get good grades.

   → ____________________, you can get good grades.

4. Since I am the only child, I need to take care of my parents.

   → ____________________, I need to take care of my parents.

5. If the weather is cold, we can't go on a picnic.

   → ____________________, we can't go on a picnic.

C 다음 중 어법상 어색한 부분을 바르게 고쳐 쓰시오.

1. Seen John cry, I felt bad.

2. There are many dishes on the shelf. Take ones.

3. Although tiring, I didn't go to bed.

4. I forgot to bring my cup. Do you have an extra it?

5. Inviting to the party, she was really happy.

Grammar Tip

• one은 앞에 나온 명사의 반복을 피하기 위해 불특정한 대상을 가리킬 때 사용하는 것으로 단수명사를 가리킬 때는 one, 복수명사를 가리킬 때는 ones로 쓴다. 정해진 특정 대상을 가리킬 때는 it을 쓴다.

• 분사구문 만들기
① 접속사를 생략한다.
② 주절과 종속절의 주어가 같으면 종속절의 주어를 생략한다. 단, 주절과 종속절의 주어가 같지 않으면 생략하지 않는다.
③ 종속절의 동작이 능동의 의미일 때, 동사를 '동사원형 +-ing'로 바꾼다. 수동의 의미일 때는 과거 분사로 쓴다.

Let's Write

Our Class's Preference

Ready 둘 중 더 좋아하는 쪽을 고르고, 그 이유를 써 봅시다.

단어 숙어
ocean 몡 바다
lovely 혱 사랑스러운, 멋진

✓ mountains 산	oceans 바다	**Reason**
movies 영화	books 책	more beautiful, more exciting, lovelier
swimming 수영	jogging 조깅	더 아름다운, 더 신나는, 더 멋진

vs.

your own

활동 방법 둘 중 더 좋아하는 쪽을 고른 다음, 그 이유를 나타내는 핵심 단어를 써 본다.

Write 위에서 하나를 골라 학급 전체를 대상으로 선호도를 조사하고, 보고서를 써 봅시다.

단어 숙어
survey 몡 설문 조사
preference 몡 선호도
between A and B A와 B 사이에
prefer 동 선호하다

I took a short survey about our class's preference between mountains and oceans. Looking at the results, it is clear that our class prefers mountains to oceans.

You may wonder why our class prefers mountains. From the results of the survey, I found key words like "more beautiful," "more exciting," and "lovelier."

I took a short survey about our class's preference between _____movies_____ and _____books_____. Looking at the results, it is clear that our class prefers _____movies_____ to _____books_____.

You may wonder why our class prefers _____movies_____. From the results of the survey, I found key words like "more fantastic," "more thrilling," and "easier to understand".

활동 방법 위에서 작성한 표를 바탕으로 학급 전체를 대상으로 한 선호도를 조사한 후, 보고서를 써 본다.

해석

나는 산과 바다 간 우리 반의 선호도에 대한 간단한 설문 조사를 했다. 결과를 보면 우리 반은 바다보다 산을 선호한다는 것이 명확하다.

여러분은 왜 우리 반이 산을 선호하는지 궁금할지도 모른다. 설문 조사 결과에서, 나는 '더 아름다운', '더 신나는', 그리고 '더 멋진'과 같은 핵심어를 찾았다.

해석

나는 영화와 책 간 우리 반의 선호도에 대한 간단한 설문 조사를 했다. 결과를 보면 우리 반은 책보다 영화를 선호한다는 것이 명확하다.

여러분은 왜 우리 반이 영화를 선호하는지 궁금할지도 모른다. 설문 조사 결과에서, 나는 '더 환상적인', '더 신나는', 그리고 '이해하기 더 쉬운'과 같은 핵심어를 찾았다.

Present 완성한 보고서를 친구들 앞에서 발표해 봅시다.

Peer Review

- 반 친구들에게 선호도 조사를 한 후, 보고서를 바르게 작성하고 발표하였나요? ☐ ☐
- 'Looking at the results, … ' 표현의 쓰임을 잘 이해하였나요? ☐ ☐

1 대화를 듣고, 내용과 일치하면 T에, 일치하지 않으면 F에 표시해 봅시다. 

(1) Juwon remembered the name of the monster, the Minotaur. ☐ T ☑ F

(2) Alice is going to lend the book to Juwon. ☑ T ☐ F

2 주어진 단어를 사용하여 대화를 완성한 후, 짝과 대화해 봅시다.

A: How do I get to the library?
B: Turn ___right___ at the ___crossroad___ and go ___straight___ for 100 meters.

straight   crossroad   right

3 다음 글을 읽고, 알맞은 말을 골라 봅시다.

When you are in a maze, it's a different story. There are many choices to make and dead ends to ☑ frustrate ☐ please you. You have to keep making decisions about which way to go. If you are not careful, you can easily ☐ find ☑ lose your way.

4 다음 문장이 들어가기에 알맞은 곳을 찾아 봅시다.

It's like walking in a dark room.

These days, mazes are often considered left-brain puzzles. Many people willingly visit maze parks and enjoy the "planned confusion." (①) And some of them came up with their own solutions. (②) The easiest and most reliable one is to place a hand on one wall from the very beginning. (③) Then you just keep following that wall. (④) Unfortunately, this simple method may not be effective in certain types of mazes, especially when all of the walls are not connected.

5 다음 그림을 보고, 주어진 단어를 바르게 배열하여 문장을 완성해 봅시다.

The duck looks calm on top of the water. But _seeing it from under the water_, you will find that its feet never stop paddling.
(it, the water, under, from, seeing)

your own

6 좋아하는 영화 장르를 고른 후, 짝과 대화해 봅시다.

comedies   actions
animations   mysteries

e.g. A: What kinds of movies do you like?
B: My favorite ones are comedies and mysteries.

My Score   /6   4-6   2-3   0-1

①

Script

B: What are you reading, Alice?
G: It's about the origin of the labyrinth.
B: Labyrinth? Wasn't that an old mythological prison to keep the half-man, half-bull monster?
G: Oh, Juwon, you know about the story.
B: Not really. I forgot the name of the monster.
G: The Minotaur. The king of Crete was angry at it and put it in a labyrinth.
B: Interesting! Alice, is it possible to borrow the book after you're finished with it?
G: Sure, no problem. Maybe this Friday.

해석

B: 넌 무엇을 읽고 있니, Alice?
G: 이건 미궁의 기원에 관한 거야.
B: 미궁? 그건 반인반수 괴물을 가두기 위한 옛 신화 속 감옥 아니니?
G: 오, 주원아, 너는 그 이야기에 대해 아는구나.
B: 그다지 잘 아는 건 아니야. 난 그 괴물의 이름을 잊어버렸어.
G: 미노타우로스야. 크레타의 왕이 그 괴물에게 화가 나서 그 괴물을 미궁에 가두었지.
B: 흥미로운데! Alice, 네가 그 책을 다 읽은 후에 그 책을 빌려도 될까?
G: 물론, 문제없어. 아마 이번 금요일쯤 빌려줄 수 있을 거야.
(1) 주원이는 괴물의 이름, 미노타우로스를 기억했다.
(2) Alice는 주원이에게 책을 빌려줄 것이다.

풀이 (1) 주원이는 괴물의 이름을 잊어버렸다고 했다. (2) Alice는 금요일쯤 주원이에게 책을 빌려줄 수 있다고 했다.

②

해석

A: 도서관에 어떻게 가나요?
B: 교차로에서 오른쪽으로 돌아 100미터 직진하세요.

풀이 오른쪽이나 왼쪽으로 돌 때 turn 동사 다음에 left나 right를 쓴다. go straight는 '직진하다'라는 뜻이다.

③

해석 여러분이 미로 안에 있을 때에는 완전히 상황이 다릅니다. 결정할 많은 선택지가 있고, 여러분을 좌절하게 만드는 막다른 길들이 있습니다. 어느 길로 갈지 계속 결정해야 합니다. 조심하지 않으면 길을 잃기 쉽습니다.

풀이 막다른 길은 미로 속에서 헤매는 사람을 '좌절하게' 할 것이고, 조심하지 않으면 쉽게 길을 '잃을' 것이다.

단어 숙어
choice ⑨ 선택(권)
dead end 막다른 길
make a decision 결정하다
lose one's way 길을 잃다

④

해석 오늘날, 미로는 흔히 좌뇌형 퍼즐로 간주됩니다. 많은 사람이 미로 공원에 기꺼이 방문하여 '계획된 혼란'을 즐깁니다. 그리고 그들 중 몇몇은 자기들만의 해결 방법을 생각해 냈습니다. 가장 쉽고 믿을 만한 해결 방법은 시작 지점부터 한쪽 벽에 손을 대는 것입니다. 그러고는 여러분은 단지 그 벽을 계속 따라가면 됩니다. 이것은 마치 어두운 방을 걷는 것과 같습니다. 불행히도, 이 간단한 방법은 어떤 종류의 미로에서는 특히 모든 벽이 이어져 있지는 않은 경우 효과가 없을지도 모릅니다.

풀이 주어진 문장의 It이 의미하는 바가 '한쪽 벽에 손을 짚고 계속 따라가는 것'을 뜻하므로 해당하는 설명이 나온 후 주어진 문장이 위치해야 한다.

단어 숙어
consider ⑧ 간주하다
willingly ⑨ 기꺼이
confusion ⑨ 혼란, 혼동
reliable ⑨ 믿을 만한
method ⑨ 방법
effective ⑨ 효과적인

⑤

해석 오리는 물의 표면에서는 차분해 보인다. 그러나 물속에서 그것을 보면 오리의 발이 물장구치기를 멈추지 않는다는 점을 알게 될 것이다.

풀이 분사구문으로 'V-ing' 형태가 가장 먼저 온 다음 목적어인 it이 오고, '물속에서'라는 뜻의 from under the water가 오면 된다.

단어 숙어
paddle ⑧ 물장구를 치다

⑥

해석
A: 너는 어떤 종류의 영화를 좋아하니?
B: 내가 좋아하는 것들은 코미디 영화와 미스터리 영화야.

풀이 movies를 ones로 바꿔 말하는 구문을 활용하여 자신이 좋아하는 영화 장르를 선택하여 대화해 본다.

예시 답안
A: What kinds of movies do you like?
  너는 어떤 종류의 영화를 좋아하니?
B: My favorite ones are action and animated movies. 내가 좋아하는 것들은 액션과 애니메이션 영화야.

Culture & Life

Mazes Around the World

교과서 p.92

Find out 세계 여러 나라의 다양한 미로를 알아봅시다.

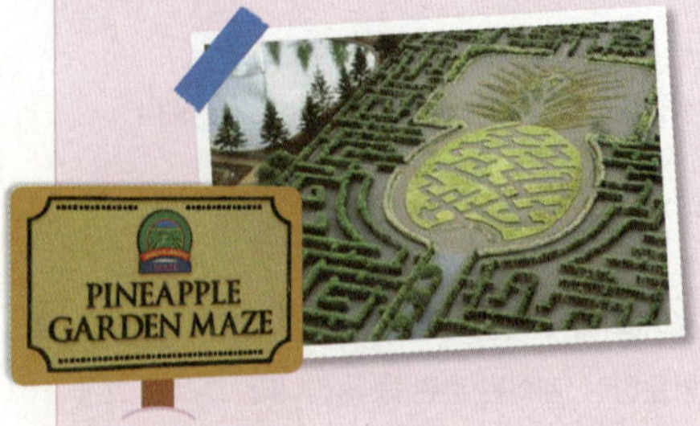

USA – Pineapple Garden Maze

If you visit Oahu, Hawaii, the Pineapple Garden Maze is a must see. It is the world's longest maze, and it attracts visitors from around the world. The maze has 11,400 native plants and covers about 5 kilometers.

England – Hampton Court Maze

The oldest hedge maze in Britain is the Hampton Court Maze. It was built in 1689. Hundreds of thousands of people visit this maze that was created during the time of William of Orange.

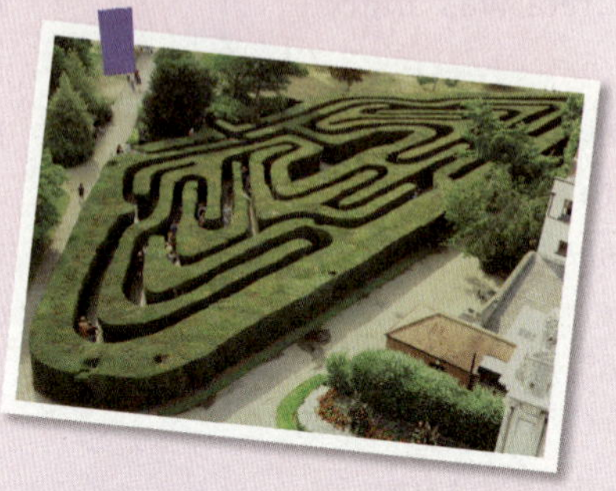

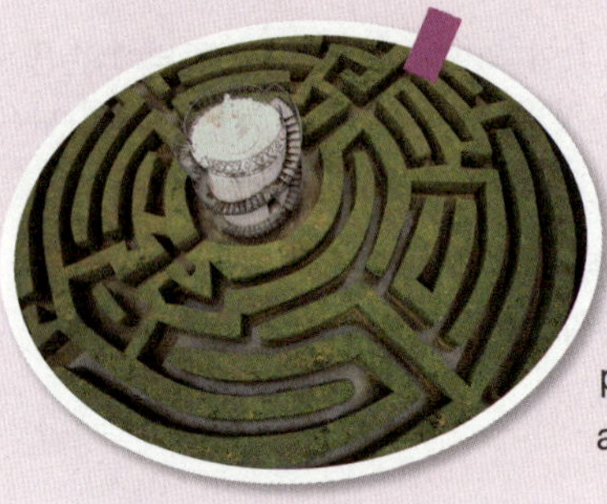

Italy – Labirinto di Villa Pasani

It was created in 1720 and is known as the most difficult one to solve. Part of the problem is the height of the hedges. They are so high that people can't see over them. You get a perfect view only once you've got to the center and climbed the stairs to the top of the tower.

Try out 특이하고 흥미로운 미로를 더 찾아서 발표해 봅시다.

e.g.

The "aMAZEme" maze in London was built using 250,000 books.

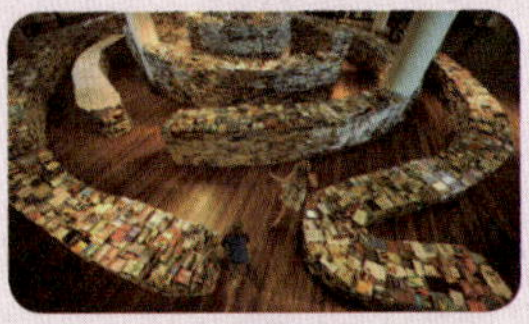

단어·숙어

attract [동] 끌어들이다
native [형] 원산[토종/자생]의
cover [동] (범위가) …에 이르다
hundreds of thousands of 수십만의
be known as …로 알려지다
height [명] 높이
hedge [명] 산울타리

표현

- Hundreds of thousands of people visit this maze **that was created** during the time of William of Orange.: that은 주격 관계대명사로 선행사는 this maze이고, was created는 수동태이다.
- They are **so** high **that** people **can't** see over them.: 'so+형용사+that+주어+can't ...' 구문으로 '너무 ~해서 …할 수 없다'라는 의미이다.

해석 **Find out**

• 미국 – 파인애플 정원 미로

여러분이 만약 하와이의 오아후를 방문한다면 파인애플 정원 미로는 꼭 봐야 한다. 그것은 세계에서 가장 긴 미로이고, 전 세계 관광객들을 끌어들인다. 이 미로에는 11,400점의 자생 식물이 있고, 그것은 약 5킬로미터에 이른다.

• 영국 – Hampton 궁정 미로

가장 오래된 영국의 산울타리 미로는 Hampton 궁정 미로이다. 그것은 1689년에 만들어졌다. 수십만 명의 사람들이 Orange가의 William 통치 시기에 만들어진 이 미로를 방문한다.

• 이탈리아 – Pasani 저택 미로

이 미로는 1720년에 만들어졌고, 해결하기 가장 어려운 미로로 알려져 있다. 문제의 일부는 산울타리의 높이에 있다. 산울타리가 너무 높아서 사람들은 그 너머를 볼 수가 없다. 여러분이 중앙에 도착해 탑의 꼭대기로 가는 계단을 올라가야만 완전한 시야를 확보하게 된다.

Try out

런던의 'aMAZEme' 미로는 25만 권의 책을 사용해서 만들어졌다.

Culture & Life Project

Make Your Number Maze

Ready · 모둠별로 다음 숫자 미로를 풀어 봅시다. `group`

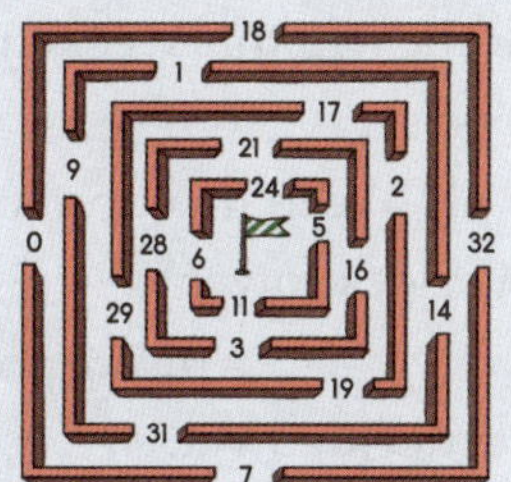

Get to the center and
earn 100 points!

How to play
1. Start from one of the four entrances.
2. Your goal is to reach the center.
3. Passing through the gates, you will collect points and add them up.
4. To win, you need to collect 100 points.

Create · 모둠별로 미로를 그리고, 게임 방법을 정해 봅시다. `group`

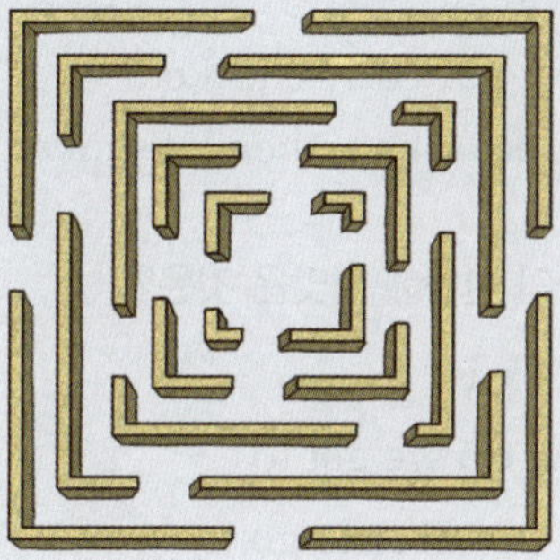

e.g. **Exit the maze and earn 200 points!**

How to play
1. Start from the center of the maze.
2. Your goal is to escape the maze.
3. Passing through the gates, you will collect points and add them up.
4. To win, you need to collect 200 points.

Share · 다른 모둠과 미로를 바꿔 게임을 해 봅시다.

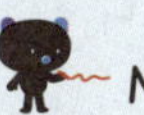 MEMO

Ready

활동 방법 모둠별로 놀이 방법에 따라 숫자 미로를 풀어 본다.

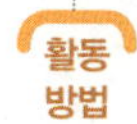

해석

중앙에 도달해서 100점을 얻으세요!
- **놀이 방법**
1. 네 군데 입구 중 하나의 입구에서 출발해라.
2. 여러분의 목표는 중앙에 도착하는 것이다.
3. 문들을 지나면서 여러분은 점수를 얻을 것이고, 그것들을 모두 더 해라.
4. 이기려면 여러분은 100점을 모아야 한다.

단어 숙어

earn [동] 얻다, 받다   entrance [명] 입구
goal [명] 목표   reach [동] 도착하다, 이르다
collect [동] 모으다

Create

활동 방법 모둠별로 미로를 그리고, 게임 방법을 정해 본다.

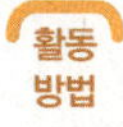

해석

미로를 빠져나오고 200점을 얻으세요!
- **놀이 방법**
1. 미로의 중앙에서 출발해라.
2. 여러분의 목표는 미로를 빠져나오는 것이다.
3. 문들을 지나면서 여러분은 점수를 얻을 것이고, 그것들을 모두 더 해라.
4. 이기려면 여러분은 200점을 모아야 한다.

Share

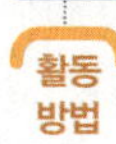

활동 방법 다른 모둠과 미로를 바꿔 게임을 해 본다.

01 대화를 듣고, 대화 후 남자가 할 행동으로 가장 적절한 것을 고르시오.

① 셔츠를 환불한다.
② 셔츠의 가격을 물어본다.
③ 탈의실에서 셔츠를 입어 본다.
④ 다른 색의 셔츠를 보여 달라고 한다.
⑤ 다른 사이즈의 셔츠를 보여 달라고 한다.

02 대화를 듣고, 빈칸에 알맞은 말이 바르게 짝 지어진 것을 고르시오.

> Minju needs to go straight when she sees the ________ and turn right at the ________.

① bakery – post office
② post office – library
③ post office – bakery
④ library – bakery
⑤ library – post office

03 대화를 듣고, 두 사람이 이용할 교통수단으로 가장 적절한 것을 고르시오.

① taxi   ② bus   ③ subway
④ train   ⑤ plane

04 다음 짝 지어진 대화 중 자연스럽지 않은 것은?

① **A** How do we get to the library?
   B We can walk or take the bus.
② **A** Is it possible to take pictures inside the gallery?
   B No, you can't.
③ **A** How far is the post office from here?
   B It takes about ten minutes to get there.
④ **A** You can get there by subway.
   B It's impossible to get there.
⑤ **A** Can you tell me the way to the museum?
   B Sure. Turn right at the corner and walk for two blocks.

[05-06] 다음 대화를 읽고, 물음에 답하시오.

> **Mina** Are you all set for the trip this weekend?
> **Jinho, Claire, & Henry** Yes!
> **Mina** Good! Don't be late! We're meeting at 11 a.m. in front of the clock tower.
> **Jinho** You got it! ________________ the airport? I don't think we've decided yet.
> **Henry** Jinho is right. We have two choices, bus or subway.
> **Claire** What about the subway? It's more reliable than the bus.
> **Henry** Is it possible to get to Terminal 2 by subway?
> **Claire** Yes, I already checked.
> **Mina** Good. Okay, then let's take the subway.

05 위 대화의 빈칸에 알맞은 것은?

① Where is
② How do we get to
③ Is it possible to go to
④ Have you ever been to
⑤ Do you know the way to

06 위 대화의 내용과 일치하지 <u>않는</u> 것은?

① 친구들은 주말에 여행을 갈 것이다.
② 친구들은 오전 11시 시계탑에서 만날 것이다.
③ 공항에 가려면 버스나 지하철을 탈 수 있다.
④ 공항의 2터미널에 가는 방법은 버스뿐이다.
⑤ 친구들은 지하철을 타고 공항에 갈 것이다.

07 다음 짝 지어진 단어의 관계가 나머지와 <u>다른</u> 하나는?

① exit – entrance
② reliable – trustworthy
③ effective – ineffective
④ confusion – order
⑤ possible – impossible

08 다음 빈칸에 공통으로 알맞은 것은?

> • This car is _________ a lot of money.
> • The trip to Italy was _________ remembering.

① worth   ② frustrating   ③ confusing

④ possible   ⑤ decisive

09 다음 중 어법상 올바른 문장은?

① Being ill, Tom couldn't go to school.

② Seen the baby, we fell in love with him.

③ Meet him, I could recognize him at once.

④ Looked at the sign, she knew where to park.

⑤ Not satisfying with the result, she studied harder.

10 두 문장이 같은 의미가 되도록 분사구문을 사용하여 문장을 완성하시오.

Because he is short, he can't be on the basketball team.

→ _________, he can't be on the basketball team.

11 우리말과 일치하도록 주어진 단어를 사용하여 문장을 완성하시오.

> 길을 따라 걸을 때 그는 그의 이웃을 만났다.

→ _________________, he met his neighbor.
  (along, street, walking, the)

12 다음 대화의 빈칸에 알맞은 것은?

> **A** Oh no, it's raining! I forgot to bring my umbrella.
> **B** I have three umbrellas in my locker.
> **A** Can I borrow _________?
> **B** Of course.

① it   ② one   ③ them

④ ones   ⑤ that

13 다음 빈칸에 알맞은 말이 바르게 짝 지어진 것은?

> I lent my bike to Jim but he lost _________ so I bought a new _________.

① it – it   ② it – one   ③ one – it

④ one – one   ⑤ it – ones

[14-16] 다음 글을 읽고, 물음에 답하시오.

> ⓐIf you compare the two pictures, you can easily notice some differences. For example, the picture on the left is called a labyrinth and only has an entrance. The picture on the right is (A) calling / called a maze and has both an entrance and an exit.
>
> You can find the origin of the labyrinth in Greek mythology. It is said to be a prison (B) that / what you cannot escape. But you may notice that the labyrinth has only a single path. There are no dead ends. This means you don't have to worry about (C) get / getting out of it when you enter it. If you follow the path all the way to the end, you will reach the center. To get out, you simply have to turn around and walk back out _________ ⓑ _________.

14 윗글의 밑줄 친 ⓐ를 분사구문으로 바르게 바꾼 것은?

① Compare the two pictures

② Compared the two pictures

③ Comparing the two pictures

④ If compare the two pictures

⑤ To compare the two pictures

15 윗글의 (A), (B), (C)에 알맞은 말을 골라 쓰시오.

(A) _____________   (B) _____________

(C) _____________

16 윗글의 빈칸 ⓑ에 알맞은 것은?

① the maze   ② to the center

③ the dead ends   ④ the way you came in

⑤ the place you'd never been

[17-20] 다음 글을 읽고, 물음에 답하시오.

When you are in a maze, it's a different story. There are many choices to make and dead ends to frustrate you. ⓐ<u>어느 길로 갈지 계속 결정해야 합니다.</u> If you are not careful, you can easily lose your way.

These days, mazes are often considered left-brain puzzles. Many people willingly visit maze parks and enjoy the "planned confusion." And some of them come up with their own solutions. The easiest and most reliable ⓑ<u>one</u> is to place a hand on one wall from the very beginning. Then you just keep following that wall. It's like walking in a dark room. Unfortunately, ⓒ<u>this simple method</u> may not be effective in certain types of mazes, especially when all of the walls are not connected.

17 윗글의 밑줄 친 ⓐ의 우리말과 일치하도록 주어진 단어를 배열하여 완전한 문장으로 쓰시오.

→ ____

(have, you, keep, to, decisions, which, go, about, to, making, way)

18 윗글의 밑줄 친 ⓑ<u>one</u>이 가리키는 것으로 알맞은 것은?

① puzzle ② maze
③ room ④ solution
⑤ confusion

19 윗글의 밑줄 친 ⓒ**this simple method**가 가리키는 것을 우리말로 쓰시오.

→ ____

20 윗글의 내용과 일치하는 것은?

① 미로 안에서는 하나의 선택지만 있다.
② 미로 안에서는 길을 쉽게 찾을 수 있다.
③ 요즈음 미로는 우뇌형 퍼즐로 간주된다.
④ 많은 사람은 미로 같은 계획된 혼란을 즐기지 않는다.
⑤ 모든 벽들이 연결되어 있을 때만 손을 대고 벽을 따라가는 해결 방법이 효과적이다.

[21-22] 다음 글을 읽고, 물음에 답하시오.

Mazes are made with a variety of different materials, like walls and rooms, hedges, bricks, mirrors, and even snow. In fact, they can also be printed or drawn on paper. Here is one as an example. This is called a number maze. You start from point A and have to go in the order of 1 → 9 → 8 → 5 → 1 → 9 → … . Why don't you give it a try? You have 30 seconds to escape!

Labyrinths and mazes are truly fun, but that's not the end of the story. ①<u>Looking at them closely, you may find the beauty of order and regularity.</u> ②<u>They may also show you how creative human beings are.</u> ③<u>Human beings find it hard to escape some mazes.</u> ④<u>If there is a maze park on your next trip, why don't you stop and take some time to enjoy it?</u> ⑤<u>It will surely be worth visiting!</u>

21 윗글의 밑줄 친 ①~⑤ 중 흐름상 <u>어색한</u> 것은?

① ② ③ ④ ⑤

22 윗글을 읽고, 대답할 수 있는 질문은?

① What are mazes made with?
② Why are mazes only made with one material?
③ Where can you print or draw the labyrinths?
④ Where can you find the number mazes?
⑤ What are the solutions to the labyrinths?

서술형 평가 

01 주어진 문장을 보기 와 같이 분사구문으로 바꿔 쓰시오. (각 3점)

> 보기
>
> When my sister heard the good news, she cried tears of joy.
> → Hearing the good news, my sister cried tears of joy.

(1) Because I didn't want to lose the bag, I gave it to my mother.

→ Not ___________________________________ .

(2) Because Mr. Park was impressed by the artwork, he bought it immediately.

→ ___________________________________ , he bought it immediately.

(3) As I know that you don't like seafood, I cooked some chicken.

→ ___________________________________ .

(4) Since he works all day long, he has no time to rest.

→ ___________________________________ .

02 다음 빈칸에 부정대명사 **one**을 사용하여 대화를 완성하시오. (각 3점)

(1) A: My bag is too old.

B: Why don't you buy a new __________?

(2) A: This pen doesn't write well. Do you have another pen?

B: Yes, I ___________________ in my pencil case.

(3) A: Have you ever seen a camel before?

B: Yes, I ___________________ in the zoo.

(4) A: Do you know any good Korean restaurants around here?

B: I know ___________________ on 21st Street.

To Each His Own

Functions

- 의견 묻기 **What do you think of** having a concert? 콘서트를 하는 것에 대해 어떻게 생각해?
- 동의하거나 이의 제기하기 **I agree.** 동의해.

  I disagree. 동의하지 않아.

Forms

- **It is** a dog **that** I want for a pet. 내가 애완동물로 원하는 것은 바로 개이다.
- **However,** some people have different opinions. 그러나 몇몇 사람들은 다른 의견을 갖는다.

A: What do you see in the second picture?
　너는 두 번째 그림에서 무엇이 보이니?

B: I see a sailor. How about you?
　나는 선원이 보여. 너는 어때?

A: I see a girl's face.
　나는 소녀의 얼굴이 보여.

각 그림 속에서 무엇이 보이는지 짝과 대화해 봅시다.

e.g. A: What do you see in the first picture? 너는 첫 번째 그림에서 무엇이 보이니?
B: I see ships. How about you? 나는 배가 보여. 너는 어때?
A: I see a bridge. 나는 다리가 보여.

A: What do you see in the fourth picture?
너는 네 번째 그림에서 무엇이 보이니?
B: I see a man. How about you?
나는 한 남자가 보여. 너는 어때?
A: If you turn the picture upside down, you can see a dog with a bone.
만약 네가 그림을 뒤집으면 너는 뼈다귀를 가진 개가 보일 거야.

A: What do you see in the third picture?
너는 세 번째 그림에서 무엇이 보이니?
B: I see Snow White. How about you?
나는 백설 공주가 보여. 너는 어때?
A: I see Sherlock Holmes.
나는 셜록 홈스가 보여.

Communication	Reading	Writing	Culture & Project
Agree or Disagree! 동의 또는 동의하지 않기!	Proverbs Upside Down 속담 뒤집기	Your Opinions 너의 의견	Guess What? 무엇인지 맞혀 볼래?

A **Listen and Choose** What will they do after the talk?
그들은 대화 후에 무엇을 할 것입니까?

1. 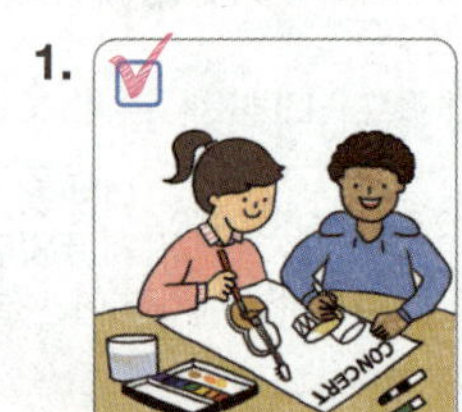 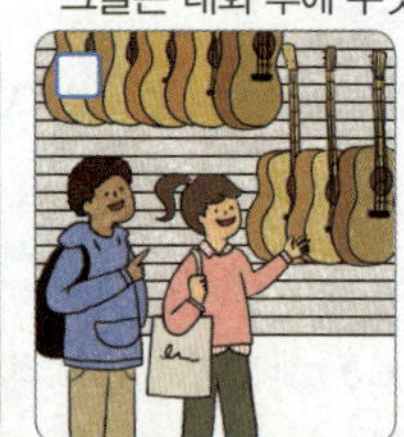

2. 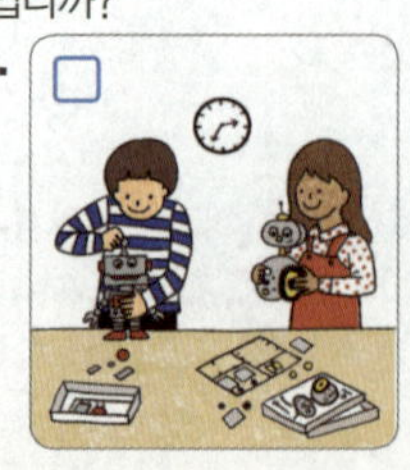 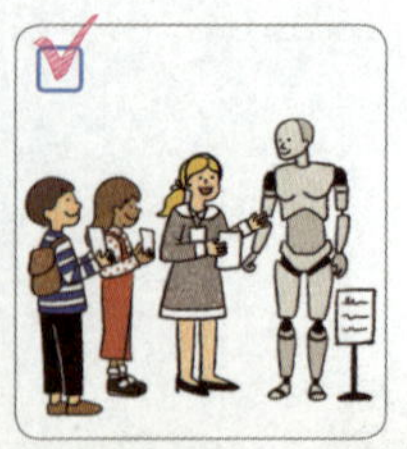

단어
숙어
raise [동] (자금 등을) 모으다
fascinating [형] 대단히 흥미로운
cause [동] 야기하다
take ... away ⋯을 빼앗다
useful [형] 유용한
find out 알아보다

Script

1 B: Minju, we need a new guitar but we don't have enough money for one.
G: What do you think of having a concert to raise money? We can introduce our new song, too.
B: What a great idea! It'll be like "Killing two birds with one stone."
G: That's right. Let's first make a poster for our concert.
B: Okay.

2 G: Dohun, what are you doing?
B: I'm watching a movie about AI robots. It's really fascinating. What do you think of them?
G: In my opinion, they will cause problems. AI robots will take jobs away from people.
B: Well, I still think they are useful. There is a science festival introducing AI robots. Why don't we go and find out more about them?
G: Sounds good.

해석

1 B: 민주야. 우리는 새 기타가 필요한데 기타를 살 돈이 충분하지 않아.
G: 돈을 모으기 위해 콘서트를 여는 것에 대해 어떻게 생각해? 우리는 우리의 신곡도 소개할 수 있어.
B: 좋은 생각이야! 그것은 '일석이조' 같을 거야.
G: 맞아. 먼저 우리 콘서트를 위한 포스터를 만들자.
B: 좋아.

2 G: 도훈아, 너 뭐하고 있니?
B: 나는 인공지능 로봇에 관한 영화를 보고 있어. 그것은 정말 흥미로워. 너는 그것들에 대해 어떻게 생각하니?
G: 내 생각에 그것들은 문제를 야기할 거야. 인공지능 로봇들은 사람들의 일을 빼앗아 갈 거야.
B: 글쎄, 나는 여전히 그것들이 유용하다고 생각해. 인공지능 로봇들을 소개하는 과학 축제가 있어. 가서 그것들에 대해 더 많이 알아보는 것은 어때?
G: 좋아.

풀이
1 먼저 포스터를 만들자는 제안에 Okay.라고 했으므로 대화 이후에 할 행동은 포스터 만드는 작업을 하는 것이다.
2 과학 축제에 가서 인공지능 로봇에 대해 더 알아보자는 제안에 Sounds good.이라고 했으므로 대화 이후에 할 행동은 과학 축제에 가는 것이다.

B **Listen and Write** Fill in the blanks with the correct words.
빈칸에 알맞은 말을 써 봅시다.

단어
숙어
acronym ⑱ 두문자어 (단어의 머리글자를 모아서 만든 말)
stand for ⋯을 의미하다, 나타내다
destroy ⑧ 파괴하다

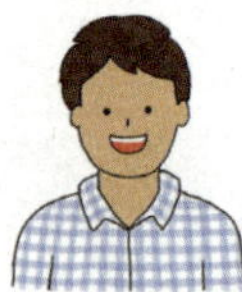

I think acronyms are fun and easy to use. For example, ASAP stands for "as soon as possible" and HAND stands for "Have a nice day."
내 생각에 두문자어는 재미있고 사용하기 쉬워. 예를 들면, ASAP는 '가능한 한 빨리'를 의미하고, HAND는 '좋은 하루 보내.'를 의미해.

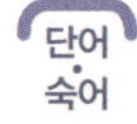
acronym은 단어의 '머리글자'로 만든 말로 YOLO (You only live once) 같은 것이 있습니다.

Script

W: Jacob, can you help me?
B: What is it, Mom?
W: Well, I got a message from my friend, but I don't understand what some of it means.
B: Let me see. Hmm ... ASAP means "as soon as possible" and HAND means "Have a nice day."
W: Oh, I see.
B: What do you think of these acronyms, Mom?

해석

W: Jacob, 나 좀 도와줄 수 있니?
B: 무슨 일인데요, 엄마?
W: 음, 내 친구한테 메시지를 받았는데 나는 이 중 일부가 무슨 의미인지 모르겠어.
B: 제가 한번 볼게요. 흠 ⋯ ASAP는 '가능한 한 빨리'라는 의미이고, HAND는 '좋은 하루 보내.'라는 의미예요.
W: 아, 그렇구나.
B: 이런 두문자어에 대해 어떻게 생각하세요, 엄마?

W: I think they are destroying the language. What do you think?
B: In my opinion, they are fun and easy to use.

W: 내 생각에 그것들은 언어를 파괴하고 있어. 너는 어떻게 생각하니?
B: 제 생각에 그것들은 재미있고 사용하기 쉬운 것 같아요.

풀이 ASAP는 'as soon as possible'을 의미하고, HAND는 'Have a nice day.'를 의미한다.

C Talk Together Find the right proverb for each situation and talk with your partner. `pair`
각 상황에 대한 알맞은 속담을 찾고, 짝과 대화해 봅시다.

| eat fast food every day
매일 패스트푸드를 먹다 | decide everything by yourself
혼자 모든 것을 결정하다 | talk behind someone's back
남의 험담을 하다 |

단어 숙어
by oneself 혼자
back 영 등
rude 형 무례한
unwise 형 현명하지 못한
unhealthy 형 건강하지 못한, 건강에 해로운

↳ Walls have ears.
벽에도 귀가 있다.

↳ You are what you eat.
네가 먹은 음식이 곧 너이다.

↳ Two heads are better than one.
두 개의 머리가 머리 하나보다 낫다.

해석
A: 매일 패스트푸드를 먹는 것에 대해 어떻게 생각해?
B: 내 생각에 그것은 건강하지 못해. 기억해, 네가 먹은 음식이 곧 너야.

rude
unwise
unhealthy

A: What do you think of eating fast food every day?
B: I think it's unhealthy. Remember, you are what you eat.

활동 방법 각 상황에 알맞은 속담을 그림을 참고해서 연결한 후, 주어진 대화문을 이용하여 짝과 대화해 본다.

예시 대화

- A: What do you think of deciding everything by yourself?
  B: I think it's unwise. Remember, two heads are better than one.

- A: What do you think of talking behind someone's back?
  B: I think it's rude. Remember, walls have ears.

- A: 모든 것을 혼자 결정하는 것에 대해 어떻게 생각해?
  B: 내 생각에 그것은 현명하지 않아. 기억해, 두 개의 머리가 머리 하나보다 나아.

- A: 남을 험담하는 것에 대해 어떻게 생각해?
  B: 내 생각에 그것은 무례해. 기억해, 벽에도 귀가 있어.

Function 1 의견 묻기: What do you think of … ?

What do you think of … ?는 상대방의 의견을 묻는 표현으로 '…에 대해 어떻게 생각하니?'라는 뜻이다. of 다음에 의견을 묻고 싶은 내용이 온다.

- 의견 묻기 – What do you think of … ? / What is your opinion of … ? 등

  e.g. **What do you think of** this restaurant? (이 레스토랑에 대해 어떻게 생각하니?)

  What is your opinion of yellow dust? (황사에 대한 네 의견은 어떠니?)

- 의견에 답하기 – In my opinion, … . / I think … . 등

  e.g. **In my opinion**, we need to reduce food waste. (내 의견으로는 우리는 음식물 쓰레기를 줄여야 한다.)

A **Listen and Number** Number the right picture for each dialog.
각 대화의 알맞은 그림에 번호를 써 봅시다.

2 　3 　1 

단어
숙어

leave behind 두고 가다
trash 명 쓰레기
harm 동 해치다
environment 명 환경
regret 동 후회하다
in the end 결국
saying 명 속담
take a break 쉬다
dull 형 따분한, 재미없는
hand in 제출하다
project 명 과제

Script

1 B: Look! People are just leaving their trash behind!
　G: Oh, no! If we harm the environment, we'll be the ones who regret it in the end.
　B: I agree. Like the saying goes, "What goes around comes around."
　G: You're right. Let's help the earth by taking our trash with us.

2 B: Emma, let's take a break.
　G: What? We've only studied for 30 minutes.
　B: Like the saying goes, "All work and no play makes Jack a dull boy."
　G: I agree. Then let's take a break after we finish this part.
　B: Okay.

3 G: Juwon, what's the matter?
　B: Mr. Han told us to hand in the art project yesterday but I still haven't finished it.
　G: Well, I think you should still finish it and hand it in. Like the saying goes, "Better late than never."
　B: You're right and I agree. Thanks for the advice.

해석

1 B: 봐봐! 사람들이 자기들의 쓰레기를 그냥 두고 가고 있어!
　G: 아, 안 돼! 만약 우리가 환경을 해치면 결국 후회하는 것은 우리일거야.
　B: 동의해. 속담에도 있듯이, "남에게 한 대로 되받게 되는 법이야."
　G: 네 말이 맞아. 우리의 쓰레기를 가져가서 지구를 돕자.

2 B: Emma, 잠깐 쉬자.
　G: 뭐라고? 우리는 겨우 30분 동안 공부했어.
　B: 속담에도 있듯이, "일만 하고 놀지 않으면 우둔한 사람이 돼."
　G: 동의해. 그러면 우리 이 부분을 끝낸 후 쉬자.
　B: 좋아.

3 G: 주원아, 무슨 일 있니?
　B: 한 선생님이 어제 미술 과제를 제출하라고 우리에게 말씀하셨는데 나는 아직 끝내지 못했어.
　G: 음, 나는 네가 여전히 그것을 끝내고 제출해야 한다고 생각해. 속담에도 있듯이, "하지 않는 것보다는 늦더라도 하는 게 나아."
　B: 네 말이 맞고 동의해. 조언 고마워.

풀이

1 쓰레기를 버리고 가는 모습을 보고 환경을 위해 우리의 쓰레기는 가져가야 한다라는 대화의 내용을 통해 관련 그림이 세 번째라는 것을 알 수 있다.

2 공부를 하던 중 잠깐 쉬자는 제안에 대해 공부를 좀 더 한 다음에 쉬자고 답하는 내용을 통해 관련 그림이 첫 번째라는 것을 알 수 있다.

3 미술 과제 제출일이 지난 상황이지만 그래도 과제를 끝내고 제출해야 한다는 내용을 통해 관련 그림이 두 번째라는 것을 알 수 있다.

표현

• **If** we **harm** the environment, **we'll** be the ones who regret it in the end.: if는 조건을 나타내는 접속사로 조건의 부사절에서는 현재시제가 미래시제를 대신한다.

• **I agree.**: I agree.는 상대방의 말에 동의를 나타내는 표현으로 '동의하다.'라는 뜻이다. I agree 뒤에 with가 함께 쓰여 '…에 동의하다'라는 의미의 표현으로 사용될 수 있다. 또한, 이 표현은 I think so, too. / We're on the same page. 등으로 바꿔 말할 수 있다.

e.g. **I agree with** her idea. (나는 그녀의 생각에 동의해.)

B **Listen and Talk** Choose the right words and talk with your partner. pair
알맞은 단어를 고르고, 짝과 대화해 봅시다.

단어 숙어
post ⑧ (웹 사이트에 정보나 사진을) 올리다 ⑨ 게시물
everyday ⑧ 매일의
dangerous ⑧ 위험한
way ⑨ 방법, 방식
careful ⑧ 조심하는

해석
A: 사진을 온라인에 올리는 것은 서로를 알게 되는 좋은 방법이야.
B: 나는 동의하지 않아.
　내 생각에 그것은 위험해.

Script

B: Yura, what are you doing?
G: I'm posting my pictures on the internet. Come and have a look.
B: There are so many pictures that show your everyday life. Isn't it dangerous?
G: Well, my friends like my posts a lot. I think it's a good way to get to know one another.
B: I disagree. There might be some people who will use your pictures in a bad way.
G: Come to think of it, I should be more careful with my pictures. Thanks for your advice.
B: No problem.

해석

B: 유라야, 너 뭐하고 있니?
G: 나는 내 사진들을 인터넷에 올리고 있어. 와서 한번 봐봐.
B: 네 일상 생활을 보여 주는 사진이 정말 많이 있네. 그것은 위험하지 않니?
G: 글쎄, 내 친구들은 내 게시물을 많이 좋아해. 내 생각에 그것은 서로를 알게 되는 좋은 방법인 것 같아.
B: 나는 동의하지 않아. 네 사진들을 나쁜 방식으로 이용하는 일부 사람들이 있을 수 있어.
G: 생각해 보니 나는 내 사진들을 더 조심해야 할 것 같아. 충고 고마워.
B: 천만에.

풀이 유라는 인터넷에 사진을 올리는 것이 서로를 알게 되는 '좋은' 방법이라고 생각하는 반면, 남학생은 사진들이 나쁜 방식으로 이용될 수 있다면서 유라의 의견에 '동의하지 않고' '위험하다고' 생각하고 있다.

표현
- **Come and have a look.:** have a look은 '(…을) (한번) 보다'라는 뜻이다.
- **There are so many pictures that show your everyday life.:** There is/are …는 '…이 있다'라는 의미로 There is 다음에는 단수 명사가, There are 다음에는 복수 명사가 와야 하므로 so many pictures가 왔다. that은 주격 관계대명사로 선행사 so many pictures를 수식한다.
- **I think it's a good way to get to know one another.:** get to는 '…하게 되다'라는 의미이고, one another는 '서로'라는 의미이다.
  - [e.g.] Miran **got to** eat a lot of food. (미란이는 음식을 많이 먹게 되었다.)
    - *cf*. Miran ate a lot of food. (미란이는 음식을 많이 먹었다.)
- **Come to think of it, I should be more careful with my pictures.:** come to think of it은 '생각해 보니, 그러고 보니'의 뜻으로 생각하면서 느끼거나 깨닫게 된 것에 대해 이야기를 시작할 때 주로 사용하는 표현이다.
  - [e.g.] **Come to think of it**, I don't know much about cats.
    - (그러고 보니 난 고양이에 대해 너무 모르고 있어.)

C Talk Together Look at the pictures and talk with your partner about each one. [pair]

그림을 보고, 각각에 대해 짝과 대화해 봅시다.

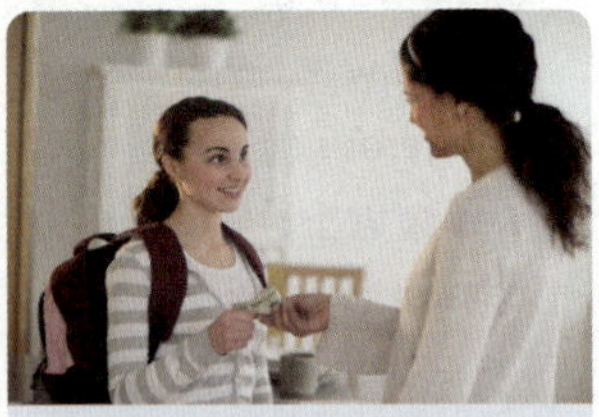
receive pocket money
용돈을 받다

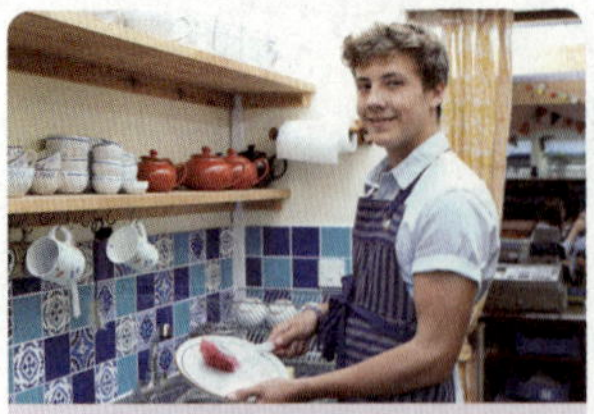
have a part-time job
아르바이트를 하다

your own

A: Students should receive pocket money.

B: I agree.

B: I disagree. They will rely on their parents too much.

have less time to study
rely on their parents too much

[단어·숙어]
receive [동] 받다
pocket money 용돈
part-time job [명] 아르바이트, 시간제 근무
rely on …에 의존하다
parents [명] 부모

해석

A: 학생들은 용돈을 받아야 해.
B: 동의해. / 나는 동의하지 않아. 그들은 부모님께 너무 의존할 거야.

활동 방법 그림을 참고해서 주어진 표현과 대화문을 이용하여 짝과 대화해 본다.

예시 대화

A: Students should have a part-time job.
학생들은 아르바이트를 해야 해.

B: I agree.
동의해.

B: I disagree. They will have less time to study.
나는 동의하지 않아. 그들은 공부할 시간이 더 적을 거야.

Function 2 동의하거나 이의 제기하기: I agree. / I disagree.

I agree. / I disagree.는 동의하거나 이의를 제기할 때 쓰는 표현으로 '동의하다. / 동의하지 않다.'라는 뜻이다. 뒤에 전치사 with가 오면 사람 또는 동의하는 내용이 올 수 있다.

- 동의하기 – I agree. / I agree with … . / I'm on the same page. / I completely agree. / I couldn't agree with you more! / I totally agree with you. 등
- 이의 제기하기 – I disagree. / I don't agree. / I have a different point of view. 등

예시 대화

- A: **I agree with** you on the date for our departure.
(우리 출발 날짜에 대해 네 의견에 동의해.)
B: OK. I'll book tickets. (좋아. 내가 표를 예약할게.)

Real Life Communication

A Watch and Choose 동영상을 보고, 두 사람이 동의한 내용을 골라 봅시다.

They agreed to ☐ practice music after school.
☐ use the same music room.
☑ reserve dates for the music room.

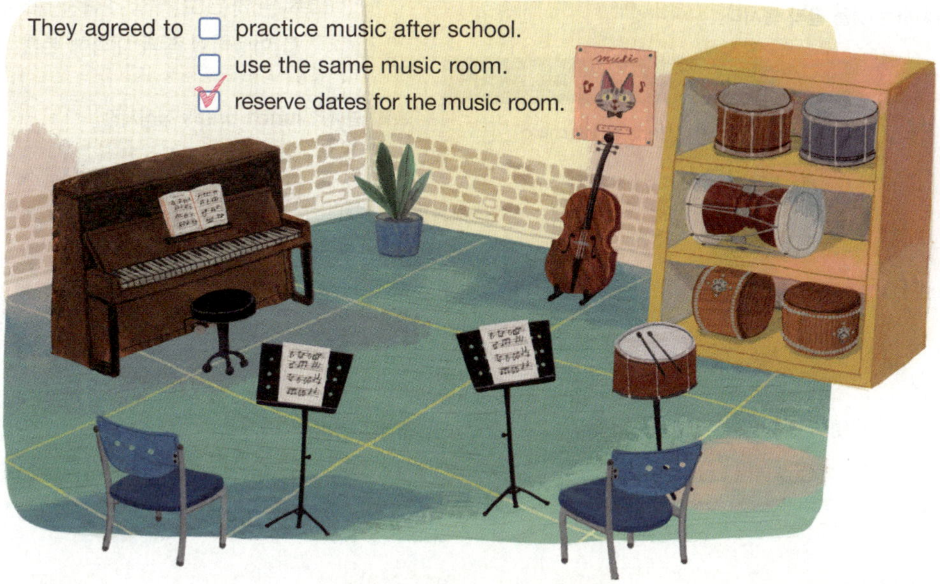

단어 숙어
upset [형] 화난
fight with …와 싸우다
at the same time 동시에
practice [동] 연습하다 [명] 연습
time limit 시간제한
allow [동] 허용하다, 허락하다
reserve [동] 예약하다

해석
- 그들은 방과 후에 음악을 연습하는 것에 동의했다.
- 그들은 같은 음악실을 사용하는 것에 동의했다.
- 그들은 음악실을 예약하는 것에 동의했다.

Script

Claire: Jinho, what's the matter? You look upset.
Jinho: I had a fight with Harry.
Claire: Why? What happened?
Jinho: We both wanted to use the same music room at the same time.
Claire: I don't think there are enough music rooms to practice in after school.
Jinho: I agree. What do you think of setting a time limit for the music rooms?
Claire: How long do you think it should be?
Jinho: I don't think anyone should be allowed to use a room for more than an hour a day.
Claire: I disagree. I need more than an hour to practice music.
Jinho: Then how about reserving a music room?
Claire: That's a good idea. Then each person will have enough time to practice.

해석

Claire: 진호야, 무슨 일 있어? 너 화나 보여.
Jinho: 나는 Harry와 싸웠어.
Claire: 왜? 무슨 일 있었어?
Jinho: 우리 둘 다 동시에 같은 음악실을 사용하기를 원했거든.
Claire: 내 생각에 방과 후에 연습할 음악실이 충분하지 않은 것 같아.
Jinho: 동의해. 음악실에 시간제한을 두는 것에 대해 어떻게 생각해?
Claire: 얼마 정도 되어야 한다고 생각하니?
Jinho: 나는 누구든 하루에 한 시간 이상 음악실을 사용하는 것이 허용돼서는 안 된다고 생각해.
Claire: 나는 동의하지 않아. 나는 음악 연습하려면 한 시간 이상 필요해.
Jinho: 그러면 음악실을 예약하는 것은 어때?
Claire: 좋은 생각이야. 그러면 각 개인은 연습할 충분한 시간이 있을 거야.

풀이 음악실 사용에 시간제한을 두자는 의견에는 동의하지 않고, 그 대안으로 음악실을 사용할 시 예약하자는 의견에는 좋은 생각이라고 했으므로 두 사람이 동의한 내용은 '음악실을 예약하는 것'이다.

표현
- **I don't think there are enough music rooms to practice in after school.**: I don't think ... .는 '나는 …하게 생각하지 않는다.'라는 뜻으로 상대방의 의견에 동의하지 않을 때 사용하는 표현이다.
  [e.g.] **I don't think** it's a good idea. (좋은 의견이 아닌 것 같군요.)
- **How long do you think it should be?**: How long ... ?은 '얼마나 오래 …하니?'라는 뜻으로 어떤 일이 얼마나 오래 걸리는지를 묻는 표현이다.
  [e.g.] **How long** can you hold your breath? (너는 얼마나 오래 숨을 참을 수 있니?)
  How long does it take to dry? (말리는 데 얼마나 오래 걸리니?)

B Think and Talk

[Step 1] 다음 주제에서 자신의 의견과 일치하는 것을 골라 봅시다.

longer lunch breaks		no tests at school	
✔ have more time to eat	☐	✔ have less stress in learning	☐
✘ have longer school hours	☐	✘ not review the lessons	☐

[Step 2] 위에서 고른 내용을 바탕으로 짝과 대화해 봅시다. [pair]

A: What do you think of having ______?

B: I agree with the idea.
Students will ______.

B: I disagree with the idea.
Students will ______.

[활동 방법] 주제를 읽고, 자신의 의견과 일치하는 것을 고른 후 주어진 대화문을 이용하여 짝과 대화해 본다.

[단어 숙어]
lunch break 점심시간
stress [명] 스트레스
learning [명] 학습
review [동] 복습하다

[해석]
더 긴 점심시간
• 식사 시간을 더 갖는다
• 수업 시간을 더 길게 갖는다

학교에서 무시험
• 학습에 스트레스를 덜 받는다
• 수업 내용을 복습하지 않는다

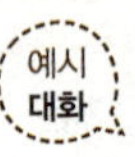

[예시 대화]

A: What do you think of having longer lunch breaks?
너는 점심시간을 더 길게 가지는 것에 대해 어떻게 생각해?

B: I agree with the idea. Students will have more time to eat.
나는 그 생각에 동의해. 학생들은 식사 시간을 더 갖게 될 거야.

B: I disagree with the idea. Students will have longer school hours.
나는 그 생각에 동의하지 않아. 학생들은 수업 시간을 더 길게 갖게 될 거야.

A: What do you think of having no tests at school?
너는 학교에 시험이 없는 것에 대해 어떻게 생각해?

B: I agree with the idea. Students will have less stress in learning.
나는 그 생각에 동의해. 학생들은 학습에 스트레스를 덜 받게 될 거야.

B: I disagree with the idea. Students will not review the lessons.
나는 그 생각에 동의하지 않아. 학생들은 수업 내용을 복습하지 않을 거야.

C Communication Task [group]

Agree or Disagree!

[Step 1] 모둠별로 주어진 표현과 그림을 이용하여 게임해 봅시다.

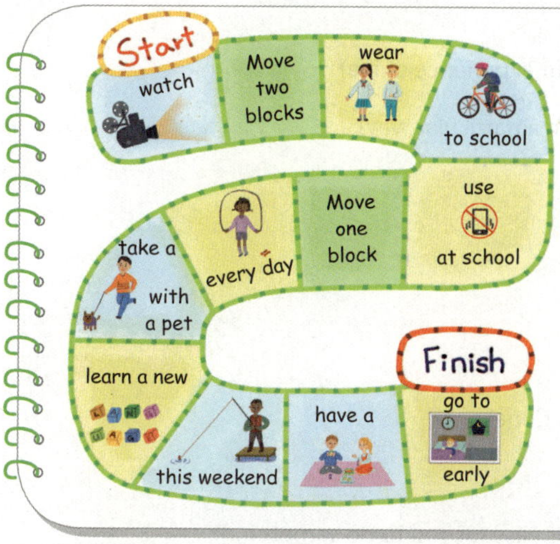

How to play

1. 짝끼리 한 편이 되어 동전을 던져 앞면이 나오면 한 칸, 뒷면이 나오면 두 칸을 이동합니다.
2. 파란색 칸에서는 "What do you think of ~?"와 "I think ~."로 대화합니다.
3. 노란색 칸에서는 "Students should ~."와 "I agree. / I disagree."로 대화합니다.
4. 대화가 자연스럽지 않으면 원래 칸으로 돌아갑니다.
5. Finish 칸에 먼저 도착한 편이 이깁니다.

[Step 2] 위에서 나누었던 대화 중 하나를 친구들에게 소개해 봅시다.

A: What do you think of watching a movie?
B: I think that's a great idea.

A: Students should wear a uniform.
B: I agree. / I disagree. They should wear what they want.

의견에 동의하지 않을 때는 그 이유를 말해 봅시다.

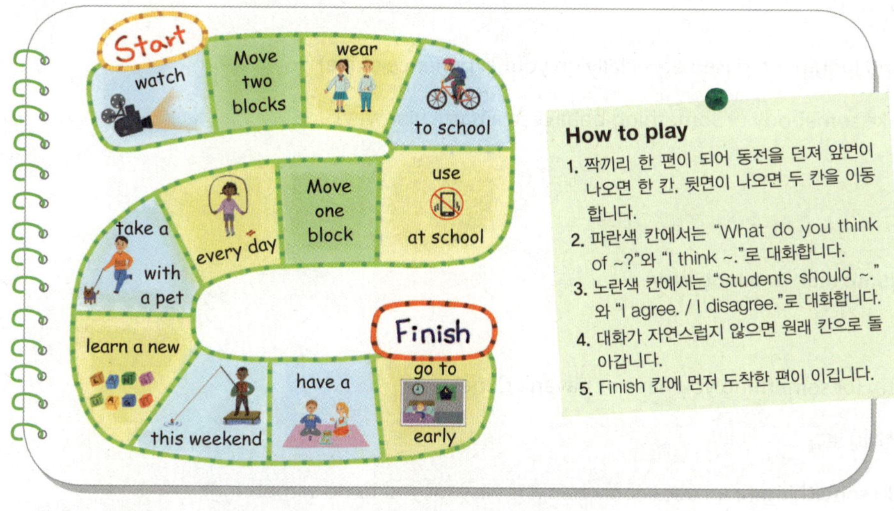

활동 방법

[Step 1] 모둠별로 주어진 표현과 그림을 이용하여 게임 방법에 따라 짝과 게임해 본다.

[Step 2] 위에서 게임을 하면서 나누었던 대화를 친구들에게 소개해 본다.

단어·숙어

pet [명] 애완동물
weekend [명] 주말
uniform [명] 교복

해석

- A: 영화 보는 것에 대해 어떻게 생각해?
  B: 좋은 생각인 거 같아.
- A: 학생들은 교복을 입어야 해.
  B: 동의해. / 동의하지 않아. 그들은 그들이 원하는 것을 입어야 해.

Sounds 다음을 듣고, 밑줄 친 부분에 유의하여 따라 말해 봅시다.

1. I think you should still finish it and hand it in. 나는 네가 여전히 그것을 끝내고 제출해야 한다고 생각해.
2. That's a good idea. 좋은 생각이야.

[Tip] 연음

앞 단어가 자음으로 끝나고 뒤의 단어가 모음으로 시작한다면 앞의 자음이 뒤 모음에 붙어서 소리가 난다.
finish it의 경우 [ʃ] 소리가 모음 [i]에 연결되어 발음된다. hand it in의 경우 [d] 소리가 모음 [i]에 연결되고, [t] 소리가 모음 [i]에 연결되어 발음된다. good idea의 경우도 [d] 소리가 모음 [i]에 연결되어 발음된다.

Self-check

	☺	☹
• I can use 'What do you think of ... ?'	☐	☐
• I can use 'I agree. / I disagree.'	☐	☐

 Word Preview

- ☐ **proverb** 몡 속담 (a well-known phrase or sentence that gives advice or wisdom)
- ☐ **upside down** 거꾸로, 뒤집어
- ☐ **wisdom** 몡 지혜 (good sense and judgment, based especially on your experience of life)
- ☐ **influence** 동 영향을 미치다 (to make somebody or something behave in a particular way)
- ☐ **instead of** … 대신에
- ☐ **take a look at** …을 보다
- ☐ **leap** 동 뛰다, 뛰어오르다 (to jump high or a long way)
- ☐ **think ... over** …을 심사숙고하다
- ☐ **regret** 동 후회하다 (to feel sorry for something you have or haven't done)
- ☐ **give it a second thought** 다시 생각해 보다
- ☐ **opportunity** 몡 기회 (a chance to do something or an occasion when it is easy for you to do something)
- ☐ **captain** 몡 주장 (the leader of a group of people, especially a sports team)
- ☐ **sight** 몡 시야 (the area or distance within which somebody can see or something can be seen)
- ☐ **close** 형 친한, 가까운 (liking each other very much and knowing each other very well)
- ☐ **keep in touch** 연락을 취하다
- ☐ **disagree** 동 동의하지 않다 (to have a different opinion about something)
- ☐ **quality** 몡 질 (the standard of something when it is compared to other things like it; how good or bad something is)

Mini Test

정답과 해설 p. 364

A 다음 빈칸에 알맞은 단어를 보기 에서 골라 쓰시오.

보기
wisdom
sight
close
regret
influence

1. I was all alone and there wasn't anyone in ___________.
2. I don't ___________ that I left the city and moved to the countryside.
3. They seem to have a ___________ relationship.
4. My grandfather ___________d me during my childhood.
5. This book contains a lot of ___________.

B 다음 영영 풀이에 해당하는 단어를 보기 에서 골라 쓰시오.

보기
opportunity
captain
disagree
proverb
leap

1. ___________ : a chance to do something
2. ___________ : to have a different opinion about something
3. ___________ : to jump high or a long way
4. ___________ : the leader of a group of people, especially a sports team
5. ___________ : a well-known phrase or sentence that gives advice or wisdom

A **Think and Say** 다음 그림과 속담을 보고, 그 의미를 말해 봅시다.

An apple a day keeps
the doctor away.

Don't judge a book
by its cover.

A bad workman
blames his tools.

e.g. I think that if you eat an apple every day, you'll be healthy. 만약 네가 하루에 사과 한
So, you won't have to go see the doctor. 알을 먹으면 너는 건강할 거라고 생각해.
그래서 너는 병원에 가지 않아도 될 거야.

단어 숙어
keep away …을 멀리하다
judge ⑧ 판단하다
cover ⑨ 표지
blame ⑧ 비난하다

해석
- 하루에 사과 한 알이면 의사를 멀리한다. (사과를 하루에 한 알씩 먹으면 건강을 유지할 수 있다.)
- 표지만 보고 책을 판단하지 말라. (겉을 보고 속을 판단하지 말라.)
- 서투른 목수가 연장만 탓한다. (기술이 부족한 사람이 제 능력은 모르고 도구만 나쁘다고 탓한다.)

활동 방법 그림을 보면서 속담의 뜻을 생각해 본 후, 그 의미가 무엇인지 주어진 예시문을 참고하여 말해 본다.

예시 정답
- I think that when you see a person, you shouldn't judge that person by their looks.
  네가 어떤 사람을 볼 때 너는 그 사람을 그들의 외모로 판단해서는 안 된다고 생각해.
- I think that when work doesn't go well, people blame their tools instead of themselves.
  일이 잘 안될 때 사람들은 그들 자신 대신에 그들의 연장을 탓한다고 생각해.

B **Look and Write** 단어 구름에서 알맞은 단어를 찾아 문장을 완성해 봅시다.

단어 숙어
way ⑨ 방법, 방식
score ⑧ 득점하다
slip ⑧ 미끄러지다
fall down 넘어지다
length ⑨ 길이

해석
1 이 책은 지대한 방법으로 나에게 영향을 미쳤다.
2 누가 이 축구팀의 주장이니?
3 나는 미끄러지고 넘어져서 득점할 기회를 놓쳤다.
4 몇몇 뜀뛰는 개구리들은 그들의 길이보다 열 배 더 많이 뛸 수 있다.

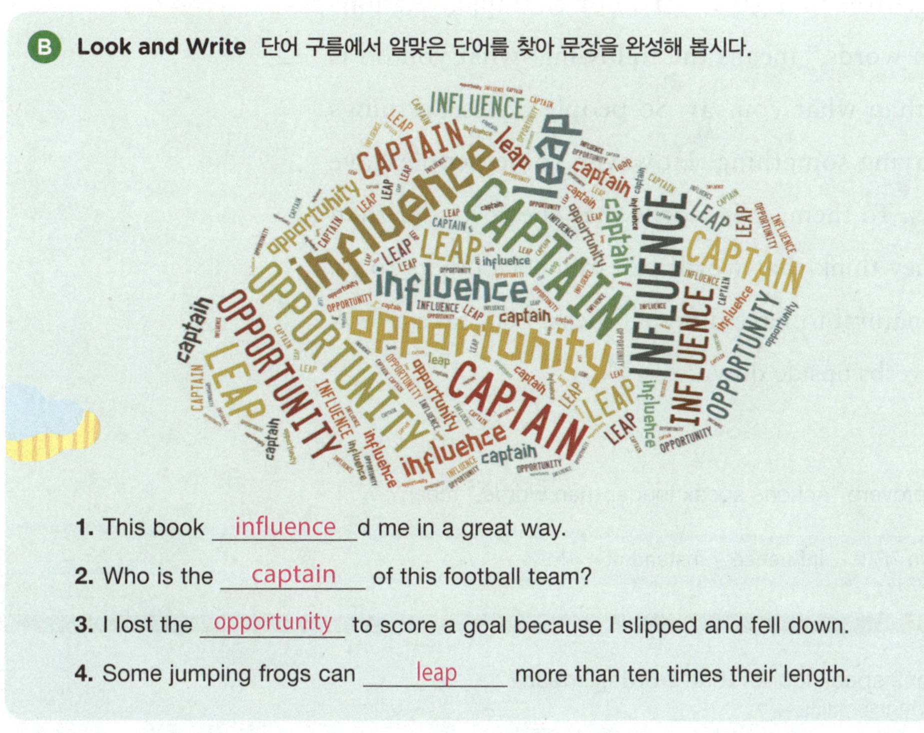

1. This book ___influence___d me in a great way.

2. Who is the ___captain___ of this football team?

3. I lost the ___opportunity___ to score a goal because I slipped and fell down.

4. Some jumping frogs can ___leap___ more than ten times their length.

풀이
1 책은 누군가에게 영향을 미치므로 '영향을 미치다'라는 의미의 influence가 알맞다.
2 축구팀에는 주장이 있으므로 '주장'이라는 의미의 captain이 알맞다.
3 넘어져서 득점할 기회를 놓친 상황이므로 '기회'라는 의미의 opportunity가 알맞다.
4 개구리들이 뛰어오르기 때문에 '뛰어오르다'라는 의미의 leap이 알맞다.

Proverbs Upside Down

본문 제목의 의미를 추측하여 말해 봅시다.

1 e.g. I think the title means that we should look at proverbs in a different way.

Every now and then, words of wisdom have influenced people **2** and changed their lives in a great way. For example, "Actions speak louder than words," means the following: what you do is **3** more important than what you say. So people try to do things **4**
5 instead of just saying something. However, some people have **5** different opinions. To them, it is words that speak louder than **6** **7** actions. How? They think that words can influence others to do **8** **9** good things. It is natural to have different ideas. Let's take a look at some other proverbs upside down.

Q1 What does the proverb "Actions speak louder than words," mean?

proverb   upside down 거꾸로   influence   instead of … 대신에

Q1 What does the proverb "Actions speak louder than words," mean?
'말보다 행동이 더 중요하다.'라는 속담은 무엇을 의미하나요?

A1 It means that what you do is more important than what you say.
당신이 하는 것이 당신이 말하는 것보다 더 중요하다는 것을 의미합니다.

해설 "Actions speak louder than words," means the following: what you do is more important than what you say.
문장에서 주어진 속담의 의미를 알 수 있다.

해석

속담 뒤집기

①때때로 지혜의 말들은 사람들에게 영향을 미치고 그들의 삶을 굉장한 방향으로 바꾸었다. ②예를 들어, "말보다 행동이 더 중요하다."는 말의 의미는 다음과 같다: 당신이 하는 것은 당신이 말하는 것보다 더 중요하다. ③그래서 사람들은 그냥 무엇인가를 말하는 대신 무엇인가를 하려고 노력한다. ④그러나 몇몇 사람들은 다른 의견을 가지고 있다. ⑤그들에게는 행동보다 더 중요한 것은 바로 말이다. ⑥어떻게 그럴까? ⑦그들은 말이 다른 사람들이 좋은 행동을 하는데 영향을 미칠 수 있다고 생각한다. ⑧다른 생각을 갖는 것은 자연스럽다. ⑨몇 개의 다른 속담을 거꾸로 뒤집어서 살펴보자.

구문

❶ Every now and then, words of wisdom **have influenced** people **and changed** their lives in a great way.
'have+p.p.' 형태의 현재 완료를 써서 과거부터 지금까지 지혜의 말들이 사람들에게 미친 영향을 설명하고 있다. influenced와 changed는 and로 연결된 병렬 구조로 changed 앞에 have가 생략되어 있다.

❷ ... **what** you do is **more important than what** you say.
what you do와 what you say에서 what은 관계대명사로 '…하는 것'이라는 뜻이다. more important than은 비교급 구문으로 important 앞에 more를 붙인다.

❹ **However**, some people have different opinions.
접속부사 however는 '그러나'라는 의미로 주로 문장의 앞에 쓰이며, 이와 비슷한 표현으로는 on the other hand가 있다.

❺ To **them**, **it is** words **that** speak louder than actions.
them은 앞 문장에서 언급한 말보다 행동이 더 중요하다고 생각하는 사람들과 다른 의견을 가진 사람들을 지칭한다. It is ~ that ... .은 강조 구문으로 강조하고자 하는 말을 It is와 that 사이에 넣어준다. 이 문장에서 강조된 말은 words이며, 원래 문장은 Words speak louder than actions.이다.

❽ **It** is natural **to have different ideas**.
It은 가주어이고, to 이하가 진주어이다.

Grammar+

접속부사 However

however는 접속부사로 '그러나'의 의미이며, 앞 문장의 내용과 대조를 나타낼 때 사용한다. 주로 문장의 앞에 오며, 문두에 올 때는 However에 콤마를 찍는다.

- I have never seen the movie. **However**, I have heard so much about it I already know every detail. (나는 그 영화를 본 적이 없다. 그러나 나는 그것에 대해 너무 많이 들어서 이미 모든 세세한 것을 안다.)

단어·숙어

- **proverb** [명] 속담 [e.g.] Some **proverbs** are similar between countries.
- **upside down** 거꾸로[뒤집어] [e.g.] The picture looks different if you see it **upside down**.
- **every now and then** 때로는, 때때로 [e.g.] I see Suzie **every now and then**.
- **wisdom** [명] 지혜 [e.g.] My mother was a woman of great **wisdom**.
- **influence** [동] 영향을 미치다 [e.g.] TV **influences** teens too much these days.
- **instead of** … 대신에 [e.g.] I took the bus **instead of** the subway.
- **opinion** [명] 의견, 견해 [e.g.] What is your **opinion** of his latest movie?

Mini Test

정답과 해설 p. 364

다음 글을 읽고, 물음에 답하시오.

Every now and then, words of wisdom have influenced people and changed their lives in a great way. For example, "Actions speak louder than words," means the following: what you do is more important than what you say. So people try to do things instead of just saying something. ____________, some people have different opinions. To them, it is words that speak louder than actions.

1. 윗글의 빈칸에 알맞은 말을 쓰시오. ____________________

2. 윗글에서 "Actions speak louder than words."라고 생각하는 사람들이 하는 행동을 찾아 우리말로 쓰시오.

____

Look before you leap:
Check what is in front of you before making a decision.

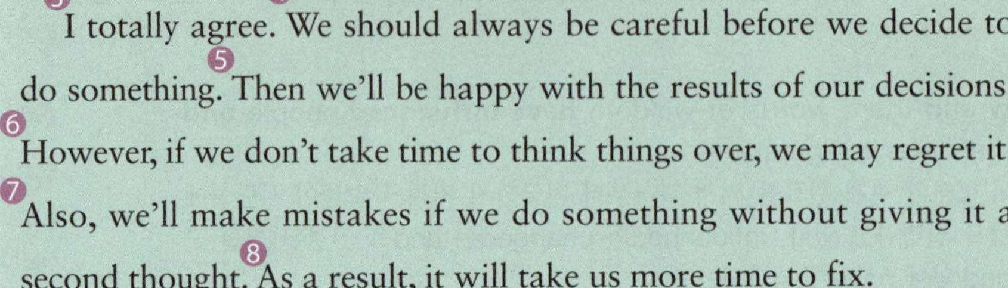

I totally agree. We should always be careful before we decide to do something. Then we'll be happy with the results of our decisions. However, if we don't take time to think things over, we may regret it. Also, we'll make mistakes if we do something without giving it a second thought. As a result, it will take us more time to fix.

Posted by Suzi Kang  

I don't agree. Opportunities don't come often. If there is a chance, we should grab it. Or, it will be too late. Last year, I was asked to be the captain of the school hockey team. However, I took too much time to decide, so another friend became the captain. Now, I regret it. As the saying goes, "Strike while the iron is hot."

Posted by Brian Pearson  

Q2 What could happen if you do something without giving it a second thought?

leap   regret   give it a second thought 다시 생각해 보다   opportunity   captain

Q2 What could happen if you do something without giving it a second thought?
만약 당신이 다시 생각해 보지 않고 어떤 일을 한다면 무슨 일이 일어날 수 있을까요?

A2 I may regret it. Also, I could make mistakes. 저는 그것을 후회할지도 모릅니다. 또한 저는 실수를 할 수도 있습니다.

해설 However, if we don't take time to think things over, we may regret it. Also, we'll make mistakes ... .에서 시간을 들여서 어떤 일에 대해 다시 생각해 보지 않는다면 후회하고 실수를 할 수 있다.

해석

①잘 생각해 보고 행동하라[돌다리도 두드려 보고 건너라]: ②결정을 하기 전에 당신 앞에 있는 것이 무엇인지 확인하라. ③나는 완전히 동의해. ④우리는 무엇인가를 하기로 결정하기 전에 항상 신중해야 해. ⑤그러면 우리는 우리의 결정으로 인한 결과에 행복할 거야. ⑥ 그러나 만약 우리가 시간을 들여 어떤 일을 심사숙고하지 않는다면 우리는 후회할지도 몰라. ⑦또한 우리는 다시 생각해 보지 않고 어떤 일을 한다면 실수를 할 거야. ⑧그 결과, 우리는 바로잡는 데 더 많은 시간을 들일 거야. ⑨나는 동의하지 않아. ⑩기회는 자주 오지 않아. ⑪만약 기회가 있다면 우리는 그것을 잡아야 해. ⑫그렇지 않으면 너무 늦을 거야. ⑬작년에 나는 학교 하키 팀의 주장이 되기를 요청받았어. ⑭그러나 나는 결정하는 데 너무 많은 시간이 걸려서 다른 친구가 주장이 되었어. ⑮지금 나는 후회해. ⑯속담에서 말하듯이 "쇠가 달았을 때 두드려라[쇠뿔도 단김에 빼라]."

구문

❷ Check what is in front of you **before making** a decision.
before가 전치사로 쓰인 경우, 뒤에 동사가 오면 동명사 -ing 형태가 와야 한다.

❹ We should **always** be careful before we **decide to do** something.
always는 빈도부사로 일반동사 앞, be동사나 조동사 뒤에 온다. decide는 to부정사를 목적어로 취하며, 이와 같은 동사로는 want, hope, wish, desire 등이 있다.

❻ However, **if** we don't take time to think things over, we **may** regret it.
if는 '만약 …라면'이라는 의미의 접속사로 if 조건절에서는 현재시제가 미래시제를 대신한다. may는 '…일지도 모른다'라는 의미의 조동사로 가능성을 나타낸다.

❼ Also, we'll make mistakes if we do something **without giving** it a second thought.
without은 '…없이'라는 의미의 전치사로 뒤에 동사가 오면 동명사 -ing 형태가 와야 한다.

❽ As a result, it will take us more time **to fix**.
to fix가 앞에 나온 명사 more time을 수식하는 to부정사의 형용사적 용법이다.

⓫ If there is a chance, we should grab **it**.
it이 가리키는 것은 문장 앞부분의 a chance(기회)이다.

⓮ However, I took too much time **to decide**, so another friend became the captain.
to decide는 앞에 나온 명사 too much time을 수식하는 to부정사의 형용사적 용법이다.

Grammar ➕

조건을 나타내는 접속사 if

1. 조건을 나타내는 접속사 if는 '만약 …라면'이라는 의미이다.
   • **If** you study hard, you'll succeed. (만약 네가 공부를 열심히 한다면, 너는 성공할 것이다.)

2. 시제가 미래일 때, if 조건절에서는 현재시제가 미래시제를 대신한다.
   • You will be late **if** you don't hurry. (네가 서두르지 않는다면, 너는 지각할 것이다.)

단어·숙어

• **leap** ⑧ 뛰다, 뛰어오르다 [e.g.] It's easy to **leap** into the water from here than up there.
• **regret** ⑧ 후회하다 [e.g.] I **regret** that I didn't go to the party.
• **give it a second thought** 다시 생각해 보다 [e.g.] **Give it a second thought** before you answer.
• **opportunity** ⑨ 기회 [e.g.] **Opportunities** come to those who seek them.
• **grab** ⑧ 붙잡다[움켜잡다] [e.g.] **Grab** the handle when you are standing on the bus.
• **captain** ⑨ (스포츠 팀의) 주장 [e.g.] Jake became the new **captain** of our swimming team.

Mini Test 📑

정답과 해설 p. 364

A 본문의 내용과 일치하면 T, 일치하지 않으면 F를 쓰시오.

1. Suzi thinks that you should look before you leap. (   )

2. Brian didn't think too much before he decided to become the hockey team captain. (   )

B 다음 질문에 대한 알맞은 답을 본문에서 찾아 쓰시오.

Q. What is the proverb for doing something immediately because now is a good time to do it?

A. ____

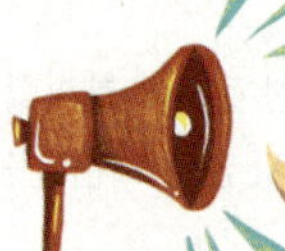

Let's Read ❸

① **Out of sight, out of mind:**
② Something is easily forgotten if it is not near us.

③ I agree with this saying. ④ I had a close friend from elementary school. ⑤ Sadly, we went to different middle schools. ⑥ At first, we met two to three times a week. ⑦ However, it was hard to keep in touch. ⑧ We started to spend more time with our new friends. ⑨ I started thinking less and less about him and more and more about my new friends. ⑩ Now, we have stopped talking or seeing each other.

Posted by Anna Brown

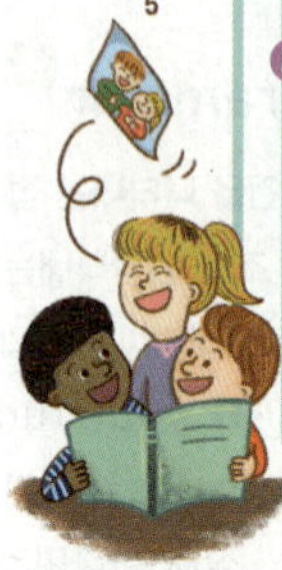

⑪ I disagree with your opinion. ⑫ I was really close with my neighbor, Jenny. ⑬ She was from America and we liked the same basketball team. ⑭ We spent a lot of time watching games together. ⑮ Then her family moved away three years ago. ⑯ I haven't seen her since, but I still remember the times we had. ⑰ I miss her more and more as time goes by. ⑱ It is the quality of time that makes people remember each other.

Posted by Jaeha Park

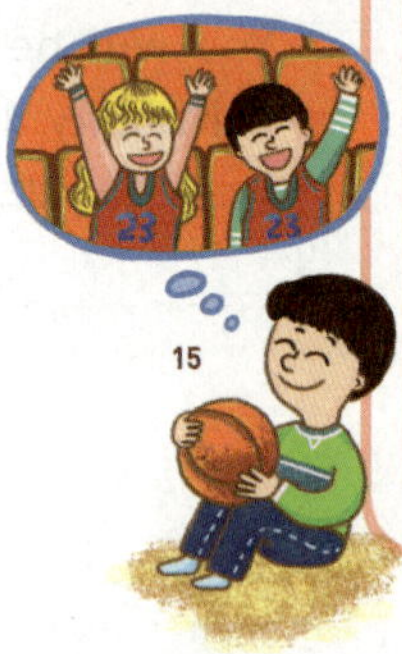

⑲ Well, what is your opinion? ⑳ There is no right or wrong answer. ㉑ It is you who should decide what is best for you.

강조하고 싶은 말이 있을 때 'It is/was'와 'that' 사이에 그 말을 넣어 표현할 수 있습니다.
Gina likes dogs.
→ It is dogs that Gina likes.

Think Which opinion do you agree with and why?

keep in touch 연락을 취하다 disagree quality

How fast can you read?

- **1st:** ____ min. ____ sec.
- **2nd:** ____ min. ____ sec.

Think Which opinion do you agree with and why? 여러분은 어떤 의견에 동의하며 그 이유는 무엇입니까?

→ I agree with the second opinion. My parents gave our dog away because of my allergy. I haven't seen him for over five years but I still miss him a lot.

저는 두 번째 의견에 동의합니다. 저의 부모님은 제 알레르기 때문에 우리 개를 다른 사람에게 주셨습니다. 저는 그 개를 5년 넘게 보지 못했지만 그 개를 여전히 많이 그리워하고 있습니다.

교과서 p.103

해석

①**눈에서 멀어지면, 마음에서도 멀어진다:** ②**어떤 것이 우리 주변에 없으면 그것은 쉽게 잊혀진다.**
③나는 이 말에 동의해. ④나는 초등학교 때부터 친한 친구가 있었어. ⑤아쉽게도 우리는 다른 중학교에 갔어. ⑥처음에 우리는 일주일에 두세 번 만났어. ⑦그러나 계속 연락하는 것은 어려웠어. ⑧우리는 우리의 새로운 친구들과 더 많은 시간을 보내기 시작했어. ⑨나는 그에 대해 점점 덜 생각하고 내 새로운 친구들에 대해 더욱더 많이 생각하기 시작했어. ⑩이제 우리는 서로 이야기하거나 만나지 않아.
⑪나는 네 의견에 동의하지 않아. ⑫나는 나의 이웃 Jenny와 정말 친했어. ⑬그녀는 미국에서 왔고 우리는 같은 농구 팀을 좋아했어. ⑭우리는 함께 경기를 보며 많은 시간을 보냈어. ⑮그런데 그녀의 가족이 3년 전에 이사 갔어. ⑯나는 그녀를 그 이후로 보지 못했지만 여전히 우리가 함께했던 시간들을 기억해. ⑰나는 시간이 갈수록 그녀가 점점 더 그리워. ⑱사람들이 서로를 기억하게 만드는 것은 바로 시간의 질이야.
⑲자, 당신의 의견은 무엇인가? ⑳맞거나 틀린 답은 없다. ㉑당신에게 최선인 것을 결정해야 하는 사람은 바로 당신이다.

구문

⑨ I **started thinking** less and less about him ... .
start는 동명사나 to부정사를 둘 다 목적어로 취할 수 있으며, I started to think ...로 바꿔 쓸 수 있다.

⑩ Now, we have **stopped talking or seeing** each other.
stop은 동명사나 to부정사를 목적어로 취할 수 있는데, 뒤에 동명사가 올 경우 '…하는 것을 멈추다'라는 의미이며, to부정사가 올 경우 '…하기 위해 멈추다'라는 의미이다.

⑭ We **spent a lot of time watching** games together.
spend time -ing는 '…하는 데 시간을 보내다'라는 의미이다.

⑮ Then her family **moved** away **three years ago**.
three years ago는 과거의 시점을 나타내는 부사구로 과거시제와 함께 쓴다.
cf. 과거의 시점을 나타내는 부사(구): yesterday, last week, in+연도 등

⑯ I **haven't seen** her since, but I still remember the times we had.
과거부터 지금까지 그녀를 보지 못했으므로 'have+p.p.' 형태의 현재 완료를 썼다.

⑱ **It is** the quality of time **that makes** people **remember** each other.
It is ~ that ... .은 강조 구문으로 강조하고자 하는 말을 It is와 that 사이에 넣어 준다. make는 사역동사로 목적격 보어 자리에 동사원형이 왔다.

㉑ **It is** you **who** should decide what is best for you.
It is ~ who ... .는 강조 구문으로 강조하는 말이 you(사람)이기 때문에 that 대신 who를 썼다.

Grammar+

강조 구문

1. It is/was ~ that ...의 형태로 '… 한 것은 바로 ~이다/이었다'라는 의미이다. It is/was와 that 사이에 강조하는 말이 온다.
   - **It is** my sister **that** has broken the computer. (컴퓨터를 고장 낸 건 바로 언니다.)
2. that 대신에 강조하는 말이 사람일 때는 who, 사물일 때는 which, 장소(전치사 포함 사물 선행사)일 때는 where, 시간일 때는 when으로 바꿔 쓸 수 있다.
   - **It is** Mary **who** likes to sing in front of people.
   - **It is** in New York **where** my uncle lives.

강조 구문 사용 시 유의점

동사나 보어는 강조의 초점이 될 수 없다.
- I like desserts. → **It is** like **that** I desserts. (X)
- She is a doctor. → **It is** a doctor **that** she is. (X)

단어 숙어

- **sight** [명] 시야 [e.g.] You should always keep your children in **sight**.
- **close** [형] 친한, 가까운 [동] 닫다 [e.g.] I try to have a **close** relationship with my father.
- **keep in touch** 연락을 취하다 [e.g.] It's not easy to **keep in touch** with friends if you move away to a different city.
- **quality** [명] 질 [e.g.] The **quality** of this product is much better than I thought.

Mini Test

정답과 해설 p. 365

다음 글을 읽고, 물음에 답하시오.

I disagree with your opinion. I was really close with my neighbor, Jenny. She was from America and we liked the same basketball team. We spent a lot of time watching games together. Then her family moved away three years ago. I haven't seen her since, but I still remember the times we had.

1. Where was Jenny from? ______________________
2. What did they have in common? ______________________

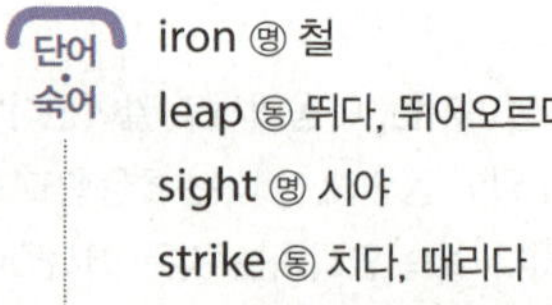

After You Read

A **Look and Connect** 본문에 나온 속담의 일부를 바르게 연결하여 속담을 완성해 봅시다.

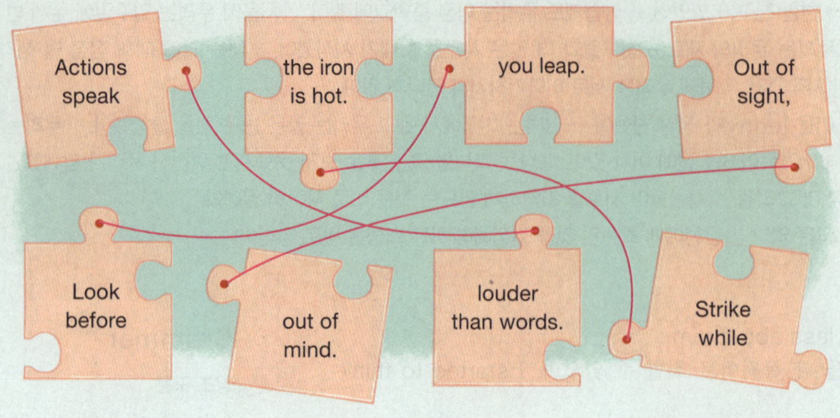

활동 방법 본문에 나온 여러 속담을 떠올리며 퍼즐 조각을 연결하여 각 속담을 완성해 본다.

정답
Actions speak louder than words.　　Strike while the iron is hot.
Look before you leap.　　Out of sight, out of mind.

단어 숙어
iron 몡 철
leap 통 뛰다, 뛰어오르다
sight 몡 시야
strike 통 치다, 때리다
while 젭 …하는 동안

해석
- 말보다 행동이 더 중요하다.
- 쇠가 달았을 때 두드려라[쇠뿔도 단김에 빼라].
- 잘 생각해 보고 행동하라[돌다리도 두드려 보고 건너라].
- 눈에서 멀어지면 마음에서도 멀어진다.

B **Read and Correct** 본문의 내용과 일치하도록 잘못된 부분을 바르게 고쳐 봅시다.

Brian
Last year, I was asked to be the captain of the school soccer team. [→ hockey] However, I took too much time to decide, so I didn't become the captain. I think you should strike while the iron is cold. [→ hot]

Suzi
└ I agree with your idea. [→ disagree] If you do something without giving it a second thought, you may regret your decision.

Anna
I had a close friend from elementary school but we went to different high schools. [→ middle] Now, we don't see each other anymore. If someone is out of sight, it's easy to forget that person.

Jaeha
└ I disagree. I had a close cousin [→ neighbor] who moved away five years ago. [→ three] However, I still miss her.

단어 숙어
captain 몡 주장
regret 통 후회하다
close 혱 친한, 가까운
not … anymore 더 이상 …않다
cousin 몡 사촌
move away 이사 가다

해석
　작년에 나는 학교 하키 팀의 주장이 되기를 요청받았어. 그러나 나는 결정하는 데 너무 많은 시간을 보내서 나는 주장이 되지 못했어. 나는 쇠뿔도 단김에 빼야 한다고 생각해.
└ 나는 너의 생각에 동의하지 않아. 만약 네가 어떤 일을 다시 생각해 보지 않고 한다면, 너는 너의 결정을 후회할지도 몰라.

　나는 초등학교 때부터 친한 친구가 있었는데 우리는 다른 중학교에 갔어. 이제 우리는 서로 더 이상 만나지 않아. 만약 어떤 사람이 눈에 보이지 않는다면, 그 사람을 잊는 것은 쉬워.
└ 나는 동의하지 않아. 나는 3년 전에 이사 간 친한 이웃이 있었어. 그러나 나는 그녀를 여전히 그리워해.

풀이
학교 축구팀 주장이 아니라 '하키' 팀의 주장이 되기를 요청받았다.
쇠는 차가울 때가 아니라 '뜨거울' 때 쳐야 한다.
수지는 Brian의 의견에 '동의하지 않는다'고 했다.
Anna와 친한 친구는 고등학교가 아니라 다른 '중학교'에 갔다.
재하는 5년 전에 이사 간 사촌이 아니라 '3'년 전에 이사 간 '이웃'이 있었다.

💬 서로 다른 의견을 낼 수 있는 속담을 더 찾아 친구들과 토론해 봅시다.

● 본문 내용을 떠올려 빈칸을 채워 봅시다.

Every now and then, words of wisdom have _________ people and changed their lives in a great way. For example, "Actions speak louder than words," means the following: what you do is more _________ than what you say. So people try to do things instead of just saying something. However, some people have _________ opinions. To them, it is _________ that speak louder than actions. How? They think that words can influence others to do good things. It is natural to have different ideas. Let's take a look at some other _________ upside down.

Look before you leap: Check what is in front of you before making a _________.

I totally agree. We should always be careful before we decide to do something. Then we'll be happy with the results of our decisions. However, if we don't take time to think things over, we may regret it. Also, we'll make _________ if we do something _________ giving it a second _________. As a result, it will take us more time to _________.

Posted by Suzi Kang

↳ I don't _________. Opportunities don't come often. If there is a _________, we should grab it. Or, it will be too late. Last year, I was asked to be the _________ of the school hockey team. However, I took too much _________ to decide, so another friend became the captain. Now, I _________ it. As the saying goes, "Strike while the _________ is hot."

Posted by Brian Pearson

Out of sight, out of mind: Something is easily _________ if it is not near us.

I agree with this saying. I had a close friend from elementary school. Sadly, we went to different middle schools. At first, we met two to three times a week. However, it was hard to _________ in touch. We started to _________ more time with our new friends. I started thinking less and less about him and more and more about my new friends. Now, we have stopped talking or seeing each other.

Posted by Anna Brown

↳ I disagree with your opinion. I was really close with my neighbor, Jenny. She was from America and we liked the same basketball team. We spent a lot of time watching games together. Then her family _________ _________ three years ago. I haven't seen her since, but I still _________ the times we had. I miss her more and more as time goes by. It is the _________ of time that makes people remember each other.

Posted by Jaeha Park

Well, what is your _________? There is no right or wrong answer. It is you who should decide what is best for you.

정답ㅣ influenced, important, different, words, proverbs, decision, mistakes, without, thought, fix, agree, chance, captain, time, regret, iron, forgotten, keep, spend, moved, away, remember, quality, opinion

Word Builder

교과서 p.163

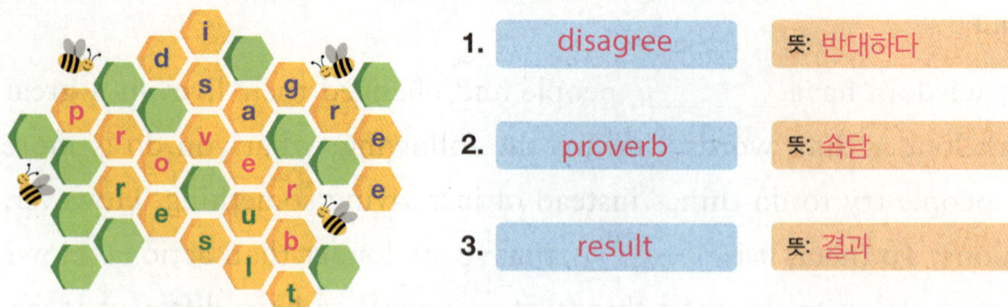

A 벌집에서 같은 색의 철자를 모아 단어를 완성한 후, 뜻을 써 봅시다.

1. disagree 뜻: 반대하다
2. proverb 뜻: 속담
3. result 뜻: 결과

풀이
1 disagree는 '동의하지 않다, 반대하다'라는 의미이다.
2 proverb는 '속담'이라는 의미이다.
3 result는 '결과'라는 의미이다.

B 다음 그림과 표현에 맞게 'keep'의 사전적 의미를 골라 뜻을 완성해 봅시다.

keep ① (특정한 상태 · 위치를) 유지하다 ② ~을 계속하다[반복하다] ③ 가지고 있다

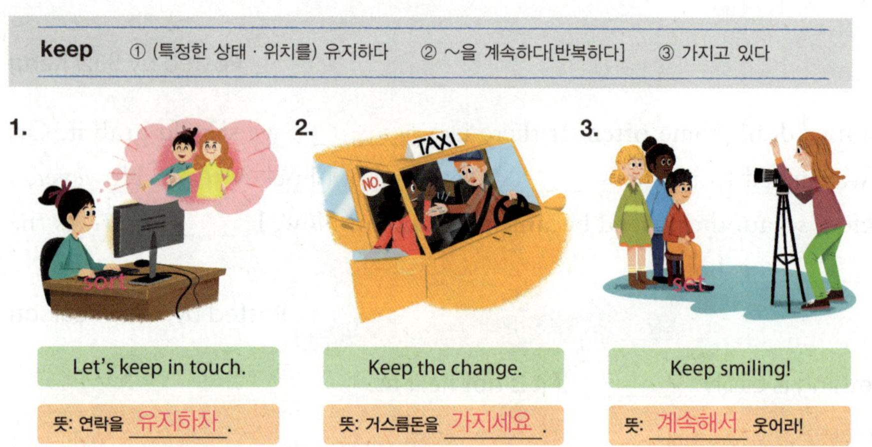

1.

Let's keep in touch.

뜻: 연락을 유지하자.

2.

Keep the change.

뜻: 거스름돈을 가지세요.

3.

Keep smiling!

뜻: 계속해서 웃어라!

풀이
1 keep in touch는 '연락을 유지하다'라는 의미이다.
2 change는 '거스름돈'이라는 의미이고, keep은 '가지다'라는 의미이다.
3 keep -ing는 '계속 …하다'라는 의미이다.

단어·숙어
change [명] 변화, 거스름돈 [동] 변하다

C 빈칸에 알맞은 말을 단어 상자에서 골라 써 봅시다.

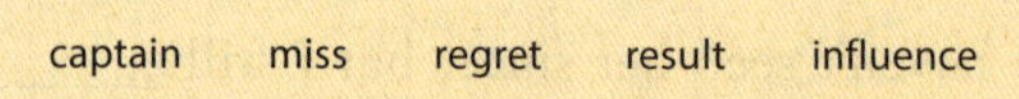

captain miss regret result influence

1. Jack is the new captain of our soccer team.
2. You shouldn't regret it if you tried your best.
3. The writer wants to influence many people with her book.

풀이
1 '축구팀의 새로운 주장'이라는 뜻이 되어야 하므로 captain이 알맞다.
2 '네가 최선을 다했다면 후회해서는 안 된다'라는 뜻이 되어야 하므로 regret이 알맞다.
3 '많은 사람에게 영향을 미치고 싶어 한다'라는 뜻이 되어야 하므로 influence가 알맞다.

단어·숙어
miss [동] 그리워하다
try one's best 최선을 다하다
writer [명] 작가

해석
1 Jack은 우리 축구팀의 새로운 주장이다.
2 네가 최선을 다했다면 너는 후회해서는 안 된다.
3 그 작가는 그녀의 책으로 많은 사람에게 영향을 미치고 싶어 한다.

Word Check

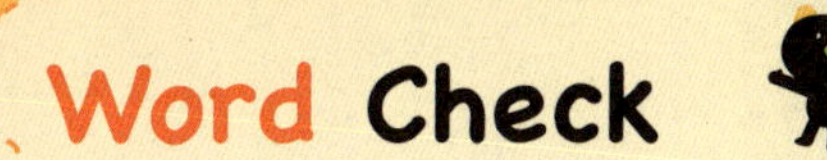

A 다음 영어 표현은 우리말로, 우리말은 영어로 쓰시오.

1. proverb _______________________

2. sight _______________________

3. neighbor _______________________

4. agree _______________________

5. opportunity _______________________

6. (스포츠 팀의) 주장 _______________________

7. 후회하다 _______________________

8. 결과 _______________________

9. 의견 _______________________

10. 영향을 미치다 _______________________

B 다음 빈칸에 공통으로 들어갈 알맞은 단어를 쓰시오.

1. • You can _______________________ in touch with friends abroad through the internet.

   • _______________________ to the right in the hallway.

2. • Why are you looking at the book upside _______________________?

   • Don't look _______________________ when you walk on the street.

C 다음 빈칸에 알맞은 단어를 보기 에서 골라 쓰시오.

보기				
disagree	leap	instead of	strike	influence

1. If you have a different opinion, you _______________________ with that person.

2. When I grow up, I want to _______________________ many people in the world.

3. Before you _______________________ and dive from the board, make sure you do some stretching.

4. I decided to study _______________________ going to the movies.

5. We _______________________ the bell on New Year's Eve.

It is/was ~ that ....

A **Choose and Write** 빈칸에 알맞은 표현을 넣어 인터뷰를 완성해 봅시다.

단어 숙어
each other 서로
meet ⑧ 만나다
say hello 인사하다

해석
Q: 4월에 서로 만났니?
A: 아니, 우리가 만난 것은 바로 3월이었어.

Q: 어디서 만났니?
A: 우리가 만난 곳은 바로 공원이었어.

Q: 누가 먼저 인사했니?
A: 먼저 인사한 사람은 바로 Jenny였어.

Form 1 ▶ 강조 구문

It is/was ~ that ... .의 형태로 문장에서 강조하고 싶은 말을 It is/was와 that 사이에 넣어 강조할 수 있다. '···한 것은 바로 ~이다/이었다'라는 의미로 현재일 때는 It is ~ that ...을, 과거일 때는 It was ~ that ...의 형태를 사용한다.

- It is/was와 that 사이에서 강조할 수 있는 말은 문장에서 주어, 목적어, 부사(구/절)이며, 동사나 보어는 강조할 수 없다.

  [e.g.] Tim met his teacher at the bookstore last Saturday.
  (Tim은 지난 토요일 그의 선생님을 서점에서 만났다.)
  (주어 강조) **It was** Tim **that** met his teacher at the bookstore last Saturday.
  (지난 토요일 그의 선생님을 서점에서 만난 사람은 바로 Tim이었다.)
  (목적어 강조) **It was** his teacher **that** Tim met at the bookstore last Saturday.
  (Tim이 지난 토요일 서점에서 만난 사람은 바로 그의 선생님이었다.)
  (부사 강조) **It was** at the bookstore **that** Tim met his teacher last Saturday.
  (Tim이 지난 토요일 그의 선생님을 만난 곳은 바로 서점에서였다.)
  It was last Saturday **that** Tim met his teacher at the bookstore.
  (Tim이 그의 선생님을 서점에서 만난 것은 바로 지난 토요일이었다.)

- 강조하는 말이 사람일 때는 who, 사물일 때는 which, 장소(전치사 포함 사물 선행사)일 때는 where, 시간일 때는 when으로 바꿔 쓸 수 있다.

  [e.g.] **It was** Tim **who** met his teacher at the bookstore last Saturday.
  It was at the bookstore **where** Tim met his teacher last Saturday.
  It was last Saturday **when** Tim met his teacher at the bookstore.

However, ...

[B] Match and Say 'However'를 넣어 내용이 어울리는 문장끼리 연결해 봅시다.

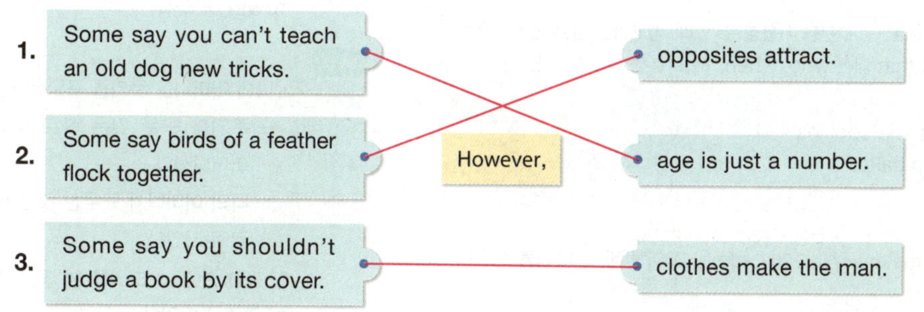

1.	Some say you can't teach an old dog new tricks.	However,	opposites attract.
2.	Some say birds of a feather flock together.		age is just a number.
3.	Some say you shouldn't judge a book by its cover.		clothes make the man.

단어·숙어
trick [명] 재주
opposite [명] 반대
feather [명] 깃털
flock [동] 모이다
clothes [명] 옷

[정답]
1 Some say you can't teach an old dog new tricks. However, age is just a number.
어떤 사람들은 늙은 개에게 새로운 재주를 가르칠 수 없다고 말한다. 그러나 나이는 숫자에 불과하다.
2 Some say birds of a feather flock together. However, opposites attract.
어떤 사람들은 같은 깃털의 새들끼리 모인다고 말한다. 그러나 반대가 끌린다.
3 Some say you shouldn't judge a book by its cover. However, clothes make the man.
어떤 사람들은 표지로 책을 판단해서는 안 된다고 말한다. 그러나 옷이 사람을 만든다.

Form 2 ▶ 접속부사 However, ...

however는 접속부사로 however가 이끄는 문장이 앞 문장의 내용과 대조를 나타낼 때 사용하며, '그러나'라는 의미이다. 주로 문장의 앞에 오며, 문두에 올 때는 뒤에 콤마를 찍는다. 문장 중간에 올 때는 앞뒤에 콤마를 찍고, 문미에 올 때는 앞에 콤마를 찍는다.

[e.g.] I always thought I was right when I was young. **However**, as I got older, I realized that I could be wrong. (내가 어렸을 때 나는 내가 옳다고 항상 생각했다. 그러나 나이가 들면서 내가 틀릴 수도 있다는 것을 깨달았다.)
This is a cheap and simple process. **However**, there are many dangers.
(이것은 싸고 간단한 과정이다. 그러나 많은 위험 요소들이 있다.)
Jessica was feeling bad. She went to work, **however**, and tried to concentrate.
(Jessica는 몸이 좋지 않았다. 그러나 그녀는 출근하여 집중해 보려고 애를 썼다.)

• **but과 however 차이**: but은 등위접속사로 단어와 단어, 구와 구, 절과 절을 동등한 관계로 연결할 수 있으나, however는 접속사가 아니므로 동등한 관계로 연결하기보다는 논리적인 의미 관계로만 연결한다.
→ '접속사'는 두 문장을 한 문장으로 만드는 역할을 하고, '접속부사'는 두 문장의 의미를 자연스럽게 연결해 주는 역할을 한다.

[e.g.] I was tall **but** weak. (나는 키가 컸지만 약했다.)
I was tall. **However**, I wasn't good at basketball.
(나는 키가 컸다. 그러나 나는 농구를 잘하지 못했다.)

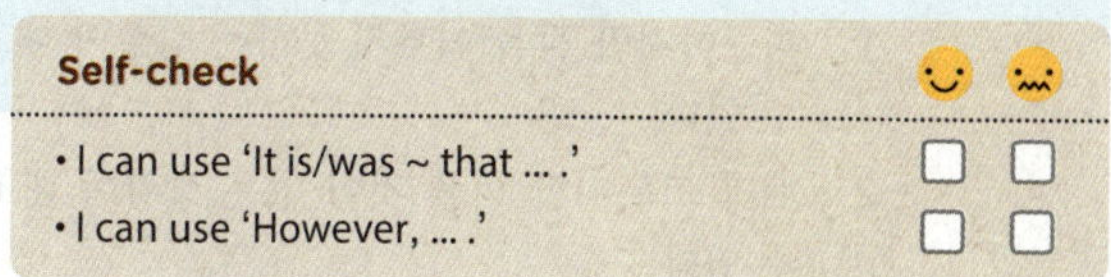

Self-check	☺	☹
• I can use 'It is/was ~ that ... .'	☐	☐
• I can use 'However, ...'	☐	☐

Grammar Builder A

Point 1 It is/was ~ that ... .

A 설명을 읽고, 주어진 문장을 활용하여 빈칸에 알맞은 말을 써 봅시다.

> • 문장의 일부를 강조하기 위해 It is/was ~ that ... 구문을 사용할 수 있다. 강조하는 말은 is/was와 that 사이에 넣어 주는데, 강조하는 말에 따라 that 대신 who, when, where 등으로 쓸 수 있다.
> My mom baked some cookies.
> → It was my mom who/that baked some cookies.
> → It was some cookies that my mom baked.

Jim saw the tower in 2007. Jim은 2007년에 그 타워를 보았다.

1. It was ___Jim___ who saw the tower in 2007.

2. It was ___the___ ___tower___ ___that___ Jim saw in 2007.

3. It was ___in___ ___2007___ ___when/that___ Jim saw the tower.

풀이

1 사람을 강조할 때는 that 대신 who를 사용할 수 있다. 따라서 It was와 who 사이에 들어갈 강조하는 말은 주어인 Jim이 된다.

2 It was 다음에 나오는 강조하는 말은 Jim이 2007년에 본 것으로 바로 그 타워 (the tower)이다.

3 It was 다음에 나오는 강조하는 말은 Jim이 그 타워를 본 시점인 in 2007로 that 대신에 when을 써도 된다.

단어·숙어
bake ⑧ 굽다
tower ⑨ 타워

해석

• 나의 어머니는 쿠키를 구우셨다.
  → 쿠키를 구운 것은 바로 나의 어머니셨다.
  → 나의 어머니가 구우신 것은 바로 쿠키였다.

1 2007년에 그 타워를 본 것은 바로 Jim이었다.

2 2007년에 Jim이 본 것은 바로 그 타워였다.

3 Jim이 그 타워를 본 것은 바로 2007년이었다.

Point 2 However, ...

B 설명을 읽고, 그림에 맞게 알맞은 표현끼리 연결해 봅시다.

> • However, ...: '그러나'라는 의미로 앞 문장과 반대되는 상황이 뒤따라올 때 사용한다.
> The book was long. However, it took me a short time to read it.
> The team was losing by three points. However, they didn't give up.

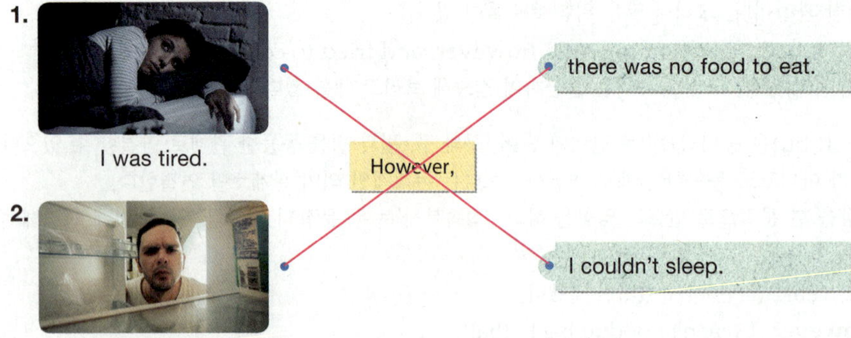

풀이 접속부사 However는 However가 이끄는 문장이 앞 문장의 내용과 대조를 나타낼 때 사용한다.

1 피곤하지만 잠을 이루지 못하는 상황이 대조되므로 However를 사용하여 연결할 수 있다.

2 배가 고프지만 먹을 것이 없는 상황이 대조되므로 However를 사용하여 연결할 수 있다.

단어·숙어
tired ⑱ 피곤한
hungry ⑱ 배고픈

해석

• 그 책은 길었다. 그러나 나는 그것을 읽는데 짧은 시간이 걸렸다.
• 그 팀은 3점 차로 지고 있었다. 그러나 그들은 포기하지 않았다.

1 나는 피곤했다. 그러나 나는 잠을 잘 수 없었다.

2 나는 배가 고팠다. 그러나 먹을 음식이 없었다.

Grammar Builder B

교과서 p.165

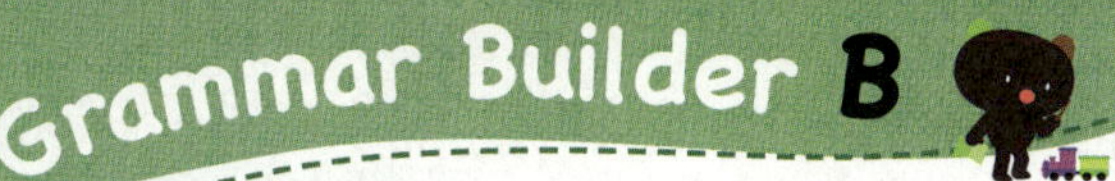

Point 1 It is/was ~ that ... .

A 빈칸에 알맞은 말을 넣어 색칠한 부분을 강조하는 문장을 완성해 봅시다.

1. Chris took my dog for a walk.
→ It was __Chris__ __who/that__ took my dog for a walk.

2. Lisa went hiking with Jinsu last Friday.
→ It __was__ __last__ __Friday__ __when/that__ Lisa went hiking with Jinsu.

3. My uncle lives in Mexico.
→ It __is__ __my__ __uncle__ __who/that__ lives in Mexico.

4. Sean met Jane at the station.
→ __It__ __was__ __at__ __the__ __station__ __where/that__ Sean met Jane.

풀이
1 강조하는 말은 주어 Chris이고, who 또는 that을 써 준다.
2 강조하는 말이 시간의 부사구 last Friday이고, 과거를 나타내는 부사구이므로 It 다음에 was ~ when/that을 써 준다.
3 강조하는 말은 주어 my uncle이고, 시제가 현재이므로 It 다음에 is ~ who/that을 써 준다.
4 강조하는 말이 장소의 부사구 at the station이고, 시제가 과거이므로 It was ~ where/that을 써 준다.

단어·숙어
hiking [명] 등산
station [명] 역, 기차역

해석
1 Chris는 나의 개를 산책시켰다. → 나의 개를 산책시킨 것은 바로 Chris였다.
2 Lisa는 지난주 금요일에 진수와 등산을 갔다. → Lisa가 진수와 등산을 간 것은 바로 지난주 금요일이었다.
3 나의 삼촌은 멕시코에 산다. → 멕시코에 사는 사람은 바로 나의 삼촌이다.
4 Sean은 기차역에서 Jane을 만났다. → Sean이 Jane을 만난 곳은 바로 기차역이었다.

Point 2 However, ...

B 다음 그림을 보고, 괄호 안의 단어를 바르게 배열하여 문장을 완성해 봅시다.

1. 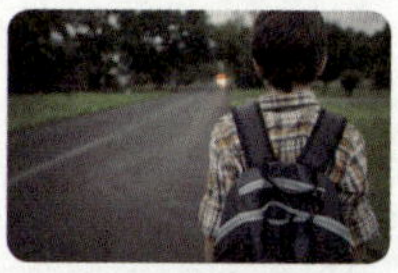
The boy got up early. However, __he missed the bus__.
(missed, he, bus, the)

2. 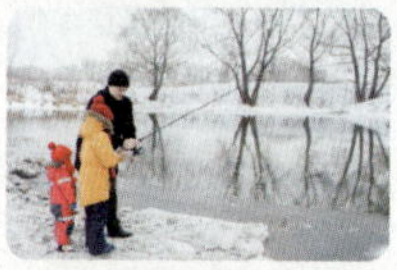
The weather was cold. However, __we went fishing__.
(went, fishing, we)

3. 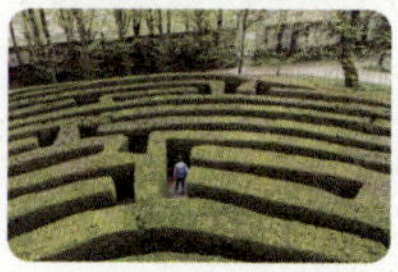
The boy went inside the maze. However, __he couldn't find the exit__.
(find, the, he, couldn't, exit)

풀이
1 '그는 버스를 놓쳤다'라는 의미가 되도록 단어를 배열한다.
2 '우리는 낚시를 갔다'라는 의미가 되도록 go fishing(낚시를 가다) 표현을 써서 단어를 배열한다.
3 '그는 출구를 찾을 수 없었다'라는 의미가 되도록 단어를 배열한다.

단어·숙어
miss [동] 놓치다
weather [명] 날씨
maze [명] 미로
exit [명] 출구

해석
1 그 소년은 일찍 일어났다. 그러나 그는 버스를 놓쳤다.
2 날씨가 추웠다. 그러나 우리는 낚시를 갔다.
3 그 소년은 미로 안으로 들어갔다. 그러나 그는 출구를 찾을 수 없었다.

A 다음 괄호 안에서 알맞은 말을 고르시오.

1. It was in 2013 (when / where) I studied in France.

2. It is Mt. Halla (when / where) I want to visit.

3. It is (my mom / my car) who wants to drive.

4. It was (the dog / influence) that bit my finger.

B 다음 빈칸에 알맞은 말을 보기 의 단어를 사용하여 문장을 완성하시오.

> 보기
>
> exercise   without   hiking

1. Using cell phones causes many problems. However, we can't live __________ them.

2. I'm too busy these days. However, I try to ___________ every day.

3. The forecast is bad. However, we still will go ___________.

C 다음 문장에서 어법상 어색한 부분을 찾아 바르게 고쳐 쓰시오. 단, 필요한 경우 올바른 문장으로 다시 쓰시오.

1. It was Sena when played the piano yesterday.

2. It was yesterday who Sena played the piano.

3. It was at the theater when I met Tom.

4. It is introduce this book that I want to.

D 다음 빈칸에 알맞은 말을 보기 에서 골라 글을 완성하시오.

> 보기
>
> clock tower   however   that   who

Yesterday, I was supposed to meet with my sister, Claire. _________, she didn't show up at the shopping mall. When I came home, she was sitting in front of the TV.

"Why are you at home? Weren't we supposed to meet at the shopping mall?"

"No, it was at the _________ where we were supposed to meet."

"No, it was at the shopping mall _________ we were supposed to meet. I told you yesterday!"

"Well, it is you _________ told me the wrong place."

That night, we didn't say another word to each other.

Grammar  Tip

- 강조하는 말은 It is/was와 that 사이에 넣어주는데, 강조하는 말에 따라 that 대신 who(사람), when(시간), where(장소) 등으로 바꿔 쓸 수 있다.

- However는 '그러나'라는 의미로 앞 문장과 반대되는 상황이 뒤따라올 때 쓴다.

4. It is/was ~ that ... 강조 구문에서 동사나 보어는 강조의 초점이 될 수 없다.

Let's Write

Your Opinions

Ready 주어진 표현을 사용하여 표를 완성한 후, 질문에 답해 봅시다.

Two heads are better than one. 두 개의 머리가 하나보다 낫다.	
Agree	**Disagree**
• get <u>great ideas</u> from others • complete the work <u>quickly</u>	• get <u>confused</u> with too much information • spend too much <u>time</u> before making a decision

Q: Which do you think is helpful when completing the work?

A: I think having ☐ many different ☐ my own ideas is more helpful when completing the work.

time
quickly
confused
great ideas

활동방법 주어진 표현으로 표를 완성한 후, 자신의 생각과 일치하는 것을 골라 질문에 답해 본다.

해석

Q: 일을 완성하는 데 어느 것이 도움이 된다고 생각하는가?

A: 내 생각에 (많은 다양한 / 나 자신의) 아이디어들을 갖는 것이 일을 완성할 때 더 도움이 되는 것 같다.

Write 위의 내용을 바탕으로 자신의 의견을 써 봅시다.

> There is a saying that "Two heads are better than one." It means that when you complete the work, it's helpful to have the advice or opinion of others. People who agree with this saying say that first, you can <u>get great ideas from others</u>. Second, you can <u>complete the work quickly</u>. However, those who disagree say that first, you can <u>get confused with too much information</u>. Second, you can <u>spend too much time before making a decision</u>.
>
> In my opinion, it is <u>many different</u> ideas that are more helpful when completing the work. How about you?

활동방법 위에서 작성한 내용을 바탕으로 자신의 의견을 써 본다.

해석

"두 개의 머리가 하나보다 낫대[백지장도 맞들면 낫다]."라는 말이 있다. 당신이 일을 완성할 때, 다른 사람들의 충고 또는 의견을 듣는 것이 도움이 된다는 뜻이다. 이 말에 동의하는 사람들은 첫째, 당신은 <u>다른 사람으로부터 멋진 아이디어를 얻을</u> 수 있다고 말한다. 둘째, 당신은 일을 빨리 완성할 수 있다. 그러나 동의하지 않는 사람들은 첫째, 당신은 <u>너무 많은 정보로 혼란스러울</u> 수 있다고 말한다. 둘째, 당신은 <u>결정하기 전에 너무 많은 시간을</u> <u>보낼</u> 수 있다.

내 생각에 일을 완성할 때 더 도움이 되는 것은 바로 <u>많은 다양한</u> 아이디어들이다. 당신은 어떤가?

Present 친구들 앞에서 자신의 의견을 발표해 봅시다.

Peer Review	🙂	😖
• 속담에 관한 자신의 의견을 잘 썼나요?	☐	☐
• 'It is ~ that … .'과 'However, … .' 표현을 이해하고 잘 사용하였나요?	☐	☐

1 대화를 듣고, 내용과 관련 있는 그림을 골라 봅시다. 🎧

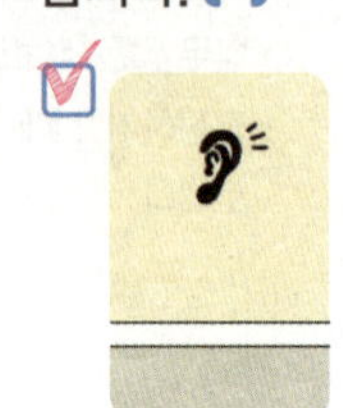  

2 자연스러운 대화가 되도록 문장을 배열한 후, 짝과 대화해 봅시다.

[1] I don't feel like cooking today.
[3] That's a good idea. What shall we eat?
[2] Then what do you think of going out to eat?
[4] Let's eat Chinese. A new restaurant opened down the street.

5 다음 그림을 보고, 책의 일부를 완성해 봅시다.

A bad workman blames his tools.
<u>However</u>, a <u>good</u> workman doesn't <u>blame</u> his tools.

your own

6 다음 질문에 자신의 의견을 말해 봅시다.

Q. What is the most important thing in life?

e.g. It is love that is the most important thing in life.

3 다음 글을 읽고, 관련된 속담을 골라 봅시다.

We should always be careful before we decide to do something. Then we'll be happy with the results of our decisions. However, if we don't take time to think things over, we may regret it. Also, we'll make mistakes if we do something without giving it a second thought.

☐ Strike while the iron is hot.
☑ Look before you leap.
☐ Actions speak louder than words.

4 다음 글을 읽고, 주어진 단어를 사용하여 문장을 완성해 봅시다.

I was really close with my neighbor, Jenny. We liked the same basketball team, so we spent a lot of time watching games together. Then her family moved to America three years ago. I haven't seen her since, but I still remember the times we had. Unlike the saying "<u>Out of sight, out of mind</u> (out, sight, of, mind)," I miss her more and more as time goes by.

My Score /6 | 4-6 | 2-3 | 0-1

1

Script B: I don't think we should talk about others when they are not there.
G: Why do you say that?
B: Well, I had a fight with Jimin because I talked about her test results with Sam.
G: Oh, why did you do that?
B: I never thought that she would find out.
G: Well, like the saying goes, "Walls have ears."
B: I agree. I've learned my lesson.

해석 B: 난 다른 사람이 자리에 없을 때, 그들에 대해 이야기해서는 안 된다고 생각해.
G: 왜 그렇게 말하는 거니?
B: 음, 내가 Sam이랑 지민이의 시험 결과에 대해 이야기해서 지민이랑 싸웠어.
G: 아, 너 왜 그랬니?
B: 난 그녀가 알게 될 거라고는 전혀 생각하지 못했어.
G: 음, 속담에 "낮말은 새가 듣고, 밤말은 쥐가 듣는다[벽에도 귀가 있다]."라고 하잖아.
B: 동의해. 난 교훈을 배웠어.

풀이 뒤에서 남의 말을 해서는 안 된다는 내용으로 Walls have ears.와 관련된 그림은 첫 번째 그림이다.

단어·숙어 fight with …와 싸우다 result [명] 결과
lesson [명] 교훈

2

해석 A: 나는 오늘 요리할 기분이 아니야.
B: 그러면 나가서 먹는 거 어떻게 생각해?
A: 좋은 생각이야. 우리 뭐 먹을까?
B: 중국 음식 먹자. 길 아래쪽에 새 식당이 개업했어.

풀이 요리할 기분이 아니라는 말에 나가서 먹자는 제안을 한 뒤, 무엇을 먹을지 묻는 질문에 중국 음식을 먹자고 대답하는 내용으로 이어지는 것이 자연스럽다.

3

해석 우리는 무엇인가를 하기로 결정하기 전에 항상 신중해야 해. 그러면 우리는 우리의 결정으로 인한 결과에 행복할 거야. 그러나 만약 우리가 시간을 들여 어떤 일을 심사숙고하지 않는다면 우리는 후회할지도 몰라. 또한 우리는 다시 생각해 보지 않고 어떤 일을 한다면 실수를 할 거야.

– 쇠가 달았을 때 두드려라[쇠뿔도 단김에 빼라].
– 잘 생각해 보고 행동하라[돌다리도 두드려 보고 건너라].
– 말보다 행동이 더 중요하다.

풀이 항상 무슨 일을 하든지 심사숙고해서 결정을 해야 후회하지 않는다는 내용으로 "돌다리도 두드려 보고 건너라."라는 뜻의 Look before you leap.이 관련된 속담으로 알맞다.

단어·숙어 decision [명] 결정 regret [동] 후회하다
make mistakes 실수를 하다

4

해석 나는 나의 이웃 Jenny와 정말 친했어. 우리는 같은 농구 팀을 좋아해서 함께 경기를 보며 많은 시간을 보냈어. 그런데 그녀의 가족이 3년 전에 미국으로 이사 갔어. 나는 그녀를 그 이후로 보지 못했지만 여전히 우리가 함께했던 시간들을 기억해. "눈에서 멀어지면 마음에서도 멀어진다."라는 속담과 다르게 나는 시간이 갈수록 그녀가 점점 더 그리워.

풀이 Jenny라는 이웃이 눈에 보이지는 않지만 여전히 그립다는 내용으로 "눈에서 멀어지면 마음에서도 멀어진다."라는 속담과 상황이 반대라는 것을 알 수 있다.

단어·숙어 close [형] 친한, 가까운 neighbor [명] 이웃
spend time 시간을 보내다 unlike …와는 달리

5

해석 서투른 일꾼은 자신의 연장을 탓한다. 그러나 능숙한 일꾼은 연장 탓을 하지 않는다.

풀이 그림에서 연장을 탓하는 일꾼의 모습을 통해 서로 대비되는 문장의 내용을 However를 사용하여 연결한다.

단어·숙어 blame [동] 비난하다, 탓하다

6

해석 Q: 인생에서 가장 중요한 것은 무엇인가?
인생에서 가장 중요한 것은 바로 사랑이다.

풀이 It is/was ~ that … . 강조 구문을 사용하여 인생에서 가장 중요한 것을 강조해서 말해 본다.

예시 답안 It is a true friend that is the most important thing in life. 인생에서 가장 중요한 것은 참된 우정이다.

Culture & Life

Similar Proverbs

Find out 세계 여러 문화 속 의미가 비슷한 속담을 알아봅시다.

You can find some proverbs with similar meanings in different cultures. The expressions may be different. However, they show the same values and thoughts. Let's read some of the proverbs and find some connections.

Türkiye
The ground has ears.

Tanzania
Even the night has ears.

Kenya
He who is unable to dance says that the yard is stony.

the UK
A bad workman blames his tools.

Kenya
When elephants fight, it is the grass that gets hurt.

Korea
고래 싸움에 새우 등 터진다.

Try out 우리나라 속담 중 다른 나라와 비슷한 속담을 찾아 말해 봅시다.

e.g. **Korea** 쥐구멍에도 볕들 날 있다.
the UK Every dog has its day.

단어·숙어

similar ⓐ 비슷한
expression ⓝ 표현
value ⓝ 가치
connection ⓝ 관련성, 연결
yard ⓝ 마당, 뜰
stony ⓐ 돌이 많은
grass ⓝ 풀

표현

- He **who** is unable to dance says **that** the yard is stony.: who는 주격 관계대명사이고, that은 목적어절을 이끄는 접속사 that으로 생략할 수 있다.
- When elephants fight, **it is** the grass **that** gets hurt.: it is ~ that ... 강조 구문으로 the grass가 강조되었다.

해석 **Find out**

여러분은 여러 문화에서 비슷한 의미를 가진 속담을 찾을 수 있다. 표현은 다를지 모른다. 그러나 그것들은 같은 가치와 생각들을 보여 준다. 몇몇 속담을 읽고, 연결 고리를 찾아보자.

튀르키예 – 땅에 귀가 있다.

탄자니아 – 심지어 밤에도 귀가 있다.

케냐 – 춤을 못 추는 사람이 뜰에 돌이 많다고 말한다.

영국 – 서투른 목수가 연장 탓한다.

케냐 – 코끼리들이 싸울 때 다치는 것은 풀이다.

Culture & Life Project

Guess What?

교과서 p.109

Ready 모둠별로 세계 여러 나라의 속담을 조사해 봅시다. [group]

Proverbs Around the World

Create 위에서 조사한 속담 중 하나를 고른 후, 힌트가 될 단서를 다음 순서대로 만들어 봅시다. [group]

Proverb Killing two birds with one stone

Clue 1 몸동작으로 표현하기

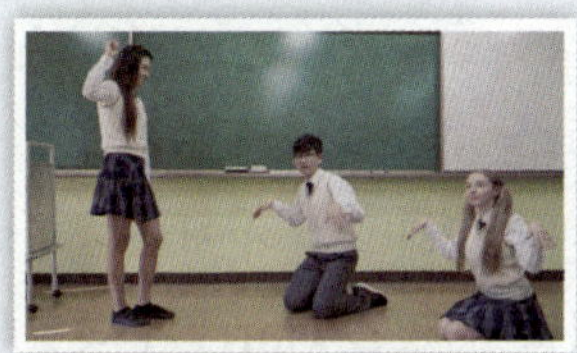

Clue 2 그림으로 표현하기

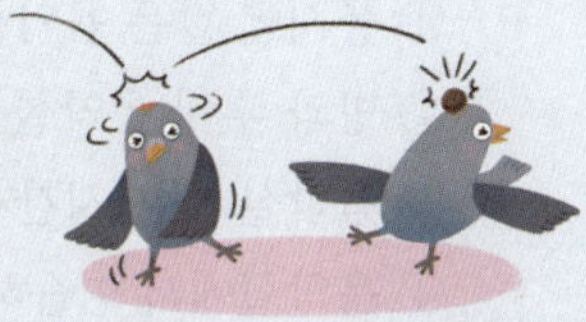

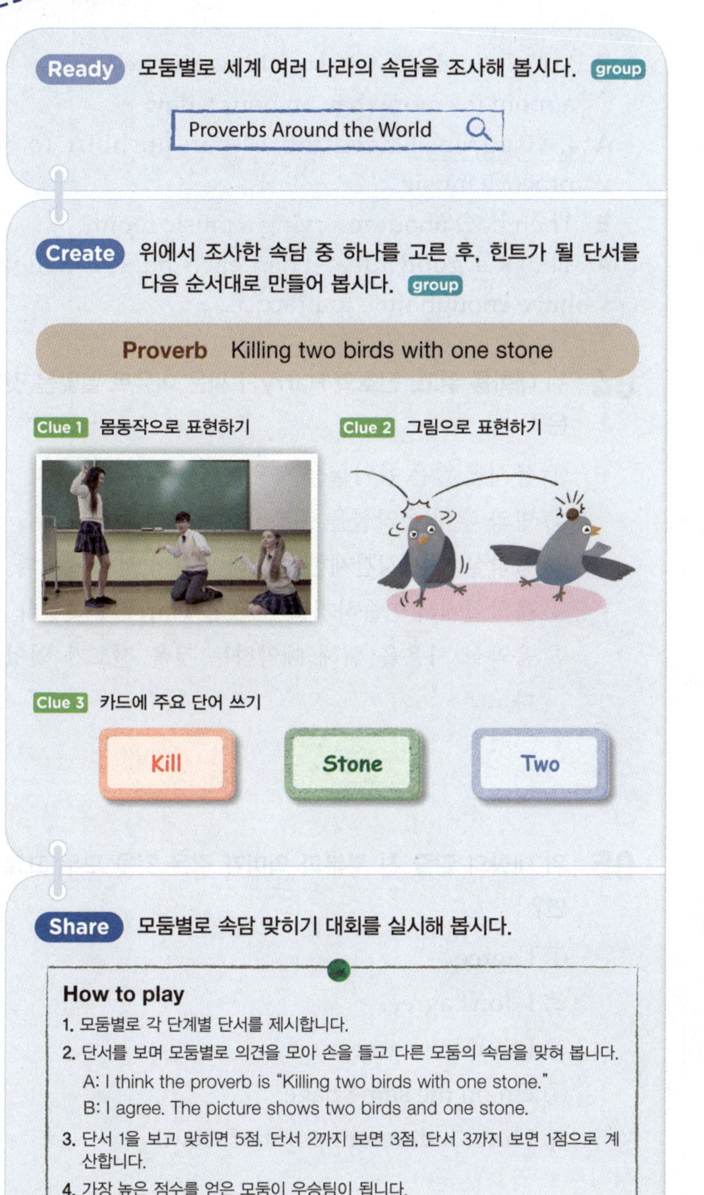

Clue 3 카드에 주요 단어 쓰기

Kill | Stone | Two

Share 모둠별로 속담 맞히기 대회를 실시해 봅시다.

How to play

1. 모둠별로 각 단계별 단서를 제시합니다.
2. 단서를 보며 모둠별로 의견을 모아 손을 들고 다른 모둠의 속담을 맞혀 봅니다.
   A: I think the proverb is "Killing two birds with one stone."
   B: I agree. The picture shows two birds and one stone.
3. 단서 1을 보고 맞히면 5점, 단서 2까지 보면 3점, 단서 3까지 보면 1점으로 계산합니다.
4. 가장 높은 점수를 얻은 모둠이 우승팀이 됩니다.

Ready

[활동 방법] 모둠별로 세계 여러 나라의 속담을 조사해 본다.

Create

[활동 방법] 위에서 조사한 속담에서 하나를 골라 힌트가 될 단서를 주어진 순서대로 만들어 본다.

[해석] 돌 한 개를 던져 새 두 마리를 잡는다[일석이조].

[단어·숙어] stone [명] 돌

Share

[활동 방법] 각 모둠별로 속담 맞히기 대회를 실시해 본다.

[해석]
A: 속담은 '일석이조'라고 생각해.
B: 나도 동의해. 그림이 새 두 마리와 돌 한 개를 보여 주잖아.

MEMO

01 대화를 듣고, 빈칸에 알맞은 말이 바르게 짝 지어진 것을 고르시오.

> They need to go to the _________ so they will take a _________.

① theater – bus
② library – subway
③ theater – subway
④ library – bus
⑤ theater – taxi

02 대화를 듣고, 남자의 마지막 말에 대한 여자의 응답으로 가장 적절한 것을 고르시오.

① I think they are useful.
② I find them easy to use.
③ I also think they are fun to use.
④ I think they are destroying the language.
⑤ Can you teach me how to use acronyms?

03 대화를 듣고, 두 사람이 동의한 내용으로 가장 적절한 것을 고르시오.

① 인터넷에 사진을 게시하는 것은 유용하다.
② 인터넷 사진을 통해 친구들과 더 가까워질 수 있다.
③ 인터넷에 사진을 게시하는 것은 위험하다.
④ 인터넷 사진은 사람들이 쉽게 이용할 수 있어야 한다.
⑤ 인터넷 사진 게시를 통해 내 일상을 공유할 수 있다.

[04-05] 다음 대화를 읽고, 물음에 답하시오.

A Jinho, what's the matter? You look upset.
B I had a fight with Harry.
A Why? What happened?
B We both wanted to use the same music room at the same time.
A I don't think there are enough music rooms to practice in after school.
B I agree. What do you think of setting a time limit for the music rooms?
A How long do you think it should be?
B I don't think anyone should be allowed to use a room for more than an hour a day.
A I disagree. I need more than an hour to practice music.
B Then how about reserving a music room?
A That's a good idea. Then each person will have enough time to practice.

04 위 대화를 읽고, 진호와 Harry가 싸운 이유로 알맞은 것은?

① 동시에 같은 음악실을 사용하기를 원했다.
② 방과 후에 음악실을 충분히 사용하지 못했다.
③ 음악실 사용 시간제한에 대해 의견이 서로 달랐다.
④ 음악실에서 연습하기로 한 것을 Harry가 잊었다.
⑤ 음악실 사용을 위해 예약하는 것을 진호가 잊었다.

05 위 대화의 밑줄 친 부분과 의미가 같은 것을 <u>모두</u> 고르면?

① I agree.
② I don't agree.
③ I couldn't agree more.
④ I'm on the same page.
⑤ I have a different point of view.

06 다음 말에 이어질 대화의 순서를 바르게 배열하시오.

> **Juwon, what's the matter?**
> (A) Well, I think you should still finish it and hand it in. Like the saying goes, "Better late than never."
> (B) You're right and I agree. Thanks for the advice.
> (C) Mr. Han told us to hand in the art project yesterday but I still haven't finished it.
> (D) You're welcome.
>
> (　　) – (　　) – (　　) – (　　)

07 다음 밑줄 친 단어와 바꿔 쓸 수 있는 것은?

> I want to have a <u>chance</u> to play in the game.

① opinion ② captain ③ sight
④ quality ⑤ opportunity

08 다음 빈칸에 공통으로 알맞은 것은?

> • Let's __________ in touch even though you're moving away.
> • We should __________ trying until we achieve our goal.

① stop ② keep ③ play
④ rely ⑤ think

09 다음 영영 풀이에 해당하는 단어로 알맞은 것은?

> to feel sorry for something you have or haven't done

① wisdom ② influence ③ agree
④ regret ⑤ proverb

10 다음 밑줄 친 부분 중 어법상 어색한 것은?

① It is <u>you who</u> lied to me first.
② It was <u>Jenny that</u> I met yesterday.
③ It was <u>in May that</u> I got my driver's license.
④ It is <u>next month which</u> I will start my new job.
⑤ It is <u>in New York where</u> the fashion show will be held.

11 다음 빈칸에 알맞은 것은?

> When we arrived at Bali, it had been raining for over a week. __________, the bad weather didn't stop us from enjoying our vacation.

① Since ② However ③ Then
④ Thus ⑤ Therefore

12 다음 밑줄 친 부분을 강조하는 구문으로 바꿔 쓰시오.

> I want to visit <u>Toronto</u> next year.

→ It is ______________________________.

13 다음 강조 구문에서 **that**이 들어갈 위치로 알맞은 곳은?

> It (①) is (②) Minsu (③) can't (④) come (⑤) to my birthday party.

14 다음 빈칸에 알맞은 것은?

> I get nervous when I speak in front of people. However, __________________.

① people get nervous when they speak
② I practiced hard to overcome my fear
③ I don't like speaking in front of people
④ I never look at other people when I speak
⑤ people think that I get nervous in front of them

[15-16] 다음 글을 읽고, 물음에 답하시오.

Every now and then, words of wisdom have influenced people and changed their lives in a great way. (①) For example, "Actions speak louder than words," means the following: what you do is more important than what you say. (②) So people try to do things instead of just saying something. (③) To them, it is words that speak louder than actions. (④) How? They think that words can influence others to do good things. (⑤) It is __________ to have different ideas. Let's take a look at some other proverbs upside down.

15 윗글의 ①~⑤ 중 주어진 문장이 들어갈 알맞은 곳은?

> However, some people have different opinions.

①　②　③　④　⑤

16 윗글의 빈칸에 알맞은 것은?

① easy   ② natural
③ awkward   ④ difficult
⑤ unnatural

[17-19] 다음 글을 읽고, 물음에 답하시오.

I totally agree. <u>We should always be careful before we decide to do something.</u> Then we'll be happy _____ⓐ_____ the results of our decisions. However, if we don't take time to think things over, we may regret it. Also, we'll make mistakes if we do something _____ⓑ_____ giving it a second thought. As a result, it will take us more time to fix.   Posted by Suzi Kang

↳ I don't agree. Opportunities don't come often. If there is a chance, we should grab it. Or, it will be too late. Last year, I was asked to be the captain of the school hockey team. However, I took too much time to decide, so another friend became the captain. Now, I regret <u>it</u>. As the saying goes, "Strike while the iron is hot."
     Posted by Brian Pearson

17 윗글의 밑줄 친 부분을 나타낸 속담으로 알맞은 것은?

① Walls have ears.
② Look before you leap.
③ Out of sight, out of mind.
④ A bad workman blames his tools.
⑤ Grass is greener on the other side of the fence.

18 윗글의 빈칸 ⓐ와 ⓑ에 알맞은 말을 쓰시오.

ⓐ _______________

ⓑ _______________

19 윗글의 밑줄 친 **it**이 가리키는 내용을 우리말로 쓰시오.

→ _______________________________

[20-23] 다음 글을 읽고, 물음에 답하시오.

I agree. I had a close friend from elementary school. Sadly, we went to (A) same / different middle schools. At first, we met two to three times a week. However, it was (B) easy / hard to keep in touch. We started to spend (C) less / more time with our new friends. I started thinking less and less about him and more and more about my new friends. Now, we have stopped talking or seeing each other.   Posted by Anna Brown

↳ I disagree _____ⓐ_____ your opinion. I was really close _____ⓑ_____ my neighbor, Jenny. She was from America and we liked the same basketball team. We spent a lot of time watching games together. Then her family moved away three years ago. I haven't seen her since, but I still remember the times we had. I miss her more and more as time goes by. <u>사람들이 서로를 기억하게 만드는 것은 바로 시간의 질이야.</u>   Posted by Jaeha Park

20 윗글의 (A), (B), (C)에 알맞은 말을 골라 쓰시오.

(A) _______________ (B) _______________
(C) _______________

21 윗글의 빈칸 ⓐ와 ⓑ에 공통으로 알맞은 것은?

① at   ② of   ③ to   ④ in   ⑤ with

22 윗글의 밑줄 친 우리말을 주어진 단어를 사용하여 영작하시오.

→ _______________________________

(the quality, that, remember, each other, makes)

23 윗글의 내용과 일치하는 것은?

① Anna는 그녀의 초등학교 친구와 계속해서 연락을 주고 받는다.
② 재하는 미국에서 Jenny와 같은 농구 팀이었다.
③ 재하와 Jenny는 함께 농구 경기를 보며 시간을 보냈다.
④ Jenny는 3년 전에 미국에서 한국으로 이사 왔다.
⑤ 재하는 Jenny와 보낸 시간을 모두 잊었다.

서술형 평가 

01 다음 주 학급 행사 달력을 참고하여 질문에 대한 답을 완성하시오. (각 3점)

Mon.		Tues.		Wed.		Thur.		Fri.	
1	Mina's birthday party	2		3		4	Math quiz	5	Picnic to Expo Park

(1) Q: Is it Mike who is having a birthday party on Monday?

　　A: No, it is _________________________________ on Monday.

(2) Q: Do we have math quiz on Wednesday?

　　A: No, it is _________________________________ math quiz.

(3) Q: Do we go on a picnic to Central Park?

　　A: No, it is _________________________________.

02 다음은 준수의 다이어리이다. 표를 참고해서 준수의 블로그 글을 완성하시오. (3점)

Mon.	Tues.	Wed.	Thur.	Fri.
Basketball practice ← →	Piano practice	School festival ✕ ☂		Caught a cold

　　This week, I planned to practice basketball on Monday and piano on Tuesday. _________________, I practiced _________________ on Monday and _________________ on Tuesday instead. The school festival was supposed to be held on Wednesday. _________________, it was canceled _________________. I also looked forward to going out to watch a movie on Friday. However, I couldn't go out _________________ _________________.

03 다음 질문에 대해 자신의 생각을 넣어 답을 완성해 봅시다. (각 3점)

(1) Q: What do you think about having longer summer breaks?

　　A: ____

　　because ____.

(2) Q: I think students should not wear uniforms.

　　A: ____

　　because ____.

Homes Everywhere

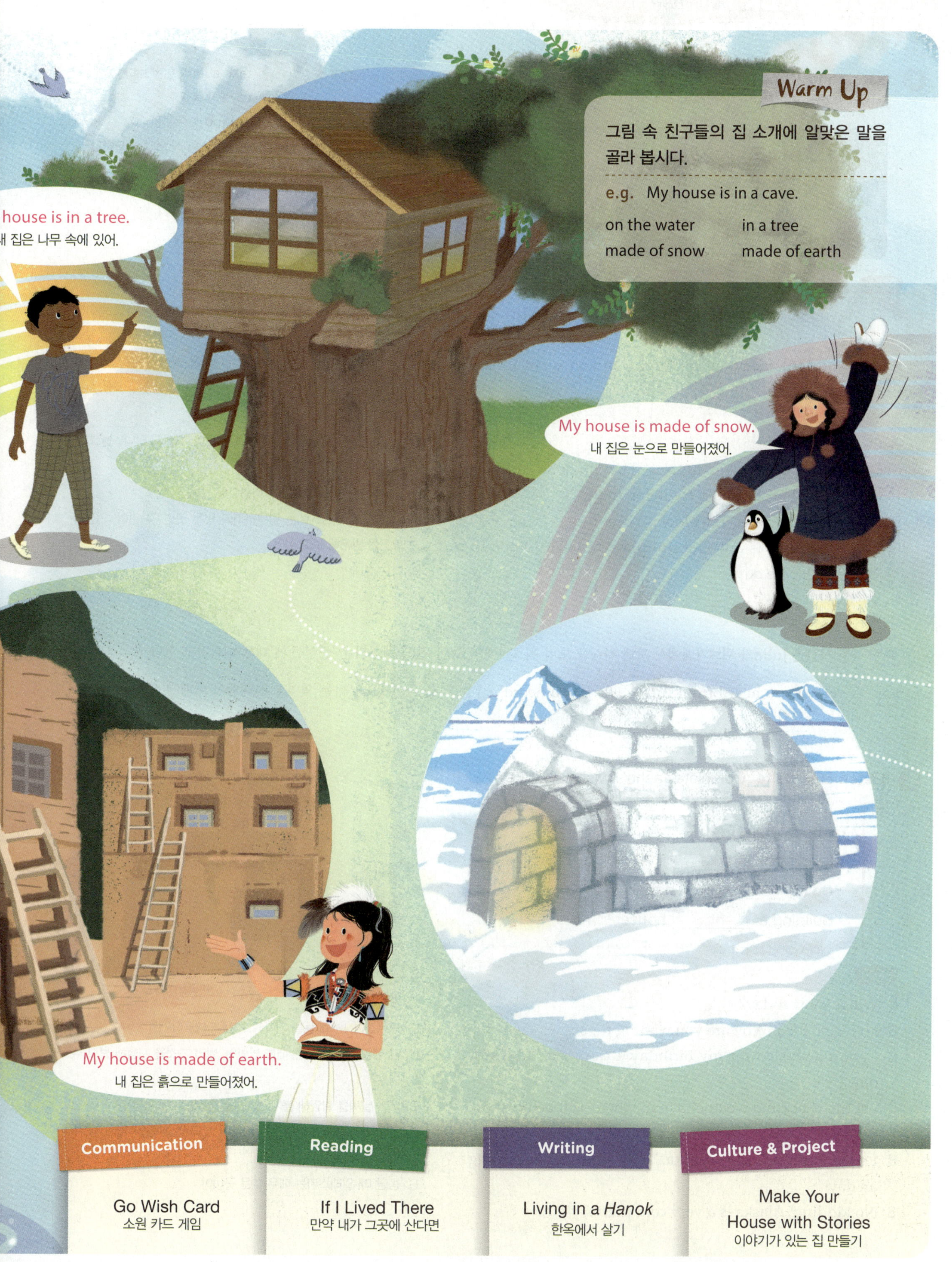
house is in a tree.
내 집은 나무 속에 있어.
My house is made of snow.
내 집은 눈으로 만들어졌어.
My house is made of earth.
내 집은 흙으로 만들어졌어.

Warm Up
그림 속 친구들의 집 소개에 알맞은 말을
골라 봅시다.
e.g. My house is in a cave.
on the water   in a tree
made of snow   made of earth

Communication
Go Wish Card
소원 카드 게임

Reading
If I Lived There
만약 내가 그곳에 산다면

Writing
Living in a Hanok
한옥에서 살기

Culture & Project
Make Your
House with Stories
이야기가 있는 집 만들기

Listen & Speak 1

A **Listen and Choose** Choose the picture that the boy and the girl are NOT talking about. 🎧
소년과 소녀가 이야기하지 않은 그림을 골라 봅시다.

☐ 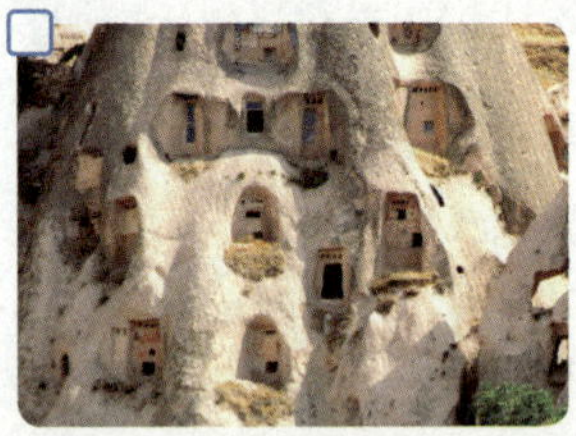

☐ 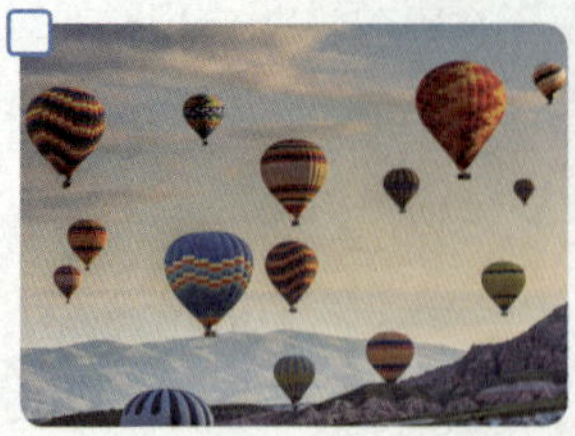

☑ 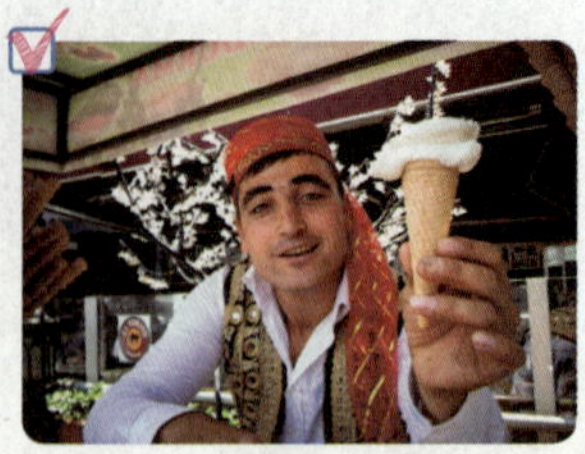

단어 숙어
take a look 한번 보다
cave [명] 동굴
unique [형] 독특한
try -ing … 해 보다, 시도하다
balloon [명] 풍선
some day 언젠가

Script

G: Have you heard from Julia? She's traveling in Türkiye, right?
B: Yes, she sent me some pictures. Do you want to see them?
G: Yes, please.
B: Okay, take a look.
G: Oh, look at those cave houses! They look so unique, don't they? I wish I could try living there.
B: I like those balloons. They look so beautiful!
G: I think Türkiye is a wonderful place to visit. I hope to visit there some day.
B: Me too!

해석

G: Julia에게서 소식 들었어? 그녀는 튀르키예에서 여행 중이잖아, 맞지?
B: 응, 그녀가 나에게 사진 몇 장을 보내왔어. 사진 볼래?
G: 응, 보여 줘.
B: 좋아, 한번 봐.
G: 오, 저 동굴 집들을 봐! 매우 독특해 보여, 그렇지 않니? 난 그곳에서 살아 봤으면 좋겠어.
B: 난 저 풍선들이 멋져. 매우 아름다워 보여!
G: 내 생각에 튀르키예는 방문하기에 멋진 곳인 것 같아. 언젠가 그곳을 방문해 보고 싶어.
B: 나도 그래!

풀이 두 사람은 Julia가 튀르키예에서 보낸 사진을 보며 튀르키예의 '동굴 집'과 아름다운 '풍선들'에 대해 대화하고 있다.

표현 • **Have you heard from Julia?**: Have you heard ... ?는 '…을 들어 봤니?'라는 의미로 상대방이 어떤 것을 알고 있는지 묻는 표현이다.

B **Listen and Write** Complete Taeho's wish list. 🎧
태호의 희망 목록을 완성해 봅시다.

Taeho's Wish List
- Living in __Alaska__
- Going __sledding__ all day
- Building a __snow__ house

단어 숙어
wait for …을 기다리다
sled [명] 썰매
for a while 당분간
go sledding 썰매 타다

Script

B: Will it snow today?
G: I have no idea. Why are you waiting for snow, Taeho?
B: I got a new sled for my birthday. I can't wait to test it out.
G: Let me check the weather. Umm, there will be no snow for a while.
B: I wish I could live in Alaska. Then I could go sledding all day!
G: No kidding! Alaska is a very cold place.

해석

B: 오늘 눈이 올까?
G: 모르겠어. 넌 왜 눈을 기다리고 있니, 태호야?
B: 난 생일 선물로 새 썰매를 받았어. 빨리 그것을 시험해 보고 싶어.
G: 내가 날씨를 확인해 볼게. 음, 당분간은 눈 소식이 없는데.
B: 난 알래스카에서 살았으면 좋겠어. 그러면 온종일 썰매 탈 수 있을 텐데!
G: 농담 마! 알래스카는 매우 추운 곳이야.

B: I think it would be fun. I want to build a snow house and stay there on vacation.
G: Living in a snow house sounds fun!

B: 내 생각에는 재미있을 것 같아. 난 눈으로 만든 집을 짓고 방학 때 그곳에서 지내고 싶어.
G: 눈으로 만든 집에서 사는 것은 재미있을 거 같아!

풀이 태호의 소원은 알래스카(Alaska)에서 살기, 온종일 썰매(sledding) 타기, 눈(snow)으로 만든 집 짓기이다.

C Talk Together Choose a house you like and talk with your partner. [pair]

여러분이 좋아하는 집을 고르고, 짝과 대화해 봅시다.

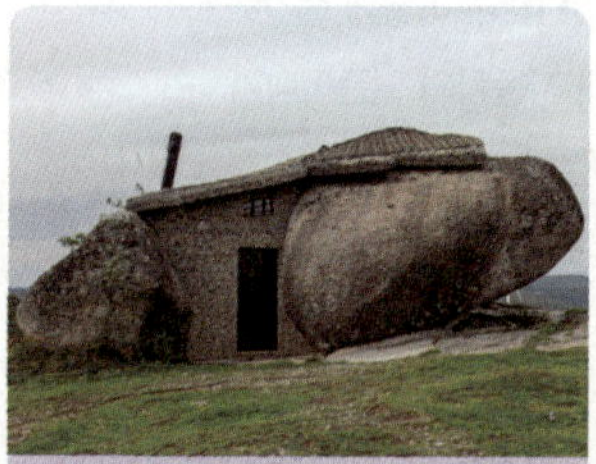
stone house

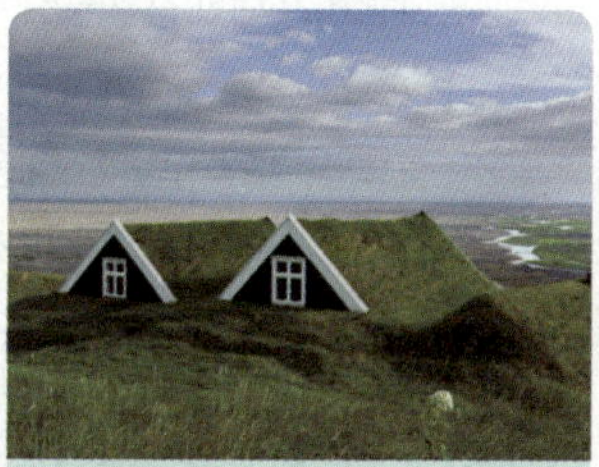
turf house

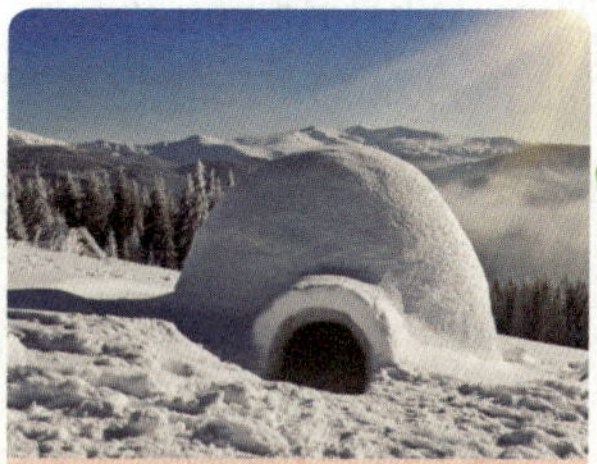
snow house

A: Look at these houses. They look very natural.
B: Wow, I wish I could try living there!
A: Which house would you most like to live in?
B: I wish I could live in the stone house. It looks very strong.

warm
strong
unique
____
your own

단어·숙어
turf [명] 잔디
natural [형] 자연 그대로의, 가공하지 않은

해석
A: 이 집들을 봐. 매우 자연 그대로인 것 같아.
B: 와, 저곳에서 살아 봤으면 좋겠어!
A: 어떤 집에서 가장 살고 싶니?
B: 돌집에서 살아 보고 싶어. 매우 튼튼해 보여.

활동 방법 그림 속 집의 특징을 살펴보고, 살아 보고 싶은 집을 고른 후 주어진 대화문을 이용하여 짝과 대화해 본다.

예시 대화
- A: Look at these houses. They look very natural.
  B: Wow, I wish I could try living there!
  A: Which house would you most like to live in?
  B: I wish I could live in the turf house. It looks very warm.
- A: Look at these houses. They look very natural.
  B: Wow, I wish I could try living there!
  A: Which house would you most like to live in?
  B: I wish I could live in the snow house. It looks very unique.

- A: 이 집들을 봐. 매우 자연 그대로인 것 같아.
  B: 와, 저곳에서 살아 봤으면 좋겠어!
  A: 어떤 집에서 가장 살고 싶니?
  B: 잔디 집에서 살아 보고 싶어. 매우 따뜻해 보여.
- A: 이 집들을 봐. 매우 자연 그대로인 것 같아.
  B: 와, 저곳에서 살아 봤으면 좋겠어!
  A: 어떤 집에서 가장 살고 싶니?
  B: 눈집에서 살아 보고 싶어. 매우 독특해 보여.

Function 1 바람 · 소원 표현하기: I wish I could ... .

I wish I could ... .는 '…했으면 좋겠다.'라는 뜻으로 바람 · 소원을 나타내는 표현이다. I wish 뒤에는 사실과 반대되거나 가능성이 거의 없는 내용이 오고, 가능성이 있거나 결과를 아직 모르는 것을 희망할 때는 I hope ... .을 대신 쓸 수 있다.

예시 대화
- A: Can you go see a movie with me today? (오늘 나와 같이 영화 보러 갈래?)
  B: **I wish I could**, but I have to do my homework. (그랬으면 좋겠지만 난 숙제를 해야 해.)

Listen & Speak 2

A **Listen and Number** Number the house in the talks. 🎧
대화 속 집에 번호를 써 봅시다.

1
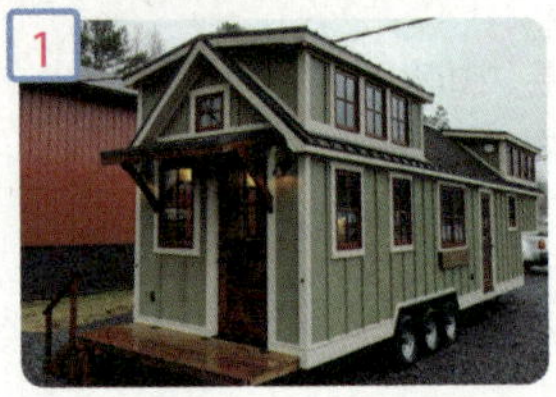
3
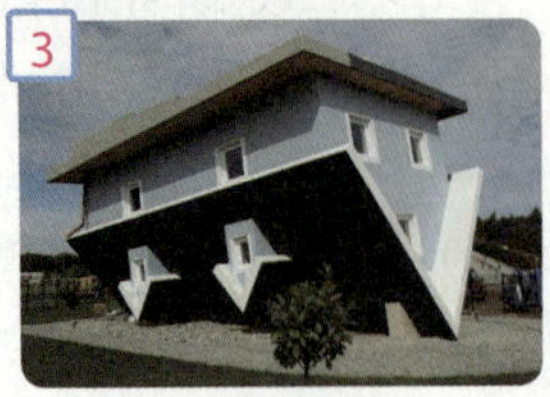
2
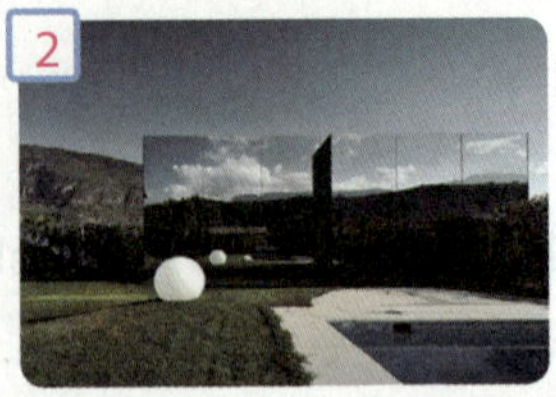

단어·숙어
wheel [명] 바퀴
millionaire [명] 백만장자
completely [부] 완전히
be covered with …로 뒤덮이다
mirror [명] 거울
invisible [형] 눈에 보이지 않는, 볼 수 없는
upside down 거꾸로 된
inside [명] 안쪽, 내면

Script

1 B: This is my dream house, Alice. What do you think?
G: Oh, the house has wheels! Is it a kind of car?
B: Yes, it can move like a car.
G: So what would you do if you lived in that house?
B: I would travel to many places with my family.
G: That sounds cool.

2 G: What would you do if you became a millionaire, Juwon?
B: I would build my own house.
G: What kind of house would you build?
B: I would build a house that is completely covered with mirrors.
G: Why?
B: The mirrors would make the house almost invisible. Wouldn't that be cool?
G: That would be cool!

3 G: Look. The house in this picture is upside down.
B: That's interesting. Does anybody live there?
G: No, it would not be easy to live there because the inside is also upside down.
B: Really? But I want to try living there.
G: What would you do if you lived in that house?
B: I would walk upside down like Spider-Man. I could also see things differently.

해석

1 B: 이건 내가 꿈꾸는 집이야, Alice. 어떻게 생각해?
G: 오, 집에 바퀴가 달려 있네! 자동차의 일종이니?
B: 응, 이건 자동차처럼 움직일 수 있어.
G: 그래서 만약 네가 그 집에 산다면 너는 무엇을 할 거니?
B: 난 가족과 함께 많은 곳을 여행할 거야.
G: 멋진데.

2 G: 만약 네가 백만장자가 된다면 너는 무엇을 할 거니, 주원아?
B: 난 나만의 집을 지을 거야.
G: 어떤 집을 지을 건데?
B: 난 거울로 완전히 뒤덮인 집을 지을 거야.
G: 왜?
B: 거울이 집을 거의 보이지 않게 해 줄 거야. 멋지지 않니?
G: 멋지겠는데!

3 G: 봐. 이 사진 속의 집은 거꾸로 되어 있어.
B: 재미있는데. 거기 누군가가 살고 있니?
G: 아니, 집 안쪽도 거꾸로 되어 있어서 그곳에 살기가 쉽지는 않을 거야.
B: 정말? 하지만 나는 그곳에서 살아 보고 싶어.
G: 만약 네가 그 집에 산다면 너는 무엇을 할 거니?
B: 스파이더맨처럼 거꾸로 매달려 걸어 다닐 거야. 난 또한 사물들을 다르게 볼 수 있을 거야.

풀이

1 집에 바퀴가 달려 있고, 자동차처럼 움직일 수 있는 집은 첫 번째 그림이다.
2 거울로 뒤덮인 집으로 거울 때문에 집이 거의 안 보이는 집은 세 번째 그림이다.
3 집이 거꾸로 되어 있어 스파이더맨처럼 거꾸로 매달릴 수 있는 집은 두 번째 그림이다.

표현

- **What would you do if you lived in that house?**: What would you do if … ?는 '만약 …라면 너는 무엇을 할 거니/어떻게 하겠니?'라는 뜻으로 현실에서 불가능한 일을 상상하여 말할 때 쓰는 표현이다.
  [e.g.] **What would you do if** you could fly? (만약 네가 날 수 있다면 너는 무엇을 할 거니?)
- **The mirrors would make the house almost invisible.**: make는 5형식 동사로 목적어는 the house이고, 목적격 보어는 invisible로 형용사가 쓰였다.
- **No, it would not be easy to live there because the inside is also upside down.**: it은 가주어이고, to live there가 진주어이다.

B **Listen and Talk** Choose the right words and talk with your partner. 🎧 pair
알맞은 단어를 고르고, 짝과 대화해 봅시다.

단어
숙어
in one's case …의 경우에는
inspire ⓥ 고무하다, 영감을 주다
title ⑩ 제목

A: What would you do if you visited Spain?

B: I'm interested in ☐churches ✔buildings .
So I would go see La Sagrada Familia.

A: Who designed it?

B: Antoni Gaudí did. His design was inspired by
☐his family ✔nature .

A: 만약 네가 스페인을 방문한다면 너는 무엇을 할 거니?
B: 난 건축물에 관심이 있어. 그래서 난 사그라다 파밀리아 성당을 보러 갈 거야.
A: 누가 디자인했니?
B: Antoni Gaudí가 했어. 그의 디자인은 자연으로부터 영감을 받았어.

Script

G: Dohun, we need to start our project on our dream country to visit.

B: That's right. Which country do you want to visit, Emma?

G: In my case, I want to visit Spain.

B: What would you do if you visited Spain?

G: I'm interested in buildings. So I would go see La Sagrada Familia.

B: Isn't that the church Antoni Gaudí designed?

G: Yes, it is. It would be interesting to see how his design was inspired by nature.

B: Hmm… . How about *Gaudí and Spain* as the title for our project?

G: I love it!

해석

G: 도훈아, 우리가 가 보기를 꿈꾸는 나라에 대한 과제를 시작해야 해.

B: 맞아. 너는 어떤 나라를 가 보고 싶니, Emma?

G: 내 경우에는 스페인에 가 보고 싶어.

B: 만약 네가 스페인을 방문한다면 너는 무엇을 할 거니?

G: 난 건축물에 관심이 있어. 그래서 나는 사그라다 파밀리아 성당을 보러 갈 거야.

B: 그 성당은 Antoni Gaudí가 설계한 거 아니니?

G: 응, 맞아. 그의 디자인이 어떻게 자연으로부터 영감을 받았는지 보는 것은 재미있을 거야.

B: 음… . 'Gaudí와 스페인'을 우리 과제의 제목으로 하면 어때?

G: 아주 좋아!

풀이 Emma는 '건축물(buildings)'에 관심이 있어서 사그라다 파밀리아 성당에 가 보고 싶어 하며, 가우디가 설계한 이 성당은 '자연(nature)'으로부터 영감을 받았다.

표현
- **What would you do if you visited Spain?:** What would you do if … ?는 가정법 과거형으로 조동사 would와 if절에서 동사의 과거형(visited)이 사용되었다.
- **So I would go see La Sagrada Familia.:** go see는 go to see에서 to가 생략된 표현으로 구어체에서 주로 to가 생략되어 쓰인다. e.g. Let's **go see** a movie. (영화 보러 가자.)
- **It would be interesting to see how his design was inspired by nature.:** '도입부＋의문사(how)＋주어(his design)＋동사(was inspired)'의 어순으로 의문사 앞에 도입부가 있는 경우 간접의문문의 어순에 유의한다.

Antoni Gaudí (1852~1926)
스페인의 천재 건축가로 자연에서 영감을 얻은 건축물을 설계하였으며, 다양한 색깔의 모자이크 타일을 사용했다. 주요 작품으로 구엘 공원, 카사 밀라, 사그라다 파밀리아 성당 등이 있으며, 이 건축물들은 곡선으로 이루어져 있다.

C **Talk Together** Fill in the blanks and talk with your partner. `pair`
빈칸을 채우고 짝과 대화해 봅시다.

∴ Welcome to Ms. Green's Magic House ∴

A: What would you do if you could have a magical power?

B: I would turn into a bird. Then I would be able to fly freely in the sky.

A: That's cool.

활동
방법
그림을 보고 말풍선에 알맞은 말을 넣은 후, 주어진 대화문을 이용하여 짝과 대화해 본다.

예시
대화

- A: What would you do if you could have a magical power?
  B: I would become invisible. Then I would be able to hide from my friends.
  A: That's cool.
- A: What would you do if you could have a magical power?
  B: I would make magic fire. Then I would be able to use fire as I wish.
  A: That's cool.

- A: 만약 네가 마법의 힘이 있다면 너는 무엇을 할 거니?
  B: 난 투명 인간이 될 거야. 그러면 친구들에게서 숨을 수 있을 텐데.
  A: 그거 멋진데.

- A: 만약 네가 마법의 힘이 있다면 너는 무엇을 할 거니?
  B: 난 마법의 불을 만들어 볼 거야. 그러면 내가 원하는 대로 불을 사용할 수 있을 텐데.
  A: 그거 멋진데.

Function 2 상상하여 말하기: What would you do if … ?

What would you do if … ?는 '만약 …라면 너는 무엇을 할 거니/어떻게 하겠니?'라는 뜻으로 상상하여 말하는 표현이다. 비슷한 표현으로 Imagine … ., Suppose … ., Say you … ., What would happen if … ?, What if … ? 등이 있다.

예시
대화

- A: **What would you do if** you became a famous singer? (만약 네가 유명한 가수가 된다면 너는 무엇을 할 거니?)
  B: I would perform a concert at Carnegie Hall. (난 카네기 홀에서 콘서트를 열 거야.)

A **Watch and Write** 동영상을 보고, 진호가 정글에서 지내고 싶어 하는 곳을 고른 후 빈칸에 알맞은 말을 써 봅시다. ▶

Jinho's Jungle Plan	• Exploring the jungle • Making some ___animal___ friends • Sleeping in a ___tree___ house

해석

진호의 정글 계획
• 정글 탐험하기
• 동물 친구들 사귀기
• 나무 집에서 잠자기

Script

Jinho: I think living in a jungle would be really exciting. Don't you think so?

Claire: But there are some dangerous animals in the jungle, Jinho.

Jinho: I know. But the jungle is full of adventure. I wish I could live there.

Claire: What would you do if you lived in the jungle?

Jinho: I would explore it. Maybe I could make some animal friends.

Claire: Then where would you sleep? In a cave?

Jinho: No, I would stay in a tree house. Then I would be safe from dangerous animals.

Claire: That makes sense.

해석

Jinho: 내 생각에 정글에 사는 것은 정말 재미있을 것 같아. 그렇게 생각하지 않니?

Claire: 하지만 정글에는 몇몇 위험한 동물들이 있어, 진호야.

Jinho: 나도 알아. 하지만 정글은 모험으로 가득 차 있어. 나는 그곳에서 살아 보고 싶어.

Claire: 만약 네가 정글에서 산다면 너는 무엇을 할 거니?

Jinho: 나는 정글 탐험을 할 거야. 어쩌면 난 몇몇 동물 친구들을 만들 수도 있겠지.

Claire: 그러면 잠은 어디서 잘 거야? 동굴 안에서?

Jinho: 아냐, 난 나무 집에서 지낼 거야. 그러면 위험한 동물들로부터 안전할 거야.

Claire: 일리가 있네.

풀이 Claire가 진호에게 정글에서 산다면 무엇을 할 거냐고 묻자 진호는 정글을 탐험하고, '동물(animal)'들과 친구가 되고, '나무(tree)' 집에서 잠을 잘 거라고 했다.

표현
• **I think living in a jungle would be really exciting.**: living in a jungle은 think 이하 목적어절의 주어로 I think it would be really exciting to live in a jungle.과 같이 표현할 수 있다.
• **I would explore it.**: it은 the jungle을 가리킨다.
• **That makes sense.**: That makes sense.는 상대방의 얘기나 의견이 논리적으로 이해가 되거나 이치에 맞다고 생각할 때 쓰는 표현으로 '일리가 있다, 말이 되다'라는 의미이다.
  e.g. A: I plan to save money until I'm able to buy a house.
  (나는 집을 살 수 있을 때까지 돈을 모을 계획이야.)
  B: **That makes sense.** (일리 있는 말이야.)

[B] Choose and Talk

[Step 1] 방학 때 지내 보고 싶은 장소를 선택한 후, 그곳에서 해 보고 싶은 활동을 써 봅시다.

• swimming • sledding • fishing • camping • hiking • ________

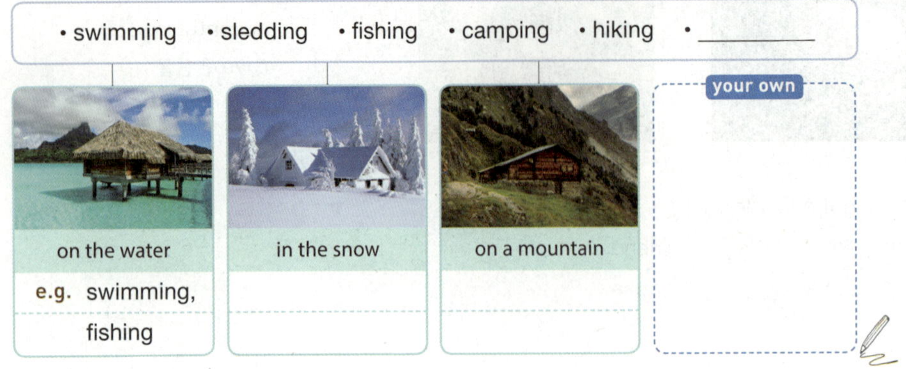

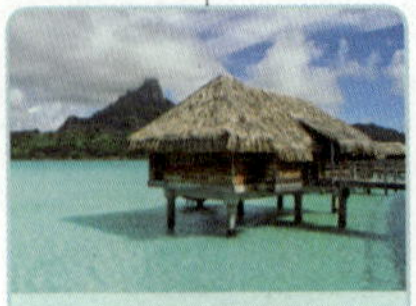	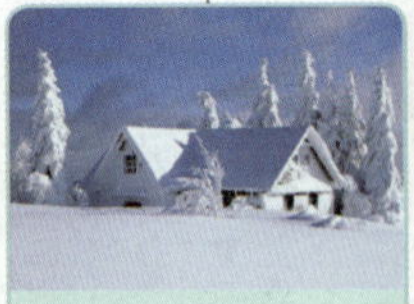	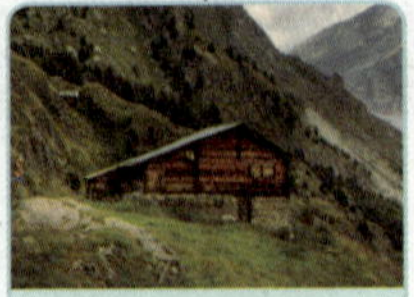	your own
on the water	in the snow	on a mountain	
e.g. swimming,			
fishing			

[Step 2] 위의 내용을 바탕으로 짝과 대화해 봅시다. [pair]

A: I wish I could stay in a house on the water during my vacation.

B: What would you do if you were there?

A: I would go swimming every day. I would also go fishing.

B: That sounds fun.

[활동 방법]

[Step 1]
방학 때 지내 보고 싶은 장소를 고르고, 그곳에서 해 보고 싶은 활동을 써 본다.

[Step 2]
위에서 고른 장소와 해 보고 싶은 활동을 주어진 대화문을 이용하여 짝과 대화해 본다.

[단어 숙어]

sledding [명] 눈썰매

fishing [명] 낚시

[해석]

A: 방학 동안 물 위에 있는 집에서 지냈으면 좋겠어.

B: 만약 네가 거기에 있다면 너는 무엇을 할 거니?

A: 난 매일 수영하러 갈 거야. 낚시도 하러 갈 거야.

B: 그거 재미있겠는데.

[예시 대화]

• A: I wish I could stay in a house in the snow during my vacation.

B: What would you do if you were there?

A: I would go sledding every day. I would also have a snowball fight.

B: That sounds fun.

• A: 방학 동안 눈 속에 있는 집에서 지냈으면 좋겠어.

B: 만약 네가 거기에 있다면 너는 무엇을 할 거니?

A: 난 매일 눈썰매 타러 갈 거야. 눈싸움도 할 거야.

B: 그거 재미있겠는데.

• A: I wish I could stay in a house on a mountain during my vacation.

B: What would you do if you were there?

A: I would go camping every day. I would also go hiking.

B: That sounds fun.

• A: 방학 동안 산에 있는 집에서 지냈으면 좋겠어.

B: 만약 네가 거기에 있다면 너는 무엇을 할 거니?

A: 난 매일 캠핑하러 갈 거야. 하이킹도 하러 갈 거야.

B: 그거 재미있겠는데.

C Communication Task `pair`

Go Wish Card

Step 1 A 카드에는 자신의 소원을 쓰고, B 카드에는 이와 관련된 활동 계획을 써 봅시다.

<table>
<tr><th>A Card</th><th>B Card</th></tr>
<tr><td>live in a desert</td><td>ride a camel</td></tr>
<tr><td>become a bird</td><td>fly to many different countries</td></tr>
<tr><td></td><td></td></tr>
</table>

Step 2 위에서 작성한 카드를 서로 다른 상자에 넣고 짝과 하나씩 뽑으면서 대화해 봅시다.

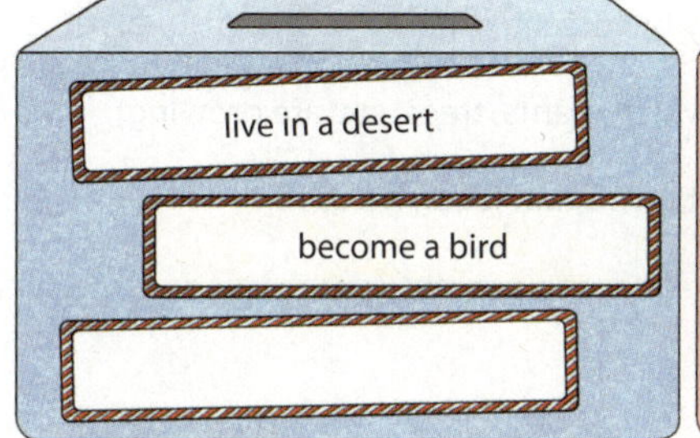

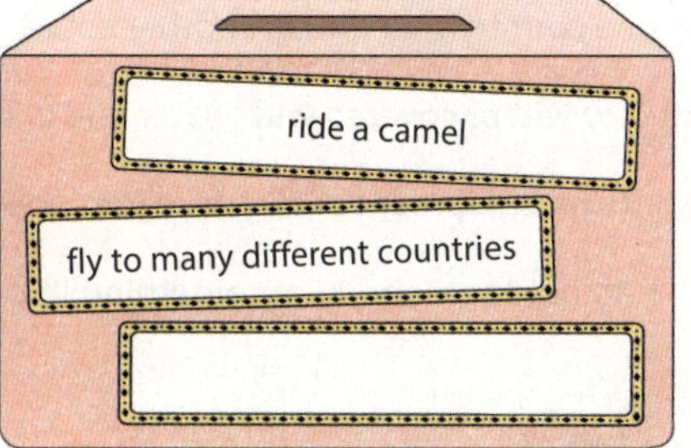

A: I wish I could live in a desert.

B: What would you do if you lived in a desert?

A: I would ride a camel. (2 points)   A: I would fly to many different countries. (0 points)

How to play

1. 카드에 쓰인 표현으로 대화를 했을 때, 대화가 자연스러우면 카드를 가지고 점수를 얻습니다.
2. 대화가 자연스럽지 않으면 상자에 카드를 다시 넣습니다.

활동 방법

Step 1 A 카드에는 자신의 소원을 쓰고, B 카드에는 소원과 관련된 활동 계획을 써 본다.

Step 2 위에서 작성한 카드를 서로 다른 상자에 넣고 짝과 하나씩 뽑으면서 대화해 본다.

단어·숙어
desert [명] 사막
ride [동] 타다
camel ⑲ 낙타

해석

A: 나는 사막에서 살아 보고 싶어.
B: 만약 네가 사막에 산다면 너는 무엇을 할 거니?
A: 난 낙타를 탈 거야. (2점)
   많은 다른 나라로 날아다닐 거야. (0점)

Sounds 다음을 듣고, 밑줄 친 부분의 발음의 차이에 유의하여 따라 말해 봅시다. 🎧

1. I would tr<u>a</u>vel to many pl<u>a</u>ces.   2. It would not be <u>ea</u>sy to l<u>i</u>ve there.

나는 많은 곳으로 여행할 거야.   그곳에 사는 것이 쉽지는 않을 거야.

Tip

1 travel[trǽvl], places[pleisiz]의 단모음과 이중모음을 구별하여 발음한다.
2 easy[iːzi], live[liv]의 장모음과 단모음을 구별하여 발음한다.

Self-check

	🙂	😖
• I can use 'I wish I could … .'	☐	☐
• I can use 'What would you do if … ?'	☐	☐

 Word Preview

- ☐ **ladder** 몡 사다리 (a device used for climbing that has two long pieces of wood, metal, or rope with a series of steps between them)
- ☐ **opening** 몡 구멍, (문, 창문 등의) 개구부(開口部) (a space or hole that somebody or something can pass through)
- ☐ **unwelcome** 혱 반갑지 않은, 환영받지 못하는 (not wanted because it might cause problems)
- ☐ **earth** 몡 흙 (the substance that plants grow in)
- ☐ **tide** 몡 조수, 흐름 (the regular up and down movement of the ocean's level caused by the pull of the sun and the moon)
- ☐ **walkway** 몡 통로 (a passage or path for walking along, often outside and raised above the ground)
- ☐ **Venetian** 몡 베니스인 (a person born, raised, or living in Venice, Italy)
- ☐ **invader** 몡 침략자 (an army or a country that enters another country by force in order to take control of it)
- ☐ **swampy** 혱 습지의 ((of land) very wet or covered with water and in which plants, trees, etc. are growing)
- ☐ **install** 동 설치하다, 장착하다 (to fix equipment or furniture into position so that it can be used)
- ☐ **support** 동 지지하다, 지탱하다 (to hold somebody or something in position; to prevent somebody or something from falling)
- ☐ **come over** 들르다
- ☐ **store** 동 저장하다, 보관하다 (to put something that is not being used in a place where it can be kept safely)
- ☐ **family name** 성(姓) (= surname)
- ☐ **house** 동 수용하다, …에게 거처할 곳을 주다 (to provide a place for somebody to live)

Mini Test

정답과 해설 p. 370

A 다음 빈칸에 알맞은 단어를 보기 에서 골라 쓰시오.

보기
come over
earth
opening
invader
house

1. I filled the pot with a handful of ___________.
2. ___________ to my house and have fun this weekend!
3. We could see the stars through a(n) ___________ in the roof.
4. The wall once served to protect the city from ___________s.
5. The new offices will ___________ 600 staff members.

B 다음 영영 풀이에 해당하는 단어를 보기 에서 골라 쓰시오.

보기
walkway
unwelcome
support
Venetian
family name

1. ___________ : not wanted
2. ___________ : a passage or path for walking along
3. ___________ : to hold somebody or something in position
4. ___________ : surname
5. ___________ : a person born, raised, or living in Venice, Italy

Before You Read

교과서 p.116

A **Match and Say** 관련 있는 그림끼리 연결해 보고, 그 이유를 말해 봅시다.

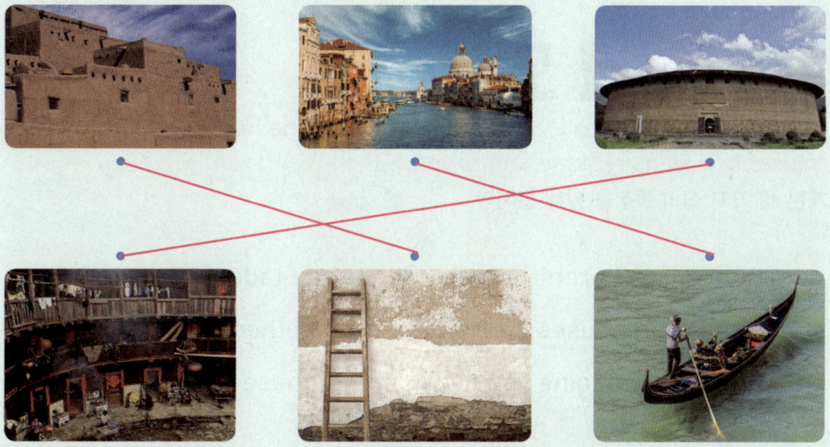

e.g. This house doesn't have doors on the walls. I think the people living there need a ladder to enter it. 이 집은 벽에 문이 없다. 그곳에 사는 사람들은 집에 들어가기 위해 사다리가 필요할 거라고 생각한다.

단어 숙어
wall [명] 벽
ladder [명] 사다리
enter [동] 들어가다
round [형] 둥근, 원형의

활동 방법 관련 있는 그림끼리 연결해 보고, 주어진 예시문을 참고하여 그 이유를 말해 본다.

예시 정답
- These houses are built on the water. I think the people living there work on boats. 이 집들은 물 위에 지어졌다. 그곳에 사는 사람들은 배 위에서 일을 할 거라고 생각한다.
- This round house looks very big. I think many people are living there together. 이 원형의 집은 매우 커 보인다. 많은 사람이 그곳에서 함께 살고 있을 거라고 생각한다.

B **Look and Find** 다음 그림을 보고, 대화를 완성한 후 소년의 집을 찾아봅시다.

A: I caught as many as a hundred fish. Will you come over for dinner? My house is just across the river.
B: Okay. Does your house have a flat roof?
A: No. My house has a yellow ladder outside.
B: I found it! By the way, how can I cross the river?
A: You can cross it using the wooden walkway.
B: Okay, I'll be right there.

flat
ladder
walkway
come over

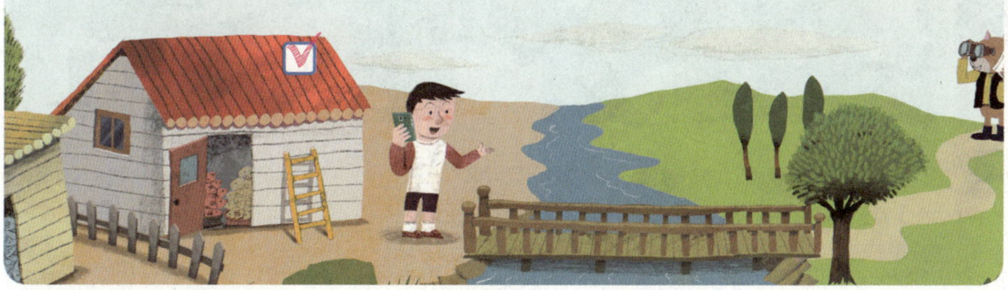

풀이 come over '(집에) 들르다', flat '평평한', ladder '사다리', walkway '통로'라는 의미이다.

단어 숙어
across [전] 건너편에, 맞은편에
roof [명] 지붕
outside [부] 밖에
by the way 그런데
wooden [형] 나무로 된

해석
A: 나는 무려 100마리나 되는 물고기를 잡았어. 저녁 먹으러 들를래? 우리 집은 강 바로 건너야.
B: 좋아. 너희 집은 평평한 지붕이 있는 집이니?
A: 아니. 우리 집은 밖에 노란색 사다리가 있어.
B: 찾았다! 그런데 내가 어떻게 강을 건널 수 있니?
A: 너는 나무 통로를 이용해서 강을 건널 수 있어.
B: 알았어. 금방 갈게.

If I Lived There

e.g. The houses in New Mexico are not painted, while the houses in Venice are colorful. The houses in Fujian are huge and round.

본문에 소개된 세 가지 집의 특징을 말해 봅시다.

① Different people live in different houses. ② Some use ladders to enter their houses. ③ Others live in houses on the water. ④ And others share their houses with many people. ⑤ Imagine you live in one of these houses. ⑥ How would that change your life?

⑦ Pueblos in New Mexico, USA

⑧ If I lived in a *pueblo*, I would climb up a ladder to enter my house. ⑨ There's a hidden opening on top of the house. ⑩ If unwelcome visitors appeared, I would pull the ladder up to stop them from entering. ⑪ The thick walls are made of earth, straw, and water. ⑫ They would keep me cool in summer and warm in winter. ⑬ The house has a flat roof. ⑭ I would sometimes sleep up on the roof under the moon and stars.

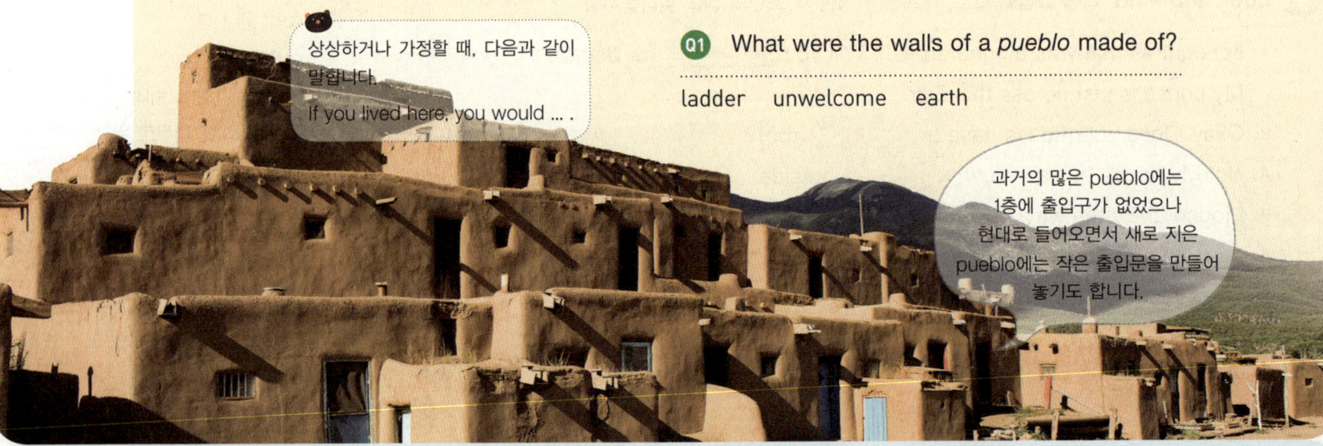

Q1 What were the walls of a *pueblo* made of? 푸에블로의 벽은 무엇으로 만들어졌나요?

A1 They were made of earth, straw, and water. 그것들은 흙, 지푸라기, 물로 만들어졌습니다.

해설 The thick walls are made of earth, straw, and water. 문장을 통해 푸에블로의 벽은 흙, 지푸라기, 물로 만들어졌음을 알 수 있다.

[해석]

만약 내가 그곳에 산다면

①다양한 사람들이 다양한 집에서 삽니다. ②몇몇 사람들은 집에 들어가기 위해 사다리를 이용합니다. ③다른 사람들은 물 위에 있는 집에 삽니다. ④그리고 또 다른 사람들은 많은 사람과 함께 집을 공유합니다. ⑤여러분이 이 집들 중 하나에 산다고 상상해 보세요. ⑥여러분의 삶은 어떻게 바뀔까요?

⑦뉴멕시코의 푸에블로, 미국

⑧만약 내가 푸에블로에 산다면, 나는 집에 들어가기 위해 사다리를 오를 것이다. ⑨집 꼭대기에는 숨겨진 구멍이 있다. ⑩만약 반갑지 않은 방문객이 나타난다면 나는 사다리를 끌어 올려 그들이 들어오지 못하게 할 것이다. ⑪두꺼운 벽은 흙, 지푸라기, 물로 만들어져 있다. ⑫그것들은 여름에는 시원하게, 겨울에는 따뜻하게 유지해 줄 것이다. ⑬집에는 평평한 지붕이 있다. ⑭때때로 나는 달과 별들 아래의 지붕 위에서 잠을 잘 것이다.

[구문]

❷ **Some** use ladders to enter their houses. ❸ **Others** live in houses on the water. ❹ **And others** share their houses with many people.
some, others는 정해지지 않은 것 또는 사람들을 지칭하는 부정대명사이다. 반면, the others는 '나머지'를 의미한다.

❽ **If I lived** in a *pueblo*, **I would climb** up a ladder to enter my house.
'If + 주어 + 동사의 과거형 … , 주어 + 조동사의 과거형(would/could/should …) + 동사원형 ~.'은 현재 사실의 반대를 가정하는 가정법 과거이다.

❿ … , I would pull the ladder up to **stop** them **from entering**.
stop ~ from -ing는 '~가 … 못하게 하다'라는 뜻이다. (= I would pull the ladder up to **keep** them **from entering**.)

⓫ The thick walls **are made of** earth, straw, and water.
be made of는 '…로 만들어지다'라는 뜻으로 of 뒤에는 만들어지는 재료가 온다.

⓬ They would **keep me cool** in summer and **warm** in winter.
'keep + 목적어 + 목적격 보어(형용사)'의 5형식 구문으로 '~를 …하게 유지하다'라는 뜻이다.

[단어·숙어]

- **ladder** [명] 사다리 [e.g.] We put up the **ladder** against the wall.
- **opening** [명] 구멍, (문, 창문 등의) 개구부(開口部) [e.g.] This was the **opening** of the secret passage leading to her own room.
- **unwelcome** [형] 반갑지 않은, 환영받지 못하는 [e.g.] He appears as an **unwelcome** guest who knows too much about Jane's past.
- **earth** [명] 흙 [e.g.] Thousands of tons of **earth** were moved to build the dam.

Grammar +

1. 부정대명사
some(여러 개 중 몇몇), others(다른 몇몇), the others(나머지)
- I have many shirts. (나는 셔츠가 많이 있다.)
  Some are red and **others** are blue. (몇 개는 빨간색이고, 다른 것들은 파란색이다.)
  Some are red and **the others** are blue. (몇 개는 빨간색이고, 나머지는 파란색이다.)

2. 가정법 과거
'If+주어+동사의 과거형 … , 주어+조동사의 과거형+동사원형 ~.' 형태로 '만약 …라면, …할 텐데.'라는 의미이다.

3. 5형식 동사 keep
'keep+목적어+목적격 보어'의 형태로 쓰이며, 목적격 보어로 형용사, 현재 분사(-ing), 과거 분사(-ed)가 올 수 있다.

Mini Test

정답과 해설 p. 371

다음 글을 읽고, 물음에 답하시오.

If I lived in a *pueblo*, I would climb up a ladder to enter my house. There's a hidden opening on top of the house. If (visitors, appeared, unwelcome), I would pull the ladder up to stop them from entering. The thick walls are made of earth, straw, and water. They would keep me cool in summer and warm in winter. The house has a flat roof. I would sometimes sleep up on the roof under the moon and stars.

1. 윗글의 괄호 안에 있는 단어들을 바르게 배열하여 쓰시오. ______________________

2. 윗글의 내용과 일치하면 T, 일치하지 않으면 F를 쓰시오.
 (1) 푸에블로의 벽에는 숨겨진 구멍이 있다. (   )
 (2) 푸에블로의 두꺼운 벽은 흙, 지푸라기, 물로 만들어져 있다. (   )

❶ Houses on Water in Venice, Italy

❷ If I lived in Venice, I would take a gondola to school every ❸ morning. Venice has 118 small islands. On weekends, I would travel from ❹ island to island by a *vaporetto*, a water bus. At high tide, the water from ❺
5　the Adriatic Sea often rises and leaves the streets full of water. However, ❻ I would be able to walk around the town through the raised walkways.

❼ Venice is known as the "floating city." In Venice, there are many ❽ colorful houses on the water. You may wonder how and why they built ❾ the houses on the water. The old Venetians decided to live there to keep ❿
10　themselves safe from invaders. But it was not easy for them to build their ⓫ homes on this swampy surface. So they installed more than 10 million ⓬ wooden poles in the ground. It is these wooden poles that support Venice ⓭ to this day.

'keep'은 다음과 같이 사용
할 수 있습니다.
keep you safe (O)
keep you safely (X)

Q2 What supports the houses in Venice?

tide　walkway　Venetian　invader　swampy　support

Q2 What supports the houses in Venice? 무엇이 베니스의 집들을 지탱하나요?

A2 More than 10 million wooden poles in the ground support them. / It is more than 10 million wooden poles that support them. 땅에 천만 개 이상의 나무 기둥들이 집들을 지탱해 줍니다. / 집들을 지탱해 주는 것은 천만 개 이상의 나무 기둥들입니다.

해설 So they installed more than 10 million wooden poles in the ground. It is these wooden poles that support Venice to this day.에서 알 수 있듯이 베니스의 집들을 지탱해 주는 것은 천만 개 이상의 나무 기둥들이다.

해석

①베니스의 물 위에 있는 집, 이탈리아

②만약 내가 베니스에 산다면, 나는 매일 아침 곤돌라를 타고 학교에 갈 것이다. ③베니스는 118개의 작은 섬들이 있다. ④주말마다 나는 수상 버스인 바포레토를 타고 이 섬 저 섬을 여행할 것이다. ⑤조수가 높을 때에는 아드리아해의 물이 자주 범람하고 거리는 물로 가득 찬다. ⑥그러나 나는 높이 올린 통로로 도심 주변을 걸어 다닐 수 있을 것이다.

⑦베니스는 '떠 있는 도시'로 알려져 있다. ⑧베니스에는 물 위에 있는 색색의 건물들이 많다. ⑨여러분은 어떻게 그리고 왜 그들이 물 위에 집을 지었는지 궁금할 것이다. ⑩옛 베니스인들은 침략자들로부터 자신들을 안전하게 지키기 위해 그곳에 살기로 결정했다. ⑪하지만 그들이 이 습지 위에 집을 짓는 것은 쉽지가 않았다. ⑫그래서 그들은 땅에 천만 개 이상의 나무 기둥들을 설치했다. ⑬지금까지 베니스를 지탱해 주고 있는 것은 바로 이 나무 기둥들이다.

구문

❷ **If I lived** in Venice, **I would take** a gondola to school every morning.
'If+주어+동사의 과거형 …, 주어+조동사의 과거형+동사원형 ~.'은 가정법 과거로 현재 사실의 반대나 이루고 싶은 소망을 가정한다.

❺ At high tide, the water from the Adriatic Sea often rises and **leaves the streets full of water**.
'leave+목적어(the streets)+목적격 보어(full of water)'의 5형식 구문이다.

❾ You may wonder **how and why they built the houses on the water**.
wonder의 목적어절이며, 의문문이 문장 속에 포함된 간접의문문으로 '의문사(how and why)+주어(they)+동사(built) …'의 어순을 취한다.

❿ The old Venetians decided to live there to **keep themselves safe** from invaders.
'keep+목적어(themselves)+목적격 보어(safe)'의 5형식 구문이다.

⓫ But **it** was not easy **for them to build** their homes on this swampy surface.
'it(가주어) …+for them(to부정사의 의미상 주어)+to build ~ (진주어)' 구조이다.

⓭ **It is** these wooden poles **that** support Venice to this day.
these wooden poles를 강조하기 위한 강조 구문으로 강조하고자 하는 말을 It is 와 that 사이에 넣는다.

단어 숙어

- **tide** 몡 조수, 흐름 [e.g.] Is the **tide** coming in or going out?
- **walkway** 몡 통로 [e.g.] A covered **walkway** connects the two buildings.
- **invader** 몡 침략자 [e.g.] They were defending their country against **invaders**.
- **swampy** 몡 습지의 [e.g.] The disease was common in **swampy** areas.
- **install** 통 설치하다, 장착하다 [e.g.] He's getting a phone **installed** tomorrow.
- **support** 통 지지하다, 지탱하다 [e.g.] The ceiling was **supported** by huge stone columns.

Grammar

1. 가주어 It

문장의 주어가 길 경우, 주어를 문장의 맨 뒤로 보내고 원래 주어 자리에 가주어 It을 쓴다.

- **Exercising regularly** is very difficult. (규칙적으로 운동하는 것은 매우 어렵다.)
→ **It**(가주어) is very difficult **to exercise regularly**(진주어).

이때 진주어의 행동을 하는 주체가 따로 있으면 to 앞에 의미상 주어 (for+목적격)를 쓴다.

→ It is very difficult **for him**(의미상 주어) to exercise regularly. (그가 규칙적으로 운동하는 것은 매우 어렵다.)

2. It is/was … that 강조 구문

강조하고자 하는 말을 It is/was와 that 사이에 넣고 의미를 강조한다.

- Julie found **the book** in her room.
→ It was **the book** that Julie found in her room. (Julie가 그녀의 방에서 찾은 것은 그 책이었다.)

Mini Test

정답과 해설 p. 371

A 다음 괄호 안에서 알맞은 말을 고르시오.

1. If I (live / lived) in Venice, I would take a gondola to school every morning.

2. Venice is (know / known) as the "floating city."

B 다음 질문에 대한 알맞은 답을 문장으로 쓰시오.

Q. Why did the old Venetians decide to build the houses on the water?

A. ____

🇨🇳 ❶ *Tulou* in Fujian, China

❷ If I lived in a *tulou*, a huge round house in Fujian, China, I would always have friends at home to play ❸ with. I would sometimes hear my neighbor calling ❹ me to come over for tea or dinner. In a *tulou*, there are usually three to ❺ five floors. The first floor is used for cooking and eating. ❻ And people store food and tools on the second floor. ❼ Do you wonder where I would sleep? ❽ My bedroom would be on the third or fourth floor.

❾ A *tulou* is like a village. ❿ The people living in a *tulou* mostly have the ⓫ same family name. Some large *tulou* can house up to 50 families. ⓬ They work together and share many things. ⓭ Living together in one building keeps them safe.

⓮ Homes are everywhere. ⓯ But they are different all over the world. ⓰ What is your home like?

Q3 What do people store on the second floor of a *tulou*?

Think Which of the three houses do you want to live in most? Why?

How fast can you read?

- **1st:** ____ min. ____ sec.
- **2nd:** ____ min. ____ sec.

come over 들르다   store   house

Q3 What do people store on the second floor of a *tulou*? 사람들은 토루의 2층에 무엇을 보관합니까?

A3 They store food and tools on the second floor. 그들은 2층에 식량과 도구를 보관합니다.

해설 And people store food and tools on the second floor.에서 알 수 있듯이 2층은 식량과 도구를 보관하는 장소이다.

Think Which of the three houses do you want to live in most? Why? 세 집들 중 어디에서 가장 살아 보고 싶습니까? 그 이유는?

→ I want to live in a house in Venice. I'd like to take a gondola to school.

저는 베니스의 집에서 살아 보고 싶습니다. 저는 곤돌라를 타고 학교에 가 보고 싶습니다.

해석

① 푸젠의 토루, 중국

② 만약 내가 거대하고 둥그런 집인 중국 푸젠의 토루(tulou)에 산다면, 나는 항상 집에 함께 놀 친구들이 있을 것이다. ③ 때때로 나의 이웃이 차를 마시거나 저녁 식사를 하러 집에 들르라고 나를 부르는 소리를 듣게 될 것이다. ④ 토루는 대개 3층에서 5층으로 되어 있다. ⑤ 1층은 요리하고 식사하는 데에 사용된다. ⑥ 그리고 사람들은 2층에 식량과 도구를 보관한다. ⑦ 내가 어디에서 잠을 잘지 궁금한가? ⑧ 내 침실은 3층이나 4층에 있을 것이다. ⑨ 토루는 마을과 같다. ⑩ 토루에 사는 사람들은 대부분 같은 성(姓)을 가지고 있다. ⑪ 몇몇 큰 토루는 50가구까지 수용할 수 있다. ⑫ 그들은 함께 일하고 많은 것을 공유한다. ⑬ 한 건물에 함께 사는 것은 그들을 안전하게 지켜 준다.

⑭ 집은 어디에나 있습니다. ⑮ 그러나 전 세계의 집은 다릅니다. ⑯ 여러분의 집은 어떻습니까?

구문

❷ **If I lived** in a *tulou*, a huge round house in Fujian, China, **I would** always **have** friends at home to play with.

'If＋주어＋동사의 과거형 … , 주어＋조동사의 과거형＋동사원형 ～.'은 가정법 과거로 현재 사실의 반대나 이루고 싶은 소망을 가정한다.

❼ Do you wonder **where I would sleep**?

wonder의 목적어절이며, 의문문이 문장 속에 포함된 간접의문문으로 '의문사(where)＋주어(I)＋동사(would sleep)'의 어순을 취한다.

❾ A *tulou* is **like** a village.

like는 전치사로 명사(a village) 앞에 쓰이며, '…와 같은'의 뜻이다.

❿ The people **living in a *tulou*** mostly have the same family name.

현재 분사 구문(living in a *tulou*)이 The people을 후치 수식하며, '토루에 사는 사람들'이라고 해석한다.

⓭ **Living** together in one building **keeps them safe**.

동명사(Living)가 주어로 쓰였으며, '한 건물에 함께 사는 것은'으로 해석한다. 동명사가 주어로 올 경우 동사는 단수동사(keeps)가 되어야 한다. 'keep＋목적어＋목적격 보어'의 5형식 구문으로 목적격 보어에 형용사가 쓰였다.

⓰ **What is** your home **like**?

What is … like?는 사람이나 사물의 모양, 성격 또는 행동을 묘사하는 표현으로 '…은 어때?'라는 의미이다.

단어 숙어

- **come over** (지나가는 길에) 들르다 [e.g.] Would you like to **come over** for an interview today?
- **store** ⑤ 저장하다, 보관하다 [e.g.] Animals are **storing** food for winter.
- **family name** 성(姓) (= surname) [e.g.] "What's your **family name**?" "My **family name** is Park."
- **house** ⑤ 수용하다, …에게 거처할 곳을 주다 [e.g.] The library is **housing** tens of thousands of books.

Grammar 

1. 의문사가 있는 간접의문문

의문문이 문장 속에 포함된 형태로 '도입부＋의문사＋주어＋동사'의 어순을 취한다.

2. 분사 후치 수식

- The little girl (who is) **talking** with Jason is my sister. (Jason과 말하고 있는 어린 소녀는 내 여동생이다.)
- Many people only buy the products (which are) **made** in Korea. (많은 사람이 한국에서 만든 제품들만 산다.)
- → 분사가 명사를 뒤에서 수식하는 경우 '주격 관계대명사＋be동사'가 생략된 것으로 본다.

3. What is … like?

- A: **What's** her house **like**? (그녀의 집은 어떠니?)
  B: It's quite big with a nice garden. (멋진 정원이 있는 꽤 큰 집이야.)

주의!

How is your house **like**? (X)

Mini Test

정답과 해설 p. 371

다음 괄호 안에서 본문의 내용과 일치하는 단어를 고르시오.

1. In a *tulou*, there are usually three to five (floors / walls).

2. The people living in a *tulou* mostly have the same (family name / gender).

A **Think and Complete** 본문의 내용과 일치하도록 빈칸에 알맞은 말을 써 봅시다.

***Pueblo*, New Mexico, USA**
How the house looks:
- ____thick____ walls
- a ____flat____ roof

Houses on water, Venice, Italy
How people travel:
- a gondola
- a *vaporetto*, a water ____bus____

***Tulou*, Fujian, China**
How people use each floor:
- 1st floor: ____cooking____ and eating
- 2nd floor: ____storing____ food and tools
- 3rd & 4th floors: bedrooms

풀이   푸에블로 집의 특징은 '두꺼운' 벽과 '평평한' 지붕이다.

바포레토는 베니스의 교통수단으로 수상 '버스'에 해당한다.

토루는 층별로 알맞은 용도가 있는데, 1층은 주로 '요리'와 식사에 사용되고, 2층에 식량과 도구를 '보관'한다.

B **Think and Check** 본문의 내용과 일치하면 T, 일치하지 않으면 F에 표시해 봅시다.

1. If you lived in a *pueblo*, you should use ropes to enter the house. ☐ T ☑ F
2. The old Venetians decided to live in Venice to keep themselves safe from invaders. ☑ T ☐ F
3. Venetians planted a lot of trees to make Venice a good place to live. ☐ T ☑ F
4. In a *tulou*, there are only two floors. ☐ T ☑ F
5. Some large *tulou* can house up to 50 families. ☑ T ☐ F

풀이   1   푸에블로에 산다면 집에 들어가기 위해 밧줄이 아니라 '사다리'를 이용해야 할 것이다.

3   베니스인들은 습지 위에 집을 짓기 위해 천만 개 이상의 나무 기둥을 설치했다.

4   토루는 일반적으로 3~5층으로 되어 있다.

💬 세 나라의 전통 가옥 특징을 설명한 자료를 더 찾아봅시다.

Reading Memory

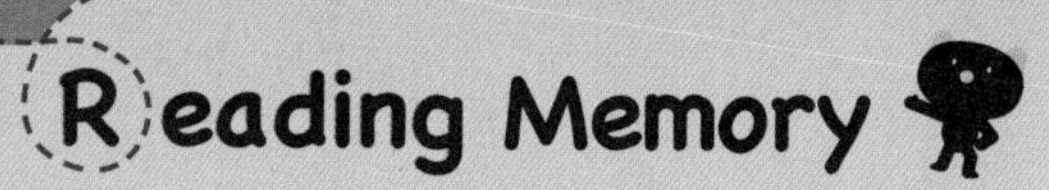

● 본문 내용을 떠올려 빈칸을 채워 봅시다.

Different people live in different houses. Some use _________ to enter their houses. Others live in houses on the _________. And others _________ their houses with many people. Imagine you live in one of these houses. How would that change your life?

Pueblos in New Mexico, USA

If I lived in a *pueblo*, I would climb up a _________ to enter my house. There's a hidden _________ on top of the house. If _________ visitors appeared, I would pull the ladder up to stop them from entering. The thick walls are made of _________, _________, and water. They would keep me _________ in summer and _________ in winter. The house has a _________ roof. I would sometimes sleep up on the roof under the moon and stars.

Houses on Water in Venice, Italy

If I lived in Venice, I would take a gondola to school every morning. Venice has 118 small _________. On weekends, I would travel from island to island by a *vaporetto*, a water _________. At high _________, the water from the Adriatic Sea often rises and leaves the streets full of _________. However, I would be able to walk around the town through the raised _________.

Venice is known as the "_________ city." In Venice, there are many colorful houses on the _________. You may wonder how and why they built the houses on the water. The old Venetians decided to live there to keep themselves safe from _________. But it was not easy for them to build their homes on this _________ surface. So they installed more than 10 million wooden _________ in the ground. It is these wooden poles that support Venice to this day.

Tulou in Fujian, China

If I lived in a *tulou*, a huge _________ house in Fujian, China, I would always have friends at home to play with. I would sometimes hear my neighbor calling me to _________ _________ for tea or dinner. In a *tulou*, there are usually three to five floors. The first floor is used for _________ and eating. And people store food and _________ on the second floor. Do you wonder where I would sleep? My bedroom would be on the third or fourth floor.

A *tulou* is like a _________. The people living in a *tulou* mostly have the same family name. Some large *tulou* can _________ up to 50 families. They work together and share many things. Living together in one building keeps them _________.

Homes are everywhere. But they are _________ all over the world. What is your home _________?

정답 ǀ ladders, water, share, ladder, opening, unwelcome, earth, straw, cool, warm, flat, islands, bus, tide, water, walkways, floating, water, invaders, swampy, poles, round, come, over, cooking, tools, village, house, safe, different, like

Word Builder

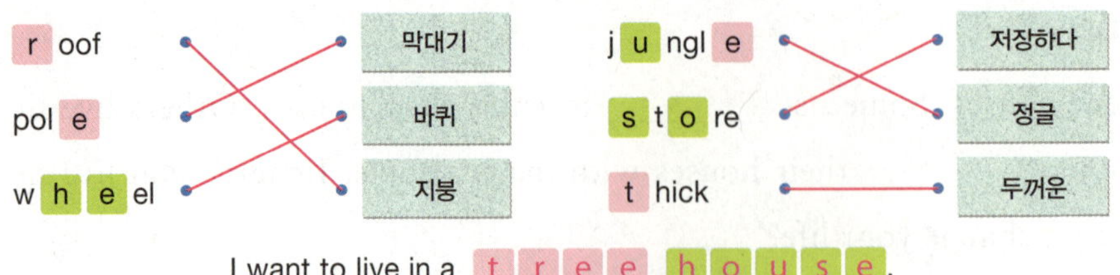

A 단어와 뜻을 바르게 연결한 후, 상자 속 철자를 조합하여 문장을 완성해 봅시다.

r oof — 막대기　　j u ngl e — 저장하다
pol e — 바퀴　　s t o re — 정글
w h e el — 지붕　　t hick — 두꺼운

I want to live in a **t r e e h o u s e**.

풀이　roof 지붕, pole 막대기, wheel 바퀴, jungle 정글, store 저장하다, thick 두꺼운
색깔에 맞춰 철자를 조합해 보면 tree house이다.

B 단어와 관련 있는 그림을 연결한 후, 그림에 맞는 표현을 완성해 봅시다.

1. invisible　　2. swampy　　3. unwelcome

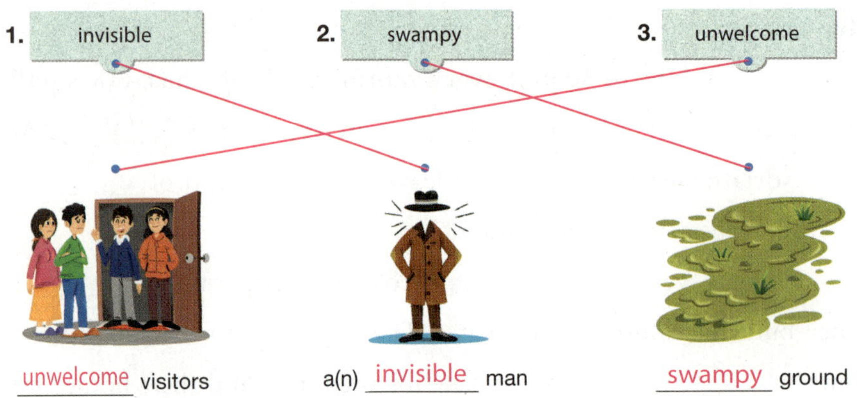

unwelcome visitors　　a(n) **invisible** man　　**swampy** ground

단어·숙어
invisible 휑 눈에 보이지 않는
swampy 휑 늪의, 습지의
unwelcome 휑 반갑지 않은

풀이
1 '반갑지 않은 손님들'의 영어 표현은 unwelcome visitors이다.
2 '투명 인간'의 영어 표현은 an invisible man이다.
3 '늪지대'의 영어 표현은 swampy ground이다.

C 단어 띠에서 단어들을 찾아 다른 색으로 색칠하고 문장을 완성해 봅시다.

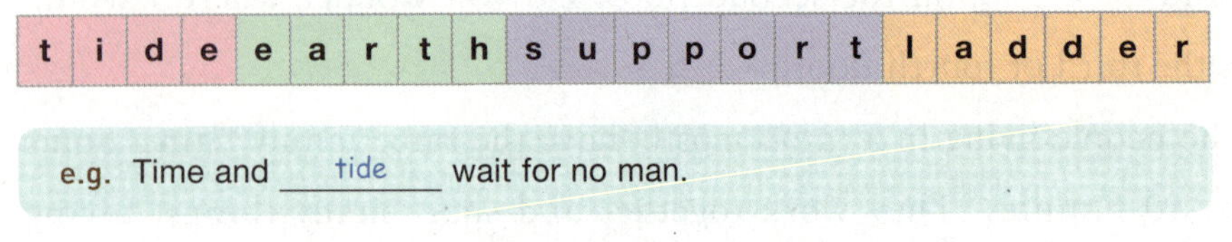

t i d e e a r t h s u p p o r t l a d d e r

e.g.　Time and ___tide___ wait for no man.

1. He fell off a ___ladder___ and hurt himself.

2. The roof of the house is ___support___ ed by thick wooden poles.

3. She made a hole in the soft ___earth___ and planted an apple tree.

단어·숙어
tide 휑 조수, 조류
earth 휑 땅, 흙
support 휑 지탱하다
ladder 휑 사다리

해석
· 세월[시간과 조수]은 사람을 기다리지 않는다.
1 그는 사다리에서 떨어져서 다쳤다.
2 그 집의 지붕은 두꺼운 나무 기둥에 의해 지탱된다.
3 그녀는 부드러운 땅에 구멍을 내고 사과나무를 심었다.

풀이
1 '사다리에서 떨어졌다'라는 뜻이 되어야 하므로 ladder가 알맞다.
2 '두꺼운 나무 기둥에 의해 지탱된다'라는 뜻이 되어야 하므로 support가 알맞다.
3 '부드러운 땅에 구멍을 만들었다'라는 뜻이 되어야 하므로 earth가 알맞다.

Word Check

A 다음 영어 표현은 우리말로, 우리말은 영어로 쓰시오.

1. cave ___________________
2. earth ___________________
3. flat ___________________
4. install ___________________
5. millionaire ___________________

6. 습지의 ___________________
7. 베니스인 ___________________
8. 조수, 흐름 ___________________
9. 저장하다 ___________________
10. (지나가는 길에) 들르다 ___________________

B 주어진 영영 풀이에 맞게 퍼즐을 완성하시오.

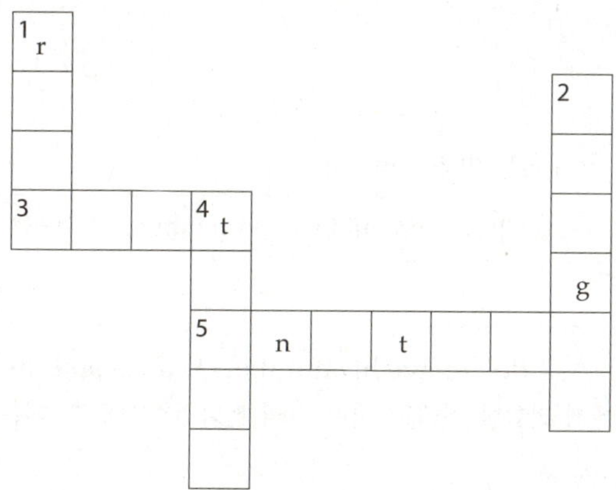

Across

3. smooth and level, not sloping or curving
5. to fix equipment or furniture into position so that it can be used

Down

1. the cover or top of a building
2. a tropical forest where plants and trees grow very thickly
4. not thin

C 다음 빈칸에 알맞은 단어를 보기 에서 골라 쓰시오.

보기

support	unwelcome	house	invaders	walkway

1. A brick ___________________ to the parking lots was built.

2. The new building will ___________________ thousands of plants.

3. The steep mountain once served to protect the village from ___________________.

4. You should ___________________ the baby's head when you hold it.

5. The movie revealed a(n) ___________________ truth which no one really wanted to hear.

If I (lived) … , I (would) ~.

A **Draw and Talk** 자신이 꿈꿔 온 집을 그리고, 짝과 말해 봅시다.

e.g. If I lived in a house with a garden, I would plant many flowers in the garden.
만약 내가 정원이 있는 집에 산다면, 나는 정원에 많은 꽃을 심을 것이다.

예시
정답

- If I lived in a house with a swimming pool, I would invite my friends every weekend and enjoy swimming with them. 만약 내가 수영장이 있는 집에 산다면, 나는 주말마다 내 친구들을 초대해서 그들과 함께 수영을 즐길 것이다.
- If I lived in a house with a soccer field, I would invite my friends after school to play soccer.
만약 내가 축구장이 있는 집에 산다면, 나는 축구를 하기 위해 방과 후에 내 친구들을 초대할 것이다.

Form 1 ▶ **가정법 과거**

1. 가정법 과거는 현재 사실의 반대 또는 실현 가능성이 거의 없는 일을 가정한다.

형태	If+주어+동사의 과거형 … , 주어+조동사의 과거형(would/could/should/might 등)+동사원형 ~.
의미	만약 …한다면 ~할 텐데.

e.g. **If I had** his number, **I would call** him. (= As I don't have his number, I can't call him.)
(만약 나에게 그의 전화번호가 있다면, 나는 그에게 전화할 텐데. / 나는 그의 전화번호가 없기 때문에 그에게 전화할 수 없다.)
If I had a little brother, **I would take** good care of him.
(만약 내게 남동생이 있다면, 난 그를 잘 돌볼 텐데.)
If I had enough money, **I would buy** a better computer.
(만약 나에게 충분한 돈이 있다면, 난 더 좋은 컴퓨터를 살 텐데.)

2. If I were …: 가정법 과거에서 if절에 쓰이는 be동사는 인칭이나 수에 관계없이 were가 쓰이는 것이 원칙이나 구어체에서는 was가 쓰이는 경우도 있다.

e.g. **If I were** you, I would call him now. (만약 내가 너라면, 나는 지금 그에게 전화할 것이다.)
If James were here, he would help us. (만약 James가 여기 있다면, 그는 우리를 도울 것이다.)
I would not go outside late at night **if I were** you. (만약 내가 너라면 나는 밤늦게 외출하지 않을 것이다.)

※ 조건문: 아직 확정되지 않은 현재의 사실을 가정할 때 쓰이며, if 조건절에서는 현재시제가 미래시제를 대신한다.
e.g. **If** he **is** at home, I **will visit** him now. (그가 집에 있다면, 나는 지금 그를 방문할 것이다. 즉, 그가 집에 있는지 없는지 확실하지 않다.)

keep/make (you) (cool) …

B Find and Write 다음 그림을 보고, 알맞은 단어를 골라 문장을 완성해 봅시다.

단어·숙어
safe ⑧ 안전한
warm ⑧ 따뜻한
bored ⑧ 지루한

1. Staying home all day makes Tim and Julie ___bored___ .
2. Going sledding in the snow _makes Tim and Julie/them happy_
3. Wearing a helmet keeps Tim and Julie ___safe___ .
4. Wearing warm clothes _keeps Tim and Julie/them warm_ .

safe
warm
bored
happy

해석
1 하루 종일 집에 있는 것은 Tim과 Julie를 지루하게 한다.
2 눈에서 썰매를 타는 것은 Tim과 Julie를/그들을 행복하게 한다.
3 헬멧을 쓰는 것은 Tim과 Julie를 안전하게 해 준다.
4 따뜻한 옷을 입는 것은 Tim과 Julie를/그들을 따뜻하게 해 준다.

Form 2 ▶ 5형식 구문 (keep/make + 목적어 + 형용사)

keep/make는 5형식 동사로 '목적어를 …한 상태로 유지하다/만들다'라는 뜻이다. 목적격 보어에는 형용사, 명사, 동사원형, 현재 분사, 과거 분사가 온다.

1. keep + 목적어 + 목적격 보어
   - These gloves **keep my hands warm**. (이 장갑은 내 손을 따뜻하게 해 준다.)
     → 형용사
   - He **kept me waiting**. (그는 나를 기다리게 했다.)
     → 현재 분사: 능동
   - She **kept her face hidden**. (그녀는 그녀의 얼굴을 가렸다.)
     → 과거 분사: 수동

2. make + 목적어 + 목적격 보어
   - I **made my son a lawyer**. (나는 내 아들을 변호사로 만들었다.)
     → 명사
   - She always **makes me happy**. (그녀는 항상 나를 행복하게 한다.)
     → 형용사
   - They **made my brother clean** his room. (그들은 내 남동생에게 그의 방을 청소하게 했다.)
     → 동사원형: 능동
   - The new machine **made our job done** easily. (그 새로운 기계는 우리의 일을 쉽게 끝내게 해 줬다.)
     → 과거 분사: 수동

e.g. You must **keep your teeth clean**. (너는 치아를 깨끗하게 유지해야 한다.)
Julie **kept her dog walking**. (Julie는 개를 계속 걷게 했다.)
He **kept the door closed**. (그는 문을 계속 닫아 두었다.)
Andrew **made his toys clean**. (Andrew는 그의 장난감을 깨끗하게 했다.)
She **made him fix** her car. (그녀는 그가 그녀의 차를 수리하게 했다.)
The news **made him surprised**. (그 소식은 그를 놀라게 했다.)

Self-check 😊 😖
- I can use 'If I (lived) … , I (would) ~.' ☐ ☐
- I can use 'keep/make (you) (cool) … .' ☐ ☐

교과서 p.167

Point 1 If I (lived) ..., I (would) ~.

A 설명을 읽고, 어울리는 표현끼리 연결하여 문장을 완성해 봅시다.

- 현재 사실에 반대되는 것을 가정 · 소망할 때는 다음과 같이 표현한다.

If I were/lived/built ..., I would/could go/fly/make ~. (만약 내가 …라면, 나는 ~할 텐데.)

We don't have much snow this year. If it snowed a lot, we would go sledding.

I'm not good at singing. If I were good at singing, I would join the singing club.

1. If I had a sister, — I would play tennis with her every week.
2. If I traveled to space, — I would go to Mars first.
3. If I lived in a jungle, — I would build a tree house and live there.

풀이 가정법 과거는 현재 사실의 반대나 실현 가능성이 거의 없는 일을 가정한다. 가정법 과거 형태는 'If+주어+동사의 과거형 ... , 주어+조동사의 과거형(would/could ...)+동사원형 ~.'이다.

1 여동생이 있다면 함께 할 활동(함께 테니스 치기)을 찾아 연결해 본다.
2 우주여행과 관련이 있는 활동(화성 가기)을 찾아 연결해 본다.
3 정글에서 할 수 있는 활동(나무 집 짓고 살기)을 찾아 연결해 본다.

단어·숙어 Mars [명] 화성

해석
- 올해는 눈이 많이 오지 않는다. 만약 눈이 많이 온다면, 우리는 썰매 타러 갈 텐데.
- 나는 노래를 잘하지 못한다. 만약 내가 노래를 잘한다면, 노래 동아리에 가입할 텐데.

1 만약 나에게 여동생이 있다면, 나는 그녀와 매주 테니스를 치러 갈 것이다.
2 만약 내가 우주를 여행한다면, 나는 화성에 먼저 갈 것이다.
3 만약 내가 정글에 산다면, 나는 나무 집을 짓고 그곳에 살 것이다.

Point 2 keep/make (you) (cool) ...

B 설명을 읽고, 괄호 안에서 알맞은 단어를 골라 봅시다.

- keep/make (you) (happy/warm) ...: '(행복하게/따뜻하게) 유지하다/만들어 주다'라는 뜻이다.
- keep/make + '~을' (대상) + '…하게' (형용사)

Wearing sunscreen will keep you safe from sunburn. (O)

Wearing sunscreen will keep you safely from sunburn. (X)

1. 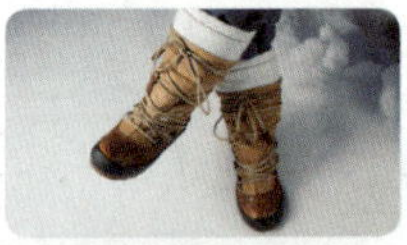

These winter shoes keep me (warm / warmly). → warm

2. 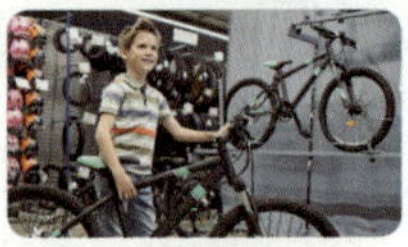

He got a new bike. It makes him (happy / happily). → happy

3. 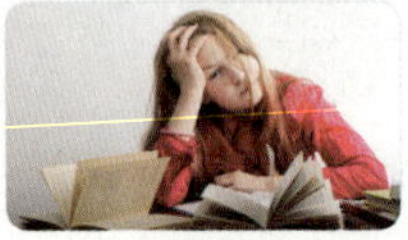

I have a test tomorrow. That makes me (worried / worriedly). → worried

풀이 keep/make는 5형식 동사로 '목적어를 …한 상태로 유지하다/만들다'라는 뜻이며, 목적격 보어로 형용사를 쓸 수 있다.

1 겨울 신발은 나를 '따뜻하게' 해 주므로 형용사 warm이 알맞다.
2 새 자전거가 나를 '행복하게' 해 주므로 형용사 happy가 알맞다.
3 시험이 나를 '걱정하게' 만들므로 형용사 worried가 알맞다.

단어·숙어 warmly [부] 따뜻하게
happily [부] 행복하게
worriedly [부] 걱정스럽게

해석
- 선크림을 바르는 것은 너를 햇볕에 타는 것으로부터 안전하게 지켜줄 것이다.

1 이 겨울 신발은 나를 따뜻하게 해 준다.
2 그는 새 자전거를 샀다. 그것이 그를 행복하게 해 준다.
3 나는 내일 시험을 본다. 그것이 나를 걱정하게 만든다.

교과서 p.168

Point 1 If I (lived) ..., I (would) ~.

A 다음 그림을 보고, 주어진 표현을 사용하여 대화를 완성해 봅시다.

1.
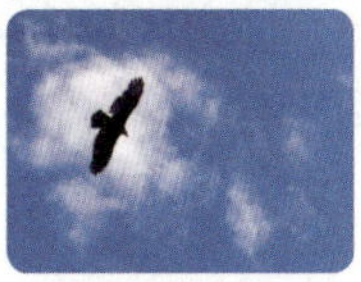

A: What would you do if you were a bird?

B: If I were a bird, I would fly in the sky. (fly in the sky)

2.
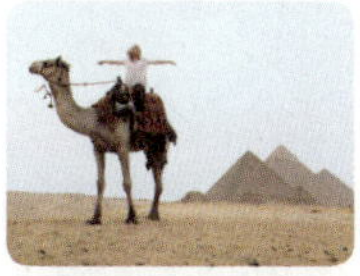

A: What would you do if you lived in a desert?

B: If I lived in a desert, I would ride a camel and explore the desert. (ride a camel)

3.
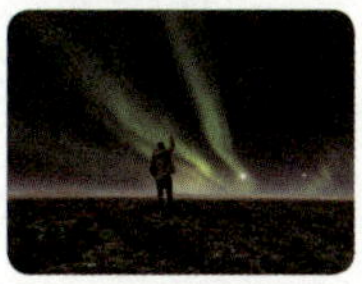

A: What would you do if you visited Iceland?

B: If I visited Iceland, I would go see the amazing northern lights at night. (go see the amazing northern lights)

단어·숙어

desert [명] 사막

explore [동] 탐험하다

amazing [형] 멋진, 놀라운

northern lights [명] 오로라

해석

1 A: 만약 네가 새라면, 너는 무엇을 할 거니?
B: 만약 내가 새라면, 나는 하늘을 날 거야.

2 A: 만약 네가 사막에 산다면, 너는 무엇을 할 거니?
B: 만약 내가 사막에 산다면, 나는 낙타를 타고 사막을 탐험할 거야.

3 A: 만약 네가 아이슬란드를 방문한다면, 너는 무엇을 할 거니?
B: 만약 내가 아이슬란드를 방문한다면, 나는 밤에 멋진 오로라를 보러 갈 거야.

풀이 가정법 과거 형태는 'If+주어+동사의 과거형 ... , 주어+조동사의 과거형(would/could ...)+동사원형 ~.'이다.

1 '주어+조동사의 과거형+동사원형 ~' 형태가 되어야 하므로 I would fly in the sky로 써야 한다.

2 'If+주어+동사의 과거형 ... , 주어+조동사의 과거형+동사원형 ~.' 형태가 되어야 하므로 If I 다음에 lived in a desert, I would ride a camel로 써야 한다.

3 'If+주어+동사의 과거형 ... , 주어+조동사의 과거형+동사원형 ~.' 형태가 되어야 하므로 If I visited Iceland, I would go see the amazing northern lights로 써야 한다.

Point 2 keep/make (you) (cool) ...

B 다음 그림을 보고, 주어진 단어를 바르게 배열하여 문장을 완성해 봅시다.

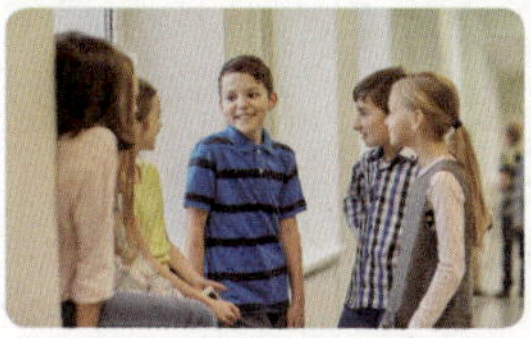
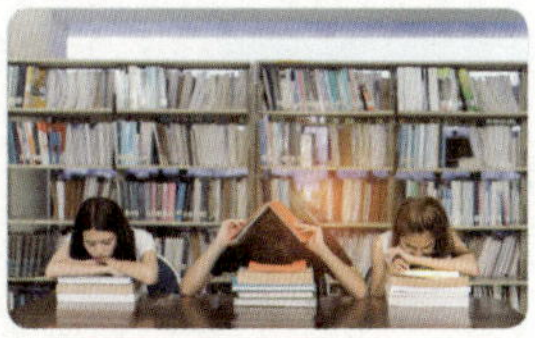
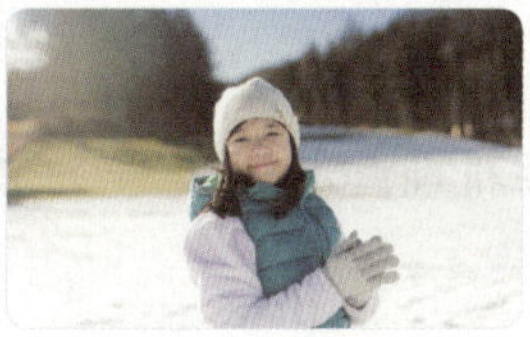

1. His good friends make David happy.
(happy, make, David)

2. Tests in school make students worried.
(worried, students, make)

3. A good hat keeps Sujin warm when the weather is cold.
(Sujin, warm, keeps)

단어·숙어

worried [형] 걱정하는

해석

1 그의 좋은 친구들은 David를 행복하게 해 준다.

2 학교 시험이 학생들을 걱정하게 만든다.

3 좋은 모자는 날씨가 추울 때 수진이를 따뜻하게 해 준다.

풀이

1 make 다음에 목적어 David가 오고, 목적격 보어로 형용사 happy가 와야 한다.

2 make 다음에 목적어 students가 오고, 목적격 보어로 형용사 worried가 와야 한다.

3 keeps 다음에 목적어 Sujin이 오고, 목적격 보어로 형용사 warm이 와야 한다.

Grammar Check 

A 다음 빈칸에 알맞은 말을 보기 에서 골라 쓰시오.

> 보기
>
> had   knew   were   told

1. If Thomas ___________ here, he would help us.
2. If I ___________ a little brother, I would take good care of him.
3. If she ___________ her father, he would be very angry.
4. If I ___________ her address, I would send her an invitation.

B 다음 괄호 안에서 알맞은 말을 고르시오.

1. If he (has / had) more time, he would learn taekwondo.
2. If I (feel / felt) better, I would (go / went) shopping with you.
3. The teacher tried to keep the students (quiet / quietly) during the ceremony.
4. A good teacher makes learning (enjoy / enjoyable).

C 다음 문장에서 어법상 <u>어색한</u> 부분을 찾아 바르게 고쳐 쓰시오.

1. You must keep your hands cleanly.
2. She kept her dog walked.
3. He kept the door close.
4. The news made him surprising.

D 다음 괄호 안에 주어진 단어를 바르게 배열하여 문장을 완성하시오.

1. (his, clean, made, shoes)

   → He ___________________________________.
2. (him, fix, made, the car)

   → She ___________________________________.
3. (build, owned, a house, an island)

   → If I ________________, I would ________________ by the beach.
4. (help, would, knew, you, how)

   → We ___________________ if we ________________.

Grammar Tip

- 가정법 과거에서 If절의 시제는 동사의 과거형을 쓴다.

- keep/make는 5형식 동사로 '목적어를 …한 상태로 유지하다/만들다'라는 뜻이며, 목적어와 목적격 보어의 관계가 능동/수동일 경우 목적격 보어로 현재 분사/과거 분사가 온다.

Let's Write

Ready　다음 그림을 보고, 한옥의 특징과 기능을 연결해 봅시다.

1. no beds ······················ a. sleep on the floor
2. natural materials ·········· b. keep you cool in summer
3. warm *ondol* floors ······· c. heat your body
4. doors with thin paper ····· d. keep your skin healthy

활동 방법　그림을 보고, 한옥의 특징과 이에 맞는 기능을 연결해 본다.

단어 숙어　heat ⑧ 가열하다, 데우다

해석

1. 침대가 없음 – 바닥에서 잠
2. 천연 재료 – 피부를 건강하게 유지해 줌
3. 따뜻한 온돌 바닥 – 몸을 데워 줌
4. 얇은 종이로 된 문 – 여름에 시원하게 유지해 줌

Write　위의 내용을 바탕으로 한옥을 소개하는 블로그 글을 완성해 봅시다.

When you visit Korea, you might wonder where you can stay. Why don't you stay in a *hanok*? A *hanok* is a traditional Korean house. If you stayed in a *hanok*, you would <u>sleep on the floor</u> because there are <u>no beds</u>. *Hanok* houses are mostly built with <u>natural materials</u> such as wood, stone, straw, paper, and earth. These materials help you <u>keep your skin healthy</u>. In the cold winter, the warm *ondol* floors <u>heat your body</u>. The doors in *hanok* are covered with <u>thin paper</u>. They help <u>keep you cool in summer</u>.

활동 방법　위의 내용을 바탕으로 한옥을 소개하는 블로그 글을 완성해 보게 한다.

단어 숙어　wonder ⑧ 궁금하다
Why don't you … ? …하는 게 어떨까?
traditional ⑧ 전통적인
mostly ⑨ 대부분, 대개
be covered with …로 덮여 있다

해석

여러분이 한국을 방문할 때, 어디에서 머물지 궁금할 것입니다. 한옥에서 머물러 보면 어떨까요? 한옥은 한국의 전통 가옥입니다. 만약 여러분이 한옥에서 지낸다면, 여러분은 <u>침대가 없기 때문에 바닥에서 잠을 자게</u> 될 것입니다. 한옥 집은 대개 나무, 돌, 짚, 종이, 흙과 같은 <u>천연 재료</u>로 지어져 있습니다. 이 재료들은 <u>여러분의 피부를 건강하게 유지하도록</u> 도와줍니다. 추운 겨울에는 따뜻한 온돌 바닥이 <u>여러분의 몸을 데워 줍니다</u>. 한옥 문들은 <u>얇은 종이</u>로 덮여 있습니다. 그 문들은 <u>여름에 여러분이 시원하게 지내도록</u> 도와줍니다.

Present　완성한 블로그 글을 친구들 앞에서 발표해 봅시다.

Peer Review	😊	😟
• 한옥의 특징과 기능을 이해하고 이를 소개하는 블로그 글을 잘 완성하였나요?	☐	☐
• 'If you stayed … , you would ~.'와 'keep (you) (cool)' 표현을 이해하고 잘 사용하였나요?	☐	☐

1 대화를 듣고, 내용과 관련 있는 그림을 골라 봅시다. 🎧

2 주어진 표현을 사용하여 대화를 완성한 후, 짝과 대화해 봅시다.

A: What's the matter?
B: My computer is so slow. I wish I could <u>have a new computer</u> (a new computer)

3 다음 글을 읽고, 알맞은 말을 골라 봅시다.

The thick walls of a *pueblo* are made of earth, straw, and water. They would keep me ☑cool ☐warm in summer and ☐cool ☑warm in winter. The house has a ☑flat ☐pointy roof. I would sometimes sleep up on the roof under the moon and stars.

4 다음 a~c를 순서대로 배열해 봅시다.

The old Venetians decided to live there to keep themselves safe from invaders.

a. It is these wooden poles that support Venice to this day.
b. But it was not easy for them to build their homes on this swampy surface.
c. So they installed more than 10 million wooden poles in the ground.

b → c → a

5 주어진 표현을 바르게 배열하여 글을 완성해 봅시다.

If you have a chance to build a snow house, don't forget to <u>make the sleeping area higher</u> (higher, the sleeping area, make) than the other areas. That will <u>keep your body warm</u> (your body, keep, warm) while you sleep.

your own

6 여러분이 날 수 있다면 가고 싶은 곳과 그곳에서 하고 싶은 것을 말해 봅시다.

e.g. If I could fly, I would go to the top of Mt. Everest and take pictures.

My Score / 6 | 4-6 ☺ | 2-3 😐 | 0-1 😖

1

[Script] B: This is my dream house. What do you think, Alice?

G: Oh, it's in the deep sea. It looks so unique. So, what would you do if you lived in that house?

B: I have an interest in deep sea animals. So I would explore the deep sea and find some unique sea animals.

G: That sounds cool!

[해석] B: 이것은 내가 꿈꾸는 집이야. 어떻게 생각해, Alice?

G: 오, 깊은 바닷속에 있구나. 매우 독특해 보여. 그럼, 만약 네가 저 집에 산다면 넌 무엇을 할 거니?

B: 난 깊은 바다에 사는 동물들에 관심이 있어. 그래서 깊은 바다를 탐험하면서 몇몇 독특한 바다 동물들을 찾을 거야.

G: 그것 참 멋진 것 같다!

[풀이] Oh, it's in the deep sea.라는 말에서 바닷속에 있는 집이라는 것을 알 수 있다.

[표현] So, **what would you do if** you **lived** in that house?: '만약 …라면 너는 무엇을 할 거야?'라는 의미로 이루어지기 힘든 사실을 가정하는 표현으로 뒤에 동사의 과거형이 온다.

[단어·숙어] deep sea 깊은 바다 unique [형] 독특한
explore [동] 탐험하다

2

[해석] A: 무슨 일이야?

B: 내 컴퓨터가 너무 느려. 새 컴퓨터가 있었으면 좋겠어.

[풀이] 바람·소원을 나타내는 I wish I could 다음에 동사원형 have와 목적어 a new computer가 와야 한다.

[단어·숙어] matter [명] 문제, 일
slow [형] 느린

3

[해석] 푸에블로의 두꺼운 벽은 흙, 지푸라기, 물로 만들어져 있다. 그 벽들은 여름에는 시원하게, 겨울에는 따뜻하게 유지해 줄 것이다. 집에는 평평한 지붕이 있다. 때때로 나는 달과 별들 아래의 지붕 위에서 잠을 잘 것이다.

[풀이] 푸에블로의 두꺼운 벽은 여름에는 시원하게(cool), 겨울에는 따뜻하게(warm) 유지해 준다.

[단어·숙어] be made of …로 만들어지다
earth [명] 흙 straw [명] 지푸라기
flat [형] 평평한 pointy [형] 뾰족한
roof [명] 지붕

4

[해석] 옛 베니스인들은 침략자들로부터 자신들을 안전하게 지키기 위해 그곳에 살기로 결정했다.

b. 하지만 그들이 이 습지 위에 집을 짓는 것은 쉽지가 않았다.

c. 그래서 그들은 땅에 천만 개 이상의 나무 기둥들을 설치했다.

a. 지금까지 베니스를 지탱해 주고 있는 것은 바로 이 나무 기둥들이다.

[풀이] 옛 베니스인들이 베니스에서 살기로 결정했다는 문장 다음에 b. 집짓기의 어려움 → c. 해결책 모색 → a. 결론의 순서가 되어야 자연스럽다.

5

[해석] 만약 당신에게 눈으로 집을 지을 기회가 있다면, 다른 장소보다 잠자리를 더 높게 만드는 것을 잊지 마세요. 그것은 잠을 자는 동안 당신의 몸을 따뜻하게 유지해 줄 것입니다.

[풀이] 'make/keep+목적어+목적격 보어'의 5형식 구문으로 목적격 보어로 형용사가 와야 한다.

[단어·숙어] chance [명] 기회 area [명] 구역, 범위
while [접] …하는 동안

6

[해석] 만약 내가 날 수 있다면, 나는 에베레스트 산 정상에 가서 사진을 찍을 것이다.

[풀이] 가정법 과거는 현재 사실의 반대나 이루어지기 어려운 소망을 가정하는 것으로 'If+주어+동사의 과거형 … , 주어+조동사의 과거형(would/could ...)+동사원형 ~.'의 형태를 취한다.

[예시 답안] If I could fly, I would go to the top of the Eiffel Tower and see all of Paris.
만약 내가 날 수 있다면, 나는 에펠탑 꼭대기에 가서 파리 전체를 볼 것이다.

Houses with Stories

교과서 p.124

Find out 남아프리카 Ndebele 부족의 집에 얽힌 이야기를 알아봅시다.

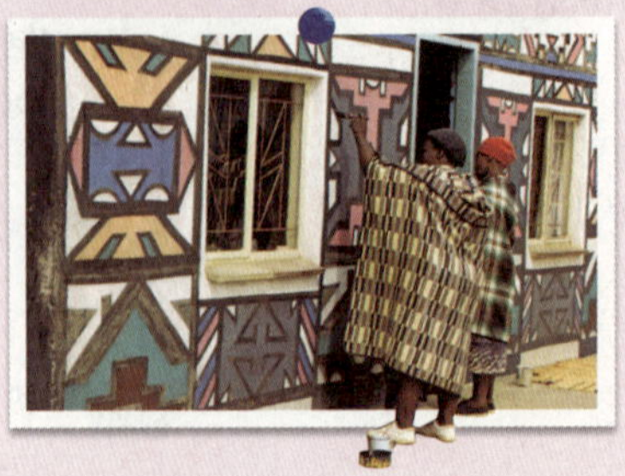

If you walked down a street in the village of the Ndebele in South Africa, you would see houses with many unique patterns and styles. Each house tells a different story. Some stories might be about neighbors' babies. Others express personal opinions.

A long time ago, the Ndebele were at war with the Boers. When the Boers invaded their land, the Ndebele painted their houses with many colorful symbols. So, their enemies couldn't understand what they were secretly communicating to each other. The symbols expressed feelings such as sadness. Those symbols were handed down from mothers to daughters. And they have kept their traditions alive.

보어인(The Boers)은 남아프리카 지역으로 이민하여 아프리카에 정착한 네덜란드계 사람들과 그의 후손들을 말합니다.

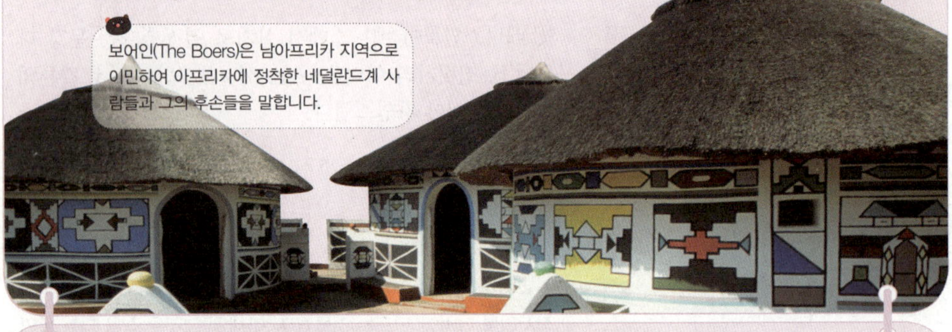

Try out 다른 나라의 독특한 주거 형태를 더 조사한 후, 특징을 말해 봅시다.

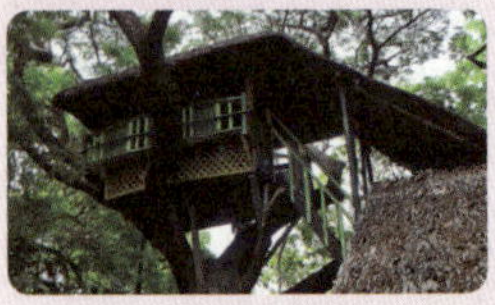

e.g.

Tree Houses, the Philippines

People living in a tree house are safe from wild animals. It also keeps them cool in the hot weather.

단어·숙어

pattern [명] 모양
be at war with …와 전쟁 중이다
invade [동] 침략하다
symbol [명] 상징
secretly [부] 비밀리에
communicate [동] 의사소통하다
hand down 전하다, 계승하다
alive [형] 살아 있는, 생존해 있는

표현

- **If you walked** down a street in the village of the Ndebele in South Africa, **you would see** houses with many unique patterns and styles.: 가정법 과거로 'If + 주어 + 동사의 과거형 … , 주어 + 조동사의 과거형 + 동사원형 ~.' 형태를 취한다.
- And they **have kept their traditions alive.**: have kept는 현재 완료이며, keep은 5형식 동사로 'keep + 목적어(their traditions) + 목적격 보어(alive)' 형태를 취한다.

해석

Find out

만약 여러분이 남아프리카 은데벨레족 마을의 거리를 걸어가다 보면, 많은 독특한 모양과 양식의 집들을 보게 될 것입니다. 집마다 서로 다른 이야기를 합니다. 어떤 이야기들은 이웃 아기들에 관한 것일지 모릅니다. 다른 이야기들은 개인적인 의견들을 표현합니다.

오래전, 은데벨레족은 보어인과 전쟁 중이었습니다. 보어인들이 그들의 땅을 침략했을 때, 은데벨레족은 여러 색의 상징으로 집을 칠했습니다. 그래서 그들의 적들은 그들이 비밀리에 서로 의사소통하고 있었던 것을 이해할 수 없었습니다. 그 상징들은 슬픔과 같은 감정들을 표현했습니다. 그러한 상징들은 엄마들에게서 딸들에게로 전해져 왔습니다. 그리고 그들은 자신들의 전통이 계속 살아 있도록 유지해 왔습니다.

Try out

나무 집, 필리핀

나무 집에 사는 사람들은 야생 동물로부터 안전합니다. 그것은 또한 더운 날씨에 시원하게 해 줍니다.

Culture & Life Project

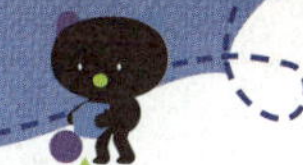

Ready

색종이로 Ndebele 부족처럼 집에 그려 넣을 상징을 만들어 보고, 그 의미를 써 봅시다.

My two sisters and me

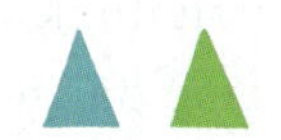

Our two pet dogs, Minki and Dori

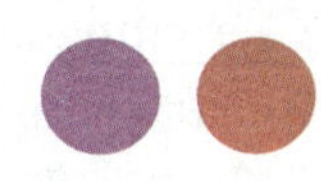

My parents

Create

위에서 만든 상징으로 집을 꾸며 봅시다.

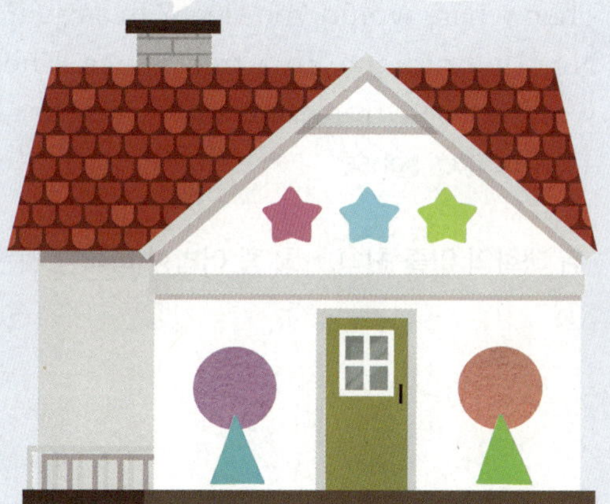

Share

완성한 집을 친구들에게 소개해 봅시다.

e.g.　Like the Ndebele, I put some symbols on my house to make it beautiful. The three stars are the symbols of my sisters and me. This blue star is me because blue is my favorite color. These two triangles are our pet dogs, Minki and Dori. The two big circles are my parents. Together, we live in our happy house. Thank you.

Ready

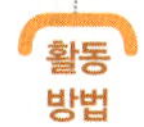
활동 방법

여러 가지 색종이를 가지고 은데벨레족이 한 것과 같이 자신의 집에 그려 넣을 상징을 만들고 그 의미를 써 본다.

해석

나의 두 누나와 나
두 마리의 애완견, Minki와 Dori
나의 부모님

Create

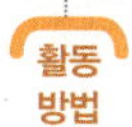
활동 방법

위에서 만든 상징으로 집을 꾸며 완성해 본다.

Share

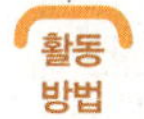
활동 방법

완성한 집을 친구들에게 소개해 본다.

해석

은데벨레족처럼 저는 우리 집을 아름답게 만들기 위해 집에 몇 가지 상징들을 넣어보았습니다. 세 개의 별은 나의 누나들과 저를 상징합니다. 이 파란색 별이 저인데 파란색은 제가 가장 좋아하는 색깔이기 때문입니다. 이 두 개의 삼각형은 우리의 애완견인 Minki와 Dori입니다. 두 개의 커다란 동그라미는 부모님이십니다. 우리는 함께 행복한 집에서 삽니다. 감사합니다.

단어 숙어

favorite [형] 가장 좋아하는
triangle [명] 삼각형
circle [명] 동그라미

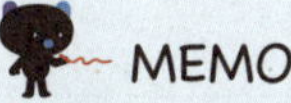

MEMO

01 대화를 듣고, 여자의 마지막 말에 대한 남자의 응답으로 가장 적절한 것을 고르시오.

① I hope so. I hope to visit Italy some day.

② Thank you. I'm glad you like the pictures.

③ That's right. Somi shouldn't have gone there.

④ Yes, I wish I could also try going to Italy some day.

⑤ I can't agree more. Italy is not a good place to visit.

02 대화를 듣고, 대화의 내용과 일치하지 <u>않는</u> 것을 고르시오.

> If Chris became a ①millionaire, he would build a house with ②fifteen bedrooms, a large ③swimming pool, and a ④beautiful garden. He would invite his friends to the house ⑤during vacations.

03 대화를 듣고, Julie가 시장이 된다면 그녀가 할 일이 <u>아닌</u> 것을 고르시오.

① 공원 만들기 ② 종합 병원 짓기

③ 쇼핑몰 만들기 ④ 공공 주차장 만들기

⑤ 무료 와이파이존 설치하기

04 다음 짝 지어진 대화 중 자연스럽지 <u>않은</u> 것은?

① **A** What would you do if you had one million won?

  B I would donate the money for the poor.

② **A** Will it snow today?

  B Let me check the weather.

③ **A** Which house would you most like to live in?

  B I wish I could live in the stone house.

④ **A** I wish I could stay in a house on the water.

  B What would you do if you stayed there?

⑤ **A** What would you do if you lived in a desert?

  B I would fly to many different countries.

[05-06] 다음 대화를 읽고, 물음에 답하시오.

> **A** I think living in a jungle ①<u>would be really exciting</u>. Don't you think so?
>
> **B** But there are some dangerous animals in the jungle, Jinho.
>
> **A** I know. But the jungle ②<u>is full of adventure</u>. I wish ③<u>I could live there</u>.
>
> **B** What would you do ④<u>if you live in the jungle</u>?
>
> **A** I would explore it. Maybe I could make some animal friends.
>
> **B** Then where would you sleep? In a cave?
>
> **A** No, I would stay in a tree house. Then ⑤<u>I would be safe</u> from dangerous animals.
>
> **B** That makes sense.

05 위 대화의 밑줄 친 ①~⑤ 중 어법상 <u>어색한</u> 것은?

① ② ③ ④ ⑤

06 위 대화의 진호 생각과 일치하지 <u>않는</u> 것은?

① 정글에는 위험한 동물들이 있다.

② 정글 동물들과 친구가 될 수 있다.

③ 정글은 모험으로 가득한 곳이다.

④ 동굴이 나무 집보다 안전하다.

⑤ 나무 집은 위험한 동물들로부터 안전할 것이다.

07 다음 대화의 빈칸에 알맞지 <u>않은</u> 것은?

> **A** What would you do if you could have a magical power?
>
> **B** I would ___________________.

① become invisible

② make magic fire

③ turn into a bird

④ go see a magic show

⑤ turn all the garbage into gold

08 다음 두 단어의 관계가 나머지와 <u>다른</u> 하나는?

① cool – warm ② thick – thin

③ flat – uneven ④ swampy – wet

⑤ visible – invisible

09 다음 빈칸에 알맞은 말이 바르게 짝 지어진 것은?

> • Come _________ to his house and have fun this summer!
> • I would pull the ladder up to stop them _________ entering.

① over – of ② up – for ③ to – of

④ up – from ⑤ over – from

10 다음 중 두 문장의 의미가 같은 것은?

① If I had his number, I would call him.
= As I didn't have his number, I couldn't call him.

② If James were here, he would help us.
= Even though James is here, he never helps us.

③ I wish I were a millionaire.
= I am rich enough to be a millionaire.

④ If I had enough money, I could buy a better computer.
= Because I don't have enough money, I couldn't buy a better computer.

⑤ If he were in Seoul, I could visit him now.
= Since he is not in Seoul, I can't visit him now.

11 다음 밑줄 친 ①~⑤ 중 어법상 <u>어색한</u> 것은?

> You ①<u>must</u> ②<u>brush</u> your teeth ③<u>often</u> and ④<u>keep</u> your teeth ⑤<u>cleanly</u>.

12 다음 괄호 안에서 어법상 올바른 것을 고르시오.

> • She kept me (waiting / waited).
> • Tom made his sister (happy / happily).
> • The news made him (surprising / surprised).

13 우리말에 맞게 빈칸에 알맞은 말을 넣어 문장을 완성하시오.

> 선크림을 바르는 것은 나를 햇볕에 타는 것으로부터 안전하게 지켜준다.

→ Wearing sunscreen keeps _________ _________ _________ sunburn.

[14-16] 다음 글을 읽고, 물음에 답하시오.

> If I (A) [lived / had lived] in a *pueblo*, I would climb up a ladder to enter my house. There's a hidden opening on top of the house. If unwelcome visitors appeared, I would pull the ladder up to _______________. The thick walls are made of earth, straw, and water. They would keep me cool in summer and (B) [warm / warmly] in winter. The house has a flat roof. I would sometimes sleep up on the roof under the moon and stars.

14 윗글의 (A), (B)에서 어법에 맞는 표현을 골라 쓰시오.

(A) _________________

(B) _________________

15 윗글의 빈칸에 주어진 단어를 바르게 배열하시오.

> from stop entering them

→ _______________________________

16 윗글에서 언급한 푸에블로에 대한 설명으로 일치하지 <u>않</u>는 것은?

① 벽이 두껍다.

② 지붕이 막혀 있다.

③ 흙, 짚, 물로 만들어졌다.

④ 사다리를 타고 들어갈 수 있다.

⑤ 여름에는 시원하고 겨울에는 따뜻하다.

[17-19] 다음 글을 읽고, 물음에 답하시오.

If I lived in Venice, I would take a gondola to school every morning. (①) Venice has 118 small islands. On weekends, I would travel from island to island by a *vaporetto*, a water bus. At high tide, the water from the Adriatic Sea often rises and leaves the streets full of water. (②)

Venice is ⓐ <u>know</u> as the "floating city." (③) In Venice, there are many colorful houses on the water. You may wonder how and why they built the houses on the water. (④) The old Venetians decided to live there to keep themselves ⓑ <u>safely</u> from invaders. But it was not easy for them to build their homes on this swampy surface. (⑤) So they installed more than 10 million wooden poles in the ground. It is these wooden poles that support Venice to this day.

17 윗글의 ①~⑤ 중 주어진 문장이 들어갈 알맞은 곳은?

> However, I would be able to walk around the town through the raised walkways.

① ② ③ ④ ⑤

18 윗글의 밑줄 친 ⓐ와 ⓑ를 어법에 맞게 고쳐 쓰시오.

ⓐ _______________________

ⓑ _______________________

19 윗글을 읽고, 대답할 수 <u>없는</u> 질문은?

① What is *vaporetto*?

② What do Venetians do for a living?

③ How many small islands does Venice have?

④ Why was it not easy to build houses in Venice?

⑤ Why did the old Venetians build the houses on the water?

[20-22] 다음 글을 읽고, 물음에 답하시오.

If I lived in a *tulou*, a huge round house in Fujian, China, I would always have friends at home to play with. ①<u>I would sometimes hear my neighbor calling me to come over for tea or dinner.</u> In a *tulou*, there are usually three to five floors. ②<u>The first floor is used for cooking and eating.</u> And people store food and tools on the second floor. ③<u>Do you wonder where I would sleep?</u> _______________ⓐ_______________

A *tulou* is _____ⓑ_____ a village. ④<u>The people lived in a *tulou* mostly have the same family name.</u> Some large *tulou* can house _____ⓒ_____ 50 families. They work together and share many things. ⑤<u>Living together in one building keeps them safe.</u>

20 윗글의 밑줄 친 ①~⑤ 중 어법상 <u>어색한</u> 것은?

① ② ③ ④ ⑤

21 윗글의 빈칸 ⓐ에 알맞은 것은?

① I hardly sleep.

② I would sleep with my family.

③ I always sleep before midnight.

④ My bedroom is full of toys and dolls.

⑤ My bedroom would be on the third or fourth floor.

22 윗글의 빈칸 ⓑ와 ⓒ에 알맞은 말이 바르게 짝 지어진 것은?

    ⓑ   ⓒ

① for – as much as

② for – as many as

③ like – till

④ like – up to

⑤ as – as far as

01 진호의 정글 계획을 읽고, 주어진 정보를 바탕으로 글을 완성하시오. (각 3점)

Jinho's Jungle Plan	• Exploring the jungle • Making some animal friends • Sleeping in a tree house

Jinho wishes to live in the jungle. Here are his jungle plans.

(1) First, if ____.

(2) Also, if ____.

(3) Lastly, if ____.

02 다음 빈칸에 주어진 표현을 바르게 배열하여 대화를 완성하시오. (각 2점)

(1) A: How was the movie?

    B: It was interesting. Especially ________________________________.

                     (all, us, made, the last scene, happy)

(2) A: Many children are dying because they can't get enough food.

    B: Umm, ________________________________. We should do something for them.

           (sad, makes, that, me)

03 다음 밑줄 친 우리말을 바르게 영작하시오. (각 2점)

> When you visit Korea, you might wonder where you can stay. Why don't you stay in a *hanok*? A *hanok* is a traditional Korean house.
>
> (1) 만약 여러분이 한옥에서 지낸다면, 여러분은 침대가 없기 때문에 바닥에서 잠을 자게 될 것입니다.
>
> *Hanok* houses are mostly built with natural materials such as wood, stone, straw, paper, and earth.
>
> (2) 이 재료들은 여러분의 피부를 건강하게 만들어 줍니다.
>
> The doors in *hanok* are covered with thin paper. (3) 그것들은 여름에 여러분을 시원하게 해 줍니다.

(1) If you ________________________, you would ________________________ because there are no beds.

(2) These materials ________________________________.

(3) They ________________________ in summer.

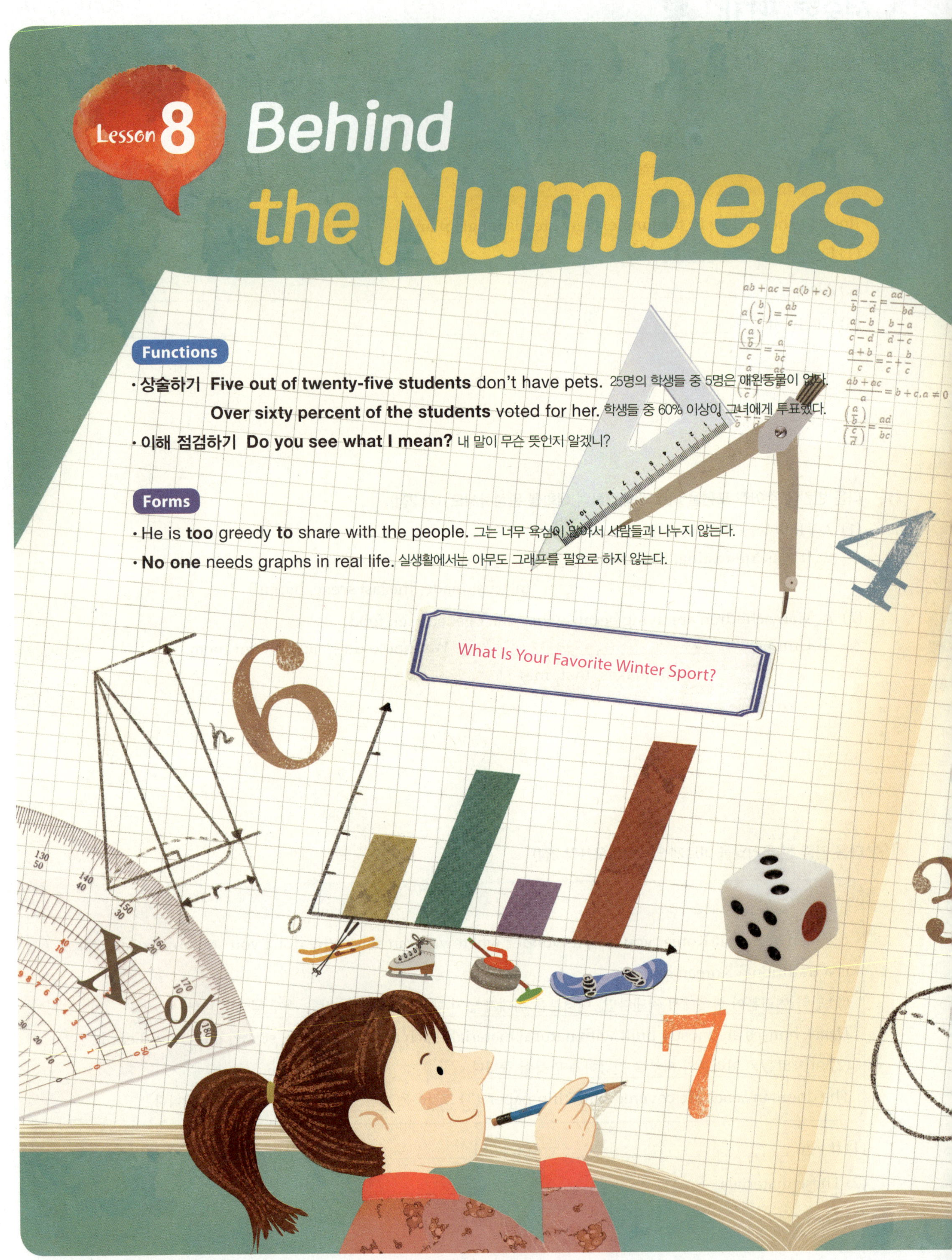

Lesson 8
Behind the Numbers

Functions

· 상술하기 Five out of twenty-five students don't have pets. 25명의 학생들 중 5명은 애완동물이 없다.
Over sixty percent of the students voted for her. 학생들 중 60% 이상이 그녀에게 투표했다.
· 이해 점검하기 Do you see what I mean? 내 말이 무슨 뜻인지 알겠니?

Forms

· He is too greedy to share with the people. 그는 너무 욕심이 많아서 사람들과 나누지 않는다.
· No one needs graphs in real life. 실생활에서는 아무도 그래프를 필요로 하지 않는다.

What Is Your Favorite Winter Sport?

Warm Up

다음 그래프를 보고, 제목을 찾아 말해 봅시다.

e.g. The title for the line graph is *Number of Visitors to the Park*. 선그래프의 제목은 '공원의 방문객 수'이다.

• Number of Visitors to the Park 공원의 방문객 수
• Favorite Pie for the Holidays 연휴에 가장 좋아하는 파이
• What Is Your Favorite Winter Sport?
  네가 가장 좋아하는 겨울 스포츠는 무엇이니?

e.g. The title for the bar graph is *What Is Your Favorite Winter Sport?* 막대그래프의 제목은 '네가 가장 좋아하는 겨울 스포츠는 무엇이니?'이다.

The title for the pie chart is *Favorite Pie for the Holidays*. 원그래프의 제목은 '연휴에 가장 좋아하는 파이'이다.

Number of Visitors to the Park

Math

A=2ab+2ac+2bc

Favorite Pie for the Holidays

150

Sun Mon Tue Wed Thu Fri Sat

a
b
c

Communication
Survey Says
설문은 말한다

Reading
Do Graphs Matter, Pascal?
그래프가 중요한가요, 파스칼?

Writing
Character of My Life
내 인생의 등장인물

Culture & Project
Your Lucky Number
당신의 행운의 숫자

Listen & Speak 1

A Listen and Draw Complete the graph about pets that Minju's classmates have.
민주의 반 친구들이 가지고 있는 애완동물에 대한 그래프를 완성해 봅시다.

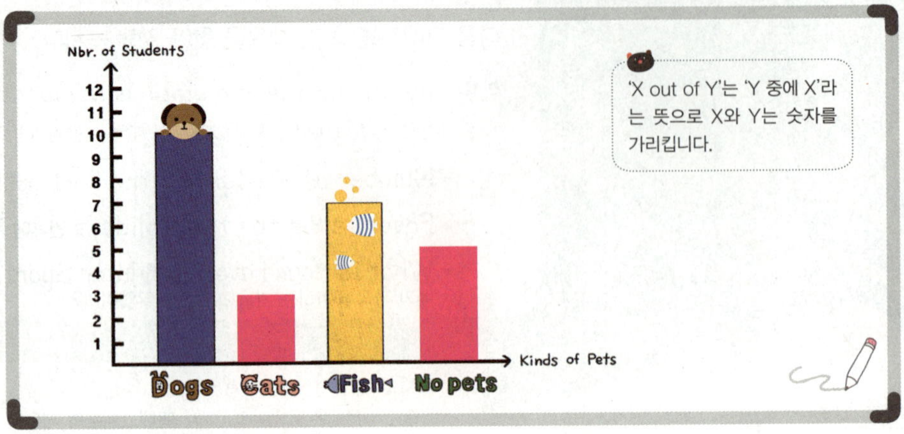

단어·숙어
graph [명] 그래프
survey [명] 설문 조사
pet [명] 애완동물
result [명] 결과
percent [명] 퍼센트, 백분율
rest [명] 나머지

Script

B: Minju, what is this graph about?
G: I did a survey on the kinds of pets my classmates have.
B: What were the results?
G: Eighty percent of the students have pets. Only five out of twenty-five students don't have pets.
B: What kind of pets do they have?
G: Well, ten students have dogs and three students have cats.
B: What about the rest?
G: Seven students have fish.

해석

B: 민주야, 이 그래프는 무엇에 관한 거야?
G: 나는 우리 반 친구들이 가지고 있는 애완동물의 종류에 대해 설문 조사를 했어.
B: 결과가 어땠어?
G: 학생들의 80%가 애완동물을 가지고 있어. 25명의 학생들 중 5명만이 애완동물이 없어.
B: 그들은 어떤 종류의 애완동물을 가지고 있니?
G: 음, 10명은 강아지, 3명은 고양이를 가지고 있어.
B: 나머지는?
G: 7명의 학생들은 물고기를 가지고 있어.

풀이 25명의 학생들 중 고양이를 애완동물로 가지고 있는 학생은 '3명'이고, 애완동물이 없는 학생은 '5명'이다.

표현
- **Eighty percent of the students have pets.**: ... percent of ~는 '~의 …퍼센트'라는 의미로 퍼센트는 백분율을 나타내는 단위이다.
  [e.g.] Seventy **percent of** the interviewees are female. (인터뷰 받는 사람들의 70%가 여성이다.)
- **Only five out of twenty-five students don't have pets.**: X out of Y는 'Y 중에 X'라는 의미로 전체를 Y로 볼 때 X는 그 중 차지하는 일부분이다.
  [e.g.] Seven **out of** ten students like English. (10명의 학생들 중 7명이 영어를 좋아한다.)

막대그래프
조사한 수를 막대로 나타낸 그래프를 '막대그래프'라고 한다.
- 장점: 여러 항목의 수량을 쉽게 비교할 수 있고, 항목 전체를 한눈에 보기 좋다.
- 단점: 항목 전체의 합계를 쉽게 알기가 어렵다.

교과서 p.128

B Listen and Write Fill in the blanks with the correct words. 🎧
빈칸에 알맞은 말을 써 봅시다.

Mason ran for class __president__ but he didn't __win__.
Yura received over __sixty/60__ percent of the votes.

해석
Mason은 반장 선거에 출마했지만 그는 이기지 못했다.
유라가 표의 60% 이상을 받았다.

단어·숙어
run for …에 입후보하다, 출마하다
win [동] 이기다
vote [명] 표, 투표 [동] 투표하다
election [명] 선거
try one's best 최선을 다하다
matter [동] 중요하다
while [접] …하는 동안
proud [형] 자랑스러운

Script

M: Mason, how was the election?
B: It was bad. I didn't win.
M: How come?
B: Yura won. Over sixty percent of the students voted for her.
M: Well, you tried your best and that's what matters.
B: I guess so. I have learned many things while running for class president.
M: I'm really proud of you.
B: Thanks, Dad.

해석

M: Mason, 선거는 어땠니?
B: 안 좋았어요. 저는 이기지 못했어요.
M: 어째서?
B: 유라가 이겼어요. 학생들의 60% 이상이 그녀에게 투표했어요.
M: 음, 너는 최선을 다했고 그것이 중요한 거란다.
B: 저도 그렇게 생각해요. 반장 선거에 출마한 동안 많은 것을 배웠어요.
M: 나는 네가 정말 자랑스럽구나.
B: 고마워요, 아빠.

풀이 Mason은 '반장' 선거에 출마했으나 '이기지' 못했고, 유라가 표의 '60'퍼센트 이상을 받았다.

표현
- **How come?:** 일어난 어떠한 일에 대해 이유를 물을 때 사용하는 표현으로 How did it come about that?의 줄임 표현이다.
  [e.g.] **How come** there are so many people in the restaurant?
  (어째서 레스토랑에 이렇게 많은 사람이 있나요?)
  How come you're so late? (너는 왜 그렇게 늦었니?)
- **I have learned many things while running for class president.:** 반장 선거에 입후보한 이후부터 지금까지 많은 것을 배우고 깨달았기 때문에 현재 완료인 have learned를 썼다.
  [e.g.] I **have learned** English for over 5 years. (나는 5년 넘게 영어를 배워 왔다.)

vote / election 관련 표현들
- vote 투표하다
  [e.g.] I voted for+사람/정당.
- election 선거
  [e.g.] 대통령 선거 presidential election / 지방 선거 regional election / 총선 general election
- party 정당
  [e.g.] 여당 the ruling party / 야당 the opposition party

C **Talk Together** Look at the graph and talk about your findings with your partner. `pair`
그래프를 보고, 조사 결과에 대해 짝과 대화해 봅시다.

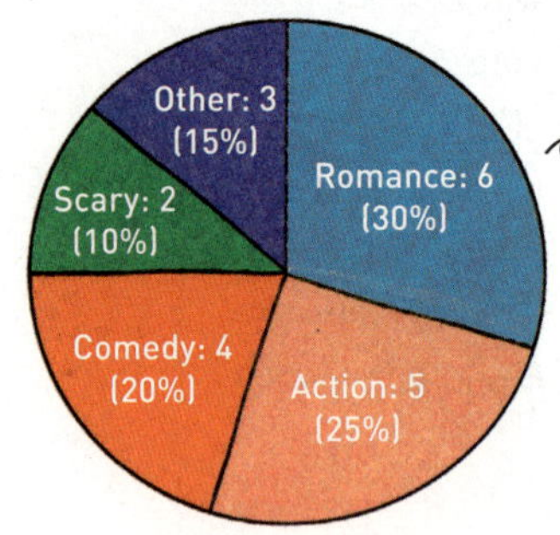

Favorite Type of Movie

A: What can you tell from the pie chart?

B: Six out of twenty students like romance movies. That is thirty percent of the total.

단어·숙어
type [명] 종류
pie chart 원그래프
total [명] 합계, 총수

해석
가장 좋아하는 영화 종류
A: 원그래프에서 무엇을 알 수 있니?
B: 20명의 학생들 중 6명이 로맨스 영화를 좋아해. 그것은 전체의 30%야.

활동 방법

원그래프를 보면서 X out of Y 표현에서 X에는 그 영화를 좋아하는 사람 수를, ~ percent of에는 해당 사람 수가 차지하는 백분율을 넣어 주어진 대화문을 이용하여 짝과 대화해 본다.

예시 대화

- A: What can you tell from the pie chart?
  B: Five out of twenty students like action movies. That is twenty-five percent of the total.

- A: What can you tell from the pie chart?
  B: Four out of twenty students like comedy movies. That is twenty percent of the total.

- A: What can you tell from the pie chart?
  B: Two out of twenty students like scary movies. That is ten percent of the total.

- A: What can you tell from the pie chart?
  B: Three out of twenty students like other movies. That is fifteen percent of the total.

- A: 원그래프에서 무엇을 알 수 있니?
  B: 20명의 학생들 중 5명이 액션 영화를 좋아해. 그것은 전체의 25%야.

- A: 원그래프에서 무엇을 알 수 있니?
  B: 20명의 학생들 중 4명이 코미디 영화를 좋아해. 그것은 전체의 20%야.

- A: 원그래프에서 무엇을 알 수 있니?
  B: 20명의 학생들 중 2명이 무서운 영화를 좋아해. 그것은 전체의 10%야.

- A: 원그래프에서 무엇을 알 수 있니?
  B: 20명의 학생들 중 3명이 그 외 다른 영화를 좋아해. 그것은 전체의 15%야.

Function 1 상술하기: X out of Y / ~ percent of ...

X out of Y는 'Y 중에 X'라는 뜻으로 X와 Y는 숫자를 나타낸다. 즉, 전체 Y 중에 X가 차지하는 비중을 나타낼 때 쓰는 표현이다. 전체 중 일부가 차지하는 비율을 나타낼 때는 %(percent)를 사용하여 ~ percent of ...로 나타낼 수 있다.

e.g. Five **out of** twenty people raised their hands.
(20명 중 5명이 그들의 손을 들었다.)

Fifty **percent of** the students don't play an instrument.
(학생들 중 50%가 악기를 연주하지 않는다.)

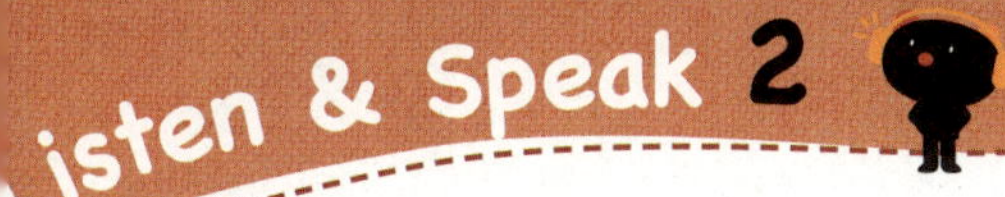

A **Listen and Circle** Circle the stick that you have to move to solve the problem.
문제를 풀기 위해서 옮겨야 하는 막대기에 동그라미 해 봅시다.

단어·숙어
stick [명] 막대기
sum [명] 계산, 산수
equal [동] (수·양·가치 등이) 같다
outside [부] 밖에(서)
helpful [형] 도움이 되는

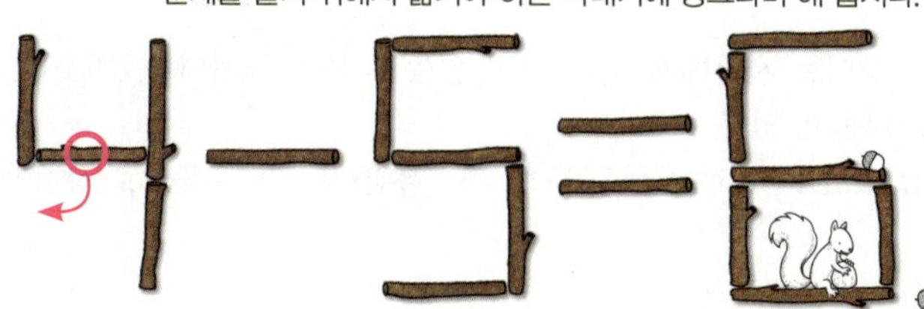

Script

B: Emma, can you help me with this math problem?

G: Sure, what is it?

B: You have to move one stick to make this sum right. How could four minus five equal six?

G: Oh, it's simple. You need to move one of the sticks in number four to make it eleven. Do you see what I mean?

B: Yes, now I see what you mean. Eleven minus five equals six. How clever!

G: Thinking outside the box can be helpful sometimes.

해석

B: Emma, 이 수학 문제 좀 도와줄래?

G: 물론이지, 뭔데?

B: 너는 이 계산이 맞도록 한 개의 막대기만 옮겨야 해. 어떻게 4 빼기 5가 6이 될까?

G: 아, 그것은 간단해. 너는 숫자 4를 11로 만들기 위해 막대기 하나를 옮기면 돼. 무슨 말인지 알겠니?

B: 응, 이제 네 말이 무슨 뜻인지 알겠어. 11 빼기 5는 6이지. 너 정말 똑똑하구나!

G: 틀 밖에서 생각하는 것은 때때로 도움이 될 수 있지.

풀이   4 빼기 5가 6이 되려면 4를 11로 만들어야 하므로 4의 가운데 있는 막대기를 옮겨서 11로 만들면 된다.

표현   • **Do you see what I mean?**: Do you see what I mean?은 '내 말이 무슨 뜻인지 알겠니?'라는 뜻으로 상대방에게 어떤 상황에 대해 그것을 이해했는지 묻는 표현이다.

B **Listen and Talk** Fill in the blanks and give advice to Jian.
빈칸을 채워 지안이에게 조언을 해 봅시다.

단어·숙어
upset [형] 화가 난, 속상한
facial [형] 얼굴의
muscle [명] 근육

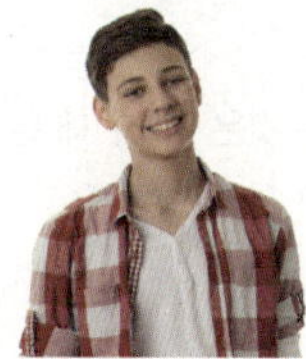

해석

화나 보이기 위해서는 얼굴 근육이 많이 필요하지만, 미소 짓기 위해서는 많이 필요하지 않아. 그러니 오랫동안 화난 채로 있지 마.

Script

B: Jian, what's the matter? You look very upset.

G: My brother broke my computer. I'm so angry.

B: I'm sorry to hear that, but your facial muscles must be tired.

G: What do you mean?

B: Well, it takes a lot of muscles to look angry, but only a few to smile. Do you see what I mean?

G: Oh, I get it. I guess it's not good to stay angry for a long time.

B: That's right. Remember, it's always better to smile.

해석

B: 지안아, 무슨 일 있니? 너 무척 속상해 보여.

G: 내 남동생이 내 컴퓨터를 고장 냈어. 난 정말 화나.

B: 그렇다니 유감이지만, 너의 얼굴 근육은 피곤할 거야.

G: 무슨 뜻이니?

B: 음, 화난 표정을 지을 때는 많은 근육이 필요하지만, 미소 짓는 데는 몇 개의 근육만 필요하거든. 내 말이 무슨 뜻인지 알겠니?

G: 아, 알겠어. 오랫동안 화난 상태로 있으면 좋지 않겠구나.

B: 맞아. 기억해, 웃는 게 항상 더 낫다는 것을 말이야.

[풀이] 화난 표정을 지을 때는 '얼굴' '근육'이 많이 필요하지만, '미소 지을' 때는 화를 낼 때보다 얼굴 근육이 덜 필요하기 때문에 오랫동안 '화를 내지' 말라고 조언하고 있다.

[표현]
- **What's the matter?:** 화가 나 있거나 슬퍼 보이는 사람에게 무슨 일이 있는지 묻는 표현이다. 비슷한 표현으로 What's wrong?, What's the problem?, What's up? 등이 있다.
- **I'm sorry to hear that.:** I'm sorry to hear that.은 '그런 사실을 듣게 되어 유감이다.'라는 뜻으로 상대방에게 좋지 않은 일이 생겨 위로해야 할 때 사용하는 표현이다.

[C] Talk Together Choose one problem and talk about the solution with your partner. [pair]

문제를 고르고, 해결 방법에 대해 짝과 대화해 봅시다.

Move one stick to make this sum right.
이 계산을 맞게 하기 위해 한 개의 막대기를 옮기시오.

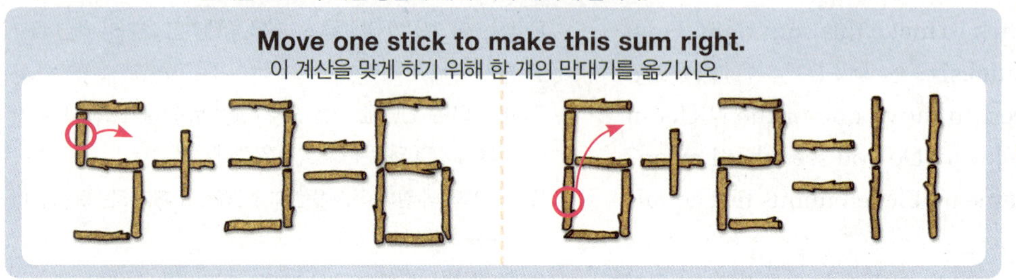

A: How could five plus three equal six?
B: Why don't you move the stick in number five to make it three?
Do you see what I mean?
A: Do you mean the one on the top left?
B: That's right.

[단어·숙어]
sum [명] 계산, 산수
equal [동] (수 · 양 · 가치 등이) 같다

[해석]
A: 어떻게 5 더하기 3이 6이 되지?
B: 숫자 5를 3으로 만들기 위해 막대기를 옮기는 것은 어때? 내 말이 무슨 뜻인지 알겠니?
A: 위쪽 왼쪽에 있는 것을 말하는 거니?
B: 맞아.

[활동 방법] 둘 중 한 문제를 선택하여 공식이 성립하도록 어떤 막대기를 옮길지 정한 후, 주어진 대화문을 이용하여 짝과 대화해 본다.

[예시 대화]
- A: How could six plus two equal eleven?
  B: Why don't you move the stick in number six to make it nine? Do you see what I mean?
  A: Do you mean the one on the bottom left?
  B: That's right.
- A: 어떻게 6 더하기 2가 11이 되지?
  B: 숫자 6을 9로 만들기 위해 막대기를 옮기는 것은 어때? 내 말이 무슨 뜻인지 알겠니?
  A: 아래쪽 왼쪽에 있는 것을 말하는 거니?
  B: 맞아.

Function 2 이해 점검하기: Do you see what I mean?

Do you see what I mean?은 '내 말이 무슨 뜻인지 알겠니?'라는 뜻으로 상대방이 어떤 상황에 대해 이해했는지를 점검하기 위해 묻는 표현이다. 이와 같은 표현으로 Do you get what I mean?, Do you understand?, Is this clear? 등이 있다.
- 이해 여부 표현하기 – Yes, I get it. / No, I don't understand. / It isn't clear to me what this means. 등

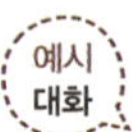

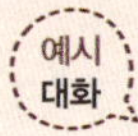

[예시 대화]
- A: "Actions speak louder than words," means what you do is more important than what you say. **Do you see what I mean?** ('말보다 행동이 중요하다.'는 속담은 네가 하는 것이 네가 하는 말보다 더 중요하다는 뜻이야. 내 말이 무슨 뜻인지 알겠니?)
  B: Yes, I get it. (응, 알겠어.)

Real Life Communication

A Watch and Write 동영상을 보고, 신문 기사의 그래프를 완성해 봅시다.

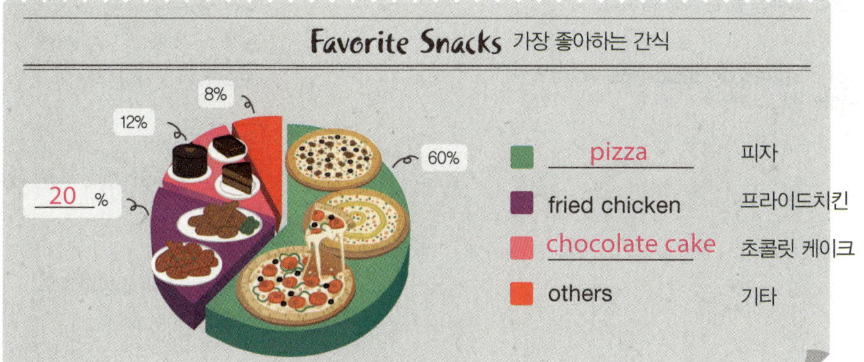

Favorite Snacks 가장 좋아하는 간식

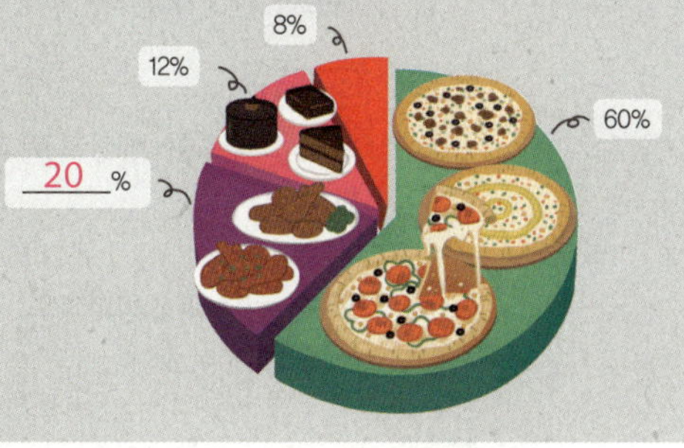

pizza	피자
fried chicken	프라이드치킨
chocolate cake	초콜릿 케이크
others	기타

[단어 숙어]
favorite [형] 가장 좋아하는 [명] 특히 좋아하는 것
snack [명] 간식
article [명] 기사
health [명] 건강
survey [동] 설문 조사하다 [명] 설문 조사
result [명] 결과

Script

Mina: Henry, what are you doing?
Henry: I'm writing an article about students' favorite snacks. I'm worried about their health.
Mina: Why?
Henry: Well, I surveyed 100 students and the results show that eighty percent of the students liked pizza and fried chicken for snacks. Do you see what I mean?
Mina: Oh, I get it. Students really like fast food. What else did they like?
Henry: Twelve percent of the students chose chocolate cake as their favorite.
Mina: Wow, students should really try to eat healthier snacks!

해석

Mina: Henry, 너 뭐 하고 있니?
Henry: 나는 학생들이 가장 좋아하는 간식에 관한 기사를 쓰고 있어. 난 그들의 건강이 걱정 돼.
Mina: 왜?
Henry: 음, 난 100명의 학생들에게 설문 조사를 했는데 80%의 학생들이 간식으로 피자와 프라이드치킨을 좋아한다는 결과가 나왔어. 내 말이 무슨 뜻인지 알겠니?
Mina: 아, 알겠어. 학생들이 정말 패스트푸드를 좋아하는구나. 그 이외에 그들은 어떤 것을 좋아했니?
Henry: 학생들의 12%가 가장 좋아하는 것으로 초콜릿 케이크를 선택했어.
Mina: 와, 학생들은 더 건강한 간식을 먹으려고 정말로 노력해야겠다!

풀이 100명의 학생들 중 80%가 피자와 프라이드치킨을 좋아한다고 했는데, 그래프에서 피자가 60%의 비율을 차지하고 있으므로 프라이드치킨은 '20'%가 좋아함을 알 수 있다. 또한 그래프와 대화를 통해 초록색은 '피자(pizza)'이고, 분홍색은 '초콜릿 케이크(chocolate cake)'임을 알 수 있다.

표현
- **I'm worried about their health.:** be worried about ...은 '…에 대해 걱정하다'라는 뜻으로 about 다음에 걱정하는 내용이 나온다.
- **I get it.:** '알겠어. / 이해했어.'라는 뜻으로 상대방의 설명을 이해했다는 것을 나타낼 때 사용하는 표현이다. 비슷한 표현으로 I understand., I see., I know what you mean. 등이 있다.

More questions
※ Check the correct word.
Q1. Henry is worried about students' ☑ health ☐ grades.
Q2. The results show that ☐ 25% ☑ 20% of the students liked fried chicken for a snack.

B **Think and Talk**

Step 1 학생들이 원하는 방과 후 프로그램에 관한 그래프를 완성해 봅시다.

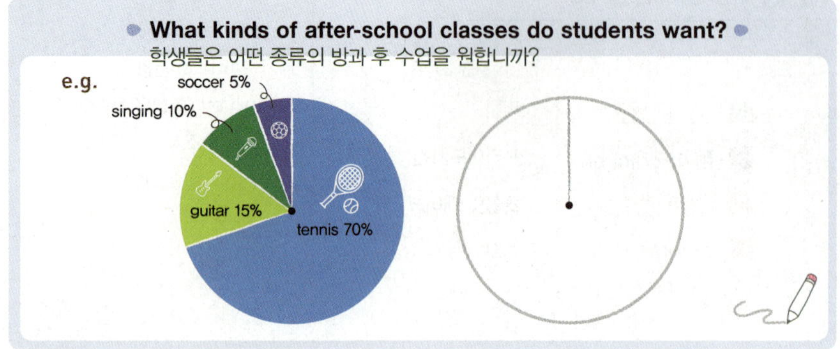

Step 1
어떤 종류의 방과 후 수업을 원하는지 생각해 본 후, 이에 관한 그래프를 완성해 본다.

Step 2
위의 그래프를 바탕으로 짝과 대화해 본다.

after-school ⓐ 방과 후의
pie chart 원그래프

A: 우리는 방과 후 수업으로 더 많은 테니스 수업이 필요해.
B: 왜 그런 말을 하는 거니?
A: 원그래프를 봐. 학생들의 70%가 테니스를 배우고 싶다고 했어. 내 말이 무슨 뜻인지 알겠니?
B: 아, 알겠어.

Step 2 위의 내용을 바탕으로 짝과 대화해 봅시다. pair

A: We should have more tennis classes for after-school classes.

B: What makes you say that?

A: Look at the pie chart. Seventy percent of the students said that they wanted to learn tennis. Do you see what I mean?

B: Oh, I see.

예시
대화

• A: We should have more guitar classes for after-school classes.
  B: What makes you say that?
  A: Look at the pie chart. Fifteen percent of the students said that they wanted to learn guitar. Do you see what I mean?
  B: Oh, I see.

• A: We should have more singing classes for after-school classes.
  B: What makes you say that?
  A: Look at the pie chart. Ten percent of the students said that they wanted to learn singing. Do you see what I mean?
  B: Oh, I see.

• A: We should have more soccer classes for after-school classes.
  B: What makes you say that?
  A: Look at the pie chart. Five percent of the students said that they wanted to learn soccer. Do you see what I mean?
  B: Oh, I see.

• A: 우리는 방과 후 수업으로 더 많은 기타 수업이 필요해.
  B: 왜 그런 말을 하는 거니?
  A: 원그래프를 봐. 학생들의 15%가 기타를 배우고 싶다고 했어. 내 말이 무슨 뜻인지 알겠니?
  B: 아, 알겠어.

• A: 우리는 방과 후 수업으로 더 많은 노래 수업이 필요해.
  B: 왜 그런 말을 하는 거니?
  A: 원그래프를 봐. 학생들의 10%가 노래를 배우고 싶다고 했어. 내 말이 무슨 뜻인지 알겠니?
  B: 아, 알겠어.

• A: 우리는 방과 후 수업으로 더 많은 축구 수업이 필요해.
  B: 왜 그런 말을 하는 거니?
  A: 원그래프를 봐. 학생들의 5%가 축구를 배우고 싶다고 했어. 내 말이 무슨 뜻인지 알겠니?
  B: 아, 알겠어.

교과서 pp.130~131

C Communication Task [group]

Survey Says

[Step 1] 학교 도서관에 필요한 책을 써 본 후, 친구들에게 설문 조사해 봅시다.

Q. What kinds of books do you want most in the school library?
여러분은 학교 도서관에서 어떤 종류의 책을 가장 원하나요?

Kinds of Books	Number of Students	Kinds of Books	Number of Students
Novels	卌 卌 |||		
Science-fiction Books	卌		
History Books	||		

[Step 2] 위의 설문 조사를 바탕으로 그래프를 그리고, 결과를 말해 봅시다.

e.g. I did a survey on the books we want for our school library. The result says that thirteen out of twenty students chose novels. That is sixty-five percent of the total. Five out of twenty students chose science-fiction books. However, only two out of twenty students chose history books. From this survey result, I think the school library should get more novels. Do you see what I mean?

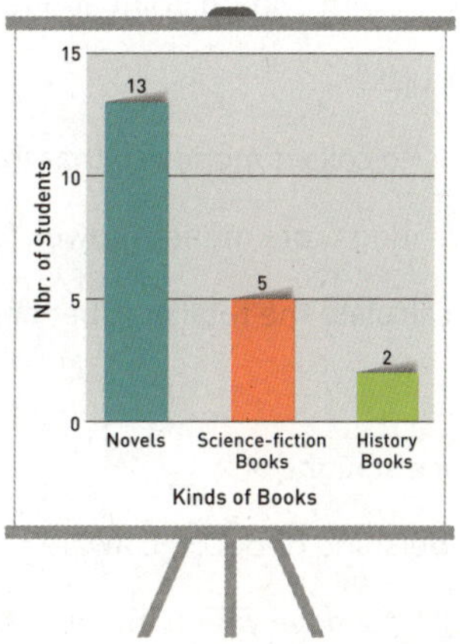

[활동 방법]

[Step 1]
학교 도서관에 필요한 책을 써 보고, 친구들에게 설문 조사를 하여 책의 수요를 파악한 후 표를 완성해 본다.

[Step 2]
위의 설문 조사를 바탕으로 그래프를 그린 후, 그 결과를 발표해 본다.

[단어 숙어]

- novel [명] 소설
- science-fiction [명] 공상 과학 소설
- history [명] 역사
- survey [명] 설문 조사
- result [명] 결과
- total [명] 합계, 전체

[해석]

저는 우리가 학교 도서관에 원하는 책들에 대한 설문 조사를 했습니다. 그 결과 20명의 학생들 중 13명은 소설책을 원했습니다. 그것은 전체의 65%입니다. 20명의 학생들 중 5명은 공상 과학 소설을 원했습니다. 그러나 20명의 학생들 중 2명만 역사책을 원했습니다. 이 설문 결과에서 저는 학교 도서관이 더 많은 소설책을 마련해야 한다고 생각합니다. 제 말이 무슨 뜻인지 아시겠어요?

Sounds 다음을 듣고, 밑줄 친 부분의 발음의 차이에 유의하여 따라 말해 봅시다. 🎧

1. Can you help me with this math problem? 이 수학 문제를 도와주실 수 있나요?
2. The students chose chocolate cake as their favorite. 학생들은 그들이 가장 좋아하는 것으로 초콜릿 케이크를 선택했다.

[Tip] 단어에 따라 모음 소리가 다르게 발음된다.
help에서 모음 [e]와 math에서 모음 [æ] 소리의 단음과 장음 차이에 유의하여 발음한다.
chose에서 모음 [ou]와 chocolate에서 첫 음절의 모음 [ɔː] 소리에 유의하여 발음한다.

Self-check

- I can use 'X out of Y' and '~ percent of ... .' ☐ ☐
- I can use 'Do you see what I mean?' ☐ ☐

Word Preview

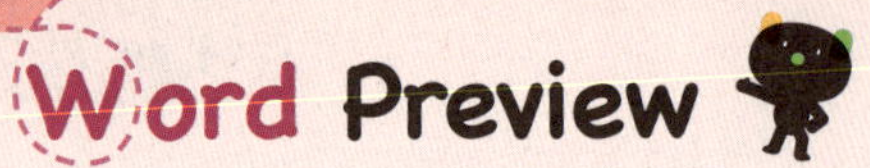

Let's Read의 단어들을 미리 익혀 보세요.

- ☐ graph — [명] 그래프, 도표 (a planned drawing that uses a line or lines to show how two or more sets of numbers are related to each other)
- ☐ matter — [동] 중요하다 (to mean something is important because it has an effect on you or on a particular situation)
- ☐ struggle — [동] 고군분투하다, 몸부림치다 (to try very hard to do something when it is difficult or when there are a lot of problems)
- ☐ read oneself to sleep — 읽다가 잠들다
- ☐ repeat — [동] 반복하다, 한 번 더 말하다[쓰다] (to say or write something again or more than once)
- ☐ soldier — [명] 병사, 군인 (a member of an army)
- ☐ chase — [동] 뒤쫓다, 추적하다 (to run or drive to catch somebody or something)
- ☐ arrow — [명] 화살 (a thin stick with a sharp point at one end, which is shot from a bow)
- ☐ get off — (타고 있던 것에서) 내리다
- ☐ tax — [동] 세금을 부과하다 (to collect money so that the government can perform public services)
- ☐ greedy — [형] 탐욕스러운 (wanting more money, power, food, etc. than you really need)
- ☐ count — [동] 수를 세다 (to calculate the total number of people, things, etc.)
- ☐ one by one — 하나씩
- ☐ midnight — [명] 자정 (12 o'clock at night)
- ☐ realize — [동] 깨닫다 (to understand or become aware of a particular fact or situation)
- ☐ wave — [동] (손 · 팔을) 흔들다 (to move your hand or arm from side to side in the air to attract attention)

Mini Test

정답과 해설 p. 376

A 다음 빈칸에 알맞은 단어를 [보기]에서 골라 쓰시오.

[보기]
greedy
realize
count
graph
matter

1. The ____________ shows the amount of plastic bottles thrown away every year.
2. Can you ____________ the number of eggs in the basket?
3. In the story *Huengbu and Nolbu*, Nolbu is described as a ____________ person.
4. Does money ____________ to you most?
5. You will ____________ that being honest can sometimes hurt people.

B 다음 영영 풀이에 해당하는 단어를 [보기]에서 골라 쓰시오.

[보기]
midnight
soldier
arrow
repeat
tax

1. ____________: a member of an army
2. ____________: to say or write something again or more than once
3. ____________: 12 o'clock at night
4. ____________: to collect money so that the government can perform public services
5. ____________: a thin stick with a sharp point at one end, which is shot from a bow

Before You Read

A **Think and Say** 그림 속 주인공들이 처한 상황을 보고, 그들에게 해 주고 싶은 말을 해 봅시다.

Snow White　　　Hong Gildong　　　Pinocchio

e.g. If I meet Snow White, I will tell her that the apple is poisonous.
만약 내가 백설공주를 만난다면, 나는 그녀에게 사과에 독이 있다고 말할 것이다.

예시 정답

- If I meet Hong Gildong, I will tell him to hide inside my house.
  만약 내가 홍길동을 만난다면, 나는 그에게 우리 집에 숨으라고 말할 것이다.

- If I meet Pinocchio, I will tell him not to lie. 만약 내가 피노키오를 만난다면, 나는 그에게 거짓말하지 말라고 말할 것이다.

단어 숙어
poisonous 형 독이 있는
inside 전 …의 안에
lie 동 거짓말하다

활동 방법
그림을 보고, 각 주인공들에게 해 주고 싶은 말을 주어진 예시문을 참고하여 말해 본다.

B **Look and Write** 알맞은 단어를 골라 책 서평을 완성해 봅시다.

단어 숙어
review 명 후기
topic 명 주제
struggle 동 고군분투하다
greedy 형 욕심 많은
tax 동 세금을 부과하다
matter 동 중요하다
character 명 등장인물
arrow 명 화살

해석
독서 동아리: 너의 후기들
제목: 로빈 후드
책의 주제: 욕심 많은 왕으로부터 사람들을 돕기 위해 고군분투하는 남자에 관한 이야기이다.
책에 대한 의견: 너무 많은 세금을 부과하는 것은 나쁘다. 결국 돈이 아니라 사람들이 가장 중요하다.
가장 좋아하는 등장인물: 병사들보다 화살을 더 잘 쓰기 때문에 내가 가장 좋아하는 등장인물은 로빈 후드이다.
별점: 나는 '로빈 후드'에 별 5개를 준다!

풀이 첫 번째 빈칸에는 사람들을 도와주기 위해 '고군분투하다'라는 뜻의 struggles가 알맞다.
두 번째 빈칸에는 왕을 수식하는 형용사 greedy(욕심 많은)가 알맞다.
세 번째 빈칸에는 너무 많이 하는 것은 나쁘다는 의미가 되어야 하므로 '세금을 부과하다'라는 뜻의 tax가 알맞다.
네 번째 빈칸에는 돈이 아니라 사람이 가장 '중요하다'라는 뜻의 matter가 알맞다.
다섯 번째 빈칸에는 화살을 쏘는 행위를 로빈 후드와 비교할 수 있는 상대는 '병사들'이므로 soldiers가 알맞다.

Do Graphs Matter, Pascal?

본문에 나오는 등장인물과 배경을 살펴보고, 느낀 점을 말해 봅시다.
e.g. I think the man in an orange hat looks stronger than the soldiers.

❶ Pascal was doing his math homework in his room. He was struggling with graphs.

"It's ❸ too hard to read and draw graphs. ❹ Why do I need these anyway? ❺ No one needs graphs in real life." ❻ He put down his pen and picked up his favorite book, *Robin Hood*. ❼ He decided to read himself to sleep. When he was about ❽ to open the book, he heard a voice. He looked up from the book to see who was talking. ❾ He ❿ couldn't believe his eyes. It was his dog, Manny, ⓫ who was talking!

⓬ "Close your eyes and repeat after me. *Cogito ergo sum*," said Manny.

⓭ "You can talk?"

⓮ "Just repeat! *Cogito ergo sum*."

⓯ Pascal closed his eyes and repeated the words.

'Cogito ergo sum'은 서양 철학자 르네 데카르트가 한 말로 '나는 생각한다. 고로 존재한다.' 라는 뜻입니다.

Q1 Why was Pascal surprised?

graph   matter   struggle   repeat

Q1 Why was Pascal surprised? 왜 파스칼은 놀랐나요?

A1 He was surprised because Manny, his dog, was talking.
그는 그의 개 Manny가 말을 하고 있어서 놀랐습니다.

해설 It was his dog, Manny, who was talking! 문장에서 파스칼이 놀란 이유를 알 수 있다.

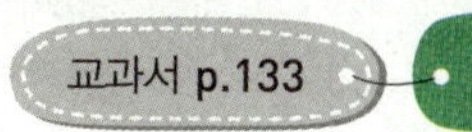

[해석]

그래프가 중요한가요, 파스칼?

①파스칼은 그의 방에서 수학 숙제를 하고 있었다. ②그는 그래프로 고군분투하고 있었다.
③"그래프를 읽고 그리는 것은 너무 어려워. ④게다가 나는 이것들이 왜 필요하지? ⑤아무도 실제 생활에서 그래프가 필요하지 않아." ⑥그는 그의 펜을 내려놓고 그가 가장 좋아하는 책, '로빈 후드'를 집어 들었다. ⑦그는 책을 읽다가 잠들기로 결정했다. ⑧그가 막 책을 펼치려고 했을 때, 그는 목소리를 들었다. ⑨그는 누가 말하고 있는지 보기 위해 책에서 눈을 들어 올려다보았다. ⑩그는 자신의 눈을 믿을 수 없었다. ⑪말하고 있는 것은 바로 그의 개, Manny였다!
⑫"눈을 감고 나를 따라 말하세요. 코기토 에르고 숨." Manny가 말했다.
⑬"너는 말할 수 있니?"
⑭"그냥 따라 하세요! 코기토 에르고 숨."
⑮파스칼은 그의 눈을 감고 그 단어들을 따라 말했다.

[구문]

❷ He **was struggling with** graphs.
'be동사의 과거형(was/were)+-ing' 형태의 과거진행형을 써서 과거의 어느 시점에 진행되고 있음을 나타내고 있다. struggle with는 '…로 고심하다, 씨름하다'라는 뜻으로 with 다음에 고심하는 내용이 나온다.

❸ **It**'s too hard **to read** and **draw** graphs.
It이 가주어이고 to read와 (to) draw가 진주어인 명사적 용법의 to부정사 구문이다.

❺ **No one needs** graphs in real life.
No one ...은 '아무도 … 않다'라는 뜻으로 전체 부정을 나타내며, 현재시제의 상황에서 뒤에 단수동사와 함께 쓰인다.

❼ He **decided to read himself to sleep**.
decide는 to부정사를 목적어로 취하는 동사로 이와 같은 동사에는 want, wish, hope, agree 등이 있다. read oneself to sleep은 '읽다가 잠이 들다'라는 뜻이다.

❾ He looked up from the book **to see** who was talking.
to see는 to부정사의 부사적 용법으로 '보기 위하여'라는 뜻으로 목적을 나타내고 있다.

⓫ **It was his dog**, **Manny**, **who** was talking!
It was ~ who[that] 강조 용법으로 who 대신 that이 사용될 수 있다. his dog와 Manny는 동격이다.

Grammar +

No one ... .

1. 문장 전체를 부정하며, '아무도 … 않다'라는 의미이다.
 • **No one** can solve this problem. (아무도 이 문제를 풀 수 없다.)
2. 시제가 현재일 때는 no one 다음에 단수동사가 쓰인다.
 • No one **is** happy with the result. (아무도 그 결과에 만족해하지 않는다.)

[단어•숙어]

• **graph** [명] 그래프, 도표 [e.g.] The **graph** shows the climate change for the past 5 years.
• **matter** [동] 중요하다 [e.g.] It doesn't **matter** what the guests wear.
• **struggle** [동] 고군분투하다 [e.g.] When animals get trapped, they **struggle** to free themselves.
• **decide** [동] 결정하다 [e.g.] I can't **decide** what to wear to the party tomorrow.
• **look up** 올려다보다 [e.g.] Let's **look up** at the sky from time to time.
• **repeat** [동] 반복하다, 한 번 더 말하다[쓰다] [e.g.] Could you **repeat** the question one more time, please?

Mini Test

정답과 해설 p. 377

다음 질문에 대한 알맞은 답을 쓰시오.

Q. What did Pascal find hard to do?

A. He found it hard ______________________________.

① Suddenly, he heard men shouting. ② When he opened his eyes, he saw soldiers on horses. ③ They were chasing a man with arrows in his hand. ④ The man saw Pascal and shouted.

⑤ "It's too dangerous for you to stand there. Come on." ⑥ The man pulled Pascal onto his horse and rode into the woods.

⑦ When they arrived at a house, the man stopped and got off his horse.

⑧ "Hello, my name is Robin Hood."

⑨ "Wow! Are you the Robin Hood from the book?"

⑩ "No, I'm the Robin Hood of Sherwood Forest. ⑪ Who are you and why are you here?"

Q2 What were the soldiers doing?

soldier   chase

Q2 What were the soldiers doing? 병사들은 무엇을 하고 있었나요?

A2 They were chasing a man with arrows in his hand.
그들은 손에 화살을 든 남자를 뒤쫓고 있었습니다.

해설 They were chasing a man with arrows in his hand. 문장에서 병사들이 무엇을 하고 있었는지 알 수 있다.

①갑자기 그는 남자들이 소리 지르는 것을 들었다. ②그가 그의 눈을 떴을 때, 그는 말을 탄 병사들을 보았다. ③그들은 손에 화살을 든 남자를 뒤쫓고 있었다. ④그 남자는 파스칼을 보고 소리쳤다.

⑤"네가 거기 서 있는 것은 너무 위험해. 이리 와." ⑥그 남자는 파스칼을 그의 말에 올려 태우고 숲으로 말을 몰았다.

⑦ 그들이 어떤 집 앞에 이르렀을 때, 그 남자는 멈추고 말에서 내렸다.

⑧"안녕, 내 이름은 로빈 후드야."

⑨"왜! 당신이 책 속의 로빈 후드인가요?"

⑩"아니, 나는 셔우드 숲의 로빈 후드야. ⑪너는 누구고 왜 여기에 있니?"

구문

❶ Suddenly, he **heard men shouting**.
지각동사 hear는 5형식 구문에서 목적격 보어 자리에 동사원형 뿐만 아니라 현재 분사(V-ing)도 올 수 있다.

❷ **When he opened** his eyes, he saw soldiers on horses.
분사 구문으로 바꾸면 먼저 접속사 When을 생략하고, 주절의 주어와 같으므로 he를 생략한 다음에 opened를 '동사원형+-ing' 형태인 opening으로 고친다.
→ **Opening** his eyes, he saw soldiers on horses.

❺ **It**'s too dangerous **for you to stand** there.
It이 가주어이고 to stand가 진주어인 명사적 용법의 to부정사 구문이다. for you는 to부정사 to stand의 의미상 주어로 Pascal을 가리킨다.

단어 숙어

- **shout** ⑧ 외치다, 소리치다 [e.g.] I **shouted** in joy after winning the game.
- **soldier** ⑨ 병사, 군인 [e.g.] The **soldiers** marched into the town.
- **chase** ⑧ 뒤쫓다, 추적하다 [e.g.] The police **chased** the thief in the middle of the night.
- **arrow** ⑨ 화살 [e.g.] The archer aimed the target with his **arrow**.

Grammar+

지각동사

지각동사에는 see, watch, hear, listen to, notice, look at 등이 있다.

- I **saw** you running in the park this morning. (나는 네가 오늘 아침에 공원에서 달리고 있는 것을 봤다.)

지각동사의 형태

1. 지각동사는 5형식 문장에서 사용되며, '주어+지각동사+목적어+목적격 보어' 형태를 취한다.

2. 지각동사는 목적격 보어 자리에 동사원형, 현재 분사, 과거 분사가 올 수 있다.

- I saw him **come** into the room. └ 동사원형
(나는 그가 방으로 들어오는 것을 봤다.)

- I saw him **running** over there. └ 현재 분사
(나는 그가 저쪽에서 달리고 있는 것을 봤다.)

- I heard my name **called**. └ 과거 분사
(나는 내 이름이 불리는 것을 들었다.)

Mini Test 

정답과 해설 p. 377

A 본문의 내용과 일치하면 T, 일치하지 않으면 F를 쓰시오.

1. When Pascal closed his eyes, he saw soldiers chasing a man. (　　)

2. Soldiers were chasing a man with gun in his hand. (　　)

3. Robin Hood pulled Pascal onto his horse and rode into Sherwood Forest. (　　)

B 우리말과 일치하도록 주어진 표현을 바르게 배열하여 문장을 완성하시오.

네가 거기 서 있는 것은 너무 위험하다.

(stand there, too, It's, dangerous, to, for you)

→ ____

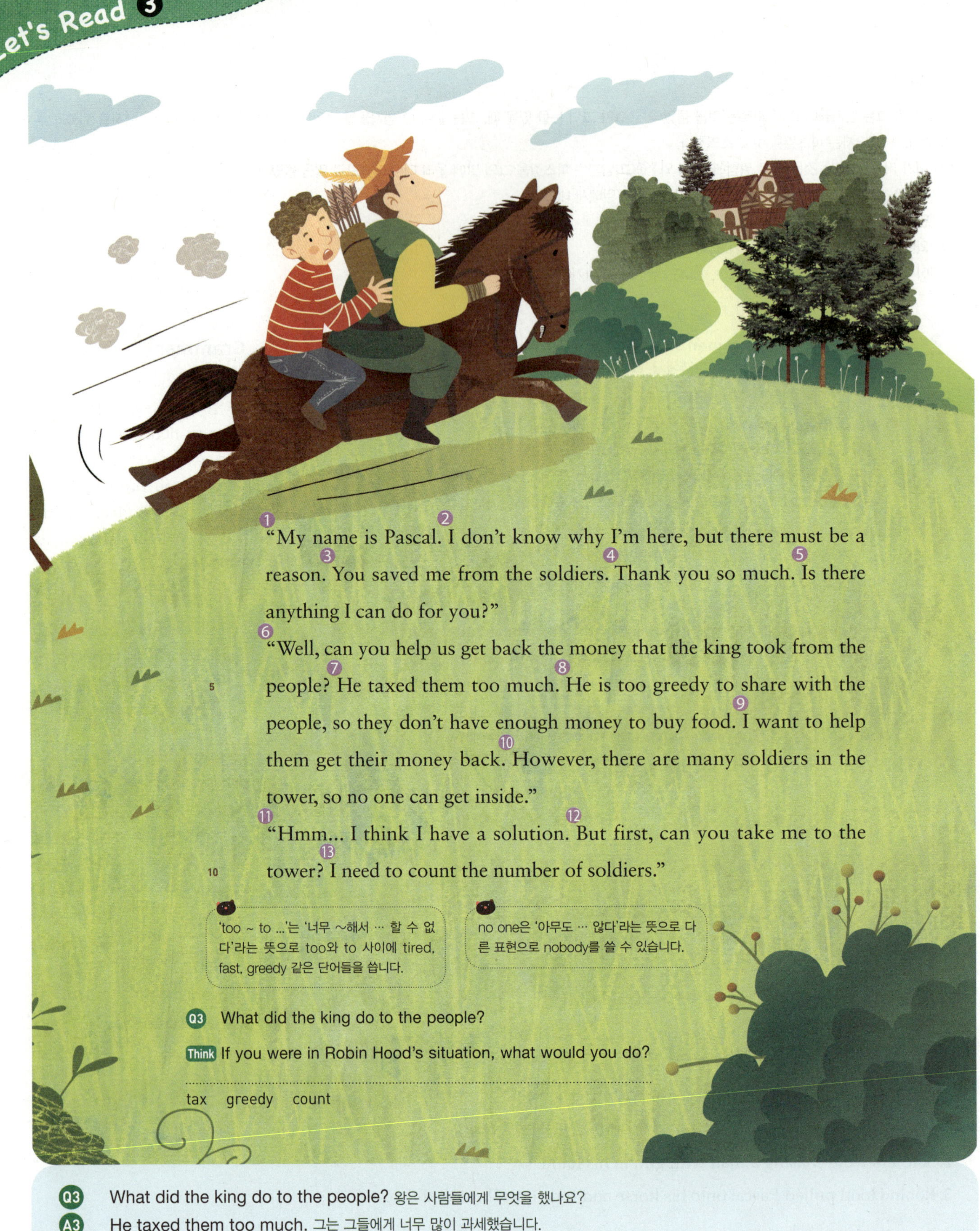

"My name is Pascal. I don't know why I'm here, but there must be a reason. You saved me from the soldiers. Thank you so much. Is there anything I can do for you?"

"Well, can you help us get back the money that the king took from the people? He taxed them too much. He is too greedy to share with the people, so they don't have enough money to buy food. I want to help them get their money back. However, there are many soldiers in the tower, so no one can get inside."

"Hmm… I think I have a solution. But first, can you take me to the tower? I need to count the number of soldiers."

'too ~ to …'는 '너무 ~해서 … 할 수 없다'라는 뜻으로 too와 to 사이에 tired, fast, greedy 같은 단어들을 씁니다.

no one은 '아무도 … 않다'라는 뜻으로 다른 표현으로 nobody를 쓸 수 있습니다.

Q3 What did the king do to the people?

Think If you were in Robin Hood's situation, what would you do?

tax greedy count

Q3 What did the king do to the people? 왕은 사람들에게 무엇을 했나요?

A3 He taxed them too much. 그는 그들에게 너무 많이 과세했습니다.

해설 He taxed them too much. 문장에서 왕이 사람들에게 무엇을 했는지 알 수 있다.

Think If you were in Robin Hood's situation, what would you do? 만약 당신이 로빈 후드의 상황이라면, 당신은 어떻게 하겠는가?

→ I would also go inside the tower to get the money back for the people.
저 또한 탑 안에 들어가서 사람들을 위해 돈을 되찾을 것입니다.

교과서 p.135

[해석]

①"제 이름은 파스칼이에요. ②저는 제가 왜 여기 있는지 모르지만 이유가 분명 있을 거예요. ③당신은 저를 병사들로부터 구해줬어요. ④정말 감사드려요. ⑤제가 당신을 위해 할 수 있는 게 있을까요?"
⑥"음, 우리가 왕이 사람들에게서 가져간 돈을 되찾는 것을 도와줄 수 있니? ⑦그는 그들에게 너무 많이 과세했어. ⑧그는 너무 욕심이 많아서 사람들과 나누지 않아, 그래서 그들은 식량을 살 돈이 충분하지 않아. ⑨나는 그들의 돈을 다시 되찾을 수 있게 돕고 싶어. ⑩그러나 탑 안에 병사들이 많아서 아무도 안에 들어갈 수 없어."
⑪"흠… 제게 해결책이 있는 것 같아요. ⑫그러나 우선 저를 탑에 데려가 주실 수 있나요? ⑬저는 병사들의 수를 세야 해요."

구문 ② I don't know **why I'm here**, but there **must be** a reason.
why I'm here는 간접의문문인 '의문사+주어+동사'의 형태로 직접의문문으로 고치면 Why am I here?가 된다. must be는 '…임에 틀림없다'라는 뜻으로 강한 추측을 나타내고, may는 '…일지도 모른다'라는 뜻의 조동사로 약한 추측을 나타낸다.

⑥ Well, can you **help** us **get** back the money **that** the king took from the people?
동사 help는 5형식에서 목적격 보어 자리에 동사원형 또는 to부정사를 쓴다. that은 목적격 관계대명사로 관계대명사가 이끄는 절은 앞에 나온 선행사 the money를 수식한다.

⑧ He is **too greedy to share** with the people, so they don't have **enough money to buy** food.
too ~ to ... 구문으로 too 다음에는 형용사나 부사가 오며, to 다음에는 동사원형이 온다. enough는 '충분한'이라는 의미로 명사 money를 수식해 주며, 이 경우 복수 명사나 불가산 명사 앞에 쓰인다. to buy는 to부정사의 형용사적 용법으로 앞에 나온 enough money를 수식한다.

⑩ **However**, there are many soldiers in the tower, so **no one** can get inside.
However는 '그러나'라는 의미의 접속부사이고, no one은 '아무도 … 않다'라는 뜻으로 문장 전체를 부정한다.

Grammar+

too ~ to ...
'too+형용사/부사+to부정사'의 형태로 '~하기에는 너무 …한 / 너무 ~해서 …할 수 없다'라는 의미이다. 또한 'so+형용사/부사+that+주어+can't ...'로 바꿔 쓸 수 있다.
- It's **too** hot **to go** out.
  → It's **so** hot **that** I **can't** go out. (너무 더워서 밖에 나갈 수 없다.)

단어·숙어
- **get back** 되찾다 [e.g.] Did you **get** your books **back**?
- **tax** [동] 세금을 부과하다 [e.g.] People will be upset if they get **taxed** too much.
- **greedy** [형] 탐욕스러운, 욕심 많은 [e.g.] Don't be **greedy** and eat the whole cake by yourself.
- **count** [동] 수를 세다 [e.g.] I can **count** up to 15 in Chinese.

Mini Test

정답과 해설 p. 377

A 본문의 내용과 일치하면 T, 일치하지 않으면 F를 쓰시오.

1. Pascal knew the reason why he met Robin Hood. (   )
2. The king is so generous that people like him very much. (   )

B 다음 질문에 대한 알맞은 답을 쓰시오.

Q. Why can't anyone get inside the tower?

A. ____

Robin and Pascal hid up in a tree and counted the soldiers one by one.

"There are five soldiers from midnight to six in the morning. Next, there are three soldiers until noon, and then there are eight soldiers until six in the evening. Lastly, there are twelve soldiers until midnight.

So, you should go inside between six in the morning and noon."

"What? I don't get it."

Pascal thought for a moment. 'Hmm... A graph might make this easier to understand.'

Pascal drew a graph and showed it to Robin.

Q4 What did Pascal do hiding up in a tree?

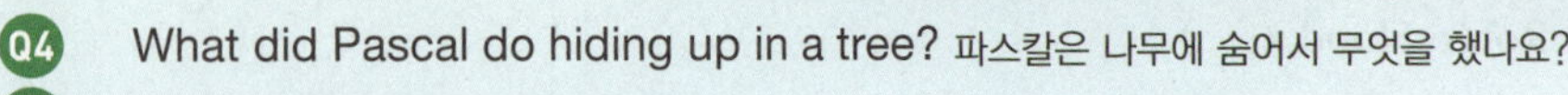

one by one 하나씩   midnight

Q4 What did Pascal do hiding up in a tree? 파스칼은 나무에 숨어서 무엇을 했나요?

A4 He counted the soldiers one by one. 그는 병사들을 하나씩 세었습니다.

해설 Robin and Pascal hid up in a tree and counted the soldiers one by one. 문장에서 파스칼이 나무에 숨어서 무엇을 했는지 알 수 있다.

교과서 p.136

해석

①로빈과 파스칼은 나무에 숨어서 병사들의 수를 한 명씩 세었다. ②"자정부터 새벽 여섯 시까지는 다섯 명의 병사들이 있어요. ③그다음, 정오까지는 세 명의 병사들이 있고, 그런 다음 오후 여섯 시까지는 여덟 명의 병사들이 있어요. ④마지막으로 자정까지는 열두 명의 병사들이 있어요. ⑤그래서 당신은 새벽 여섯 시에서 정오 사이에 안으로 들어가야 해요."
⑥"뭐라고? 나는 이해하지 못했어."
⑦파스칼은 잠시 생각에 잠겼다. ⑧'흠… 그래프가 이것을 이해하는 것을 쉽게 해 줄지도 몰라.'
⑨파스칼은 그래프를 그려서 그것을 로빈에게 보여 주었다.

구문

❷ **There are** five soldiers from midnight to six in the morning.
There are 다음에는 복수명사가 오며, '…이 있다'라는 뜻이다.

❺ So, you **should go** inside between six in the morning and noon.
조동사 should는 '…해야 한다'라는 뜻이며, 조동사 다음에는 동사원형이 와야 한다.

❽ A graph **might make this easier to understand.**
조동사 might는 '…일지도 모른다'라는 뜻이고, make this easier는 5형식 문장으로 목적어는 this, 목적격 보어는 easier이다. to understand는 앞의 형용사를 꾸며 주는 부사적 용법으로 쓰였다.

단어·숙어

- **one by one** 하나씩 [e.g.] The students left the classroom **one by one**.
- **midnight** [명] 자정 [e.g.] The crime happened at **midnight**.
- **for a moment** 잠시 동안 [e.g.] Can I borrow your cell phone **for a moment**?

Grammar +

조동사 should / might

should는 '…해야 한다'라는 의미로 의무를 나타낸다.

- You **should** wear a helmet. (너는 헬멧을 써야 한다.)

should의 부정형은 'should not [shouldn't]+동사원형'이며, '…하면 안 된다'라는 의미이다.

- You **shouldn't** touch the painting in the gallery. (너는 미술관에서 그림을 만져서는 안 된다.)

might는 '…일지도 모른다'라는 의미로 추측을 나타낸다.

- James **might** have to work this weekend. (James는 이번 주말에 일해야 할지도 모른다.)

Mini Test

정답과 해설 p. 377

다음 글을 읽고, 물음에 답하시오.

Robin and Pascal hid up in a tree and counted the soldiers ① one by one. "There ② is five soldiers from midnight to six in the morning. Next, there are three soldiers until noon, and then there are eight soldiers until six in the evening. Lastly, there are twelve soldiers until midnight. So, you should ③ go inside between six in the morning ④ and noon."
"What? I don't get it."
Pascal thought for a moment. 'Hmm... A graph might make this ⑤ easier to understand.'
Pascal drew a graph and showed it to Robin.

1. 윗글의 밑줄 친 ①~⑤ 중 어법상 어색한 것을 찾아 바르게 고쳐 쓰시오.

_______________ → _______________

2. 윗글의 밑줄 친 it이 가리키는 것을 본문에서 찾아 쓰시오.

→ ____________________________

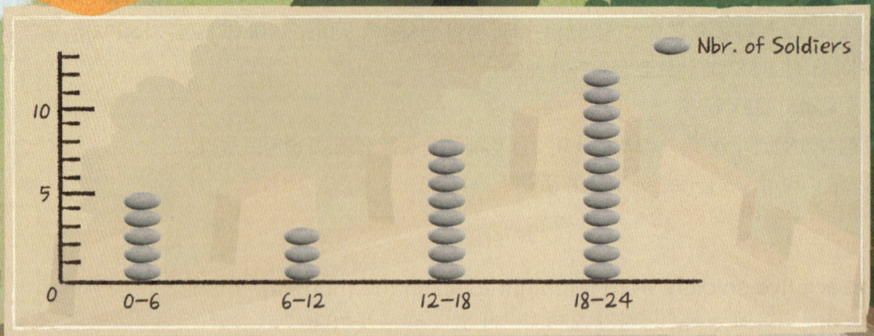

① "Look, the most dangerous time is between six in the evening and midnight. ② Four times more soldiers work at that time than from six in the morning until noon. ③ Do you see what I mean?"

④ "Aha! I get it now. ⑤ Thank you so much, Pascal!"

⑥ "You're welcome. ⑦ Now I realize the importance of graphs. ⑧ No one can say that we don't need them anymore."

⑨ Pascal walked out of the woods. ⑩ When he looked back, he saw Robin Hood waving at him. ⑪ Pascal waved back and said to himself, ⑫ "It was a great adventure. ⑬ How do I go back? ⑭ Oh, I know. ⑮ I should say the words *Cogito ergo sum*!"

Think When do you use graphs?

wave

How fast can you read?

- **1st:** ____ min. ____ sec.
- **2nd:** ____ min. ____ sec.

Think When do you use graphs? 여러분은 언제 그래프를 사용하나요?

→ I use graphs to see where I use my pocket money or how much I use.

저는 제가 용돈을 어디에 쓰는지 또는 제가 얼마나 쓰는지 보기 위해 그래프를 사용합니다.

해설 평상시 그래프를 읽어 보고 그려 본 자신의 경험을 떠올려 본다.

해석

①"보세요, 가장 위험한 시간은 저녁 여섯 시에서 자정까지예요. ②오전 여섯 시부터 정오까지보다 네 배나 더 많은 병사들이 그 시간에 일해요. ③제 말이 무슨 뜻인지 아시겠어요?"
④"아하! 이제 알겠다. ⑤너무 고마워, 파스칼!"
⑥"천만에요. ⑦이제 저는 그래프의 중요성을 깨달았어요. ⑧아무도 그것들이 더 이상 필요 없다고 말할 수 없을 거예요."
⑨파스칼은 숲에서 걸어 나왔다. ⑩그가 뒤돌아봤을 때, 그는 로빈 후드가 그에게 손을 흔드는 것을 보았다. ⑪파스칼은 손을 흔들어 답하고 혼잣말을 했다. ⑫"정말 멋진 모험이었어. ⑬나는 어떻게 돌아가지? ⑭아, 알겠어. ⑮나는 코기토 에르고 숨이라는 말을 해야 해!"

구문

❶ Look, the most dangerous time is **between** six in the evening **and** midnight.
between A and B는 'A와 B 사이에'라는 뜻이다.

❷ **Four times more** soldiers work at that time **than** from six in the morning until noon.
'(숫자) times (비교급) than ...'은 '…보다 (숫자) 배[번] 더 (비교급) ~한'이라는 뜻이다.

❿ When he looked back, he **saw Robin Hood waving** at him.
see는 지각동사로 'see+목적어+목적격 보어' 형태를 취한다. 목적격 보어로 현재분사가 쓰여 동작이 진행 중임을 강조한다.

단어·숙어

- **realize** [동] 깨닫다 [e.g.] I **realized** that we need to try harder to reach the goal.
- **importance** [명] 중요성 [e.g.] Do you know the **importance** of being honest?
- **look back** 뒤돌아보다 [e.g.] Don't **look back** while you walk.
- **adventure** [명] 모험 [e.g.] It was a great **adventure** flying in a helicopter.

Grammar+

재귀대명사의 용법

1. 재귀 용법 (생략 불가)

주어가 하는 동작의 대상이 주어 자신일 때 쓴다.

- My sister was proud of **herself**. (내 여동생은 자신이 자랑스러웠다.)
- He burned **himself** while he was cooking. (그는 요리하는 도중에 화상을 입었다.)

2. 강조 용법 (생략 가능)

주어, 목적어, 보어의 뜻을 강조하기 위해 쓴다.

- Ms. Kim **herself** gave him the prize. (김 선생님이 직접 그에게 상을 주었다.)

3. 관용적 용법

- by oneself 혼자서
- for oneself 스스로
- say to oneself 혼잣말을 하다
- between ourselves 우리끼리만
- help oneself (to) (…을) 마음대로 먹다
- enjoy oneself 즐거운 시간을 보내다

Mini Test

정답과 해설 p. 377

다음 글을 읽고, 물음에 답하시오.

"Look, the most dangerous time is between six in the evening and midnight. Four times ⓐ(more / most) soldiers work at that time than from six in the morning until noon. Do you see what I mean?"
"Aha! I get it now. Thank you so much, Pascal!"
"You're welcome. Now I realize the importance of graphs. No one can say that we don't need them anymore."
Pascal walked out of the woods. When he looked back, he saw Robin Hood ⓑ(to wave / waving) at him.

1. 윗글의 ⓐ와 ⓑ에서 알맞은 말을 골라 쓰시오.

ⓐ ____________ ⓑ ____________

2. 윗글의 밑줄 친 부분과 바꿔 쓸 수 있는 것을 고르시오.

① Why do you think so?
② Which do you prefer?
③ Do you understand?
④ What's the matter?

교과서 p.138

Ⓐ Look and Order 다음 그림을 보고, 사건이 일어난 순서대로 배열해 봅시다.

[3]

[2]

[1]

[4]

[활동 방법] 본문 내용을 떠올리면서 사건이 일어난 순서에 따라 그림을 배열해 본다.

[풀이] 첫 번째는 파스칼과 로빈 후드가 나무에 숨어 병사들의 수를 세고 있는 그림이다.
두 번째는 파스칼과 로빈 후드가 함께 말을 타고 숲으로 도망가는 그림이다.
세 번째는 파스칼의 개 Manny가 말을 하는 그림이다.
네 번째는 파스칼이 그래프를 그려 로빈 후드에게 설명하는 그림이다.

Ⓑ Think and Match 다음 등장인물이 한 말을 바르게 연결해 봅시다.

1.
2.
3.

a. I think I'm here for a reason.

b. Repeat after me, *Cogito ergo sum*.

c. What are you doing in Sherwood Forest?

d. Now I understand why graphs are important.

e. There are three soldiers between six in the morning and noon.

f. I want to get back the money from the king.

[활동 방법] 본문 내용을 바탕으로 등장인물과 그 등장인물이 말한 내용을 연결해 본다.

[단어·숙어] repeat [동] 반복하다, 한 번 더 말하다
forest [명] 숲
noon [명] 정오
get back 되찾다

[해석]
a. 저는 이유가 있어서 여기에 있다고 생각해요.
b. 나를 따라 말하세요, 코기토 에르고 숨.
c. 너는 셔우드 숲에서 무엇을 하고 있니?
d. 이제 저는 그래프가 왜 중요한지 이해해요.
e. 아침 여섯 시에서 정오 사이에 세 명의 병사가 있어요.
f. 나는 왕으로부터 돈을 되찾고 싶어.

[풀이]
1 파스칼이 로빈 후드를 만났을 때 여기에 있는 이유가 분명 있다고 말했으며, 후에 로빈 후드와 함께 병사들의 수를 센 다음 아침 여섯 시에서 정오 사이에 병사들의 수가 세 명으로 가장 적다는 것을 그에게 설명하면서 그래프의 중요성을 깨달았다.
2 로빈 후드는 파스칼을 만났을 때 셔우드 숲에서 무엇을 하고 있는지 물었고, 세금을 너무 많이 부과한 왕에게서 돈을 되찾아 사람들에게 돌려주고 싶어 했다.
3 파스칼의 개 Manny는 파스칼에게 주문 같은 말을 따라 말하게 했다.

💬 파스칼이 그린 막대그래프 외에 병사 수를 표시할 수 있는 다른 방법을 말해 봅시다.

Ⓡeading Memory 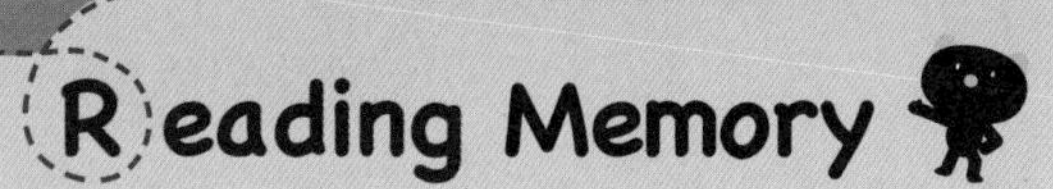

● 본문 내용을 떠올려 빈칸을 채워 봅시다.

Pascal was doing his math homework in his room. He was _________ with graphs.
"It's too hard to read and draw graphs. Why do I need these anyway? No one needs _________ in real life." He put down his pen and _________ up his favorite book, *Robin Hood*. He decided to read _________ to sleep. When he was about to open the book, he heard a _________. He looked up from the book to see who was talking. He couldn't _________ his eyes. It was his dog, Manny, who was talking!
"Close your eyes and _________ after me. *Cogito* ergo sum," said Manny.
"You can talk?"
"Just repeat! *Cogito ergo sum.*"
Pascal closed his eyes and repeated the words.

Suddenly, he heard men shouting. When he opened his eyes, he saw _________ on horses. They were chasing a man with _________ in his hand. The man saw Pascal and shouted.
"It's too _________ for you to stand there. Come on." The man pulled Pascal onto his horse and _________ into the woods.
When they arrived at a house, the man stopped and _________ _________ his horse.
"Hello, my name is Robin Hood."
"Wow! Are you the Robin Hood from the book?"
"No, I'm the Robin Hood of Sherwood Forest. Who are you and why are you here?"

"My name is Pascal. I don't know why I'm here, but there must be a _________. You saved me from the soldiers. Thank you so much. Is there anything I can do for you?"
"Well, can you help us _________ _________ the money that the king took from the people? He taxed them too much. He is too _________ to share with the people, so they don't have enough money to buy food. I want to help them get their money back. _________, there are many soldiers in the tower, so _________ _________ can get inside."
"Hmm... I think I have a solution. But first, can you take me to the _________? I need to _________ the number of soldiers."

Robin and Pascal _________ _________ in a tree and counted the soldiers one by one.
"There are five soldiers from midnight to six in the morning. Next, there are three soldiers until noon, and then there are eight soldiers until six in the evening. Lastly, there are twelve soldiers _________ midnight. So, you should go inside _________ six in the morning _________ noon."
"What? I don't get it."
Pascal thought for a moment. 'Hmm... A graph might make this easier to _________.'
Pascal drew a graph and showed it to Robin.

"Look, the most _________ time is between six in the evening and midnight. Four times more soldiers work at that time than from six in the morning until noon. Do you see what I mean?"
"Aha! I get it now. Thank you so much, Pascal!"
"You're welcome. Now I realize the _________ of graphs. No one can say that we don't need them anymore."
Pascal walked out of the woods. When he looked back, he saw Robin Hood waving at him. Pascal waved back and said to himself, "It was a great _________. How do I go back? Oh, I know. I should say the words *Cogito ergo sum*!"

정답 I struggling, graphs, picked, himself, voice, believe, repeat, soldiers, arrows, dangerous, rode, got, off, reason, get, back, greedy, However, no, one, tower, count, hid, up, until, between, and, understand, dangerous, importance, adventure

교과서 p.169

A 케이크에서 철자를 골라 단어를 완성한 후, 뜻을 써 봅시다.

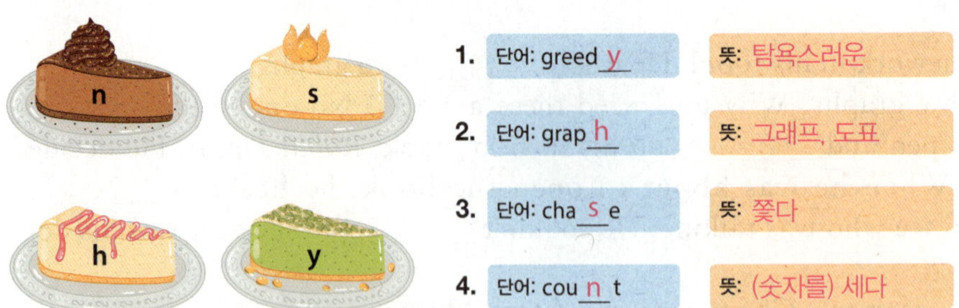

1. 단어: greed y — 뜻: 탐욕스러운
2. 단어: grap h — 뜻: 그래프, 도표
3. 단어: cha s e — 뜻: 쫓다
4. 단어: cou n t — 뜻: (숫자를) 세다

풀이
1 greedy는 '탐욕스러운, 욕심 많은'이라는 의미이다.
2 graph는 '그래프, 도표'라는 의미이다.
3 chase는 '뒤쫓다, 추적하다'라는 의미이다.
4 count는 '(숫자를) 세다'라는 의미이다.

B 알맞은 말을 단어 상자에서 골라 포스터를 완성해 봅시다.

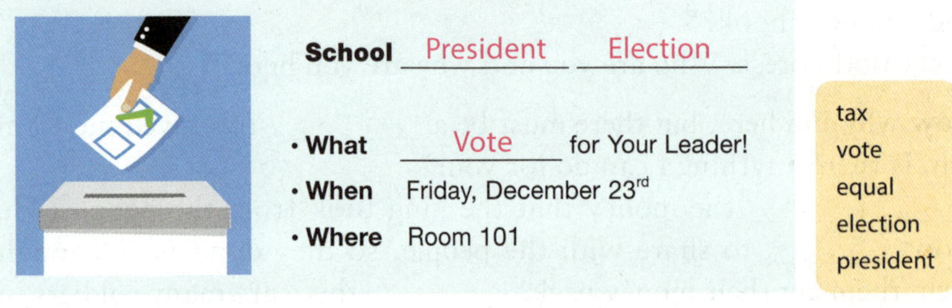

School President Election

- **What** Vote for Your Leader!
- **When** Friday, December 23rd
- **Where** Room 101

tax
vote
equal
election
president

풀이 학교 '회장 선거' 관련 포스터로 여러분의 지도자에게 '투표하라'고 해야 알맞다.

단어·숙어
tax [동] 세금을 부과하다
vote [동] 투표하다
equal [형] 동등한, 평등한
election [명] 선거
president [명] 회장

C 그림에 맞게 빈칸에 알맞은 말을 단어 상자에서 골라 문장을 완성해 봅시다.

matters struggle sum muscle repeat

1.

Many people struggle with exercising.

2.

It's hard to build muscle in a short time.

3.

Still, what matters most is that you keep exercising.

풀이
1 첫 번째 그림은 운동하느라 힘들어하는 모습이다. struggle with는 '…와 씨름하다, 고군분투하다'라는 뜻이므로 struggle이 알맞다.
2 두 번째 그림은 근육을 만들기 위해 노력하는 모습이므로 muscle(근육)이 알맞다.
3 keep exercising은 '계속 운동하다'라는 뜻으로 꾸준히 운동하는 것이 가장 중요하다는 것이므로 '중요하다'라는 matters가 알맞다.

단어·숙어
matter [동] 중요하다
struggle [동] 고군분투하다, 씨름하다
sum [명] 계산, 산수
muscle [명] 근육
repeat [동] 반복하다

해석
1 많은 사람이 운동하느라 고군분투한다.
2 짧은 시간 안에 근육을 만들기는 힘들다.
3 그럼에도 가장 중요한 것은 당신이 계속 운동하는 것이다.

Word Check 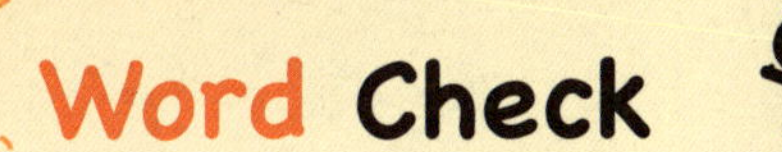

A 다음 영어 표현은 우리말로, 우리말은 영어로 쓰시오.

1. matter   _______________________
2. count   _______________________
3. tax   _______________________
4. one by one   _______________________
5. repeat   _______________________

6. 병사   _______________________
7. 도표, 그래프   _______________________
8. 자정   _______________________
9. 탐욕스러운   _______________________
10. 뒤쫓다   _______________________

B 다음 빈칸에 공통으로 알맞은 단어를 쓰시오.

1. • Many people _______________ with the poverty around the world.

   • After a lot of _______________, the cat finally got out of the box.

2. • It doesn't _______________ if Paul can't make it to the party on time.

   • What's the _______________? You look so pale.

C 다음 빈칸에 알맞은 단어를 보기 에서 골라 쓰시오.

보기
chase   repeat   wave   tax   count

1. Don't _______________ your chickens before they are hatched.

2. The sheepdog will _______________ away wolves and keep the sheep safe.

3. I saw my mother _______________ at me from the tower.

4. The government can _______________ the travelers on the goods they buy.

5. Can you _______________ the words again? I didn't hear them.

too ~ to ...

A Look and Say 다음 일기 예보를 보고, 대화를 완성한 후 말해 봅시다.

Mon.	Tues.	Wed.	Thur.	Fri.

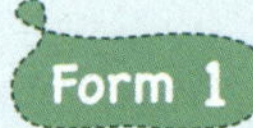

1. A: Can we ride our bikes on Tuesday?

B: I'm afraid not. Tuesday will be too rainy to ride our bikes.

2. A: Do you think we can go on a picnic on Wednesday?

B: I don't think so. Wednesday will be too cold/snowy to go on a picnic.

3. A: Can we go to Ulleungdo on Thursday?

B: No, we can't. Thursday will be too windy to go to Ulleungdo.

단어·숙어

rainy [형] 비가 오는
go on a picnic 소풍을 가다
cold [형] 추운
snowy [형] 눈 오는
windy [형] 바람이 부는

해석

1 A: 화요일에 우리가 자전거를 탈 수 있나요?
B: 유감스럽지만 안 될 것 같아. 화요일에 비가 너무 많이 와서 자전거를 탈 수 없을 거야.

2 A: 수요일에 소풍 갈 수 있다고 생각하니?
B: 아니. 수요일은 소풍을 가기에 너무 추워/눈이 너무 와.

3 A: 목요일에 울릉도에 갈 수 있니?
B: 아니, 갈 수 없어. 목요일은 울릉도 가기에 바람이 너무 불어.

Form 1 ▶ **too ~ to ...**

'~하기에는 너무 …한 / 너무 ~해서 … 할 수 없다'라는 뜻으로 문장에서 'too+형용사/부사+to부정사'의 형태이다. 'so+형용사/부사+that+주어+can't ...'로 바꿔 쓸 수 있다.

[e.g.] He is **too** young **to** drive a car.
→ He is **so** young **that** he **can't** drive a car. (그는 너무 어려서 차를 운전할 수 없다.)

• to부정사의 주체가 따로 있을 때, 'for+목적격'의 형태로 따로 나타내 주어야 한다.
[e.g.] It was **too** cold **for Jim to** go outside. (날씨가 너무 추워서 Jim이 밖에 나갈 수 없었다.)

• too ~ to ... 구문에서 주어와 to부정사의 목적어가 일치하는 경우 목적어를 생략한다.
[e.g.] The book is **too** hard for me **to** read it. (×)
↳ 목적어
The book is **too** hard for me **to** read. (○)

• too ~ to ... 구문을 so ~ that ...으로 바꿀 경우, 목적어를 that절 이하에 명시한다.
[e.g.] The book is **so** hard **that** I can't read it. (그 책은 너무 어려워서 내가 그것을 읽을 수 없다.)
↳ 목적어

No one ... .

B **Look and Write** 다음 그림을 보고, 문장을 완성해 봅시다.

1. No one ___lives___ in the house.

2. No ___one___ ___knows___ her name.

3. ___No___ ___one___ ___wears___ these hats now.

live ⑧ 살다
house ⑨ 집
still ⑨ 여전히
wear ⑧ 입다, 쓰다

해석
• 사람들이 집에 사니?
• 너는 그녀의 이름을 아니?
• 너는 여전히 이런 모자를 쓰니?

해석

1 아무도 그 집에 살지 않는다.
2 아무도 그녀의 이름을 알지 못한다.
3 아무도 이런 모자를 지금 쓰지 않는다.

풀이　No one ...은 '아무도 … 않다'라는 뜻으로 문장 전체를 부정한다. No one 다음에 시제가 현재인 경우 단수동사가 오므로 lives, knows, wears가 와야 한다.

Form 2 ▶ **No one ... .**

No one ...은 '아무도 … 않다'라는 뜻으로 nobody, none, nothing 등과 같이 문장 전체를 부정한다.
e.g. **No one** wants to play with me. (아무도 나와 놀고 싶어 하지 않는다.)

• 문장의 시제가 현재인 경우 No one 다음에 단수동사가 쓰인다.
e.g. **No one wants** to participate in the festival.
(아무도 축제에 참여하고 싶어 하지 않는다.)
No one hears about Jake after he moved to America.
(아무도 Jake가 미국으로 이사 간 이후로 그의 소식을 듣지 못한다.)

• 부분 부정의 경우 문장 앞에 Not을 붙여 나타내기도 한다.
e.g. **Not everyone** agrees with Tom's opinion.
(모든 사람이 Tom의 의견에 동의하는 것은 아니다.)

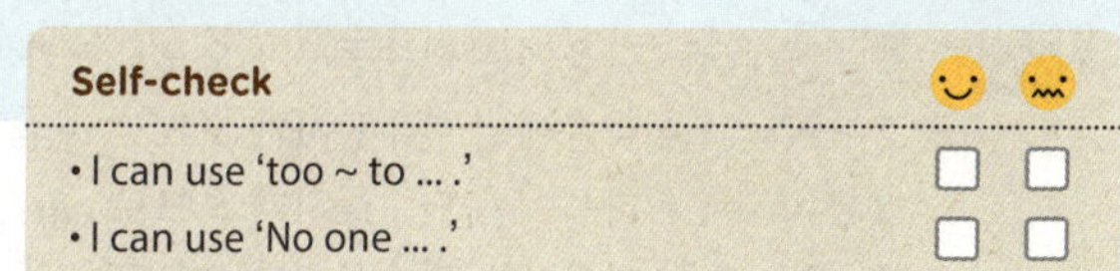

Self-check	☺	☹
• I can use 'too ~ to ... .'	☐	☐
• I can use 'No one ... .'	☐	☐

Grammar Builder A

교과서 p.170

Point 1 too ~ to ...

A 설명을 읽고, 밑줄 친 부분을 바르게 고쳐 써 봅시다.

- too ~ to ...: '너무 ~해서 …할 수 없다'라는 뜻으로, too 다음에는 성질이나 상태를 나타내는 단어(tall, short, cold, sleepy, angry 등)가 온다.

  I am too short to go on the ride. (나는 너무 키가 작아서 그 기구를 탈 수 없다.)
  It is too cold to swim in the sea. (너무 추워서 바다에서 수영할 수 없다.)
- [주의] to 다음에는 동사원형이 쓰임에 주의한다.

  I am too hungry to sleep. (O)　　I am too hungry to sleepy. (X)
- [주의] too ~ to ...는 so ~ that (she) can't/couldn't ...로 바꿔 쓸 수 있다.

  Sally is too tired to go out. → Sally is so tired that she can't go out.

1. Harry is too sleep to get up. too sleepy to get up
2. Yujin is too youth to drive. too young to drive
3. It is too cold to going for a walk. too cold to go
4. My brother is too angrily to talks with me. too angry to talk

단어·숙어
get up 일어나다
youth [명] 젊음
go for a walk 산책가다

해석
- 나는 너무 배가 고파서 잠을 잘 수 없다.
- Sally는 너무 피곤해서 외출할 수 없다.

1 Harry는 너무 졸려서 일어날 수 없다.
2 유진이는 너무 어려서 운전할 수 없다.
3 너무 추워서 산책갈 수 없다.
4 내 남동생은 너무 화가 나서 나와 이야기할 수 없다.

풀이
1 too ~ to ... 구문에서 too와 to 사이에는 형용사 또는 부사가 온다. 따라서 sleep의 형용사인 sleepy가 되어야 한다.
2 youth의 형용사 형태인 young이 되어야 한다.
3 to 다음에는 동사원형이 와야 하므로 going이 아니라 go가 되어야 한다.
4 angrily의 형용사 형태인 angry가 되어야 하며, to 다음에는 동사원형이 와야 하므로 talks가 아니라 talk이 되어야 한다.

Point 2 No one ... .

B 설명을 읽고, 괄호 안에서 알맞은 말을 골라 봅시다.

- No one ...: '아무도 … 않다'라는 뜻으로, 문장 전체를 부정할 때 사용한다.

  No one swims in this river. (아무도 이 강에서 수영하지 않는다.)
- [주의] No one 다음에 오는 말의 형태에 주의한다.

  No one was in the room. (O)　　No one were in the room. (X)
  No one is crying at the show. (O)　　No one are crying at the show. (X)

1. No one (is / are) wearing a uniform.
2. No one (was / were) happy with the news.
3. No one (carry / carries) a bag with them.
4. No one (correct / corrects) him when he is wrong.

단어·숙어
uniform [명] 교복
correct [동] 바로잡다, 정정하다
wrong [형] 틀린

해석
- 아무도 방에 없었다.
- 아무도 그 쇼에서 울고 있지 않다.

1 아무도 교복을 입고 있지 않다.
2 아무도 그 소식에 행복하지 않았다.
3 아무도 그들과 함께 가방을 가지고 다니지 않는다.
4 아무도 그가 틀렸을 때 그의 말을 바로잡지 않는다.

풀이
1 No one 다음에는 단수동사가 오므로 is가 알맞다.
2 No one 다음에는 단수동사가 오므로 was가 알맞다.
3 No one 다음에는 단수동사가 오므로 carries가 알맞다.
4 No one 다음에는 단수동사가 오므로 corrects가 알맞다.

Grammar Builder B

교과서 p.171

Point 1 too ~ to ...

A 두 문장이 같은 의미가 되도록 문장을 완성해 봅시다.

1. Minji is so short that she can't get on that ride.
   → Minji is too ___short to get on___ that ride.
2. The cat is so old that she can't climb up the tree.
   → The cat is ___too old to climb up___ the tree.
3. The dog is so big that he can't get inside the box.
   → The dog ___is too big to get___ inside the box.
4. Jake is so weak that he can't lift the books.
   → ___Jake is too weak to lift the books___.

풀이 so ~ that ... can't는 too ~ to ... 구문으로 바꿔 쓸 수 있다. 이때 too와 to 사이에는 형용사 또는 부사가 오며, to 다음에는 동사원형이 온다.
1 too 다음에 형용사 short이 오고, to 다음에 동사원형 get on이 와야 한다.
2 too와 to 사이에 형용사 old가 오고, to 다음에 동사원형 climb up이 와야 한다.
3 too와 to 사이에 형용사 big이 오고, to 다음에 동사원형 get이 와야 한다.
4 too와 to 사이에 형용사 weak이 오고, to 다음에 동사원형 lift가 와야 한다.

단어·숙어
ride [명] 놀이기구
climb [동] 오르다
lift [동] 들어 올리다

해석
1 민지는 너무 키가 작아서 그 놀이기구를 탈 수 없다.
→ 민지는 그 놀이기구를 타기에 너무 키가 작다.
2 그 고양이는 너무 늙어서 나무를 오를 수 없다.
→ 그 고양이는 나무를 오르기에 너무 늙었다.
3 그 개는 너무 커서 상자 안에 들어갈 수 없다.
→ 그 개는 상자 안에 들어가기에 너무 크다.
4 Jake는 너무 약해서 그 책들을 들어 올릴 수 없다.
→ Jake는 그 책들을 들어 올리기에 너무 약하다.

Point 2 No one ... .

B 다음 그림을 보고, 주어진 단어를 활용하여 문장을 완성해 봅시다.

e.g.
No one uses cell phones in class. (use)

1. 
   No one ___takes pictures___ inside the museum. (take)
2. 
   No one in my family ___watches TV___. (watch)
3. 
   ___No one plays tennis___ when it rains. (play)

풀이
1 No one 다음에 시제가 현재이므로 단수동사 takes가 와야 한다.
2 No one 다음에 시제가 현재이므로 단수동사 watches가 와야 한다.
3 No one 다음에 시제가 현재이므로 단수동사 plays가 와야 한다.

단어·숙어
museum [명] 박물관
take pictures 사진을 찍다
watch TV TV를 보다
play tennis 테니스를 치다

해석
아무도 수업 중에 휴대 전화를 사용하지 않는다.
1 아무도 박물관 안에서 사진을 찍지 않는다.
2 내 가족 중 아무도 TV를 보지 않는다.
3 아무도 비가 올 때 테니스를 치지 않는다.

A 다음 괄호 안에서 알맞은 말을 고르시오.

1. Minjun is too (tired / tiredness) to go out.

2. Summer break is too (short / shortly) to go anywhere.

3. It is too (late / lately) to go home.

4. The weather was too (wind / windy) to play badminton.

B 주어진 표현을 바르게 배열하여 문장을 완성하시오.

1. (taller, one, is, than, no)

   → ________________________________ Jack.

2. (like, can, one, run, no)

   → ________________________________ Tim.

3. (hands, no, raises, in class, one)

   → ________________________________

4. (these days, uses, one, no, MP3 players)

   → ________________________________

C 두 문장이 같은 의미가 되도록 문장을 완성하시오.

1. You are so young that you can't travel on your own.

   → You are too ________________________________.

2. The man is so tall that he can't get on the bus.

   → The man is ________________________________.

3. The music was so loud that I couldn't hear a word.

   → The music ________________________________.

4. The lecture was so hard that I couldn't follow it.

   → The lecture ________________________________.

D 다음 빈칸에 보기 의 단어를 활용하여 문장을 완성하시오.

> 보기
>
> go   buy   enjoy   take

1. No one ___________ a walk after 9 p.m.

2. No one ___________ jogging in the heavy rain.

3. No one ___________ playing soccer in my class.

4. No one ___________ products made by companies that use child labor.

Grammar Tip

- too ~ to … 구문에서 too와 to 사이에는 형용사 또는 부사가 오는데, 문맥상 자연스러운 것을 선택해야 한다.

- No one …은 '아무도 … 않다'라는 뜻으로 주어 자리에 사용되어 문장 전체를 부정한다.

1, 2. so ~ that … can't는 too ~ to … 구문으로 바꿔 쓸 수 있다. 이때 too와 to 사이에는 형용사 또는 부사가 오며, to 다음에는 동사원형이 온다.

3, 4. to부정사의 주체가 따로 있을 때, 'for+목적격'의 형태로 to 앞에 써 준다.

- 문장의 시제가 현재인 경우 No one 뒤에 단수동사가 온다.

Ready 다음 그래프를 보고, 알게 된 사실과 그 이유를 추측해 말해 봅시다.

당신이 가장 좋아하는 등장인물은 누구입니까?

e.g. Many students picked Hong Gildong because he is courageous.
No one picked Nolbu. I think it's because he is too greedy.

[활동 방법] 그래프를 보고, 학생들이 가장 좋아하는 등장인물과 그 이유를 추측해 말해 본다.

[단어 숙어]
favorite [형] 가장 좋아하는
character [명] 등장인물
pick [동] 뽑다
courageous [형] 용감한
greedy [형] 탐욕스러운

[해석]
- 많은 학생들은 홍길동이 용감하기 때문에 그를 뽑았다.
- 아무도 놀부를 뽑지 않았다. 내 생각에 그가 너무 탐욕스럽기 때문인 것 같다.

Write 위의 정보를 바탕으로 그래프를 설명하는 글을 써 봅시다.

Look at the survey result on "Who is your favorite character?" ___Fifteen___ out of thirty students chose ___Hong Gildong___. In other words, ___fifty___ percent of the students chose the character. I think it's because the character is ___courageous___. Next, ___nine___ students chose ___Kongjwi___ and ___six___ students chose ___Robin Hood___. No one chose ___Nolbu___. Maybe it's because the character is too ___greedy___ to be liked by others.

[활동 방법] 위의 그래프를 바탕으로 설명하는 글을 완성해 본다.

[단어 숙어]
survey [명] 설문 조사
result [명] 결과
in other words 다시 말해서

[해석]
"당신이 가장 좋아하는 등장인물은 누구입니까?"라는 설문 조사 결과를 보자. 30명의 학생들 중 15명이 홍길동을 선택했다. 다시 말해서 50퍼센트의 학생들이 그 등장인물을 선택했다. 내 생각에 그것은 그 등장인물이 용감하기 때문인 것 같다. 그다음 9명의 학생들이 콩쥐를 선택했고, 6명의 학생들이 로빈 후드를 선택했다. 아무도 놀부를 선택하지 않았다. 아마도 그것은 그 등장인물이 다른 사람들이 좋아하기에 너무 탐욕스럽기 때문일 것이다.

Present 친구들에게 그래프를 설명해 봅시다.

Peer Review	🙂	😟
• 제시된 그래프를 파악하여 잘 설명하였나요?	☐	☐
• 'too ~ to ...'와 'No one ... .' 표현을 이해하고 잘 사용하였나요?	☐	☐

1 다음을 듣고, 소년이 주장하는 것을 골라 봅시다. 🎧

2 다음 그래프를 보고, 짝과 대화해 봅시다.

Favorite Color

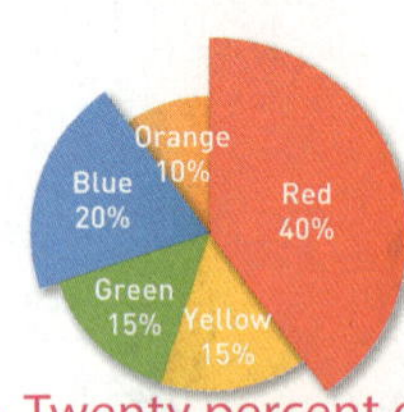

A: What can you tell from the chart?
B: Forty percent of the students liked red.

e.g. Twenty percent of the students liked blue.

3 다음 글을 읽고, 이후에 나올 내용을 골라 봅시다.

"My name is Pascal. Is there anything I can do for you?"
"Well, can you help us get back the money that the king took from the people? He taxed them too much. He is too greedy to share with the people, so they don't have enough money to buy food. I want to help them get their money back. However, there are many soldiers in the tower, so no one can get inside."
"Hmm... I think I have a solution. I need to count the number of soldiers."

☑ Pascal counts the number of soldiers.
☐ Pascal goes back to his room.
☐ The king shares the tax money with the people.

4 주어진 단어를 바르게 배열하여 문장을 완성해 봅시다.

"Look, the most dangerous time is between six in the evening and midnight. Four times more soldiers work at that time than from six in the morning until noon."
(more, work, four times, soldiers)

5 그림에 맞게 빈칸에 알맞은 말을 써 봅시다.

This soup is ___too___ ___salty___ ___to___ eat.

your own

6 'No one' 표현을 사용해서 자신의 주변 상황을 말해 봅시다.

e.g. No one in my class uses typewriters these days.

My Score | 4-6 | 2-3 | 0-1
/ 6

1

Script

B: These days, you don't need paper tickets to watch a movie or go to a concert. You just need to store your ticket in your cell phone. Then show the ticket on your phone's screen before you go in. You don't need to go through the trouble of printing out tickets. Do you see what I mean?

해석 B: 요즈음 당신은 영화를 보거나 콘서트에 가기 위하여 종이 입장권이 필요하지 않습니다. 당신은 당신의 휴대 전화에 입장권을 저장하기만 하면 됩니다. 그런 다음 입장하기 전에 당신의 전화기 화면에 보이는 입장권을 보여 주면 됩니다. 당신은 입장권을 출력하는 번거로움을 겪지 않아도 됩니다. 제 말이 무슨 뜻인지 아시겠어요?

풀이 소년은 종이 입장권 대신 휴대 전화로 입장권을 보여 주면 된다고 말하고 있으므로 두 번째 그림이 소년의 주장으로 알맞다.

단어·숙어 screen ⑨ 화면
go through …을 겪다
print out 출력하다

2

해석 A: 그래프로부터 무엇을 알 수 있나요?
B: 학생들의 40%가 빨간색을 좋아했어요.

풀이 '~ percent of ...'는 '… 중의 ~퍼센트'라는 뜻으로 전체 중에 차지한 부분이 몇 퍼센트인지를 나타낼 때 사용하는 표현이다. 따라서 그래프를 보고 학생들의 몇 퍼센트가 어떤 색을 좋아하는지 대입하여 말해 본다.

3

해석 "제 이름은 파스칼이에요. 제가 당신을 위해 할 수 있는 게 있을까요?"
"음, 우리가 왕이 사람들에게서 가져간 돈을 되찾는 것을 도와줄 수 있니? 그는 그들에게 너무 많이 과세했어. 그는 너무 욕심이 많아서 사람들과 나누지 않아. 그래서 그들은 식량을 살 돈이 충분하지 않아. 나는 그들의 돈을 되찾을 수 있게 돕고 싶어. 그러나 탑 안에 병사들이 많아서 아무도 안에 들어갈 수 없어.
"흠… 제게 해결책이 있는 것 같아요. 저는 병사들의 수를 세야 해요."

- 파스칼은 병사들의 수를 센다.
- 파스칼은 그의 방으로 돌아간다.
- 그 왕은 사람들과 세금을 나눈다.

풀이 파스칼은 로빈 후드의 말을 들은 후, 마지막에 병사들의 수를 세야 한다고 했으므로 그다음에 이어질 내용은 파스칼이 병사들의 수를 세는 것이다.

단어·숙어 get back 되찾다
tax ⑧ 세금을 부과하다 ⑨ 세금
greedy ⑧ 탐욕스러운
solution ⑨ 해결책
count ⑧ 수를 세다

4

해석 "보세요, 가장 위험한 시간은 저녁 여섯 시에서 자정까지예요. 오전 여섯 시부터 정오까지보다 네 배나 더 많은 병사들이 그 시간에 일해요."

풀이 '(숫자) times (비교급) than ...'은 '…보다 (숫자) 배[번] 더 (비교급) ~한'이라는 뜻의 표현으로 '네 배나 더 많은 병사들이 일한다'는 의미에 맞게 주어진 단어를 배열한다.

단어·숙어 midnight ⑨ 자정
noon ⑨ 정오

5

해석 이 수프는 먹기에 너무 짜다.

풀이 'too + 형용사/부사 + to부정사' 구문과 salty라는 형용사를 사용하여 문장을 완성한다.

6

해석 우리 반의 아무도 요즈음에 타자기를 사용하지 않는다.

풀이 No one ... .은 '아무도 … 않다.'라는 뜻으로 문장 전체를 부정한다. No one 다음에 나오는 동사는 단수형이 와야 한다.

예시 답안 No one in my class has fish as a pet.
우리 반의 아무도 애완동물로 물고기를 기르지 않는다.

Culture & Life

Numbers Around the World

Find out 세계 여러 문화에서 숫자가 가지는 의미를 알아봅시다.

What kinds of numbers are thought to be lucky or unlucky? Do you think it is similar around the world?

Usually, the number 7 is a lucky number in countries like England, the USA, and France. However, a lucky number in one country can be unlucky in another. Chinese people think 7 is unlucky because July or "the seventh month" is often thought of as a month for ghosts.

Many people in Western countries don't like the number 13. There are even scary movies about Friday the 13th. However, in Italy, the number is related to a good person, St. Anthony. He prayed for lost things or people. Now, people celebrate the day he died, June 13th.

How about the number 4? In Germany, the number is regarded as lucky because it matches the number of leaves on a four-leaf clover. However, in China, the sound of the word for the number 4 is similar to that of the Chinese word for death.

Try out 우리나라에서 숫자가 가지는 의미를 말해 봅시다.

e.g. In ancient Korea, 1 represented the sky and 2 represented the earth. 1 plus 2 equals 3, so 3 was a lucky number in Korea. However, the number 4 is still an unlucky number, just like in China.

단어 숙어

lucky 형 행운의
unlucky 형 불길한
similar 형 비슷한
ghost 명 유령
Western 형 서양의
pray 동 기도하다
celebrate 동 기념하다
match 동 일치하다
death 명 죽음
ancient 형 고대의

표현

• In Germany, the number **is regarded as** lucky ... .: be regarded as는 '…로 여겨지다'라는 의미이다.
• However, in China, the sound of the word for the number 4 is similar to **that** of the Chinese word for death.: that은 앞에 나온 명사의 반복을 피하기 위해 쓰였으며, 여기서는 the sound를 대신한다.

해석 **Find out**

어떤 종류의 숫자들이 행운 또는 불길한 숫자라고 생각되는가? 당신은 세계 각국이 비슷할 거라고 생각하는가?

숫자 7: 주로 숫자 7은 영국, 미국, 그리고 프랑스 같은 나라들에서 행운의 숫자이다. 그러나 한 나라에서 행운의 숫자는 다른 나라에서는 불길한 숫자일 수 있다. 중국 사람들은 7월 또는 '일곱 번째 달'이 종종 유령들의 달로 생각되기 때문에 숫자 7이 불길하다고 생각한다.

숫자 13: 서양 국가들의 많은 사람은 숫자 13을 싫어한다. 심지어 13일의 금요일에 관한 무서운 영화들도 있다. 그러나 이탈리아에서 그 숫자는 좋은 사람, 성 안토니오와 연관되어 있다. 그는 잃어버린 물건들이나 사람들을 위해 기도했다. 이제 사람들은 그가 죽은 6월 13일을 기념한다.

숫자 4: 숫자 4는 어떨까? 독일에서 그 숫자는 네잎클로버의 잎의 수와 일치하므로 행운이라고 여겨진다. 그러나 중국에서 숫자 4라는 단어의 소리는 죽음이라는 중국 단어의 소리와 비슷하다.

Try out

고대 한국에서 1은 하늘을 나타냈고, 2는 땅을 나타냈다. 1 더하기 2는 3이므로 3은 한국에서 행운의 숫자였다. 그러나 숫자 4는 중국에서와 마찬가지로 여전히 불길한 숫자이다.

Culture & Life Project

Ready

Ready 모둠별로 1부터 9까지 중 가장 좋아하는 숫자와 그 이유를 설문 조사해 봅시다. **group**

Group member	Favorite number	Reason
Jiwon	7	born in July

활동 방법 모둠별로 1부터 9까지 중 가장 좋아하는 숫자와 그 이유를 설문 조사해 본다.

단어 숙어 July 7월

Create

Create 각 모둠별 결과를 모아서 그래프로 정리해 봅시다. **class**

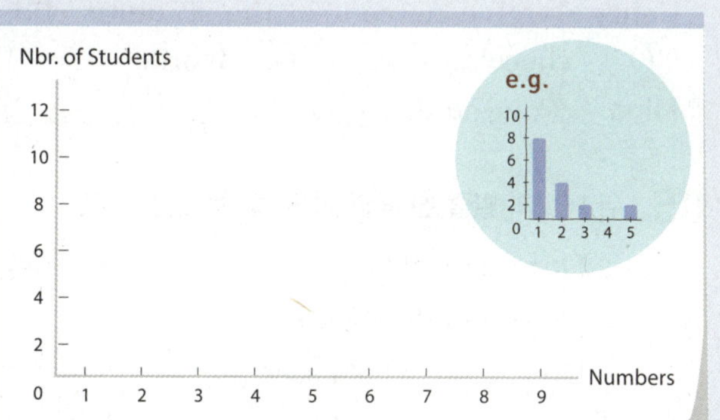

활동 방법 각 모둠별 결과를 모아서 그래프로 정리해 본다.

Share

Share 그래프를 보고 알게 된 사실을 말해 봅시다.

e.g. A: I realized that no one likes 4. However, 7 is liked by many students. What did you find out?

B: I noticed that 1 is popular, too. Maybe it's because everyone wants to be number one.

활동 방법 위에서 정리한 그래프를 보고 알게 된 사실을 말해 본다.

해석

A: 나는 아무도 4를 좋아하지 않는다는 것을 깨달았어. 그러나 7은 많은 학생들이 좋아해. 너는 무엇을 알아냈니?

B: 나는 1도 인기가 있다는 것을 알게 되었어. 아마도 그것은 모두 1등이 되고 싶어 하기 때문인 것 같아.

단어 숙어 find out 알아내다
notice ⑧ 깨닫다, 알다
popular ⑩ 인기 있는

 MEMO

01 대화를 듣고, 각 빈칸에 알맞은 말을 쓰시오.

> ________ percent of the students liked Van Gogh while only ________ percent of the students liked Matisse.

02 대화를 듣고, 남자의 마지막 말에 대한 여자의 응답으로 가장 적절한 것을 고르시오.

① Now I get it.
② You should understand.
③ Now I don't understand.
④ Can you solve this problem?
⑤ It seems to me that you don't get it.

03 대화를 듣고, 대화의 내용과 일치하지 <u>않는</u> 것을 고르시오.

① 지안이의 남동생이 지안이의 컴퓨터를 고장 냈다.
② 화나 보이기 위해서는 얼굴 근육을 많이 쓴다.
③ 미소 짓기 위해서는 몇 개의 얼굴 근육만 필요하다.
④ 남자는 지안이에게 항상 웃는 것이 더 낫다고 말하고 있다.
⑤ 지안이는 앞으로 화를 내지 않기로 약속했다.

04 다음 짝 지어진 대화 중 자연스럽지 <u>않은</u> 것은?

① **A** I did a survey on the books we want for our school library.
  B What was the result?
② **A** Over sixty percent of the students voted for me, so I won the election.
  B Did you win?
③ **A** What can you tell from the pie chart?
  B Seven out of twenty students liked red.
④ **A** Do you see what I mean?
  B Yes, I get it.
⑤ **A** Ten out of ten people said that they saw ghosts.
  B That is unbelievable!

[05-06] 다음 대화를 읽고, 물음에 답하시오.

Mina Henry, what are you doing?
Henry I'm writing an article about students' favorite snacks. I'm worried about their health.
Mina Why?
Henry Well, I surveyed 100 students and the results show that eighty percent of the students liked pizza and fried chicken for snacks. ⓐ<u>Do you see what I mean?</u>
Mina Oh, I get it. Students really like fast food. What else did they like?
Henry Twelve percent of the students chose chocolate cake as their favorite.
Mina Wow, students should ______ⓑ______!

05 위 대화의 밑줄 친 ⓐ와 바꿔 쓸 수 있는 것은?

① Do you see it?
② Do you understand?
③ Do you see what I see?
④ Can you tell the difference?
⑤ Could you tell me the meaning?

06 위 대화의 빈칸 ⓑ에 알맞은 것은?

① never eat any kind of snacks
② eat more snacks every day
③ really try to eat healthier snacks
④ exercise after eating fast food
⑤ not worry about eating unhealthy snacks

07 자연스러운 대화가 되도록 (A)~(D)를 바르게 배열하시오.

> (A) Oh, I see.
> (B) We should have more tennis classes for after-school classes.
> (C) Look at the pie chart. Seventy percent of the students said that they wanted to learn tennis. Do you see what I mean?
> (D) What makes you say that?

(   ) – (   ) – (   ) – (   )

08 다음 영영 풀이에 해당하는 단어는?

> a person who works in an army

① king   ② captain   ③ soldier
④ thief   ⑤ queen

09 다음 빈칸에 공통으로 알맞은 것은?

> • He is so _________. He never shares his food with his siblings.
> • The king became _________ and collected more tax from the people.

① naive   ② upset   ③ kind
④ greedy   ⑤ generous

10 다음 중 단어의 쓰임이 바르지 <u>않은</u> 것은?

① What's the <u>matter</u>? You look sick.
② He is <u>struggling</u> with the disease.
③ The dog <u>counted</u> after the sheep.
④ Do you know how to read <u>graphs</u>?
⑤ A husband and wife are not <u>taxed</u> separately.

11 다음 중 밑줄 친 부분이 올바른 것은?

① Jim is <u>too shortly</u> to play basketball.
② The turtle is <u>too slowly</u> to win the race.
③ The house is <u>too old to</u> live in.
④ The island is <u>too desert to</u> stay during vacation.
⑤ The road is <u>too slipper to</u> walk around.

12 다음 중 어법상 어색한 부분을 찾아 바르게 고쳐 쓰시오.

> No one have seen the movie yet.

_______________ → _______________

13 우리말과 일치하도록 괄호 안의 단어를 써서 영작하시오.

> 그 다리미는 만지기에 너무 뜨겁다.
> (iron, too, touch)

____

14 다음 빈칸에 공통으로 알맞은 것은?

> • No one can _________ me with my math homework.
> • No one will _________ you if you just give up.

① help   ② work   ③ write   ④ talk   ⑤ have

[15-16] 다음 글을 읽고, 물음에 답하시오.

Pascal was doing his math homework in his room. He was struggling with graphs.

"It's too ⓐ<u>hard</u> to read and draw graphs. Why do I need these anyway? No one needs graphs in real life." He put down his pen and picked up his favorite book, *Robin Hood*. He decided to read himself to ⓑ<u>sleep</u>. When he was about to open the book, he heard a voice. He looked up from the book to see who was talking. He couldn't ⓒ<u>believe</u> his eyes. It was his dog, Manny, who was talking!

"Close your eyes and repeat after me. *Cogito ergo sum*," said Manny.

"You can talk?"

"Just repeat! *Cogito ergo sum*."

_________________(A)_________________

Suddenly, he heard men shouting. When he opened his eyes, he saw soldiers on horses. They were ⓓ<u>chasing</u> a man with arrows in his hand. The man saw Pascal and shouted.

"It's too ⓔ<u>safe</u> for you to stand there."

15 윗글의 빈칸 (A)에 들어갈 내용으로 알맞은 것은?

① 파스칼은 잠이 들었다.
② 파스칼은 다시 책을 읽기 시작했다.
③ 파스칼은 그래프를 읽고 그리는 법을 공부하였다.
④ 파스칼은 Manny에게 따라 말하라고 명령하였다.
⑤ 파스칼은 그의 눈을 감고 Manny가 말한 것을 따라 말했다.

16 윗글의 밑줄 친 ⓐ~ⓔ 중 흐름상 쓰임이 <u>어색한</u> 것은?

① ⓐ   ② ⓑ   ③ ⓒ   ④ ⓓ   ⑤ ⓔ

[17-20] 다음 글을 읽고, 물음에 답하시오.

"My name is Pascal. I don't know why I'm here, but there must be a reason. ___(A)___ you saved me from the soldiers, I want to help you. Is there anything I can do for you?"

"Well, can you help us get back the money that the king took from the people? He taxed them too much. ⓐ(is / too / share / the people / greedy / with / he / to), so they don't have enough money to buy food. I want to help them get their money back. ___(B)___, there are many soldiers in the tower, so no one can get inside."

"Hmm... I think I have a solution. But first, can you take me to the tower? I need to count the number of soldiers."

Robin and Pascal hid up in a tree and counted the soldiers one by one.

"There are five soldiers from midnight to six in the morning. Next, there are three soldiers until noon, and then there are eight soldiers until six in the evening. Lastly, there are twelve soldiers until midnight. So, ⓑyou should go inside between six in the morning and noon."

"What? I don't get it."

Pascal thought for a moment. 'Hmm... A graph might make this easier to understand.'

Pascal drew a graph and showed it to Robin.

17 윗글의 빈칸 (A)와 (B)에 알맞은 말끼리 짝 지어진 것은?

    (A)   (B)

① Because   –   Thus

② However   –   Because

③ Because   –   However

④ However   –   Thus

⑤ Thus   –   However

18 윗글의 밑줄 친 ⓐ를 바르게 배열하여 문장을 완성하시오.

→ _______________________________

19 파스칼이 윗글의 밑줄 친 ⓑ처럼 말한 이유를 우리말로 쓰시오.

→ _______________________________

20 윗글의 내용과 일치하는 것은?

① 파스칼은 로빈 후드를 구해 주었다.

② 왕은 자비를 베풀어 세금을 적게 부과하였다.

③ 탑 안에 병사가 많아서 아무도 들어갈 수 없었다.

④ 파스칼과 로빈 후드는 탑 위에서 병사들의 수를 세었다.

⑤ 로빈 후드는 파스칼의 말을 듣고 그래프를 그렸다.

[21-22] 다음 글을 읽고, 물음에 답하시오.

"Look, the most dangerous time is between six in the evening and midnight. Four times more soldiers work at that time than from six in the morning until noon. Do you see what I mean?"

"Aha! I get it now. Thank you so much, Pascal!"

"You're welcome. Now I realize the importance of graphs. No one can say that we don't need them anymore."

Pascal walked out of the woods. When he looked back, he saw Robin Hood waving at him. Pascal waved back and said to himself, "It was a great adventure. How do I go back? Oh, I know. I should say the words *Cogito ergo sum*!"

21 윗글을 읽고, 대답할 수 <u>없는</u> 질문은?

① When is the most dangerous time?

② How many soldiers work from six in the morning until noon?

③ What did Pascal realize?

④ What was Robin Hood doing when Pascal looked back?

⑤ What words should Pascal say?

22 윗글을 읽고, 파스칼의 이후 행동으로 알맞은 것은?

① 숲으로 다시 돌아간다.

② 로빈 후드에게 인사한다.

③ 새로운 모험을 시작한다.

④ '코기토 에르고 숨'이라고 말한다.

⑤ 그래프의 중요성을 깨닫고 전파한다.

서술형 평가 

01 다음 그림을 보고, 주어진 단어를 사용하여 문장을 완성하시오. (각 3점)

(1) This ____.
(sweater, too, wear)

(2) No one ____.
(pay, attention, the teacher)

(3) This computer ____.
(slow, use)

(4) No one ____.
(want, clean, the classroom)

02 다음 그래프를 보고, 주어진 표현을 사용하여 질문에 답하시오. (각 3점)

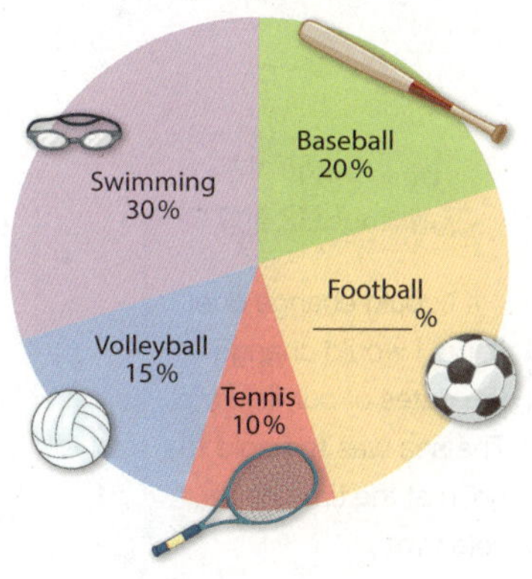

(1) What percentage of the students likes football best?

____

(2) How many students prefer swimming? (out of one hundred)

____

(3) How many students do not like volleyball most? (out of one hundred)

____

(4) How many students like tennis and baseball most? (out of one hundred)

____

All About This Year

Focus 중학교 생활을 마무리하면서 'All About This Year'를 완성해 봅시다.

Think 한 해를 마무리하며 올 한 해 있었던 일 중 'All About This Year'에 들어갈 내용을 말해 봅시다.

> **Q1** What was the most memorable event?
> **Q2** What difficulties did you have?
> **Q3** If you could go back to the first day of school, what change would you like to make?

활동 방법 한 해를 마무리하며 주어진 질문에 대한 답을 생각해 본다.

Write 위에서 말한 것을 바탕으로 'All About This Year'에 들어갈 문장을 써 봅시다.

> • Looking back at this year, ….
> • If I (could) …, I (would) ~.
> • too ~ to …
> • However, ….

주어진 표현을 활용하여 문장을 써 봅시다.

Most Memorable Event	**Difficulties You Had**	**One Thing That You Would Change**
Looking back at this year, the most memorable event was the school "Sports Day."	This year, I started to learn Chinese. However, it was not easy to learn a new language.	If I could change one thing, I would change the dates of our field trip. The sea was too cold to go in at the time of our field trip.

활동 방법 위의 질문 내용을 바탕으로 'All About This Year'에 들어갈 내용을 작성해 본다.

단어 숙어
memorable ⑧ 기억할 만한
event ⑨ 행사
difficulty ⑨ 어려움
go back 돌아가다
change ⑨ 변화, 변경

해석
Q1 가장 기억에 남는 행사는 무엇이었나?
Q2 네가 겪었던 어려움들은 무엇이었나?
Q3 만약 네가 학교 첫날로 돌아갈 수 있다면, 너는 어떤 변화를 만들고 싶은가?

단어 숙어
look back 되돌아보다
however ⑨ 그러나
date ⑨ 날짜
field trip 체험 학습
go in 안으로 들어가다

해석
• 가장 기억에 남는 행사
올해를 되돌아보면 가장 기억에 남는 행사는 학교 '체육 대회'였다.
• 네가 겪었던 어려움들
올해 나는 중국어를 배우기 시작했다. 그러나 새로운 언어를 배우는 것은 쉽지 않았다.
• 네가 바꿀 한 가지
만약 내가 한 가지를 바꿀 수 있다면, 나는 우리 체험 학습의 날짜를 바꿀 것이다. 우리의 체험 학습 시기에 바다는 너무 추워서 들어갈 수 없었다.

Make 앞에서 정리한 내용으로 'All About This Year'를 만들어 봅시다.

Self-check	☺	☹
• 주어진 표현을 활용하여 문장을 잘 완성하였나요?	☐	☐
• 기억에 남는 순간, 힘들었던 점, 그리고 바꾸고 싶은 것을 모두 썼나요?	☐	☐
• 내용에 맞는 사진이나 그림을 활용하였나요?	☐	☐

활동 방법 앞에서 정리한 내용을 바탕으로 사진 또는 그림과 함께 'All About This Year'를 만들어 본다.

Present 완성한 'All About This Year'를 소개해 봅시다.

Peer Review	☺	☹
• 친구의 'All About This Year' 내용이 흥미로운가요?	☐	☐
• 내용에 맞는 사진이나 그림을 활용하였나요?	☐	☐

활동 방법 위에서 만든 'All About This Year'를 친구들에게 소개해 본다.

Year End Book

인터넷에서 'Year End Book'을 검색해 보면 다양한 형태의 자료들을 찾아 볼 수 있다.

01 다음 밑줄 친 단어의 쓰임이 어색한 것은?

① The exams <u>frustrate</u> me.

② The park is <u>worth</u> visiting.

③ It's time to make a <u>decide</u>.

④ Let's meet in front of the <u>entrance</u>.

⑤ There are a <u>variety</u> of choices for food.

02 다음 네모 칸의 알파벳들을 순서대로 배열하여 만들 수 있는 단어는?

pris□n	감옥
□eliable	믿음이 가는
metho□	방법
eff□ctive	효과적인
□egularity	규칙성

① older
② order
③ place
④ point
⑤ pride

03 다음 단어의 영영 풀이로 바르지 <u>않은</u> 것은?

① maze: a complicated and confusing system of connected passages

② instead: to affect or change in an indirect but usually important way

③ proverb: a brief popular saying that gives advice about how people should live

④ compare: to look at closely in order to see what is similar or different about them

⑤ confusion: a situation in which people are unable to understand something clearly

04 다음 빈칸에 공통으로 알맞은 것은?

• Thank you for giving me this _______.
• You'll have a(n) _______ to ask questions at the end of the presentation.

① captain
② quality
③ advice
④ effect
⑤ opportunity

05 다음 대화의 빈칸에 알맞은 것은?

A Is it _______ to survive on Mars?
B Why not? All I need is air and water.

① fun
② boring
③ difficult
④ possible
⑤ interesting

06 다음 말에 이어질 대화의 순서를 바르게 배열한 것은?

How may I help you?

(A) Okay, no problem.

(B) I know, and that's why I spent a long time making the decision yesterday. But I think that red will look better on me.

(C) Hi! I bought these shoes yesterday. Is it possible to exchange them for the red shoes?

(D) Oh, actually white is really popular these days.

① (B) – (A) – (C) – (D)
② (B) – (C) – (D) – (A)
③ (C) – (B) – (A) – (D)
④ (C) – (D) – (A) – (B)
⑤ (C) – (D) – (B) – (A)

[07-08] 다음 대화를 읽고, 물음에 답하시오.

Man Hi, do you need any help?
Girl Yes, please. Could you suggest a good Chinese restaurant in this building? I can't decide between the two.
Man Hmm…. . What about Pappa Chen's? Their food is good and the prices are reasonable.
Girl Sounds great! ________________________
Man It's on the fourth floor. You can use the elevator over there. Pappa Chen's is next to the elevator.
Girl Great! Thank you very much for your help.
Man My pleasure. Enjoy your dinner.

07 위 대화의 빈칸에 알맞은 것은?

① How much are the dishes?
② What would you like to order?
③ How do I get to the restaurant?
④ How do you like the food there?
⑤ What is the best item on the menu?

08 위 대화의 내용과 일치하지 <u>않는</u> 것은?

① Pappa Chen's is on the fourth floor.
② The man recommends Pappa Chen's.
③ Pappa Chen's is close to the elevator.
④ The girl wants to go to a Chinese restaurant.
⑤ The man thinks the food at Pappa Chen's is expensive but good.

09 다음 대화의 내용과 일치하도록 빈칸 ⓐ와 ⓑ에 알맞은 말이 바르게 짝 지어진 것은?

Girl Dohun, what are you doing?
Boy I'm watching a movie about AI robots. It's really fascinating. What do you think of them?
Girl In my opinion, they will cause problems. AI robots will take jobs away from people.
Boy Well, I still think they are useful. There is a science festival introducing AI robots. Why don't we go and find out more about them?
Girl Sounds good.

↓

The girl thinks AI robots will cause problems, but the boy thinks they are ___ⓐ___. They will go to a ___ⓑ___ festival and find out more about the robots.

	ⓐ		ⓑ
①	useful	–	math
②	useful	–	music
③	useful	–	science
④	dangerous	–	music
⑤	dangerous	–	science

10 다음 대화의 빈칸에 알맞은 것은?

A Students should receive pocket money.
B ________________ They'll rely on their parents too much.

① I agree.　　　　② I like it.
③ I think so.　　　④ I disagree.
⑤ I think it's fun.

11 다음 대화의 빈칸에 알맞은 속담은?

> **A** Look! People are just leaving their trash behind!
> **B** Oh, no! If we harm the environment, we'll be the ones who regret it in the end.
> **A** I agree. Like the saying goes, "________
> ________"
> **B** You're right. Let's help the earth by taking our trash with us.

① Better late than never.
② Don't judge a book by its cover.
③ What goes around comes around.
④ An apple a day keeps the doctor away.
⑤ All work and no play makes Jack a dull boy.

12 다음 짝 지어진 대화 중 자연스럽지 <u>않은</u> 것은?

① **A** What are you doing?
　B I'm posting my pictures on the internet.
② **A** I think we need longer lunch breaks.
　B I agree. We'll have more time to eat.
③ **A** How about reserving a music room?
　B That's a good idea.
④ **A** What do you think of watching a movie?
　B I think it is a great idea.
⑤ **A** What do you think of having no tests at school?
　B I agree with the idea. Students will not review the lessons.

13 다음 밑줄 친 ①~⑤ 중 어법상 <u>어색한</u> 것은?

> **A** ①What kind of cell phone case ② would you like to buy?
> **B** ③I'd like to buy ④a blue one. I would also like ⑤it with a star on it.

14 다음 빈칸에 어법상 올바른 동사의 형태끼리 짝 지어진 것은?

> • _(Look)_ at the black part, you may see the picture as a glass.
> • _(Read)_ from left to right, it reads "evil."
> • _(Walk)_ along the road, I felt a sense of peace.

① Look – Read – Walk
② To look – To read – To walk
③ To look – Reading – Walking
④ Looking – Reading – Walking
⑤ Looking – To read – To walk

15 다음 ⓐ~ⓔ 중 어법상 올바른 문장을 <u>모두</u> 고르면?

> ⓐ It is my uncle that lives in Mexico.
> ⓑ It was the station that Sean met Jane.
> ⓒ It was Chris that took my dog for a walk.
> ⓓ It was last Friday that went hiking with Jinsu.
> ⓔ It was my mom that made the cookies for me.

① ⓐ, ⓒ　　　　② ⓒ, ⓔ
③ ⓐ, ⓒ, ⓔ　　④ ⓑ, ⓒ, ⓔ
⑤ ⓑ, ⓓ, ⓔ

16 다음 빈칸에 알맞은 말이 나머지와 <u>다른</u> 하나는?

① The boy got up early. ________, he missed the bus.
② The weather was great. ________, they went on a picnic.
③ Some say birds of a feather flock together. ________, opposites attract.
④ Some say you can't teach an old dog new tricks. ________, age is just a number.
⑤ Some say you shouldn't judge a book by its cover. ________, clothes make the man.

[17-19] 다음 글을 읽고, 물음에 답하시오.

ⓐ Compare the two pictures below, you can easily notice some differences. For example, the picture on the left is ⓑ call a labyrinth and only has an entrance. The picture on the right is called a maze and has both an entrance and an exit.

You can find the origin of the labyrinth in Greek mythology. It is said to be a prison that you cannot escape. But you may notice that the labyrinth has only a single path. There are no dead ends. This means you don't have to worry about getting out of it when you enter it. If you follow the path all the way to the end, you will reach the center. To get out, you simply have to turn around and walk back out the way you came in.

17 윗글을 읽고, 알 수 없는 것을 <u>두 개</u> 고르면?

① the origin of the maze

② the origin of the labyrinth

③ how to get out of the maze

④ how to get out of the labyrinth

⑤ the difference between the maze and the labyrinth

18 윗글의 밑줄 친 ⓐ와 ⓑ의 어법상 올바른 형태는?

	ⓐ	ⓑ
①	Compare	call
②	Compared	called
③	Compared	calling
④	Comparing	called
⑤	Comparing	calling

19 윗글의 '미궁'에 대한 설명으로 일치하는 것은?

① 미궁의 기원은 로마 신화에서 찾을 수 있다.

② 미궁은 원래 공원이었다.

③ 미궁에는 두 가지 길만 있다.

④ 미궁에는 막다른 길이 없다.

⑤ 미궁에 한번 들어가면 빠져나올 방법은 없다.

20 다음 글의 빈칸에 알맞은 것은?

When you are in a maze, it's a different story. There are many choices to make and dead ends to frustrate you. You have to keep making decisions about which way to go. If you are not careful, you can easily _______________.

① find your way

② lose your way

③ find dead ends

④ solve the problem

⑤ make good choices

[21-22] 다음 글을 읽고, 물음에 답하시오.

These days, mazes are often considered left-brain puzzles. Many people willingly visit maze parks and enjoy the "planned confusion." And some of them come up with their own solutions. The easiest and most reliable <u>one</u> is to place a hand on one wall from the very beginning. Then you just keep following that wall. It's like walking in a dark room. Unfortunately, this simple method may not be effective in certain types of mazes, especially when all of the walls are not connected.

21 윗글의 밑줄 친 **one**이 가리키는 것은?

① maze   ② hand

③ park   ④ puzzle

⑤ solution

22 윗글의 내용상 미로를 빠져 나오는 가장 쉽고 믿을 만한 방법은?

① 실을 사용하는 것

② 발자국을 이용하는 것

③ 벽들의 모양을 살펴보는 것

④ 불빛을 사용해 신호를 보내는 것

⑤ 한 손을 벽에다 두고 벽을 따라가는 것

[23-24] 다음 글을 읽고, 물음에 답하시오.

Every now and then, words of wisdom have influenced people and changed their lives in a great way. For example, "Actions speak louder than words," means the following: what you do is more important than what you say. So people try to do things instead of just saying something. ________, some people have different opinions. To them, it is words that speak louder than actions. How? They think that words can influence others to do good things. It is natural to have different ideas. Let's take a look at some other proverbs upside down.

23 윗글의 빈칸에 알맞은 것은?

① So   ② And

③ However   ④ Although

⑤ Therefore

24 윗글 다음에 나올 내용으로 알맞은 것은?

① 행동이 말보다 중요한 이유

② 속담이 사람들의 삶에 끼친 영향

③ 다양한 의견을 가질 수 있는 속담 예시

④ 다양한 생각을 가지는 것이 중요한 이유

⑤ 말이 사람들에게 좋은 영향을 끼친 사례

25 다음 중 수지의 의견과 일치하지 <u>않는</u> 것은?

Look before you leap: Check what is in front of you before making a decision.

I totally agree. We should always be careful before we decide to do something. Then we'll be happy with the results of our decisions. However, if we don't take time to think things over, we may regret it. Also, we'll make mistakes if we do something without giving it a second thought. As a result, it will take us more time to fix.

Posted by Suzi Kang

① 결정하기 전에는 신중해야 한다.

② 신중하게 결정하면 결과에 대해 만족할 것이다.

③ 긴 시간에 걸쳐 생각해 보지 않으면 후회할지도 모른다.

④ 결정에 대해 다시 생각해 보지 않으면 실수를 할 것이다.

⑤ 신중하게 결정하지 않으면 결과를 바로잡는 데 더 적은 시간을 쓰게 될 것이다.

I disagree with your opinion. (①) I was really close with my neighbor, Jenny. (②) She was from America and we liked the same basketball team. (③) We spent a lot of time watching games together. (④) I haven't seen her since, but I still remember the times we had. (⑤) I miss her more and more as time goes by. It is the quality of time that makes people remember each other.

Posted by Jaeha Park

26 윗글의 ①~⑤ 중 주어진 문장이 들어갈 알맞은 곳은?

Then her family moved away three years ago.

①　　　②　　　③　　　④　　　⑤

27 윗글의 재하 의견과 일치하는 속담은?

① Out of sight, out of mind.
② Strike while the iron is hot.
③ Every cloud has a silver lining.
④ A bad workman blames his tools.
⑤ Distance makes the heart grow fonder.

서술형(주관식) 평가

28 다음 보기 와 같이 문장을 바꿔 쓰시오.

보기

If you open this box, you will be very surprised.
→ Opening this box, you will be very surprised.

(1) As I walked along the river, I took some pictures of the bridge.

→ ________________________________,
I took some pictures of the bridge.

(2) When he finished the homework, he heard his alarm ring.

→ ________________________________,
he heard his alarm ring.

29 〈A〉와 〈B〉에서 접속부사 However와 어울리는 문장을 골라 쓰시오.

<A>
• I was so tired.
• I wanted to play soccer.

<B>
• I didn't have a ball.
• I had a lot of homework.

(1) ________________________________.
However, ________________________________.

(2) ________________________________.
However, ________________________________.

30 It ~ that 강조 구문을 사용해서 우리말에 맞게 주어진 문장을 바꿔 쓰시오.

Clara visited Paris in 2017.

(1) It ________________________________.
(파리를 2017년에 방문한 사람은 바로 Clara였다.)

(2) It ________________________________.
(Clara가 2017년에 방문한 곳은 바로 파리였다.)

(3) It ________________________________.
(Clara가 파리를 방문한 해는 바로 2017년이었다.)

2학기 기말고사

01 다음 밑줄 친 단어의 쓰임이 <u>어색한</u> 것은?

① Time and <u>tide</u> wait for no man.

② The foreign <u>invaders</u> ruined the village.

③ Use the <u>ladder</u> to climb up to the roof.

④ The land near the lake is <u>swampy</u>.

⑤ The data is <u>housed</u> on a CD.

02 다음 영영 풀이에 해당하는 단어는?

> to experience difficulty and make a very great effort in order to do something

① hide   ② count   ③ wave

④ repeat   ⑤ struggle

03 다음 단어의 영영 풀이로 바르지 <u>않은</u> 것은?

① ladder: a device used for climbing that has two long pieces of wood, metal, or rope with a series of steps between them

② walkway: a passage or path for walking along, often outside and raised above the ground

③ invader: an army or a country that enters another country by force to take control of it

④ install: to provide a place for somebody to live

⑤ store: to put something that is not being used in a place where it can be kept safely

04 다음 빈칸에 공통으로 알맞은 것은?

> - They are increasing the _______ on all goods.
> - The government will try to _______ less this year.

① graph   ② tax   ③ matter

④ chase   ⑤ soldier

05 다음 대화의 빈칸에 알맞은 것은?

> **A** What are you planning to do this summer?
> **B** I'm going to travel Türkiye this summer.
> **A** Wow, _______________________.

① wish me good luck

② I wish you could come

③ I wish I could go there, too

④ I have heard about it before

⑤ I wish I could prevent any dangerous situations

[06-07] 다음 대화를 읽고, 물음에 답하시오.

> **Mina** Jake, what are you reading?
> **Jake** I'm reading about future jobs.
> **Mina** Do we have more different kinds of jobs in the future?
> **Jake** Well, it's not that positive. ___________ robots took away all of our jobs?
> **Mina** That would be horrible. I wish there could be ways that robots and humans can work together.
> **Jake** I hope so, too.

06 위 대화의 빈칸에 알맞은 것은?

① How about

② Do you see

③ What would you do

④ What would you do if

⑤ What else can you tell about

07 위 대화의 내용과 일치하는 것은?

① Jake는 미래 직업에 관한 책을 읽고 있다.

② 미나는 미래 직업에 대해 많이 알고 있다.

③ 미래에는 사람과 로봇이 공존하며 함께 일할 것이다.

④ Jake는 미래 직업에 대해 낙관하고 있다.

⑤ 미나는 미래 직업에 대해 비관하고 있다.

08 다음 대화의 빈칸에 알맞은 것은?

> **A** We should restrict the number of hours for using smartphones among teenagers.
> **B** Why do you say like that?
> **A** Over eighty percent of the teenagers don't get enough sleep because of using the smartphones at night.
> _______________________
> **B** Oh, I get it.

① Do you know it?
② Do you use smartphones?
③ Do you see what I mean?
④ Can I use your smartphone?
⑤ What do you see with your smartphone?

09 다음 말에 이어질 대화의 순서를 바르게 배열하시오.

> **I did a survey on favorite summer sports.**
> (A) The result says that thirteen out of twenty-five students liked swimming.
> (B) What was the result?
> (C) That's right. And the rest of the students liked indoor activities such as badminton or table tennis.
> (D) That's over fifty percent, isn't it?

(   ) – (   ) – (   ) – (   )

10 다음 대화의 빈칸에 알맞은 것은?

> **Jinsu** Amy, ___________________?
> **Amy** Ten out of twenty students have siblings.

① who is your favorite sibling
② would you like to have siblings
③ how many students have siblings
④ what do you do with your siblings
⑤ what would you do if you have siblings

11 다음 그래프를 보고, 질문에 알맞은 답은?

Favorite Fruits

> **Q** What percentage of students like bananas?

① Ten percent of students like bananas.
② Thirty percent of students like bananas.
③ Fifteen percent of students like bananas.
④ Twenty percent of students like bananas.
⑤ Twenty-five percent of students like bananas.

12 다음 짝 지어진 대화 중 자연스럽지 않은 것은?

① **A** Do you see what I mean?
   B Yes, now I see what you mean.
② **A** Over ninety percent of students at our school can speak two languages.
   B Wow, that's amazing.
③ **A** What would you do if you could fly?
   B I would travel around the world.
④ **A** I wish I could speak well in front of people.
   B I don't get it.
⑤ **A** What would you do if you became a millionaire?
   B I would donate money to help the poor.

13 다음 글의 밑줄 친 ①~⑤ 중 어법상 어색한 것은?

> I ① don't have a new camera. If I ② had a new camera, I ③ will take a lot of pictures. Also, I ④ would use it ⑤ to do some volunteer work.

14 다음 우리말과 일치하도록 바르게 영작한 것은?

> 아무도 그 쟁점을 해결하려고 노력하지 않는다.

① No one can try to solve the issue.
② No one would try to solve the issue.
③ No one try to solve the issue.
④ No one tries to solve the issue.
⑤ No one will try to solve the issue.

15 다음 중 어법상 올바른 것을 <u>모두</u> 고르면?

> ⓐ Eating ice cream makes me happily.
> ⓑ Playing basketball keeps me healthy.
> ⓒ Raising five children keep me busy.
> ⓓ Making a speech makes me nervous.
> ⓔ Talking in class will make the teacher angry.

① ⓐ, ⓑ
② ⓑ, ⓔ
③ ⓐ, ⓑ, ⓔ
④ ⓑ, ⓒ, ⓔ
⑤ ⓑ, ⓓ, ⓔ

16 다음 문장과 의미가 같은 것은?

> The room was so dark that I couldn't see anything.

① The room was too light for me to see anything.
② The room wasn't dark enough to see anything.
③ The room was too dark for me to see anything.
④ The room was dark enough to see anything.
⑤ The room was so dark that I saw something.

[17-18] 다음 글을 읽고, 물음에 답하시오.

Different people live in different houses. Some use ladders to enter their houses. ________ live in houses on the water. And ________ share their houses with many people. Imagine you live in one of these houses. How would that change your life?

If I lived in a *pueblo*, I would climb up a ladder to enter my house. There's a hidden opening on top of the house. If ⓐ <u>unwelcome</u> visitors appeared, I would pull the ladder up to stop them from ⓑ <u>entering</u>. The thick walls are made of earth, straw, and water. They would keep me ⓒ <u>cool</u> in summer and ⓓ <u>warm</u> in winter. The house has a flat roof. I would sometimes sleep up on the roof ⓔ <u>over</u> the moon and stars.

17 윗글의 빈칸에 공통으로 알맞은 것은?

① other
② others
③ the other
④ some
⑤ one

18 윗글의 밑줄 친 ⓐ~ⓔ 중 단어의 쓰임이 바르지 <u>않은</u> 것은?

① ⓐ　② ⓑ　③ ⓒ　④ ⓓ　⑤ ⓔ

If I lived in Venice, I would take a gondola to school every morning. Venice has 118 small islands. On weekends, I would travel from island to island by a *vaporetto*, a water bus. At high tide, the water from the Adriatic Sea often rises and leaves the streets full of water. However, I would be able to walk around the town through the raised walkways.

(①) Venice is known as the "floating city." (②) You may wonder how and why they built the houses on the water. (③) The old Venetians decided to live there to keep themselves safe from invaders. (④) But it was not easy for them to build their homes on this swampy surface. (⑤) So they installed more than 10 million wooden poles in the ground. It is these wooden poles that support Venice to this day.

19 윗글의 ①~⑤ 중 주어진 문장이 들어갈 알맞은 곳은?

> In Venice, there are many colorful houses on the water.

①   ②   ③   ④   ⑤

20 윗글을 읽고, 대답할 수 <u>없는</u> 질문은?

① How many islands are there in Venice?
② What can you use to travel from island to island?
③ What happens at high tide?
④ How many wooden poles were installed?
⑤ Where can you buy wooden poles?

If I lived in a *tulou*, a huge round house in Fujian, China, I would always have friends at home to play with. I would sometimes hear my neighbor calling me to come over for tea or dinner. In a *tulou*, there are usually three to five floors. The first floor is used for cooking and eating. And people store food and tools on the second floor. Do you wonder _________________? My bedroom would be on the third or fourth floor.

A *tulou* is like a village. The people living in a *tulou* mostly have the same family name. Some large *tulou* can <u>house</u> up to 50 families. They work together and share many things. Living together in one building keeps them safe.

21 윗글의 빈칸에 알맞은 것은?

① where I would sleep
② where would I sleep
③ where do you sleep
④ where sleep I would
⑤ when I would sleep

22 윗글의 밑줄 친 **house**와 같은 의미로 쓰인 것은?

① He parked his car in front of the <u>house</u>.
② Where can I find Tom's <u>house</u>?
③ We painted the <u>house</u> with red and yellow.
④ This place can <u>house</u> up to fifteen people.
⑤ Do you remember the <u>house</u> where you used to live?

23 다음 글의 ①~⑤ 중 주어진 문장이 들어갈 알맞은 곳은?

> He was struggling with graphs.

Pascal was doing his math homework in his room. (①)

"It's too hard to read and draw graphs. Why do I need these anyway? No one needs graphs in real life." (②) He put down his pen and picked up his favorite book, *Robin Hood*. (③) He decided to read himself to sleep. (④) When he was about to open the book, he heard a voice. (⑤) He looked up from the book to see who was talking. He couldn't believe his eyes. It was his dog, Manny, who was talking!

"Close your eyes and repeat after me. *Cogito ergo sum*," said Manny.

"You can talk?"

24 다음 밑줄 친 ⓐ~ⓔ 중 가리키는 대상이 나머지와 다른 하나는?

Suddenly, ⓐPascal heard men shouting. When ⓑhe opened his eyes, ⓒhe saw soldiers on horses. They were chasing ⓓa man with arrows in his hand. The man saw Pascal and shouted.

"It's too dangerous for ⓔyou to stand there. Come on." The man pulled Pascal onto his horse and rode into the woods.

When they arrived at a house, the man stopped and got off his horse.

① ⓐ　　② ⓑ　　③ ⓒ　　④ ⓓ　　⑤ ⓔ

[25-26] 다음 글을 읽고, 물음에 답하시오.

"My name is Pascal. I don't know why I'm here, but there must be a reason. ① You saved me from the soldiers. Thank you so much. ② Is there anything I can do for you?"

"Well, can you help us get back the money that the king took from the people? ③ He taxed them too much. ④ Some people admire the king a lot. He is too greedy to share with the people, so they don't have enough money to buy food. ⑤ I want to help them get their money back. However, there are many soldiers in the tower, so no one can get inside."

"Hmm... I think I have a solution. But first, can you take me to the tower? I need to count the number of soldiers."

Robin and Pascal hid up in a tree and counted the soldiers one by one.

"There are five soldiers from midnight to six in the morning. Next, there are three soldiers until noon, and then there are eight soldiers until six in the evening. Lastly, there are twelve soldiers until midnight. So, you should go inside between six in the morning and noon."

"What? I don't get it."

Pascal thought for a moment. 'Hmm... A graph might make this easier to understand.'

25 윗글의 밑줄 친 ①~⑤ 중 전체 흐름과 관계 없는 문장은?

①　　　②　　　③　　　④　　　⑤

26 윗글 다음에 이어질 내용으로 알맞은 것은?

① 파스칼은 병사들의 수를 다시 센다.
② 파스칼과 로빈 후드는 탑으로 들어간다.
③ 로빈 후드는 병사들에게 가서 말을 건다.
④ 파스칼은 그래프를 그려 로빈 후드에게 보여 준다.
⑤ 로빈 후드는 그래프를 그려 파스칼에게 보여 준다.

27 다음 글의 빈칸 ①~⑤에 들어갈 말로 알맞지 <u>않은</u> 것은?

"Look, the most ____①____ time is between six in the evening and midnight. Four times more soldiers work at that time than from six in the morning until noon. Do you see what I mean?"

"Aha! I get it now. Thank you so much, Pascal!"

"You're welcome. Now I realize the ____②____ of graphs. No one can say that we don't need them anymore."

Pascal walked out of the woods. When he looked back, he saw Robin Hood ____③____ at him. Pascal waved back and said to himself, "It was a great ____④____. How do I go ____⑤____? Oh, I know. I should say the words *Cogito ergo sum*!"

① safe   ② importance

③ waving   ④ adventure

⑤ back

28 다음 그림을 보고, 주어진 단어를 사용하여 문장을 완성하시오.

(1)

The bus handle ________________.

(too, reach)

(2)

The water ________________.

(cold, to)

29 다음 질문에 대해 자신의 생각으로 보기 처럼 답을 완성하시오.

보기

Q What would you do if you had one million dollars?

A If I had one million dollars, I would buy a big house for my family.

(1) **Q** What would you do if you could have any kind of pet?

    A If I could have any kind of pet,
____
________________.

(2) **Q** What would you do if you could time travel?

    A If ____________, ____________
________________.

30 다음 글을 읽고, 어법상 어색한 부분을 세 군데 찾아 바르게 고쳐 쓰시오.

When you visit Korea, you might wonder where you can stay. Why don't you stay in a *hanok*? A *hanok* is a traditional Korean house. If you stayed in a *hanok*, you would slept on the floor. This is because there are no beds. *Hanok* houses are mostly built with natural materials such as wood, stone, straw, paper, and earth. These materials help you keep your skin healthily. In the cold winter, the warm *ondol* floors heat your body. The doors in *hanok* are covered with thin paper. They help keeps you cool in summer.

(1) ________________
(2) ________________
(3) ________________

I am not afraid of storms
for I am learning how to sail my ship.

나는 폭풍이 두렵지 않다.
나의 배로 항해하는 법을 배우고 있으니까.

Middle School English 3

정답과 해설

Lesson 1

Word Preview | Mini Test — p. 16

A 1. fence　2. protect　3. device
　4. ignore　5. complain

B 1. southern　2. realize　3. motorcycle
　4. prevent　5. scholarship

A 해석
1. 우리는 정원 주변에 울타리를 설치했다.
2. 그는 비로부터 자신을 보호할 우비가 없었다.
3. 컴퓨터나 휴대 전화와 같은 기기들을 끄세요.
4. 네가 너의 엄마의 충고를 무시한 것은 매우 어리석었다.
5. 그들의 이웃들은 그들의 끊임없는 시끄러운 음악 소리에 대해 불평했다.

단어숙어
put up 붙이다, 설치하다　　yard 명 정원
raincoat 명 우비　　　　　turn off 끄다
stupid 형 어리석은　　　　constant 형 끊임없는

B 해석
1. 남쪽에 있거나 남쪽으로 향한
2. 이해하거나 인지하다
3. 모터로 작동하며, 한 명 또는 두 명이 탈 수 있는 두 바퀴를 가진 탈 것
4. 일어나거나 존재하는 것을 막다
5. 학교, 조직 등에 의해 주어지는 돈

단어숙어
locate 통 …에 위치하다
become aware of …를 인지하다, 인식하다
vehicle 명 탈 것
wheel 명 바퀴
exist 통 존재하다
organization 명 조직

Let's Read ❶ | Mini Test — p. 19

1. wild animals like lions
2. 왜냐하면 농부들은 그들의 동물들을 보호하기를 원하기 때문이다.

해설
1. They 앞 문장에 사자와 같은 야생 동물들이 자유롭게 공원 밖으로 나와 농부들이 키우는 동물들을 죽인다는 내용이 나오므로 They가 가리키는 것은 wild animals like lions이다.
2. 마지막 문장 As a result, farmers try to kill the lions because they want to protect their animals.에서 농부들이 사자들을 죽이려고 하는 이유를 알 수 있다.

Let's Read ❷ | Mini Test — p. 21

A 1. F　　2. T

B found an old car battery, a small device from a motorcycle, a switch, and a broken electronic light

A 해석
1. Richard의 첫 번째 아이디어는 허수아비를 이용하는 것이었다.
2. Richard는 기계를 좋아하기 때문에 전등을 만들기 위해 그가 필요했던 것을 찾을 수 있었다.

해설
1. Richard의 첫 번째 아이디어는 허수아비를 이용하는 것이 아니라 불을 사용하는 것이었다.
2. Because I like machines, I could find what I needed to make the lights.를 통해 주어진 문장은 본문 내용과 일치함을 알 수 있다.

B 해석
Q. Richard는 전등을 만들기 위해 무엇을 찾았나요?
A. 그는 오래된 자동차 배터리, 오토바이에서 찾은 작은 장치, 스위치, 그리고 부서진 전등을 찾았다.

해설
마지막 문장 I found an old car battery, a small device from a motorcycle, a switch, and a broken electronic light.에서 답을 찾을 수 있다.

Let's Read ❸ | Mini Test — p. 23

1. lion lights
2. His idea is now used all over Kenya to scare away other animals, such as elephants.

해설
1. 첫 번째 문장 At thirteen, I finally made what I called "lion lights."에서 그가 열세 살 때 만든 것은 lion lights이다.
2. 마지막 문장에서 그의 아이디어가 코끼리와 같은 다른 동물들을 겁주어 쫓아내기 위해 케냐 전역에 걸쳐 사용된다는 것을 알 수 있다.

Word Check — p. 27

A 1. 울타리　2. 쓰레기　3. 혹, 요철
　4. 길, 도로　5. 막다　6. support
　7. scholarship　8. comment　9. sign
　10. sort

B 1. southern　2. national　3. worried

C 1. realize　2. result　3. Instead
　4. set　5. turn

B 해석 1. 그 나라의 남쪽 지역은 산이 많이 있다.
2. 수백만 명의 사람들이 매년 그 국립 공원을 방문한다.
3. 어제 눈이 많이 내렸기 때문에 나는 날씨가 걱정되었다.

단어·숙어 southern [형] 남쪽의
millions of 수백만의
national park 국립 공원

C 해석 1. 내가 학교에 도착했을 때, 나는 내가 숙제를 깜박했다는 것을 깨달았다.
2. 나는 늦게 일어났다. 그 결과, 나는 정각에 역에 도착할 수 없었다.
3. 나는 새 차를 살 수 없었다. 대신에, 나는 중고차를 샀다.
4. 나의 엄마는 거실에 스테레오를 설치하셨다.
5. 주차장이 이미 꽉 차 있었기 때문에 많은 자동차들이 돌려보내졌다.

해설 1. realize 깨닫다
2. as a result 그 결과
3. instead 대신에
4. set up 설치하다
5. turn away 돌려보내다

단어·숙어 get to 도착하다, 도달하다 / on time 정각에
living room 거실 / parking lot 주차장

Grammar Check

p. 32

A	1. what	2. the thing that
	3. talking	4. ringing
B	1. pick/picking	2. sing/singing
	3. scream/screaming	4. talk/talking
C	1. is what I wanted	2. What Sujin needs
	3. what we ate	4. What makes me happy
D	ride/riding, walk/walking, bark/barking, like	

A 해석 1. 당신이 원하는 것을 읽으세요.
2. 우리는 당신에게 당신이 주문한 것을 보냈다.
3. 나는 사람들이 이야기하고 있는 것을 들을 수 있었다.
4. 그는 전화가 울리고 있는 것을 들었다.

해설 1. 관계대명사 what은 선행사를 포함하므로 선행사가 없는 주어진 문장에는 what이 알맞다.
2. 관계대명사 what은 the thing that으로 바꿔 쓸 수 있다.
3. 'hear+대상+현재 분사'는 '~가 …하고 있는 것을 듣다'라는 의미로 쓰이므로 -ing 형태가 알맞다.
4. 'hear+대상+현재 분사'는 '~가 …하고 있는 것을 듣다'라는 의미로 쓰이므로 -ing 형태가 알맞다.

단어·숙어 order [동] 주문하다
phone [명] 전화(기)

B 해석 1. 은지는 한 남자가 쓰레기를 줍는/줍고 있는 것을 보았다.
2. 나는 나의 친구가 무대에서 노래를 부르는/부르고 있는 것을 보았다.
3. 너는 누군가가 비명을 지르는/지르고 있는 소리를 들었니?
4. Kevin은 그의 엄마가 전화로 통화하는/통화하고 있는 것을 들었다.

해설 '…가 ~하는/하고 있는 것을 보다/지켜보다/듣다'의 의미를 말할 때는 'see/watch/hear+대상+동사원형/현재 분사'의 형태를 사용한다. 따라서 빈칸에는 동사원형 또는 현재 분사 형태가 알맞다.

단어·숙어 scream [동] 비명을 지르다
pick up the trash 쓰레기를 줍다

C 해석 1. 이것이 내가 원했던 것이다!
2. 수진이가 필요한 것은 컴퓨터이다.
3. 비빔밥이 우리가 점심으로 먹은 것이다.
4. 나를 행복하게 만드는 것은 나의 가족이다.

해설 '…하는 것'의 의미로 절을 만들 때는 관계대명사 what 다음에 주어와 동사가 온다. ④는 '나를 행복하게 만드는 것'이라는 의미로 What 자체가 주어의 역할을 하고 있다.

D 해석 오늘은 일요일이다. 그래서 나는 가족들과 함께 소풍을 가려고 공원에 갔다. 나는 많은 사람이 자전거 도로에서 자전거를 타는/타고 있는 것을 본다. 나는 또한 몇몇 사람들이 개를 산책시키는/산책시키고 있는 것도 본다. 나는 개들이 짖는/짖고 있는 소리도 들을 수 있다. 그들은 모두 행복해 보인다. 내가 소풍에서 가장 좋아하는 것은 김밥이다. 그것은 정말로 맛있다!

해설 'see/hear+대상+동사원형/현재 분사'의 형태로 문장을 써야 하므로 빈칸에는 동사원형 또는 -ing 형태가 와야 한다. What I like most가 '내가 가장 좋아하는 것'이라는 의미이므로 like가 들어가야 한다.

단어·숙어 bark [동] 짖다 / have a picnic 소풍을 가다
bike path 자전거 도로 / taste [동] 맛이 나다

단원 종합 평가

pp. 38~40

1. ②	2. ②	3. ⑤	4. ②	5. ④	6. ②	7. ④
8. ④	9. ①	10. ⑤	11. ①	12. ③	13. ①	14. ①
15. ③	16. his cow was dead		17. ⑤	18. ③	19. ④	
20. I could find what I needed			21. ④	22. ④, ⑤	23. ⑤	

1~2 듣기 대본

G: What's the matter, Juwon? You look worried.
B: My friend is upset. She won't talk to me.
G: What happened?
B: We decided to do our homework together at the library yesterday, but I totally forgot.
G: Hmm. Did you say sorry to her?
B: I will send her a message now.
G: That's a great idea. Good luck!

해석 G: 무슨 일이야, 주원아? 너 걱정스러워 보여.
B: 내 친구가 화가 났어. 나와 말하려고 하지 않아.
G: 무슨 일 있었어?
B: 어제 도서관에서 같이 숙제하기로 했는데, 내가 완전히 깜박했어.
G: 음. 그녀에게 미안하다고 말했니?
B: 지금 문자를 보내려고 해.
G: 좋은 생각이야. 행운을 빌어!

1 해설 소녀는 주원이에게 걱정스러워 보인다고 말하고 있고, 주원이는 친구가 화가 나 있는 상황에 대해 말하며 '걱정'하고 있다.

단어·숙어 matter [명] 일, 사건 upset [형] 화난
decide [동] 결심하다, 결정하다

2 해석 내가 어제 도서관에 가지 못해서 정말 미안해. 난 숙제에 대해서 완전히 잊었어. 전적으로 내 잘못이야.

해설 대화를 통해 소년이 가지 않은 곳은 '도서관'이고, 잊어버린 것은 같이 '숙제'를 하자는 약속임을 알 수 있다.

3 듣기 대본

W: Are you ready for school, Mason?
B: Mom, I can't believe this is the first day of school. I'm so excited.
W: Glad to hear it. I hope you make some good friends.
B: Thank you. Wish me luck.

해석 W: Mason, 학교 갈 준비 되었니?
B: 엄마, 오늘이 개학날이라는 것이 믿기지 않아요. 너무 신나요.
W: 그 말을 들으니 기쁘구나. 좋은 친구들을 사귀기를 바라.
B: 감사해요. 행운을 빌어주세요.

해설 아들의 '개학날'에 엄마와 아들이 대화를 하고 있다.
① 체험 학습 ② 체육 대회 ③ 동아리 활동
④ 영어 수업 ⑤ 개학날

단어·숙어 the first day of school 개학날
luck [명] 행운

4 해석 ① A: 숙제를 가져오는 것을 깜박했어.
B: 아, 정말 안 됐다.
② A: 내 여동생이 아파서 병원에 있어.
B: 좋은 시간을 가지기를 바라.
③ A: 그 문제에 대해 글을 써 보는 게 어때?
B: 좋은 생각이야.
④ A: 난 수학 시험을 통과 못했어.
B: 그것 참 안 됐구나.
⑤ A: 무슨 일이야?
B: 난 이 개가 걱정돼.

해설 여동생이 아파서 병원에 있다는 말에 좋은 시간을 가지기를 바란다고 대답하는 것은 어색하므로 I hope she gets better soon.과 같이 대답해야 한다.

단어·숙어 pass [동] 통과하다
be worried about …에 대해 걱정하다

5~6

해석 A: 무슨 일이야, Mason? 다쳤어?
B: 오늘 오후에 한강 공원에서 자전거를 타다가 넘어졌어.
A: 괜찮아? 어떻게 된 거야?
B: 난 괜찮아. 나는 그저 자전거 도로 위에 커다랗게 튀어나온 부분을 지나갔을 뿐이야.
A: 표지판이 없었어?
B: 응, 없었어.
A: 지역 사회 웹 사이트에 그 문제에 대해 써 보는 게 어때?
B: 좋은 생각이야.

단어·숙어 fall off …에서 떨어지다 bump [명] 혹, 요철
path [명] 길 sign [명] 표지판, 신호

5 해설 다쳐 보이는 친구에게 처음으로 건네는 말이므로 무슨 일인지를 묻는 ④가 알맞다.
① 며칠이니 ② 너의 생각이 뭐야
③ 공원이 어디야 ④ 무슨 일이야
⑤ 날씨는 어때

6 해설 the problem은 자전거 도로 위 튀어나온 부분에 대한 안내 표지판이 없는 것을 나타낸다.

7 해석 A: 난 우리 스티커가 정말 좋아!
B: 나도! 이 스티커들이 도움이 되기를 바라.
A: 나는 스티커들이 사람들이 재활용 쓰레기를 분류하는 데 도움이 될 거라고 확신해.

해설 두 사람이 재활용 쓰레기를 분류하는 데 도움이 될 스티커들을 만든 후 이 스티커들이 도움이 되기를 바란다는 대화이다.

① 나는 내가 재활용할 수 있기를 바라.
② 나는 많은 사람이 오기를 바라.
③ 나는 더 많은 스티커들이 있기를 바라.
④ 나는 이 스티커들이 도움이 되기를 바라.
⑤ 나는 우리가 내일 돌아올 수 있기를 바라.

단어 숙어 sort [동] 분류하다　waste [명] 쓰레기
recycling [명] 재활용

8 해석 ① 체육관 ② 공원 ③ 농장 ④ 장소 ⑤ 도서관

해설 '체육관, 공원, 농장, 도서관'은 모두 '장소'의 한 종류이다.

9 해석 어제 나의 가족은 우리의 오래된 집에서 나왔다. 그러고 나서 우리는 새로운 집으로 이사를 갔다. 우리는 텔레비전과 모든 것을 설치했다. 바쁜 하루였다!

해설 '…에서 나오다'라는 의미의 move out of, '설치하다'라는 의미의 set up을 써야 하므로 빈칸에는 of와 up이 알맞다.

단어 숙어 move out of …에서 나오다
set up 설치하다

10 해석 ① 너는 새들이 나는 것을 지켜보았니?
② 나는 부모님이 나에게 손을 흔들고 계시는 것을 보았다.
③ 준수는 그의 남동생이 침대에 누워 있는 것을 보았다.
④ 그들은 누군가가 피아노를 치고 있는 것을 들었다.
⑤ 나는 아무도 그 문제에 대해 불평하는 것을 듣지 못했다.

해설 'see/watch/hear+대상+동사원형/현재 분사'의 형태로 사용되므로 ⑤의 to complain은 complain이나 complaining으로 바꿔야 한다.

단어 숙어 wave hands 손을 흔들다
lie [동] 눕다

11 해석 A: 너는 네 생일에 무엇을 원하니?
B: 내가 내 생일에 원하는 것은 반지야.

해설 '…하는 것'의 의미로 관계대명사 what을 써야 하므로 ①은 That이 아니라 What이 되어야 한다.

12 해석 ① 나는 옳은 것을 안다.
② 이것이 내가 필요했던 것이다.
③ 그 소녀가 말했던 것은 사실이었다.
④ 설상가상으로 나는 숙제를 깜박했다.
⑤ 내가 새해에 원하는 것은 진실한 친구이다.

해설 관계대명사 what은 'what+주어+동사'의 형태로 쓰이므로 ③은 What said the girl이 아니라 What the girl said가 되어야 한다.

단어 숙어 right [형] 옳은
what is worse 설상가상으로

13 해석 ① 나는 수업 시간에 아무도 말하는 것을 듣지 못했다.
② 우리는 비행기가 하늘을 날고 있는 것을 보았다.
③ 넌 민수가 은지 숙제를 도와주는 것을 봤니?
④ 지원이는 소년 밴드가 무대에서 노래 부르는 것을 보고 싶어 했다.
⑤ 선생님은 학생들이 공연을 연습하고 있는 것을 지켜보았다.

해설 'see/watch/hear+대상+동사원형/현재 분사'의 형태로 쓰이므로 ①은 talked가 아니라 talk 또는 talking이 되어야 한다.

단어 숙어 practice [동] 연습하다
performance [명] 공연

14 해석 방과 후에 지민이가 하기를 좋아하는 것은 춤추기이다.

해설 관계대명사 what은 'what+주어+동사'의 형태로 사용되므로 주어와 동사 앞에 what이 와야 한다. 따라서 What Jimin likes to do after school is dancing.이 되어야 한다.

단어 숙어 after school 방과 후에

15~17

해석 내 이름은 Richard Turere야. 나는 케냐의 나이로비 국립 공원의 남쪽 지역에 살고 있어. 공원의 남쪽 지역은 울타리가 없어서 사자와 같은 야생 동물들이 공원 밖으로 자유롭게 나가. 그들은 농부들이 키우고 있는 동물들을 죽여. 그 결과, 농부들은 그들의 동물들을 보호하기를 원하기 때문에 사자들을 죽이려고 해.

어느 날 아침, 나는 일어나서 우리 소가 바닥에 누워 있는 것을 보았어. 소는 죽어 있었고, 나는 아주 기분이 좋지 않았어. 처음에는 내가 겨우 열한 살이었기 때문에 아무것도 할 수 없을 거라고 생각했어. 그러고 나서 나는 이 문제를 무시하면 안 된다는 것을 깨달았어. 나는 같은 상황에 있는 우리 마을 사람들을 정말로 돕고 싶었어.

단어 숙어 southern [형] 남쪽의, 남쪽에 위치한
fence [명] 울타리　as a result 그 결과
protect [동] 보호하다　realize [동] 깨닫다
ignore [동] 무시하다

15 해설 글쓴이와 나이로비 국립 공원을 소개하는 내용이 첫 번째 문단, 글쓴이의 소가 바닥에 누워 있는 것을 보고 문제를 해결해야겠다고 생각하게 되는 내용이 두 번째 문단이 되어야 하므로 두 번째 문단의 첫 두 단어는 ③ One morning이다.

16 해석 Q: 왜 Richard는 기분이 아주 좋지 않았나요?
A: 그의 소가 죽었기 때문이다.

해설 I saw our cow lying on the ground. It was

dead.를 통해 Richard는 소가 바닥에 누워 있는 것을 봤고, 그 소가 죽었기 때문에 기분이 좋지 않았음을 알 수 있다.

17 해석 ① Richard는 어디에 사나요?
② 야생 동물들은 무엇을 죽이나요?
③ 왜 농부들은 사자들을 죽이려 하나요?
④ 왜 야생 동물들은 공원 밖으로 나올 수 있나요?
⑤ Richard는 어떻게 그의 마을 사람들을 도왔나요?

해설 ⑤ Richard는 그의 마을 사람들을 돕고 싶다고 하였으나 어떻게 마을 사람들을 도왔는지는 알 수 없다.
① He lives in Kenya in the southern part of Nairobi National Park.
② They kill the animals that farmers are raising.
③ Farmers try to kill the lions because they want to protect their animals.
④ Because the southern part of the park does not have a fence.

18~20

해석 나의 첫 번째 아이디어는 불을 사용하는 것이었어. 나는 사자들이 불을 무서워할 거라고 생각했어. 슬프게도 그것은 효과가 없었어. 대신에 불은 사자들이 소들이 움직이는 것을 더욱 잘 볼 수 있도록 도왔어. 그리고 나서 나는 다른 아이디어를 생각해 냈어. 그것은 허수아비를 이용하는 거였어. 하지만 사자들은 매우 영리했어. 첫날에는 사자들이 돌아갔어. 둘째 날에는 사자들이 뛰어들어 와서 더 많은 동물들을 죽였어.

어느 날 밤, 나는 전등을 들고 소들의 주위를 걷고 있었는데 사자들은 오지 않았어. 나는 사자들이 움직이는 불빛을 두려워한다는 것을 발견했어. 그래서 나는 한 가지 아이디어를 생각해 냈어. 나는 전기로 움직이는 전등을 발명하기로 결심했어. 나는 기계를 좋아하기 때문에 전등을 만들기 위해 내가 필요했던 것들을 찾을 수 있었어. 나는 오래된 자동차 배터리, 오토바이에서 찾은 작은 장치, 스위치, 그리고 부서진 전등을 찾았어.

단어 숙어
instead ⑨ 대신에 scarecrow ⑨ 허수아비
turn away 돌려보내다 device ⑨ 장치, 기구
motorcycle ⑨ 오토바이 electronic ⑧ 전자의

18 해석 대신에 불은 사자들이 소들이 움직이는 것을 더욱 잘 볼 수 있도록 도왔어.

해설 주어진 문장은 '슬프게도 불은 효과가 없었다.'는 내용에 대한 부연 설명이므로 이 문장이 들어갈 알맞은 곳은 ③이다.

19 해석 ① 불 ② 소들 ③ 허수아비 ④ 움직이는 불빛 ⑤ 전등

해설 글쓴이가 전등을 가지고 움직였을 때, 사자들이 두려워한다는 것을 알았으므로 ⓐ에는 '움직이는 불빛'이 알맞다.

20 해설 관계대명사 what은 'what+주어+동사'의 형태로 사용되므로 주어진 단어들을 바르게 배열하면 I could find what I needed가 된다.

21~23

해석 열세 살에 나는 마침내 내가 '사자 전등'이라고 불렀던 것을 만들었어. 나의 아버지께서는 "나는 네가 정말 자랑스럽구나, Richard!"라고 말씀하셨어. 그때 이후로, 나는 우리 동네 일곱 가구의 집에 전등을 설치했고, 누구도 사자들에 대해서 불평하는 것을 듣지 못했어. 그들은 나에게 "이것이 바로 우리가 원했던 거야, 사랑스러운 아이야!"라고 말하면서 감사를 표했어. 놀랍게도 나의 아이디어는 이제 코끼리와 같은 다른 동물들을 겁주어 쫓아내기 위해서 케냐 전역에 걸쳐 사용되고 있어. 이 경험을 통해 나는 내가 어린 소년이지만 사람들의 삶에 변화를 일으킬 수 있다는 것을 깨달았어. 나는 사자들이 죽임을 당하는 것 또한 막을 수 있었어.

나의 작업 덕분에, 나는 케냐 최고의 학교에 장학금을 받고 입학하게 되었어. 나는 정말 기분이 좋아. 새 학교에서 나는 지금 친구들에게 어떻게 전등을 만들고 사용하는지 가르쳐 주고 있어. 나는 친구들에게 "우리의 아이디어가 사람들의 삶에 변화를 일으킬 수 있어!"라고 이야기해.

단어 숙어
set up 설치하다
prevent ~ from -ing ~가 …하는 것을 막다
scholarship ⑨ 장학금

21 해석 ① 그래서 ② 그러나 ③ 후에 ④ … 이후로 ⑤ 왜냐하면
해설 그때 '이후로'라는 의미이므로 '… 이후로, 이래로'라는 의미를 가진 since가 알맞다.

22 해석 '사자 전등'은 무엇을 할 수 있었나요?
① 학교를 청소할 수 있었다.
② 아이들이 학교에 가는 것을 도울 수 있었다.
③ 사람들이 전기를 아끼는 것을 도울 수 있었다.
④ 사자들이 죽임을 당하는 것을 막을 수 있었다.
⑤ 사자나 코끼리와 같은 야생 동물들을 겁주어 쫓아낼 수 있었다.

해설 '사자 전등'은 사자나 코끼리와 같은 야생 동물들을 쫓을 수 있어서 농부들이 자신의 동물들을 지키기 위해 사자들을 죽이는 것을 막을 수 있었다.

23 해설 Richard가 친구들에게 한 말은 Our ideas can make a difference in people's lives!이므로 ⑤가 답이 된다.

1. |예시 답안| (1) I hope you get well soon
  (2) I hope you have a nice trip
  (3) I hope you do better next time
2. (1) Jiwon cleaning the classroom
  (2) Kevin watering the plant
  (3) Sora playing the guitar
3. |예시 답안| What I like to do is to practice singing after school. What I don't like to do is to clean my room. What I want to do this year is to make many good friends.

1 해석 (1) 보미야, 나는 네가 얼른 낫기를 바라.
  (2) Eric, 나는 네가 멋진 여행을 하기를 바라.
  (3) 상현아, 나는 네가 다음번에는 더 잘하기를 바라.

해설 (1) 아픈 친구에게 해 줄 수 있는 기원의 말로 얼른 낫기를 바란다는 표현이 알맞다.
  (2) 여행을 가는 친구에게 해 줄 수 있는 기원의 말로 멋진 여행을 하기를 바란다는 표현이 알맞다.
  (3) 시험을 잘 보지 못한 친구에게 해 줄 수 있는 기원의 말로 다음번에는 더 잘하기를 바란다는 표현이 알맞다.

단어·숙어 get well 나아지다, 낫다
have a trip 여행하다

2 해석 (1) 나는 지원이가 교실을 청소하고 있는 것을 본다.
  (2) 나는 Kevin이 화초에 물을 주고 있는 것을 본다.
  (3) 나는 소라가 기타를 연주하고 있는 것을 듣는다.

해설 (1) 그림에서 지원이는 교실을 청소하고 있으므로 'see＋대상＋현재 분사' 형태를 사용하여 문장을 써 본다.
  (2) 그림에서 Kevin은 화초에 물을 주고 있으므로 'see＋대상＋현재 분사' 형태를 사용하여 문장을 써 본다.
  (3) 그림에서 소라는 기타를 연주하고 있으므로 'hear＋대상＋현재 분사' 형태를 사용하여 문장을 써 본다.

단어·숙어 water 물을 주다
play the guitar 기타를 연주하다

3 해석 내가 하기를 좋아하는 것은 방과 후에 노래 부르기를 연습하는 것이다. 내가 하기를 좋아하지 않는 것은 내 방을 청소하는 것이다. 내가 올해 하기를 원하는 것은 좋은 친구들을 많이 사귀는 것이다.

해설 자신에게 해당하는 내용으로 '하기를 좋아하는 것'과

'하기를 좋아하지 않는 것' 그리고 '올해 하기를 원하는 것'을 써 본다.

단어·숙어 practice 연습하다
make friends 친구들을 사귀다

Lesson 2

Word Preview · Mini Test   p. 50

A 1. out   2. eager   3. regardless
  4. make   5. boastful
B 1. host   2. plate   3. forgive
  4. utensil   5. grain

A 해석 1. 나는 산책하러 나갈 것이다.
  2. 그들은 최근 소식을 듣고 싶어 했다.
  3. 그 동아리는 나이에 상관없이 모든 새로운 회원을 환영한다.
  4. 그녀는 특별히 열심히 일함으로써 잃어버린 시간을 보상하고자 했다.
  5. 나는 자랑하는 것으로 들리지 않게 내 장점을 강조하려고 노력했다.

단어·숙어 latest 최신의, 최근의   extra 특별히, 대단히
emphasize 강조하다

B 해석 1. 파티나 식사 등에 손님을 초대하는 사람
  2. 음식을 담는 납작하고 일반적으로 둥근 모양의 접시
  3. 누군가에게 화가 나는 감정을 멈추다
  4. 요리하거나 다른 집안일을 하는데 도움이 되기 위해 사용하는 도구
  5. 식량으로 사용되는 밀, 옥수수, 쌀과 같은 농작물의 씨앗

단어·숙어 seed 씨앗   wheat 밀
corn 옥수수

Let's Read ❶ · Mini Test   p. 53

A ③
B 1. F   2. T

A 해석 ① 왜 Ms. Disher는 친구들을 위해 저녁 식사를 주최하나요?
  ② Ms. Disher는 항상 무슨 얘기를 듣고 싶어 하나요?
  ③ 왜 Ms. Disher의 가족은 여행을 자주 가지 않나요?

④ 저녁 식사 자리에서 가장 최근의 주제는 무엇이었나요?

해설 ③ 왜 Ms. Disher의 가족이 여행을 자주 가지 않는지는 알 수 없다.

① Ms. Disher는 자신에게 부족한 여행을 보상하기를 원하고, 친구들의 모험담을 듣고 싶어 하기 때문이다.

② Ms. Disher는 항상 친구들의 모험담을 듣고 싶어 한다.

④ 저녁 식사 자리에서 가장 최근의 주제는 음식을 먹는 가장 좋은 방법에 관한 것이었다.

B **해설** 1. Ms. Disher가 가족과 여행을 많이 다니지 않는 이유는 본문에서 언급되지 않았다.

2. The most recent topic was about the best way to eat and Ms. Disher's guests began to argue.에서 일치함을 알 수 있다.

Let's Read ❷ Mini Test — p. 55

A ⓐ to use ⓑ more elegant

B Because Barehands uses his sense of touch when he eats, he gets to enjoy his food more.

A **해석** Knork: 대신 나이프와 포크를 사용하는 것이 훨씬 더 좋아. 접시 위에 놓인 고기를 자르기 위해 나이프와 포크를 사용하는 것보다 더 우아할 수 있는 게 뭐가 있겠어!

해설 ⓐ It은 가주어로 진주어 to use a knife and a fork instead를 대신한다. 따라서 to부정사의 to use가 알맞다. ⓑ 뒤에 than이 오므로 비교급 형태인 more elegant가 알맞다.

B **해석** Q: 왜 Barehands는 그의 음식을 더 즐길 수 있게 되었나?

해설 Barehands는 음식을 먹을 때 촉각을 사용하기 때문에 음식을 더 즐길 수 있게 된다고 했다.

Let's Read ❸ Mini Test — p. 57

A disappeared, forgive, please

B regardless of

A **해석** Ms. Disher가 사라진 것을 발견한 후, 친구들은 식탁 공화국 곳곳을 찾아보았다. 그들이 그녀를 찾았을 때, 그들은 그녀에게 용서를 구했다. 결국, 그들은 서로 자신들이 하고 싶은 방식으로 음식 먹는 것을 받아들이게 된다.

B **해설** regardless of는 '…에 상관없이'라는 의미이다.

Word Check — p. 61

A 1. 모험 2. 젓가락 3. 곡물
4. 주최하다; 주인 5. 황급히, 서둘러 6. patiently
7. utensil 8. recent 9. manners
10. plate

B 1. control 2. elegant 3. noodle
4. boastful 5. convenient

C 1. eager 2. regardless 3. forgive
4. make 5. suggestions

B **해석** 1. 감정이나 욕구가 너무 강해지는 것을 막다
2. 외모나 매너가 우아하고 멋진
3. 밀가루, 물, 달걀로 만들어져 끓는 물에서 요리되는 반죽의 길고 가는 조각
4. 행한 행동이나 소유한 것에 대해 매우 자랑스럽게 이야기하는
5. 쉽거나 매우 유용하거나 특정한 목적에 적합한

단어 숙어 convenient ⓐ 편리한   control ⓥ 통제하다
noodle ⓝ 국수   elegant ⓐ 우아한
boastful ⓐ 자랑하는

C **해석** 1. 그들은 가능한 한 빨리 업무에 복귀하고 싶어 했다.
2. 그는 날씨에 상관없이 매일 달린다.
3. 무척 이기적으로 굴었던 나를 용서해 주겠니?
4. 우리는 낭비한 시간을 보충하기 위해 하루 종일 연습했다.
5. 의견과 제안을 우리 우편 사서함으로 보내주십시오.

해설 1. be eager to …을 하고 싶어 하다
2. regardless of …에 상관없이
3. forgive 용서하다
4. make up for …을 보상하다
5. suggestion 제안, 제의

단어 숙어 get back to work 업무에 복귀하다
selfish ⓐ 이기적인   comment ⓝ 논평, 견해, 의견
post office box 우편 사서함

Grammar Check — p. 66

A 1. dangerous 2. rude 3. impossible 4. kind

B 1. playing 2. planted 3. damaged 4. waiting

C 1. of → for   2. miss → to miss
3. watered → watering   4. covering → covered

D 1. The boy playing baseball is Jason
2. Look at the picture hanging on the wall
3. Do you know the girl dancing on the stage
4. He can't read the book written in Chinese

A 해석 1. 네가 그 산을 오르는 것은 위험하다.
2. 형의 셔츠를 묻지도 않고 입다니 너는 무례하구나.
3. 그들이 다른 언어로 의사소통하는 것은 불가능하다.
4. 불쌍한 아이들을 돕다니 그녀는 친절하구나.

해설 It is/was 뒤에 나오는 형용사에 따라 to부정사의 의미상 주어의 형태가 달라진다. 일반적으로 주절의 형용사가 사람의 성격이나 태도를 나타내는 형용사(rude, kind 등)이면 목적격 앞에 of를 쓰고, 그렇지 않으면 목적격 앞에 for를 쓴다.

B 해석 1. 테니스를 치고 있는 소년은 그녀의 남동생이다.
2. 10년 전에 심어진 나무들은 지금 3m 높이이다.
3. 지진에 의해 피해를 입은 건물들이 많았다.
4. 버스 정류장에서 기다리고 있는 몇몇 사람들이 있다.

해설 1. '테니스를 치고 있는(능동) 소년'이므로 현재 분사 playing이 알맞다.
2. '10년 전에 심어진(수동) 나무들'이므로 과거 분사 planted가 알맞다.
3. '지진에 의해 피해를 입은(수동) 건물들'이므로 과거 분사 damaged가 알맞다.
4. '버스 정류장에서 기다리고 있는(능동) 사람들'이므로 현재 분사 waiting이 알맞다.

C 해석 1. 내가 어려운 수학 문제를 푸는 것은 쉽지 않다.
2. 그 기회를 놓치다니 그들은 어리석구나.
3. 식물에 물을 주는 소년은 Thomas였다.
4. 눈으로 덮인 그 산은 아름답다.

해설 1. easy는 사람의 성격을 나타내는 형용사가 아니므로 to부정사의 의미상 주어는 for me가 되어야 한다.
2. 진주어 miss는 to부정사 형태인 to miss가 되어야 한다.
3. 식물에 물을 주는 사람이 소년으로 능동 관계이므로 watering이 되어야 한다.
4. 산은 눈으로 덮인 수동 관계이므로 covered가 되어야 한다.

D 해석 1. 야구를 하는 소년은 Jason이다.
2. 벽에 걸려 있는 그림을 봐.
3. 너는 무대에서 춤을 추고 있는 소녀를 아니?
4. 그는 중국어로 쓰인 그 책을 읽을 수 없다.

해설 '명사+현재 분사/과거 분사+수식어구' 형태에 맞춰 문장을 완성한다.

단원 종합 평가

pp. 72~74

1. ⑤ 2. ④ 3. ⑤ 4. sushi, fried fish 5. ④ 6. ② 7. (B)-(A)-(D)-(C) 8. ① 9. ③ 10. ③ 11. playing 12. ③ 13. written, hanging 14. difficult for her to climb 15. Ms. Disher's family does not travel much. 16. (A) coming (B) eager 17. ② 18. ⓐ better ⓑ patiently 19. ⑤ 20. ② 21. ① 22. ⑤

1 듣기 대본 B: It seems to me that it's time for lunch. Aren't you hungry?
G: Yes, a little. What do you want for lunch?
B: Can we order fried chicken?
G: Well, I ate chicken salad for dinner last night.
B: Then, what about sushi? Fish is good for you.
G: Sorry, I'm allergic to fish.
B: In that case, why don't we eat noodles instead?
G: ______________________

해석 B: 점심 먹을 때인 것 같아. 배고프지 않니?
G: 응, 약간. 점심으로 뭐 먹을래?
B: 프라이드치킨을 주문할까?
G: 글쎄, 난 지난밤 저녁으로 치킨 샐러드를 먹었어.
B: 그럼 초밥은 어때? 생선은 너에게 좋아.
G: 미안한데, 난 생선 알레르기가 있어.
B: 그렇다면 대신 국수를 먹는 게 어때?
G: 좋아. 난 국수를 좋아해.

해설 여자는 치킨이 들어간 음식을 지난밤 저녁으로 먹었고, 생선 알레르기가 있다고 했다. 이에 남자가 국수를 먹는 게 어떠냐고 물었으므로 ⑤가 오는 것이 적절하다.
① 둘 다 나에게는 괜찮아.
② 치킨 샐러드가 괜찮겠는데.
③ 좋아, 대신 초밥을 먹자.
④ 좋아. 난 해산물을 무척 좋아해.

단어·숙어 allergic [형] 알레르기의, 알레르기가 있는
instead [부] 대신에

2 듣기 대본 B: What do we need to do to stay healthy, Julia?
G: I think we need to exercise every day and eat healthy food, too.
B: Do you exercise every day?

G: Well, it's not easy for me. So I try to control what I eat instead. How about you, Junsu? Which do you prefer, having healthy food or exercising?

B: If I can't do both, I prefer to exercise. I'm also trying to eat less junk food, but it's not easy.

G: I understand. In my case, exercising is the last thing I want to do.

해석 B: Julia, 우리가 건강을 유지하려면 무엇을 해야 하지?

G: 내 생각에 우리는 매일 운동을 하고, 건강에 좋은 음식도 먹어야 해.

B: 넌 매일 운동하니?

G: 글쎄, 나한테는 쉽지 않아. 그래서 대신 내가 먹는 것을 조절하려고 노력해. 준수야, 넌 어때? 건강에 좋은 음식과 운동하는 것 중에 어떤 것을 더 좋아하니?

B: 둘 다 할 수 없다면 나는 운동하는 것을 더 좋아해. 즉석 식품을 덜 먹으려고도 노력하지만, 쉽지 않더라.

G: 이해해. 내 경우에는 운동이 가장 하기 싫더라고.

해설 Julia는 운동 대신 먹는 것을 조절하고 있다고 했고, 준수는 먹는 것을 조절하는 대신 운동을 더 좋아한다고 했다. 또한 준수는 즉석 식품을 덜 먹으려고 노력하지만 쉽지 않다고 했다.

단어·숙어
exercise [동] 운동하다 control [동] 조절하다
prefer [동] 더 좋아하다 both [대] 둘 다
the last thing I want to do 내가 가장 하기 싫어하는 것

3

듣기 대본 G: What time is it now?

B: It's already 8:00 p.m.

G: Do you want to take a break for a while?

B: Good idea. We need to stop here and take a break.

G: Which do you prefer, having frequent, short breaks or a longer break after finishing all your work?

B: I prefer frequent, short breaks. It's not easy for me to focus for a long time. How about you?

G: Well, if I'm not too tired, I prefer to have my work done first and then take a longer break before I start the next project.

해석 G: 지금 몇 시야?

B: 벌써 저녁 8시야.

G: 잠시 쉬고 싶니?

B: 좋은 생각이야. 여기서 멈추고 휴식을 취할 필요가 있어.

G: 넌 자주 짧게 쉬는 게 더 좋아, 아니면 네 일을 다 끝낸 후 오래 쉬는 게 더 좋아?

B: 난 자주 짧게 쉬는 게 더 좋아. 난 오랫동안 집중하기가 쉽지 않더라고. 너는 어때?

G: 음, 난 너무 피곤하지 않다면 난 우선 일을 끝내고 다음 일을 시작하기 전까지 오래 쉬는 게 더 좋아.

해설 소년은 일하는 동안 자주, 짧게 쉬는 것을 더 좋아하지만, 소녀는 일을 먼저 끝낸 후 오래 쉬는 것을 더 좋아한다고 했다.

단어·숙어
take a break 휴식을 취하다
for a while 잠시 동안
frequent [형] 자주, 빈번한

4~5

해석 진호: Claire, 너는 생선과 스테이크 중 어떤 것을 더 좋아하니?

Claire: 난 생선을 더 좋아해, 진호야.

진호: 메뉴에 생선이 있어.

Claire: 잘됐다. 초밥이야 구이야?

진호: 둘 다 메뉴에 있어.

Claire: 그럼 난 초밥으로 할래. 나는 생선은 익히지 않았을 때 맛이 더 좋은 것 같아.

진호: 좋아. 그럼 넌 초밥을 먹고 난 생선 구이를 먹을게. 주문하자.

단어·숙어
steak [명] 스테이크
be on the menu 메뉴에 있다
It seems to me ... . 내가 보기에 …인 것 같다.
order [동] 주문하다

4 해설 메뉴에 있는 생선이 초밥인지 구이인지 묻는 질문에 대한 대답이므로 sushi와 fried fish를 가리킨다.

5 해설 Claire는 고기보다 생선을 더 좋아하는데 익히지 않은 생선이 더 맛있다고 생각해서 초밥을 먹겠다고 했고, 진호는 생선 구이를 먹겠다고 했다.

6 해석 A: 치즈케이크와 그린샐러드 중 어떤 것을 더 좋아하니?

B: 난 그린샐러드가 더 좋아. 그건 ______________.

해설 치즈케이크보다 그린샐러드를 더 좋아하는 이유에 해당하지 않는 것은 ②이다.

① 더 신선해 ② 너무 짜
③ 더 건강에 좋아 ④ 훨씬 더 맛이 좋아
⑤ 더 맛있어

7 해석 이 모자 괜찮아?

(B) 내 생각에는 빨간색이 너에게 안 어울리는 것 같아.

(A) 그럼 추천해 줄 게 있니?
(D) 이 파란색 모자 어때? 파란색이 빨간색보다 너에게 훨씬 더 잘 어울려.
(C) 좋은 것 같은데. 그것으로 할게.

해설 주어진 문장에서 모자가 괜찮은지 물었으므로 이에 대한 대답으로 (B)가 오고, 그 뒤에 추천해 줄 만한 게 있는지 묻는 (A)가 이어진 다음, 자신의 의견을 제시하는 (D)와 이에 대한 대답인 (C)가 오는 것이 자연스럽다.

8 해석 다른 문화에서는 음식을 먹는 데 다른 종류의 도구를 사용한다. 어떤 사람들에게 젓가락은 사용하기 쉽다. 또 다른 사람들에게는 포크가 더 편리하다. 다른 사람들은 나이프와 포크를 사용하는 것이 더 우아하다고 생각할지도 모른다.

해설 ①에는 '도구, 기구'를 의미하는 utensils가 알맞다.

단어·숙어
cooker [명] 요리 도구, 레인지
convenient [형] 편리한
elegant [형] 우아한

9 해설 ③을 제외한 나머지는 모두 반의어 관계이다.
① 주인 – 손님 ② 맛있는 – 맛없는
③ 곡물 – 빵 ④ 완전한 – 불완전한
⑤ 같은 – 다른

10 해석 그렇게 말하다니 그녀는 ________하다.

해설 사람의 성격이나 태도를 나타내는 형용사(kind, rude, wise, silly)가 쓰인 경우, to부정사의 의미상 주어는 'of+목적격'의 형태로 쓰며, 그 외의 형용사가 쓰인 경우(difficult)는 'for+목적격'의 형태로 쓴다.
① 친절한 ② 무례한 ③ 어려운
④ 현명한 ⑤ 어리석은

11 해석 운동장에서 축구를 하는 소년들 중 한 명은 나의 남동생이다.

해설 배열하면 One of the boys playing soccer in the field is my brother.가 되므로 다섯 번째 오는 단어는 playing이다.

12 해석 ⓐ 벤치에서 책을 읽고 있는 소년이 있다.
ⓑ 네가 그 문제를 푸는 것은 쉽지 않다.
ⓒ 꽃에 물을 주는 남자는 나의 아버지이다.
ⓓ 길에서 달리고 있는 여자는 지쳐 보인다.
ⓔ 그런 일을 하다니 너는 어리석었구나.
ⓕ 나와 방을 함께 쓰다니 너는 사려 깊구나.

해설 ⓐ '책을 읽고 있는(능동) 소년'이라는 의미이므로 read가 아니라 reading이 되어야 한다.
ⓑ easy는 사람의 성격을 나타내는 형용사가 아니므로 의미상 주어는 'for+목적격'의 형태로 써야 한다. 따라서 of가 아니라 for가 되어야 한다.
ⓕ thoughtful은 사람의 성격을 나타내는 형용사이므로 의미상 주어는 'of+목적격'의 형태로 써야 한다. 따라서 your가 아니라 you가 되어야 한다.

13 해석 • Sophia는 프랑스어로 쓰인 책을 읽을 수 있다.
• 나는 벽에 걸려 있는 저 그림을 좋아한다.

해설 주어진 문장들은 모두 '주격 관계대명사+be동사'가 생략된 형태로 명사와 분사의 능동/수동 관계에 따라 현재 분사나 과거 분사가 명사 뒤에서 수식한다. 책이 프랑스어로 쓰였으므로(수동) 과거 분사인 written이 알맞고, 그림이 벽에 걸려 있으므로(능동) 현재 분사인 hanging이 알맞다.

14 해설 'It is/was ~ for/of+목적격+to 동사원형' 구문으로 쓸 때, difficult는 성격을 나타내는 형용사가 아니므로 for her가 온 다음 to 다음에 climb이 오면 된다.

15~17
해석 Spork, Chopsticks, Knork, Barehands, Ms. Disher는 식탁 공화국에 사는 친한 친구들입니다. Spork, Chopsticks, Knork, Barehands는 자신의 가족들과 여행을 많이 다니지만, Ms. Disher의 가족은 여행을 많이 다니지 않습니다. 그녀는 여행에서 돌아온 친구들을 위해 저녁 식사를 주최함으로써 여행을 많이 하지 않는 것을 보상합니다. 그녀는 항상 친구들의 모험담을 듣고 싶어 합니다. 친구들은 그들의 최근 여행에서 배운 것에 대해 자주 이야기합니다. 가장 최근의 주제는 음식을 먹는 가장 좋은 방법에 관한 것이었고, Ms. Disher의 손님들은 논쟁하기 시작했습니다.

단어·숙어
close [형] 가까운, 친한 make up for …을 보상하다
host [명] 주인 [동] 주최하다 adventure [명] 모험
guest [명] 손님 argue [동] 논쟁하다

15 해설 Ms. Disher가 보상 받고 싶어 하는 것은 '그녀의 가족은 여행을 많이 다니지 않는 것'이다.

16 해설 (A) '주격 관계대명사+be동사'가 생략되고 현재 분사구(coming back from their trips)가 선행사 her friends를 수식한다.
(B) be eager to: …을 하고 싶어 하다

17 해설 Ms. Disher가 가족 여행을 싫어하는지는 본문에서 알 수 없으므로 ②가 답이 된다.

18~19
해석 Spork: 최근 여행에서 나는 숟가락과 포크가 함께 달려 있는 것을 사용하는 것이 가장 좋다는 것을 알았어. 숟가락

은 곡물과 국을 먹기에 최고이고, 포크는 고기를 먹기에 좋아.

Knork: 아니야! 대신 나이프와 포크를 사용하는 것이 훨씬 더 좋아. 네가 한 손에는 포크를, 다른 한 손에는 나이프를 드는 것이 더 쉽다고 생각하지 않니? 접시 위에 놓인 고기를 자르기 위해 나이프와 포크를 사용하는 것보다 더 우아할 수 있는 게 뭐가 있겠어!

Chopsticks: 같은 도구를 두 개 쓸 수 있는데 왜 두 종류의 다른 도구를 사용한단 말이야? 게다가 젓가락은 한 손으로도 사용할 수 있어!

Barehands: 천만의 말씀! 손으로 음식을 먹으면 당연히 음식을 보면서 냄새도 맡을 수 있지만, 음식을 만져볼 수도 있어. 음식을 먹을 때 촉각을 사용하기 때문에 음식을 더 즐기게 돼.

친구들은 다양한 의견을 내세우면서 논쟁을 했지만, 아무도 포기하기를 원하지 않았습니다. 그들의 주최자인 Ms. Disher가 친구들의 논쟁을 참을성 있게 듣고 있기는 쉽지 않았습니다. 그래서 그녀는 서둘러서 조용히 자리를 떠났습니다.

[단어·숙어] grain [명] 곡물 | elegant [형] 우아한 | plate [명] 접시 | utensil [명] 도구, 기구 | patiently [부] 끈기 있게

18 [해설] ⓐ much는 비교급을 강조하는 부사이므로 good의 비교급인 better가 되어야 한다.
ⓑ 동사 listen을 수식하는 부사 patiently가 되어야 한다.

19 [해설] Barehands는 손으로 음식을 먹으면 음식을 보고 냄새를 맡을 수 있을 뿐만 아니라 만져볼 수도 있어서 음식을 더 즐길 수 있게 된다고 했다.

20~22

[해석] Spork: Ms. Disher는 어디 있지? 그녀가 사라졌어.

Knork: 어떡하지? Ms. Disher가 없으면, 이 저녁 식사는 완전하지 않아.

Chopsticks: 그녀가 어디로 갔을까?

Barehands: 그녀를 찾으러 나가자!

몇 시간 동안 식탁 공화국을 구석구석 뒤진 끝에, 친구들은 마침내 커다란 나무 아래에 앉아 있는 Ms. Disher를 찾았습니다.

Spork, Knork, Chopsticks, Barehands: 우리가 자랑만 하고 널 무시해서 미안해. 부디 우리를 용서하고 돌아와서 우리와 함께해 줘.

Ms. Disher: 알았어. 너희를 용서할게. 우리 집으로 돌아가자.

그 후로, 친구들은 만날 때마다 서로 자신들이 하고 싶은 방식으로 음식 먹는 것을 받아들입니다. 마음속으로 친구들은 이제 음식을 먹는 데 어떤 도구를 사용하여 먹는지에 상관없이 음식은 언제나 맛있을 거라는 것을 알게 되었습니다.

[단어·숙어] go out 나가다 | boastful [형] 뽐내는 | ignore [동] 무시하다 | forgive [동] 용서하다 | regardless of …에 상관없이

20 [해설] ⓐ 이하가 Ms. Disher를 꾸며 주고 있으므로 '주격 관계대명사+be동사'가 생략되었다고 볼 수 있다. Ms. Disher는 큰 나무 아래에 앉아 있으므로(능동) 현재분사인 sitting이 알맞다. seat은 '앉히다'라는 뜻이다.

21 [해설] (A) in the manner that ...: …하는 방식으로
(B) regardless of: …에 상관없이

22 [해설] 글의 주제는 문화마다 음식을 먹는 방식이 다를 수 있으므로 차이점을 이해하고 존중하자는 것이다.

서술형 평가

p. 75

1. (1) is difficult for us to master English in a year
   (2) is dangerous for him not to wear a helmet when he rides a bike
   (3) is kind of her to help the old woman to move the heavy bag
2. by hosting a dinner for her friends coming back from their trips
3. (1) The girl playing the piano is my sister.
   (2) The woman reading a book is my mother.
   (3) The boy playing basketball is my brother.

1 [해석] (1) 우리는 1년 만에 영어에 통달할 수 없다.
→ 우리가 1년 만에 영어를 통달하는 것은 어렵다.
(2) 그는 자전거를 탈 때 헬멧을 쓰지 않는다.
→ 그가 자전거를 탈 때 헬멧을 쓰지 않는 것은 위험하다.
(3) 그녀는 무거운 가방을 옮기는 노부인을 돕는다.
→ 무거운 가방을 옮기는 노부인을 돕다니 그녀는 친절하구나.

[해설] (1), (2) 'It is ~ for/of+목적격+to 동사원형' 구문에서 difficult, easy, possible, impossible, hard, dangerous 등의 형용사가 쓰일 경우, 의미상 주어는 'for+목적격'의 형태로 쓴다. to부정사의 부정은 to부정사 앞에 not을 쓴다.
(3) 사람의 성격이나 태도를 나타내는 형용사가 쓰일 경우, 의미상 주어는 'of+목적격'의 형태로 쓴다.

2 해석 Spork, Chopsticks, Knork, Barehands, Ms. Disher는 식탁 공화국에 사는 친한 친구들입니다. Spork, Chopsticks, Knork, Barehands는 자신의 가족들과 여행을 많이 다니지만, Ms. Disher의 가족은 여행을 많이 다니지 않습니다. 그녀는 여행에서 돌아온 친구들을 위해 저녁 식사를 주최함으로써 이를 보상합니다. 그녀는 항상 친구들의 모험담을 듣고 싶어 합니다. 친구들은 그들의 최근 여행에서 배운 것에 대해 자주 이야기합니다.

해설 make up for: …을 보상하다
by hosting a dinner: 저녁 식사를 주최함으로써
for her friends coming back from their trips: 여행에서 돌아온 친구들을 위해

3 해석 세차를 하고 있는 남자는 나의 아버지이다.
(1) 피아노를 치고 있는 소녀는 나의 여동생이다.
(2) 책을 읽고 있는 여자는 나의 어머니이다.
(3) 농구를 하고 있는 소년은 나의 남동생이다.

해설 문장에서 '주격 관계대명사+be동사'가 생략되면 현재 분사 또는 과거 분사가 명사를 뒤에서 수식한다.
(1) 피아노를 치는 사람이 소녀로 명사와 동작의 관계가 능동이므로 현재 분사 playing으로 쓴다.
(2) 책을 읽는 사람이 여자로 명사와 동작의 관계가 능동이므로 현재 분사 reading으로 쓴다.
(3) 농구를 하는 사람이 소년으로 명사와 동작의 관계가 능동이므로 현재 분사 playing으로 쓴다.

Lesson 3

Word Preview Mini Test p. 86

A	1. search	2. narrow	3. genius
	4. imitate	5. redesign	
B	1. useless	2. high-speed	3. needle
	4. dive	5. wing	

A 해석 1. 그들은 답을 찾고 있다.
2. 그 도로들은 매우 좁고, 운전자들은 공격적이다.
3. Albert Einstein은 위대한 과학 천재였다.
4. 많은 작가들이 셰익스피어의 언어를 모방했다.
5. 우리는 다음 달에 집 내부를 다시 디자인할 것이다.

단어·숙어 in search of …을 찾고 있는
interior [명] 실내, 내부

B 해석 1. 쓸모 있지 않은
2. 매우 빠르게 가거나 움직이도록 설계된
3. 매우 가는 막대기 모양의 잎
4. 급경사로 공중을 가로질러 아래로 움직이다
5. 날거나 활주를 위해 사용되는 동물의 신체 부위

단어·숙어 designed [형] 설계된 stick [명] 막대기
steep [형] 가파른 angle [명] 각도, 각
glide [동] 활주하다

Let's Read ❶ Mini Test p. 89

1 how birds could fly
2 (1) F (2) F

1 해설 He wondered 다음에는 '어떻게 새들이 날 수 있는지'라는 의미의 간접의문문이 와야 한다. 따라서 '의문사+주어+동사'의 어순으로 how birds could fly가 되어야 한다.

2 해석 (1) 어떤 사람들은 문제에 대한 해결책을 찾기 위해 자연을 이용하는 것보다 모방하는 것을 선호한다.
(2) 레오나르도 다빈치는 새의 날개를 모방하여 나는 기계를 성공적으로 발명했다.

해설 (1) not only A but also B는 '…뿐만 아니라 ~도'라는 의미이므로 한 가지 방법만을 선호하는 것이 아니라 두 가지 방법을 다 사용하는 것이다.
(2) 다빈치는 새의 날개를 모방하여 나는 기계를 발명했지만 성공하지는 못했다.

Let's Read ❷ Mini Test p. 91

A 1. diving 2. faster
B redesigned the front of the train by imitating the bird's beak

A 해석 1. 그는 새가 빠르고 조용하게 물속으로 뛰어들고 있는 것을 보았다.
2. 그 새로운 열차는 더 조용할 뿐만 아니라 15% 절약된 전기로 10% 더 빠르게 움직인다.

해설 1. 지각동사(see)는 뒤에 목적어와 목적격 보어를 가지는 5형식 동사로 목적격 보어에 동사원형이나 현재 분사(-ing)가 온다.

2. not only A but also B에서 A와 B는 병렬 구조를 이루어 동일 품사를 쓴다. 이 문장에서 not only 뒤에 비교급 형태의 부사(more quietly)가 왔으므로 but also 뒤에도 비교급 형태의 부사(faster)를 써야 한다.

B 해설 열차의 소음을 줄이기 위해서 열차의 앞면을 조용하게 물속으로 다이빙하는 새의 부리를 모방하여 다시 설계했다.

Let's Read 3 Mini Test p. 93

1 straight 2 use

1 해석 George de Mestral은 가시 식물의 가시 끝이 곧지 않다는 것을 알아챘다.

해설 George de Mestral은 가시 식물의 가시 끝이 곧지 않다는 점에 착안해서 이를 모방한 고정 장치를 발명했다.

2 해석 George de Mestral이 발명한 그 새로운 소재는 튼튼할 뿐만 아니라 사용하기도 쉬웠다.

해설 George de Mestral이 발명한 새로운 소재는 튼튼할 뿐만 아니라 사용하기도 쉬웠다.

Word Check p. 97

A 1. 매료시키다, 사로잡다 2. 날개 3. 좁은
4. 잠수하다, 뛰어들다 5. 바늘, 가시
6. imitate 7. genius 8. beak
9. fastener 10. useless

B Across 2. apply 3. surface
4. curious
Down 1. fastener 5. space

C 1. burrs 2. tunnel 3. float
4. high-speed 5. all-purpose

B 해석 가로
2. 특정한 상황에서 한 아이디어를 사용하다
3. 어떤 것의 바깥쪽
4. 어떤 것 또는 누군가에 대해 더 알고자 하는 욕구가 있는
세로
1. 옷, 창문, 가방 등의 물품을 단단하게 여미는데 사용되는 장치
5. 별과 행성들이 있는 지구 대기권 밖의 지대

단어·숙어 particular [형] 특정한, 특별한 desire [명] 욕망, 욕구
device [명] 장치 article [명] 물품
region [명] 지역, 지대 beyond [전] …의 저쪽에
atmosphere [명] 대기, 공기 planet [명] 행성

C 해석 1. 그의 등은 들러붙는 가시 식물로 뒤덮여 있다.
2. 기차는 산속 터널로 들어간다.
3. 그가 배를 묶지 않아서 배가 떠내려가기 시작했다.
4. 그 도시의 새로운 고속 철도는 교통 문제를 해결하는 데 도움될 것이다.
5. 당신은 작은 과일, 육류, 빵, 치즈 등에 이 만능 칼을 사용할 수 있다.

단어·숙어 sticky [형] 들러붙는, 끈적이는 tie up 묶다
rail [명] 철도 traffic [명] 교통
meat [명] 고기, 육류

Grammar Check p. 102

A 1. friendly 2. are 3. study
B 1. He speaks not only English but also French.
2. Not only Tommy but also Amy runs fast.
3. Sujin enjoys not only reading but also hiking.
C 1. did he go → he went
2. are you → you are
3. are you → you are
4. that → if/whether
D 1. Can you tell me where he lives?
2. I don't know if/whether he knows the answer.
3. Who do you think he met last night?
4. I'm wondering how you feel today.

A 해석 1. 그녀는 똑똑할 뿐만 아니라 상냥하기도 하다.
2. James뿐만 아니라 그의 두 형제도 키가 매우 크다.
3. 그는 공부를 많이 할 뿐만 아니라 놀기도 많이 한다.

해설 1. not only A but also B에서 A와 B의 품사는 같아야 한다. smart가 형용사이므로 형용사인 friendly가 알맞다.
2. A와 B가 주어로 쓰일 때, 동사는 B에 일치시킨다. 따라서 his two brothers에 일치하는 동사 are가 알맞다.
3. Not only가 문장의 맨 앞에 올 때는 주어와 동사를 도치하는 경우가 있다. 동사가 일반동사이므로 'Not only + does + he(주어) + study(동사원형) … .'가 되어야 한다.

단어·숙어 friendly [형] 친절한, 상냥한

B 해석 1. 그는 영어를 말한다. 그는 또한 프랑스어를 말한다.
→ 그는 영어뿐만 아니라 프랑스어도 말한다.
2. Tommy는 빨리 달린다. Amy도 마찬가지다.
→ Tommy뿐만 아니라 Amy도 빨리 달린다.
3. 수진이는 독서를 즐긴다. 그녀는 또한 하이킹도 즐긴다.
→ 수진이는 독서뿐만 아니라 하이킹도 즐긴다.

해설 not only A but also B 구문을 써서 한 문장으로 만든다.

C 해석 1. 나는 그가 어디에 갔는지 궁금하다.
2. 나는 네가 행복한지 궁금하다.
3. 왜 너는 늦었는지 나에게 말해 줄 수 있니?
4. 나는 그를 믿어야 할지 말아야 할지 모르겠다.

해설 1. 의문사가 있는 간접의문문은 '의문사+주어+동사 …'의 어순이 되도록 where did he go를 where he went로 고쳐야 한다.
2. 의문사가 없는 간접의문문은 'if/whether+주어+동사 …'의 어순이 되도록 are you를 you are로 고쳐야 한다.
3. 의문사가 있는 간접의문문은 '의문사+주어+동사 …'의 어순이 되도록 are you를 you are로 고쳐야 한다.
4. 의문사가 없는 간접의문문은 'if/whether+주어+동사 …'의 어순이 되도록 that을 if/whether로 고쳐야 한다.

D 해석 1. 그가 어디에 사는지 나에게 말해 줄 수 있니?
2. 나는 그가 답을 아는지 모른다.
3. 너는 그가 어젯밤 누구를 만났다고 생각하니?
4. 나는 네가 오늘 기분이 어떤지 궁금하다.

해설 1, 4 의문사가 있는 간접의문문은 도입부 뒤에 '의문사+주어+동사 …'의 어순으로 배열한다.
2. 의문사가 없는 간접의문문은 도입부 뒤에 'if/whether+주어+동사 …'의 어순으로 배열한다.
3. 도입부가 Do you think/believe/guess 등일 경우, '의문사+도입부(do you think/believe/guess 등+주어+동사 …'의 어순으로 배열한다.

단원 종합 평가

pp. 108~110

1. ② 2. ② 3. ③ 4. ② 5. ④ 6. ④ 7. (D)-(A)-(C)-(B)
8. ② 9. ⑤ 10. ② 11. ③ 12. ③ 13. ③
14. how birds could fly 15. ③ 16. ② 17. ① 18. ⑤
19. ⓐ quietly ⓑ faster 20. ③ 21. ② 22. ②

1

듣기 대본
B: Sujin, I'm really fascinated by this brilliant invention. Look at this picture.
G: Oh, a mini umbrella is attached to the toe of the shoe! It looks somewhat funny, though.
B: But the umbrella protects the shoe from rain, and even damage from direct sunlight.
G: Well, it looks funny, but I guess it is useful.

해석
B: 수진아, 난 정말 이 재치 있는 발명품에 매료되었어. 이 사진을 봐.
G: 오, 작은 우산이 신발 발가락 부분에 달려있네! 근데 조금 웃긴 것 같아.
B: 하지만 우산은 비, 심지어는 직사광선의 손상으로부터 신발을 보호해 주지.
G: 음, 그건 웃기지만 유용하다고 생각해.

해설 우산이 신발에 부착되어 비와 직사광선의 손상으로부터 신발을 보호해 주는 기능이 있으므로 발명품의 이름으로 ② '신발 우산'이 알맞다.
① 신발 선글라스 ③ 신 닦는 기계
④ 방수 신발 ⑤ 신발용 선크림

단어·숙어
fascinate [동] 황홀케 하다, 매혹시키다
be attached to …에 달리다, 부착되다
toe [명] 발가락
somewhat [부] 얼마간, 다소
protect [동] 보호하다
damage [명] 손상

2

듣기 대본
B: You know that Leonardo da Vinci was a great inventor, don't you? Some of his ideas are still impressive. His idea that I like the most is a self-supporting bridge. The bridge is designed to support itself without using any nails or rope. It's also strong enough to hold a large amount of weight. Leonardo da Vinci designed many bridges in his time, but I believe the self-supporting bridge would be the easiest to construct and use.

해석
B: 레오나르도 다빈치가 위대한 발명가였다는 거 알고 있지, 그렇지 않니? 그의 아이디어 중 몇 가지는 아직도 놀라워. 내가 가장 좋아하는 그의 아이디어는 혼자 서 있는 다리야. 그 다리는 못이나 밧줄을 사용하지 않고 혼자 설 수 있게 설계되었어. 그것은 또한 엄청난 무게를 지탱할 만큼 매우 튼튼하지. 레오나르도 다빈치는 그의 시대에 많은 다리를 설계했

지만, 혼자 서는 다리가 건설하고 사용하기가 가장 쉽다고 생각해.

해설 '혼자 서는 다리'는 레오나르도 다빈치가 발명한 것으로 못이나 밧줄 등의 도구를 사용하지 않고 혼자 설 수 있도록 설계되었다. 또한, 많은 무게를 견딜 만큼 견고하며, 건설하기가 쉽다.

단어·숙어
self-supporting [형] 혼자 서는, 스스로 지지하는
design [동] 설계하다　nail [명] 못
rope [명] 밧줄　in one's time …의 시대에
construct [동] 건설하다

3

듣기 대본
W: Today, we have a special guest, Thomas Thwaites, the Goat Man. Hello, Thomas.
M: Hello, Anna. Great to be here.
W: Thomas, I'm fascinated by the fact that you lived like a goat in the Alps for three days. Why did you do that?
M: One day, I saw goats playing on a mountain. They looked so peaceful that I wanted to live like them.
W: But how could you live like them? You have only two legs while goats have four.
M: I designed a suit that enabled me to walk like a goat.
W: That's awesome! I'm looking forward to your next adventure. Thank you, Thomas, for your time.

해석
W: 오늘 저희는 특별 손님으로 염소 인간인 Thomas Thwaites 씨를 모시게 되었습니다. 안녕하세요, Thomas.
M: 안녕하세요, Anna. 만나서 반갑습니다.
W: Thomas, 당신이 알프스에서 3일 동안 염소처럼 살았다는 사실이 흥미롭네요. 왜 그런 일을 했죠?
M: 어느 날, 저는 염소들이 산에서 놀고 있는 것을 보았습니다. 그들이 너무나 평화로워 보여서 저도 그들처럼 살아보고 싶었습니다.
W: 하지만 어떻게 염소처럼 살 수 있었죠? 염소는 다리가 넷이지만 당신은 둘밖에 없잖아요.
M: 저는 염소처럼 걷는 것을 가능하게 하는 옷을 디자인했습니다.
W: 그거 멋지군요! 당신의 다음번 모험이 기대되는군요. 시간 내 주셔서 고맙습니다, Thomas.

해설 Thomas Thwaites는 '산에서 놀고 있는' 염소들의 '평화로운 모습'을 보면서 염소처럼 살기로 하고 염소와 함께 '알프스에서' '3일을 지내기로' 한다. 그는 '특수한 옷을 디자인하여' 염소처럼 네 발로 걸어 다닐 수 있었다.

단어·숙어
the Alps [명] 알프스 산맥　peaceful [형] 평화로운
while …인 반면　suit [명] …옷, (한 벌의) 옷
enable [동] 가능하게 하다
look forward to …을 기대하다

4

해석
① A: 어떻게 말이 그렇게 빨리 달리지?
B: 그들은 튼튼한 발과 다리가 있어.
② A: 난 그의 목소리에 정말 매료되었어.
B: 나도 그래. 그는 틀림없이 목이 아플 거야.
③ A: 모기 주삿바늘이라고 들어봤어?
B: 아니. 나에게 그것을 설명해 줄래?
④ A: 레오나르도 다빈치가 모나리자를 그린 거 알지, 그렇지 않니?
B: 응. 내 생각에 그는 정말 위대한 예술가였어.
⑤ A: 너무 어두워! 어떡하지?
B: 내가 어둠 속에서 더 잘 볼 수 있는 거 알지, 그렇지 않니? 난 네가 출구 찾는 것을 도와줄 수 있어.

해설 ② 그의 목소리에 매료되었다는 A의 말에 동의한 다음 그가 목이 아플 거라고 강한 추측을 하는 것은 어색하다.

단어·숙어
sore throat 목이 아픔, 아픈 목　mosquito [명] 모기
find a way out 출구를 찾다

5~6

해석
A: 뭐 하고 있니, 미나야?
B: 난 곤충 로봇에 관한 기사를 읽는 중이야.
A: 곤충 로봇? 기사가 재미있니?
B: 응. 난 정말 이 로봇에 매료되었어.
A: 그것에 대해 좀 더 자세히 말해줄래?
B: 어떤 곤충들은 좁은 틈으로 미끄러져 들어갈 수 있다는 거 알지, 그렇지 않니?
A: 응. 그래서 그것들을 잡기가 힘들잖아.
B: 곤충 로봇도 마찬가지야. 그것은 지진이나 큰불이 난 후 생존자를 찾는 데 도움을 줄 수 있어.
A: 그거 정말 멋진데!

단어·숙어
article [명] 신문 기사　slip [동] 미끄러지다
narrow [형] 좁은　hard [형] 어려운, 힘든
survivor [명] 생존자　earthquake [명] 지진
big fire 큰불

5 해설 ①, ②, ③, ⑤는 '곤충 로봇'을 가리키고, ④는 가주어 it으로 to catch them을 가리킨다.

6 해설 ④ 곤충 로봇이 아니라 곤충이 좁은 틈으로 들어갔을

경우 잡기가 힘들다.

7 해석 너 그거 알아? 난 지우의 방에 있는 특별한 문에 정말 감탄했어.
(D) 그 문이 뭐가 그리 특별한데?
(A) 지우와 나는 그 위에서 탁구를 쳤어.
(C) 어떻게 문 위에서 탁구를 칠 수 있었니?
(B) 문이 탁구대로 변할 수 있거든.
그거 멋지다!

해설 특별한 문에 감탄했다는 말에 (D) 문이 뭐가 특별한지를 묻는 말이 먼저 오고, (A) 문 위에서 탁구를 쳤다는 대답과 (C) 어떻게 탁구를 칠 수 있었느냐고 묻는 말에 (B) 문이 탁구대로 변할 수 있다는 대답이 와야 자연스럽다.

단어·숙어 table tennis 탁구
change into …로 변하다

8 해석 ① 칫솔 ② 발명품 ③ 지퍼 ④ 나침반 ⑤ 전자레인지
해설 '칫솔, 지퍼, 나침반, 전자레인지'는 모두 ② '발명품'에 해당한다.

9 해석 ① 만능의: 여러 가지 사용에 적합한
② 천재: 매우 똑똑하고 재능 있는 사람
③ 다시 설계[디자인]하다: 어떤 것의 디자인을 변경하다
④ 부리: 딱딱하고 보통 뾰족한 입 부위
⑤ 터널: 끝에 작은 구멍이 있는 부드럽고 긴 좁은 용기 (→ 튜브)

해설 ⑤ '끝에 작은 구멍이 있는 부드럽고 긴 좁은 용기'는 tube(튜브)에 해당하는 설명이다.

단어·숙어 suitable ⑩ 적합한, 알맞은   talented ⑩ 재능 있는
hard ⑩ 딱딱한   pointed ⑩ 뾰족한
container ⑩ 용기, 담는 그릇   opening ⑩ 구멍

10 해석 ① 나는 무엇이 문제인지를 알고 싶다.
② 그는 똑똑할 뿐만 아니라 친절하기도 하다.
③ 너는 북극곰이 검은색 피부를 가졌는지 아니?
④ 네가 숙제를 끝냈는지 아닌지 확실하지가 않다.
⑤ 내 남동생들뿐만 아니라 어머니도 노래하는 것을 좋아한다.

해설 not only A but also B (A뿐만 아니라 B도)에서 A와 B는 병렬 구조로 동일 품사가 온다. smart와 friendly가 모두 형용사이므로 ②는 올바른 문장이다.
① I want to know what the problem is.가 되어야 한다.
③ 의문사가 없는 간접의문문이므로 that이 아니라 if/whether가 되어야 한다.
④ 간접의문문에서 if/whether 뒤의 or not은 if/whether … or not으로 쓰거나 whether or not으로 쓴다. if or not으로 쓰이지 않는다.

⑤ not only A but also B 구문이 주어로 쓰일 경우, 동사는 B에 일치시키므로 like가 아니라 likes가 되어야 한다.

단어·숙어 polar bear 북극곰

11 해석 나는 네가 지금까지 얼마나 많은 책을 읽었는지 궁금하다.
해설 의문사가 있는 간접의문문으로 I'm wondering 다음에 '의문사+주어+동사' 어순이 되어야 한다. 따라서 ③은 you have가 되어야 한다.

12 해석 • 소미는 활달할 뿐만 아니라 재미있기도 하다.
• 그의 친구들뿐만 아니라 그의 부모님도 그의 아이디어를 좋아하신다.
• 나는 공부를 많이 할 뿐만 아니라 많이 놀기도 한다.

해설 • not only A but also B에서 A와 B는 병렬 구조로 동일 품사를 사용한다. funny가 형용사이므로 lively가 와야 한다.
• not only A but also B 구문이 주어로 쓰일 경우, B(his parents)에 동사의 수(like)를 일치시킨다.
• Not only가 문장의 맨 앞에 올 때, 주어와 동사를 도치시킨다. 여기서는 주어가 I이므로 do가 와야 한다.

단어·숙어 live ⑩ 살아 있는, 생방송의
lively ⑩ 활달한, 생기 넘치는

13 해설 간접의문문에서 도입부에 사용된 동사가 think, believe, suppose 등의 생각 동사일 경우, 의문사를 도입부 앞에 둔다. 따라서 'When(의문사)+do you think(도입부)+she(주어)+will arrive(동사)?'가 알맞다.

14~16

해석 나는 새에서 자정 작용을 하는 식물까지 자연이 기능하는 방식은 우리를 매료시킨다. 어떤 사람들은 문제에 대한 해결책을 찾기 위해 자연을 이용할 뿐만 아니라 자연을 모방하기도 한다. 레오나르도 다빈치(1452−1519)가 이러한 사람이었다.
그는 새들이 어떻게 날 수 있는지 궁금했다. 그는 새를 자세히 관찰했고, 기록했으며, 그림으로 그렸다. 비록 그의 발명이 성공하지 못했지만, 그는 나는 기계를 만들어 보려고 새의 날개를 모방했다. 그 후로, 점점 더 많은 사람이 자연 속 천재들의 놀라운 능력을 성공적으로 모방해오고 있다. 그들 중 몇 가지를 알아봅시다.

단어·숙어 self-cleaning ⑩ 자정 작용을 하는
fascinate ⑤ 매료시키다   imitate ⑤ 모방하다
closely ⑨ 주의 깊게   invention ⑩ 발명품

wing 몡 날개   genius 몡 천재
explore 동 탐험하다

14 해설   의문사가 있는 간접의문문이므로 도입부(He wondered) 다음에 '의문사(how)+주어(birds)+동사(could fly)' 어순으로 와야 한다.

15 해설   '비록 그의 발명이 성공하지 못했지만'이라는 의미이므로 ③이 알맞다. even though는 '비록 …이지만'이라는 의미이다.

16 해설   ② 어떤 사람들은 문제에 대한 해결책을 찾기 위해 자연을 이용할 뿐만 아니라 자연을 모방하기까지 한다.

17~19

해석   고속 열차는 처음 일본에서 만들어졌다. 하지만 그것은 한 가지 문제점이 있었다. 열차가 터널에 들어갔을 때, 갑작스러운 기압의 상승은 매우 큰 소음을 유발했다. 그것은 자주 사람들의 잠을 깨웠고 두통을 일으켰다. 한 팀의 공학자들이 그 문제를 해결하려 했지만, 그들은 어떻게 소음을 줄일 수 있을지 몰랐다. 어느 날, 공학자들 중 한 사람이 먹이를 찾고 있는 새를 관찰하고 있었다. 그는 새가 빠르고 조용하게 물속으로 뛰어들고 있는 것을 보았다. 그는 새가 어떻게 그리도 우아하게 물속으로 들어가는지 궁금했다. 그래서 그는 그 새에 대해 더 연구했고, 새의 길고 좁은 부리를 발견했다. 그는 새의 부리를 모방하여 열차의 앞면을 다시 디자인했다. 그것은 성공적이었다. 이제 새로운 열차는 더 조용할 뿐만 아니라 15% 절약된 전기로 10% 더 빠르게 움직인다.

단어·숙어
high-speed 혱 고속의   dive 동 뛰어들다
gracefully 뿐 우아하게   discover 동 발견하다
beak 몡 부리   redesign 동 다시 설계하다
front 몡 앞, 정면   electricity 몡 전기

17 해설   열차가 터널에 들어갔을 때 발생하는 소음이 문제점이었으므로 한 가지 문제점이 있었다는 문장 뒤 ①에 들어가야 한다.

18 해석   ① 증가하다   ② 개선하다   ③ 만들다
④ 공제하다, 빼다   ⑤ 줄이다, 축소하다

해설   고속 열차의 문제점은 소음이었고, 공학자들은 어떻게 소음을 '줄일' 수 있을지 몰랐다.

19 해설   not only A but also B 구문이 사용되었고, A와 B는 부사의 비교급으로 병렬 구조를 이루고 있다. 따라서 ⓐ는 형용사 quiet의 부사형 quietly, ⓑ는 부사 fast의 비교급 faster가 되어야 한다.

20~22

해석   어느 날, 스위스 공학자 George de Mestral은 개와 함께 숲에서 산책하고 있었다. 집으로 가는 길에, 그는 가시 식물이 그의 옷과 개의 털에 달라붙어 있는 것을 보았다. 그는 어떻게 그런 일이 일어났는지 알고 싶었다. 그는 가시 식물을 자세히 들여다보고는 가시 식물의 가시 끝이 곧지 않다는 것을 알아챘다. 그는 그것을 적용해 뭔가 유용한 것을 만들어 볼 수 있는지 궁금했다. 많은 실험 후, 그는 마침내 두 가지 새로운 소재를 발명했다. 하나는 가시 식물의 가시 같이 조그만 가시들이 많이 나 있었고, 다른 하나는 털로 덮인 표면이 있었다. 두 소재를 함께 붙이면 매우 훌륭한 고정 장치가 되었다. 그것은 튼튼할 뿐만 아니라 사용하기도 쉬웠다. 그 후로, 많은 사람이 그의 발명품을 다양한 방법으로 사용해 오고 있다. 그것은 옷, 신발, 가방에 흔히 사용된다. 몇몇 사람들은 여러 가지의 게임을 하기 위해 그것을 사용한다. 우주에서 그것은 물건들이 떠다니는 것을 막아준다.
    자연에는 쓸모없는 것이 아무것도 없다. 우리는 단지 호기심을 가지고 질문을 던져야 한다.

단어·숙어
burr 몡 가시 식물   stick to …에 달라붙다
take a look at …을 들여다보다
notice 동 알아차리다   invent 동 발명하다
hairy 혱 털이 많은, 털로 덮인
surface 몡 표면   fastener 몡 고정 장치
keep ~ from -ing ~가 … 못하게 하다
float away 떠다니다, 떠내려가다

20 해설   둘 중 하나는 one, 다른 하나는 the other이다. 따라서 ③ another를 the other로 고쳐야 한다.

21 해석   ① 그가 나를 미워하면 어떡하지?
② 그녀는 네가 아픈지 알고 싶어 한다.
③ 그는 네가 그에게 동의하지 않으면 화를 낸다.
④ 그다지 바쁘지 않다면 잠시 들러 주세요.
⑤ 괜찮다면 좀 더 오래 머물고 싶습니다.

해설   ⓐ if는 '…인지'라는 의미이다.
① …한다면   ② …인지   ③ 만약 …면
④ 만약 …면   ⑤ 만약 …면

단어·숙어
come over 잠시 들르다
mind 동 꺼리다, 싫어하다

22 해설   something, anything, nothing은 형용사가 바로 뒤에서 수식하는 명사들이다.
(A) '유용한 무언가'라는 의미가 되려면 useful 앞에 something이 알맞다.
(B) '쓸모없는 것이 아무것도 없다'라는 의미가 되려면 useless 앞에 nothing이 알맞다.

서술형 평가

p. 111

1. (1) Do you know when Bomi's birthday is?
   (2) I'm wondering if/whether Minjun is good at playing soccer (or not).
   (3) When do you think James will come back?
2. (1) cats see better at night / have glowing eyes
   (2) has glowing lens / (you) (to) take better pictures at night
3. (1) how certain animals climb walls so easily
   (2) what their feet look like
   (3) how they stick to walls
   (4) strong but also easy to use

1 해석 (1) Q: 보미의 생일이 언제인지 아니?
A: 물론이지. 보미의 생일은 1월 17일이야.
(2) Q: 민준이가 축구를 잘 하는지 궁금해.
A: 응, 민준이는 축구를 잘 해.
(3) Q: James가 언제 돌아올 거라고 생각해?
A: James는 10분 안에 돌아올 거라고 생각해.

해설 (1) 의문사가 있는 간접의문문이며, '도입부(Do you know)+의문사(when)+주어(Bomi's birthday)+동사(is)'의 어순으로 써야 한다.
(2) 의문사가 없는 간접의문문이며, '도입부(I'm wondering)+if/whether(…인지)+주어(Minjun)+동사(is) …'의 어순으로 써야 한다.
(3) 간접의문문에서 도입부에 사용된 동사가 think, believe, suppose 등의 생각 동사일 경우 의문사를 맨 앞에 둔다. 따라서 'When(의문사)+do you think(도입부)+James(주어)+will come(동사) back?'이 되어야 한다.

2 해석

고양이	Cat Eye Camera
빛을 내는 눈	빛을 내는 렌즈
밤에 더 잘 보기 위해	밤에 사진을 더 잘 찍기 위해

(1) 당신은 왜 고양이들이 밤에 더 잘 보는지 아시나요?
고양이는 빛을 내는 눈을 가지고 있습니다.
Cat Eye Camera도 그렇습니다.
(2) Cat Eye Camera는 고양이의 눈처럼 작동하는 빛을 내는 렌즈가 있습니다.
그것은 여러분이 밤에 사진을 더 잘 찍도록 도와줄 것입니다.
Cat Eye Camera는 야간 여행자들의 최고의 선택입니다!

해설 (1) 도입부가 Do you know이고, 바로 뒤에 의문사 why가 있는 간접의문문이다. 첫 번째 빈칸에는 '왜 고양이들이 밤에 더 잘 보는지'라는 이유를 묻는 질문이 되도록 문장을 완성한다. 두 번째 빈칸은 질문에 대한 답으로 고양이가 '빛을 내는 눈을 가지고 있다'라는 의미가 되도록 문장을 완성한다.
(2) Cat Eye Camera라는 제품이 고양이가 가진 능력과 비슷한 능력을 갖추고 있음을 광고한다. 첫 번째(카메라가 빛을 내는 렌즈를 가지고 있어서)와 두 번째(밤에 사진을 더 잘 찍도록)의 내용으로 빈칸을 완성한다.

단어·숙어
glowing [형] 빛을 내는
lens [명] (카메라의) 렌즈
take pictures 사진을 찍다

3 해석

연구 노트
질문: (1) 어떤 동물들은 어떻게 그리도 쉽게 벽을 기어오르는가?
관찰: (2) 그 동물들의 발은 어떻게 생겼는가?
(3) 그들은 어떻게 벽에 달라붙어 있는가?
새로운 물질의 발명: (4) 튼튼한, 사용하기 쉬운

스파이더맨이 현실 세계에서 가능한가?

한 과학자 팀은 어떤 동물들이 어떻게 그리도 쉽게 벽을 기어오르는가를 질문했습니다. 그들은 그 동물들의 발이 어떻게 생겼는지 그리고 어떻게 벽에 달라붙어 있는지를 관찰해 왔습니다. 그 결과, 그들은 어떤 표면에도 달라붙는 새로운 물질을 발명했습니다. "이 새로운 물질은 튼튼할 뿐만 아니라 사용하기도 쉽습니다."라고 과학자들 중 한 사람이 말합니다.

영화 '스파이더맨'에서 스파이더맨은 그의 손과 발만 가지고 높은 건물을 기어오릅니다. 그것이 현실 세계에서 가능한 일일까요? 더는 불가능할 것 같지 않군요!

해설 (1) 간접의문문의 어순에 따라 '도입부+how(의문사)+certain animals(주어)+climb(동사) walls so easily'의 어순으로 쓴다.
(2), (3) 간접의문문의 어순에 따라 '도입부+what(의문사)+their feet(주어)+look(동사) like', 'how(의문사)+they(주어)+stick(동사) to walls'의 어순으로 쓴다.
(4) not only A but also B (A뿐만 아니라 B도)에서 A와 B가 병렬 구조로 동일 품사가 오며, A와 B에 형용사인 strong과 easy가 쓰였다.

Lesson 4

Word Preview Mini Test ———— p. 120

A
1. sneeze　　2. grab　　3. deserve
4. straw　　5. bother

B
1. impolite　　2. trouble　　3. brick
4. explain　　5. apology

A 해석
1. 나는 지독한 감기 때문에 재채기했다.
2. 그는 급했기 때문에 택시를 잡았다.
3. 나는 열심히 일했기 때문에 쉴 자격이 있다고 생각한다.
4. 어떤 한국의 전통 가옥은 짚으로 만들어진다.
5. 귀찮게 해서 미안하지만 뭐 좀 물어봐도 될까요?

단어숙어
grab a taxi 택시를 잡다
in a hurry 급히, 서둘러
be made with …로 만들어지다

B 해석
1. 무례한
2. 누군가를 방해하거나 괴롭히는 것
3. 작고 단단한 사각형 모양의 구운 점토
4. 어떤 것을 분명하게 만들거나 이해하기 쉽게 하는 것
5. 무언가에 대해 미안하다고 하는 말

단어숙어
disturb ⑤ 방해하다
block ⑨ 사각형 덩어리
clay ⑨ 점토, 찰흙
statement ⑨ 진술, 말, 성명

Let's Read ❶ Mini Test ———— p. 123

1　the third little pig, the wolf
2　was taken
3　당신과 당신의 형제들에게 무슨 일이 일어났는지 설명해 주시겠어요?

1 해설 Today, we have the third little pig and the wolf with us.에서 기자가 인터뷰를 할 두 사람이 the third little pig와 the wolf임을 알 수 있다.

2 해설 늑대가 경찰서로 '연행되었다, 끌려갔다'라는 의미가 되어야 하므로 수동태인 was taken이 알맞다.

3 해설 Could you explain … ?은 상대방에게 설명을 요청할 때 쓰는 표현으로 '…을 설명해 주시겠어요?'라는 뜻이다.

Let's Read ❷ Mini Test ———— p. 125

1　ⓐ build　　ⓑ lose
2　(1) F　　(2) F

1 해설 ⓐ it was time to …는 '…할 시간이었다'라는 의미로 to 다음에는 동사원형이 와야 한다.
ⓑ 감정을 나타내는 형용사 shocked 뒤에 to부정사가 왔으므로 to 다음에는 동사원형이 와야 한다.

2 해석 (1) 늑대는 셋째 아기 돼지의 집이 벽돌로 만들어졌음에도 불구하고 바람을 불어 넘어뜨렸다.
(2) 셋째 아기 돼지의 형제들은 충격을 받아서 병원에서 쉬고 있다.

해설 (1) 셋째 아기 돼지의 집은 벽돌로 만들어져서 늑대가 넘어뜨리지 못했고, (2) 셋째 아기 돼지의 형제들은 충격을 받아서 셋째 아기 돼지의 집에서 쉬고 있다.

Let's Read ❸ Mini Test ———— p. 127

A　sneeze, sugar
B　④

A 해석 늑대에 따르면 진짜 이야기는 지독한 감기로 인한 재채기와 설탕 한 컵에 관한 것이다.

B 해석 늑대는 일어난 일에 매우 놀랐다.
해설 늑대가 놀란 것보다 일어난 일이 먼저이므로 과거 완료(had+p.p.) 시제를 써야 한다.

Let's Read ❹ Mini Test ———— p. 129

1　It's because he still needed that cup of sugar.
2　셋째 아기 돼지가 늑대에게 무례하게 말했기 때문이다.

1 해석 늑대는 왜 셋째 아기 돼지의 집에 갔나요?
해설 I still needed that cup of sugar, so I went to the next house.에서 늑대는 여전히 설탕 한 컵이 필요해서 셋째 아기 돼지의 집에 갔음을 알 수 있다.

2 해설 늑대는 셋째 아기 돼지에게 정중하게 물었는데 셋째 아기 돼지의 답변이 무례해서 사과를 받아야 한다고 생각했다.

Let's Read ⑤ Mini Test
p. 131

1 reporter

2 ⓐ going ⓑ exciting

1 해석 뉴스 기사를 쓰거나 뉴스 보도를 중계하는 사람

해설 뉴스 기사를 쓰거나 뉴스 보도를 중계하는 사람은 reporter(기자)이다.

2 해설 ⓐ '설탕 한 컵을 빌리러 간 아픈 늑대'라는 의미로 앞의 명사 a sick wolf를 뒤에서 수식하는 현재 분사 going이 알맞다.

ⓑ '신나는, 흥미진진한'이라는 의미의 형용사 exciting이 알맞다.

Word Check
p. 135

A 1. 바람을 불어 넘어뜨리다 2. 지푸라기, 짚 3. 벽돌 4. 재채기(하다) 5. 불행하게도 6. grab 7. bother 8. impolite 9. deserve 10. apology

B 1. framed 2. broke 3. running

C 1. straw 2. trouble 3. compare 4. match 5. frightening

B 해석 1. 그 남자는 그가 누명을 썼다고 말한다.

2. 누군가가 집에 침입한 것 같다.

3. 시간이 없으니 너는 서두르는 게 좋겠다.

단어·숙어 frame [동] 누명을 씌우다 break into 침입하다

had better …하는 게 낫다 hurry [동] 서두르다

run out of time 시간이 다 되다

C 해석 1. 나는 농장에서 일하는 동안 밀짚 모자를 쓸 것이다.

2. 귀찮게 해서 죄송하지만, 질문 하나 해도 될까요?

3. 책과 영화를 비교하는 것은 재미있다.

4. 우리는 이번 일요일에 중요한 시합을 한다.

5. 소음이 매우 무서웠다.

해설 1. straw [명] 지푸라기, 짚

2. trouble [동] 귀찮게 하다

3. compare A with B A를 B와 비교하다

4. match [명] 시합, 경기

5. frightening [형] 무서운

cf. frighten [동] 무섭게 하다

단어·숙어 wear [동] (옷 · 모자 등을) 입다[쓰다/착용하다]

farm [명] 농장

noise [명] 소음

Grammar Check
p. 140

A 1. had 2. had 3. hadn't 4. had had

B 1. bother 2. have 3. go 4. hear

C 1. had happened 2. I had bought 3. had already left 4. Eunji had cleaned it

D (1) informing → inform

(2) heard → hear

A 해석 1. 내가 집에 왔을 때, 모두가 이미 떠났다.

2. 나는 그녀를 위해 산 선물을 가져오는 것을 잊어버렸다.

3. 나는 잠을 제대로 못 자서 몹시 피곤했다.

4. 그녀를 보았을 때, 나는 그녀가 머리를 잘랐다는 것을 깨달았다.

해설 1. 모든 사람이 떠난 시점이 내가 집에 온 시점보다 더 이전의 과거이므로 과거 완료 시제를 써서 had가 알맞다.

2. 그녀를 위해 선물을 산 시점이 선물을 가져오는 것을 잊어버린 시점보다 더 이전의 과거이므로 had가 알맞다.

3. 잠을 제대로 못 잔 시점이 피곤한 것보다 더 이전의 과거이므로 hadn't가 알맞다.

4. 그녀가 머리를 자른 시점이 그녀가 머리를 잘랐다는 것을 내가 깨달았을 때보다 더 이전의 과거이므로 had had가 알맞다.

단어·숙어 realize [동] 깨닫다

have a haircut 머리를 자르다

B 해석 1. 너를 귀찮게 해서 정말 미안해.

2. 우리는 당신이 우리의 손님으로 함께 있어서 행복하다.

3. 여러분 모두 견학 갈 생각에 들떠 있니?

4. 우리 가족은 내가 일등상을 탔다는 소식을 듣고 자랑스러워했다.

해설 '감정을 나타내는 형용사+to부정사'를 사용하여 감정의 이유를 나타낼 수 있다. 따라서 의미상 어울리는 동사를 골라 동사원형 형태로 써야 한다.

단어·숙어 guest [명] 손님

field trip 현장 학습, 견학

C 해석 1. 나는 Jack에게 일어났던 일에 놀랐다.

2. 내가 너를 위해 산 입장권을 가져왔니?

3. 내가 역에 도착했을 때 기차는 이미 떠났다.

4. 은지가 교실을 청소했기 때문에 교실이 깨끗했다.

해설 빈칸에는 과거 시제보다 더 이전의 과거 시점을 나타내는 과거 완료 시제(had+p.p.)를 써서 단어를 배열한다.

D 해석 친애하는 Brian,

당신이 우리 학교에 입학할 기회를 얻지 못했다는 것을 알려 드리게 되어 유감입니다. 우리는 당신이 이 소식을 듣고 실망하지 않기를 바랍니다. 우리 학교에 관심을 가져주셔서 감사합니다.

안녕히 계세요

VICTORY 고등학교

해설 (1) '감정을 나타내는 형용사+to부정사' 형태가 되어야 하므로 sorry to 뒤에는 동사원형 inform이, (2) disappointed to 뒤에도 동사원형 hear가 와야 한다.

단어·숙어 inform [동] 알리다　chance [명] 기회　enter [동] 들어가다, 입학하다

단원 종합 평가

pp. 146~148

1. ②　2. ②　3. ②　4. ③　5. ①　6. 상대 팀에 가장 잘하는 선수들이 있을지 몰라도 우리 팀은 최고의 팀워크를 가지고 있다는 것　7. ④　8. (C)-(B)-(A)　9. ⑤　10. ②　11. ③　12. ④　13. ③　14. ⑤　15. ④　16. ⑤　17. ⑤　18. ②　19. 늑대가 재채기를 크게 했고 집 전체가 무너진 것　20. ⑤　21. ④　22. ③　23. ③

1~2 듣기 대본

G: You look busy, Andrew. What are you doing?

B: I'm making some items for the school market.

G: Wow, they all look very interesting.

B: Thanks. How do you like this vase?

G: It's very pretty. I like the letters on it.

B: I made it with a used bottle. Some people think it's just trash, but I think it is a beautiful work of art.

G: I love your idea.

B: You can keep it if you'd like.

G: That's so sweet. Thank you so much.

해석 G: Andrew, 바빠 보인다. 뭐하고 있니?

B: 학교 시장에 쓸 물건들을 만들고 있어.

G: 와, 그것들은 모두 매우 흥미로워 보여.

B: 고마워. 이 꽃병은 어때?

G: 정말 예쁘다. 난 그 위의 글자들이 마음에 들어.

B: 사용했던 병으로 만들었어. 어떤 사람들은 그냥 쓰레기라고 생각하지만, 나는 그것이 아름다운 예술품이라고 생각해.

G: 네 아이디어가 맘에 들어.

B: 원한다면 가져도 돼.

G: 정말 다정하구나. 정말 고마워.

단어·숙어 item [명] 물품, 물건　vase [명] 꽃병　used [형] 사용된, 중고의　trash [명] 쓰레기　work of art 예술품

1 해설 Andrew가 소녀에게 How do you like this vase?라고 묻는 것으로 보아 '꽃병'임을 알 수 있다.

2 해석 Q: 소녀는 학교 시장에 쓸 Andrew의 물건을 어떻게 생각하나요?

A: 그녀는 그것이 예쁘다고 생각한다. 그녀는 그 위에 있는 글자들을 마음에 들어 한다.

해설 소녀는 Andrew가 만든 꽃병이 예쁘고(pretty), 꽃병 위의 글자들(letters)이 마음에 든다고 했다.

단어·숙어 shape [명] 모양　letter [명] 글자　unique [형] 독특한

3 듣기 대본 G: Taeho is late again. He's been late for school for three days in a row.

B: I think there are two sides to every story, Yura.

G: Why do you think so?

B: Taeho has a five-year-old sister. He takes her to kindergarten every day before school.

G: Oh, I didn't know that. That must be a tough job.

해석 G: 태호가 또 늦네. 그는 사흘 연속으로 학교에 지각했어.

B: 유라야, 내 생각에 모든 이야기에는 두 가지 측면이 있는 것 같아.

G: 왜 그렇게 생각하니?

B: 태호는 다섯 살인 여동생이 있어. 그는 매일 학교 오기 전에 여동생을 유치원에 데려다주거든.

G: 아, 그건 몰랐어. 분명히 힘든 일이겠구나.

해설 유라는 태호가 '사흘' 연속으로 학교에 지각한 것을 보고 태호가 게으르다고 생각했지만, 태호가 학교에 오기 전에 여동생을 매일 '유치원'에 데려다준다는 것을 알게 되었다.

단어·숙어 in a row 연이어, 연달아서　side [명] 면, 측면　kindergarten [명] 유치원　tough [형] 어려운, 힘든

4 해석 ① A: 그 이야기 어때?

B: 마음에 들어. 재미있더라.

② A: 책과 영화 중 어느 것이 더 좋았니?

B: 난 책이 더 좋았어.

③ A: 신발이 어때?

B: 마음에 들어. 너무 작아.

④ A: 나는 심청이가 착한 등장인물이라고 생각해.

B: 왜 그렇게 생각해?

⑤ A: 왜 영화를 더 좋아했니?

B: 이야기를 이해하는 게 더 쉬웠어.

해설 신발이 어떠냐는 질문에 마음에 든다면서 신발이 너무 작다고 말하는 ③은 어색하다.

단어·숙어 character [명] 등장인물

5~6

해석 W: 걱정스러워 보이는구나, 주원아.

B: 내일 축구 경기에서 질 것 같아요, 김 선생님.

W: 왜 그렇게 생각하니?

B: 저희는 3반과 경기할 거예요. 3반에는 학교에서 가장 잘하는 선수들이 있잖아요.

W: 긍정적으로 생각하렴. 3반에 잘하는 선수들이 있을지 모르지만, 너희 반은 팀워크가 가장 좋잖아.

B: 선생님 말씀이 맞아요. 저는 그런 식으로 생각하지 못했어요. 가서 연습할게요!

단어·숙어 worried [형] 걱정스러운 match [명] 경기, 시합
against [전] …에 대항하여 bright [형] 밝은

5 해설 I think we will lose the soccer game tomorrow에서 소년은 '축구 경기에서 질까봐' 걱정하고 있다.

6 해설 that way는 Ms. Kim의 말인 They might have strong players, but your class has the best teamwork.에서 알 수 있다.

7 해석 A: 나는 이것이 20세기의 가장 위대한 예술 작품이라고 생각해.

B: 왜 그렇게 생각하니?

A: 이것은 다른 관점을 보여 주는 완벽한 예시야.

해설 A가 20세기 가장 위대한 예술 작품이라고 생각하는 이유를 묻는 표현이 와야 하므로 ④가 알맞다.

① 그게 어때요(마음에 드세요)?

② 어떻게 생각하세요?

③ 무슨 일이야?

⑤ 그것에 대해 들어본 적 있니?

단어·숙어 example [명] 예시
point of view 관점

8 해석 너는 로빈 후드에 대해 어떻게 생각하니?

(C) 나는 그가 착한 등장인물이라고 생각하지 않아.

(B) 왜 그렇게 생각하니?

(A) 그가 다른 사람들의 것을 훔치기 때문이야.

해설 로빈 후드에 대해서 어떻게 생각하는지 물었으므로 이에 대한 대답인 (C)가 오고, 이 대답에 대해 이유를 묻는 (B)와 이유를 설명하는 (A)로 이어지는 것이 자연스럽다.

단어·숙어 steal [동] 훔치다

9 해석 나는 늑대가 ______ 하다고 생각한다.

해설 나머지는 모두 상태를 나타내는 형용사인 반면, ⑤는 동작을 나타내는 동사이다. be동사 뒤에 위치하며, 보어로 쓰이는 것은 형용사이다.

① 약한 ② 강한 ③ 비열한

④ 겁에 질린 ⑤ 겁을 주다

10 해석 강도들은 돈이 다 떨어져서 은행에 침입했다.

해설 run out of …이 다 떨어지다

break into 침입하다

단어·숙어 robber [명] 강도

11 해석 ① 무례한: 무례한

② 귀찮게 하다: 누군가를 방해하거나 괴롭히는 것

③ 벽돌: 어떤 식물의 마른 줄기 (→ 지푸라기)

④ 설명: 무언가를 분명하게 하거나 이해하기 쉽게 만드는 것

⑤ 사과: 무언가에 대해 미안하다고 하는 말

해설 ③ '어떤 식물의 마른 줄기'는 straw(짚, 지푸라기)이다.

단어·숙어 disturb [동] 방해하다 stem [명] 줄기
statement [명] 말, 언급, 성명

12 해석 미나는 그녀가 그 책을 읽었기 때문에 그 이야기를 알았다.

해설 미나가 책을 읽은 시점이 이야기를 안 시점보다 더 이전의 시점이므로 과거 완료 시제(had+p.p.)인 ④가 알맞다.

13 해석 A: 왜 너는 버스를 놓쳤니?

B: 내가 버스 정류장에 도착했을 때, 버스는 이미 떠나고 없었어.

해설 버스가 떠난 시점이 버스 정류장에 도착한 시점보다 더 이전의 시점이므로 과거 완료인 had already left가 알맞다. 따라서 ③ did는 had가 되어야 한다.

14 해석 ① 우리 반은 그 노래를 부르게 되어 행복했다.

② 우리는 너의 나쁜 소식을 듣게 되어 유감이었다.

③ 우리는 그녀가 우리 리더로 함께 할 수 있어서 정말 행운이다.

④ 나는 네 친구가 되어서 행복하다.
⑤ Kevin은 수업 중에 Tom을 보고 놀랐다.

해설 '형용사+to부정사' 형태에 맞게 ⑤ to seeing은 to see로 고쳐야 한다.

15 해석 나는 좋은 성적을 받아 신이 났다.

해설 '감정을 나타내는 형용사+to부정사'에서 to부정사는 앞에 나오는 감정에 대한 이유 또는 원인을 나타낸다. 따라서 to부정사는 '…하기 때문에, …해서'로 해석하는 것이 자연스러우므로 ④가 알맞다.
① 나는 신이 났고 좋은 성적을 받았다.
② 만약 좋은 성적을 받으면 나는 신날 것이다.
③ 나는 신나서 좋은 성적을 받을 것이다.
④ 나는 좋은 성적을 받았기 때문에 신이 났다.
⑤ 나는 좋은 성적을 받지 못했지만 신이 났다.

단어·숙어 get a good grade 좋은 성적을 받다

16~17

해석 Reporter: '동물 세계 뉴스'에 오신 것을 환영합니다. 지난 일요일, 돼지들의 집들을 바람을 불어 넘어뜨린 늑대가 경찰서로 연행되었습니다. 오늘, 우리는 셋째 아기 돼지와 늑대를 모셨습니다. Pig 씨, 당신과 당신의 형제들에게 무슨 일이 일어났는지 설명해 주시겠습니까?

Pig: 네. 제 형제들과 저는 우리 자신들의 집을 지을 때라고 생각해서 저희는 짚, 나무 막대기, 벽돌로 집을 지었어요. 어느 날, 늑대가 와서 제 형들의 집을 바람을 불어 완전히 날려 버렸어요. 그는 제 집도 거의 날려 버릴 뻔했는데, 벽돌로 만들어져서 그럴 수가 없었죠.

Reporter: 당신의 형제들은 지금 어떻게 지내고 있나요?

Pig: 그들은 집을 잃어서 너무 충격을 받았어요. 그들은 제 집에서 쉬고 있어요.

단어·숙어 be taken to 끌려가다, 연행되다
blow down 바람을 불어 넘어뜨리다
straw [명] 짚, 지푸라기 brick [명] 벽돌
completely [부] 완전히

16 해설 인터뷰를 하는 리포터와 인터뷰 질문을 받고 있는 돼지가 등장하는 것으로 보아 글의 종류는 ⑤ '뉴스 대본'이다.
① 편지 ② 연설 ③ 소설 ④ 일기

17 해석 ① 지난 일요일에 늑대가 경찰서로 끌려갔다.
② 늑대가 돼지들의 집을 바람을 불어 날려 버렸다.
③ 리포터는 셋째 아기 돼지와 늑대를 인터뷰할 것이다.
④ 돼지들은 그들만의 집을 지을 때라고 생각했다.
⑤ 늑대는 돼지들의 세 집을 모두 날려 버렸다.

해설 늑대는 첫째와 둘째 아기 돼지의 집을 바람을 불어 날려 버렸지만, 셋째 아기 돼지의 집은 벽돌로 만들어져서 날려 버릴 수 없었다.

18~20

해석 Reporter: 감사합니다, Pig 씨. 이제 두 번째 손님인 늑대를 만나 보죠. Wolf 씨, 무슨 일이 있었는지 말씀해 주시겠어요?

Wolf: 이 모든 '덩치 크고 못된 늑대' 사건은 잘못된 거예요. 진짜 이야기는 지독한 감기로 인한 재채기와 설탕 한 컵에 관한 거예요.

Reporter: 무슨 말씀인가요?

Wolf: 그때, 저는 사랑하는 할머니를 위해 생일 케이크를 만들고 있었어요. 설탕이 다 떨어졌더라고요. 저는 이웃에게 설탕 한 컵을 달라고 부탁하기 위해 길을 걸어갔어요. 제가 이웃집 문을 두드렸을 때, 문이 떨어졌어요. 그다음에 저는 "아기 돼지 씨, 안에 계신가요?"라고 불렀어요. 제가 부서진 문을 막 움켜잡았을 때 재채기가 나오는 것을 느꼈어요. 저는 재채기를 아주 크게 했고, 그거 알아요? 짚으로 만든 집 전체가 무너졌어요. 저는 일어난 일에 매우 놀랐어요. 안타깝게도, 둘째 아기 돼지의 집에서도 같은 일이 일어나고 말았어요.

단어·숙어 sneeze [명] [동] 재채기(하다)
run out of …이 다 떨어지다
grab [동] 잡다
unfortunately [부] 불행하게도, 안타깝게도

18 해설 a cup of 한 컵의
run out of …이 다 떨어지다

19 해설 ⓒ the same thing이 의미하는 바는 I sneezed a great sneeze and you know what? The whole straw house fell down.에서 알 수 있다. 첫째 아기 돼지의 집에서 늑대가 재채기를 크게 했고 집 전체가 무너졌는데, 둘째 아기 돼지의 집에서도 같은 일이 벌어졌다고 했다.

20 해석 ① 늑대는 설탕이 다 떨어졌다고 말한다.
② 늑대는 그가 지독한 감기에 걸렸다고 말한다.
③ 늑대는 돼지가 짚으로 그의 집을 지었다고 말한다.
④ 늑대는 그가 그의 할머니를 위해 케이크를 만들었다고 말한다.
⑤ 늑대는 모든 '덩치 크고 못된 늑대' 사건이 잘못되었다고 말한다.

해설 늑대의 말을 요약하면 '덩치 크고 못된 늑대' 사건은 잘못되었고, 진짜 이야기는 설탕 한 컵과 지독한 감기로 인한 재채기에 관한 것이라고 말하고 있다.

21~23

해석 Reporter: 그렇다면 셋째 아기 돼지의 집에 왜 갔나요?

Wolf: 저는 여전히 설탕 한 컵이 필요했고, 그래서 옆집으로 갔어요. 셋째 아기 돼지는 벽돌로 집을 지었더라고요. 제가 소리쳤어요, "귀찮게 해 드려 죄송하지만, 안에 계신가요?" 그리고 그가 뭐라고 대답했는지 아세요? "가버려. 다신 귀찮게 하지 마!" 얼마나 무례한가요! 저는 사과를 받아 마땅하다고 생각했기 때문에 계속 문을 두드렸어요. 경찰이 왔을 때, 물론 그들은 제가 이 돼지의 집에 침입하고 있다고 생각했죠.

Reporter: 당신은 당신이 누명을 썼다고 생각하나요?

Wolf: 네. 마을의 신문 기자들은 설탕 한 컵을 빌리러 간 아픈 늑대가 별로 흥미롭지 않다고 생각했죠. 그래서 그들은 저를 '덩치 크고 못된 늑대'로 만든 거예요. 당신은 아마도 저에게 설탕 한 컵쯤은 빌려줄 수 있으시겠죠?

Reporter: 시간 내 주셔서 감사합니다. 여러분, 어떤 이야기가 진짜 이야기라고 생각하시나요, 돼지의 이야기일까요 아니면 늑대의 이야기일까요?

단어·숙어
trouble [동] 귀찮게 하다, 실례하다
bother [동] 괴롭히다, 귀찮게 하다
impolite [형] 무례한
deserve [동] …을 받을 만하다
apology [명] 사과
break into 침입하다
frame [동] 죄[누명]를 뒤집어씌우다

21 해설 주어진 문장은 무엇인가 질문을 했는데 대답이 나오기 전에 할 수 있는 말이다. ④의 앞에는 늑대의 질문이 있고, 뒤에는 돼지의 대답이 나오므로 ④에 들어가는 것이 알맞다.

22 해설 늑대는 자신이 누명을 썼다고 생각하고 있으므로 ③ framed가 알맞다.
① 다친 ② 들은 ④ 설명된 ⑤ 깨진

23 해설 I thought I deserved an apology, so I kept knocking.에서 늑대는 셋째 아기 돼지 집의 문을 계속 두드렸다고 했다.

서술형 평가

p. 149

1. |예시 답안|
   (1) like the *Harry Potter* book / because it has amazing stories
   (2) like the movie *Aladdin* / because it is fun and songs are wonderful
   (3) like the food, fried chicken / because it is crispy and delicious
2. (1) had read (2) had watched
3. |예시 답안|
   (1) I was happy to get a good grade.
   (2) I was sad to lose the soccer game.
   (3) I was excited to go on a field trip.
   (4) I was disappointed to fail the exam.

1 해석 |예시 답안|
(1) Q: '해리 포터' 책은 어때?
A: 놀라운 이야기가 있어서 좋아.
(2) Q: '알라딘' 영화 어때?
A: 재미있고 노래가 멋져서 좋아.
(3) Q: 프라이드치킨 음식은 어때?
A: 바삭바삭하고 맛있어서 좋아.

해설 책, 영화, 음식에서 좋아하는 것으로 한 가지씩 쓰고, 그것을 좋아하는 이유에 대해 적절한 형용사를 사용하여 쓴다.

단어·숙어
amazing [형] 놀라운
crispy [형] 바삭바삭한

2 해석 (1) 은희는 그녀가 읽었던 책을 미나에게 빌려주었다.
(2) 은희는 자신이 본 영화에 대해 썼다.

해설 (1) 책을 읽었던 시점이 책을 빌려준 시점보다 더 이전의 과거이므로 과거 완료를 써서 had read를 써야 한다.
(2) 영화를 본 것이 영화에 대해 쓴 것보다 더 이전의 시점이므로 과거 완료 had watched를 써야 한다.

단어·숙어
lend [동] 빌려주다
cf. borrow [동] 빌리다

3 해석 |예시 답안|
(1) 나는 좋은 성적을 받아서 기뻤다.
(2) 나는 축구 경기에서 져서 슬펐다.
(3) 나는 현장 학습을 가게 돼서 신났다.
(4) 나는 시험에 떨어져서 실망했다.

해설 각 감정을 느꼈던 이유를 표에 쓰고, '감정을 나타내는 형용사+to부정사'의 형태를 써서 문장을 쓴다.

단어·숙어 disappointed [형] 실망한
get a good grade 좋은 성적을 받다
go on a field trip 현장 학습을 가다
fail the exam 시험에 떨어지다

1학기 중간고사

pp. 152~157

1. ③	2. ①	3. ⑤	4. ①	5. ⑤	6. ③
7. ①	8. ⑤	9. ④	10. ③	11. ⑤	12. ②
13. ④	14. ④	15. ①	16. ④	17. ②	18. ④
19. ③	20. ④	21. ⑤	22. ④	23. ④	24. ③
25. ③	26. ①	27. ⑤			

28. Let me introduce my friend, Eric. What he likes is science. What he is good at is writing. What he wants to be is a scientist.
29. (1) It is difficult for Henry to use chopsticks.
(2) It is easy for Jenny to use a cell phone.
30. (1) The girl talking to the teacher is Minji.
(2) The boy drawing on the board is Suho.
(3) The girl dancing in front of the door is Eunsu.

1 해석 ① 나의 어머니는 오토바이를 탄다.
② 나는 사람들이 너무 많이 불평한다고 생각한다.
③ 나의 여동생은 대학에서 학자를 받았다.
④ 그는 올 여름에 전자 선풍기를 샀다.
⑤ 당신은 태블릿이나 스마트폰과 같은 많은 기기를 사용할 수 있다.

해설 ③은 '학자'가 아니라 '장학금(scholarship)'이 되어야 한다.

단어·숙어 motorcycle [명] 오토바이 complain [동] 불평하다
scholar [명] 학자 electronic [형] 전자의
device [명] 기기, 장치

2 해설 invent는 '발명하다'라는 뜻으로 invent a lion은 의미상 어울리지 않는다.

단어·숙어 invent [동] 발명하다
set up 설치하다
difference [명] 차이, 차이점
scare away 겁을 주어 쫓아내다
come up with …을 생각해 내다

3 해석 ① 모험: 흥미롭거나 위험한 경험
② 주인: 사회적으로 또는 직업으로 손님을 접대하는 사람
③ 기구: 사람의 집, 특히 부엌에서 일을 할 때 사용되는 간단하고 유용한 도구
④ 접시: 음식을 먹거나 제공하는데 사용되는 납작하고 보통 둥근 접시
⑤ 우아한: 무언가를 하고 싶거나 무언가를 위한 강하고 참을성 없는 욕구를 느끼는 것 (→ 열망하는)

해설 ⑤는 '열망하는, 몹시 하고 싶어 하는'이라는 의미의 eager에 대한 영영 풀이이다.

단어·숙어 adventure [명] 모험
host [명] 초대자, 주인
entertain [동] 접대하다, 즐겁게 하다
utensil [명] (주로 주방에서 쓰이는) 도구, 식기
plate [명] 접시 flat [형] 납작한, 평평한
serve [동] 제공하다 elegant [형] 우아한
impatient [형] 참을성 없는 desire [명] 욕구, 욕망

4 해석 • 나는 나의 이야기를 시작하고 싶었다.
• 학생들은 선생님의 질문에 대답하고 싶었다.

해설 be eager to는 '…을 하고 싶어 하다'라는 의미이다.
① 열렬한, 간절히 바라는, 열심인
② 용서하다
③ 자랑하는, 뽐내는
④ 인내심 있게
⑤ 개의치 않고, 상관없이

5 해석 A: Jane, 무슨 일이야?
B: 교과서 가져오는 것을 깜박했어.

해설 What's the matter?는 '무슨 일이야?'라는 의미로 상대방의 걱정, 염려를 묻는 표현이다. 따라서 걱정하고 있는 상황에 대해서 말하고 있는 ⑤가 알맞다.
① 너 화나 보여.
② 너는 정말 친절하구나.
③ 나는 책을 읽고 있어.
④ 그 말을 들으니 유감이다.

단어·숙어 matter [명] 일, 문제
bring [동] 가져오다

6~7

해석 Henry: 너 속상해 보여. 무슨 일 있어, 미나야?
미나: 이 댓글들을 봐, Henry. 많은 사람이 우리 동네에 볼만한 재밌는 장소들이 충분하지 않다고 말하고 있어.
Henry: 그렇다면 유감인데. 그들이 여기의 멋진 장소들을 방문할 기회가 없었다니 유감이야. 우리는 그것에 대해 뭔가를 해야 해.
미나: 우리 동네의 유명한 장소들을 보여 주는 영상을 만들어서 인터넷에 올리는 게 어때?

Henry: 훌륭한 생각이야. 그렇게 하자.

미나: 좋아. 나는 그들이 여기서 즐거운 시간을 보내기를 바라.

단어·숙어
comment [명] 댓글, 언급, 논평
chance [명] 기회
video [명] 비디오, 영상

6 해설 I hope ... .은 '나는 …하기를 바란다.'라는 뜻으로 기원할 때 쓰는 표현이다.

7 해석 ① 많은 사람이 동네에 멋진 장소가 충분히 있다고 생각한다.
② Henry는 그 문제에 대해 뭔가 해야만 한다고 생각한다.
③ 미나는 영상을 만들 생각을 하고 있다.
④ Henry는 미나의 아이디어를 좋아한다.
⑤ 미나는 사람들이 동네에서 그들의 시간을 즐기기를 바란다.

해설 많은 사람이 동네에 멋진 장소들이 충분하지 않다고 생각하므로 ①은 대화의 내용과 일치하지 않는다.

단어·숙어
think of …을 생각하다
video [명] 영상, 동영상, 비디오

8 해석 안녕하세요, 제 이름은 Malala Yousafzai입니다. 저는 파키스탄 출신입니다. 우리나라에는 여자아이들은 학교에 갈 필요가 없다고 믿는 몇몇 사람들이 있었습니다. 그래서 그들은 여학교 몇 군데를 폐쇄하기 시작했습니다. 저는 너무 기분이 나빴습니다. 저는 그 점에 대해 언론에 편지를 썼고, 강연도 많이 했습니다. 많은 사람의 지지 덕분에 우리나라에서 교육을 보장하는 법이 마침내 통과되었습니다. 이제 저는 더 큰 꿈이 있습니다. 저는 세상의 모든 아이들이 교육을 받을 수 있기를 바랍니다.

해설 파키스탄의 몇몇 사람들이 여자아이들은 교육을 받을 필요가 없다고 생각하고 있기 때문에 글쓴이가 언론에 편지를 쓰고, 강연을 하는 등의 노력을 통해 파키스탄의 모든 아이들이 '교육'을 받을 수 있도록 노력하고 있음을 알 수 있다.
① 직업 ② 책 ③ 성적 ④ 운동 ⑤ 교육

단어·숙어
close down 폐쇄하다 press [명] 언론
give talks 강연을 하다 support [명] 지지, 지원
law [명] 법 pass [동] 통과하다

9 해석 너는 음식이 별로였나 보구나.
(C) 아냐, 맛있게 먹었어. 난 보통 접시에 음식을 좀 남겨두는 편이야. 우리나라 중국에서는 그게 훌륭한 식사 예절이야.
(A) 왜 그런 거야?
(B) 우리나라 사람들은 접시의 음식을 다 먹어 버리면 아직도 배가 고프다는 것을 의미한다고 생각하거든.
(D) 그렇지만 한국에서는 접시를 깨끗하게 비우는 것이 더 예절 바른 건데.
(E) 다른 문화는 다른 규칙이 있는 법이지.

해설 주어진 문장에 어울리는 응답인 (C)가 먼저 오고, (C)의 말에 이유를 묻는 (A)가 온 다음 그 이유를 말해주는 (B) 다음에 (D)와 (E) 순으로 와야 자연스럽다.

단어·숙어
plate [명] 접시 leave [동] 남기다
table manner 식사 예절 polite [형] 공손한

10 해석 A: 너는 저녁 식사를 일찍 하는 것과 늦게 하는 것 중에 어떤 것을 더 좋아하니?
B: 나는 식사를 일찍 하는 게 더 좋아.

해설 저녁 식사를 일찍 하는 것과 늦게 하는 것 중 어떤 것을 선호하냐는 질문에 어울리는 응답은 ③이다.
① 나는 생선이 싫어.
② 아침을 거르지 마.
④ 식사를 하기에는 너무 늦었어.
⑤ 나는 매일 세 끼를 먹어.

단어·숙어
prefer [동] 선호하다, 더 좋아하다
meal [명] 식사 skip [동] 뛰어 넘다, 거르다

11 해석 진호: Claire, 너는 생선과 스테이크 중 어떤 것을 더 좋아하니?
Claire: 난 생선을 더 좋아해, 진호야.
진호: 메뉴에 생선이 있어.
Claire: 잘됐다. 초밥이야 구이야?
진호: 둘 다 메뉴에 있어.
Claire: 그럼 난 초밥으로 할래. 나는 생선은 익히지 않았을 때 맛이 더 좋은 것 같아.
진호: 좋아. 그럼 넌 초밥을 먹고 난 생선 구이를 먹을게. 주문하자.

해설 Claire는 초밥이 생선 구이보다 더 신선하다고 생각한 것이 아니라 더 맛있다고 생각한다.

단어·숙어
sushi [명] 스시, 초밥 fried [형] 구운
taste [동] 맛을 보다, …한 맛이 나다
uncooked [형] 익히지 않은

12 해석 ① A: 배고프니?
B: 응. 저녁으로 피자를 주문할 수 있을까?
② A: 집에서 요리하는 것이 음식을 주문하는 것보다 더 건강에 좋아.
B: 너는 건강한 음식을 먹는 것과 운동하는 것 중에서 어떤 것을 더 좋아하니?
③ A: 너는 건강을 유지하기 위해 무엇을 하니?
B: 나는 건강을 위해 매일 운동을 해.
④ A: 지금 몇 시야?
B: 벌써 저녁 8시야.
⑤ A: 우리 지금 식사하는 게 어때?
B: 좋은 생각이야.

해설 집에서 요리하는 것이 음식을 주문하는 것보다 건강에 더 좋다는 말에 둘 중 어떤 것을 더 좋아하는지를 묻는 ②는 어색하다.

13 해석 A: 생일 축하해, 미나야!
B: 고마워.
A: 너는 네 생일에 무엇을 원하니?
B: 내가 생일에 원하는 것은 기타야.

해설 관계대명사 what은 'what+주어+동사'의 형태로 쓰이므로 ④ What do I want가 아니라 What I want가 되어야 한다.

14 해석 • 나는 그림 몇 점이 공중에 떠 있는 것을 보았다.
• 나는 쥐들이 집 밖으로 달려가고 있는 것을 보았다.
• 나는 누군가가 빈 방에서 노래하고 있는 것을 들었다.

해설 'see/watch/hear+목적어+-ing' 형태는 '…가 ~하고 있는 것을 보다/지켜보다/듣다'라는 의미로 목적어 다음에 현재 분사를 써서 동작이 진행 중임을 나타낸다.

단어·숙어
painting [명] 그림 | float [동] 떠 있다
in the air 공중에 | rat [명] 쥐
out of 밖으로 | empty [형] 빈, 텅 빈

15 해석 ⓐ 아이들이 자전거를 타는 것은 쉽다.
ⓑ 사람들이 재활용을 하는 것은 필요하다.
ⓒ 당신이 높은 산을 오르는 것은 위험하다.
ⓓ 문제를 해결하는 것은 어렵다.
ⓔ 그녀가 그의 말을 듣는 것은 쉽지 않았다.

해설 'It is+형용사+for 목적격+to 동사원형 ~'은 '…이 ~하는 것은 형용사하다'라는 의미로 for 다음에는 의미상 주어가 오고, to 다음에는 진주어가 온다.
ⓑ recycling → recycle
ⓒ climbing → to climb
ⓔ for she → for her

단어·숙어
necessary [형] 필요한 | recycle [동] 재활용하다
climb [동] 산을 오르다, 등산하다 | solve [동] 풀다, 해결하다

16 해석 ① 음악을 듣고 있는 한 남자가 있다.
② 책을 읽고 있는 두 소년이 있다.
③ 길을 걷고 있는 한 소녀가 있다.
④ 식물에 물을 주고 있는 한 여자가 있다.
⑤ 벤치에 책을 읽고 있는 한 소년이 있다.

해설 '…하고 있는'이라는 의미로 명사를 뒤에서 꾸며 주는 분사는 -ing 형태를 가진다. 따라서 ④는 There is a woman watering the plants.로 써야 한다.

단어·숙어
water the plants 식물에 물을 주다
on the bench 벤치에

17~19

해석 내 이름은 Richard Turere야. 나는 케냐의 나이로비 국립 공원의 남쪽 지역에 살고 있어. 공원의 남쪽 지역은 울타리가 없어서 사자와 같은 야생 동물들이 공원 밖으로 자유롭게 나가. 그들은 농부들이 키우고 있는 동물들을 죽여. 그 결과, 농부들은 그들의 동물들을 보호하기를 원하기 때문에 사자들을 죽이려고 해.

어느 날 아침, 나는 일어나서 우리 소가 바닥에 누워 있는 것을 보았어. 소는 죽어 있었고, 나는 아주 기분이 좋지 않았어. 처음에는 내가 겨우 열한 살이었기 때문에 아무것도 할 수 없을 거라고 생각했어. 그러고 나서 나는 이 문제를 무시하면 안 된다는 것을 깨달았어. 나는 같은 상황에 있는 우리 마을 사람들을 정말로 돕고 싶었어.

단어·숙어
southern [형] 남쪽의, 남쪽에 위치한
national park 국립 공원
fence [명] 울타리 | as a result 그 결과
protect [동] 보호하다 | realize [동] 깨닫다
ignore [동] 무시하다

17 해설 'see+목적어+현재 분사'는 '…가 ~하고 있는 것을 보다'라는 의미이다. 따라서 lie는 '우리 소가 누워 있는 것을 보다'라는 의미에 맞게 lying으로 써야 한다.
lie – lay – lain 누워 있다, 눕다
lie – lied – lied 거짓말하다

18 해설 They kill the animals that farmers are raising. I saw our cow lying on the ground. It was dead 문장에서 유추할 수 있듯이 the problem은 '가축들이 사자들로부터 죽임을 당하는 것'이다.

19 해설 The southern part of the park does not have a fence에서 나이로비 국립 공원의 남쪽에는 울타리가 없음을 알 수 있다.

20~21

해석 나의 첫 번째 아이디어는 불을 사용하는 것이었어. 나는 사자들이 불을 무서워할 거라고 생각했어. 슬프게도 그것은 효과가 없었어. 대신에 불은 사자들이 소들이 움직이는 것을 더욱 잘 볼 수 있도록 도왔어. 그러고 나서 나는 다른 아이디어를 생각해 냈어. 그것은 허수아비를 이용하는 거였어. 하지만 사자들은 매우 영리했어. 첫날에는 사자들이 돌아갔어. 둘째 날에는 사자들이 뛰어들어 와서 더 많은 동물들을 죽였어.

어느 날 밤, 나는 전등을 들고 소들의 주위를 걷고 있었는데 사자들은 오지 않았어. 나는 사자들이 움직이는 불빛을 두려워한다는 것을 발견했어. 그래서 나는 한 가지 아이디어를 생각해 냈어. 나는 전기로 움직이는 전등을 발명하기로 결심했어. 나는 기계를 좋아하기 때문에 전등을 만들기 위해 내가 필요했던 것들을 찾을 수 있었어. 나는 오래된 자동차 배터리, 오토바이에서

찾은 작은 장치, 스위치, 그리고 부서진 전등을 찾았어.

단어 숙어
scarecrow 몡 허수아비　　turn away 돌려보내다
device 몡 장치, 기구　　motorcycle 몡 오토바이
electronic 톙 전자의

20 해설 주어진 문장에서 another idea는 '허수아비를 이용하는 것'이므로 ④에 들어가야 한다.

21 해설 One night, I was walking around the cows with a light, and the lions didn't come.을 통해서 글쓴이가 알아낸 바는 사자들이 움직이는 불빛을 무서워한다는 것이다.

22 해석 나의 작업 덕분에, 나는 케냐의 훌륭한 학교에 장학금을 받고 입학하게 되었어. 나는 정말 기분이 좋아. 새 학교에서 나는 지금 친구들에게 전등을 어떻게 만들고 사용하는지 가르쳐 주고 있어. 나는 친구들에게 "우리의 아이디어가 사람들의 삶에 변화를 일으킬 수 있어!"라고 이야기해.

해설 ④는 '전등을 어떻게 만들고 사용하는지'로 해석하는 것이 알맞다.

단어 숙어
thanks to … 덕분에
scholarship 몡 장학금

23~24

해석 Spork, Chopsticks, Knork, Barehands, Ms. Disher는 식탁 공화국에 사는 친한 친구들입니다. Spork, Chopsticks, Knork, Barehands는 자신의 가족들과 여행을 많이 다니지만, Ms. Disher의 가족은 여행을 많이 다니지 않습니다. 그녀는 여행에서 돌아온 친구들을 위해 저녁 식사를 주최함으로써 여행을 많이 하지 않는 것을 보상합니다. 그녀는 항상 친구들의 모험담을 듣고 싶어 합니다. 친구들은 그들의 최근 여행에서 배운 것에 대해 자주 이야기합니다. 가장 최근의 주제는 음식을 먹는 가장 좋은 방법에 관한 것이었고, Ms. Disher의 손님들은 논쟁하기 시작했습니다.

단어 숙어
close 톙 친한, 가까운
make up for …을 보상하다
host 몡 (손님을 초대한) 주인 톰 (행사를) 주최하다
be eager to …을 하고 싶어 하다
adventure 몡 모험

23 해설 She is always eager to listen to their adventures.를 통해 그녀는 친구들의 모험 이야기를 듣는 것을 좋아한다는 것을 알 수 있다.

24 해설 ⓑ her friends를 꾸며 주는 분사의 역할을 해야 하므로 -ing 형태가 알맞다.
ⓒ '…을 하고 싶어 하다'라는 뜻의 be eager to를 써야 하므로 to부정사 형태가 알맞다.

25~26

해석 Spork: 최근 여행에서 나는 숟가락과 포크가 함께 달려 있는 것을 사용하는 것이 가장 좋다는 것을 알았어. 숟가락은 곡물과 국을 먹기에 최고이고, 포크는 고기를 먹기에 좋아.

Knork: 아니야! 대신 나이프와 포크를 사용하는 것이 훨씬 더 좋아. 네가 한 손에는 포크를, 다른 한 손에는 나이프를 드는 것이 더 쉽다고 생각하지 않니? 접시 위에 놓인 고기를 자르기 위해 나이프와 포크를 사용하는 것보다 더 우아할 수 있는 게 뭐가 있겠어!

Chopsticks: 같은 도구를 두 개 쓸 수 있는데 왜 두 종류의 다른 도구를 사용한단 말이야? 게다가 젓가락은 한 손으로도 사용할 수 있어!

Barehands: 천만의 말씀! 손으로 음식을 먹으면 당연히 음식을 보면서 냄새도 맡을 수 있지만, 음식을 만져볼 수도 있어. 음식을 먹을 때 촉각을 사용하기 때문에 음식을 더 즐기게 돼.

친구들은 다양한 의견을 내세우면서 논쟁을 했지만, 아무도 포기하기를 원하지 않았습니다. 그들의 주최자인 Ms. Disher가 친구들의 논쟁을 참을성 있게 듣고 있기는 쉽지 않았습니다. 그래서 그녀는 서둘러서 조용히 자리를 떠났습니다.

단어 숙어
grain 몡 곡물　　elegant 톙 우아한
plate 몡 접시　　utensil 몡 도구, 식기
patiently 톰 참을성 있게

25 해설 등장인물들이 음식을 먹을 때 어떤 도구가 가장 좋은지에 대해 논쟁하고 있으므로 글의 분위기는 '논쟁적인'이라고 할 수 있다.

26 해설 A spoon is best for grains and soup, and a fork is good for eating meat.에서 숟가락은 곡물과 수프를 먹기에 좋고, 포크는 고기를 먹기에 좋다고 했다.

27 해석 그 후로, 그들은 만날 때마다 서로 자신들이 하고 싶은 방식으로 음식 먹는 것을 받아들입니다. 마음속으로 그들은 이제 음식을 먹는 데 어떤 도구를 사용하여 먹는지에 상관없이 음식은 언제나 맛있을 거라는 것을 알게 되었습니다.

해설 they now know that food will always be delicious regardless of which utensils they use to eat it에서 그들이 깨달은 것은 '어떤 도구를 사용하든 상관없이 음식을 맛있게 먹을 수 있다'라는 것이다.

단어 숙어
allow 톰 받아들이다
regardless of …에 상관없이

28 해석 내 친구 예지를 소개할게. 그녀가 좋아하는 것은 춤이야. 그녀가 잘하는 것은 노래하기야. 그녀가 되고 싶은 것은 가수야.

해설 관계대명사 what을 사용하여 'what+주어+동사' 형태를 사용해 절을 만들어야 한다. 이때 what은 '…하는 것'의 의미이다.

단어·숙어 introduce [동] 소개하다
be good at …을 잘하다

29 해설 'It is+형용사+for 목적격+to 동사원형 …' 구문에 맞게 문장을 써 본다.

단어·숙어 chopsticks [명] 젓가락
cell phone [명] 휴대 전화

30 해석 와, 내가 아직 이 사진을 가지고 있다니 믿을 수 없군! 그들은 나의 초등학교 친구들이다. 선생님에게 말하고 있는 소녀는 민지이다. 칠판에 그림을 그리고 있는 소년은 수호이다. 문 앞에서 춤을 추고 있는 소녀는 은수이다. 그들은 나의 가장 친한 친구들이다.

해설 명사를 꾸며 주는 분사가 '…하고 있는'이라는 의미를 가질 때 -ing 형태를 써야 한다. 따라서 is talking을 talking으로, to draw를 drawing으로, dance를 dancing으로 고쳐야 한다.

1학기 기말고사

pp. 158~163

1. ⑤ 2. ① 3. ④ 4. ③ 5. ④ 6. ④
7. ② 8. ⑤ 9. (B)-(A)-(C)-(E)-(D) 10. ①
11. ① 12. ④ 13. ② 14. ⑤ 15. ② 16. ②
17. ⑤ 18. ③ 19. ③ 20. ① 21. ① 22. ④
23. ② 24. ② 25. ② 26. ① 27. ④
28. which do you think is the true story
29. (1) Not only Julie but also her sisters are good at playing badminton.
(2) My mother enjoys not only reading books but also seeing/watching movies.
30. (1) We had practiced for 6 months before we danced in the contest.
(2) When we arrived, people had set up the stage already.
(3) We did a good job because we had prepared a lot.

1 해설 ⑤ sneeze는 '재채기하다'라는 의미로 the award와 함께 쓰이기에 어색하다.
① 너는 내가 머리를 자른 것을 알아차리지 못했다.
② 필요는 발명의 어머니이다.
③ 스포츠를 배우는 최고의 방법은 좋은 선수를 보고 흉내 내는 것이다.
④ 나는 누구든지 범죄에 누명을 쓸 수 있다는 것을 알게 되었다.

단어·숙어 notice [동] 알아차리다
invention [명] 발명
imitate [동] 흉내 내다, 모방하다
frame [동] 누명을 씌우다

2 해석 ① 다이빙하다 – 수영하다
② 좁은 – 넓은
③ 쓸모없는 – 유용한
④ 예의 바른 – 무례한, 버릇없는
⑤ 의존적인 – 독립적인

해설 ①을 제외한 나머지는 반의어 관계이다.

3 해석 ① 날개: 날거나 활주하는 데 사용되는 동물의 몸의 한 부분
② 영감을 주다: 누군가에게 무엇을 할지 또는 창조할지에 대한 아이디어를 제공하다
③ 귀찮게 하다: 누군가를 걱정시키거나 염려하게 하다
④ 빌려주다: 무언가를 돌려주기 전 일정 기간 동안 가지거나 사용하다 (→ 빌리다)
⑤ 붙잡다: 손이나 팔로 사람이나 사물을 붙들다

해설 ④ '무언가를 돌려주기 전 일정 기간 동안 가지거나 사용하다'는 borrow(빌리다)의 의미에 해당한다.

단어·숙어 glide [동] 활주하다 troubled [형] 걱정하는
concerned [형] 염려하는 hold [동] 갖고 있다, 붙들다

4 해석 • 나는 차에 관한 정보를 인터넷에서 종종 검색한다.
• 과학자들은 해답을 찾는 중이다.

해설 search는 '검색하다'라는 의미이고, in search of는 '…을 찾는 중인'이라는 의미이다.

5 해석 A: 내 새 신발 어때요?
B: 당신에게 잘 어울려요.

해설 내 신발이 어떠냐는 말에 잘 어울린다는 대답이 와야 자연스럽다. ①은 They're just right.이 되어야 한다.
① 딱 맞네요. (단수일 경우)
② 천만에요!
③ 왜 그렇게 생각하세요?
⑤ 정말 맘에 들어요. 고마워요.

단어·숙어 right [형] 맞는
look good on …에게 잘 어울리다

6~7
해석 Henry: 뭐 하고 있니, 미나야?

미나: 난 곤충 로봇에 관한 기사를 읽는 중이야.

Henry: 곤충 로봇? 기사가 재미있니?

미나: 응. 난 정말 이 로봇에 매료되었어.

Henry: 그것에 대해 좀 더 자세히 말해줄래?

미나: 어떤 곤충들은 좁은 틈으로 미끄러져 들어갈 수 있다는 거 알지, 그렇지 않니?

Henry: 응. 그래서 그것들을 잡기가 힘들잖아.

미나: 곤충 로봇도 마찬가지야. 그것은 지진이나 큰불이 난 후 생존자를 찾는 데 도움을 줄 수 있어.

Henry: 그거 정말 멋진데!

[단어·숙어] article [명] (신문 · 잡지의) 기사, 논설
slip into 미끄러져 들어가다
survivor [명] 생존자
earthquake [명] 지진

6 [해설] ⓐ be amazed[fascinated] by ...: 일반적으로 사람이 주어로 오며, '…에 깜짝 놀라다[매료되다]'라는 의미이다.

ⓑ amazing, fascinating, surprising은 어떤 사물, 사건, 사실 등이 '멋진, 놀라운, 매료시키는' 이라는 의미이다.

7 [해석] ① 공룡 이전에 존재했다
② 좁은 공간으로 미끄러져 들어갈 수 있다
③ 항문으로 숨을 쉰다
④ 평생 5천 개가 넘는 곤충을 먹는다
⑤ 그들 몸무게의 1,000배 정도를 끌 수 있다

[해설] 어떤 곤충들을 잡기가 힘든 이유는 좁은 공간으로 들어가기 때문이므로 ②가 알맞다.

[단어·숙어] exist [동] 존재하다
dinosaur [명] 공룡
insect [명] 곤충
lifetime [명] 평생

8 [해석] A: 자, 이 예술 작품을 보세요. 어떤가요?

B: 음, 이것도 예술인가요? 저한테는 변기 그 이상은 아닌데요.

A: 이것은 그냥 예술이 아니에요. 나는 이것이 20세기의 가장 위대한 예술 작품이라고 생각해요.

B: 왜 그렇게 생각하세요?

A: 이것은 다른 관점을 보여 주는 완벽한 예시예요. 작가는 작품을 만들기 위해 실생활 물건들을 사용했어요.

B: 그러면 작가가 새로운 것을 만들지 않았다는 건가요?

A: 맞아요. 그는 그냥 사람들이 다른 방식으로 사물을 보기를 원했어요.

B: 정말 감사해요. 오늘 많은 것을 배웠어요!

[해설] 대화 속 작품은 실생활 물건인 변기를 예술 작품으로 재해석한 20세기 작품이다.

[단어·숙어] work of art 예술 작품, 미술품
toilet [명] 변기
real-life object 실생활 물건
simply [부] 단순히

9 [해석] 너 레오나르도 다빈치가 모나리자를 그린 거 알지, 그렇지 않니?

(B) 물론이지. 나는 그가 정말 위대한 예술가였다고 생각해.

(A) 그는 또한 위대한 발명가였어.

(C) 그가 무엇을 발명했는데?

(E) 그는 새처럼 나는 것을 꿈꿨어. 그래서 그는 새처럼 보이는 나는 기계를 그렸어.

(D) 그가 그 기계도 만들었니?

아니, 하지만 그의 창의적인 아이디어가 다른 많은 발명가들에게 영감을 주었어.

[해설] 주어진 문장에 대한 대답인 (B)가 먼저 오고, 그가 발명가였다는 말인 (A)에 무엇을 발명했는지 묻는 말과 대답인 (C)와 (E)가 온 다음, 그 기계도 만들었냐는 (D)가 와야 자연스럽다.

[단어·숙어] inventor [명] 발명가 invent [동] 발명하다
dream of …을 꿈꾸다 creative [형] 창의적인
inspire [동] 영감을 주다, 고무하다

10 [해석] A: 난 로빈 후드가 착한 등장인물이라고 생각하지 않아.

B: 왜 그렇게 생각해?

A: 왜냐하면 그는 다른 사람들의 것을 훔치잖아.

[해설] 로빈 후드가 착하지 않다고 생각하는 이유를 물어보는 ①이 알맞다.
② 무엇이 그를 그렇게 선하게 만들었니?
③ '로빈 후드' 읽어 봤어?
④ 로빈 후드에 대해 어떻게 생각해?
⑤ 로빈 후드에 대해 어떻게 생각해?

[단어·숙어] character [명] 등장인물
steal [동] 훔치다, 도둑질하다

11 [해석] A: 그 책은 무슨 내용이니?

B: 너 흥부 이야기 알지, 그렇지? 책에서는 놀부가 자신의 관점에서 이야기해.

A: 놀부가 뭐라고 하는데?

B: 놀부는 이유가 있어서 흥부를 돕지 않았다고 말하고 있어. 그는 흥부가 스스로 돈을 벌고 자립할 수 있기를 바랐거든.

[해설] 책은 놀부의 관점에서 쓰였으며, 놀부는 흥부가 스스로 돈을 벌어 자립하기를 바랐기 때문에 흥부를 돕지 않았다.

단어 숙어 point of view 관점, 입장
independent ⑧ 독립한, 자주의

12 해석
① A: 왜 그 그림이 무서운 거야?
　B: 그것은 코끼리를 삼킨 뱀을 보여 주거든.
② A: 너는 'Cinder Edna' 이야기를 아니?
　B: 당연히 알지.
③ A: 내 새로운 헤어스타일 어때?
　B: 매우 좋은데.
④ A: 너 걱정스러워 보여.
　B: 내 생각에 우리가 축구 경기에서 이길 것 같아.
⑤ A: 그 영화 어땠어?
　B: 영화는 좋았지만, 난 책이 더 재미있다고 생각해.

해설 걱정스러워 보인다는 말에 축구 경기에서 이길 것 같다고 대답하는 ④는 어색하다.

단어 숙어 frightening ⑧ 무서운, 놀라운
snake ⑨ 뱀
worried ⑧ 걱정하는, 근심하는

13 해석
① 그는 숙제를 이미 끝냈다고 말했다.
② 내가 잠에서 깼을 때, 나의 여동생은 이미 학교에 가 버렸다.
③ 내가 바닥을 닦아서 바닥이 깨끗했다.
④ 내가 버스 정류장에 도착했을 때, 버스는 이미 떠나버렸다.
⑤ 내가 수진이에게 썼던 편지를 가져오는 것을 잊어버렸다.

해설 내가 잠에서 깬 시점(과거)보다 여동생이 학교에 간 시점(과거 완료)이 먼저이므로 When I woke up, my sister had already gone to school.로 써야 한다.

14 해석
• 나는 그를 수업에서 만나게 되어 놀랐다.
• 우리는 나쁜 소식을 듣게 되어 충격받았다.
• 그는 그곳에 오랫동안 머무르게 될 가능성이 있다.

해설 형용사 다음의 to부정사는 주로 감정의 이유나 원인을 나타낸다.

단어 숙어 willing ⑧ 기꺼이 …하는
eager ⑧ 갈망하는, 간절히 바라는
unwillingly ⑨ 마지못해
likely ⑧ 있음직한, 가능성 있는

15 해석
ⓐ 그가 그곳에서 무엇을 하고 있었다고 생각하니?
ⓑ 지난 토요일에 무엇을 했는지 말해줘.
ⓒ 열쇠가 어디에 있는지 아니?
ⓓ 무슨 일이 일어나고 있는지 확실하지 않다.
ⓔ 네가 나를 도울 수 있는지 궁금하다.

해설 ⓑ 의문사가 있는 간접의문문으로 '도입부＋의문사＋주어＋동사 …'의 어순으로 써야 하므로 Tell me what you did last Saturday.가 되어야 한다.

ⓔ if or not을 함께 쓸 수 없으므로 or not을 문장 맨 뒤로 보내야 한다. 따라서 I'm wondering if you can help me or not.이 되어야 한다. 단, whether or not은 함께 쓸 수 있다.

16~18
해석 나는 새에서 자정 작용을 하는 식물까지 자연이 기능하는 방식은 우리를 매료시킵니다. 어떤 사람들은 문제에 대한 해결책을 찾기 위해 자연을 이용할 뿐만 아니라 자연을 모방하기도 합니다. 레오나르도 다빈치(1452－1519)가 이러한 사람이었습니다.
그는 새들이 어떻게 날 수 있는지 궁금했습니다. 그는 새를 자세히 관찰했고, 기록했으며, 그림으로 그렸습니다. 비록 그의 발명이 성공하지 못했지만, 그는 나는 기계를 만들어 보려고 새의 날개를 모방했습니다. 그 후로, 점점 더 많은 사람이 자연 속 천재들의 놀라운 능력을 성공적으로 모방해 오고 있습니다. 그들 중 몇 가지를 알아봅시다.

단어 숙어 fascinate ⑧ 매료시키다, 사로잡다, 관심을 보이다
not only ... but also ~ …뿐만 아니라 ~도
imitate ⑧ 모방하다
wing ⑨ 날개
genius ⑨ 천재

16 해설
ⓐ (비록) …이지만: Even though, While
ⓑ …한 이후로: Since

17 해설 레오나르도 다빈치는 새들이 어떻게 날 수 있는지 궁금해서 새를 자세히 관찰하고, 기록하고, 그림으로 그렸다. 그러나 그의 발명은 성공하지 못했다.

18 해설 많은 사람이 자연의 놀라운 능력을 성공적으로 모방해 오고 있고, 그들 중 몇 가지를 알아보자고 했으므로 다음에 이어질 내용은 ③이 알맞다.

19 해석 Wise 여사가 한밤중에 집에 들어왔을 때, 모든 창문이 활짝 열려 있었다. 그녀는 생각했다. "어째서 모든 창문이 열려 있는 거지?" 그러고 나서 그녀는 바닥에 있는 한 켤레의 신발을 발견했다. 그녀는 그것들을 집어 들었고 그것들이 누구의 신발인지 궁금해 했다. "경찰에게 전화해야 할 필요가 있는지 모르겠군." 이라고 그녀는 혼잣말했다. 마침내, 그녀는 경찰에 전화했고, 경찰은 그녀에게 잃어버린 것이 있는지 확인해 보라고 요청했다. 경찰이 왔고 그녀에게 묻기를, "오늘 몇 시에 집을 나섰는지 말해주시겠습니까?"

해설 의문사가 없는 간접의문문이므로 'if/whether＋주어＋동사'의 어순이 되어야 하므로 ③은 "I'm not sure if/whether I need to call the police," she said to herself.가 되어야 한다.

단어 숙어 midnight ⑨ 한밤중, 밤 12시

wide ⓟ 활짝, 충분히, 완전히

say to oneself 혼잣말하다

20~21

 새에게서 배우기: 빠르고 조용한 움직임

고속 열차는 처음 일본에서 만들어졌다. 하지만 그것은 한 가지 문제점이 있었다. 열차가 터널에 들어갔을 때, 갑작스러운 기압의 상승은 매우 큰 소음을 유발했다. 그것은 자주 사람들의 잠을 깨웠고 두통을 일으켰다. 한 팀의 공학자들이 그 문제를 해결하려 했지만, 그들은 어떻게 소음을 줄일 수 있을지 몰랐다. 어느 날, 공학자들 중 한 사람이 먹이를 찾고 있는 새를 관찰하고 있었다. 그는 새가 빠르고 조용하게 물속으로 뛰어들고 있는 것을 보았다. 그는 새가 어떻게 그리도 우아하게 물속으로 들어가는지 궁금했다. 그래서 그는 그 새에 대해 더 연구했고, 새의 길고 좁은 부리를 발견했다. 그는 새의 부리를 모방하여 열차의 앞면을 다시 디자인했다. 그것은 성공적이었다. 이제 새로운 열차는 더 조용할 뿐만 아니라 15% 절약된 전기로 10% 더 빠르게 움직인다.

단어·숙어
high-speed ⓐ 고속의
tunnel ⓝ 터널, 관
headache ⓝ 두통
in search of …을 찾고 있는
dive ⓥ 잠수하다, 뛰어들다, 하강하다
gracefully ⓟ 우아하게, 고상하게
beak ⓝ (새의) 부리
redesign ⓥ …의 외관을 고치다, 다시 설계하다

20 해설 고속 열차의 문제가 소음이었으므로 문맥상 어울리는 것은 ① '빠르고 조용하게'가 알맞다.
② 천천히 우아하게
③ 빠르게 편안하게
④ 부드럽게 성공적으로
⑤ 빠르게 큰 소리로

21 해설 ① 언제 고속 열차가 처음 만들어졌나?
② 고속 열차는 무슨 문제점이 있었나?
③ 무엇이 열차의 큰 소음을 유발했나?
④ 어떻게 새는 그리도 우아하게 물속에 들어갈 수 있었나?
⑤ 공학자들은 열차의 어떤 부분을 다시 설계했나?

해설 ① 고속 열차가 언제 처음 만들어졌는지는 본문에 나와 있지 않다.

단어·숙어 cause ⓥ …의 원인이 되다, 초래하다

22~23

해석 어느 날, 스위스 공학자 George de Mestral은 개와 함께 숲에서 산책하고 있었다. 집으로 가는 길에, 그는 가시 식물이 그

의 옷과 개의 털에 달라붙어 있는 것을 보았다. 그는 어떻게 그런 일이 일어났는지 알고 싶었다. 그는 가시 식물을 자세히 들여다보고는 가시 식물의 가시 끝이 곧지 않다는 것을 알아챘다. 그는 그것을 적용해 뭔가 유용한 것을 만들어 볼 수 있는지 궁금했다. 많은 실험 후, 그는 마침내 두 가지 새로운 소재를 발명했다. 하나는 가시 식물의 가시 같이 조그만 가시들이 많이 나 있었고 다른 하나는 털로 덮인 표면이 있었다. 두 소재를 함께 붙이면 매우 훌륭한 고정 장치가 되었다. 그것은 튼튼할 뿐만 아니라 사용하기도 쉬웠다. 그 후로, 많은 사람이 그의 발명품을 다양한 방법으로 사용해 오고 있다. 그것은 옷, 신발, 가방에 흔히 사용된다. 몇몇 사람들은 여러 가지의 게임을 하기 위해 그것을 사용한다. 우주에서 그것은 물건들이 떠다니는 것을 막아준다.

자연에는 쓸모없는 것이 하나도 없다. 우리는 단지 호기심을 가지고 질문을 던져야 한다.

단어·숙어
burr ⓝ 가시 식물
notice ⓥ 알아차리다, 주목하다
needle ⓝ (식물의) 가시, 바늘
fastener ⓝ 고정 장치
float away 떠다니다
useless ⓐ 쓸모없는

22 해설 not only A but also B는 'A뿐만 아니라 B도'라는 뜻으로 A와 B는 동일 품사의 단어가 병렬 구조로 와야 한다. 따라서 ④의 easily를 easy로 고쳐 써야 한다.

23 해설 두 개의 새로운 소재에 대한 설명이므로 많은 실험 후 두 가지 새로운 소재를 발명했다는 문장 뒤인 ②에 들어가야 알맞다.

단어·숙어
One … the other … (둘 중) 하나는 … 다른 하나는 …
hairy ⓐ 털 많은   surface ⓝ 표면

24 해석 Reporter '동물 세계 뉴스'에 오신 것을 환영합니다. 지난 일요일, 돼지들의 집들을 바람을 불어 넘어뜨린 늑대가 경찰서로 연행되었습니다. 오늘, 우리는 셋째 아기 돼지와 늑대를 모셨습니다. Pig 씨, 당신과 당신의 형제들에게 무슨 일이 일어났는지 설명해 주시겠습니까?

Pig 네. 제 형제들과 저는 우리 자신들의 집을 지을 때라고 생각해서 저희는 짚, 나무 막대기, 벽돌로 집을 지었어요. 어느 날, 늑대가 와서 제 형들의 집을 바람을 불어 완전히 날려 버렸어요. 그는 제 집도 거의 날려 버릴 뻔했는데, 벽돌로 만들어져서 그럴 수가 없었죠.

Reporter 당신의 형제들은 지금 어떻게 지내고 있나요?

Pig 그들은 집을 잃어서 너무 충격을 받았어요. 그들은 제 집에서 쉬고 있어요.

↓

아기 돼지 삼 형제는 자신들의 집을 짓기로 결정했다. 그래서 그들은 짚, 흙, 나무 막대기로 집을 지었다. 어느 날, 늑대가 와서

첫째와 둘째 아기 돼지의 집들을 바람을 불어 완전히 날려 버렸다. 하지만 늑대는 셋째 아기 돼지의 집을 날려 버릴 수 없었는데 집이 나무 막대기로 지어졌기 때문이었다. 늑대는 집을 세 채 모두 불어 날려 버린 죄로 경찰서에 연행되었다. 돼지들은 너무 충격을 받아서 병원에서 쉬고 있다.

해설 ① 아기 돼지 삼 형제는 짚, 나무 막대기, 벽돌로 집을 지었다.
③ 셋째 아기 돼지의 집은 벽돌로 만들어졌다.
④ 늑대는 첫째와 둘째 아기 돼지의 집, 즉 두 채를 날려 버렸다.
⑤ 첫째와 둘째 아기 돼지는 너무 충격을 받아서 셋째 아기 돼지의 집에서 쉬고 있다.

단어·숙어
be taken to …에 끌려가다, 연행되다
blow down 바람을 불어 넘어뜨리다
stick [명] 나무 막대기
completely [부] 완전히
rest [동] 휴식을 취하다

25~26

해석 Wolf 그때, 저는 사랑하는 할머니를 위해 생일 케이크를 만들고 있었어요. 설탕이 다 떨어졌더라고요. 저는 이웃에게 설탕 한 컵을 달라고 부탁하기 위해 길을 걸어갔어요. 제가 이웃집 문을 두드렸을 때, 문이 떨어졌어요. 그다음에 저는 "아기 돼지 씨, 안에 계신가요?"라고 불렀어요. 제가 부서진 문을 막 움켜잡았을 때 재채기가 나오는 것을 느꼈어요. 저는 재채기를 아주 크게 했고, 그거 알아요? 짚으로 만든 집 전체가 무너졌어요. 저는 일어난 일에 매우 놀랐어요. 안타깝게도, 둘째 아기 돼지의 집에서도 같은 일이 일어나고 말았어요.

단어·숙어
run out of …을 다 써버리다
fall down 무너지다, 붕괴하다
grab [동] 움켜잡다, 붙잡다
sneeze [명] 재채기 [동] 재채기하다
unfortunately [부] 불행히도

25 해석 Wolf 그것은 ________ 때문에 일어난 것일 뿐이에요.
해설 늑대 입장에서 보면 사건과 관련이 있는 것은 ⓐ '나의 큰 재채기'와 ⓒ '설탕 한 컵'이다.
ⓐ 나의 큰 재채기 ⓑ 덩치 크고 못된 늑대
ⓒ 설탕 한 컵 ⓓ 깨진 창문

26 해설 ① 늑대가 문을 두드렸을 때 문이 떨어졌으므로 과거 시제 fell로 고쳐야 한다.

27 해석 Reporter 그렇다면 셋째 아기 돼지의 집에 왜 갔나요?
Wolf 저는 여전히 설탕 한 컵이 필요했고, 그래서 옆집으로 갔어요. 셋째 아기 돼지는 벽돌로 집을 지었더라고요. 제가 소리쳤어요. "귀찮게 해 드려 죄송하지만, 안에 계신가요?" 그리고 그가 뭐라고 대답했는지 아세요? "가버려. 다시는 귀찮게 하지 마!" 얼마나 무례한가요! 저는 사과를 받아 마땅하다고 생각했기 때문에 계속 문을 두드렸어요. 경찰이 왔을 때, 물론 그들은 제가 이 돼지의 집에 침입하고 있다고 생각했죠.
Reporter 당신은 당신이 누명을 썼다고 생각하나요?
해설 ④ '침입하고 있었다'라는 과거 진행 시제가 되어야 하므로 broken이 아니라 breaking이 되어야 한다.

단어·숙어
trouble [동] 귀찮게 하다
bother [동] 귀찮게 하다, 괴롭히다
deserve [동] …할 만하다, 받을 가치가 있다
apology [명] 사죄, 사과
break into 침입하다

28 해석 시간 내 주셔서 감사합니다. 돼지의 이야기와 늑대의 이야기 중 어떤 것이 사실이라고 생각하시나요?
해설 간접의문문을 만들 때, 동사 think가 사용된 do you think가 도입부로 오면 의문사가 문두에 와야 한다. 따라서 'Which(의문사)+do you think(도입부)+is(동사)+the true story(보어)'의 어순으로 써야 한다.

29 해설 not only A but also B는 'A뿐만 아니라 B도'라는 의미로 두 개의 단어, 구, 절을 연결하며, A와 B의 품사는 같아야 한다. 또한, A와 B가 주어로 쓰일 경우 동사는 B에 일치시킨다.
(1) 동사(are)는 her sisters에 일치시켜야 한다.
(2) 동사 enjoy 뒤에는 동명사(reading, seeing/watching)를 목적어로 써야 한다.

30 해석 오늘 Sarah와 나는 경연 대회에서 춤을 췄다. 우리는 K-pop 노래에 맞춰 춤을 추었다. 우리는 대회에서 춤추기 전에 6개월 동안 연습했다. 우리가 도착했을 때, 사람들은 이미 무대를 설치해 두었다. 우리는 준비를 많이 했으므로 잘 해냈다. 그리고 우리가 우승했다! 정말 멋진 날이었다!
해설 과거 완료 시제는 'had+과거 분사' 형태로 과거보다 이전의 동작이나 상태를 나타낼 때 사용한다.
(1) 6개월간 연습한 것이 대회에서 춤을 춘 것보다 이전이므로 had practiced(과거 완료), danced(과거)가 되어야 한다.
(2) 무대를 설치한 것이 도착한 것보다 이전이므로 had set(과거 완료), arrived(과거)가 되어야 한다.
(3) 준비를 많이 한 것이 대회에서 잘해 낸 것보다 이전이므로 had prepared(과거 완료), did(과거)가 되어야 한다.

Lesson 5

Word Preview Mini Test p. 172

A 1. mythology 2. worth 3. effective
4. frustrate 5. hedge

B 1. regularity 2. reliable 3. entrance
4. exit 5. maze

A 해석 1. 나는 그리스 신화 속 등장인물을 좋아한다.
2. 그 축구 시합은 기억할만한 가치가 있었다.
3. 네가 정말 피곤할 때 공부하는 것은 효과적이지 않다.
4. 내가 Michaela처럼 춤출 수 없다는 점이 나를 낙담시킨다.
5. 선물은 정원의 산울타리 아래에 숨겨져 있었다.

단어·숙어
character [명] 등장인물
mythology [명] 신화
worth [형] …할 가치가 있는

B 해석 1. 규칙성: 어떤 것이 조직화된 양식으로 배열되어 있다는 사실
2. 믿을 만한: 당신이 의지할 수 있는
3. 입구: 방, 건물 또는 장소에 들어가기 위해 사용된 문, 대문, 통로 등
4. 출구: 공공건물 또는 운송 수단에서 나가는 길
5. 미로: 당신이 빠져나갈 길을 찾는 것이 어렵게 설계된 공원 또는 정원에 지어진 벽이나 산울타리로 분리된 길의 체계

단어·숙어
arrange [동] 배열하다
rely on …에 의지하다
vehicle [명] 운송 수단
hedge [명] 산울타리
organized [형] 조직화된
passage [명] 통로
separate [동] 분리하다

Let's Read ❶ Mini Test p. 175

A labyrinth, maze, labyrinth
B turn around and walk back out the way you came in

A 해석 미궁은 입구만 있고, 미로는 입구와 출구가 둘 다 있다. 미궁의 기원은 그리스 신화에서 유래한다.

B 해석 Q: 당신이 미궁 안에 있을 때 어떻게 빠져나올 수 있는가?
A: 빠져나오기 위해서 당신은 돌아서서 들어간 길대로 걸어 나오면 된다.

해설 마지막 문장인 To get out, you simply have to turn around and walk back out the way you came in.에서 답을 알 수 있다.

Let's Read ❷ Mini Test p. 177

A 1. F 2. T
B to place a hand on one wall

A 해석 1. 만약 당신이 조심하면 당신은 쉽게 미로에서 길을 잃을 수 있다.
2. 미로 공원은 사람들이 기꺼이 방문하는 계획된 혼란이다.

해설 1. 미로에서 조심하지 않으면 쉽게 길을 잃을 수 있다고 했으므로 일치하지 않는다.
2. 미로 공원은 사람들이 기꺼이 방문하는 '계획된 혼란'이라고 했으므로 일치한다.

B 해설 to부정사가 보어로 쓰인 문장으로 is 다음에 to place가 오고, 목적어 a hand와 on one wall 순으로 배열한다.

Let's Read ❸ Mini Test p. 179

Mazes can be printed or drawn on paper.

해석 Q: 종이에 인쇄되거나 그려질 수 있는 것은 무엇인가?
해설 미로는 벽, 방, 산울타리, 벽돌, 거울, 눈 등의 다양한 재료로 만들어지고, 종이에 인쇄되거나 그려질 수도 있다고 했다.

Word Check p. 183

A 1. 기원 2. 규칙성 3. 미로
4. 출구 5. 혼동, 혼란 6. reliable
7. effective 8. compare 9. mythology
10. hedge

B 1. confusing → confuse
2. confuse → confusion
3. frustrate → frustration
4. regular → regularity

C 1. worth 2. Connect 3. reliable
4. consider 5. entrance

B 해석 1. 혼란스럽게 하지 마. 나는 집중해야 해.
2. 혼란을 피하기 위해 우리는 알파벳 순서로 이름을 배열해야 한다.
3. 그는 그의 부서진 노트북 컴퓨터를 보았을 때 절망감에 소리쳤다.
4. 동물들의 행동에 규칙성이 있다.

해설 1. 부정명령문 Don't 다음에는 동사원형이 와야 한다.
2. 피하는 것은 '혼란'이므로 명사형 confusion이 와야 한다.
3. 전치사 in 다음에는 frustrate의 명사형이 쓰여야 한다.
4. '규칙성'이 있다는 것으로 a 다음에는 regular의 명사형이 쓰여야 한다.

단어·숙어
confuse [동] 혼란시키다 arrange [동] 배열하다
in frustration 절망감에 behavior [명] 행동

C 해석 1. 매일 게임을 하는 것이 가치가 있니?
2. 스피커를 CD플레이어에 연결해라.
3. 나의 선생님은 믿을 만해서 모든 사람이 그에게 의지한다.
4. 그녀는 당시에 가장 위대한 피아노 연주자 중 한 명으로 여겨졌다.
5. 너는 이 건물의 입구를 찾을 수 있니?

해설 1. worth는 '…할 가치가 있는'이라는 의미로 뒤에 명사(구) 또는 -ing 형태가 온다.
2. '연결하다'라는 의미의 connect가 알맞다.
3. 모든 사람이 의지하는 사람은 믿을 만한 사람이므로 '믿을 만한'이라는 의미의 reliable이 알맞다.
4. '…로 여기다'라는 의미의 consider가 수동태로 쓰였다.
5. 건물에 있는 것은 '입구(entrance)'이다.

단어·숙어
depend on …에 의지하다
at that time 그때에, 당시에

Grammar Check p. 188

A 1. one 2. It 3. one 4. it
B 1. Being tall
2. Feeling upset
3. Studying hard
4. Being the only child
5. The weather being cold
C 1. Seen → Seeing 2. ones → one
3. tiring → (being) tired 4. it → one
5. Inviting → (Being) Invited

A 해석 1. 나는 쿠키가 좀 있어. 하나 먹을래?
2. Mike는 새 노트북 컴퓨터를 샀다. 그것은 좋아 보인다.
3. 파란색 옷을 입어 보는 게 어때요? 그 셔츠는 할인 중이에요.
4. 그 보고서를 가지고 있니? 나는 그것을 살펴봐야 해.

해설 1. 불특정 다수의 쿠키 중 하나를 권하는 상황이므로 부정대명사 one이 알맞다.
2. Mike의 노트북 컴퓨터를 가리키므로 It이 알맞다.
3. shirt는 하나로 단수이므로 ones가 아니라 one이 알맞다.
4. 구체적으로 보고서를 가리키므로 it이 알맞다.

단어·숙어
laptop [명] 노트북 컴퓨터
report [명] 보고서
take a look at …을 살펴보다

B 해석 1. 너는 키가 크기 때문에 농구팀에 지원할 수 있다.
2. 그녀는 속상할 때 잠을 잔다.
3. 네가 열심히 공부한다면 너는 좋은 성적을 받을 수 있다.
4. 나는 외동이기 때문에 나의 부모님을 보살펴 드려야 한다.
5. 날씨가 춥다면 우리는 소풍을 갈 수 없다.

해설 1, 2, 3, 4. 분사구문은 접속사를 생략한 다음, 주절과 종속절의 주어가 같으면 주어도 생략하고 동사원형에 -ing를 붙여서 만든다.
5. 주절과 종속절의 주어가 다르므로 the weather를 생략해서는 안된다.

단어·숙어
try out for …에 지원하다 upset [형] 속상한
take care of …을 돌보다 parents [명] 부모

C 해석 1. John이 우는 것을 보고 나는 기분이 좋지 않았다.
2. 선반에 접시들이 많이 있어. 하나 가져가.
3. 비록 피곤했지만, 나는 잠자리에 들지 않았다.
4. 나는 내 컵을 가져오는 것을 잊어버렸어. 너는 여분의 컵이 있니?
5. 파티에 초대되었을 때 그녀는 정말 행복했다.

해설 1. 내가 John이 우는 것을 보는 것이므로 Seen이 아니라 Seeing이 되어야 한다.
2. 불특정 다수의 접시 중 하나를 가져가라는 것이므로 ones가 아니라 one이 되어야 한다.
3. Although I was tired, I didn't go to bed.에서 접속사를 남기고, I를 생략하면 Although (being) tired가 되어야 한다.
4. 특정하지 않은 여분의 컵이 있는지 묻고 있으므로 it이 아니라 one이 되어야 한다.
5. When she was invited to the party, she was really happy.에서 접속사와 주어를 생략하면 (Being) Invited가 되어야 한다.

단어·숙어
shelf [명] 선반
extra [형] 추가의

단원 종합 평가

1. ③   2. ③   3. ③   4. ④   5. ②   6. ④   7. ②
8. ①   9. ①   10. Being short   11. Walking along the street   12. ②   13. ②   14. ③   15. (A) called (B) that (C) getting   16. ④   17. You have to keep making decisions about which way to go.   18. ④
19. 한쪽 벽에 손을 대고 그 벽을 계속 따라가는 것   20. ⑤
21. ③   22. ①

1

듣기 대본

W: How may I help you?
B: Hi! I bought this shirt yesterday. Is it possible to exchange it for another size?
W: Sure. Do you want a bigger size or a smaller one?
B: A smaller one, please.
W: Here you go. Do you want to try it on?
B: Yes, thank you.

해석

W: 무엇을 도와드릴까요?
B: 안녕하세요! 제가 어제 이 셔츠를 샀는데요. 이것을 다른 사이즈로 바꾸는 게 가능한가요?
W: 물론이죠. 더 큰 사이즈를 원하세요 아니면 작은 사이즈를 원하세요?
B: 작은 사이즈요.
W: 여기 있습니다. 입어 보시겠어요?
B: 네, 감사합니다.

해설 작은 사이즈로 교환한 셔츠를 입어 보겠냐는 직원의 질문에 그렇게 하겠다고 대답했으므로 ③이 알맞다.

단어 숙어 exchange ⑧ 교환하다
try on (옷 등을) 입어 보다

2

듣기 대본

B: Hey, Minju, where are you?
G: I'm almost there. I see the post office. How do I get to your place from here?
B: Go straight for one more block. Then you will see Kim's Bakery.
G: Kim's Bakery? Okay.
B: Then turn right and go straight for about 100 meters.
G: Turn right and go straight. Okay, thanks! I'll see you soon.

해석

B: 민주야, 너 어디에 있니?
G: 거의 다 왔어. 나 우체국이 보여. 여기서 너의 집에 어떻게 가니?
B: 한 블록 더 직진해. 그러면 너는 Kim's 빵집이 보일 거야.
G: Kim's 빵집? 알았어.
B: 그러면 오른쪽으로 돌아서 100미터 정도 직진해.
G: 오른쪽으로 돌아서 직진해라. 알았어, 고마워! 곧 보자.

해설 민주는 '우체국'이 보이는 곳에서 한 블록 직진해서 Kim's '빵집'이 보이면 오른쪽으로 돌아서 100미터 직진하면 소년의 집에 도착할 것이다.

단어 숙어 straight ⑨ 곧장, 똑바로   block ⑨ 구역, 블록
bakery ⑧ 빵집, 제과점

3

듣기 대본

B: Jian, where do you want to go this weekend?
G: How about the aquarium? I've never been there.
B: Sounds good. Is it possible to take the bus to the aquarium?
G: Yes, but I heard the subway is faster.
B: Then let's take the subway. I'll see you at 1 o'clock at the subway station.
G: Great! See you then.

해석

B: 지안아, 이번 주말에 어디 가고 싶니?
G: 수족관 어때? 난 거기에 가 본 적이 없어.
B: 좋아. 수족관에 버스로 가는 것이 가능하니?
G: 응, 그렇지만 지하철이 더 빠르다고 들었어.
B: 그러면 지하철을 타자. 1시에 지하철역에서 보자.
G: 좋아! 그때 보자.

해설 버스를 타고 수족관에 갈 수 있지만 지하철이 더 빠르다는 소녀의 말에 소년이 지하철을 타자고 제안했고 소녀가 동의했으므로 ③ '지하철'이 알맞다.

단어 숙어 aquarium ⑧ 수족관
subway station 지하철역

4

해석

① A: 도서관에 어떻게 가니?
　 B: 우리는 걷거나 버스를 탈 수 있어.
② A: 미술관 안에서 사진을 찍는 것이 가능하니?
　 B: 아니, 찍을 수 없어.
③ A: 여기서 우체국까지 얼마나 머니?
　 B: 거기 가는데 약 10분이 걸려.
④ A: 너는 거기에 지하철로 갈 수 있어.
　 B: 거기에 가는 것은 불가능해.
⑤ A: 박물관에 가는 길을 알려줄 수 있니?
　 B: 물론이지. 모퉁이에서 오른쪽으로 돌아서 두 블록 걸어가.

해설 지하철로 갈 수 있다는 말에 거기에 가는 것은 불가능하다고 응답하는 것은 어색하다.

단어·숙어 gallery [명] 미술관
corner [명] 모퉁이

5~6

해석 미나: 너희 이번 주말에 여행갈 준비가 다 되었니?
진호, Claire, & Henry: 응!
미나: 좋아! 늦지 마! 우리는 시계탑 앞에서 오전 11시에 만날 거야.
진호: 알았어! 우리 공항에 어떻게 가지? 우리가 아직 결정하지 않은 것 같아.
Henry: 진호 말이 맞아. 우리는 버스 또는 지하철, 두 가지 선택이 있어.
Claire: 지하철은 어때? 버스보다 더 믿을 만하잖아.
Henry: 지하철로 2터미널에 가는 것이 가능하니?
Claire: 응, 내가 이미 확인했어.
미나: 좋아. 그래, 그럼 지하철을 타자.

단어·숙어 weekend [명] 주말 late [형] 늦은
in front of …의 앞에 decide [동] 결정하다
choice [명] 선택(권) reliable [형] 믿을 만한
check [동] 확인하다

5 해설 이어지는 대화에서 버스나 지하철로 갈 수 있다는 내용으로 보아 공항에 어떻게 가는지 묻는 질문이 와야 알맞다.

6 해설 ④ 공항의 2터미널은 버스 또는 지하철로 갈 수 있다.

7 해설 ②는 유의어 관계이고, 나머지는 반의어 관계이다.
① 출구 – 입구
② 믿을 만한 – 신뢰할 수 있는
③ 효율적인 – 비효율적인
④ 혼란 – 질서
⑤ 가능한 – 불가능한

단어·숙어 trustworthy [형] 신뢰할 수 있는
ineffective [형] 비효율적인 order [명] 질서

8 해석 • 이 차는 많은 돈의 가치가 있다.
• 이탈리아 여행은 기억할 가치가 있었다.

해설 두 문장 모두 '…할 가치가 있는'이라는 뜻의 형용사 ① worth가 알맞다.
② 짜증나는 ③ 혼란스러운 ④ 가능한 ⑤ 결정적인

단어·숙어 trip [명] 여행
remember [동] 기억하다

9 해석 ① 아파서 Tom은 학교에 갈 수 없었다.
② 아기를 봤을 때, 우리는 아기와 사랑에 빠졌다.
③ 그를 만났을 때, 나는 그를 즉시 알아볼 수 있었다.
④ 표지판을 봤을 때, 그녀는 어디에 주차해야 할지 알았다.
⑤ 결과에 만족하지 못해서 그녀는 더 열심히 공부했다.

해설 ② 아기를 보는 것은 능동적인 행위이므로 Seen이 아니라 Seeing이 되어야 한다.
③ 그를 만난 것이므로 Meet이 아니라 Meeting이 되어야 한다.
④ 표지판을 보는 것은 그녀가 능동적으로 하는 행위이므로 Looking이 되어야 한다.
⑤ 결과에 만족하지 못한 상태이므로 satisfying이 아니라 satisfied가 되어야 한다.

단어·숙어 fall in love 사랑에 빠지다
recognize [동] 알아보다, 알아차리다
sign [명] 표지판
satisfy [동] 만족시키다
result [명] 결과

10 해석 그는 키가 작기 때문에 농구팀에 있을 수 없다.
해설 분사구문을 만들 때 ① 접속사를 생략하고, ② 주절의 주어와 종속절의 주어가 같은 경우 생략한다. ③ 동작이 능동이면 동사원형에 -ing를 붙이고, 수동이면 과거 분사를 쓴다.

11 해설 분사구문은 'V-ing … , 주어+동사 …'의 형태로 쓴다.
단어·숙어 walk along …을 따라 걷다 street [명] 도로, 길
neighbor [명] 이웃

12 해석 A: 이런, 비가 오네! 우산을 가져오는 것을 잊어버렸어.
B: 나는 사물함에 우산이 세 개 있어.
A: 내가 하나 빌릴 수 있을까?
B: 물론이지.

해설 세 개의 우산 중 특정하지 않은 하나를 빌릴 수 있는지 묻고 있으므로 부정대명사 one이 알맞다.

단어·숙어 locker [명] 사물함
borrow [동] 빌리다

13 해석 나는 내 자전거를 Jim에게 빌려주었으나 그가 그것을 잃어버려서 나는 새것을 샀다.

해설 첫 번째 빈칸에는 내가 Jim에게 빌려준 자전거를 가리키는 말이 와야 하므로 it이 알맞고, 두 번째 빈칸에는 내가 새로 산 자전거가 특정한 것이 아니므로 부정대명사 one이 알맞다.

14~16

해석 아래 두 그림을 비교하면 몇 가지 차이를 쉽게 알아차릴 수 있습니다. 예를 들면, 왼쪽 그림은 미궁이라 불리고 입구만 있습

니다. 오른쪽 그림은 미로라 불리며 입구와 출구가 둘 다 있습니다. 미궁의 기원은 그리스 신화에서 찾을 수 있습니다. 그것은 여러분이 빠져나올 수 없는 감옥으로 알려져 있습니다. 하지만 여러분이 알아차릴 수 있듯이 미궁은 통로가 하나입니다. 막다른 길이 없습니다. 이것은 여러분이 거기에 들어갈 때 빠져나오는 것을 걱정하지 않아도 된다는 것을 의미합니다. 통로를 따라 끝까지 가면 여러분은 미궁의 중앙에 도착할 것입니다. 빠져나오기 위해서는 여러분은 단지 돌아서서 들어간 길대로 걸어 나오면 됩니다.

단어·숙어
labyrinth [명] 미궁 entrance [명] 입구
exit [명] 출구 mythology [명] 신화
path [명] 통로 dead end 막다른 길

14 해설 먼저 접속사 If를 삭제한 다음, 주절의 주어와 종속절의 주어 you가 같으므로 삭제한다. 두 사진을 비교하는 주체가 you로 능동의 의미를 나타내므로 동사원형 compare에 -ing를 붙여 분사구문으로 바꾼다.

15 해설 (A) '…로 불리다'라는 의미는 수동태가 되어야 하므로 called가 알맞다.
(B) that이 이끄는 절이 a prison을 수식하므로 목적격 관계대명사로 쓰인 that이 알맞다. what은 선행사를 포함하는 관계대명사로 앞에 a prison이 있으므로 쓸 수 없다.
(C) 전치사 about 뒤에 동사가 오면 -ing를 붙여 동명사 형태로 써야 하므로 getting이 알맞다.

16 해설 미궁은 통로가 하나이므로 중앙에 도착하면 돌아서서 들어왔던 길 그대로 걸어 나오면 된다는 것을 알 수 있다.
① 미로로 ② 중앙으로
③ 막다른 길로 ④ 들어간 길대로
⑤ 당신이 전혀 가 보지 않은 장소로

17~20

해석 여러분이 미로 안에 있을 때에는 완전히 상황이 다릅니다. 결정할 많은 선택지가 있고, 여러분을 좌절하게 만드는 막다른 길들이 있습니다. 어느 길로 갈지 계속 결정해야 합니다. 조심하지 않으면 길을 잃기 쉽습니다. 오늘날, 미로는 흔히 좌뇌형 퍼즐로 간주됩니다. 많은 사람이 미로 공원에 기꺼이 방문하여 '계획된 혼란'을 즐깁니다. 그리고 그들 중 몇몇은 자기들만의 해결 방법을 생각해 냅니다. 가장 쉽고 믿을 만한 해결 방법은 시작 지점부터 한쪽 벽에 손을 대는 것입니다. 그러고는 여러분은 단지 그 벽을 계속 따라가면 됩니다. 이것은 마치 어두운 방을 걷는 것과 같습니다. 불행히도, 이 간단한 방법은 어떤 종류의 미로에서는 특히 모든 벽이 이어져 있지는 않은 경우 효과가 없을지도 모릅니다.

단어·숙어
frustrate [동] 좌절시키다 make a decision 결정하다
reliable [형] 믿을 만한 effective [형] 효과적인

17 해설 '…해야 한다'라는 의미는 have to, '계속 …하다'는 keep -ing를 사용하여 문장을 완성한다.

18 해설 부정대명사 one은 앞 문장에 나온 solutions 중 하나를 가리킨다.
① 퍼즐 ② 미로 ③ 방
④ 해결 방법 ⑤ 혼란

19 해설 ⓒ가 가리키는 내용은 The easiest and most reliable one is to place a hand on one wall from the very beginning. Then you just keep following that wall.에서 알 수 있다.

20 해설 ① 미로 안에서는 많은 선택지가 있다.
② 미로 안에서는 조심하지 않으면 길을 쉽게 잃을 수 있다.
③ 미로는 좌뇌형 퍼즐로 간주된다.
④ 많은 사람이 미로 공원에 방문하여 계획된 혼란을 즐긴다.

21~22

해석 미로는 벽과 방, 산울타리, 벽돌, 거울, 심지어는 눈 등 다양한 다른 재료로 만들어집니다. 사실, 미로는 종이에 인쇄되거나 그려질 수도 있습니다. 여기 그 예가 하나 있습니다. 이것은 숫자 미로라고 불립니다. 여러분은 A 지점에서 출발하여 1, 9, 8, 5, 1, 9 …의 순서로 이동해야 합니다. 한번 시도해 보는 게 어떤가요? 여러분은 빠져나가는 데 30초가 주어집니다! 미궁과 미로는 정말 재미있지만, 그것이 이야기의 끝이 아닙니다. 그것들을 자세히 들여다보면 여러분은 질서와 규칙성이라는 아름다움을 발견할 수 있을지도 모릅니다. 그것들은 또한 여러분에게 인간이 얼마나 창조적인가를 보여 줄지도 모릅니다. (사람들은 몇몇 미로를 탈출하기 어려워합니다.) 다음 여행에 미로 공원이 있으면 들러서 즐기기 위해 시간을 가져보는 것은 어떨까요? 분명히 들를 가치가 있을 것입니다!

단어·숙어
hedge [명] 산울타리 escape [동] 탈출하다
regularity [명] 규칙성 worth [형] …할 가치가 있는

21 해설 미궁과 미로에 대한 내용 중 몇몇 미로를 탈출하기 어렵다고 느끼는 사람들이 있다는 ③은 흐름상 어색하다.

22 해설 미로는 벽과 방, 산울타리, 벽돌, 거울, 눈 등으로 만들어질 수 있다고 했으므로 대답할 수 있는 질문은 ① '미로는 무엇으로 만들어지는가?'이다.
② 왜 미로만 하나의 재료로 만들어지는가?

③ 어디에 미궁을 인쇄하거나 그릴 수 있는가?
④ 어디서 숫자 미로를 찾을 수 있는가?
⑤ 미궁의 해결 방법들은 무엇인가?

서술형 평가

p. 197

1. (1) wanting to lose the bag, I gave it to my mother
   (2) (Being) Impressed by the artwork
   (3) Knowing that you don't like seafood, I cooked some chicken
   (4) Working all day long, he has no time to rest
2. (1) one (2) have one
   (3) have seen one (4) a good one

1 해석 내 여동생이 좋은 소식을 들었을 때, 그녀는 기쁨의 눈물을 흘렸다.

(1) 가방을 잃어버리고 싶지 않았기 때문에 나는 그것을 어머니에게 드렸다.
(2) 박 선생님은 예술 작품에 감명을 받았기 때문에 그는 그것을 즉시 샀다.
(3) 네가 해산물을 싫어한다는 것을 알기에 나는 닭요리를 했다.
(4) 하루 종일 일하기 때문에 그는 쉴 시간이 없다.

해설 분사구문을 만드는 방법은 ① 접속사를 생략한 뒤, ② 주절과 종속절의 주어가 같으면 종속절의 주어를 생략한다. ③ 마지막으로 동사원형에 -ing를 붙인다. 단, 수동의 의미인 경우 과거 분사(p.p.) 형태를 사용한다.

단어·숙어
lose [동] 잃어버리다
artwork [명] 예술 작품
immediately [부] 즉시

2 해석 (1) A: 내 가방은 너무 낡았어.
B: 새것 하나 사는 게 어때?
(2) A: 이 펜은 잘 써지지 않아. 다른 펜 있니?
B: 응, 내 필통에 하나 있어.
(3) A: 너는 전에 낙타를 본 적이 있니?
B: 응, 동물원에서 본 적 있어.
(4) A: 이 주위에서 괜찮은 한국 식당을 알고 있니?
B: 21번가에 있는 괜찮은 식당을 알아.

해설 one은 앞에 나온 명사의 반복을 피하기 위해 쓰며, 불특정한 대상을 가리킬 때 사용한다.

단어·숙어
pencil case 필통
camel [명] 낙타

Lesson 6

Word Preview Mini Test

p. 208

A 1. sight 2. regret 3. close
4. influence 5. wisdom

B 1. opportunity 2. disagree 3. leap
4. captain 5. proverb

A 해석 1. 나는 완전히 혼자였고, 내 시야에 아무도 없었다.
2. 나는 도시를 떠나 시골로 이사한 것을 후회하지 않는다.
3. 그들은 가까운 관계인 것 같다.
4. 나의 할아버지는 나의 어린 시절 동안 나에게 영향을 미치셨다.
5. 이 책은 많은 지혜를 담고 있다.

단어·숙어
countryside [명] 시골 relationship [명] 관계
during [전] …동안 childhood [명] 어린 시절

B 해석 1. 어떤 것을 할 기회
2. 어떤 것에 대해 다른 의견을 가지다
3. 높이 또는 먼 거리를 뛰어오르다[뛰다]
4. (특히 스포츠 팀의) 사람들 무리의 지도자
5. 충고나 지혜를 주는 잘 알려진 문구나 문장

단어·숙어
chance [명] 기회
well-known [형] 잘 알려진, 유명한

Let's Read ❶ Mini Test

p. 211

1 However
2 그냥 무엇인가를 말하는 대신 무엇인가를 하려고 노력한다.

해설 1. 빈칸 뒤에는 앞의 내용과 다른 의견을 가진 사람들의 내용이 나오므로 '그러나'의 의미를 가진 접속부사 However가 알맞다.
2. So people try to do things instead of just saying something.에서 알 수 있다.

Let's Read ❷ Mini Test

p. 213

A 1. T 2. F
B Strike while the iron is hot.

A 해석 1. 수지는 잘 생각해 보고 행동해야 한다고 생각한다.
2. Brian은 그가 하키 팀의 주장이 되는 것을 결정하기 전에 너무 오래 생각하지 않았다.

해설 1. Look before you leap. 속담에 대해 수지가 I totally agree.라고 했으므로 수지는 잘 생각해 보고 행동해야 한다는 것에 동의한다.

2. I took too much time to decide, so another friend became the captain.에서 Brian은 결정하기 전에 너무 많은 시간을 보내서 결국 하키 팀의 주장이 되지 못했다.

B 해석 Q: 지금 하는 것이 가장 좋은 시기이기 때문에 어떤 것을 즉시 하는 것과 관련된 속담은 무엇인가?

해설 지금 즉시 무엇인가를 하라는 속담은 '쇠뿔도 단김에 빼라.'라는 의미의 Strike while the iron is hot.이다.

Let's Read ❸ Mini Test ───── p. 215

1 She[Jenny] was from America.

2 They liked the same basketball team.

해석 1. Jenny는 어디 출신이었나?
2. 그들의 공통점은 무엇이었나?

해설 1. She was from America … .에서 Jenny의 출신을 알 수 있다.
2. … we liked the same basketball team.에서 글쓴이(I)와 Jenny의 공통점을 알 수 있다.

Word Check ───── p. 219

A 1. 속담 2. 시야 3. 이웃
4. 동의하다 5. 기회 6. captain
7. regret 8. result 9. opinion
10. influence

B 1. keep 2. down

C 1. disagree 2. influence 3. leap
4. instead of 5. strike

B 해석 1. 너는 인터넷을 통해 해외의 친구들과 연락을 취할 수 있다.
복도에서 우측통행해라.
2. 너는 왜 책을 거꾸로 보고 있니?
길거리를 걸을 때 내려다보지 마라.

해설 1. keep in touch는 '연락을 취하다'라는 표현이고, keep to the right은 '우측통행하다'라는 의미로 빈칸에 공통으로 들어갈 단어는 keep이다.
2. upside down은 '거꾸로'라는 의미이며, look down은 '내려다보다'라는 의미로 빈칸에 공통으로

들어갈 단어는 down이다.

단어 abroad ㉰ 해외에 through ㉲ …을 통해
숙어 hallway ㉳ 복도 look at …을 보다

C 해석 1. 만약 네가 다른 의견을 가지고 있다면, 너는 그 사람에게 동의하지 않는 것이다.
2. 내가 크면 나는 세상의 많은 사람에게 영향을 미치고 싶다.
3. 보드에서 뛰어서 다이빙하기 전에 반드시 스트레칭을 해라.
4. 나는 영화를 보러 가는 대신에 공부하기로 결심했다.
5. 우리는 새해 전야에 종을 친다.

해설 1. 앞부분 have a different opinion과 관련된 단어는 '동의하지 않다'라는 의미의 disagree이다.
2. 많은 사람에게 영향을 미치고 싶어 하므로 '영향을 미치다'라는 의미의 influence가 알맞다.
3. 보드에서 뛰어서 다이빙을 한다는 의미이므로 '뛰어오르다'라는 의미의 leap이 알맞다.
4. 영화 보러 가는 대신에 공부하기로 했다는 의미이므로 '… 대신에'라는 의미의 instead of가 알맞다.
5. 종을 친다는 의미이므로 '치다'라는 의미의 strike가 알맞다.

단어 dive ㉦ 뛰어들다, 다이빙하다
숙어 make sure 반드시 (…하도록) 하다
bell ㉳ 종

Grammar Check ───── p. 224

A 1. when 2. where 3. my mom 4. the dog

B 1. without 2. exercise 3. hiking

C 1. when → who/that
2. who → when/that
3. when → where/that
4. It is this book that I want to introduce.

D However, clock tower, that, who

A 해석 1. 내가 프랑스에서 공부했던 때는 바로 2013년이었다.
2. 내가 방문하고 싶은 곳은 바로 한라산이다.
3. 운전을 하고 싶은 사람은 바로 나의 어머니이다.
4. 내 손가락을 문 것은 바로 그 개였다.

해설 1. 강조하는 말이 in 2013으로 시간의 부사구이므로 when이 알맞다.
2. 강조하는 말이 Mt. Halla로 장소이므로 where가 알맞다.
3. It is ~ who …의 강조 구문 형태로 who가 사용될 때는 강조하는 말이 사람이므로 my mom이 알맞다.

4. that 이하에 주어가 없으므로 It was와 that 사이에 주어가 되는 the dog가 알맞다.

B 해석 1. 휴대 전화를 사용하는 것은 많은 문제를 야기한다. 그러나 우리는 그것들 없이 살 수 없다.
2. 나는 요즈음 너무 바쁘다. 그러나 나는 매일 운동을 하려고 노력한다.
3. 일기 예보가 안 좋다. 그러나 우리는 그럼에도 불구하고 등산을 갈 것이다.

해설 1. However로 시작하는 문장 앞에 휴대 전화 사용이 많은 문제를 야기한다는 내용이 나오므로 그 뒤에는 휴대 전화 '없이' 살 수 없다는 내용으로 대조를 이루는 것이 알맞다.
2. 너무 바쁜 일상에도 불구하고 매일 '운동을 하려고' 노력한다는 내용으로 대조를 이루는 것이 알맞다.
3. 일기 예보가 안 좋지만, 그럼에도 불구하고 '등산'을 가는 내용으로 대조를 이루는 것이 알맞다.

단어·숙어 cause [동] 야기하다 forecast [명] 일기 예보
go hiking 등산을 가다

C 해석 1. 어제 피아노를 친 사람은 바로 세나였다.
2. 세나가 피아노를 친 것은 바로 어제였다.
3. 내가 Tom을 만난 곳은 바로 극장에서였다.
4. 내가 소개하고 싶은 것은 바로 이 책이다.

해설 1. 강조하는 말이 세나이므로 when 대신 who 또는 that을 써야 한다.
2. 강조하는 말이 yesterday이므로 who 대신 when 또는 that을 써야 한다.
3. 강조하는 말이 at the theater로 장소의 부사구이므로 when 대신 where 또는 that을 써야 한다.
4. 동사는 It is/was ~ that ... 강조 구문에서 강조되지 않는다. 따라서 this book만 남겨놓고 introduce는 to 뒤로 가야 한다.

단어·숙어 play the piano 피아노를 치다[연주하다]
theater [명] 극장

D 해석 어제 나는 나의 여동생 Claire를 만나기로 되어 있었다. 그러나 그녀는 쇼핑몰에 나타나지 않았다. 내가 집에 왔을 때 그녀는 TV 앞에 앉아 있었다.
"너 왜 집에 있어? 우리 쇼핑몰에서 만나기로 되어 있던 거 아니니?"
"아냐, 우리가 만나기로 한 곳은 바로 시계탑이었어."
"아냐, 우리가 만나기로 한 장소는 바로 쇼핑몰이었어. 나는 어제 너에게 말했어!"
"음, 나에게 잘못된 장소를 말한 사람은 바로 너야."
그날 밤 우리는 서로에게 한 마디도 하지 않았다.

해설 첫 번째 빈칸 앞뒤 문장의 내용이 대조를 나타내므로 '그러나'라는 의미의 접속부사 However가 알맞다. 강조 구문에서 where가 사용될 때에는 장소를 강조할 때이므로 두 번째 빈칸에는 clock tower가 알맞다. 세 번째 빈칸에는 강조 구문 형태인 it was ~ that ...이므로 that이 알맞다. 또한 사람을 강조할 때는 It is ~ who가 사용되므로 네 번째 빈칸에는 who가 알맞다.

단어·숙어 be supposed to …하기로 되어 있다
show up 나타나다
in front of …의 앞에

단원 종합 평가

pp. 230~232

1. ③ 2. ④ 3. ③ 4. ① 5. ②, ⑤ 6. (C)-(A)-(B)-(D)
7. ⑤ 8. ② 9. ④ 10. ④ 11. ② 12. Toronto where/that I want to visit next year 13. ③ 14. ②
15. ③ 16. ② 17. ② 18. ⓐ with ⓑ without
19. 결정하는데 너무 많은 시간이 걸려 다른 친구가 주장이 된 것
20. (A) different (B) hard (C) more 21. ⑤ 22. It is the quality of time that makes people remember each other. 23. ③

1 듣기 대본 B: Minju, when did you get back from the library?
G: I got back about an hour ago.
B: Are you ready to go to the theater?
G: Sure.
B: What do you think of taking the bus instead of walking there?
G: I took the bus home and there was a lot of traffic. How about taking the subway?
B: Okay.

해석 B: 민주야, 언제 도서관에서 돌아왔니?
G: 약 한 시간 전에 돌아왔어.
B: 극장에 갈 준비 되었니?
G: 응.
B: 거기까지 걸어가는 대신에 버스 타는 것에 대해 어떻게 생각해?
G: 집에 올 때 버스를 탔는데 차가 많이 막혔어. 지하철을 타는 게 어때?
B: 좋아.

해설 '극장'에 가기 위해 남자는 버스 탈 것을 처음에 제안했지만, 여자가 차가 많이 막힌다고 하여 '지하철'을 타기로 했다.

단어 숙어
get back from …에서 돌아오다
take the bus 버스를 타다
traffic 몡 교통(량)

2

듣기 대본

W: Brian, I got a message from my friend, but I don't understand what some of it means.
B: Let me see. Hmm... ASAP means "as soon as possible" and HAND means "Have a nice day." They are acronyms.
W: Oh, I see.
B: I think acronyms are fun and easy to use.
W: I disagree. In my opinion, using acronyms is harmful.
B: Why do you think so?
W: ___________________________________

해석
W: Brian, 내 친구한테 메시지를 받았는데 나는 이 중 일부가 무슨 의미인지 모르겠어.
B: 제가 한번 볼게요. 흠… ASAP는 '가능한 한 빨리'라는 의미이고, HAND는 '좋은 하루 보내.'라는 의미예요. 그것들은 두문자어예요.
W: 아, 그렇구나.
B: 제 생각에 두문자어들은 재미있고 사용하기 쉬운 것 같아요.
W: 나는 동의하지 않아. 내 생각에 두문자어를 사용하는 것은 해로워.
B: 왜 그렇게 생각하세요?
W: 내 생각에 그것들은 언어를 파괴하고 있어.

해설 두문자어가 재미있고 사용하기 쉽다는 남자의 의견에 여자가 동의하지 않고 있으므로 빈칸에는 두문자어 사용에 대한 부정적인 내용이 와야 한다.
① 내 생각에 그것들은 유용해.
② 나는 그것들이 사용하기 쉽다는 것을 알았어.
③ 나도 또한 그것들이 사용하기에 재미있다고 생각해.
⑤ 두문자어 사용하는 법을 가르쳐 줄 수 있니?

단어 숙어
as soon as possible 가능한 한 빨리
acronym 몡 두문자어
disagree 동 동의하지 않다
harmful 몡 해로운

3

듣기 대본

B: Yura, what are you doing?
G: I'm looking at some pictures of my friends on the internet.
B: There are so many online pictures that show their everyday lives. I think it's dangerous.
G: I agree. There might be people who will use the pictures in a bad way.
B: That's true. We should be more careful about posting pictures on the internet.

해석
B: 유라야, 너 뭐하고 있니?
G: 나는 내 친구들이 인터넷에 올린 사진들을 보고 있어.
B: 그들의 일상생활을 보여 주는 온라인 사진들이 너무 많아. 내 생각에 그것은 위험해.
G: 동의해. 사진들을 나쁜 방식으로 이용하려는 사람들이 있을 수 있어.
B: 사실이야. 우리는 인터넷에 사진을 올리는 것에 대해 더 주의해야 해.

해설 인터넷에 사진을 올리는 것이 위험하다는 남자의 말에 여자는 I agree.라고 대답하며 동의하고 있다.

단어 숙어
everyday 몡 일상의
post 동 (웹 사이트에 정보·사진을) 올리다[게시하다]

4~5

해석
A: 진호야, 무슨 일 있어? 너 화나 보여.
B: 나는 Harry와 싸웠어.
A: 왜? 무슨 일 있었어?
B: 우리 둘 다 동시에 같은 음악실을 사용하기를 원했거든.
A: 내 생각에 방과 후에 연습할 음악실이 충분하지 않다고 생각해.
B: 동의해. 음악실에 시간제한을 두는 것에 대해 어떻게 생각해?
A: 얼마 정도 되어야 한다고 생각하니?
B: 나는 누구든 하루에 한 시간 이상 음악실을 사용하는 것이 허용돼서는 안 된다고 생각해.
A: 나는 동의하지 않아. 나는 음악 연습하려면 한 시간 이상 필요해.
B: 그러면 음악실을 예약하는 것은 어때?
A: 좋은 생각이야. 그러면 각 개인은 연습할 충분한 시간이 있을 거야.

단어 숙어
upset 몡 화난
practice 동 연습하다
allow 동 허락하다
fight with …와 싸우다
time limit 시간제한
reserve 동 예약하다

4 해설 둘이 싸운 이유는 We both wanted to use the

same music room at the same time. 문장에서 알 수 있듯이 두 사람이 동시에 같은 음악실을 사용하고 싶어 했기 때문이다.

5 해석 ① 동의해. ② 동의하지 않아.
③ 완전 동의해. ④ 동의해.
⑤ 나는 다른 견해를 가지고 있어.

해설 '동의하지 않다.'라는 표현으로 I disagree. 이외에 I don't agree., I have a different opinion., I have a different point of view. 등이 있다.

단어·숙어 point of view 관점, 견해

6 해석 주원아, 무슨 일 있니?
(C) 한 선생님이 어제 미술 과제를 제출하라고 우리에게 말씀하셨는데 나는 아직 끝내지 못했어.
(A) 음, 나는 네가 여전히 그것을 끝내고 제출해야 한다고 생각해. 속담에도 있듯이, '하지 않는 것보다는 늦더라도 하는 것이 나아.'
(B) 네 말이 맞고 동의해. 조언 고마워.
(D) 천만에.

해설 무슨 일 있냐고 묻는 질문에 (C) 과제 제출을 못하고 아직 끝내지 못했다는 대답이 온 후, (A) 과제를 끝내고 제출하라는 충고가 이어져야 한다. (B) 조언에 대해 고맙다는 말에 (D) '천만에.'로 대화를 마무리 지어야 한다.

단어·숙어 hand in 제출하다
project [명] 과제

7 해석 나는 경기에서 뛸 기회를 얻기를 원한다.

해설 chance와 opportunity는 '기회'라는 의미로 유의어 관계이다.
① 의견 ② (스포츠 팀의) 주장 ③ 시야
④ 질 ⑤ 기회

8 해석 • 네가 이사 가더라도 계속 연락하자.
• 우리는 우리의 목표를 성취할 때까지 계속 노력해야 한다.

해설 keep in touch '연락을 취하다/계속 연락하다'
keep -ing '계속 …을 하다'

단어·숙어 even though 비록 …일지라도
move away 이사하다 until [접] …할 때까지
achieve [동] 성취하다 goal [명] 목표, 목적

9 해석 네가 한 것 또는 하지 않은 것에 아쉬움을 느끼다

해설 regret은 '후회하다'라는 의미로 ④가 답이 된다.
① 지혜 ② 영향을 미치다 ③ 동의하다 ⑤ 속담

10 해석 ① 나에게 처음 거짓말했던 사람은 바로 너이다.
② 내가 어제 만난 사람은 바로 Jenny였다.
③ 내가 운전면허증을 받은 것은 바로 5월이었다.
④ 내가 나의 새로운 일을 시작할 때는 바로 다음 달이다.
⑤ 패션쇼가 열릴 곳은 바로 뉴욕이다.

해설 ④에서 강조하는 말이 next month로 시간의 부사구이므로 which가 아니라 when이나 that을 써야 한다.

단어·숙어 lie [동] 거짓말하다
driver's license 운전면허증
be held 열리다

11 해석 우리가 발리에 도착했을 때, 일주일 넘게 비가 오고 있었다. 그러나 나쁜 날씨는 우리가 휴가를 즐기는 것을 막지 못했다.

해설 앞 문장과 반대되는 상황이 올 때는 대조를 나타내는 접속부사 However가 와야 한다.
① … 때문에 ② 그러나 ③ 그러면
④ 그래서 ⑤ 그러므로

단어·숙어 stop ... from -ing …가 ~하는 것을 막다
vacation [명] 휴가

12 해석 나는 내년에 토론토를 방문하고 싶다.
내가 내년에 방문하고 싶은 곳은 바로 토론토이다.

해설 Toronto는 장소이므로 It is ~ that/where 사이에 Toronto를 넣어 강조 구문으로 바꿀 수 있다.

13 해석 내 생일 파티에 못 오는 사람은 바로 민수이다.

해설 강조하는 말을 It is/was와 that 사이에 넣는데, 강조하는 말이 민수이므로 민수 다음인 ③에 that이 와야 한다.

14 해석 나는 사람들 앞에서 말하면 긴장된다. 그러나 나는 나의 공포를 극복하기 위해 열심히 연습했다.

해설 사람들 앞에서 말하면 긴장되는 상황과 반대되는 내용이 However 다음에 이어져야 한다.
① 사람들은 말할 때 긴장한다
③ 나는 사람들 앞에서 말하는 것을 좋아하지 않는다
④ 나는 말할 때 다른 사람들을 절대 쳐다보지 않는다
⑤ 사람들은 내가 그들 앞에서 긴장한다고 생각한다

단어·숙어 get nervous 긴장하다 overcome [동] 극복하다
fear [명] 공포

15~16

해석 때때로 지혜의 말들은 사람들에게 영향을 미치고 그들의 삶을 굉장한 방향으로 바꾸었다. 예를 들어 "말보다 행동이 더 중요하다."는 말의 의미는 다음과 같다: 당신이 하는 것은 당신이 말하

는 것보다 더 중요하다. 그래서 사람들은 그냥 무엇인가를 말하는 대신 무엇인가를 하려고 노력한다. 그러나 몇몇 사람들은 다른 의견을 가지고 있다. 그들에게는 행동보다 더 중요한 것은 바로 말이다. 어떻게 그럴까? 그들은 말이 다른 사람들이 좋은 행동을 하는데 영향을 미칠 수 있다고 생각한다. 다른 생각을 갖는 것은 자연스럽다. 몇 개의 다른 속담을 거꾸로 뒤집어서 살펴보자.

단어·숙어 every now and then 때로는, 때때로
wisdom [명] 지혜
influence [동] 영향을 미치다
instead of … 대신에
proverb [명] 속담
upside down 거꾸로[뒤집어]

15 해설 주어진 문장은 '행동이 말보다 더 중요하다.'라는 의견에 다른 의견을 가지고 있는 사람들이 있다는 내용이므로 말이 행동보다 더 중요하다는 To them, it is words that speak louder than actions. 문장 앞에 들어가야 한다.

16 해설 Actions speak louder than words.라는 의견에 동의하는 사람들과 다른 의견을 가진 사람들이 있는데, 서로 다른 의견을 갖는 것은 '자연스럽다'는 내용이 알맞다.
① 쉬운 ② 자연스러운 ③ 어색한
④ 어려운 ⑤ 부자연스러운

17~19

해석 나는 완전히 동의해. 우리는 무엇인가를 하기로 결정하기 전에 항상 신중해야 해. 그러면 우리는 우리의 결정으로 인한 결과에 행복할 거야. 그러나 만약 우리가 시간을 들여 어떤 일을 심사숙고하지 않는다면 우리는 후회할지도 몰라. 또한 우리는 다시 생각해보지 않고 어떤 일을 한다면 실수를 할 거야. 그 결과, 우리는 바로잡는 데 더 많은 시간을 들일 거야.

– 강수지에 의해 게시됨

나는 동의하지 않아. 기회는 자주 오지 않아. 만약 기회가 있다면 우리는 그것을 잡아야 해. 그렇지 않으면 너무 늦을 거야. 작년에 나는 학교 하키 팀의 주장이 되기를 요청받았어. 그러나 나는 결정하는 데 너무 많은 시간이 걸려서 다른 친구가 주장이 되었어. 지금 나는 그것을 후회해. 속담에서 말하듯이 "쇠가 달았을 때 두드려라[쇠뿔도 단김에 빼라]."

– Brian Pearson에 의해 게시됨

단어·숙어 think over …을 심사숙고하다
give it a second thought 다시 생각해 보다
opportunity [명] 기회
grab [동] 붙잡다[움켜잡다]
captain [명] (스포츠 팀의) 주장
strike [동] (손이나 무기로) 때리다, 치다

17 해석 ① 벽에도 귀가 있다[낮말은 새가 듣고, 밤말은 쥐가 듣는다].
② 잘 생각해 보고 행동하라[돌다리도 두드려 보고 건너라].
③ 눈에서 멀어지면, 마음에서도 멀어진다.
④ 서투른 목수가 연장 탓한다.
⑤ 울타리 저 편 잔디가 더 푸르다[남의 떡이 더 커 보인다].

해설 무엇인가를 결정하기 전에 신중해야 한다는 상황에 어울리는 속담은 '돌다리도 두드려 보고 건너라'라는 뜻을 가진 ②이다.

18 해설 ⓐ be happy with '…에 기뻐하다'
ⓑ without '…없이'

19 해설 it은 바로 앞에 나온 However, I took too much time to decide, so another friend became the captain.을 가리킨다.

20~23

해석 나는 이 말에 동의해. 나는 초등학교 때부터 친한 친구가 있었어. 아쉽게도 우리는 다른 중학교에 갔어. 처음에 우리는 일주일에 두세 번 만났어. 그러나 계속 연락하는 것은 어려웠어. 우리는 우리의 새로운 친구들과 더 많은 시간을 보내기 시작했어. 나는 그에 대해 점점 덜 생각하고 내 새로운 친구들에 대해 더욱더 많이 생각하기 시작했어. 이제 우리는 서로 이야기하거나 만나지 않아.

– Anna Brown에 의해 게시됨

나는 네 의견에 동의하지 않아. 나는 나의 이웃 Jenny와 정말 친했어. 그녀는 미국에서 왔고 우리는 같은 농구 팀을 좋아했어. 우리는 함께 경기를 보며 많은 시간을 보냈어. 그런데 그녀의 가족이 3년 전에 이사 갔어. 나는 그녀를 그 이후로 보지 못했지만 여전히 우리가 함께했던 시간들을 기억해. 나는 시간이 갈수록 그녀가 점점 더 그리워. 사람들이 서로를 기억하게 만드는 것은 바로 시간의 질이야.

– 박재하에 의해 게시됨

단어·숙어 keep in touch 연락을 취하다
quality [명] 질

20 해설 (A) 친한 초등학교 친구가 있었는데 '다른' 중학교에 갔고, (B) 처음에는 자주 만났지만, 연락하기가 '어려워졌으며,' (C) 서로 새로운 친구들과 더 '많은' 시간을 보내기 시작했다는 내용이 되어야 한다.

21 해설 ⓐ disagree with '…에 동의하지 않다'
ⓑ be close with '…와 친하다, 가깝다'

22 해설 강조하는 말이 '시간의 질'이므로 the quality of time을 It is ~ that 사이에 쓰고, makes는 5형식 동사이므로 목적어에 people, 목적격 보어에 remember를 써 준다. each other는 '서로'라는 의미이다.

23 해설 ① Anna는 그녀의 초등학교 친구와 연락 주고 받는 것을 멈추었다.

② 재하는 Jenny와 같은 농구 팀을 좋아하였다.

④ Jenny는 3년 전에 이사 갔다.

⑤ 비록 Jenny가 이사 간 이후로 그녀를 보지 못했지만, 재하는 시간이 갈수록 Jenny를 더 그리워한다.

서술형 평가
p. 233

1. (1) Mina who/that is having a birthday party

   (2) on Thursday when/that we have

   (3) to Expo Park where/that we go on a picnic

2. However, the piano, basketball, However, because of the rain, because I caught a cold

3. |예시 답안|

   (1) I think it's a good idea to have longer summer breaks because it's too hot to focus on studying in summer. / I think it's a bad idea to have longer summer breaks because the students will have shorter winter breaks.

   (2) I agree because students can express themselves through their own clothes. / I disagree because students will spend too much time on choosing what to wear every morning.

1 해석 (1) Q: 월요일에 생일 파티를 하는 사람은 Mike니?

   A: 아니, 월요일에 생일 파티를 하는 사람은 바로 미나야.

   (2) Q: 우리 수학 퀴즈가 수요일에 있니?

   A: 아니, 수학 퀴즈는 바로 목요일에 있어.

   (3) Q: 우리는 센트럴 공원으로 소풍을 가니?

   A: 아니, 우리가 소풍을 가는 곳은 바로 엑스포 공원이야.

해설 (1) 월요일에 생일 파티를 하는 사람은 행사 달력에 따르면 미나이므로 it is ~ that/who 사이에 미나를 넣어 강조 구문을 완성한다.

   (2) 수학 퀴즈는 수요일이 아니라 목요일이므로 it is ~ that/when 사이에 on Thursday를 넣어 강조 구문을 완성한다.

   (3) 소풍을 가는 곳은 센트럴 공원이 아니라 엑스포 공원이므로 it is ~ that/where 사이에 to Expo Park를 넣어 강조 구문을 완성한다.

단어·숙어 go on a picnic 소풍을 가다

2 해석 이번 주에 나는 월요일에 농구 연습을 하고, 화요일에 피아노 연습을 하는 것을 계획하였다. 그러나 나는 피아노를 월요일에 연습했고, 대신에 화요일에 농구를 연습했다. 학교 축제는 수요일에 열리기로 예정되어 있었다. 그러나 비 때문에 그것은 취소되었다. 나는 또한 금요일에 영화 보러 가는 것을 기대했다. 그러나 나는 감기에 걸려서 나갈 수 없었다.

해설 앞 문장과 반대되는 상황이 올 때는 However(그러나)를 쓰고, '··· 때문에'라는 의미를 나타낼 때는 'because of+명사(구)', 'because+절' 표현을 써서 나타낸다.

단어·숙어 be supposed to ···하기로 예정되어 있다

hold ⑤ (대회 등을) 개최하다, 열다

cancel ⑤ 취소하다

look forward to ···을 고대하다, 기대하다

3 해석 (1) Q: 여름 방학을 더 길게 갖는 것에 대해 어떻게 생각해?

   A: 내 생각에 여름에는 공부에 집중하기에 너무 덥기 때문에 더 긴 여름 방학을 갖는 것은 좋은 생각인 것 같아. / 내 생각에 학생들이 더 짧은 겨울 방학을 가질 것이기 때문에 더 긴 여름 방학을 갖는 것은 좋지 않은 생각인 것 같아.

   (2) Q: 나는 학생들이 교복을 입으면 안 된다고 생각해.

   A: 나는 학생들이 그들의 옷을 통해 자신들을 표현할 수 있기 때문에 동의해. / 나는 학생들이 매일 아침 무엇을 입을지 고르는데 너무 많은 시간을 보낼 것이기 때문에 동의하지 않아.

해설 (1) because 이하에 더 긴 여름 방학을 갖는 것이 좋은지 또는 좋지 않은지 이유를 쓴다.

   (2) because 이하에 교복을 입지 않는 것에 대한 의견에 찬성 또는 반대하는 이유를 쓴다.

단어·숙어 summer break 여름 방학

focus on ···에 집중하다

Lesson 7

Word Preview **Mini Test**
p. 244

A 1. earth　2. Come over　3. opening

   4. invader　5. house

B 1. unwelcome　2. walkway　3. support

   4. family name　5. Venetian

A 해석 1. 나는 항아리를 한 줌의 흙으로 채웠다.

   2. 이번 주말에 내 집에 들러서 재미있게 놀자!

   3. 우리는 지붕의 구멍을 통해 별을 볼 수 있었다.

   4. 그 벽은 한때 침략자들로부터 그 도시를 보호하는 데 도움이

되었다.

5. 새 사무실은 600명의 직원을 수용할 것이다.

단어·숙어
a handful of 한 줌의
have fun 재미있게 놀다
through [전] …을 통하여
serve to …하는 데 도움이 되다

B 해석 1. 원치 않는
2. 걷기 위한 통로 또는 길
3. 누군가 또는 무엇인가를 제자리에 있도록 붙잡다
4. 성(姓)
5. 이탈리아의 베니스에서 나고 자라거나 살고 있는 사람

단어·숙어
passage [명] 통로 path [명] 길
hold [동] 붙잡다 in position 적소에, 제자리에
surname [명] 성(姓) (= family name)

Let's Read ❶ Mini Test

p. 247

1 unwelcome visitors appeared
2 (1) F (2) T

1 해설 가정법 과거는 'If+주어+동사의 과거형 … , 주어+조동사의 과거형+동사원형 ~.' 형태이므로 If 뒤에 '주어(unwelcome visitors)+동사의 과거형(appeared)'이 와야 한다.

2 해설 (1) 숨겨진 구멍이 있는 곳은 푸에블로의 꼭대기(top)이므로 내용과 일치하지 않는다.
(2) The thick walls are made of earth, straw, and water.에서 내용과 일치함을 알 수 있다.

Let's Read ❷ Mini Test

p. 249

A 1. lived 2. known
B The old Venetians decided to live there to keep themselves safe from invaders.

A 해석 1. 만약 내가 베니스에 산다면, 나는 매일 아침 곤돌라를 타고 학교에 갈 것이다.
2. 베니스는 '(물 위에) 떠 있는 도시'로 알려져 있다.

해설 1. 가정법 과거는 'If+주어+동사의 과거형 … , 주어+조동사의 과거형+동사원형 ~.' 형태이므로 동사의 과거형 lived가 알맞다.
2. be known as … '…로 알려져 있다'

B 해석 Q: 왜 옛 베니스인들은 물 위에 집을 짓기로 결정했나요?

해설 옛 베니스인들은 침략자들로부터 자신들을 안전하게 지키기 위해 물 위에 집을 짓고 살기로 결심했다.

Let's Read ❸ Mini Test

p. 251

1 floors
2 family name

1 해석 토루는 대개 3~5층으로 되어 있다. floor: 층

2 해석 토루에 사는 사람들은 대부분 같은 성(姓)을 가지고 있다.

Word Check

p. 255

A	1. 동굴	2. 흙, 땅	3. 평평한, 납작한
	4. 설치하다	5. 백만장자	6. swampy
	7. Venetian	8. tide	9. store
	10. come over		
B	Across	3. flat	5. install
	Down	1. roof	2. jungle
		4. thick	
C	1. walkway	2. house	3. invaders
	4. support	5. unwelcome	

B 해석 가로
3. 매끈하고 평평한, 경사지거나 곡선을 이루지 않은
5. 장비 또는 가구를 사용할 수 있도록 제 위치에 부착시키다
세로
1. 건물 덮개 또는 꼭대기
2. 식물과 나무들이 매우 빽빽하게 자라는 열대 우림
4. 얇지 않은

단어·숙어
smooth [형] 매끈한 level [형] 평평한
slope [동] 경사지다 curve [동] 곡선을 이루다
position [명] 위치 tropical forest 열대 우림
thickly [부] 빽빽하게

C 해석 1. 주차장까지 벽돌로 된 통로가 지어졌다.
2. 그 새 건물은 수천 개의 식물을 수용할 것이다.
3. 그 가파른 산은 한때 침략자들로부터 마을을 보호하는 데 도움이 되었다.
4. 아기를 안을 때, 머리를 받쳐 주어야 한다.
5. 그 영화는 정말로 아무도 듣고 싶어 하지 않는 반갑지 않은 진실을 폭로하였다.

해설 1. walkway 통로, 보도
2. house 수용하다

3. invaders 침략자들
4. support 받치다, 지지하다
5. unwelcome 반갑지 않은, 환영받지 못하는

단어·숙어 brick [명] 벽돌 steep [형] 가파른
serve [동] 도움이 되다 reveal [동] 알리다, 폭로하다

Grammar Check p. 260

A 1. were 2. had 3. told 4. knew
B 1. had 2. felt, go
3. quiet 4. enjoyable
C 1. cleanly → clean 2. walked → walking
3. close → closed 4. surprising → surprised
D 1. made his shoes clean
2. made him fix the car
3. owned an island, build a house
4. would help you, knew how

A 해석 1. 만약 Thomas가 여기에 있다면, 그는 우리를 도울 텐데.
2. 만약 내게 남동생이 있다면, 나는 그를 잘 돌볼 텐데.
3. 만약 그녀가 그녀의 아버지에게 말한다면, 그는 매우 화를 낼 텐데.
4. 만약 내가 그녀의 주소를 안다면, 나는 그녀에게 초대장을 보낼 텐데.

해설 가정법 과거 형태는 'If+주어+동사의 과거형 … , 주어+조동사의 과거형+동사원형 ~.'이므로 빈칸에는 동사의 과거형이 의미에 맞게 들어가야 한다.

B 해석 1. 만약 그에게 시간이 더 있다면, 그는 태권도를 배울 텐데.
2. 만약 내가 기분이 더 좋다면, 나는 너와 쇼핑갈 텐데.
3. 선생님은 식이 진행되는 동안 학생들을 조용히 시키려 노력하였다.
4. 좋은 선생님은 배움을 즐겁게 만든다.

해설 1, 2. 가정법 과거에서 If절에는 동사의 과거형이 와야 한다.
3. 'keep+목적어+목적격 보어(형용사)' 구문이므로 형용사인 quiet가 와야 한다.
4. 'make+목적어+목적격 보어(형용사)' 구문이므로 형용사인 enjoyable이 와야 한다.

C 해석 1. 너는 손을 깨끗이 해야 한다.
2. 그녀는 개를 계속 걷게 했다.
3. 그는 문을 계속 닫아 두었다.
4. 그 소식은 그를 놀라게 했다.

해설 1. 'keep+목적어+목적격 보어(형용사)' 구문이므로 부사(cleanly)를 형용사(clean)로 고쳐야 한다.
2. 'keep+목적어+목적격 보어(-ing)' 구문으로 목적어와 목적격 보어의 관계가 능동이므로 목적격 보어로 현재 분사(walking)를 써야 한다.
3. 'keep+목적어+목적격 보어(p.p.)' 구문으로 목적어와 목적격 보어의 관계가 수동이므로 목적격 보어로 과거 분사(closed)를 써야 한다.
4. 'make+목적어+목적격 보어(형용사)' 구문으로 목적어 him의 상태를 나타내는 surprised(놀란)를 써야 한다.

D 해석 1. 그는 신발을 깨끗하게 했다.
2. 그녀는 그가 그 차를 고치게 했다.
3. 만약 내가 섬을 소유한다면, 나는 해변에 집을 지을 텐데.
4. 만약 우리가 방법을 안다면, 우리는 너를 도울 텐데.

해설 1. 'make+목적어+목적격 보어(형용사)' 구문이 되도록 목적어 his shoes 다음에 형용사 clean이 와야 한다.
2. 'make+목적어+목적격 보어(동사원형)' 구문이 되도록 목적어 him 다음에 동사원형 fix가 와야 한다.
3, 4. 가정법 과거 형태는 'If+주어+동사의 과거형 … , 주어+조동사의 과거형+동사원형 ~.'이다.

단원 종합 평가

pp. 266~268

1. ④ 2. ② 3. ③ 4. ⑤ 5. ④ 6. ④ 7. ④ 8. ④ 9. ⑤ 10. ⑤ 11. ⑤ 12. waiting, happy, surprised 13. me, safe, from 14. (A) lived (B) warm 15. stop them from entering 16. ② 17. ② 18. ⓐ known ⓑ safe 19. ② 20. ④ 21. ⑤ 22. ④

1 듣기 대본
G: Have you heard from Somi? She's traveling in Italy, right?
B: Yes, she sent me some pictures. Do you want to see them?
G: Yes, please.
B: Okay, here they are. Take a look.
G: Oh, look at this beautiful cathedral! It looks so unique, doesn't it?
B: ______________________

해석 G: 너는 소미에게서 소식 들었니? 그녀가 이탈리아 여행 중인 거 맞지?

B: 응, 그녀가 나에게 사진 몇 장을 보냈어. 볼래?

G: 응, 보여줘.

B: 좋아, 여기 있어. 한번 봐.

G: 오, 이 아름다운 성당 좀 봐! 매우 독특하게 생겼네, 그렇지 않니?

B: 맞아, 나도 언젠가는 이탈리아에 가 보고 싶어.

해설 이탈리아의 성당이 독특하다는 말에 동의하면서 언젠가는 이탈리아에 가 보고 싶다고 말하는 것이 자연스럽다.

① 나도 그러기를 바라. 언젠가는 이탈리아에 방문해 보고 싶어.

② 고마워. 그 사진들이 맘에 든다니 기쁘구나.

③ 맞아. 소미는 그곳에 가지 말았어야 했는데.

⑤ 나도 동의해. 이탈리아는 방문하기에 좋은 장소가 아니야.

단어·숙어 take a look 한번 살펴보다

cathedral [명] 성당 unique [형] 독특한

2

듣기 대본 G: What would you do if you became a millionaire, Chris?

B: I would build a new house.

G: What kind of house would you build?

B: I would build one with fifty bedrooms, a large swimming pool, and a beautiful garden.

G: A house with fifty bedrooms? Why?

B: I would invite all of my friends during vacations. Every day we would play in the swimming pool and have parties in the garden. It would be cool, right?

G: That would be really cool!

해석 G: 만약 네가 백만장자가 된다면, 너는 무엇을 할 거니, Chris?

B: 난 새 집을 지을 거야.

G: 어떤 종류의 집을 지을 건데?

B: 난 50개의 침실, 커다란 수영장, 그리고 아름다운 정원이 딸린 집을 지을 거야.

G: 50개의 침실이 딸린 집이라고? 왜?

B: 난 방학 동안 내 친구 모두를 초대할 거야. 매일 우리는 수영장에서 놀고, 정원에서 파티를 할 거야. 멋질 거야, 그렇지?

G: 그거 정말 멋지겠는데!

Chris가 백만장자가 된다면, 그는 50개의 침실, 커다란 수영장, 그리고 아름다운 정원이 있는 집을 지을 것이다. 그는 방학 동안 친구들을 그 집으로 초대할 것이다.

해설 Chris는 15개가 아니라 '50개'의 침실이 딸린 집을 짓고 싶어 하므로 일치하지 않는 것은 ②이다.

단어·숙어 millionaire [명] 백만장자

invite [동] 초대하다

3

듣기 대본 B: Julie, what would you do if you were the mayor of our city?

G: We don't have enough general hospitals in our city. So if I were the mayor, I would build more.

B: Well, I think we also need more public parks and parking lots.

G: I agree that we need more parking lots. But we already have some beautiful parks, don't we?

B: Yes, but they're usually crowded. Also, a park is a great place to relax. So the more, the better.

G: That makes sense. What else do we need? How about more shopping malls?

B: Well, people prefer online shopping nowadays. I think building more shopping malls is unnecessary.

G: Umm, in that case I would make more free Wi-Fi zones so that people could use the internet more easily.

해석 B: Julie, 만약 네가 우리 도시의 시장이라면 너는 무엇을 할 거니?

G: 우리 시에는 종합 병원이 충분하지 않아. 그래서 내가 시장이라면 더 많은 종합 병원을 지을 거야.

B: 음, 내 생각에 우리는 공공 공원과 주차장도 더 필요해.

G: 주차장이 더 필요하다는 것은 동의해. 하지만 우리에게는 몇 군데 아름다운 공원이 이미 있어, 그렇지 않니?

B: 응, 하지만 공원들은 대개 사람들로 붐벼. 또한, 공원은 쉬기에 훌륭한 장소야. 그래서 많을수록 좋아.

G: 일리가 있네. 그 밖에 무엇이 필요하지? 쇼핑몰을 더 많이 만드는 것은 어때?

B: 글쎄, 요즈음 사람들은 온라인 쇼핑을 선호해. 내 생각에 쇼핑몰을 더 많이 짓는 것은 불필요한 것 같아.

G: 음, 그렇다면 난 무료 와이파이 구역을 더 많이 만들어서 사람들이 인터넷을 더 쉽게 사용하도록 할 테야.

해설 ③ Julie는 요즘 사람들이 온라인 쇼핑을 선호한다는 남자의 말에 쇼핑몰을 더 만드는 대신 무료 와이파이 구역을 더 많이 만들겠다고 했다.

단어·숙어 What would you do if you were ... ?

만약 네가 …라면 너는 무엇을 할 거니?

mayor [명] 시장 general hospital 종합 병원
parking lot 주차장 crowded [형] 붐비는, 혼잡한
The more, the better. 많으면 많을수록 좋다. (다다익선)
make sense 합당하다, 이치에 맞다
zone [명] 지대, 지역

4 해석 ① A: 만약 너에게 백만 원이 있다면, 너는 무엇을 할 거야?
B: 난 가난한 사람들을 위해 돈을 기부할 거야.
② A: 오늘 눈이 올까?
B: 날씨를 확인해 볼게.
③ A: 어떤 집에서 가장 살고 싶어?
B: 나는 돌집에서 살아 보고 싶어.
④ A: 난 물 위에 있는 집에서 지내 보고 싶어.
B: 그곳에서 지낸다면 너는 무엇을 할 거야?
⑤ A: 사막에서 산다면 너는 무엇을 할 거야?
B: 나는 많은 다른 나라들을 날아다닐 거야.

해설 사막에서 산다면 무엇을 할 거냐는 질문에 많은 다른 나라들을 날아다닐 거라고 대답하는 ⑤는 어색하다.

단어·숙어 donate [동] 기부하다 the poor 가난한 사람들
desert [명] 사막

5~6
해석 A: 내 생각에 정글에 사는 것은 정말 재미있을 것 같아. 그렇게 생각하지 않니?
B: 하지만 정글에는 몇몇 위험한 동물들이 있어, 진호야.
A: 나도 알아. 하지만 정글은 모험으로 가득 차 있어. 나는 그곳에서 살아 보고 싶어.
B: 만약 네가 정글에서 산다면 너는 무엇을 할 거니?
A: 나는 정글 탐험을 할 거야. 어쩌면 난 몇몇 동물 친구들을 만들 수도 있겠지.
B: 그러면 잠은 어디서 잘 거야? 동굴 안에서?
A: 아냐, 난 나무 집에서 지낼 거야. 그러면 위험한 동물들로부터 안전할 거야.
B: 일리가 있네.

단어·숙어 be full of …로 가득 차다
cave [명] 동굴

5 해설 ④ 가정법 과거형에서 If절은 동사의 과거형(lived)을 써야 한다.

6 해설 ④ 진호는 나무에 지은 집이 위험한 동물들로부터 안전하게 머물 수 있는 곳이라고 생각한다.

7 해석 A: 만약 네가 마법의 힘을 가진다면, 너는 무엇을 할 거야?
B: 난 ______________________ 거야.

해설 마법의 힘이 없어도 할 수 있는 것은 ④이다.
① 투명 인간이 되다
② 마법의 불을 만들다
③ 새로 변하다
④ 마술 쇼를 보러 가다
⑤ 모든 쓰레기를 황금으로 변하게 하다

8 해석 ① 차가운 – 따뜻한
② 두꺼운 – 얇은
③ 평평한 – 울퉁불퉁한
④ 습지의 – 젖은
⑤ 눈에 보이는 – 눈에 안 보이는

해설 ④는 유의어이고, 나머지는 모두 반의어이다.

9 해석 • 이번 여름에 그의 집에 들러서 재미있게 놀자!
• 나는 그들이 들어오지 못하게 하려고 사다리를 끌어 올릴 것이다.

해설 come over '(잠시 시간을 내어) 들르다'
stop ~ from -ing '~가 … 못하게 하다'

10 해석 ① 만약 내게 그의 전화번호가 있다면, 그에게 전화할 텐데. / 나는 그의 전화번호가 없었기 때문에 그에게 전화할 수 없었다.
② James가 여기에 있다면, 그는 우리를 도울 텐데. / James가 여기에 있다하더라도 그는 결코 우리를 도와주지 않는다.
③ 내가 백만장자였으면 좋겠다. / 나는 백만장자만큼 부자이다.
④ 만약 내게 돈이 충분하다면, 더 좋은 컴퓨터를 살 수 있을 텐데. / 나는 돈이 충분하지 않기 때문에 더 좋은 컴퓨터를 살 수 없었다.
⑤ 만약 그가 서울에 있다면, 그를 지금 방문할 수 있을 텐데. / 그가 서울에 없으므로 나는 그를 지금 방문할 수 없다.

해설 ① As I don't have his number, I can't call him.
② As James is not here, he can't help us.
③ I am not rich enough to be a millionaire.
④ Because I don't have enough money, I can't buy a better computer.가 되어야 한다.

단어·숙어 even though …에도 불구하고, …라 하더라도
enough to ... ~할 만큼 충분히 …한

11 해석 너는 자주 양치질을 해서 치아를 깨끗하게 유지해야 한다.

해설 'keep+목적어+목적격 보어(형용사)' 구문이므로 목적격 보어의 형태로 부사(cleanly)를 형용사(clean)로 고쳐야 한다.

12 해석 • 그녀는 계속 나를 기다리게 했다.
• Tom은 그의 여동생을 행복하게 해 주었다.
• 그 소식이 그를 놀라게 했다.

해설 • 'keep+목적어(me)+목적격 보어(waiting)': 목적어와 목적격 보어의 관계가 능동이므로 현재 분사

(-ing)가 와야 한다.

- 'make + 목적어(his sister) + 목적격 보어(happy)': 목적격 보어로 형용사(happy)가 와야 한다.
- 'make + 목적어(him) + 목적격 보어(surprised)': 목적어가 '놀란' 것이므로 목적격 보어로 형용사 surprised가 와야 한다. surprising은 '놀라운, 놀랄'이라는 의미이다.

13 해설 'keep + 목적어 + 목적격 보어(형용사)'를 사용해서 keeps 다음에 me(목적어), safe(목적격 보어), from이 와야 한다.

14~16

해설 만약 내가 푸에블로에 산다면, 나는 집에 들어가기 위해 사다리를 오를 것이다. 집 꼭대기에는 숨겨진 구멍이 있다. 만약 반갑지 않은 방문객이 나타난다면 나는 사다리를 끌어 올려 그들이 들어오지 못하게 할 것이다. 두꺼운 벽은 흙, 지푸라기, 물로 만들어져 있다. 그것들은 여름에는 시원하게, 겨울에는 따뜻하게 유지해 줄 것이다. 집에는 평평한 지붕이 있다. 때때로 나는 달과 별들 아래의 지붕 위에서 잠을 잘 것이다.

단어 숙어
opening [명] 구멍
unwelcome [형] 반갑지 않은, 환영받지 못하는
ladder [명] 사다리 earth [명] 흙

14 해설 (A) 가정법 과거 구문이므로 If절에는 동사의 과거형인 lived가 알맞다.
(B) 5형식 동사 keep의 목적격 보어로 형용사가 와야 하므로 warm이 알맞다.

15 해설 stop ~ from -ing는 '~가 …하는 것을 못하게 하다[막다]'라는 의미이므로 stop them from entering이 되어야 한다.

16 해설 ② 푸에블로는 지붕이 막혀 있지 않고, 구멍이 있어 사다리를 타고 지붕의 구멍을 통해 출입할 수 있다.

17~19

해석 만약 내가 베니스에 산다면, 나는 매일 아침 곤돌라를 타고 학교에 갈 것이다. 베니스는 118개의 작은 섬들이 있다. 주말마다 나는 수상 버스인 바포레토를 타고 이 섬 저 섬을 여행할 것이다. 조수가 높을 때에는 아드리아해의 물이 자주 범람하고 거리는 물로 가득 찬다. 그러나 나는 높이 올린 통로로 도심 주변을 걸어 다닐 수 있을 것이다.

베니스는 '떠 있는 도시'로 알려져 있다. 베니스에는 물 위에 있는 색색의 건물들이 많다. 여러분은 어떻게 그리고 왜 그들이 물 위에 집을 지었는지 궁금할 것이다. 옛 베니스인들은 침략자들로부터 자신들을 안전하게 지키기 위해 그곳에 살기로 결정했다. 하지만 그들이 이 습지 위에 집을 짓는 것은 쉽지가 않았다. 그래서 그들은 땅에 천만 개 이상의 나무 기둥들을 설치했다. 지금까지 베니스를 지탱해 주고 있는 것은 바로 이 나무 기둥들이다.

단어 숙어
Venetian [명] 베니스인 invader [명] 침략자
swampy [형] 습지의 install [동] 설치하다
support [동] 지탱하다 walkway [명] 통로, 보도

17 해석 그러나 나는 높이 올린 통로로 도심 주변을 걸어 다닐 수 있을 것이다.
해설 높은 조수로 물이 자주 범람하고 거리는 물로 가득 차지만 높이 솟은 통로를 통해 걸어 다닐 수 있으므로 ②에 들어가야 한다.

18 해설 ⓐ be known as ... '…로 알려져 있다'
ⓑ keep ... safe '…을 안전하게 지키다'

19 해석 ① 바포레토는 무엇인가?
② 베니스인들은 무엇으로 생계를 유지하는가?
③ 베니스에는 작은 섬이 몇 개 있는가?
④ 베니스에서 집을 짓는 것이 어려웠던 이유는 무엇인가?
⑤ 옛 베니스인들은 왜 물 위에다 집을 지었는가?
해설 ① 바포레토는 수상 버스이다.
② 이 글을 통해서는 알 수 없다.
③ 베니스에는 118개의 작은 섬들이 있다.
④ 베니스의 땅이 습지였기 때문이다.
⑤ 침략자들로부터 자신들을 안전하게 지키기 위해서였다.

20~22

해석 만약 내가 거대하고 둥그런 집인 중국 푸젠의 토루(tulou)에 산다면, 나는 항상 집에 함께 놀 친구들이 있을 것이다. 때때로 나의 이웃이 차를 마시거나 저녁 식사를 하러 집에 들르라고 나를 부르는 소리를 듣게 될 것이다. 토루는 대개 3층에서 5층으로 되어 있다. 1층은 요리하고 식사하는 데에 사용된다. 그리고 사람들은 2층에 식량과 도구를 보관한다. 내가 어디에서 잠을 잘지 궁금한가? 내 침실은 3층이나 4층에 있을 것이다.

토루는 마을과 같다. 토루에 사는 사람들은 대부분 같은 성(姓)을 가지고 있다. 몇몇 큰 토루는 50가구까지 수용할 수 있다. 그들은 함께 일하고 많은 것을 공유한다. 한 건물에 함께 사는 것은 그들을 안전하게 지켜 준다.

단어 숙어
come over (지나가는 길에) 들르다
store [동] 저장하다, 보관하다
family name 성(姓) (=surname)
house [동] 수용하다, …에게 거처할 곳을 주다

20 해설 '…에 살고 있는 사람들'이라는 의미이므로 lived가 아니라 living이 되어야 한다.

21 해석 ① 나는 거의 잠을 자지 않는다.
② 나는 가족과 함께 잠을 잘 것이다.
③ 나는 항상 자정 전에 잠을 잔다.
④ 나의 침실은 장난감과 인형으로 가득하다.
⑤ 나의 침실은 3층 또는 4층에 있을 것이다.

해설 바로 앞 문장에서 '내가 어디서 잠을 잘지 궁금한가?'라고 묻고 있으므로 잠을 자는 침실의 위치에 해당하는 ⑤가 알맞다.

22 해설 ⓑ '…과 같은, …처럼'을 의미하는 전치사 like가 알맞다.
ⓒ '…까지'를 의미하는 전치사 up to가 알맞다.

서술형 평가

p. 269

1. (1) he lived there[in the jungle], he would explore the jungle
   (2) he lived there[in the jungle], he would make some animal friends
   (3) he lived there[in the jungle], he would sleep in a tree house
2. (1) the last scene made us all happy
   (2) that makes me sad
3. (1) stayed in a *hanok*, sleep on the floor
   (2) make your skin healthy
   (3) keep you cool

1 해석 **진호의 정글 계획**
• 정글 탐험하기
• 동물 친구들 사귀기
• 나무 집에서 잠자기
진호는 정글에 살기를 희망한다. 여기에 그의 정글 계획이 있다.
(1) 우선 만약 그가 그곳에[정글에] 산다면, 그는 정글을 탐험할 것이다.
(2) 또한 만약 그가 그곳에[정글에] 산다면, 그는 몇몇 동물 친구들을 사귈 것이다.
(3) 마지막으로 만약 그가 그곳에[정글에] 산다면, 그는 나무 집에서 잠을 잘 것이다.

해설 가정법 과거는 현재 사실의 반대를 가정하거나 이루고 싶은 소망을 표현하는데, 빈칸에 if 가정법을 써서 문장을 완성해 본다.
(1) if로 시작하는 가정법 과거 구문으로 'If+주어+동사의 과거형 … , 주어+조동사의 과거형+동사원형 ~.' 형태에 맞게 lived와 would explore 표현을 넣어 문장을 완성한다.

(2) if로 시작하는 가정법 과거 구문으로 가정법 과거 형태에 맞게 lived와 would make 표현을 넣어 문장을 완성한다.
(3) if로 시작하는 가정법 과거 구문으로 가정법 과거 형태에 맞게 lived와 would sleep 표현을 넣어 문장을 완성한다.

2 해석 (1) A: 그 영화 어땠어?
B: 재미있었어. 특히 마지막 장면은 우리 모두를 행복하게 했지.
(2) A: 많은 아이들이 충분한 음식을 섭취하지 못해서 죽어가고 있어.
B: 음, 참 슬픈 일이군. 그 아이들을 위해 뭔가 해야 해.

해설 (1) '주어(the last scene)+made+목적어(us all)+목적격 보어(happy)' 구문으로 완성한다.
(2) '주어(that)+makes+목적어(me)+목적격 보어(sad)' 구문으로 완성한다.

3 해석 여러분이 한국을 방문할 때, 어디에서 머물지 궁금할 것입니다. 한옥에서 머물러 보면 어떨까요? 한옥은 한국의 전통 가옥입니다. 만약 여러분이 한옥에서 지낸다면 여러분은 침대가 없기 때문에 바닥에서 잠을 자게 될 것입니다. 한옥 집은 대개 나무, 돌, 짚, 종이, 흙과 같은 천연 재료로 지어져 있습니다. 이 재료들은 여러분의 피부를 건강하게 만들어 줍니다. 한옥 문들은 얇은 종이로 덮여 있습니다. 그것들은 여름에 여러분을 시원하게 해 줍니다.

해설 (1) 핵심어는 stay, sleep on the floor이고, 가정법 과거 형태로 써야 한다.
(2) 핵심어는 materials, your skin, healthy이고, '주어+make+목적어+목적격 보어' 형태로 써야 한다.
(3) 핵심어는 cool, in summer이고, '주어+keep+목적어+목적격 보어' 형태로 써야 한다.

Lesson 8

Word Preview **Mini Test** p. 280

A 1. graph　2. count　3. greedy
　　4. matter　5. realize
B 1. soldier　2. repeat　3. midnight
　　4. tax　5. arrow

A **해석** 1. <u>그래프는</u> 매년 버려지는 플라스틱 병들의 양을 보여 준다.

2. 바구니 안에 있는 달걀들의 수를 <u>셀 수 있니?</u>

3. '흥부와 놀부' 이야기에서 놀부는 <u>탐욕스러운</u> 사람으로 묘사된다.

4. 너에게 돈이 가장 중요하니?

5. 너는 정직한 것이 때때로 사람들을 다치게 할 수 있다는 것을 <u>깨달을</u> 것이다.

단어 숙어 throw away 버리다 basket 圀 바구니
describe 图 묘사하다 honest 圀 정직한
hurt 图 다치게 하다

B **해석** 1. 군대의 구성원

2. 어떤 것을 다시 또는 한 번 이상 쓰거나 말하다

3. 밤 12시

4. 정부가 공공 서비스를 수행할 수 있도록 돈을 걷다

5. 활에서 쏘아지는 한 쪽 끝에 날카로운 끝을 가진 얇은 막대

단어 숙어 member 圀 구성원 once 图 한 번
collect 图 징수하다 government 圀 정부
perform 图 수행하다 public 圀 공공의
sharp 圀 날카로운 point 圀 (사물의 뾰족한) 끝
bow 圀 활

Let's Read ❶ Mini Test —————— p. 283

to read and draw graphs

해석 Q: 파스칼이 하기 어려워했던 것은 무엇이었나?
A: 그는 <u>그래프를 읽고 그리는 것을</u> 어려워했다.

해설 It's too hard to read and draw graphs.에서 파스칼이 어려워했던 것을 알 수 있다.

Let's Read ❷ Mini Test —————— p. 285

A 1. F 2. F 3. T
B It's too dangerous for you to stand there.

A **해석** 1. 파스칼이 그의 눈을 감았을 때, 그는 병사들이 한 남자를 뒤쫓는 것을 보았다.

2. 병사들은 손에 총을 든 남자를 뒤쫓고 있었다.

3. 로빈 후드는 파스칼을 그의 말에 태우고 셔우드 숲으로 달려갔다.

해설 1. When he opened his eyes, he saw soldiers on horses.에서 눈을 감았을 때가 아니라 눈을 떴을 때임을 알 수 있다.

2. They were chasing a man with arrows in his hand.에서 총이 아니라 화살을 든 남자를 뒤쫓고 있음을 알 수 있다.

3. 로빈 후드는 파스칼을 자신의 말에 태워 셔우드 숲으로 달려갔다.

B **해설** too ~ to …는 '~하기에는 너무 …한 / 너무 ~해서 …할 수 없다'라는 뜻으로 to부정사의 의미상의 주어가 있는 경우 'too+형용사/부사+for+목적격+to부정사'의 형태로 쓴다.

Let's Read ❸ Mini Test —————— p. 287

A 1. F 2. F
B Because there are many soldiers in the tower.

A **해석** 1. 파스칼은 왜 자신이 로빈 후드를 만났는지 이유를 알았다.
2. 왕은 너무 너그러워서 사람들이 그를 무척 좋아한다.

해설 1. I don't know why I'm here에서 파스칼은 왜 여기서 로빈 후드를 만났는지 모르고 있다.

2. He is too greedy to share with the people에서 왕이 너무 욕심이 많아서 사람들과 나누지 않음을 알 수 있다.

B **해석** Q: 왜 아무도 탑 안에 들어갈 수 없는가?
A: 왜냐하면 탑 안에 병사들이 많기 때문이다.

해설 However, there are many soldiers in the tower, so no one can get inside.에서 탑 안에 들어갈 수 없는 이유를 알 수 있다.

Let's Read ❹ Mini Test —————— p. 289

1 ② is → are
2 a graph

1 **해설** ② five soldiers라는 복수명사가 왔으므로 is가 아니라 are가 되어야 한다.

2 **해설** 파스칼이 그래프를 그려서 로빈에게 보여줬다는 의미이므로 it은 바로 앞에 나온 a graph를 가리킨다.

Let's Read ❺ Mini Test —————— p. 291

1 ⓐ more ⓑ waving
2 ③

1 해설 ⓐ '네 배 더 많은 병사들'이라는 의미로 뒤에 비교급에 쓰이는 than이 있으므로 more가 알맞다.
ⓑ '로빈 후드가 손을 흔드는 것을 보았다'라는 의미로 '지각동사(saw)+대상(Robin Hood)+현재 분사'의 형태로 써야 하므로 waving이 알맞다.

2 해설 Do you see what I mean?은 '내 말이 무슨 뜻인지 알겠니?'라는 뜻으로 상대방이 어떤 상황에 대해 이해했는지를 점검하기 위해 묻는 표현이다. Do you understand?, Do you get what I mean? 등으로 바꿔 쓸 수 있다.
① 왜 그렇게 생각하니?
② 어느 것을 더 좋아하니?
④ 무슨 문제 있니?

Word Check
p. 295

A	1. 중요하다	2. 수를 세다	3. 세금을 부과하다
	4. 하나씩	5. 반복하다	
	6. soldier	7. graph	8. midnight
	9. greedy	10. chase	
B	1. struggle	2. matter	
C	1. count	2. chase	3. wave
	4. tax	5. repeat	

B 해석 1. • 전 세계적으로 많은 사람이 가난과 싸운다.
• 고군분투 끝에 그 고양이는 마침내 상자에서 나왔다.
2. • 만약 Paul이 제시간에 파티에 오지 못해도 상관없다.
• 무슨 일이니? 너 너무 창백해 보여.

해설 1. struggle with는 '…와 싸우다'라는 의미이고, struggle이 명사로 쓰이면 '투쟁, 고군분투'라는 뜻으로 쓰인다.
2. It doesn't matter는 '상관없다'라는 의미이고, What's the matter?는 '무슨 일이니?'라는 의미이다.

단어 숙어
poverty [명] 가난 finally [부] 마침내
on time 제시간에 pale [형] 창백한

C 해석 1. 부화하지 않은 병아리를 세어 보지 마라.
2. 양치기 개는 늑대를 쫓아내고 양을 안전하게 지킬 것이다.
3. 나는 어머니가 탑에서 내게 손을 흔드는 것을 보았다.
4. 정부는 여행자들이 사는 물건에 대해 세금을 부과할 수 있다.
5. 그 단어들을 다시 반복해 줄 수 있니? 나는 그것들을 듣지 못했어.

해설 1. 김칫국부터 마시지 말라는 속담으로 빈칸에는 '세다'라는 뜻의 count가 알맞다.
2. chase away는 '…을 쫓아내다'라는 뜻으로 빈칸에는 chase가 알맞다.
3. wave at은 '…에게 손을 흔들다'라는 뜻으로 빈칸에는 wave가 알맞다.
4. 여행자들이 사는 물건에 정부가 세금을 부과한다는 의미이므로 빈칸에는 tax가 알맞다.
5. 단어들을 다시 반복해달라고 요청하는 의미이므로 빈칸에는 '반복하다, 되풀이하다'라는 뜻의 repeat이 알맞다.

단어 숙어
hatch [동] 부화하다 sheepdog [명] 양치기 개
wolf [명] 늑대 government [명] 정부
traveler [명] 여행자 goods [명] 물품, 상품

Grammar Check
p. 300

A 1. tired 2. short 3. late 4. windy
B 1. No one is taller than
2. No one can run like
3. No one raises hands in class.
4. No one uses MP3 players these days.
C 1. young to travel on your own
2. too tall to get on the bus
3. was too loud for me to hear a word
4. was too hard for me to follow
D 1. takes 2. goes 3. enjoys 4. buys

A 해석 1. 민준이는 너무 피곤해서 나갈 수 없다.
2. 여름 방학은 어딘가 가기에 너무 짧다.
3. 집에 가기에는 너무 늦었다.
4. 날씨가 너무 바람이 불어서 배드민턴을 칠 수 없었다.

해설 1. too와 to 사이에는 형용사 또는 부사가 온다. 따라서 명사인 tiredness는 올 수 없다.
2. 여름 방학이 짧은 상황이므로 형용사 short이 알맞다.
3. 너무 늦은 상황이므로 형용사 late가 알맞다.
4. too와 to 사이에는 형용사 또는 부사가 온다. 따라서 명사인 wind는 올 수 없다.

단어 숙어
tiredness [명] 피로, 권태 shortly [부] 얼마 안 되어, 곧
anywhere [부] 어딘가에 lately [부] 최근에
weather [명] 날씨

B 해석 1. Jack보다 키가 큰 사람은 아무도 없다.
2. 아무도 Tim처럼 달릴 수 없다.
3. 아무도 수업 중에 손을 들지 않는다.
4. 요즈음에는 아무도 MP3 플레이어를 사용하지 않는다.

해설 No one ... 뒤에 단수동사가 오도록 배열해야 한다.

단어·숙어 in class 수업 중에

C 해석 1. 너는 너무 어려서 혼자 여행갈 수 없다.
→ 너는 혼자 여행가기에 너무 어리다.
2. 그 남자는 너무 키가 커서 버스에 탈 수 없다.
→ 그 남자는 버스 타기에 너무 키가 크다.
3. 음악이 너무 시끄러워서 나는 한마디도 들을 수 없었다.
→ 내가 한마디라도 듣기에 음악이 너무 시끄러웠다.
4. 그 강의는 너무 어려워서 나는 그것을 따라갈 수 없었다.
→ 그 강의는 내가 따라가기에 너무 어려웠다.

해설 so ~ that ... can't는 too ~ to ... 구문으로 바꿔 쓸 수 있다. to부정사의 주체가 따로 있을 경우에는 'for + 목적격'의 형태로 to부정사 앞에 써 준다. 또한, too ~ to ... 구문의 주어와 to부정사의 목적어가 일치하는 경우 목적어를 생략한다.

단어·숙어
loud [형] 소리가 큰, 시끄러운
lecture [명] 강의
follow [동] 이해하다, 따라가다

D 해석 1. 아무도 밤 9시 이후에 산책을 하지 않는다.
2. 아무도 폭우에 조깅하러 가지 않는다.
3. 아무도 우리 반에서 축구하는 것을 즐기지 않는다.
4. 아무도 아동 노동을 사용하는 회사에서 만들어진 상품을 사지 않는다.

해설 1. No one 다음에 단수동사 takes가 와야 한다. take a walk은 '산책하다'라는 의미이다.
2. No one 다음에 단수동사 goes가 와야 한다. go jogging은 '조깅을 하다'라는 의미이다.
3. No one 다음에 단수동사 enjoys가 와야 한다. enjoy 다음에는 동명사가 오며, enjoy playing soccer는 '축구하는 것을 즐기다'라는 뜻이다.
4. No one 다음에 단수동사 buys가 와야 한다.

단어·숙어
heavy rain 폭우
product [명] 상품
company [명] 회사
child labor 아동 노동

단원 종합 평가

pp. 306~308

1. Fifty[50], ten[10]　2. ①　3. ⑤　4. ②　5. ②　6. ③　7. (B)–(D)–(C)–(A)　8. ③　9. ④　10. ③　11. ③　12. have → has　13. The iron is too hot to touch.　14. ①　15. ⑤　16. ⑤　17. ③　18. He is too greedy to share with the people　19. 새벽 6시에서 정오까지에 가장 적은 수의 병사들이 있기 때문이다.　20. ③　21. ②　22. ④

1

듣기 대본
B: Minju, what is this graph about?
G: I did a survey on favorite artists.
B: What were the results?
G: Fifty percent of the students chose Van Gogh as their favorite artist.
B: Wow, that's a lot of students.
G: Yeah, and twenty-five percent of the students like Picasso.
B: What about the rest?
G: Fifteen percent of the students like Monet and the rest like Matisse.

해석 B: 민주야, 이 그래프는 무엇에 관한 거야?
G: 나는 가장 좋아하는 화가에 대해 설문 조사를 했어.
B: 결과가 어땠니?
G: 학생들의 50%가 그들이 가장 좋아하는 화가로 반 고흐를 선택했어.
B: 와, 정말 많은 학생이구나.
G: 응, 그리고 학생들의 25%가 피카소를 좋아해.
B: 나머지는?
G: 학생들의 15%가 모네를 좋아하고, 그 나머지가 마티스를 좋아해.

학생들의 50%가 반 고흐를 좋아했던 반면 단지 학생들의 10%가 마티스를 좋아했다.

해설 반 고흐를 좋아하는 학생들은 50%이고, 피카소는 25%, 모네는 15%이므로 마티스를 좋아하는 학생들은 10%가 된다.

단어·숙어
survey [명] 설문 조사
artist [명] 화가, 예술가
result [명] 결과
choose [동] 선택하다
rest [명] 나머지

2

[듣기 대본]

G: How could five plus three equal six?

B: It's easy. You need to move the stick in number five to make it three.

G: How?

B: If you move the one on the top left to the right, the number five becomes a three. Do you see what I mean?

G: ______________________

[해석] G: 어떻게 5 더하기 3이 6이 될 수 있지?

B: 쉬워. 너는 3을 만들기 위해 숫자 5에 있는 막대기를 옮겨야 해.

G: 어떻게?

B: 만약 네가 위쪽 왼쪽에 있는 막대기를 오른쪽으로 옮긴다면 숫자 5는 3이 돼. 내 말이 무슨 뜻인지 알겠니?

G: 이제 알겠어.

[해설] 남자가 자신이 설명한 내용을 이해했는지 묻는 Do you see what I mean?에 대한 대답으로 이해했다는 ①의 응답이 알맞다.

② 너는 이해해야 해.

③ 이제 나는 이해가 안 돼.

④ 너는 이 문제를 풀 수 있니?

⑤ 너는 이해 못한 것 같아.

[단어•숙어]
equal [동] (수 · 양 · 가치 등이) 같다
stick [명] 막대기
get [동] 이해하다

3

[듣기 대본]

B: Jian, what's the matter? You look upset.

G: My brother broke my computer. I'm so angry.

B: I'm sorry to hear that, but your facial muscles must be tired.

G: What do you mean?

B: Well, it takes a lot of muscles to look angry, but only a few to smile. Do you see what I mean?

G: Oh, I get it. I guess it's not good to stay angry for a long time.

B: That's right. Remember, it's always better to smile.

[해석] B: 지안아, 무슨 일 있니? 너 속상해 보여.

G: 내 남동생이 내 컴퓨터를 고장 냈어. 너무 화가 나.

B: 그렇다니 유감이지만, 너의 얼굴 근육은 피곤할 거야.

G: 무슨 뜻이니?

B: 음, 화난 표정을 지을 때는 많은 근육이 필요하지만, 미소 짓는 데는 몇 개의 근육만 필요하거든. 내 말이 무슨 뜻인지 알겠니?

G: 아, 알겠어. 오랫동안 화난 상태로 있으면 좋지 않겠구나.

B: 맞아. 기억해, 웃는 게 항상 더 낫다는 것을 말이야.

[해설] 지안이는 오랫동안 화를 내는 것이 좋지 않다는 것을 깨달았지만, 앞으로 화를 내지 않겠다는 약속은 하지 않았다.

[단어•숙어]
upset [형] 화가 난 facial [형] 얼굴의
muscle [명] 근육 tired [형] 피곤한

4

[해석] ① A: 나는 우리가 학교 도서관에 원하는 책들에 대한 설문 조사를 했어.

B: 결과가 무엇이었니?

② A: 60% 넘는 학생들이 나에게 투표해서 내가 선거에서 이겼어.

B: 너는 이겼니?

③ A: 원그래프에서 무엇을 알 수 있니?

B: 20명의 학생들 중 7명이 빨간색을 좋아했어.

④ A: 내 말이 무슨 뜻인지 알겠니?

B: 응, 알겠어.

⑤ A: 10명의 사람들 중 10명이 유령을 봤다고 말했어.

B: 그건 믿을 수 없어!

[해설] 60% 넘는 학생들이 나에게 투표해서 선거에서 이겼다는 말에 이겼냐고 묻는 ②는 어색하다.

[단어•숙어]
library [명] 도서관 vote [동] 투표하다
election [명] 선거 ghost [명] 유령

5~6

[해석] 미나: Henry, 너 뭐하고 있니?

Henry: 나는 학생들이 가장 좋아하는 간식에 관한 기사를 쓰고 있어. 난 그들의 건강이 걱정 돼.

미나: 왜?

Henry: 음, 난 100명의 학생들에게 설문 조사를 했는데 80%의 학생들이 간식으로 피자와 프라이드치킨을 좋아한다는 결과가 나왔어. 내 말이 무슨 뜻인지 알겠니?

미나: 아, 알겠어. 학생들이 정말 패스트푸드를 좋아하는구나. 그 이외에 그들은 어떤 것을 좋아했니?

Henry: 학생들의 12%가 가장 좋아하는 것으로 초콜릿 케이크를 선택했어.

미나: 와, 학생들은 더 건강한 간식을 먹으려고 정말로 노력해야겠다.

[단어•숙어]
article [명] 기사
favorite [형] 가장 좋아하는 [명] 특히 좋아하는 것
snack [명] 간식
health [명] 건강

survey ⑧ 설문 조사하다 ⑨ 설문 조사
result ⑨ 결과

5 해석 ① 너는 그것이 보이니?
② 이해하니?
③ 너는 내가 보는 것이 보이니?
④ 너는 차이를 알 수 있니?
⑤ 너는 나에게 그 의미를 말해줄 수 있니?

해설 Do you see what I mean?은 '내 말이 무슨 뜻인지 알겠니?'라는 뜻으로 상대방이 이해했는지 점검하는 표현이다.

단어·숙어 difference ⑨ 차이
meaning ⑨ 의미

6 해석 ① 어떤 종류의 간식도 결코 먹지 않는다
② 매일 더 많은 간식을 먹는다
③ 더 건강에 좋은 간식을 먹기 위해 정말 노력한다
④ 패스트푸드를 먹은 후 운동한다
⑤ 건강에 좋지 않은 간식을 먹는 것에 대해 걱정하지 않는다

해설 설문 조사 결과를 보면 학생들이 건강에 좋지 않은 간식을 가장 좋아하므로 빈칸에는 더 건강에 좋은 간식을 먹기 위해 노력해야 한다는 ③이 알맞다.

단어·숙어 kind ⑨ 종류
worry about …에 대해 걱정하다
unhealthy ⑧ 건강에 좋지 않은

7 해석 (B) 우리는 방과 후 수업으로 더 많은 테니스 수업이 필요해.
(D) 왜 그런 말을 하는 거니?
(C) 원그래프를 봐. 학생들의 70%가 테니스를 배우고 싶다고 했어. 내 말이 무슨 뜻인지 알겠니?
(A) 아, 알겠어.

해설 (B) 방과 후 수업에 더 많은 테니스 수업이 필요하다는 말에 (D) 왜 그런지 묻는 표현이 오고, (C) 그래프의 결과를 설명한 다음, (A) 무슨 말인지 이해했다고 말하는 것으로 대화를 마무리하는 것이 자연스럽다.

단어·숙어 after-school ⑧ 방과 후의
pie chart 원그래프

8 해석 군대에서 일하는 사람
해설 군대에서 일하는 사람은 '군인'이다.
① 왕 ② 주장 ③ 군인 ④ 도둑 ⑤ 여왕

단어·숙어 army ⑨ 군대

9 해석 • 그는 너무 탐욕스럽다. 그는 그의 형제들과 그의 음식을 절대 나누지 않는다.

• 그 왕은 탐욕스러워져서 사람들에게서 더 많은 세금을 걷었다.

해설 음식을 나누지 않고 더 많은 세금을 걷는 것은 '탐욕스러운(greedy)' 것이다.
① 순진한 ② 화가 난 ③ 친절한
④ 탐욕스러운 ⑤ 자비로운

단어·숙어 share ⑧ 나누다, 공유하다 sibling ⑨ 형제자매
collect ⑧ 모으다 tax ⑨ 세금

10 해석 ① 무슨 일이야? 너 아파 보여.
② 그는 질병과 싸우고 있다.
③ 그 개는 양들을 세었다.
④ 너는 어떻게 그래프를 읽는지 아니?
⑤ 남편과 아내는 세금이 따로 부과되지 않는다.

해설 개가 양들을 세는(count) 것이 아니라 뒤쫓는(chase) 것이므로 ③은 chased가 되어야 한다.

단어·숙어 disease ⑨ 질병
count ⑧ 수를 세다
separately ⑨ 따로

11 해석 ① Jim은 농구를 하기에 키가 너무 작다.
② 그 거북이는 경주를 이기기에 너무 느리다.
③ 그 집은 살기에 너무 오래되었다.
④ 그 섬은 휴가 동안 머무르기에 너무 사람이 없다.
⑤ 그 길은 걸어 다니기에 너무 미끄럽다.

해설 too ~ to … 구문에서 too와 to 사이에는 형용사나 부사가 오며, 형용사나 부사가 온 경우 문맥상 자연스러운 것을 선택해야 한다.
① shortly는 '곧, 얼마 지나지 않아'라는 의미이므로 형용사 short(키가 작은)이 알맞다.
② slowly는 '느리게'라는 의미이므로 형용사 slow(느린)가 알맞다.
④ desert는 '사막'이라는 의미이므로 형용사 deserted(사람이 없는)가 알맞다.
⑤ slipper는 '슬리퍼'라는 의미이므로 형용사 slippery(미끄러운)가 알맞다.

단어·숙어 turtle ⑨ 거북 race ⑨ 경주
island ⑨ 섬 desert ⑨ 사막
slipper ⑨ 슬리퍼

12 해석 아무도 아직 그 영화를 보지 못했다.
해설 No one이 쓰인 문장의 시제가 현재인 경우, 단수동사가 와야 하므로 have가 아니라 has가 되어야 한다.

13 해설 '~하기에 너무 …한'이라는 'too＋형용사/부사＋to부정사' 구문으로 나타낼 수 있다.

단어·숙어 iron [명] 다리미
touch [동] 만지다

14 해석 • 아무도 나의 수학 숙제를 도와줄 수 없다.
• 만약 네가 그냥 포기한다면 아무도 너를 도와주지 않을 것이다.

해설 문맥상 '도와주다'라는 의미의 help가 알맞다.

단어·숙어 give up 포기하다

15~16

해석 파스칼은 그의 방에서 수학 숙제를 하고 있었다. 그는 그래프로 고군분투하고 있었다.

"그래프를 읽고 그리는 것은 너무 어려워. 게다가 나는 이것들이 왜 필요하지? 아무도 실제 생활에서 그래프가 필요하지 않아." 그는 그의 펜을 내려놓고 그가 가장 좋아하는 책, '로빈 후드'를 집어 들었다. 그는 책을 읽다가 잠들기로 결정했다. 그가 막 책을 펼치려고 했을 때, 그는 목소리를 들었다. 그는 누가 말하고 있는지 보기 위해 책에서 눈을 들어 올려다보았다. 그는 자신의 눈을 믿을 수 없었다. 말하고 있는 것은 바로 그의 개, Manny였다!

"눈을 감고 나를 따라 말하세요. 코기토 에르고 숨." Manny가 말했다.

"너는 말할 수 있니?"

"그냥 따라 하세요! 코기토 에르고 숨."

파스칼은 그의 눈을 감고 그 단어들을 따라 말했다.

갑자기 그는 남자들이 소리 지르는 것을 들었다. 그가 그의 눈을 떴을 때, 그는 말을 탄 병사들을 보았다. 그들은 손에 화살을 든 남자를 뒤쫓고 있었다. 그 남자는 파스칼을 보고 소리쳤다.

"네가 거기 서 있는 것은 너무 위험해. 이리 와."

단어·숙어

struggle [동] 고군분투하다	look up 올려다보다
repeat [동] 반복하다	shout [동] 외치다, 소리치다
soldier [명] 병사, 군인	chase [동] 뒤쫓다, 추적하다
arrow [명] 화살	

15 해설 앞 문장에서 Manny가 눈을 감고 '코기토 에르고 숨'을 따라 말하라고 하고 있으므로 빈칸에는 그의 말을 따르는 파스칼의 모습이 오는 게 알맞다.

16 해설 병사들이 손에 화살을 든 남자를 뒤쫓고 있는 상황이므로 쫓기는 남자가 파스칼에게 할 수 있는 말은 위험하다는 것이다. 따라서 ⓔ safe가 아니라 dangerous가 알맞다.

17~20

해석 "제 이름은 파스칼이에요. 저는 제가 왜 여기 있는지 모르지만 이유가 분명 있을 거예요. 당신은 저를 병사들로부터 구해줬기 때문에 저는 당신을 돕고 싶어요. 제가 당신을 위해 할 수 있는 게 있을까요?"

"음, 우리가 왕이 사람들에게서 가져간 돈을 되찾는 것을 도와줄 수 있니? 그는 그들에게 너무 많이 과세했어. 그는 너무 욕심이 많아서 사람들과 나누지 않아. 그래서 그들은 식량을 살 돈이 충분하지 않아. 나는 그들의 돈을 다시 되찾을 수 있게 돕고 싶어. 그러나 탑 안에 병사들이 많아서 아무도 안에 들어갈 수 없어."

"흠… 제게 해결책이 있는 것 같아요. 그러나 우선 저를 탑에 데려가 주실 수 있나요? 저는 병사들의 수를 세야 해요."

로빈과 파스칼은 나무에 숨어서 병사들을 한 명씩 세었다.

"자정부터 새벽 여섯 시까지는 다섯 명의 병사들이 있어요. 그 다음, 정오까지는 세 명의 병사들이 있고, 그런 다음 오후 여섯 시까지는 여덟 명의 병사들이 있어요. 마지막으로 자정까지는 열두 명의 병사들이 있어요. 그래서 당신은 새벽 여섯 시에서 정오 사이에 들어가야 해요."

"뭐라고? 나는 이해가 안 돼."

파스칼은 잠시 생각에 잠겼다. '흠… 그래프가 이것을 이해하는 걸 쉽게 해 줄지도 몰라.'

파스칼은 그래프를 그려서 그것을 로빈에게 보여 주었다.

단어·숙어

reason [명] 이유	soldier [명] 병사
tax [동] 세금을 부과하다	greedy [형] 탐욕스러운
tower [명] 탑	solution [명] 해결책
count [동] 수를 세다	one by one 하나씩
midnight [명] 자정	

17 해설 (A) 파스칼이 도움을 주고 싶은 이유가 나오기 때문에 이유를 나타내는 접속사 Because가 알맞다.
(B) 로빈 후드는 돈을 되찾고 싶지만 되찾기 어려운 상황에 대한 내용이 나오므로 '그러나'라는 의미의 접속부사 However가 알맞다.

18 해설 'too + 형용사 + to부정사' 구문을 사용하여 '왕이 너무 탐욕스러워서 사람들과 나누지 않는다'는 의미가 되도록 단어들을 배열한다.

19 해설 파스칼이 말한 새벽 6시에서 정오까지는 병사들의 수가 3명으로 그 수가 가장 적다.

20 해설 ① 파스칼이 아니라 로빈 후드가 파스칼을 구해 주었다.
② 왕은 욕심이 많아 세금을 과도하게 부과하였다.
④ 파스칼과 로빈 후드는 나무 위에서 병사들의 수를 세었다.
⑤ 그래프를 그린 사람은 파스칼이다.

21~22

해석 "보세요, 가장 위험한 시간은 저녁 여섯 시에서 자정까지예요. 오전 여섯 시부터 정오까지보다 네 배나 더 많은 병사들이 그 시간에 일해요. 제 말이 무슨 뜻인지 아시겠어요?"

"아하! 이제 알겠다. 너무 고마워, 파스칼!"

"천만에요. 이제 저는 그래프의 중요성을 깨달았어요. 아무도 그것들이 더 이상 필요 없다고 말할 수 없을 거예요."

파스칼은 숲에서 걸어 나왔다. 그가 뒤돌아봤을 때, 그는 로빈 후드가 그에게 손을 흔드는 것을 보았다. 파스칼은 손을 흔들어 답하고 혼잣말을 했다.

"정말 멋진 모험이었어. 나는 어떻게 돌아가지? 아, 알겠어. 나는 코기토 에르고 숨이라는 말을 해야 해!"

단어·숙어
between A and B A와 B 사이에
midnight [명] 자정　realize [동] 깨닫다
importance [명] 중요성
not ... anymore 더 이상 … 않다
look back 뒤돌아보다　wave [동] 손을 흔들다
adventure [명] 모험

21 **해석** ① 가장 위험한 시간은 언제인가?
② 새벽 여섯 시부터 정오까지 몇 명의 병사들이 일하는가?
③ 파스칼은 무엇을 깨달았나?
④ 파스칼이 뒤돌아봤을 때 로빈 후드는 무엇을 하고 있었는가?
⑤ 파스칼이 말해야 하는 단어들은 무엇인가?

해설 새벽 여섯 시부터 정오까지보다 저녁 여섯 시에서 자정까지에 4배나 더 많은 병사들이 일한다는 내용만 있고, 정확한 숫자는 나와 있지 않다.

22 **해설** 파스칼의 마지막 말 I should say the words *Cogito ergo sum*!을 통해 그가 '코기토 에르고 숨'이라고 말해야 함을 알 수 있다.

서술형 평가

p. 309

1. (1) sweater is too old to wear
(2) pays attention to the teacher
(3) is too slow to use
(4) wants to clean the classroom

2. (1) Twenty-five percent of the students like football best.
(2) Thirty out of one hundred students prefer swimming.
(3) Eighty-five out of one hundred students do not like volleyball most.
(4) Thirty out of one hundred students like tennis and baseball most.

1 **해석** (1) 이 스웨터는 입기에 너무 낡았다.
(2) 아무도 선생님에게 주의를 집중하지 않는다.
(3) 이 컴퓨터는 사용하기에 너무 느리다.
(4) 아무도 교실을 청소하고 싶어 하지 않는다.

해설 (1) too ~ to ... 구문을 사용하여 너무 낡아서 입을 수 없는 상황을 나타낸다.
(2) '…에 집중하다'라는 표현은 pay attention to이다.
(3) too ~ to ... 구문을 사용하여 너무 느려서 컴퓨터를 사용할 수 없는 상황을 나타낸다.
(4) No one ... 뒤에는 현재시제일 때 단수동사가 오므로 wants가 되어야 한다.

단어·숙어
attention [명] 주의
slow [형] 느린
classroom [명] 교실

2 **해석** (1) 학생들 중 몇 퍼센트가 축구를 가장 좋아하는가?
학생들의 25퍼센트가 축구를 가장 좋아한다.
(2) 몇 명의 학생들이 수영을 선호하는가? (100명 중에서)
100명의 학생들 중 30명이 수영을 선호한다.
(3) 몇 명의 학생들이 배구를 가장 좋아하지 않는가? (100명 중에서)
100명의 학생들 중 85명이 배구를 가장 좋아하지 않는다.
(4) 몇 명의 학생들이 테니스와 야구를 가장 좋아하는가? (100명 중에서)
100명의 학생들 중 30명이 테니스와 야구를 가장 좋아한다.

해설 (1) 축구를 가장 좋아하는 비율은 100%에서 나머지 운동에 대한 비율을 뺀 25%이다.
(2) 총 100명의 학생들 중 수영을 선호한 학생들은 30%이므로 30명이다.
(3) 배구를 가장 좋아하지 않는 학생들의 수는 총 100명에서 배구를 가장 좋아하는 학생들의 수 15명을 뺀 나머지인 85명이다.
(4) 테니스와 야구를 가장 좋아하는 학생들의 수를 합하면 30명이다.

단어·숙어
percentage [명] 백분율, 퍼센트
prefer [동] 선호하다
volleyball [명] 배구

2학기 중간고사

pp. 312~317

1. ③	2. ②	3. ②	4. ⑤	5. ④	6. ⑤
7. ③	8. ⑤	9. ③	10. ④	11. ③	12. ⑤
13. ⑤	14. ④	15. ③	16. ②	17. ①, ③	18. ④
19. ④	20. ②	21. ⑤	22. ⑤	23. ③	24. ③
25. ⑤	26. ④	27. ⑤			

28. (1) Walking along the river
 (2) Finishing the homework
29. (1) I was so tired, I had a lot of homework
 (2) I wanted to play soccer, I didn't have a ball
30. (1) was Clara that visited Paris in 2017
 (2) was Paris that Clara visited in 2017
 (3) was in 2017 that Clara visited Paris

1 해석 ① 시험들은 나를 좌절하게 한다.
② 그 공원은 가 볼만한 가치가 있다.
③ 결정을 할 시간이다.
④ 입구 앞에서 만나자.
⑤ 다양한 음식 선택권이 있다.

해설 make a decision은 '결정하다'라는 의미이고, decide는 동사로 '결정하다'라는 의미이다.

단어·숙어
frustrate [동] 좌절하게 하다, 힘들게 하다
worth [형] …할 가치가 있는
make a decision 결정하다
entrance [명] 입구
a variety of 다양한
choice [명] 선택

2 해설 네모 칸에 들어가는 알파벳은 순서대로 o, r, d, e, r이며, order는 '순서, 명령'이라는 뜻이다.

단어·숙어
place [명] 장소
point [명] 점, 시점, 지점
pride [명] 자신감

3 해석 ① 미로: 복잡하고 혼란스러운 연결된 통로들의 체계
② 대신에: 간접적이지만 일반적으로 중요한 방식으로 영향을 미치거나 변화시키는 것 (→ 영향을 미치다)
③ 속담, 격언: 사람들이 어떻게 살아야 하는지에 대한 조언을 주는 짧은 대중적인 속담
④ 비교하다: 그들과 비슷하거나 다른 것을 보기 위해 자세히 살펴보는 것
⑤ 혼란: 사람들이 어떤 것을 명확하게 이해할 수 없는 상황

해설 ②는 instead가 아니라 influence(영향을 미치다)의 영영 풀이이다.

단어·숙어
complicated [형] 복잡한
confusing [형] 혼란스럽게 하는
connected [형] 연결된
passage [명] 통로
affect [동] 영향을 끼치다
indirect [형] 간접적인
brief [형] 짧은

4 해석 • 이 기회를 저에게 주셔서 감사합니다.
• 당신은 발표가 끝나고 질문을 할 수 있는 기회를 가질 겁니다.

해설 의미상 '기회'가 들어가야 하므로 ⑤가 알맞다.
① (스포츠 팀의) 주장 ② 질 ③ 조언 ④ 효과

5 해석 A: 화성에서 생존하는 것이 가능한가요?
B: 왜 안 되겠어요? 내가 필요한 전부는 공기와 물이에요.

해설 Is it possible to ... ?는 '…하는 것이 가능하니?'라는 의미로 가능성을 물을 때 쓰는 표현이다.
① 재밌는 ② 지루한 ③ 어려운
④ 가능한 ⑤ 흥미로운

단어·숙어
survive [동] 생존하다
Mars [명] 화성

6 해석 무엇을 도와드릴까요?
(C) 안녕하세요! 제가 어제 이 신발을 샀는데요. 빨간색 신발로 교환하는 것이 가능한가요?
(D) 아, 사실 흰색이 요즘 정말 인기 있어요.
(B) 알아요, 그래서 저는 어제 결정하는 데 오랜 시간을 보냈어요. 하지만 제 생각에 빨간색이 저에게 더 잘 어울릴 것 같아요.
(A) 알겠어요, 문제없어요.

해설 주어진 문장 다음에 신발 교환이 가능한지 묻는 (C)가 먼저 오고, 흰색이 인기 있다는 점원 말에 빨간색이 더 잘 어울릴 것 같다는 (D)와 (B)가 온 후 (A)가 와야 한다.

단어·숙어
spend [동] (돈, 시간 등을) 쓰다, 보내다
possible [형] 가능한
exchange [동] 교환하다

7~8

해석 M: 안녕하세요, 도움이 필요하신가요?
G: 네, 부탁드려요. 이 건물에서 좋은 중국 음식점을 추천해 주실 수 있나요? 두 개 중에서 결정할 수가 없어요.
M: 음… . Pappa Chen's는 어떠세요? 그곳 음식은 훌륭하고 가격이 적당해요.
G: 좋아요! 그 음식점에 어떻게 가나요?
M: 음식점은 4층에 있어요. 당신은 저쪽에 있는 엘리베이터를 탈 수 있어요. Pappa Chen's는 엘리베이터 옆에 있어요.
G: 좋아요! 도와주셔서 정말 감사합니다.
M: 천만에요. 즐거운 저녁 식사 되세요.

단어·숙어
suggest [동] 추천하다
reasonable [형] (가격이) 적당한

7 해석 ① 음식 가격은 얼마죠?
② 무엇을 주문하시겠어요?

③ 그 식당에 어떻게 가나요?

④ 거기 음식은 어때요?

⑤ 메뉴에서 최고의 음식은 무엇인가요?

해설 빈칸 다음에 나온 남자의 대답을 보면 식당의 위치에 대해서 설명하고 있다. 따라서 빈칸에는 식당 가는 길을 묻는 표현인 ③이 알맞다.

8 해석 ① Pappa Chen's는 4층에 있다.

② 남자는 Pappa Chen's를 추천한다.

③ Pappa Chen's는 엘리베이터 가까이에 있다.

④ 소녀는 중국 식당에 가고 싶어 한다.

⑤ 남자는 Pappa Chen's의 음식이 비싸지만 훌륭하다고 생각한다.

해설 남자는 Pappa Chen's의 음식이 가격도 적당하고 훌륭하다고 생각한다.

단어·숙어 recommend [동] 추천하다

9 해석 G: 도훈아, 너 뭐하고 있니?

B: 나는 인공지능 로봇에 관한 영화를 보고 있어. 그것은 정말 흥미로워. 너는 그것들에 대해 어떻게 생각하니?

G: 내 생각에 그것들은 문제를 야기할 거야. 인공지능 로봇들은 사람들의 일을 빼앗아 갈 거야.

B: 글쎄, 난 여전히 그것들이 유용하다고 생각해. 인공지능 로봇들을 소개하는 과학 축제가 있어. 가서 그것들에 대해 더 많이 알아보는 게 어때?

G: 좋아.

소녀는 인공지능 로봇들이 문제를 일으킬 거라고 생각하지만, 소년은 로봇들이 유용하다고 생각한다. 그들은 과학 축제에 가서 로봇들에 대해 더 알아볼 것이다.

해설 소년은 인공지능 로봇들이 '유용하다고' 생각하고, 소녀에게 '과학' 축제에 가자고 제안하고 있다.

단어·숙어 AI (= Artificial Intelligence) 인공지능

fascinating [형] 매혹적인, 흥미진진한

take away 빼앗아 가다

10 해석 A: 학생들은 용돈을 받아야 해요.

B: 저는 동의하지 않아요. 그들은 부모님에게 너무 많이 의지하게 될 거예요.

해설 빈칸 뒤에 용돈 받는 것에 대해 반대하는 의견이 나오므로 빈칸에는 동의하지 않는다는 ④가 알맞다.

단어·숙어 receive [동] 받다 pocket money 용돈

rely on 의지하다

11 해석 A: 봐봐! 사람들이 자신들의 쓰레기를 그냥 두고 가고 있어!

B: 아, 안 돼! 만약 우리가 환경을 해치면 결국 후회하는 것은 우리일 거야.

A: 동의해. 속담에 '남에게 한 대로 되받게 되는 법(자업자득)'이라고 하잖아.

B: 네 말이 맞아. 우리의 쓰레기를 가져가서 지구를 돕자.

해설 대화에서 환경을 해치면 결국 후회하는 것은 우리라고 말하고 있으므로 '자업자득'을 뜻하는 ③이 알맞다.

① 아예 안 하는 것보다는 늦는 것이 낫다.

② 책을 겉표지로 판단하지 마라.

③ 남에게 한 대로 되받게 되는 법.

④ 하루에 사과 한 알이면 의사를 멀리한다.

⑤ 공부만 하고 놀지 않으면 바보가 된다.

단어·숙어 harm [동] 해를 끼치다 environment [명] 환경

regret [동] 후회하다 dull [형] 멍청한

12 해석 ① A: 넌 뭐하고 있니?

B: 내 사진을 인터넷에 올리고 있어.

② A: 난 점심시간이 더 필요하다고 생각해.

B: 동의해. 우리는 식사 시간을 더 가질거야.

③ A: 음악실을 예약하는 건 어때?

B: 좋은 생각이야.

④ A: 영화를 보는 것에 대해 어떻게 생각하니?

B: 좋은 생각인 것 같아.

⑤ A: 너는 학교에 시험이 없는 것에 대해 어떻게 생각하니?

B: 나도 그 생각에 동의해. 학생들은 수업 내용을 복습하지 않을 거야.

해설 학교에서 시험을 보지 않는 것에 대해 어떻게 생각하느냐는 질문에 대해 동의한다고 말한 후 동의하지 않는 이유가 오는 ⑤는 어색하다.

단어·숙어 post [동] 게시하다 break [명] 쉬는 시간

reserve [동] 예약하다 review [동] 복습하다

13 해석 A: 어떤 종류의 휴대 전화 케이스를 사고 싶나요?

B: 파란색으로 된 것을 사고 싶어요. 또한 그 위에 별이 그려진 것이 좋겠어요.

해설 one은 정해지지 않은 것을 가리키는 대명사이고, it은 정해진 것을 가리키는 대명사이다. B의 말에서 ⑤는 별이 그려져 있는 케이스를 말하는데, 정해져 있는 대상이 아니므로 it이 아니라 one을 써야 한다.

단어·숙어 cell phone 휴대 전화

14 해석 • 검은색 부분을 보면 그림이 유리잔처럼 보일 수 있다.

• 왼쪽에서 오른쪽으로 읽으면 'evil(악)'이라고 쓰여 있다.

• 길을 따라 걸으면서 나는 평온함을 느꼈다.

해설 '…하면(서)'라는 뜻의 분사구문이 되어야 하므로 -ing

형태가 되어야 한다.

단어·숙어 read ⑧ …라고 쓰여 있다　　evil ⑧ 악
along ⑳ …을 따라　　peace ⑧ 평화

15 해석 ⓐ 멕시코에 사는 사람은 바로 나의 삼촌이다.
ⓑ Sean이 Jane을 만난 곳은 바로 역이었다.
ⓒ 내 개를 산책시킨 사람은 바로 Chris였다.
ⓓ 내가 진수와 함께 하이킹을 간 것은 바로 지난 금요일이었다.
ⓔ 나를 위해 쿠키를 만든 사람은 바로 엄마였다.

해설 ⓑ는 It was at the station that Sean met Jane.이 되어야 하고, ⓓ는 주어가 없으므로 I를 넣어 It was last Friday that I went hiking with Jinsu.가 되어야 한다.

16 해석 ① 소년은 일찍 일어났다. 그러나 그는 버스를 놓쳤다.
② 날씨가 좋았다. 그래서 그들은 소풍을 갔다.
③ 어떤 사람들은 유유상종이라고 말한다. 그러나 반대되는 것끼리 끌린다.
④ 어떤 사람들은 늙은 개에게 새로운 재주를 가르칠 수 없다고 말한다. 그러나 나이는 숫자에 불과하다.
⑤ 어떤 사람들은 책을 표지로 판단해서는 안 된다고 말한다. 그러나 옷이 사람을 만든다.

해설 ②의 빈칸 앞뒤 문장 내용이 인과 관계이므로 However가 아닌 Therefore를 쓰는 것이 알맞다.

단어·숙어 feather ⑧ 깃털　　flock ⑧ 모이다
opposite ⑧ 반대　　attract ⑧ 끌리다
trick ⑧ 재주

17~19
해석 아래 두 그림을 비교하면 몇 가지 차이를 쉽게 알아차릴 수 있다. 예를 들면, 왼쪽 그림은 미궁이라 불리고 입구만 있다. 오른쪽 그림은 미로라 불리며 입구와 출구가 둘 다 있다.
미궁의 기원은 그리스 신화에서 찾을 수 있다. 그것은 여러분이 빠져나올 수 없는 감옥으로 알려져 있다. 하지만 여러분이 알아차릴 수 있듯이 미궁은 통로가 하나이다. 막다른 길이 없다. 이것은 여러분이 거기에 들어갈 때 빠져나오는 것을 걱정하지 않아도 된다는 것을 의미한다. 통로를 따라 끝까지 가면 여러분은 미궁의 중앙에 도착할 것이다. 빠져나오기 위해서는 여러분은 단지 돌아서서 들어간 길대로 걸어 나오면 된다.

단어·숙어 notice ⑧ 알아차리다　　labyrinth ⑧ 미궁
entrance ⑧ 입구　　maze ⑧ 미로
exit ⑧ 출구　　mythology ⑧ 신화
path ⑧ 통로, 길　　dead end 막다른 길
turn around 돌아서다, 돌다

17 해석 ① 미로의 기원

② 미궁의 기원
③ 미로를 탈출하는 방법
④ 미궁을 탈출하는 방법
⑤ 미로와 미궁의 차이점

해설 ① '미로의 기원'과 ③ '미로를 탈출하는 방법'은 글에 나타나 있지 않다.
② 미궁의 기원 → 그리스 신화
④ 미궁을 탈출하는 방법 → 중앙에서 뒤돌아 들어왔던 길로 되돌아 나온다.
⑤ 미로와 미궁의 차이점 → 미궁은 입구만 있고, 미로는 입구와 출구가 있다.

18 해설 ⓐ는 '…하면'이라는 뜻의 분사구문을 써야 하므로 -ing 형태인 Comparing이, ⓑ는 '불리다'라는 뜻의 수동태가 와야 하므로 과거 분사 called가 알맞다.

19 해설 There are no dead ends.라는 문장을 통해 미궁에는 막다른 길이 없다는 것을 알 수 있다.
① 미궁의 기원은 그리스 신화에서 찾을 수 있다.
② 미궁은 원래 감옥이었다.
③ 미궁에는 한 가지 길만 있다.
⑤ 미궁에서 빠져 나오기 위해서는 들어간 길대로 걸어 나오면 된다.

20 해석 여러분이 미로 안에 있을 때에는 완전히 상황이 다르다. 결정할 많은 선택지가 있고, 여러분을 좌절하게 만드는 막다른 길들이 있다. 어느 길로 갈지 계속 결정해야 한다. 조심하지 않으면 길을 잃기 쉽다.

해설 미로에는 막다른 길들이 있어서 어느 길로 갈지 계속 결정을 해야 하므로 조심하지 않으면 길을 잃기 쉬우므로 ②가 알맞다.
① 길을 찾다
② 길을 잃다
③ 막다른 길을 찾다
④ 문제를 해결하다
⑤ 좋은 선택을 하다

21~22
해석 오늘날, 미로는 흔히 좌뇌형 퍼즐로 간주된다. 많은 사람이 미로 공원에 기꺼이 방문하여 '계획된 혼란'을 즐긴다. 그리고 그들 중 몇몇은 자기들만의 해결 방법을 생각해 낸다. 가장 쉽고 믿을 만한 해결 방법은 시작 지점부터 한쪽 벽에 손을 대는 것이다. 그러고는 여러분은 단지 그 벽을 계속 따라가면 된다. 이것은 마치 어두운 방을 걷는 것과 같다. 불행히도, 이 간단한 방법은 어떤 종류의 미로에서는 특히 모든 벽이 이어져 있지 않은 경우 효과가 없을지도 모른다.

단어·숙어 confusion [명] 혼란, 혼동　reliable [형] 믿을 만한
effective [형] 효과적인

21 해석 ① 미로　② 손　③ 공원　④ 퍼즐　⑤ 해결책

해설 one이 지칭하는 것은 앞 문장에 나온 solution이다.

22 해설 The easiest and most reliable one is to place a hand on one wall from the very beginning. Then you just keep following that wall.에서 미로를 빠져 나오는 가장 쉽고 믿을 만한 방법은 '한 손을 벽에다 두고 벽을 따라가는 것'이다.

23~24

해석 　때때로 지혜의 말들은 사람들에게 영향을 미치고 그들의 삶을 굉장한 방향으로 바꾸었다. 예를 들어, "말보다 행동이 더 중요하다."는 말의 의미는 다음과 같다: 당신이 하는 것은 당신이 말하는 것보다 더 중요하다. 그래서 사람들은 그냥 무엇인가를 말하는 대신 무엇인가를 하려고 노력한다. 그러나 몇몇 사람들은 다른 의견을 가지고 있다. 그들에게는 행동보다 더 중요한 것은 바로 말이다. 어떻게 그럴까? 그들은 말이 다른 사람들이 좋은 행동을 하는 데 영향을 미칠 수 있다고 생각한다. 다른 생각을 갖는 것은 자연스럽다. 몇 개의 다른 속담을 거꾸로 뒤집어서 살펴보자.

단어·숙어 wisdom [명] 지혜　influence [동] 영향을 미치다
instead of … 대신에　proverb [명] 속담
upside down 거꾸로, 뒤집어

23 해설 빈칸 앞뒤 내용이 반대되는 내용이므로 '그러나'라는 의미의 However가 알맞다.

24 해설 마지막 문장 Let's take a look at some other proverbs upside down.을 통해 이 글 다음에는 다양한 의견을 가질 수 있는 속담 예시가 나올 것임을 알 수 있다.

25 해석 **잘 생각해 보고 행동하라[돌다리도 두드려 보고 건너라]: 결정을 하기 전에 당신 앞에 있는 것이 무엇인지 확인하라.**

　나는 완전히 동의해. 우리는 무엇인가를 하기로 결정하기 전에 항상 신중해야 해. 그러면 우리는 우리의 결정으로 인한 결과에 행복할 거야. 그러나 만약 우리가 시간을 들여 어떤 일을 심사숙고하지 않는다면 우리는 후회할지도 몰라. 또한 우리는 다시 생각해 보지 않고 어떤 일을 한다면 실수할 거야. 그 결과, 우리는 바로잡는 데 더 많은 시간을 들일 거야.

해설 As a result, it will take us more time to fix.를 통해 신중하게 결정하지 않으면 결과를 바로잡는 데 더 많은 시간을 쓰게 될 거라고 했다.

단어·숙어 give it a second thought 다시 생각해 보다
leap [동] 뛰다, 뛰어오르다　regret [동] 후회하다

26~27

해석 　나는 네 의견에 동의하지 않아. 나는 나의 이웃 Jenny와 정말 친했어. 그녀는 미국에서 왔고, 우리는 같은 농구 팀을 좋아했어. 우리는 함께 경기를 보며 많은 시간을 보냈어. 그런데 그녀의 가족이 3년 전에 이사 갔어. 나는 그녀를 그 이후로 보지 못했지만 여전히 우리가 함께했던 시간들을 기억해. 나는 시간이 갈수록 그녀가 점점 더 그리워. 사람들이 서로를 기억하게 만드는 것은 바로 시간의 질이야.

단어·숙어 disagree [동] 동의하지 않다　close [형] 친한, 가까운
quality [명] 질

26 해설 ④ 뒤에 나오는 since는 그녀가 이사 간 이후라는 의미를 내포하고 있으므로 주어진 문장은 ④에 들어가야 알맞다.

단어·숙어 move away 이사 가다
ago [부] …전에

27 해석 ① 눈에서 멀어지면 마음에서 멀어지는 법.
② 뜨거울 때 쇠를 두드려라.
③ 모든 구름은 은빛으로 빛난다. (모든 나쁜 일에는 좋은 면도 있다.)
④ 서툰 목수가 연장 탓한다.
⑤ 거리가 서로의 관계를 더욱 끈끈하게 한다.

해설 재하의 의견은 눈에서 멀어지면 마음에서 멀어지는 것이 아니라 거리나 부재가 오히려 상대방에 대한 마음을 깊어지게 한다는 것이다.

단어·숙어 iron [명] 쇠
silver lining 구름의 흰 가장자리
fond [형] 좋아하는

28 해석 (1) 강을 따라 걸으면서 다리 사진을 몇 장 찍었다.
(2) 숙제를 마쳤을 때 그는 자명종이 울리는 것을 들었다.

해설 분사 구문 만드는 방법은 ① 접속사 생략 ② 주절과 종속절의 주어가 같으면 종속절의 주어 생략 ③ 동사를 '동사원형+-ing' 형태로 바꾼다.

29 해석 (1) 나는 너무 피곤했다. 그러나 나는 숙제가 많았다.
(2) 나는 축구를 하고 싶었다. 그러나 나는 공이 없었다.

해설 A와 B에서 However와 어울리는 문장을 골라 쓴다. I was so tired.는 I had a lot of homework.와 어울리고, I wanted to play soccer.는 I didn't have a ball.과 어울린다.

30 해설 주어진 문장을 It ~ that ... 강조 구문을 사용해서 다시 쓴다. It was 다음에 강조하는 말인 Clara, Paris, in 2017을 넣고 나머지 말들은 that 다음에 써 넣는다.

 pp. 318~323

1. ⑤	2. ⑤	3. ④	4. ②	5. ③	6. ④
7. ①	8. ③	9. (B)-(A)-(D)-(C)	10. ③	11. ②
12. ④	13. ③	14. ④	15. ⑤	16. ③	17. ②
18. ⑤	19. ②	20. ⑤	21. ①	22. ④	23. ①
24. ④	25. ④	26. ④	27. ①		

28. (1) is too high to reach

    (2) is too cold to drink

29. |예시 답안|

    (1) I would have a parrot

    (2) I could time travel, I would travel to the future to see how I live

30. (1) If you stayed in a *hanok*, you would sleep on the floor.

    (2) These materials help you keep your skin healthy.

    (3) They help keep you cool in summer.

1 해석 ① 시간과 조수는 사람을 기다려주지 않는다.

② 외국인 침략자들은 마을을 망쳤다.

③ 지붕에 올라가기 위해 사다리를 사용해라.

④ 호수 근처의 땅은 습지이다.

⑤ 그 자료는 CD에 수용된다.

해설 store는 '저장하다'라는 의미가 있으며, ⑤ '그 자료는 CD에 저장되다.'라는 의미가 되도록 housed가 아니라 stored가 알맞다.

단어 숙어
tide 몡 조수 / invader 몡 침략자 / swampy 혱 습지의 / house 통 수용하다

2 해석 어려움을 경험하고 무엇인가 하기 위해 매우 큰 노력을 하다

① 숨다 ② (수를) 세다 ③ 손을 흔들다

④ 반복하다 ⑤ 고군분투하다

해설 무엇인가를 이루기 위해 노력하는 것은 '고군분투하다(struggle)'이다.

단어 숙어
difficulty 몡 어려움 / effort 몡 노력

3 해석 ① 사다리: 일련의 계단이 두 개의 긴 나무, 철, 또는 줄 사이에 있고 올라갈 때 사용되는 도구

② 통로: 종종 밖이나 땅 위에 있는 걷기 위한 통로 또는 길

③ 침략자: 다른 나라를 힘으로 들어와서 그것을 통제하기 위한 군대나 나라

④ 설치하다: 어떤 사람에게 사는 장소를 제공하다 (→ …에게 거처할 곳을 주다)

⑤ 저장하다: 사용되지 않는 어떤 것을 안전하게 보관될 수 있는 곳에 두다

해설 ④ 어떤 사람에게 사는 장소를 제공하는 것은 house (…에게 거처할 곳을 주다)이다.

단어 숙어
device 몡 도구 / a series of 일련의 / ground 몡 땅 / army 몡 군대 / force 몡 힘 / control 통 통제하다 / provide 통 제공하다 / safely 㗊 안전하게

4 해석 • 그들은 모든 물품에 대해 세금을 늘리고 있다.

• 정부는 올해 더 적게 세금을 부과하려고 노력할 것이다.

해설 tax는 명사로 '세금'이라는 뜻이며, 동사로 '세금을 부과하다'라는 뜻이다.

① 그래프 ② 세금, 세금을 부과하다

③ 중요하다 ④ 쫓다 ⑤ 군인

5 해석 A: 너는 이번 여름에 무엇을 할 계획이니?

B: 나는 이번 여름에 튀르키예 여행을 갈 거야.

A: 와, 나도 거기에 갈 수 있었으면 좋겠다.

해설 튀르키예 여행을 간다는 말에 나도 튀르키예에 갈 수 있었으면 좋겠다는 소원을 나타내는 표현이 오는 것이 알맞다.

① 나에게 행운을 빌어줘

② 네가 올 수 있었으면 좋겠다

④ 나는 그것에 대해 전에 들어본 적 있다

⑤ 나는 어떤 위험한 상황을 예방했으면 좋겠다

단어 숙어
plan 몡 계획 통 계획하다 / luck 몡 행운 / I wish I could … . 내가 … 했으면 좋겠다. / prevent 통 예방하다 / situation 몡 상황

6~7 해석 미나: Jake, 너는 무엇을 읽고 있니?

Jake: 나는 미래 직업에 대해 읽고 있어.

미나: 우리는 미래에 더 많은 다양한 종류의 직업을 가지니?

Jake: 음, 그렇게 낙관적이지는 않아. 만약 로봇이 우리의 직업 모두를 가져가면 어떨 것 같니?

미나: 끔찍할 것 같아. 나는 로봇과 사람들이 함께 일할 수 있는 방법들이 있었으면 좋겠어.

Jake: 나도 그러기를 바라.

단어 숙어
future 혱 미래의 / positive 혱 낙관적인 / horrible 혱 끔찍한 / way 몡 방법

6 해설 로봇이 우리의 직업을 다 가져가는 상황을 상상하여 묻고 있기 때문에 상상하여 말하는 What would you do if … ?가 알맞다.

7 해설 Jake가 I'm reading about future jobs.라고 했으므로 ①이 대화 내용과 일치한다.

8 해석 A: 우리는 십대들 사이에 스마트폰을 사용하는 시간을 제한해야 해.
B: 왜 그렇게 말하니?
A: 십대들의 80퍼센트 이상이 밤에 스마트폰을 사용하기 때문에 충분한 잠을 자지 못해. 내 말이 무슨 뜻인지 알겠니?
B: 아, 알겠어.

해설 빈칸에는 상대방이 이해했는지 점검하는 표현이 알맞다.
① 너는 그것을 아니?
② 너는 스마트폰을 사용하니?
④ 내가 너의 스마트폰을 써도 될까?
⑤ 너는 스마트폰으로 무엇을 보니?

단어·숙어
restrict [동] 제한하다 among [전] … 중에, … 사이에
teenager [명] 십대 percent [명] 퍼센트, 백분율
enough [형] 충분한 because of … 때문에

9 해석 나는 가장 좋아하는 여름 스포츠에 대한 설문 조사를 했어.
(B) 결과는 무엇이었니?
(A) 결과는 25명의 학생들 중 13명이 수영을 좋아했어.
(D) 그것은 50퍼센트 이상이지, 그렇지 않니?
(C) 맞아. 그리고 학생들의 나머지는 배드민턴 또는 탁구 같은 실내 활동을 좋아했어.

해설 가장 좋아하는 여름 스포츠에 대한 설문 조사를 했다는 말에 결과를 묻는 (B)가 먼저 오고, 설문 조사 결과를 말해 주는 (A)와 (D)가 온 다음 나머지 결과에 대해 말하는 (C)가 와야 한다.

단어·숙어
survey [명] 설문 조사 favorite [형] 가장 좋아하는
result [명] 결과 indoor [형] 실내의
activity [명] 활동 table tennis [명] 탁구

10 해석 진수: Amy, 얼마나 많은 학생들이 형제자매가 있니?
Amy: 20명의 학생들 중 10명이 형제자매가 있어.

해설 20명 중 10명이 형제자매가 있다는 응답이 나오려면 얼마나 많은 학생들이 형제자매가 있는지를 묻는 질문이 알맞다.
① 네가 가장 좋아하는 형제자매는 누구니
② 너는 형제자매가 있었으면 좋겠니
④ 너는 네 형제자매와 무엇을 하니
⑤ 만약 네가 형제자매가 있다면 무엇을 할 거니

단어·숙어
sibling [명] 형제자매

11 해석 Q: 몇 퍼센트의 학생들이 바나나를 좋아하니?
해설 그래프를 보면 바나나를 좋아하는 사람은 30퍼센트이다.

12 해석 ① A: 내 말이 무슨 뜻인지 알겠니?
B: 응, 이제 네 말이 무슨 뜻인지 알겠어.
② A: 우리 학교의 90퍼센트 이상의 학생들이 두 개 언어를 말할 수 있어.
B: 와, 놀랍다.
③ A: 만약 네가 날 수 있다면 무엇을 하겠니?
B: 나는 전 세계를 여행할 거야.
④ A: 나는 사람들 앞에서 말을 잘하고 싶어.
B: 나는 이해가 안 돼.
⑤ A: 만약 네가 백만장자가 된다면 넌 무엇을 하겠니?
B: 나는 가난한 사람들을 돕기 위해 돈을 기부할 거야.

해설 사람들 앞에서 말을 잘하고 싶다는 소망을 말하고 있는 데 이해하지 못한다는 ④는 어색하다.

단어·숙어
language [명] 언어 travel [동] 여행하다
millionaire [명] 백만장자 donate [동] 기부하다
the poor 가난한 사람들

13 해석 나는 새 카메라가 없다. 만약 내게 새 카메라가 있다면 나는 많은 사진을 찍을 것이다. 또한 나는 그것을 자원봉사 활동을 하는 데 사용할 것이다.

해설 현재와 반대되는 상황에 대해 가정하는 가정법 구문은 'If+주어+동사의 과거형 …, 주어+조동사의 과거형+동사원형 ~'의 형태이다. 따라서 ③ will take는 would take가 되어야 한다.

단어·숙어
take a picture 사진을 찍다
volunteer work 자원봉사 활동

14 해설 No one은 부정 주어로 시제가 현재일 때 뒤에 단수 동사가 온다.

단어·숙어
solve [동] 풀다, 해결하다
issue [명] 쟁점

15 해석 ⓐ 아이스크림을 먹는 것은 나를 행복하게 만든다.
ⓑ 농구를 하는 것은 나를 건강하게 해준다.
ⓒ 아이 다섯을 키우는 것은 나를 바쁘게 한다.
ⓓ 연설을 하는 것은 나를 긴장하게 만든다.
ⓔ 수업 중에 떠드는 것은 선생님을 화나게 만들 것이다.

해설 'keep/make+목적어+목적격 보어(형용사)'의 형태로 쓰이며, '목적어를 …한 상태로 유지하다/만들다'라는 뜻이다. keep이 쓰인 문장에서 목적격 보어 자리에 현재 분사 또는 과거 분사가 올 수 있으며, make는 목적격 보어 자리에 명사, 동사원형 또는 과거 분사도 올 수 있다.
ⓐ에서는 happily가 아니라 happy가 되어야 하며, ⓒ에서 주어가 동명사구인 Raising five children이므로 동사는 단수 형태인 keeps가 되어야 한다.

단어·숙어 healthy [형] 건강한
raise [동] 키우다, 기르다
make a speech 연설을 하다

16 해석 그 방은 너무 어두워서 나는 어떤 것도 볼 수 없었다.

해설 'too+형용사/부사+to부정사'는 '~하기에는 너무 … 한 / 너무 ~해서 …할 수 없다'라는 뜻으로 'so+형용사/부사+that+주어+can't …'로 바꿔 쓸 수 있다. 주절의 주어와 종속절의 주어가 일치하지 않을 때는 to 앞에 'for+목적격'을 써 준다.
① 그 방은 내가 어떤 것을 보기에 너무 밝았다.
② 그 방은 어떤 것을 보기에 충분히 어둡지 않았다.
③ 그 방은 너무 어두워서 내가 어떤 것도 볼 수 없었다.
④ 그 방은 어떤 것을 보기에 충분히 어두웠다.
⑤ 그 방은 너무 어두워서 나는 무엇인가를 보았다.

단어·숙어 dark [형] 어두운
light [형] 밝은
enough [부] 충분히

17~18

해석 다양한 사람들이 다양한 집에서 살고 있다. 몇몇 사람들은 집에 들어가기 위해 사다리를 이용한다. 다른 사람들은 물 위에 있는 집에 산다. 그리고 또 다른 사람들은 많은 사람과 함께 집을 공유한다. 여러분이 이 집들 중 하나에 산다고 상상해 보라. 여러분의 삶은 어떻게 바뀔 것인가?

만약 내가 푸에블로에 산다면, 나는 집에 들어가기 위해 사다리를 오를 것이다. 집 꼭대기에는 숨겨진 구멍이 있다. 만약 반갑지 않은 방문객이 나타난다면 나는 사다리를 끌어 올려 그들이 들어오지 못하게 할 것이다. 두꺼운 벽은 흙, 지푸라기, 물로 만들어져 있다. 그것들은 여름에는 시원하게, 겨울에는 따뜻하게 유지해 줄 것이다. 집에는 평평한 지붕이 있다. 때때로 나는 달과 별들 아래의 지붕 위에서 잠을 잘 것이다.

단어·숙어 ladder [명] 사다리 share [동] 공유하다
imagine [동] 상상하다 unwelcome [형] 환영받지 못하는
visitor [명] 방문객 thick [형] 두꺼운
wall [명] 벽 straw [명] 짚
roof [명] 지붕

17 해설 some, others는 정해지지 않은 것이나 사람들을 지칭하는 부정대명사로 '몇몇, 다른 것들은'이라는 의미이다.

18 해설 달과 별들 아래에 지붕이 있기 때문에 ⓔ는 under가 알맞다.

19~20

해석 만약 내가 베니스에 산다면, 나는 매일 아침 곤돌라를 타고 학교에 갈 것이다. 베니스는 118개의 작은 섬들이 있다. 주말마다 나는 수상 버스인 바포레토를 타고 이 섬 저 섬을 여행할 것이다. 조수가 높을 때에는 아드리아해의 물이 자주 범람하고 거리는 물로 가득 찬다. 그러나 나는 높이 올린 통로로 도심 주변을 걸어 다닐 수 있을 것이다.

베니스는 '떠 있는 도시'로 알려져 있다. 베니스에는 물 위에 있는 색색의 건물들이 많다. 여러분은 어떻게 그리고 왜 그들이 물 위에 집을 지었는지 궁금할 것이다. 옛 베니스인들은 침략자들로부터 자신들을 안전하게 지키기 위해 그곳에 살기로 결정했다. 하지만 그들이 이 습지 위에 집을 짓는 것은 쉽지가 않았다. 그래서 그들은 땅에 천만 개 이상의 나무 기둥들을 설치했다. 지금까지 베니스를 지탱해 주고 있는 것은 바로 이 나무 기둥들이다.

단어·숙어 island [명] 섬 tide [명] 조수
invader [명] 침략자 swampy [형] 습지의
install [동] (장비 · 가구를) 설치[설비]하다
support [동] 지탱하다, 지지하다

19 해설 주어진 문장에 colorful houses가 언급되어 있고, ② 뒤에 이 집들이 어떻게 그리고 왜 물 위에 지어지게 되었는지 궁금할 거라고 했으므로 주어진 문장은 ②에 들어가야 알맞다.

20 해석 ① 베니스에는 몇 개의 섬이 있는가?
② 섬에서 섬으로 무엇을 이용하여 여행할 수 있나?
③ 높은 조수에는 무슨 일이 일어나는가?
④ 몇 개의 나무 기둥이 설치되었나?
⑤ 당신은 어디에서 나무 기둥을 살 수 있나?

해설 나무 기둥을 어디에서 살 수 있는지는 본문에 나와 있지 않다.

21~22

해석 만약 내가 거대하고 둥그런 집인 중국 푸젠의 토루(tulou)에 산다면, 나는 항상 집에 함께 놀 친구들이 있을 것이다. 때때로 나의 이웃이 차를 마시거나 저녁 식사를 하러 집에 들르라고 나를 부르는 소리를 듣게 될 것이다. 토루는 대개 3층에서 5층으로 되어 있다. 1층은 요리하고 식사하는 데에 사용된다. 그리고 사람들은 2층에 식량과 도구를 보관한다. 내가 어디에서 잠을 잘지 궁금한가? 내 침실은 3층이나 4층에 있을 것이다.

토루는 마을과 같다. 토루에 사는 사람들은 대부분 같은 성(姓)을 가지고 있다. 몇몇 큰 토루는 50가구까지 수용할 수 있다. 그들은 함께 일하고 많은 것을 공유한다. 한 건물에 함께 사는 것은 그들을 안전하게 지켜 준다.

단어·숙어 play with …와 놀다
store [동] 저장하다
house [동] 거처를 제공하다, 수용하다

share [동] 공유하다

21 **해설** 간접의문문은 '의문사+주어+동사'의 어순을 취하므로 where(의문사)+I(주어)+would sleep(동사)이 되어야 한다.

22 **해석** ① 그는 그의 차를 집 앞에 주차하였다.
② 어디서 Tom의 집을 찾을 수 있니?
③ 우리는 집을 빨간색과 노란색으로 칠했다.
④ 이 장소는 15명까지 수용할 수 있다.
⑤ 너는 네가 살았던 집을 기억하니?

해설 본문에서 house는 동사로 '수용하다'라는 뜻으로 같은 의미로 쓰인 것은 ④이다.

단어·숙어
in front of …의 앞에
find [동] 찾다
paint [동] 칠하다
place [명] 장소
remember [동] 기억하다

23 **해석** 파스칼은 그의 방에서 수학 숙제를 하고 있었다. 그는 그래프로 고군분투하고 있었다.
"그래프를 읽고 그리는 것은 너무 어려워. 게다가 나는 이것들이 왜 필요하지? 아무도 실제 생활에서 그래프가 필요하지 않아."
그는 그의 펜을 내려놓고 그가 가장 좋아하는 책, '로빈 후드'를 집어 들었다. 그는 책을 읽다가 잠들기로 결정했다. 그가 막 책을 펼치려고 할 때, 그는 목소리를 들었다. 그는 누가 말하고 있는지 보기 위해 책에서 눈을 들어 올려다보았다. 그는 자신의 눈을 믿을 수 없었다. 말하고 있는 것은 바로 그의 개, Manny였다!
"눈을 감고 나를 따라 말하세요. 코기토 에르고 숨." Manny가 말했다.
"너는 말할 수 있니?"

해설 ① 다음에 나오는 내용이 파스칼이 그래프 때문에 고군분투하면서 하는 말과 그 후의 모습이므로 주어진 문장은 ①에 들어가야 알맞다.

단어·숙어
struggle [동] 고군분투하다
graph [명] 그래프, 도표
voice [명] 목소리
repeat [동] 반복하여 말하다, 되풀이하다

24 **해석** 갑자기 파스칼은 남자들이 소리 지르는 것을 들었다. 그가 그의 눈을 떴을 때, 그는 말을 탄 병사들을 보았다. 그들은 손에 화살을 든 남자를 뒤쫓고 있었다. 그 남자는 파스칼을 보고 소리쳤다.
"네가 거기 서 있는 것은 너무 위험해. 이리 와." 그 남자는 파스칼을 그의 말에 올려 태우고 숲으로 말을 몰았다. 그들이 어떤 집 앞에 이르렀을 때, 그 남자는 멈추고 말에서 내렸다.

해설 ⓓ 손에 화살을 든 남자는 파스칼이 아니라 로빈 후드이다.

단어·숙어
shout [동] 소리 지르다
chase [동] 쫓다
arrow [명] 화살

25~26

해석 "제 이름은 파스칼이에요. 저는 제가 왜 여기 있는지 모르지만 이유가 분명 있을 거예요. 당신은 저를 병사들로부터 구해줬어요. 정말 감사드려요. 제가 당신을 위해 할 수 있는 게 있을까요?"
"음, 우리가 왕이 사람들에게서 가져간 돈을 되찾는 것을 도와줄 수 있니? 그는 그들에게 너무 많이 과세했어. (몇몇 사람들은 그 왕을 많이 존경해.) 그는 너무 탐욕스러워서 사람들과 나누지 않아, 그래서 그들은 식량을 살 돈이 충분하지 않아. 나는 그들의 돈을 다시 되찾을 수 있게 돕고 싶어. 그러나 탑 안에 병사들이 많아서 아무도 안에 들어갈 수 없어."
"흠… 제게 해결책이 있는 것 같아요. 그러나 우선 저를 탑에 데려가 주실 수 있나요? 저는 병사들의 수를 세야 해요."
로빈과 파스칼은 나무에 숨어서 병사들의 수를 한 명씩 세었다.
"자정부터 새벽 여섯 시까지는 다섯 명의 병사들이 있어요. 그다음, 정오까지는 세 명의 병사들이 있고, 그런 다음 오후 여섯 시까지는 여덟 명의 병사들이 있어요. 마지막으로 자정까지는 열두 명의 병사들이 있어요. 그래서 당신은 새벽 여섯 시에서 정오 사이에 안으로 들어가야 해요."
"뭐라고? 나는 이해하지 못했어."
파스칼은 잠시 생각에 잠겼다. '흠… . 그래프가 이것을 이해하는 것을 쉽게 해 줄지도 몰라.'

단어·숙어
tax [동] 과세하다
greedy [형] 욕심이 많은, 탐욕스러운
solution [명] 해결책
count [동] 수를 세다
midnight [명] 자정
noon [명] 정오

25 **해설** 사람들에게 너무 많이 과세하여 왕에게서 돈을 되찾기 위해 파스칼의 도움을 받는 상황에서 왕을 존경하는 사람들이 있다는 ④는 글의 흐름상 어색하다.

26 **해설** 파스칼이 병사들의 수를 센 후의 말을 로빈 후드가 이해하지 못하자 그래프가 이해하는 것을 쉽게 해 줄지도 모른다고 했으므로 이 글 다음에 이어질 내용으로 파스칼이 그래프를 그려 로빈 후드에게 보여 준다는 ④가 알맞다.

27 **해석** "보세요, 가장 위험한 시간은 저녁 여섯 시에서 자정까지예요. 오전 여섯 시부터 정오까지보다 네 배나 더 많은 병사들이 그 시간에 일해요. 제 말이 무슨 뜻인지 아시겠어요?"
"아하! 이제 알겠다. 너무 고마워, 파스칼!"
"천만에요. 이제 저는 그래프의 중요성을 깨달았어요. 아무도 그것들이 더 이상 필요 없다고 말할 수 없을 거예요."
파스칼은 숲에서 걸어 나왔다. 그가 뒤돌아봤을 때, 그는 로빈 후드가 그에게 <u>손을 흔드는</u> 것을 보았다. 파스칼은 손을 흔들어 답하고 혼잣말을 했다.

"정말 멋진 <u>모험</u>이었어. 나는 어떻게 돌아가지? 아, 알겠어. 나는 코기토 에르고 숨이라는 말을 해야 해!"

해설 저녁 여섯 시에서 자정 사이에 오전 여섯 시부터 정오까지보다 네 배나 더 많은 병사들이 그 시간에 일하므로 안전한 시간이 아니라 '위험한(dangerous)' 시간이다.

단어·숙어
realize ⑧ 깨닫다　　importance ⑨ 중요성
wave ⑧ 손을 흔들다　　adventure ⑨ 모험

28 해석
(1) 그 버스 손잡이는 닿기에 너무 높다.
(2) 그 물은 마시기에 너무 차다.

해설 'too+형용사/부사+to부정사'는 '~하기에는 너무 … 한'이라는 의미이다.

단어·숙어 reach ⑧ …에 이르다[닿다/도달하다]

29 해석
Q: 당신에게 백만 달러가 있다면, 당신은 무엇을 하겠는가?
A: 만약 내게 백만 달러가 있다면, 나는 나의 가족을 위해 큰 집을 살 것이다.
(1) Q: 만약 당신이 어떤 종류의 애완동물을 가질 수 있다면, 당신은 어떻게 하겠는가?
　A: 만약 내가 어떤 종류의 애완동물을 가질 수 있다면, <u>나는 앵무새를 가질 것이다.</u>
(2) Q: 만약 당신이 시간 여행을 할 수 있다면, 당신은 무엇을 하겠는가?
　A: 만약 내가 시간 여행을 할 수 있다면, <u>나는 내가 어떻게 사는지 보기 위해 미래로 여행갈 것이다.</u>

해설 현재와 반대되는 상황에 대해 가정하는 가정법 구문은 'If+주어+동사의 과거형 …, 주어+조동사의 과거형+동사원형 ~'의 형태로 문장을 완성한다.

단어·숙어
million ⑨ 백만
pet ⑨ 애완동물
time travel 시간 여행

30 해석　당신이 한국을 방문할 때, 당신은 어디에서 머무를 수 있는지 궁금할지도 모른다. 한옥에 머무는 것은 어떤가? 한옥은 한국의 전통 가옥이다. 만약 당신이 한옥에서 머문다면, 당신은 바닥에서 잘 것이다. 이것은 침대가 없기 때문이다. 한옥 집들은 대부분 나무, 돌, 짚, 종이, 흙 같은 천연 재료로 지어진다. 이러한 재료들은 당신의 피부를 건강하게 유지할 수 있게 도와 준다. 추운 겨울에 따뜻한 온돌 바닥은 당신의 몸을 데워 준다. 한옥의 문들은 얇은 종이로 덮여 있다. 그것들은 여름에 당신이 시원하게 유지하도록 도와준다.

해설
(1) 가정법 과거 구문으로 조동사의 과거형 would 뒤에는 동사원형이 와야 하므로 sleep이 되어야 한다.
(2) 'keep+목적어+목적격 보어(형용사)' 구문이므로 healthy가 되어야 한다.
(3) help 뒤에는 목적어가 생략되어 있고, 목적격 보어로 동사원형이 나와야 하므로 keep이 되어야 한다.

단어·숙어
traditional ⑧ 전통적인
floor ⑨ 바닥
natural ⑧ 자연의, 천연의
material ⑨ 재료
skin ⑨ 피부
be covered with …로 덮여 있다